海外中国研究丛书
刘东 主编

[美] 陈汉生 著
周景松 谢尔逊 等译
张丰乾 校译

中国思想的道家之论
——一种哲学解释

A DAOIST THEORY OF CHINESE THOUGHT
A Philosophical Interpretation

江苏人民出版社

图书在版编目(CIP)数据

中国思想的道家之论:一种哲学解释 / (美) 陈汉生著;周景松等译. 一南京:江苏人民出版社, 2020.5(2021.9重印)
(海外中国研究丛书/刘东主编)
书名原文：A Daoist Theory of Chinese Thought：A Philosophical Interpretation
ISBN 978-7-214-24784-1

Ⅰ.①中… Ⅱ.①陈… ②周… Ⅲ.①道家-哲学思想-研究 Ⅳ.①B223.05

中国版本图书馆 CIP 数据核字(2020)第 066807 号

A Daoist Theory of Chinese Thought：A Philosophical Interpretation by Chad Hansen
Copyright © 1992 by Chad Hansen
A Daoist Theory of Chinese Thought：A Philosophical Interpretation was originally published in English in 1992. This translation is published by arrangement with Oxford University Press. Jiangsu People's Publishing House is solely responsible for this translation from the original work and Oxford University Press shall have no liability for any errors, omissions or inaccuracies or ambiguities in such translation or for any losses caused by reliance thereon.
Simplified Chinese edition copyright © 2020 by Jiangsu People's Publishing House. All rights reserved.
江苏省版权局著作权合同登记号:图字 10-2018-442 号

书　　　名	中国思想的道家之论:一种哲学解释
著　　　者	[美]陈汉生 著
译　　　者	周景松 谢尔逊 等译 张丰乾 校译
责 任 编 辑	卞清波
装 帧 设 计	陈 婕
责 任 监 制	王 娟
出 版 发 行	江苏人民出版社
地　　　址	南京市湖南路1号A楼,邮编:210009
网　　　址	http://www.jspph.com
照　　　排	江苏凤凰制版有限公司
印　　　刷	江苏凤凰通达印刷有限公司
开　　　本	652 毫米×960 毫米　1/16
印　　　张	48　插页 4
字　　　数	538 千字
版　　　次	2020 年 5 月第 1 版
印　　　次	2021 年 9 月第 2 次印刷
标 准 书 号	ISBN 978-7-214-24784-1
定　　　价	145.00 元

(江苏人民出版社图书凡印装错误可向承印厂调换)

序"海外中国研究丛书"

中国曾经遗忘过世界,但世界却并未因此而遗忘中国。令人嗟讶的是,20世纪60年代以后,就在中国越来越闭锁的同时,世界各国的中国研究却得到了越来越富于成果的发展。而到了中国门户重开的今天,这种发展就把国内学界逼到了如此的窘境:我们不仅必须放眼海外去认识世界,还必须放眼海外来重新认识中国;不仅必须向国内读者迻译海外的西学,还必须向他们系统地介绍海外的中学。

这个系列不可避免地会加深我们150年以来一直怀有的危机感和失落感,因为单是它的学术水准也足以提醒我们,中国文明在现时代所面对的绝不再是某个粗蛮不文的、很快就将被自己同化的、马背上的战胜者,而是一个高度发展了的、必将对自己的根本价值取向大大触动的文明。可正因为这样,借别人的眼光去获得自知之明,又正是摆在我们面前的紧迫历史使命,因为只要不跳出自家的文化圈子去透过强烈的反差反观自身,中华文明就找不到进入其现代形态的入口。

　　当然,既是本着这样的目的,我们就不能只从各家学说中筛选那些我们可以或者乐于接受的东西,否则我们的"筛子"本身就可能使读者失去选择、挑剔和批判的广阔天地。我们的译介毕竟还只是初步的尝试,而我们所努力去做的,毕竟也只是和读者一起去反复思索这些奉献给大家的东西。

　　　　　　　　　　　　　　　　　刘　东

献给 Joyce Wong

目 录

致谢　1

中译本序　1

第一章　导论及蓝图　21

　　新的透视及哲学的进展　23

　　正统的解释理论　28

　　翻译范式　31

　　学派割裂的观点　37

　　意义变化的假设　39

　　印欧语系的语言和思维理论　41

　　中国思想的哲学价值　59

　　道家思想之复位　61

　　小结　63

第二章　中国哲学的语境：语言及语言理论　67

　　地理环境　67

史前的影响　68

语言　71

社会背景:一些结论　103

第一编　积极之道的时期　107

第三章　作为基准线的孔子　109

孔子的《论语》:一些初步的假设　110

良序社会　117

人性理论　138

儒家的概念性图解:道　166

仁与孔子的语言理论　173

其他的诸多问题　186

第四章　墨子:制定哲学议程　188

复位　188

墨子的生平　194

工匠与指引:客观的标准　196

文化适应的过程　198

对传统主义的攻击　208

实用主义标准　212

墨子功利主义的观念结构　223

天之所欲的角色　233

道德:动机和理由　239

人际关系中的"兼爱"　246

尚同　250

功利主义的多重结果　257

《墨子》中的理性和权利　*262*
语用论与语义学　*263*
墨子的语言理论　*270*
三表法　*271*

第二编　逆语言时期　*285*

第五章　孟子：创发反击　*287*
背景：儒学面临的双重挑战　*287*
孟子的哲学号召　*295*
孟子的道德心理学　*304*
孟子道德心理学的反思　*313*
孟子对语言和心智的态度　*341*
孟子对后世的影响　*359*

第六章　老子：语言和社会　*363*
理论的解释　*363*
《道德经》的文本　*371*
道家思想的历史背景　*378*
老子：无生和传统　*388*
首章：解释　*396*
《道德经》中对立面的反转　*411*
原始道家：神秘主义和孟子　*419*

第三编　分析时期　*427*

第七章　名家：中国的语言分析　*429*
新墨家的文本：重要性和问题　*433*

现实主义者的活动　440

串联和指代:扩展体系　448

伦理和现实主义者语言　454

新墨家的认识论　462

新墨家的逻辑　467

公孙龙:对儒家语言的辩护　470

惠施的悖论——万物为一　478

总结:名家　481

第八章　庄子:辩之辩　483

一个解释性的声明　483

庄子在汉代以前话语中的地位　491

庄子:文本和历史方面的议题　495

语言和它的合适性　498

对孟子的反驳　504

对新墨家的反驳　509

对绝对一元论者(原始道家)的反驳　519

庄子之梦和怀疑主义　531

科学、事实与价值的分离　538

实用建议　543

第四编　权威主义者的回应　551

第九章　荀子:实用主义儒学　553

诠释的两难　553

荀子思想的影响　556

荀子思想概要　561

新正名 576
人性是恶的吗？ 605
心的哲学 613

第十章 韩非子：统治者的解释 624
  韩非子的生平与主导的形象 624
  儒家的人治与西方的法治 639
  中国治国术的历史考察 650
  语言与诠释混乱的危险 657
  权威主义的道家思想 676

余论 684

参考文献 689

汉字词汇表 699

索引 707

译后记 738

致　谢

在以往三十年研究和反思中国思想的过程中,我从有关富有启发性的智慧中获益良多。我担心文本和脚注中的明确致谢,仅能略表我对前辈学者的谢忱。我乐意用这种体裁来列举一些最卓越的有影响力的人物以及洞见与理念的提出者。其中一些,我确实依然挂怀。对于这一名单,我必须附加以下说明:他们尊享丰富我思想的荣誉,但对我可能误用他们贡献的任何过失没有丝毫责任。

诸贤之中,我首先要感谢孟旦(Donald Munro)。我的第一幅关于古典时期可理喻的图景是他给我的。我认识到他对这些课题做了多么显著的贡献,因为我已绝望于给中英文的标准描述赋予意义。但是当我自己的理论出炉越多,我对他的洞见之中的清晰与深度愈加感激。在他的第一本书中,我不断发现此种特性的种子。特别是,我引述了他的这一观点,即中国思想家们关注一个理论在行为上的蕴涵胜过其符应真理性(correspondence truth)。在某种程度上,这里整个的考察仅仅是辩护和发展了孟旦在《古代中国"人"的概念》一书中所提出的这一中心观点。我的书中注明了我从吾师吾友那里学到了什么。

我的专业关注点一直集中于古典时期的语言哲学——这是与众不同及悖论较少的领域和方面。关于这些方面的理解，我从葛瑞汉(A. C. Graham)教授那里获益匪浅。此种获益并非我独有。假如没有他终身的杰出贡献，整个中国思想的领域不可能被推进到哲学兴趣的层面。毋需犹豫，在理解中国思想的层面，我把他的《墨家后学的逻辑、伦理与科学》一书的出版，视为远比马王堆墓出土更重要的事件。他对于分析性墨家理论的揭示，定义了文本重构与语法分析的艺术境界。他重构了丢失已久的语言理论的细节，并揭示了它们对于荀子和庄子思想直接而深刻的冲击。本研究的最初动因就是把葛瑞汉的发现加工成关于整个古典时期哲学思想的理论。

在过去的艰困几年中，倪德卫(David Nivison)是支持和推进的无价资源。他对我的部分观点和初步成果的积极评价特别重要。我尊敬他是基于我把他的观点视为必要的确认，它能给我信心继续工作。假如本研究没有显示对孟子之道的足够温情，那不是他的责任。倪德卫教授给了我一个绝好的机会去理解理想主义者的立场。他给了我接近孟子语言理论的主要思路，以及和主流儒家及分析性墨家之间的线索。他关于孟子与告子辩论的细致和有思想的分析，如同他的学生，一直也是我的模范。

这三位英美汉学巨擘，在创造性的传承链上是联系在一起的，每一环的联接依赖于上一节点。呈现热情及承诺护道是我们对儒学——及其首位伟大的创造性的传承者孔子的感激。没有此种传承，就不会有此种精神巡弋的可能性。它给了在现实世界中穿越最大的概念、语言及时空的距离的可能性。

两位人物在桥接文化鸿沟（至少从我们这边而言）方面有突出地位，他们是冯友兰和胡适。我第一次对中国思想的探索，来自我用尽各种方法所读的第一本中文书。它是采用冯友兰有关中国哲学理论的中学教材，他精彩的两卷本《中国哲学史》（亦感谢其翻译者卜德，Derk Bodde）是我们很多人的起点。冯氏敢于提出一个时期的整体性理论，而绝大多数学者宁可专攻一个思想家以求更保险。他的生活在很多方法都需要勇气。

胡适力主中国思想可被理性地了解。为完成我的第一份学期作业，我读了他的《中国古代逻辑方法的发展》，而我学位论文的研究则起步于阅读他的《中国哲学史大纲》。此理论的相当一部分源自早期在赋予中国思想可重视的哲学意义的哲学计划时的努力。

很多非哲学家们献身于文化交流，这包括无与伦比的汉学家之父理雅各（James Legge）。泰斗陈荣捷（Wing-tsit Chan）、伯顿·华兹生（Burton Watson）、狄培理（Theodore de Bary）等人所发表的译作和论著是我这一代的教科书，我现在仍用之于我的学生。李约瑟（Joseph Needham）的终身贡献和他的著作众所周知，他的《中国的科学与文明》第二卷，代表了某人意欲建立某一时期整体性理论的英语模型。高本汉（Bernard Karlgren）发起了关于中国文言文的严肃的理论研究。

我在中国的首任教师是在台湾大学的方东美和陈鼓应。在斯坦福中心及同名的校园内，我和诸多老师学习并讨论哲学。他们都提供了灯塔一般的启示，这些启示最终整合为一个更大的理论。我特别感谢格里高利·张，我和他一起第一次阅读了胡适，他不仅容忍了我的粤语发音，并愿意致力于严格的规则，以容许自由的哲学讨论。此后，我有幸参加牟宗三、唐君毅在香港的新亚书院所教授的课程。我丰富的学习机会远远超过了我的大脑理解和存储有价值思想的微薄的精神容量。我在唐氏被广泛称道的《原道》一文中发现了很多我自己的原初洞见。

我最好的想法常常来自和专业友人们富有生气的对谈。那些悠闲长久的谈话不断培植一个想法的种子（或令人难堪的是，这些谈话完全把种子和人们的潜意识相沟通，到后来才被"重新发现"）。但这些朋友的更伟大价值在于其思考、辩护和推敲之中的启发性。他们也提供了不可估量的奢侈以享受一个人一生之作为。其中一些最令我享受的时刻来自我在斯坦福大学以及伯克利经常参加学术研讨会的时候。这些研讨会是由杜维明所组织的，他给我的印象是美国学术界表达能力最强的新儒家的发言人。愉快的讨论中，我的伙伴除了倪德卫（David Nivison）以外，还包括我的同事李义雷（Lee Yearley），学生艾文贺（P. J. Ivanhoe）和萨利·格里森斯（Sally Gressens）。我和他们几位的谈话以同样的愉悦持续了好几年，只可惜不够频密。

对于一个更松散的团队，我怀有同样的谢忱：香港大学的米歇尔·马丁（Michael Martin）、夏威夷大学的安乐哲（Roger Ames）、圣玛丽学院的罗思文（Henry Rosemont）、印第安娜大学的伊若泊（Robert Eno），他们对文本给予了有益和有启发性的评论；加利福尼亚大学伯克利分校的信广来（Kwong-loi Shun），复旦大学及麻省理工学院的包智明，他们均耐心地听了我的部分理论，他们另外还以热情或理性的批评做出反应，当我在努力澄清和支撑整个理论时，这些反馈有莫大助益。

在我的想法几近成型之后，我被呈之于几位学者的审视之前。我至今仍从反思他们的概要性评述中获益，并在塑造出我的观点时从他们的著作中大量汲取了具体洞见。他们包括本杰明·史华慈(Benjamin Schwartz)、牟复礼(Frederick Mote)、雷蒙德·史慕扬(Raymond Smullyan)和赫尔伯特·芬格莱特(Herbert Fingarette)。史华慈的早期论文《中国思想中化约主义之缺乏》曾使我很兴奋，我也持续地享受他在会议和聚会时提出的优雅的但富有启发性的洞见和问题。他的巨著《古代中国的思想世界》出版于这项旨在于相关但是有竞争性的研究计划的初稿和二稿之间，这对于更清楚、更好地阐述我的观点是无可估量的促动。我从这部宏富的著作中汲取多少并有多少回应将是显见的。牟复礼对中国思想令人羡慕的描述先得我心。我仍旧不费周折地把他的理论中的诸多元素纳入我的整个图式之中。史慕扬使我欣慰，他表现出了另一位有分析倾向的哲学家而恰好不是汉学家应期望我对道家神秘主义的真正本质做何界定。类似地，对芬格莱特关于孔子的图式，我的评论太不厚道，我一直感激他关于孔子对于习俗依赖之深的破天荒的视角。

对于我在佛蒙特大学的同事，我也有诸多亏欠，特别是系主任比尔·曼(Bill Mann)。大学和学系是慷慨的，它们给了我宽裕安闲的时间。我在那里的同事包括著名的希拉里·考布里斯(Hilary Kornblith)、乔治·舍尔(George Sher)、菲利浦、帕特里奇娅·基彻(Philip and Patricia Kitcher)、大卫·克里斯滕森(David Christensen)，以及德克·帕里布龙(Derk Perebloom)。他们所表现出的开放性有别于汉学家所持有的偏见——哲学家，特别是分析哲学家在中国思想方面思路狭隘。他们启发我清理思路并让我保持高的标准。每一位的哲学洞见都于切磋琢磨贡献良多。席保德(Peter Seybolt)，佛蒙特大学亚洲研究团队的领导者，他经常安排我参与那些激起全新分支方向的辩论。佛蒙特对于一个美国的道家人物来说，是理想的环境。

我从富布赖特基金会提供的休假资助及佛蒙特大学暑期研究的支持中获益良多。香港大学提供了部分住宿支持,我通过一个口头报告的论坛,在亚洲研究中心的一个职位,及经常参加研讨班和会议来获益。他们还慷慨地邀请我在"传统中国研讨班"上发表我理论的枝枝叶叶。哲学系也提供了其他的机会来讨论我关于中国思想的理论并给予诸多鼓励。特别感谢提姆·摩尔(Tim Moore)、劳伦斯·歌德斯坦因(Lawrence Goldstein)和克里斯·纽(Chris New)教授。

在此,我不能追溯和证明那些我用来解释中国哲学的西方思想源自何方。显然,原创的并不多。除古代的大师以外,我能够把自己和传统西方心理学和语言哲学相区别的能力归功于维特根斯坦(Wittgenstein)、奎因(Quine)和赛拉斯(Sellars)。我尤其从更晚近的史蒂芬·斯蒂奇(Stephen Stitch)、大卫·列维斯(David Lewis)、丹尼尔·邓尼特(Daniel Dennett)、理查德·蒙塔古(Richard Montague)、米歇尔·桑德尔(Michael Sandel)、索尔·克里普克(Saul Kripke)、理查德·罗蒂(Richard Rorty)、希拉里·普特南(Hilary Putnam)、约翰·罗尔斯(ohn Rawls)、理查德·格兰迪(Richard Grandy)、泰勒·伯格(Tyler Burge)、托马斯·内格尔(Thomas Nagel)及德里克·帕菲特(Derek Parfit)的著作中汲取很多。

我必须感谢这些年我在匹兹堡、密歇根、斯坦福、佛蒙特、香港大学以及加州大学洛杉矶分校的学生们。他们的问题、他们的兴趣,以及他们的热情均对我大有助益。但其最大助益在于反思他们如何重述从我这里学到的使中国哲学变得可接近的努力。我收集了那些重述以提升授课及本项研究的水准。

我要感谢我的妻子乔伊斯(Joyce),她不像绝大多数在谢辞中提到的妻子们一样,她没有为我的稿子打过一个字。但当我忙于应对电脑文字处理程序的挑战时,她容忍了我的脾气。对我古怪的工作习惯和对理路迥异的思考方式的好奇式兴趣,她也加以鼓励并给我空间。然后,只要我有所领悟,并想要以某种难以置信的方式将其诉诸文字,她都会因势利导。

为免遗忘我们大家从儒家那里必学的内容,请容许我感谢我的父母。他们提供了我们一切建树的基础。就我而言,他们既给了我早起和努力工作的习惯,也让我从小就热爱学习。他们也给了我一种奶牛农场主的生活内容,而这帮助我获取了成为一个学者的激情。我的全家也给了我来自在长期生活中被认可的信心,好的弗洛伊德主义者和好的儒家都同意这是我们发展所必需的。成为一个怪人的内在自由通常是上述正统的支撑体系的果实,也是我的家庭给我的精彩礼物。

如果这会成为对先前原因的感谢,一个道家的致谢必须随之而来。假如个人的历史和文化的传播是一个原因,那么,因此而成就是演化。我感谢灵长类大型哺乳动物、植物王国以及他们所赖以栖居的深不可测的自然力量。电磁场正在穿越我的电脑,它无疑源自大碰撞。(今日神秘主义是黑洞和特异之中的一个寻常事)。

没有一个怀疑主义者能援引自然的动因而忽视超自然的部分。特别感谢丹·霍夫曼(Dan Hoffman)提出我是庄子再生的说法。显然,庄子断定对他的学说的扭曲和误解已足够久远了,并需要一个传教士。有什么比使用蛮荒的体系更好?他选择在犹他州犹他山脉的洛基高原重生,在那里一个人能朝外在的成熟生长,而获取最少限度的文化灌输。(我九年级的英文老师为了文化的灌输,给我们大声朗读《霍顿大象》!)它也提供了一个机构,把这个后裔送到政府相对而言还没有成型的香港去。因此,从一个最近的邻居在三公里之外的地方,我发现我自己跑到了一个在十五分钟之内见到的人比终此一生所见到的人还多的地方。在这里我,很快知道了有比教学更多的规则要学习。

当然,为了庄子的计划管用,人们不得不需要这样一个家教性的机构。庄子曾有过一个计划。一个拥有独立精神的英格兰裔佛蒙特农夫能创造一个宗教,但他需要动力,历史使用了中国人参的根茎。一个神秘的陌生人把它提供给了老约瑟夫·史密斯(Joseph Smith Sr.),他把它种在了自己的农场里并卖给了中国。我不知道它是否被送达了,但是没有一分钱回来;且史密斯丧失了他佛蒙特的农场。他跌回到佛蒙特神秘的占卜水源传统中,但额外有一个声明说他能浇注黄金。在他们漫游到上纽约州的时候,他的儿子知道了这笔交易。约瑟夫·史密斯(Joseph Smith Jr.,译者注:俗称"摩门教"的美国"耶稣基督后期圣徒教会"创始人)在那里继续着迷于寻找埋着的黄金,并对古代,以及充满异国情调的文化和人民有兴趣。他用一个关于美国印第安人的理论找到了金盘子。以那本书为基础,他发现了自己所认可的典型的美国人的宗教:反对偶像崇拜,主张自由思考。这些事件的链条指引去在犹他建立摩门帝国,且我自己最终返回佛蒙特完全是一个相当普通的历史。那些在我的思想格局中嗅到摩门主义延续性的读者,不顾我所公开宣称的无神论,不要全弄错了。

我不愿使这个叙述太过繁冗。我将把我的案例置于解释性理论的解释力上。我在此处提供给那些印象中有成见和结论胜过论证的人。

陈汉生
1992 年 5 月于佛蒙特谢尔布伦

中译本序

我感到十分荣幸并高兴的是,我很有才气的学生周景松女士,以及她的同事将我的著作 A Daoist Theory of Chinese Thought 翻译成了中文。我知道这本书的翻译是一件令人生畏的工作。专业的哲学人士几乎普遍认为这本书中的论证读起来是令人气馁的,而造成如此困难的主要原因是我论证背后所采用的核心的方法论概念。我的论证从根本上说是基于发展中的哲学诠释学(philosophical theory of interpretation)。在我而言,我自己不仅无法翻译这本书,而且恐怕也不能检验他们翻译的准确性。我深深地意识到,在这项翻译工作中,不是难以找到基本能对等的汉语词汇,就是难以对中文译文达成完全一致的意见。为此,对于他们承担如此艰巨的任务我表示深深的感谢和敬意。译文中若出现表述上的差错,则有可能是由于原文本身的表达就不够清楚。

让我更感荣幸的是,他们请我借这个译本出版之机会,反思一下我的著作,说一说我写这本书的目的和希望。他们还请我思考一下我对这本书所抱有的遗憾,我所希望做出的更正,以及它所造成的印象和已经产生的影响。我主要的遗憾,当然就是我在写作的过程中对于发展中的涵义理论的表述不够清晰。这种不清晰对于汉学来说,其部分原因是由于我为本书所预设的读者并不是那些对思想史有着哲学层面兴趣的中国学生,而是那些西方的哲学专业学者——这些学者在努力寻找适当的方式,以期理解被汉学家们过去用神秘的、直觉的、宗教的以及有时甚至是十分不合理的方式所阐述的一种文化传统。

本书的写作目的

因此,我的目的不是为了劝说哲学家们接受那些现存的宗教性或历史性诠释研究所表述的混淆视听的教条,而是为了修建一条在哲学层面可以理解的通往中国思想史中一段灿烂时期的通道。这就意味着,我想要凸显出各学说的不同之处,在哲学层面上更有说服力地揭示不同学说之间的相对地位和交互作用。遗憾的是,这样一种做法有时引起了我所尊敬和信赖的汉学研究的同道们和传统学者们的强烈反对。我所从事的只是一种与众不同的学术研究,其本质是一个哲学家在试图寻求一种不同的理解方式。

如果不是几位重要的汉学家重新构建了墨家后学的思想,也许很可能出现这样的结论,即任何一位中国的思想家都不会把被那些西方人认作宗教性哲学的东西作为自己的思想目标。无论是对于古代还是现代的绝大多数中国思想家来说,宗教性哲学当然都不是他们关注的东西,而这一情况在西方也是一样的。该种哲学总是极少数特殊的人所关注的东西。哲学不同于宗教研究、人类学和历史学,它的内在特性是极少数人所具有的文化关怀;而这个极少数的人并不是指拥有财富和权力的社会精英,而是一些独特的思想者,一些追求对时代思想有更高层面洞见的骨子里的沉思者。即使是对于这些思想者来说,一种哲学家的关怀远不止是精确地重构他们的内心生活,他们的信仰、心灵或心智的状态,而更多是精确地重构可以证成他们的不同的哲学反思和洞见的理性。

上世纪西方哲学家的主要思想焦点的就是在哲学反思中寻找这样一种规范性的严密性。被通常描绘成对概念和意义感兴趣的现代哲学家们,自然而然地对思想实验,尤其是不同概念结构的种种可能性产生出一种哲学的好奇心和兴趣。因此,当我们发现传统观点缺乏实在的支撑或共有的假定时,我们在这儿就会感到满足和兴奋。

方法论上的反思

用现代哲学术语解释这种古老的语言学分析方法使得我常常更新自己对诠释方法的理解。获得一种固定而完整的涵义分析方法论,仍然是西方哲学尚未实现的期望。我认为自己目前使用的方法优于我过去所使用的方法。关于我今天所采用的方法,我觉得至关重要的似乎是一种规范的涵义概念。我们趋向于这样的认识,即在我们应该说什么之后,才有我们实际说出了什么东西。在处置中国古代思想家的哲学核心术语,以及处置传统的英语译文中的这些术语时都需要有规范的严密性。在对墨家和名家思想特定语言的这样一种分析中,我对首先是在早期墨家思想中得以发展的隐含于概念形式下的规范析取出了更大的价值,并且开始认识到它们是如何适配于这样一种连贯的思想概念,即一个人应该如何反思其所处时代的哲学问题。这使得我进而对非儒学的作者,尤其是传统上被归类于道家的作者,产生了一个极其不同的洞见。我首先集中研究了《道德经》的语言学特征,然后是《庄子》内篇。我着迷于他们思想的复杂性和他们所做的深度分析,以及他们在各种"道"和"德"概念的形成过程中所起的作用。所有这些如果与一种早期和后期墨家思想所运用的概念分析工具结合起来,将是更为合理的方法:该工具当时主要被用于引导那些反对儒家传统的规范性、严密性的思考。

当我开始采用这个分析方法时,我发现,想要为那些对儒家思想做出的常规(conventional)且宽容(charitable)的各种诠释进行辩护,变得更加困难了。但是,我并没有试图去挽救它,而是着手去推断那些诠释的思考者在设法这样做时所采取的路径。对于那些已经被广泛研究过的儒学文本,我发现最有效的方法是对那些提出非常复杂和宽容的解释的汉学巨匠们先前所做的工作进行更原初的分析(meta-analyses)。我从古代中国的正统学说的翻译和诠释中,汲取了大量的知识。

我修正这种传统观点的指导方法,主要是通过我日益精细的洞察,来检视这些诠释者们在论及非儒家的思想家时,有什么东西一开始似乎就像是一种系统性的对宽容原则的误用。当汉学家们没有用这个东西来获取与西方哲学或宗教最大程度的一致性时,它可以被用来析取这些学派的成员所相信的常识或传统观念。传统的诠释理论被看做这样的一种研究基础和对象:它们主要是由对儒家、墨家和道家学说业已形成的观点及其细节所做出的新洞见所构成。宽容性(charity)所意味的,是让某人相信或是在某种程度上强迫自己去相信或接受、证立那些传统的理解。它并未发挥其语义上的作用,即指导我们如何从一个激进的译本中选择诠释的假说。

下面是汉学家们对那一原则所做的一个典型描述:

宽容原则是哲学中经常做出的一种假设,即,将关于某个论证、话题或信仰的已有预设(preconceptions)搁置在一边,以期对它们获得新的理解。

当我们将自己所相信的东西搁置起来时,我们便寻求对某个或某些新观点的一种同情、合意的理解。

这时,我们暂且认为新观点是正确的,即使我们的原初反应是不同意这些新观点的。

宽容原则是一种方法论的原则——有了足够深的理解,就可以对旧的观点做出批判。

对宽容原则的这一番解释看上去与下面这个哲学家的解释密切相关:

宽容原则是这样的:当某人提出一个论证时,他会尽力解释其中的每一点,以使它们有利于他的那个论证。但是,对于宽容原则的这后一个描述不是关于如何在一个语义学的任务中使用宽容;它更多是这样一种概念,即把原则当做是某种指导谨慎的论说规范,对于这一论说而言,它是一种极好的策略。自然,它对于给出一个与相反的论证相对立的最有利的诠释这一目的来说,既是更为有效的,又是更为恭敬和温和的;然而,使用这一策略的一个明显的前提是,说话者在这一过程中所使用的是自己的或一种已知的语言。

语义学原则拥有一个不同目的。它是一种诠释整个语言的方法,试图确定由该语言恰当地组成的语句排列(properly structured strings)所表达的思想。宽容的作用在于重新构建规范,用以调节该语言所使用的概念之中的有效推论。在这儿,它鼓励这样的翻译方式,即使得某语言共同体的对话能够连贯地从共有的假设中推出尽量多的有效结论。

宽容原则的正确作用,应该是用来判断在不同的涵义假说中,哪一些相对来说更为合理、完善。理想的过程是:该原则鼓励我们在确定涵义时,对于那些由使用对立的不同涵义假说的翻译所带来的学说,得以最大程度地增强这些学说的真实性以及(或者)一致性。然而,作为语义学的一个原则,它不能首先用于某个特定的人、特定的论证或学派,而是应该用于整个语言共同体。对于共同体中的人们的讨论意见,我们试图寻求一种能够通过推论激发各种对立的立场和回应的诠释。

无疑地,对真实性和一致性的关注会在这个更大的语境中发生破裂。最大化某一论说整体的真实性,可能会使诠释偏向我们自己的观点(我们自以为的真实),或偏向于某些早前的有关其真实性的解说。在这两种形式中,它还会倾向于使得某个观点、学派、宗教或学说显得最具真实性,却不理会其最具真实性的理由是什么。当然,我们希望某些观点最具影响力的原因,是源自它们是最合理的,以及在推论上是最有保证的;但是,我们大多数情况下并不满足于此。权威,尤其是政治权威或魅力,可以更好地帮助我们解释各种文化中许多与理性完全冲突的信念。

我个人更偏向这样一个原则:人文原则(the principle of humanity)。这个原则最大限度地寻求不同思想家对学说的最合理解释,以及对这些学说的信任倾向。对于在各个概念中进行推理的规范所做的正确解释,只能部分地说明讨论的方式和程序。能够接近且倾向于相信某些前提,并且使用他们自己的语言中被奉为正确的规范来进行精准推理,是依赖于许多条件、偶然因素的。与宽容原则不同,它不能够保证我们能最大限度地得到合理或真实的论断;但是,它却可以使得我们能够最大限度地从讨论中得到推论一致性的价值。

由于各个推论之间的相关性,以及与其他各个偶然因素同时产生出来的可能性,所有的立场都必须是可理解的。因此,对于推论的规范我们有可能获得某一个最佳的认识,以至于没有,或只有一种占少数的立场在推论上能够得以证明。人性原则要求我们在使用一种对他们的推论的规范所做出的假设性解释的同时,行使我们的批判本领。这就使得我自己的方法论对于这样的结论持非常开放的态度:这个结论便是,某种后来居主导地位的学说(例如儒家学说)不是真实的,或者说在推论中是没有被证明的;尽管在另一方面,在他们的认识论背景下,那些有可能是正确、有理的信念。

换言之,涵义的相关观念应该是规范性的。我们处理的是连接各个概念的推论的规则。运用这样的一种观念,我们在对待译本时就不再仅仅将其作为对古人思想的描述,而是与他们一块儿进行推理。批评与对涵义的理解是一体的,而不是某种后续的心智活动形式。我们必须反思哪些推论是得到成功辩护的,哪些对于学术质疑者来说是被忽略了的论证、反对意见或洞见。这就意味着要确定立场:要做哲学,而不仅仅是对其进行一种报告式的陈述。

这便使得现代的哲学学者与早前那些寻求公正的事实性视角的诠释指导原则产生了矛盾。它与这样的文献学产生了对照并显现出明显的差异:文献学认为涵义只在于我们寻觅其如何演变的那些资料、数据。传统的文献学只是在宽容原则上增添了一条路径,来追寻那些在没有文献学的研究参与之前,理论上无法被说明的变化,尤其是那些铭刻在各路古代学派的学者们所相信的传统智慧中的那些变化。

将宽容原则和传统文献学放在一起,对其加以最极端性的应用,就使得占主导地位的或者说占多数的理论的内容在分析层面上对于其追随者来说是真实的。那些理解该理论的人会认为这是显而易见的,而此时他们是能够足够清晰地理解所用术语的涵义的。对于多数人谬误(the majoritarian fallacy)这样一种诠释版本的信赖,直接揭示了哲学与其他诸如人类学、历史学和宗教研究等与之相竞争的方法的差异的核心所在。它将变成一种几乎已声名狼藉的对"高等文化"的关注。事实上,正如我之前所说,它与社会精英毫无关系,而是与元反思(meta-reflection)的规范有关;并且,也许是与只有少数哲学家感兴趣的规范有关系,包括那些已经过世的或者被那些社会精英所压制的哲学家。

原则上来说,对于一个哲学家而言,一个正确的推论就足以支撑一个涵义假说。因此,即使墨家和庄子在古代属于特别的少数派,即使他们都没有从新的专制政治结构对哲学性反思所施加的压制中幸存下来,我们仍然可以认为他们的理论在哲学意义上比占主导地位的儒家理论更为正确。因而,这就得出,哲学家不是在真正严格意义上与各种宗教性诠释不一致——只要他们在其信徒面前既不将他们所提出的宗教性的结论当做正确的推论,也不否定少数哲学家可以找到更加具有反思和洞察深度的诠释即可。

中国哲学的地位与现状

因此,我没有必要否定什么,例如我并不需要对这样一种情形予以否定:对于道家的文本,如《庄子》,存在一种宗教性解读,而且在很长时期内,这些解读变成了描述性的规范,甚至是被广泛接受的(也许它们是从汉代起就是被如此接受的)。我所要坚持的是,我不是在研究中国的宗教,也不是在一般意义上研究广义的思想史。我所关心的,是发掘出那个时代的哲学包含了什么内容,并且尽可能清楚地将其说明。

对于西方哲学家对中国人的思想普遍评价较低这一点,传统上一直是有抱怨的。但是,诠释者们似乎是认为,补救之方就是吓唬那些西方哲学家们,使他们相信传统的宗教性学说是深刻而重要的,或使他们将历史上占主导地位的政治信仰归结于中国的思想家。我表述了一个带有讽刺意味的且令人诧异的观点,即宗教理论家和历史学家应该宣称,他们比哲学家们更加清楚哲学是什么。我所寻求的,是正常的专业哲学研究者为达到目标所走的更为正常的路径,也就是要寻找和发现中国哲学思考的线路,这条线路明显是哲学反思和洞察式的。

我的事业可以合宜地与一种更重大的哲学兴趣相符,这个兴趣是指不同的概念系统和思想实验,即一个哲学观点如何可以放弃传统上认为对真正的哲学思考有着核心作用的概念。一个自相矛盾的情形是,传统的观点偏执地认为这些概念不是中国思想的核心,但这种偏执又预示着那些可被认知的哲学概念和学说,即信仰、命题、知识与感官怀疑论的对立、身心二元论等等,都是应该归因于那些古代思想家的。

因此,西方思想对于概念分析和语言哲学的兴趣很好地与我要复原对中国哲学的认识的主旨和方法相吻合;并且,我相信,这尤其是与更好地理解道家和禅宗的思想相吻合。它带领我们既不是以宗教的视角,也不是以一种超自然的认识模式,去深思一个全然自然主义的学说。

我与我的哲学同行们所不同的是,我不认为它(这样一种兴趣——译者注)对中国思想提出一种令人尊敬的哲学解释是本质性的,无论说它是与当前的哲学问题有关也好,还是说它处置的是某些所谓的普遍性哲学问题。我觉得也没有必要将某种学说或概念描绘成或认做是一种纠正西方哲学,尤其是分析哲学的所谓错误的途径。没有必要将中国哲学当成是与(西方——译者注)

文化对立的另一类哲学。事实上,我一直对这样的努力能否在那些有专业能力的、严格的哲学家已经有足够的理由拒绝非分析性方法的领域获得真正的成功表示怀疑。因此,将道家思想看做与海德格尔或德里达的思想相呼应,显然不是一种有效的解释策略。

但是,我确实认为对中国思想的研究能够被提升为一种哲学研究,并足以形成一种专业。这样做也许不能解决突出的问题或提供西方思想家还没有认识到的洞见,但我相信,中国的观点可以被认为能够为哲学事业提供内在的趣味和见识。理解某种哲学性的东西,某种类似的、合理而严谨的东西,可以从不同概念出发,从不同假设开始。这样做,就有助于给学生提供一种对哲学事业更加开放的心智观念。它可以帮助学生们抵抗那些"看上去就是如此"这类解释的诱惑,这些解释使得西方思想的演变看上去是理智的、自然的或理性的必然发展,或者就是人类思想自身的投射。

根据哲学本身的性质,虽然哲学仍可予以辨识,但我们正在发觉,一直以来,哲学可以是有各种不同特性的。在实质上,对中国哲学的注意可以作为元哲学的一种运用。它亦有助于抵抗对保守的哲学论点的偏好,反对一种现代的主张,即传统概念是随意性的,是可以理直气壮地将其放弃的,包括放弃真理的可断言性,信念本身,以及知道如何预先知道该物,等等。

令伦理学家们欣慰的是,至少中国思想的道德洞察总是因其明显地在很大程度上与我们最深刻的伦理思想有着重合之处而受到敬重,尽管双方表达其思想所运用的概念有着极大的不同。我恰好接受了这样的观点:在那些概念中,有一些更适宜于解决某些元伦理学的问题。尽管如此,这种正面的贡献并不应该当做了解中国伦理思想的必要条件。我对下面这一说法特别持有怀疑态度:中国的思想家们已经在很大程度上解决了恶的问题或跳脱了事实-价值问题,以至于他们掌握有这样一些概念,这些概念使得诸如元伦理的自然主义命题似乎不再那么无法理解,而是使得它们初看起来是十分吸引人的。不过我相信,"道""德"二者相对于那些命题性质的概念(如事实、规律或特性),能够为现代的自然主义伦理学提供一个更好的形而上学基础。

中国日益增强的对西方哲学真诚、严肃的兴趣和态度,使我备受鼓舞。我深切希望即使这不是我原初的目的,我的研究也能够对那些认真研究严密的西方哲学的人有所帮助,使他们能够从与一种由中国人的概念所设计的比对中理解哲学。我认为这样一种可能性的价值在于,我的著作可以成为一种载体,通过它可以使中国哲学和西方哲学不仅在大中华地区,而且西方世界不再被当做两个对立的体系。我的著作也许可以成为某种跨文化的理解与综合的工具,为此,我感到很自豪。

值得发掘的洞见

怀抱如是之目的,我相信我们能从中西方哲学的比较研究中找到一些需要学习的东西。首先,我们应该承认,在理解我们的概念的逻辑结构的"道"时,采用一种西方的关注句法(sentential focus)的方法是有价值的。其次,无论是在了解自然科学的形而上学,还是一种元伦理学时,我们都能更好地关注于"道"。最后,根据我们对规范的常规解释,我们在应用西方句法形式的概念来描绘自然世界和规范世界的形而上学的结构时,能够少一些独断。如维特根斯坦所说,我们可以看到语法模型的外延超出其合适的范围,成为不合理的哲学难题的根源,即维特根斯坦的语言智能问题。

对语言句法的关注打开了分析和理解追求道德与科学的奥秘的社会性的"道"的通路。我们能理解如何使用推论的"道"来解释自然的法则或规律,而这些规律引导我们朝着科学理论的一致性而努力。我们可以把内部的一致性作为途径,来改进我们对许多不同主题的描述。

但是对"道"的关注与一种句法的形而上工具相比,似乎更适合于想象一种看似真实的自然主义存在论,而且某一对于"道"的关注也能帮助我们认识到推论的一致性是自然的"道"的一种延伸,这些"道"互相重叠,互相依赖。对"道"的关注确实能够为我们提供一些类似于为中国古代思想家所提供的东西,帮助我们在思考过程中抵抗超自然解释或超验解释的吸引。这就为寻求一种更敏感、更精确的自然主义伦理学提供了保障。我们在道德上应该做的东西需要与实际的可能性结构相关联,两者都对我们在建立理论的过程中所使用的规范结构有所鼓励和限制。

试图延展一个句式的概念性机构所形成的挑战导致了对西方传统的探讨,这其中涉及了道德事实、事件、行动、性质和法则:所有这一切对于我们现在所理解的自然来说,似乎都是不确切的结构。这不仅仅是因为世界并不是以句式单元的形式存在,而且是因为这样的世界的副本引诱我们寻找现实中由一个神来控制道德和科学法则的某种心理状态。向自然延伸的句子的功能部分的副本,折射出现在已经被丢弃了的模型,即对语言图形理论的真实性予以一笔一划的对照解释。

物质的形而上学本身似乎是鼓励了一种类似的批评。如果汉语中的名词更像物质名词,那么与其说它更好地表现了现实的结构,倒不如说它更好地给了我们这样的警醒:与对现代物理学理解的潜在性质的领悟相比,那些特别的和要素般的东西更是文法性意义上的领悟。

变更与修正

译者们还建议我反思在完成本书之后的若干年里,我的观点和方法发生了哪些变化。我将在两个方面进行思考,一是观点方面的变化,一是关注点方面的变化,为的是阻止对我方法的误解继续蔓延。在观点方面,我越来越理解文本汇编的吸积理论(accretion theory of textual composition)以及它对诠释规范的影响。这一理解的结果之一,就是对我在书中的立场排序方面产生了更大的压力,使立场的逻辑进程尽可能与某种历史的排序一样(或比历史排序更好)。这一点对于我仍在发展中的有关老子的观点、原始主义的观点,人性的概念,以及对孟子的理解,都产生了影响。我还更为详细地研究了关于作为标准的"法"与法律推理的规范之间的联系,这促使我提出一个对于某些被完全轻视的法家人物(商鞅)更加同情的解释。此外,在我变更的观点中,自然还包括我在上文中予以概述的实用的、基于规范的语义学理论;对这一理论,我的理解是越来越深了。

对于那些误读,我曾做出的回应是指出要点和关注点上的差异,其中包括了"道"的形而上学、语言决定论以及物质名词的假说。在下文中,我会对各点予以更多的说明。

我曾经表达了我赞同白妙子(Bruce Brooks)关于包括子书在内的主要文本的吸积理论。我接受这个理论,部分是因为它为我提供了哲学对话在中国是如何发生的解释。但是,我的学生们说服了我去思考更深一层的涵义。团体性的组合和重叠性的编纂本身并没有削弱语义学的方法,后者的目的仍旧是使得每份文献都对会话有所增益。会话的秩序必定变得更加难以归类,不存在任何一种令人信服的对秩序和对前一个会话回应的相关性重构。

很明显，我曾按诸子来排序对话的简单方式是不足够的。现在，最多可以认为这种方式只是重构中的第一阶段，而一种对文本共同体的近似逻辑排列更是影响着这个重构。我们现在可以认为这种方法是误导性的，仿佛是说在每个讨论的独立文本之后都存在一个意见，除非同时共存一个得到充分支撑的、肯定原著作者身份的理论。因此，举例来说，我要讨论的就是庄子学派的学说，而非庄子本人的学说。

我们可以提供的另一个有关文本的认识是，文本可能不是作为单个个体而增长的，而是通过数个版本的传播而增长的（如我们现在所见的《老子》）。对于各个文本，其持有者可能添加了什么内容或从不同的文本中录入了什么内容。然而，所有这些对我来说似乎加大了在诠释中采用语义学观念的紧迫性，强调整体的一致性和语义，而不是试图重构非主要文本的个别意义，更不用说去考证作者的真实身份。我们需要针对主题和讨论的问题，更加关注于哲学层面，关注于文本推理的相关性。

至今，我仍旧对于那些试图针对文本的排序给出更多有意义细节的大多数尝试持怀疑态度。虽然我同意我们可以就它们在说明性上的可信度和随之而来的认识论上的可能性相对地排列出文本理论的成分，但是在争论中，有关文本的主张，其可能性几乎没有一个达到或超过80％的水平（根据我的判断，80％是吸积理论自身的可能性所达到的程度）。因此，即使将两个同等可信的文本的说法与吸积理论结合起来，其结果也是将可能性降低到了50％左右。相信最可信的详细的假说并不总是合理的。我认为，在这样一种情境中使用文本理论的最佳途径，是寻求一种诠释性的说法,这种说法是与一系列相对可能的有关文本产生的实验性理论相一致的。

除老子之外,我会接受联合概率的说法,即其他有名的人物,如孔子、孟子、庄子和荀子,都向他们的弟子教授和实践了某些观点。老子除外,这个名单中最靠不住的,大概就是孔子的文本了。无论墨子自己确实写下的东西是否被保存了下来,墨子至少可能传授了一种被其弟子模仿的修辞文体。其他三人可能都很好地传授了一种被后来的作者所模仿的书面文体,但是我们也许永远不能信心十足地确定到底有多少带有他们名字的文本是他们本人所著。

对于他们的起始之处,有一种连贯的关于对话体的解释。如果我们的确是根据这种解释将这些授业者排出顺序来,那么我们就能够用有关哲学对话的一种整体性观念,通过推论其相关性的方式,寻求大量匿名文本的角色,并证明其合理性。受这样一种再定位的方法影响最大的名人可能又是老子。我们现在必须使自己的诠释与相对可能的理论相一致,即这个理论认为老子的文本是出现在庄子已经停止写作之后。老子文本的主要观点是自然尚古主义,从逻辑上说仍是处于诡辩的和进行连贯性反思的庄子之前的。

我们这样做的同时,可以借助葛瑞汉的假说,即,至少人们编纂老子文本的部分动机是企图宣称,编纂者给出的古老说法与《庄子》外篇中由老聃和孔子的对话所创造出来的老子的形象是一致的(也是与《庄子·天下》中所陈述的明确的思想史是一致的)。但是,我们必须小心的是,不能用这个逻辑上的定位来解释庄子的立场。庄子所做的回应,相对来说应该主要是针对惠施、墨子、孟子,也许还有杨朱。我们也许可以发现,庄子之后的一些建设性文字,散落在了《老子》的讨论之中。

　　正如我在上文中所暗示的,我对孟子的分析本质上是对许多已经在二手资料中出现的有益观点所做的形而上的分析。我并不企图像对待其他大多数传统人物那样,重新思考或重新构建已经被认同的对待孟子的方法。我大体上和那些孟子的诠释者一样对孟子抱有崇敬和为其辩护的心态。这也许是一个错误。最近某些对待孟子的方法给我留下了深刻的印象,让我发觉这些方法虽然不是太有力和宽容,但是确实有很大的可信度。然而,我不能肯定,这些新的方法足以复原孟子。诠释者们似乎在表达这样的观点:我们不应将孟子的观点作为一种思想性不足的回应来看待,我们也不应误导人们将孟子的论点作为对那些对孔子进行的哲学批判所做出回应来看待,而应将这些论点看做是他对哲学对话的贡献。

　　孟子也许只是对一个未经足够证明的杨朱派或原始主义者对孔子所做的某种隐士般的攻击做出过回应。这一点使得他的道德心理学能够发挥更加建设性的作用,而不仅是在与墨子的规范学说的争辩中发挥作用。但是,有许多章节显示,孟子的作者们认为自己是在炮制对墨家进行回应的论证。如果他们的核心学说不足以完成这个任务,那么他们的论点至多也只能在一些枝节方面复原孟子。如果说孟子对于当时墨家的所为确实没有什么了解,那么这就只是有助于略微减弱一点逻辑意义上的批评。在这种情况下,孟子所做的有漏洞推理不会是对墨家理论的误用,而只不过是使用了奇异的类比观念而做出的粗陋的推理。

　　然而,我确实更深入地理解了对一种更强有力的"性"(本性)的思想的支持者所追求的目的。它的确看上去像是这样一种关于本性的思想,这个思想强调的是,一种行为式的回应,其从容、流畅的性质也许比某种本质的相似物的性质更加吻合于其规范性的相关性。它可以对这样一种解释进行补充，即基于事物未来发展路径的自然的可能性的"道"，是如何与规范的"道"相关联的。我们可以在从容、流畅的行为的自然模式中找到引导和限制规范性的"道"的、类似于"道"的结构。

自本书出版后，我又研究出了一个更加详细的关于"法"（standard）的解释，以及这个解释与我对规范性的性质的解释之间的联系。这与其说是本人观点的变更，不如说是我对这个重要的概念在中国思想的发展进程中所扮演角色的更为深入的理解，尤其是对它与西方的法治观念之间的联系的理解。但是，其中一个结果是，我对法律条文主义的动机，即它的往昔如何流行和最终如何衰落，发生了理解上戏剧性的变化。自相矛盾的是，填补这一方沟壑的核心观念是，"法"（标准）与"law"一词不是同义的，前者只是抽取了后者中与道德有关的那部分含义。

现在我认为，在接受"法"（标准）的背后，其隐含的论点不是类似于传统的实证主义观点或法律命令说的观点。它所关联的，是某个标准的可靠性和公众的可获得性，这与现代的愈发精微的规范观念更为一致，这种观念能够解释法律和道德的渗透性，而无须做出任何关于自然法的宗教性观念的阐述。

最后，我确实比以前更加深刻地理解了语义学，但是我之前已经勾勒出这些新的认识，我在这里就不再重复。我们要记住的主要的一件事情是，连贯性或一致性现在扮演了一个与我在写作本书时不同的角色。对我的方法所存在的通常误解是，这个方法可以保证使具体的思想家、文献或学派保持一致性。用一致性的方法描绘中国的思想家并不一定等同于要建立一种弄清概念和动机的理论，并且认为这个理论是与我们所知的那个时代的世界和信念的心理学完全一致。对于从哲学层面来理解对话这一目的来说，其核心的动力就是那些引导主要哲学概念进行推理应用的规范。这些规范给出的相关内容，可用以判断就那时的中国可用概念而言，哪一些论证将是有效及合理的。

纠正误解

上述讨论引出了本文中我想谈论的最后一个主题，即对关于我的理论的某些被传播得很广泛的误解做作出纠正。首先，有这样一个误解后来确实改变了我所强调的东西：很多人认为，我反对任何关于"道"的形而上思想。如我在书中所指出的那样，即使是在语言上关注于"道"也会给它们一种形而上的地位。但是，我现在更有兴趣的是用现代物理学的术语来挖掘"天道"（natural ways）的涵义。我希望能找到一种关于"天道"的解释途径，使得这个途径能够合适地成为规范性的"道"的基础，或者至少可以成为一个更广的范畴，继而规范性的"道"便是其中的一部分。

这一分析使我相信了下列几件事情：我们不应该将"道"当做是某种力量或物质，也不应该将其当作是现实中力量和物质的总和，或唯一实在的东西。我提倡将"气"（breath）作为一种类似于物质-能量的概念来对待，将"道"作为在时间序列上获得"气"的路径或通道来对待。这个说法对于那些认为"道"就是"无"（lack）的人来说，是一个小小的安慰。但是，我给"道"一个实在的特性，如同时空的、宇宙的现状概念；这一概念认为，时空不仅是真空的空间，而且是充满了"气"的可能路径的动态的实在。在这儿，我发现一件有趣的事情是，中国的古典思维首先是聚焦在"可"（assertibility/possibility）上，而不是关注于类似于法律的必要性（necessity）上，尽管"常（constant）道"是一个可用的类似概念。但是,规范性本身或许要求"德"(德性)和"心"的概念以及人类可能使用的语言的"道"在其过去和现在的实践中,都记载着自身的规范的"道"。

因此,很明显的是,我对于"道"的解释是开放性的;这种解释不仅可以是形而上的,也可以是一种自然主义的宇宙论。我所坚持的观点是,我们不能将"道"当作一种具有单独的形而上学涵义的东西来对待,更不用说将其作为某种超自然的力量或物体来对待。很清楚,对于"道"的规范性来说,"道"必定具有实在性,无论它是何种形式的。

我自己相信,在这本书中我所持有的观念是建立在某种语言决定论之上的。至于其他方面,我的方法是关注于语义,而不是说话者的意思;我想重构的是隐藏在哲学对话之下的推论性规范,而非重构生活在数千年之前的人们的精神生活和信念。

在心灵哲学的意义上来说,我确实认为我们称之为思考的东西很大一部分是从语言而不是从心智的状态中获取其意图的。然而,我认为不存在意图的非语言形式,对于那些指向未来动向的路径的意图,尤其如此。但是,未来的策划(想象,憧憬)能力在这样的情况下会极大地扩张:它将能够使用一种概念上复杂的共同语言,而这种语言是由公众可获得的规范所控制的,这些规范就镶嵌在日常发展的语言实践中。因此,如果否定语言决定论导致了我对古典的观念学者、笛卡尔论者或洛克论者有关心灵和观念的说法的不信任,那么我所持态度的观念就是正确的

最后,细心的读者可能会注意到,物质名词的假说在我对中国思想的更大范围解释中发挥的作用,比在我先前的著作《中国古代的语言与逻辑》中减少了许多。我还未完成对这本书的批评。对于我在这本先前的著作中的意思,人们存有普遍、广泛的误

解。我从未认为古汉语的名词在语法上是物质名词;事实上,我在先前的分析中就清楚地否定了这一点。它甚至也不是一种语义学的主张(虽然我自己在当时对这一点也存有困惑)。它是这样一种主张:这些名词是关于对应于普通名词的实在的另一种反思,我认为这种反思有助于说明它们关于"名"(名称)的许多特征。

我仍然相信它对于这样的一种说明有所帮助,但是在这里,我肯定是扩大了我的分析范围。本书的主要焦点,是我在《中国古代的语言与逻辑》一书中所得出的结论,即中西两个文化之间更为至关重要的差异存在于,西方文化是以句法性概念和分析作为中心的。物质名词对这样一种差异提供了最佳的说明。其结果是,缺乏句法性分析的情况能够补充说明为什么物性(物质属性,可以重复的、特定的普遍性)模型不能用来刻画古代中国人对实在的存在结构所进行的反思的特性。我现在确实认为,句法的非句法的差异对于理解推论的各种不同规范来说,比任何抽象的说法都重要得多。

结论

请允许我再次感谢本书的译者推动我反思我的思想是如何继续发展的。这鼓励我开始我的下一个大项目:阐明"道"的结构以及由"气"的分布所塑造的自然主义世界中的"德",并且证明这将如何帮助我们憧憬一种自然主义的元伦理学。这个工作完成之后,我仍相信,我们的哲学结论将主要出自于我对自己最喜欢的《庄子》内篇中所展示看法的提炼。而且,我希望新一代认真进行反思的现代中国哲学家与我一起进行研究;这些哲学家们不接受对儒家思想的传统式辩护,而能使中国在哲学世界中发挥关键的作用,同时使其与驱使庄子提出了他精微的哲学思想的独裁传统主义隔离开来。

第一章　导论及蓝图

一个失而复得的文本通常是一个令人兴奋的发现。后期墨家辩证性的章节是一个绝佳的例子。他们作品的失踪并非物理意义上的丢失。在一个书厄把它变成了互不联贯的拼图难题之后，中国的典藏人员把它传抄了两千多年。注释的传统失去了理解那些文本的能力。一个清代学者首先在十九世纪末期发现了锁钥。安格斯·葛瑞汉1978年在他的《墨家后学的逻辑、伦理与科学》中完成了系统性的重构。

墨家著作使我们接近于具体的中国古典语言理论。它因此提供了一个难得的挑战和机会。墨家示范了与占统治地位的僵化的中国思想的相反一面。那种条条框框把分析性的思想与中国思想视为虚拟的对反。现在葛瑞汉已阐明那个时期许多的中国思想家懂得中国语言学分析的基本原则。他们既理解又应用其技术术语。任何对这一时期的相关考察现在必须承担一个新的任务。我们必须解释在语言分析方面如此浓厚的兴趣如何从哲学的语境之外激起。这个失踪的文本挑战我们去修正对于中国古典时期哲学的整个视角。

相应地，对于整个古典时期的总体研究亦开始重回时式。本杰明·史华慈在1985年出版了他里程碑式的《古代中国的思想世界》，而安格斯·葛瑞汉随即在1989年出版了他的《论道者：中国古代哲学论辩》(中译本由张海晏译,中国社会科学出版社2003年出版——译者注)。然而,这些研究都主要是发展了占统治地位的模式。史华慈检视了几个有关古典思想家的新思路,但他始终认为背离传统解释的理由是不充足的。葛瑞汉更是一个意图明确的修正主义者。(他的理论属于史华慈所拒斥的那种)。同时,他围绕自诺斯拉普(Northrup)首次提出而东方智慧的仰慕者们解释中国思想所继续使用的理性-直觉之二分模式构建其描述[1]。我把二者视为更深层解释的不同版本均予以尊重。把传统支离为零碎的分析的或直觉的元素,这是传统的标准观点的标志。史华慈把中国的语言分析视为次要和不相干的分支并基本上忽略了它。葛瑞汉当然给予了更精心的对待。他依旧把分析的理性和直觉的神秘主义(自发性)视为两种截然不同且不能相容的哲学风格。他主张,分析的理性在古代中国丢失了。

在我们理解中国分析性的哲学家之前,他们都轻视了修正和整合正统的解释理论所带来的挑战。他们均没有挑战我们熟悉的浪漫式判断,即反理性的神秘主义是中国思想的特异之处。他们都用不同的方式把语言理论家置于和中国思想主调格格不入的边缘。一个统一的解释应设法去解释在中国思想中这些不同的哲学方向,如何从一个共同的哲学观点及问题之中出现。

整合我们关于那个时期的理论,需要我们彻底地反思,我们对前分析性哲学家们的背景信仰所作的归结。一个统一的理论必须同时展示早期的哲学议题如何既引出了语言分析方面的兴趣,又导出了他们所依循的具体路线。那种认为语言分析在中国思想中属于莫名其妙的畸变的观点应当唤起了我们怀疑的眼眉。

新的透视及哲学的进展

我写作的动力与在我之前的那两位汉学巨擘不同。孔子指出过典型的两端："学而不思则罔,思而不学则殆。"当然,诀窍是去发现平衡之处在哪里。我的动力是哲学的,而不是历史的。我依重于其他学者们从中国思想中已获得的知识。但对我而言,挑战一直在于赋予他们一些意义。我对这个挑战的回应也是哲学的。在探索理论框架之时,哲学家们在进行思想实验。我们把哲学立场如何可能延展具体化,以此来测试它们。我们通过想象其他的理论而测试我们的直觉或深思的判断。

在某种意义上,哲学家的动力在于从零开始(from scratch)——立论从无立场开始(view from nowhere)[2]。当然,我们不能。但古典的中国哲学给了我一个再做最好事情的机会。对于一套截然不同的假设,哲学能如之何?我所追寻的假设是被强迫的,但不是由于我们想象力或目前理论目的限制。中国哲学容许我从解决一些突出的哲学问题的迫切任务中转移到进行一个思想实验上来。与此同时,它容许我从一定意义之上开始——而不是从无立场开始(but not from nowhere)。新的出发点恰恰是一处非常不同的真实地方。我设想我自己对于在实际世界中某个地方出现的哲学所作的再追寻,基本脱离了我们自己的空间、时间、语言、文化和概念术语。

文本和语言给这个哲学构想的实践设置了实在而多样的限制。我归结于中国思想家们的哲学的及概念的理论将要达到两个实验性的目标。这些理论应该既是解释,又是能被解释的,即,它必须如同表述一个理论一般解释文本,并且它必须解释为何思想家们使用那种语言及强调那些哲学议题会接受该理论。

我对目前解释理论现状的不满，因此远远超过其解释中国分析性语言理论之失败。它于充分地解释诸多事物方面一败涂地。它已经声名狼藉，(不可否认地)失败于赋予道家思想以意义。它把墨家思想诋毁为狭隘的、乏味的，或过于西方的，并且使法家思想成为一个官方所有的难以置信的意识形态。因此，它不仅边缘化了分析的学派，它还边缘化了除儒家以外的所有古典的思想家们。儒家理论甚至失败于赋予儒家思想本身以很多意义。它往往被辩护性的宣称所充斥，以为反对其明显不足，表现了一个现代的或西方的或(可怕的!)分析的偏见。

我不完全明确否认我的角度有过失。有很多关于不同事物的现代的、西方的或分析的观点。我相信一些而不相信其他。其中我相信的一件事是我个人认识的人中没有人凭空接受那些观点。除了在那些容易上当受骗者，我假定，已停止了阅读之外，我怀疑我假装这样做是否会提升我的可信度。因此我从不采用"事实就是这样，女士"的口气，也不代表追随循规蹈矩的学者们所持共识的那些人。我意识到，读者也会很快意识到，我不附和于这个领域中的聪明人。

如果考虑到我们天生的限制，客观性必须基于解释为什么我们的透视会改变的形式。我开始研究中国哲学，恰如葛瑞汉对具有丰富语言理论的分析性学派做出的描述。我首先思考那个学派。当对它有些理解之后，我留意于道家思想。它呈现出哲学地有趣! 然后是早期墨家，这项研究进一步扩展之后，它看起来更丰富、更关键。甚至法家，似乎也更有意义。儒家的正统理论似乎能嵌入那个统合整个时期的相关图式。

我关于中国思想的观点的关键就是这样。我归之于中国思想家的一个语言及意识的理论，和流行的西方观点有根本性的不同。这个语言理论使古代哲学家之间的哲学辩论富有意义。这是一个很与众不同的理论。对于这个哲学的传统我们能解释那些要么作为初始的、表面的、巧辩的，要么是一个有理据的语言理论——倘若考虑到中国的语言及他们其他的哲学性预设。它既解释，又能被解释。

尽管也是极端地不同，把一个极端不同的语言及意识理论归之于古典的传统揭示了好的哲学。但更重要的是，它揭示了一个观点中统一的哲学性的基点，这个观点以一种有趣的形式发展并成熟，直到被政治威权所禁止、所掩埋、所焚毁。这个新透视的唯一代价是儒家思想不再哲学地出现于顶端，事实上，它最终接近于底部。在历史上，同样窒息了哲学进一步发展的政治威权也给儒家颁授了高的位置。我的道家偏见之一是反对来自威权的论点——特别是政治的威权。

我将把如下在语言上的透视归之于所有那个时期的中国哲学家们：语言是一个社会实践，其基本功能是指引行动。引导性语句的最小单位是"名"^{names}。① 在大一些的单元里，我们把"名"串在一起。显见的构造成的语言结构是"道"$^{\text{guiding discourse}}$。② 中文

---

① 我将使用这个上标的注释来指称在我的解释性的元语言中的汉字。当我使用这种注释，我是在使用（或提及）中文概念。上标上的翻译有助于知道中文的读者确认该概念而使其他读者理解该理论，使用这种注释不意味着所提供的翻译和所倾向的概念完全一致。整部此书，而不是上标，才是我的透视理论。一个上标的变化并不意味着一个字符的变化。在本书之末，我附有一个带着不同上标的词汇表。
② 此处和西方思想的显著对立在于缺乏和句子相对应的成分单元。中国的思想家们不把句子的单元当作中介的结构加以区分。因此，他们不关注真理的条件。类似地，他们的心灵哲学不包括关于信仰的理论（精神中的句子）。而且他们的德性理论不关注规则（普遍的祈使句）。后期墨家的确开始分析成分，但主要分析名号是如何被合成的，包括了名词和动词短语。

对应的解释是对真理条件的描述。毋宁是，去解释道，乃是去践履它。对于"道"^(guiding discourse)的解释由解释界定它的"名"开始。在理解一个正统的名号时，你在根据一个"道"^(way)来指引你行动的过程中，理解了一个社会上共享的做出区别的方法。

在这个透视中，激起怀疑主义和驱使哲学的反应的议题和西方传统中的对应部分在可理解的方式上有所不同。这些议题包括：(1) 什么标准可以指引区分及应用一个术语的社会公约？①(2) 是否有语言之外的引导资源或标准，及(3) 在指导行为的过程中，我们能否找到任何永恒的（客观的）运用语言的处置方法；或者解释指引的方法。这些问题，我会论证，既被早期的哲学家们所发起，又引出了新近才被发现的新墨家的语言理论。后期墨家提出了一个关于名号的参照性的语义学，并植入了更大的语法项目中。所有古代思想家把语言视为协调和规范行为的途径。在这个传统中，没有人发展出一个语言的中心功能是代表或者勾画事实或实在的理论。

我的理论在古典的语言及意识学说中定位了四个演进的阶段。第一个阶段是积极的"道"^(way)的时期，这是道家们所谓的儒-墨时期。这一时期的哲学辩论集中于在引导社会时我们应使用什么语言。传统应当安排好话语的标准，还是我们应该改革那些标准？假如我们去改革它们，我们需要一个标准或者诸如效用之

---

① 现实主义议题与正统主义（单词使用方面）之间的对立依旧驱动了古代中国版的怀疑主义。古典的中国怀疑主义质疑命名的永恒性，而不是信仰或理解可描述的精确性。这种怀疑的前提导致了在引导行为的过程中，没有一种语言指引的方案是永恒和可靠的。后分析性的哲人们用两种结论面对怀疑主义的幽灵。道家像庄子，在摆脱了正统的怀疑的自由中开玩笑式地嬉戏。儒家及其后学，以及法家，把语言怀疑主义视为犯罪式的危险和失序。由于语言在协调和规定集合的行为中扮演了角色，怀疑主义用一种深刻的无政府主义威胁了社会。他们提倡使用独裁主义的方式以利用和稳定关于人们如何使用名号的社会控制。

类的尺度。我们如何证明使用这样一个标准是正当的？传统会拒斥它而且功利主义的确证以之为前提。

觉察到儒墨之争的无益，导致了第二阶段——逆语言的道的时期到来。这一时期儒道两家的思想家们均反对早先的以社会正统的话语引导行为的理念。他们诉求于一个自然的、直觉的或固有的行为指引。这个发展导致了孟子和道家思想之老子形式的学说。

第三个时期——分析的时期——揭示出逆语言见解的支离破碎。它导致了后期墨家学派的实在论分析。但是名家也包括了语言方面相对主义-怀疑主义的张力。这激发了庄子的怀疑主义。

对于分析导致了"名"上的无政府状态的觉察，引出了最后的权威主义者的时期。荀子正统的权威主义渗透到他的贵族学生韩非子身上，后者放弃了控制语言的意识形态，而专门表述执政者的利益。

这个统一的理论由此明确了一个核心的及占主导地位的哲学问题，这个问题揭示了古典时期对于整个议题范围的讨论。我将论证对于术语的实践性解释的问题——在具体安排引导我们的行为时，我们如何突出与一个术语有关的特色①——主导了古汉语的时期。

---

① 我的假设是任何一个丰富的、有活力的哲学时代都有一个占主导地位的关注点。在形而上学的术语中寻求对于意义和真理的描述主导了古典的希腊哲学时期。感觉怀疑主义及关于心灵和意义的唯名主义者哲学主导了欧洲的近代时期。同样地，陈述刻画圣人意识的形而上的态度，主导了新儒家时期。

在使用字词时,我们必须在新的安排中做出正确的区分。①中国思想这一古典时期的理想目标是得到一个永恒的道——一个话语形式,它能够可靠地引导行为。道家分析中的核心议题是常道需要不断命名,有很多可能的标准。任何实际的道在可能的标准中随机地挑选了一个作为恒常的指引去命名。

一般地,一个导论应就此打住。但如我的标题所提示的,这个导论还有更多事情要做。我设想多做一些事情而不仅仅是宣示一个新奇的观点。我将会申论,我所归之于中国思想家的理论更好地把他们的写作解释为一个统一的和连贯的哲学传统。这个申论要求确立一个竞争理论并解释在何种意义上我将提出的理论是更好的。这些论争是基于一个有关语言哲学与心灵哲学之间的联系的理论之上的。漫不经心的读者也许会发现随后的进程有些沉重。对于这个申论性的前言和导论的其余部分,我提出三个可能的路径。第一个是完全跳开它并直奔它的叙述,从儒家开始。第二个是只阅读它的正文而忽略其脚注,我已努力在那些注释中置入了更多鲜为人知的论争路线。我热情地邀请潜在的批评者和竞争的解释理论家们遵循第三种途径。

正统的解释理论

我将变换方式来称呼有关中国思想的标准的、正统的或传统的,或占统治地位的理论。与此相反,我会提出我新的解释理论。他们一起建起了有关中国哲学经典的被接受的观点。具体而言,没

---

① 这是一个中国版的克里普克的维特根斯坦难题。参见克里普克(1963)。遵循一个规则运用术语有何价值?我们如何把一个术语正确地规划进一个与学习状态不同的状态?

有一个是标准理论的范型。从这个道家理论的透视来看,所有我熟悉的不同的解释理论有一些很强的相似性。它们共享了一套相关的特性和假设,这些理论所共享的假设构成了占统治地位的理论。

除导论以外,我将说明占统治地位的理论中和我最相关的特性——它们把传统一分为二。它们都是(或许是下意识地)亲儒家的。为区别地位,它们以儒家哲学定位中国哲学。它们要么仅仅或主要讨论儒家,要么它们的解释夸大了儒家思想的中心地位。它们主要从儒家思想者的视角去讨论其他学派。一个标准的描述,突出了对儒家思想捍卫性的辩解。例如,它把明显是对儒家思想的哲学性批评当成是西方或现代的无政府主义加以摒弃,并且暗示那些提出此类反对的批评者具有一种不公平的分析偏见。

标准的理论通常采取的一个哲学立场是支持与儒家思想相适宜的学说。例如,直觉主义、传统主义、精英主义、右脑审美敏感性、反功利主义、德性和特殊关系伦理,如此等等。又一次采取了在表面看来不是可反驳的立场。我仅是对那些所谓的儒家立场少一些同情。但是我对其他立场是同情的,我把那些立场当作整个传统的共同点:关于心灵的自然的理论以及关于注重语言实效的语法理论。

相应地,我的反对不仅仅是针对我在这些哲学立场中所看到的缺点,也不是直接针对亲儒家的偏见。我反对的是,主导性的方略为使儒家看上去很好,对那一时期我们解释理论的其余部分强索的理论代价太高。① 标准理论以一个其他学派充其量不过

---

① 史华慈警告了我们,像我这样对于被接受的阐释提出修正有何危险。提出一个对已接受观点的基础性修正,他警告说,使我们承受所谓"特权的教条,或先验的优势地位"(史华慈,1985,第50页)。他怀疑我们采用特别超然的透视的能力,这使他有理由舒服地接受所继承的占统治地位的解释理论。但这是继续保持特权有优势位置的理念。它给传统以特权并使任何其他的提议负担沉重。(转下页)

是使他们难以诱导的理论来支撑这种对儒家思想的倾斜。墨家思想变成了浅陋的、没有吸引力的、低层次的、过于宗教性的道德主义,而道家变成了一个臭名昭著的谜团和自相矛盾的神秘主义。分析性的名家学派变成了无立场的逻辑诡辩,而法家变成了一种对独裁主义骇人听闻的又没有根据的称颂。甚至儒家也没有把一切开展好——因此这是护教学的需要所在。问题在于,标准理论在解释力上是欠缺的。

抛弃儒家偏见的好处是我们依旧可以像标准的描述那样赋予儒家同样的意义。我们仅是避免了滥用的赞同和辩护性的主张,此种主张的偏好是最典型的中国式的。儒家的立场是可以被辩护的,但也有一些明显的攻击指向它。在传统中难道没有人想过要发动攻击?假如我们寻求对儒家思想自然而哲学的批评,我们会发现儒家思想当代的哲学的竞争者们已这么做了。因此,我

(接上页)把解释视为理论,可容许我们没有假定一个有特权的见解而理解解释的过程。史华慈是正确的,即我们不能从一个空白的石板开始,并假定一个对中国思想没有中介的直接接近。解释中的理论优先如同在任何科学中的理论优先。我们漂泊在一个早先的理论之舟上,如同内拉斯(Neurath)的著名隐喻所言,即便是我们在修理它。我们依赖于被接受的理论以证明我们在修正它时所用的真正的假设。作为学术进步,我们寻找使解释理论更好解释文本的方法。我们为更充实的解释探索而工作。我的解释假设,不管怎样激进,并不等同于一个全新的理论。我提出的修正始于一个更高水准的抽象。但我的道家版本依旧遵循有关已接受的理论进行进一步修正的逻辑形式,以解决该理论中的问题。

每一个解释者必须面临的谜题是何者要修正及如何去修正。科学的平等线给了我们确认任何已提出理论的说明。同样的模式也提醒我们,即我们对于发现的逻辑,还没有合理的说明。或许史华慈的担心是我们怎么能想象使其他的理论臣服于对解释的充分性的检验。当我们在标准理论中发现一个顽固问题,我们所拒斥的是哪两个固有的元素?我们如何安排其位置?既然我们没有任何对原初事实的直接有特权的接近,我们如何应对这些问题?

我确实有一个方略。我不会从一个有特权的、先验的见解出发。我与道家的反对者逆向行之。标准理论主要寻求赋予儒家以意义并接受竞争者对于批评是脆弱的这样一个后果。我开始于赋予道家以意义。我的发现来自于系统地从标准理论中移除亲儒家(反道家,反墨家,反法家)的偏见。这是发现的方略。这个有防御力的方略来自科学的平行线——对新理论的解释能力进行可比较的评估。

们可以使这些竞争直接地明白起来。清晰地发展这些对于标准理论之哲学立场的批评,将给予我们在赋予整个传统以意义时所需要的火烛。标准的方略所赋予儒家的仅是片面的意义。

标准理论的另一个特征是它们把一个西方心灵及语言理论的概念框架归之于儒家作者。这是源自那种诱使我们把英语视为固定中文可能的意义结构的翻译范式。① 把中文与英文单词联在一起,进一步诱使我们把它们的哲学理论视为我们自己直接的等同物。我将会在下一节进一步讨论这个特性。

有关中国思想的正统解释理论是西方人在最初面对我们两个文化时所学理论的进化产物。在中世纪统治的晚期我们意识到了中国——西方历史学家称之为新儒家学派时期。② 在佛教长时期统治中国思想之后,新儒家时代来临了。我的阐述将说明,的确可以怀疑那些中世纪的儒家们,即新儒家们未能正确解释古典哲学。

翻译范式

一个标准的方法论和一个标准的解释性的理论相一致。默会的方法论是我们在中文里受到的部分训练。它灌输了一个翻译焦点。翻译传统扭曲了翻译的理论本质。我们假设当我们在

---

① 为向我的儿子表示敬意,我把这个"英语是唯一真实的语言"(English-is-the-only-real-language)的说法称为谬论。他第一次用那些单词阐明了这个说法。"为什么?"我问他,"你说英语是唯一真实的语言?""因为每一种其他语言在英语中意味着某事某物。"

② 与此相反,中国学者一般认为,中世纪晚期的儒家至少有三派:理学、心学、汉学。这些学派之间有明显的内部分歧。把三者归入一类的做法,因为合理的理论原因而在西方学者中持续保留。它利用了在新儒家传统学派中的历史理论的潮流。这个历史理论提出,在古典时期之后,政治高压带来了一个哲学的黑暗时期。一个为期八百年的佛家在学术上的主导随之而来。因此,在儒家的传承中,这是儒家思想被两个彻底的智力鸿沟分割于它自己的古典传统之外。

查字典时,我们正在学习那个术语的含义。从一个现实主义者的透视来看,一个字典就是一个被广泛接受的解释的理论——尽管是一种粗糙和没有论争的形式。① 我们知道翻译先于解释。当你提出一个解释,你应当引用一个翻译作为证据。这是翻译类似于观察。但是翻译自身预先需要一个解释性的理论为条件。所谓的证据是一个圆圈,除非我们能独立地支持在翻译理论中体现的解释性理论。在字典之中不是我们所需要的支持。字典是一

---

① 中文学生学习了一套词典教条,我们可以在不同的情况选择其中的内容。我们从书面语中学习的语法,其形式是用常规接受的一套含混的启发式教学方式生成英语的句子。科学适当的语法应包括一套递归规则以产生一套潜在无穷的有意义的字符串。关于汉代以前哲学汉语(philosophical Chinese)的翻译手册体现了一种功能上和英语句子等同的模式。翻译的规则因此跟从于两种语言的一个解释或理论的模型。我们认为,我们生来知道英语的解释。

在这种情况下,英语是我们建构解释理论的语言——和我们正在解释的目标语言相对的元语言。这并不意味着英语是有特权的。我们利用我们知道的资源来建构我们所努力解释的语言理论。我们惯用的谈论意义的方式加上翻译范式,把我们诱惑到我所说的"英语是唯一真正的语言"的谬论。我们谈到的意义好像是一个英语的语言结构。

汉学训练被翻译范式所主导。汉学家们关注和分析的重点是使用什么术语,而不是采用什么理论。寻找尽可能熟悉的术语时,他们不知不觉地把常规的概念假设翻译成自己的描述。他们接受每个翻译所造成的看似很小的不一致。他们用传统的路线消解这些问题,"翻译,毕竟不可能精确。"他们从来不去设想,差之毫厘,谬以千里。如果我们有想象力地并条理分明地阐述一种替代的办法,结果可能会更好地适应文本。

更深层的问题是翻译范式本身。不管某人是接受常规的字典教条或提出新的,翻译范式使理论和观察相混淆。翻译者设想,确定正确的对等英文翻译是一个先于解释,相对简单,经验性的问题。我们只是检查此种表达为中文术语使用的每一个语境赋予了意义。翻译范式忽略的方面是,很多其他的同等翻译可以为每一个包含此术语的单独的一句话赋予意义。要在其中做出决定,需要一些原则来评价关于作者所持有的信仰的默示理论。意义的确定不能独立于信仰之外。

个继承来的、零碎的、被分裂的解释理论。①

我鲜活地记得在我所有的中文经典课上,"这不是传统所理

---

① 翻译模式激发了常规的陈词滥调,但翻译者从这样的解释获取收益时,带着陈词滥调的问题就尖锐起来。她假设她之前之所为——翻译——是可以客观地证实的,而她即将做的是主观的和投机性的。然后,译者的猜测所遵循的推论,是她取自信仰的方案,和英语单词在其中运作的理论。这自然诱惑我们倾向于解释性的假说,即中国的哲学理论和我们自己的一样。其结果是一个循环的论证,即他们的哲学必须和我们的一样具有相同的概念结构。
翻译优先的弊病有两种表现形式。一个是因为翻译者选择了一个模棱两可的英文单词作为翻译。这样的翻译总是管用的,因为英文术语始终有一个意义认为它是有道理的。但随后解释者从其他的意义中提取了推论。一个例子是"知道"。我会认为,中文的"知"know 的作用仅和英文中的 know-how,know-to,或者 know-about 相似,但不是 know-that。翻译因此总是有道理,但翻译者们最终把西方认识论的假设归于中国的思想家,而不顾中文中没有相对等的信念动词或真理概念的事实。他们谈论的是知识,他们推论,中国的作者当他们谈论知识时,必须和西方哲学家谈论同样的事情(真正的信念)。
另一个例子是"论争"(argument)。它在英文有两个截然不同的意义。从一种意义来说,它大致和"争吵"(quarrel)相当。而另一个则是"证明"(proof)的代名词。葛瑞汉把辩dispute翻译为"argument",并自我演绎去发现中国哲学中的逻辑学和理性理论。如果是他们谈论"argument",那么这必定是论证的理论——证据和理由。
与此相反的错误发生于当我们发现自己为一个中文概念的不同用法使用了好几个英文术语之时。当翻译者选择使用哪一个术语,他们假定中文的作者是在所选择的英文单词的意义上使用它——好像他的头脑中有英语。他们未能试图提出一个关于术语在概念方面有何作用的统一理论。这就导致他们接受汉学界的口头禅,即汉语词汇有很多不同的含义,并进而接受我一直反对的支离破碎的理论。翻译范式掩埋了不同的理论家及他们理论的不同方面之间的概念联系。例子有很多,重要的几个如:命to name; command; fate,是this; right; assent; is,道doctrine; way; speak; guide,法standard; laws,言words; language; doctrine,为do; deem; make; for the sake of,等等。我们必须记住,讲话者在这些不同的语境下使用相同的术语,他不需要仅仅是因为我们使用两个不同的英语对等词而假设有两个概念。他甚至也不必假设,我们确定为名义上的和口头上的用法是不一样的。当然,我们可以推断他在这方面是错误的,但是,把我们关于字符的就算是所谓真正的信念归之于汉语作者,也是似是而非的。它对我们的促动,主要是通过要求我们翻译成英文时,使用讲话中等位的一部分。没有汉语作者会留心于这种方法。
在进一步确定一个解释时,理解个别句子的意义是不够的。我们必须使所归结出的与推论相关的信仰和哲学理论图式富有意义。一个翻译是很好的,当且仅当,我们能够论证说,在所归结的信仰之中的推论模式是可理解的。我们可以说一个哲学家有一个确定的概念,当且仅当,我们可以给出他采用与该概念相关的理论的一个理由。在所归结的概念之中的推论模式必须对中国哲学文本比现有的其他模式解释得更好。如果术语之中的推论模式是不可理解,那么该翻译是错误的。(转下页)

解的方式"这样的说法多么频繁地出现。我们的训练因此谆谆教导了一个儒家认知方略——与传统或正统的解释标准相一致。良好的学术翻译其被承认的标准是译者必须参考和引用注疏以支持其翻译。①这提示学生论争的正确形式是求诸传统的权威。

　　这个工作的个性特征是我关注于理论的一个后续成果。我不能宣称去报告一个学界共识或最近五十年的汉学结论。有时候这使人感到更像是对于令人沮丧的不足的招认。那些宣称懂得中文的人使我确信假如我懂中文,我就会明白这正是它的意义。经过数年研究,此事从未在我身上发生。我通常不得不把意义理论化,然后再检测我的理论。把一个特定的意义归之于一个环节似乎是要求我把某一个特定的原则归之于作者。要这样做,我需要看到一个作者为何要持这种理论的可靠原因。我极少在那些注疏中看到一点可信之处可作为显见的理由。

　　既看不到任何明显的意义,又不能理解这些被归结为一望便知的中国人都明白的教条,我觉得像观察皇帝新衣的孩子。我对

(接上页)翻译的字典模型只会把这问题弄得比翻译模型本身更糟。它把字典作者的意义理论当成是给定的。然后,当面临概念之中有效推理模式的缺乏时,它就推断说中国思想家具有特别的,充满异国情调的推理策略。因此,依赖字典范式迅速导致的结论是,中国的思想家使用一种特殊的逻辑。词典翻译实质上保证一个人的解释性理论将是非独创的,刻板的,不协调的,及含混的。因此,哲学家们把一本字典当做只不过是多变的,无组织的,草率的,和理论上不负责任的语义理论。

① 对于中文语法的称述主要包括与词典相连接的启发式翻译。否则,中文方面的专家所专注的要么是音韵学,要么是语源学。他们建构了的竞争理论是关于各种文字的原始发音,或追踪象形的形状如何从假设的表意文字发展而来,或在甲骨和青铜器上的实际图形。由于缺乏任何可信的递归语义学或解释性理论,学者们往往把解释的理论进路看作注定是不守规矩的,除非它从音韵学或词源学上得到支撑。

意义无感？我是思想狭隘者？我应该仅仅接受此点，即根本上不同种类的事情可能是中国思想家的理由吗？我怎么能发现那个解放的真理，除非我有那个难以琢磨的方向直接靠近别人似乎看到的蛛丝马迹的意义？但是，试了又试之后，我能看到的只是字符没有任何先兆，我的眼睛没有看见任何意义的微光闪烁。挑战在于摆出其他什么理由，才可以理性地加以陈述。这正是我现在努力要做的事。

我直觉的假设是实事求是的。一个表述有一个意义，注疏提出了它有什么意义的理论。词典是一种理论。一段翻译预示着翻译者的理论，这不是关于它的证据。当我们采用不同的意义理论，我们把作家归属于不同的信念。如果我说"牛"ox这个字指狗，而你说它意味着马，我归属于作者的信念是有一只狗，而你归属于作者的信念是有一匹马。当一个解释性的语言理论更好地阐明了它所归属于作者的信念时，它是更合理的。

标准理论把一套不连贯的、神秘的、非理性的信念归之于道家。我将提出一个理论，使他们不仅是合理的，而且对儒学批判是深刻的。那也不是诉求于威权，或是对翻译的循环引用，是我修订了的诠释理论的证据。

假设一个标准理论的辩护说："但是，这不是我们解释理论的一个失败，即道家看起来是非理性的。他们实际就是！"这只是回避了这个问题。如果他们补充说："你看，这里就是他们所说的。"并提出一个翻译，他们所依靠的恰恰是有争议的诠释理论。假设他们补充说，"中国人思考的方式和我们不同"，我们只是询问他们怎样可以知道这样的事情。"好吧，看看道家！"这又是回避了问题。确认"假如道家思想似乎是非理性的，这不要紧"的假设的唯一途径，是要表明，在没有合理的解释理论的基础上，我们能理解它。

我认为要说明道家的意义是有可能的。这个形而上的争论表明，如果可能的话，这样的理论在那方面优于标准理论。它表明为什么在意义理论上诉求于威权或传统是无效的。一个较好的关于意义和背景信念的理论是一个更好的理论——代表一个时代。当然，没有什么能强迫一个人放弃坏的理论。但是，如果这是一个更好的理论，我们应该采用它。①

---

① 一个简单的问题，澄清了这种实事求是的直觉。是什么让一个解释性的理论是正确的？答案并非同样简单。我们需要一些原则来选择预备的诠释理论：例如，儒家的原则和传统符合。一个解释性理论有什么特点使之在科学上优于其他？哲学家们提出并讨论了两个这样的原则：宽容原则（the principle of charity）和人文原则（the principle of humanity）。宽容原则是以正式的以逻辑为基础的哲学理论的动机的一种自然延伸。它认可的解释性理论，使更多目标语言的表述文献成了正确的。
人文原则的倡导者担心宽容原则的应用构成了威胁，因为在实践中，它给那个语言的使用者强加了大量我们（带着一个完全不同的科学和文化背景）接受的真理。因此，他们建议，我们取合理性的最大值，而不是真理。我们认为，人类理性处于相似足够的情形，我们可以理解它们。我们应该能够理解什么促成了中国哲学家采用一个理论不是另外一个。我们能够认可什么可以算作另一个理性的人的动因去采用或表达一种学说。人文原则从而容许我们总结和任何我们现在采用的或历史上采用的相区别的哲学理论。我们的解释理论必须直接地阐明为什么，给人们其他的信念，他们怀疑地接受这些信念。它现在（或任何时候都似乎）对我们看来是正确的，那不是关键。
因为他们开始于解释性语言理论的概念，这两个原则都加强了对于意义整体属性的假设。我们在一个单一的系统理论中归结一个语言的意义。宽容原则选择的是翻译手册，让尽可能多的表达成为正确的。尽管如此，用普通汉学的方法，宽容原则的效果将流沙置于零碎的研究之下。一个翻译者声称要证明解释性的假说（例如，在一定程度上对这个字是的翻译是正确）。他引用含有这个字符的一个句子，并使用所选择的术语或词组来翻译。如果它对翻译者来说似乎是真的（或如果它类似于一个熟悉的西方哲学理论），那么，他依靠他的案例。结果是，我们往往中国哲学家归属于一组熟悉但无章可循的哲学学说。
人文原则，也需要理解文本片段的解释。但是，所提议的解释谈到的意义，并不是给予翻译者当下孤立思考该句子的直接意义。所需要的意义是违背事实的。使用人文原则，我们含蓄地问这样的问题：''这样解析的段落能够理解一个接受她那个时代的背景学说并使用充满理论的术语潮流加以操作的哲学家吗？"人文原则，从而迫使我们认识到，我们在每一个翻译中假定了一个整个传统的解释理论。我们在同样的理论中总结信念和意义。因此，从根本上修正解释性理论不太可能形成一个重点更加突出的研究课题的摘要。在更窄的研究中，研究者可能会把所接受的理论大纲视为理所当然。
因此，把解释当作解释性理论的理念，加上人文原则，使得诠释整体论的重要性不可避免。在我们关于任何部分的解释中，我们假定一个关于古典时期的整体理论。

学派割裂的观点

我列举的儒家可能的偏见是不完整的,并且如我所论,是非定论性的。表面上,他们没有使正统理论令人生厌。我反对它们,因为它们破坏了我们理解其余的传统的能力。我现在想集中精力于主流解释理论中其他偏见诱导的结构性特点。

我们目前的新儒家学说的模式有两个相关的可疑假设。首先,他们在不同程度上接受一个关于古典时期学派零碎或孤立的观点。他们夸大了学派之间的相似之处,而不再强调学派之间的影响。新儒家的正统将交叉于各学派之间的哲学术语和假设最小化。它也淡化哲学进展。学派分析把典型的哲学进展仅仅看成是深化或阐明了那个半人半神的创始人的见解。如何与竞争的理论进行哲学辩论激发了理论的变化,它往往淡化了这一点。

学派被支离的观点奠定了古典中国思想的僵化出场。一个典型的描述用百科全书的结构探讨中国哲学,其中儒学和道家思想仅仅是两个不同的条目。①

---

① 孔子创立了儒学。孟子和荀子做了详细的阐发,并用重点略有不同的理论做了充实。老子创立了道家思想,而这又是一个单一的理论。老子和庄子接受相同的核心信念。他们也只是在侧重点上有所不同。现在,此外,还有墨家(一个奇怪和浅薄的理论)、法家(专制和肮脏的),以及名家(既费解,又无关紧要)。
陈荣捷的《资料书》(指《中国哲学资料书》——译者注)是这种结构的典范。但史华慈更从历史观点上组织的《世界》(指《古代中国的思想世界》——译者注)仍然体现了余波。史华慈和葛瑞汉都开始于孔子且在历史观上以墨子随后。但是,随后史华慈把老子和庄子用"道家之道"的一章孤立起来,而孟子和荀子则被一起放入"对儒家信念的辩护"。葛瑞汉有一个更有历史性和原创性的组织。但是同样,他的中间部分的章节是"从孔子到孟子……""从墨子到后期墨家……",以及从"杨朱主义到庄子的道家思想……"每一个都表明,哲学的进步是一种自我蕴含的思想成熟过程。这些组织模式的主要受益人是孟子。它掩盖了他反墨子之案例的弱点,并忽视了老子和庄子对固有观念的抨击。

基于任何另外可选择的理论路线必要的失败,其他学派只是反面教材。正统理论不容暗示,儒学可能从回应反对者的批评——尤其被非常鄙视的墨家中获得成长。因此,正统理论把古典时期支离成理论上孤立的多个学派。

其他学派只是在任何可替代的理论路径必然失败的情况下的客观教训。主流理论不容有任何暗示说儒家思想是从回应对手的批评——尤其是备受鄙视的墨子——中成长起来的。因此,主流理论将古典时期分割成理论上彼此孤立的学派。

我不会完全拒绝学派分析。传统的学派划分代表一些共同的态度。最接近学派的事物是基于文本的共同体所关注的文本。他们研究、维护,并更新了大师的话语,并与其他共同体相辩论。当我们把这些共同体聚拢到传统的学派中时,我们把不同的,往往是不相容的,并日益增多的更先进的理论集合起来。我建议把进步和变化理解为他们与其他这样的学派辩论的结果。(4) 它们并不包括几个只是成熟于一个内部和莫名其妙的理论成长过程中的核心思想。哲学的进步,通过交谈,而不是私人的思考。正如老子所说的那样,无常道。我要强调发展的观点,并追踪所有学派哲学论辩和理解的成长。①

---

① 我关于这一时期哲学发展的观点,将转而聚焦于孔子和墨子,孟子和老子,庄子和荀子相似的方式。孔子和墨子都认为,社会领袖的任务是要培育一些导向话语。他们不同意什么公众的导向话语的语言内容应以官方形式升华和鼓励。孟子和老子针对不可调和的儒-墨争端形成了一个反语言的回应。他们共享对自然性的诉求,且厌恶语言对自然特性的扭曲。此外,老子介绍了我们如何在学习一种语言真正的过程中可能得到明显的直觉。后期墨家对于反语言的观点明确表达了决定性的反驳,并为把语言奠基于世界之中的异同而争论。庄子认为,世界上没有独一无二的方式来标记异同。他表示,天生主义者(innatist)的直觉主义和墨家的现实主义都预设了有争议的标准。荀子在相对主义者务实的理由上复原了传统,作为对庄子挑战的一个尝试性解决。韩非子遵循了荀子注重实效和拘泥礼俗的论点,并沿袭和历史有关的传统主义。他只是敦促统治者提倡任何有益于统治者和政府的学说,而禁止所有其他学说。

即使我们不能拥有史华慈中立的角度,我们至少应该用这个颠覆了常规偏见的解释理论去做实验。道家的方法可以恢复道家的内容。反对的理论有比标准的解释所承认的更多的深度和价值,我们应当探索这种可能性。我们仔细而同情地观察儒家反对者的批评,并用批评的眼光看待儒家辩护的充足性。我们把整个时期看作一项持续不断的对话,其中哲学进展的动因来自批评和质疑。相反,正统的解释,削弱了每一个对手批评的力度。我将努力突出这些批评。正统的解释可能会移除对手竞争理论中的动机或明晰度。我将试图恢复之。正统理论甚至可能扭曲儒家思想,使之免受当代批评的攻击。我将带着强调和毫不掩饰的道家的高兴,来说明儒家论说中的薄弱环节。

意义变化的假设

正统解释中第二个初始理论特点支撑了这种孤立的学派分析。标准论述杂乱地使用意义变化的假设。意义变化的假设从共同关注的问题的语言之中制造了学派的孤立。每个意义变化的假说都需要诸多学派在谈论根本不同的东西。和意义变化的假说相关的术语,有两个最突出的例子:道(导向话语)$^{guiding\ discourse}$和法(标准)^{standards}。标准解释说,道家和法家改变了其重点术语的意谓。当道家谈到道(形而上的绝对)$^{metaphysical\ absolute}$或法家谈到法(法律)^{laws},他们改变了主题。这样,意谓改变的策略有效地把儒学从批评和竞争对手隔离开来。

正统理论,其割裂学派的做法需要补偿道家、墨家、法家和儒家无关的论点。我们坚持分类,尽管认识到既非道家思想,亦非法家思想是一个标准意义上的学派。理智的历史学家在汉代(树立了儒家政治上的正统)追溯性地发明了这些名号,并用它们识别和区分古典思想中的某些派别。这些历史学家用一个术语为每个学派命名,他们认为那个术语是某一派思想家的统一关切,以道^{way}为道家之名,而以法^{law}为法家之名。

  正统理论人为地强迫这些作者聚在一起,并把他们分离于主流的哲学话语之外。标准的观点,不仅给他们一个单一的概念重点,也是一个关于那个关键概念的单一核心理论。道家,他们声称,改变了道(道路)^{way}的含义,从道义原则变到了形而上的一元绝对——在中国相当于巴门尼德的存在。法家也改变了定义他们学派的术语,从法(标准)^{standards}变到了积极的法^{law}。①

---

① 这些只是对意义变化假说最恶劣的使用。汉字有很多习以为常的含义主宰了关于中文的汉学神话。对这一分析的最常见诊断是,翻译者把作者关于某些议题的理论混淆为他所使用的词汇的含义。所以孔子说,君子关注的是义,小人关心的是利。通常的做法是认为对孔子而言,"义"意味着和利益相反。当墨家把义界定为利,这迫使我们说,要么意义发生了变化,要么两者之中有一方误用了它。对于传统而言,孔子定义了正确的用法。墨子因为缺乏语言学和三段论的专门知识而被嘲笑,他在语义上是含混的。为尊重儒家所需要的是,墨子的道德理论必须是一个矛盾。

相反,我们应该说,孔子有一个道义理论,而墨子提出了一个相匹敌的道义理论。一个充足的意义理论应该把义看作具有共同的意义以说明竞争的理论如何可以采用这两个对比鲜明的道义理论。那使我们能够看到学派之间的实质性分歧。只要存在分歧,儒家主张的意义变化战略使所有的哲学争端仅仅成了口头上的。然后,由假说,他们期望我们认可儒家的用法是正确的。

这种普遍看法的另一资源来自对我们的词典理论的混淆。西方的词典传统衍生于我们的欧几里得和柏拉图的遗产。我们设想了定义应当表达一个意义的概念。汉语的词典传统更有历史性。它收集了历史上不同的使用例子,并列出了每个用法可能的词汇(或词组)的替代品。它还给词汇给出了历史因果的理论——一个传说中的词源学和例行地象形或表意文字分析。我们倾向于把每一个条目看作是一个不同的意义。

现在,意义的概念是足够模糊的,足以使我们能够把不同用法与不同含义一起运作。但是,如果我们提出一个核心意义,它解释了不同的用法,我们的解释理论将更加连贯。这样,当不同的哲学家不同意彼此的哲学主题,我们将不会把他们的争端当作仅仅是口头上的加以排除。并非所有的哲学分歧都是以不同的意义使用他们的关键术语所造成的。

这就是病态使用意义变化假设在意识形态上的影响。我们不能把对手学派的理论看作批评意见并努力改善儒家理论。汉学家们把意义变化假说(词汇意义在中国的变化如演员在演出中改变行头)当作实证的,观测到的事实提出来。这好像是意义是围绕那些词汇的惹眼的光环。那些懂中文的人已经学会了看见那些光环,并可以在它发生变化后直接地感知到。正如我已承认的,我不能宣称已看到了意义的蛛丝马迹。因此,我不能凭经验证明他们并没有改变。但是,无论何时我们发现一个反对的理论,任何使词汇的意义发生变化的意义理论都使哲学分歧难以解释。它强化了把学派看作只带有一个自我包含内部动因的观念倾向——显著不同的语言。

因此,我们有理由去怀疑在标准解释的细节和结构两个方面都在意识形态上被引发的那些偏见。意义变化的假说支持了学派割裂的观点所施加的零碎称述。这些以保护儒家思想免受当地哲学批判的方法,为定性儒家的竞争对手提供了原料。儒家进行了护教式的论说,从而把对他们最哲学的批评当作是西方的哲学偏见而打发掉了。但是,如果我们把意义看作竞争对手之间共享的理论,我们会发现尖锐的批评在中国自己的古典传统中就被明确提出了。

印欧语系的语言和思维理论

一个不同类型的怀疑源于我们关于佛教对新儒学影响的认识。要拣选出这种失真的来源是相当复杂和困难的,因为西方的偏见与新儒学合作起来把它强加于其他经典思想家。佛教思想来自一个与古希腊和中东的文明有广泛历史接触的哲学文化。

其语言和思维理论的概念结构比较类似于我们西方自己的民间心理学。新儒学吸收了这一语言和思维理论，因此，对我们来说，很难以隔离和压制它。我们不能恰当地概括和检查它，因为它似乎是显而易见的常识。它也非常类似于我们自己两千年古老的信仰传统。我们甚至很难察觉。

新儒学是一个经院式的儒家运动，只有佛教是其重要的哲学敌人。① 在试图恢复古代儒家之道的努力中，佛教思想和道家思想通常会被刻画成功能上的孪生儿——和儒学相区别的陪衬。它把道家思想作为经典的坐标加以反对，以此来表达其关于儒学特别价值的理论。这浸染了整个古典时期的表达。佛教的形而上学和佛教思想与道家思想之间相似的预设主导了新儒家对哲学议题的重构。这些人们熟悉的事实表明，正统解释的错误可能有两个来源：(1) 它可支持儒家思想；或 (2) 它可能预示一个佛教的概念框架。

学派分析使我们假设一个晦涩和神秘的中国逻辑，在西方的光束下是非理性的。佛教的影响使我们设想中国思想家分享了西方传统的心理学理论。从事物的面相，人们可以为正好相反的分析——他们的推理路线（其实际的认知心理学）更类似于我们，而不是他们的心理理论——做出更合理的判例。我们共同的语

---

① 被认为是标准的理论自己对于汉语思想史的陈述引导了我们的疑虑。其持久的迷惑在于面对一个已经改变的思想背景而振兴古典儒学。从哲学的玄学时代出现是渐进的。汉代把中国哲学的重点改变为折中主义，阴阳宇宙观。魏代的玄学学派紧接着出现。它结合《易经》的阴阳和太极宇宙论重新解释道家思想，并试图使结果和儒家相协调。佛教传入中国的途径是将其学设置入玄学研究的框架内，并主导了漫长至唐朝的一段时期。魏代的宇宙论原型塑造了佛教思想，接下来是新儒学。它给他们的一种模式把孟子的固有观念说纳入到宇宙之中。他们用相同的模型检视道家思想，区别只在于其超道德的宇宙观。因此，新儒家用佛教形而上和神秘的模型重建了他们对古典儒家思想和道家思想的陈述。古代的儒家思想对道家思想而言，正如儒家思想对佛教思想。

言、知识和社会智能有不同的理论,这是有可能的。西方流行的心智主义者(mentalist)的理论是可疑的,而且即使在西方的思想家和认知心理学家之中也是有严重争议的。和西方的逻辑相比,它在可能成真的方面要差得很远。

在中国哲学的玄学时代,佛教对标准理论的冲击和中国语言分析的缺失相吻合。玄学时代的哲学家们显然没有欣赏高度技术性的、深刻的和棘手的墨家后学的语言理论。玄学时代之后,佛教对中世纪中国长期智力上的统治因而具有特别的意义。自佛教遮蔽之中重现的儒家思想可能依据佛教的语言和思想理论解释它自己的古代理论。西方的传播者可能不自觉地长期保留和夸大这种扭曲。佛教理论与古希腊共享之处如此之多,以至于结果看起来很像我们自己继承来的语言和精神方面的哲学观点。

在这场无意的自欺欺人中,新儒家运动和西方的理论家们是不自觉的共谋者。但是,不同于我此前有针对性地提出的儒家偏见,这种倾斜并不一定支持儒学。有关语言外来的假设所订的框架也可能扭曲儒家思想的哲学基础。

我们知道印度与西方哲学的诞生地及西亚之间坚实的史前文化联系。印欧语系被公认的边界只是一个早期文化迁移的展示模式。关于古希腊哲学的历史,我们追溯其起源,与小亚细亚爱奥尼亚地区的中东部有文化联系。① 历史学家们还为有哲学修养的印度婆罗门阶级指认了一个印欧语系的血统。最终,我们从历史得知,亚里士多德辅导的亚历山大大帝扩张了希腊的军事

---

① 印度和希腊的语言及精神哲学在哲学上的相似要么由文化传播,要么由独立发现或两者兼备来解释。鉴于那些语言有家族近似处,我们可以很容易理解对于他们的语言,他们采用了类似的理论。文化传播可能是从印度到希腊或从希腊到印度,或从其他一些共同的发源地(中东)到两个地区。

和政治力量,远至于印度。

因此,毫不奇怪,印度的哲学同希腊语言和心理理论共享了许多重要的概念。① 从根本上说,印度思想认为语言的功能主要是代表性的或描述性的。佛教逻辑表明一个论点或证明的明确概念被看作是一系列主谓结构的句子。作为一种论证结构的理论,它有一个充分展开的逻辑意义。印度逻辑,如亚里士多德的,关注于三段论的形式。

其心理理论同样显示了惊人的相似之处。它围绕信仰和理性与目的有关的概念,作为信仰达成、修正和抛弃的方式。信仰和欲望相对比。信仰加上欲望解释了人类的行为。印度思想,更像现代西方思想,发展了一个身心形而上学。心灵是精神物体的一个领域,就像物理世界是一个物质形体的领域。两个传统中的怀疑论者都挑战了领域之间的所谓对应。精神实体是人的幻想吗?精神实体对应于物理世界中的物体吗?

一般的印欧语系精神理论关注于认知官能。知识的模型通过心理内容——真正的信仰准确地展现。精神术语把自己融入信仰——精神作品或精神语言的句子。这些精神建造(思想)描绘了客体可能的物理结构。如果描绘是准确的,信仰就是真的,如果它们不是,信仰就是假的。通过怀疑作为我们信仰原因(证据)的感觉,这种模式带来了信仰的怀疑主义。激进的怀疑主义接踵而至,因为我们永远不能客观地测试我们的心理的内容是否符合这个世界。我们进入这个世界的唯一路径是在怀疑的攻击

---

① 我提出这种说法颇为不安,因为我不是一个梵文学者。我依赖于其他关于印度哲学的描述。例如,参见齐默(Zimmer,1951 年),第 4 页;第 333—63 页;及乔德赫瑞(Chaudhuri,1979),第 22—24 页;第 64—83 页。显然,使用标准理论同样处理中文的人会推论以为,中国思想家们有一个关于意识、意义、信仰、句子、心身、感觉、数据等方面的理论。

之下通过我们的感官。

像传统的西方思想,佛教的语言观和其精神观想啮合。它同样关注语言如何与现实发生关联。该理论把精神理念看作字词的解释。理念具有图示的内容。这个图示的内容使他们和感觉到的物体相关联。因此,语言凭借其链接到理念的优点而具有语义价值。理念理论解释了意义,并且它说明了我们如何理解语言的文字或的声音以及如何在世界上应用它们。①

西方常见的对于身体和精神的概念式分离,也在印度思想随后产生的常见精神概念上留下痕迹。印度思想,就像西方思想,用主观主义者的理论术语如经验和意识把语义学和心理学混合起来。这些建构了一个个人心理学的主观图示。正如我们指出的,在佛教中,犹如在英格兰,这些关于世界的内在图示产生了一个对于外部世界激进的现象学怀疑。哲学话语的杠杆撬动了一个内在的,私人的主观性与一个外部的,抽象的,客观的,超验的

---

① 注重图示的对应性导致了佛教徒,像希腊人一样,给现实(如逻辑)一个主-谓形式。主语对应于事物,谓语对应于功能,品格,属性,本质和特点。像希腊人所做的那样,他们假定,使用一个单词假定预示着永久物质的存在。当一个普通的宾语发生变化,我们使用不同的谓语而带着相同的主语。几年前,我们说过"Peter is young",现在我们说"Peter is old"。Peter 必须经由我们的理念指向一些根本的,不变的东西,即曾经有过正年轻的属性,而现在其属性正好相反。变化从而预示了一些根本的永久性,它具有不断变化的属性。出于同样的原因,多样性的呈现要求依据一个根本统一的解释。"这是一把椅子","那是一把椅子"。以相同的名称称呼它们,必须有一些它们共享的深层本质提供正当性。在很多本质之后是不变的本质。不用这种推理,抽象本质就是我们的理念之为理念所具备的内容。因此,像希腊人,印度哲学家们提出了一个实在和精神呈现之间的对立。它们充分膨胀的关于证明和论据的概念给了他们一个熟悉的理性概念,像希腊人一样,他们拿它来和经验对照。理性在修订信仰上的功能是产生关于现实世界的准确图示。真实的世界。这意味着穿过关于不断变化的外观世界的可疑判断。其结果是令人惊奇的假设,即希腊和印度的理性主义所共享的是:实在是永恒的。在这个程度上,任何变化都是虚幻的。

实在相对照的支点。①

因此，印度思想和希腊及西方思想共有一个对于形而上学和认识论的关注。它们把语言的功能看作是沟通信息的内容。它这么做是因为字词指向世界上的事物（客体）。字词要做到这一点，是通过一些语义调解——一个理念、本质，或意义。由于许多物体具有相同的名称，该名称必须直接涉及每一个客体都有的一些本质或属性。那个共同的本质使它们成为客体的一个自然集合。精神理念把这些名称和集合链接起来。佛教思想，像西方思想一样，由此接受了布莱克本(Blackburn)称为意义急转弯的理论。[5]一个意义是世界上一个字词和一个事物之间的调节。

把印度的精神理论翻译成西方的术语相对比较简单。语义内容（意义、概念）被带入精神客体（理念）。[6]三段论逻辑和证据模型推理支持这一精神语义理论。推理运作于信念（认知，语义，心灵的主观内容）。心灵以信念和愿望为前提建构了精神证明。这个实际的推理产生了精心的，精神上负责任的行动。

共享证据的模型随后带入了真理的概念。真理是句子的语义价值，因此，对信仰而言也是一样。证明中的结论句从构成证明前提句中承继了真理。原因就是前提。在实际的三段论中，结论是一个行动和欲望，而信念是行动的理由。

我试图在这个简短的陈述中强调，语义学、逻辑学、心理学和道德理论之中的概念簇，如何共同发挥作用。这些都不是随机

---

① 理性与情绪（以及由此发生的对于后者的强烈发对）的对比源自相同的结构。信念和愿望的心理学与身心二元论相关联。信念和愿望与动机同在。但是，信念是典型精神实体。他们不能直接作用于物理客体。因此，我们推论说，欲望由我们的物理属性而起。它们就像是本体引入到精神之中的感知。它们是对于我们身体状况的感知。欲望和理性的理想化活动相冲突。它们往往混淆，破坏和歪曲关于外部世界的精神的，哲学的内在图示。

的,孤立的观点,而是西方和印度哲学中共有的中心的概念结构。①

读者现在也许可以在本节欣赏我的动机。这些想法并非孤立的条目,如成包的谷类,某人可以从思想超市的货架上取走。把这些理念归属于一种哲学文化,就是把一个理念的网络归属于它们。从套路中归属一个信仰的合理性取决于他们有一个其功能与他者相连同的理论。某物算作同样的理念,当且仅当它具有相同的理论连接。显然,我倾向于否认中国思想具有印欧语系中主观心理学和语言学理论的整体网络。

即使在正统理论中,这也是一个陈词滥调,即中国人没有表现出身心二元论。但正统理论,把这种二元论只作为一个孤立的学说。它没有注意到和我们熟悉的关于私人心理内容的民族心理学的这些深层次连接,理念和情感、意识、认识及经验的区分。它忽视了处于中心位置的身心二元论如何对应于我们传统的语言意义观点——也就是我们的理念理论。其结果是,我们在印欧语系心理学和语言理论的背景下,未加批判地解释了前佛教时期的思想家。

因此,我的路线探索又采用对立的颠覆。凡正统理论在解释中使用我们熟悉的心理学假设的地方,我就摆脱那些假设来做解释工作。不过,这个怀疑主义的二手资源,提出了一个深刻的问题。我可以针对任何一个把印欧语系的语言和精神理论归属于中国古代哲学家的假设。但是,我们如何改进心灵主义理论?我

---

① 它甚至已经回响于印欧语系的宗教思想之中。在两个传统之中,这种精神的形而上学概念作为一种境域,理念在其中帮助验证关于不朽的哲学证明。它产生了关于身体之死,欲望和罪恶的常见联想。生活、意义和价值与意识、精神、思想和理性相关联。在精神超越方面的纯洁追求源于理念理论之平行结构。

们能够设想一个替代模式吗？我们的困难在于建构和说明一个清晰易懂的替代者。我们印欧语系的概念透视是如此流行以至于任何替代者似乎都是公然犯错的。如果说我们能建构它的话，也只能是确认它。

电脑类推

在采用关于另一种文化思想中深层差异的假说时，我们为什么会经历这样的困难？原因之一可能是在我们的历史之上，我们自己的信仰发生的变化如此稀少。我们设想了一个类似的心理学理论，因为我们很难想象印欧语系的文化所始终相信的以外还有什么。这些看上去是永恒的真理必须是普遍和明显的真理。[①]

我们有理由怀疑，正统的解释已经把印欧语系的语言和精神理论强加于那些文本之上。其他哪一个哲学心理学我们可以替代呢？在这方面，我们是幸运的，最近的哲学和实验心理学不仅开始怀疑西方的传统观点，而且也已开始发展一个精神运作的替代概念。[②] 我们现在有一个办法刻画理性，而不采用关于精神的书面讨论（arguments -on-paper）的论点：[(7)] 用计算机程序的概念替代理性概念的精神推理图示。使用计算机模型来解释一个物理存在如何处置语言，以及语言如何在现实世界的语境中指导行

[①] 我们的民族心理学已经发生了变化，但只是略微从希腊源头而起。主要的变化出现在 17 和 18 世纪。笛卡儿主义使得意义和思想的境域成了私人和主观的。柏拉图的版本是一个关于认知和语义形式的客观的，智力的境域。自笛卡儿的个人主义，主观主义的修正以来，现代关于心理、语言、学习和意义的常识的一直大体保持不变。现代的认知心理学是另一回事。（见斯蒂奇，Stich,1983 年）。

[②] 我建议把这些现代的哲学挑战的资源应用到语义为中心的语言理论，和传统的西方民族心理学。我们利用自然认识论，认知心理学，计算机精神模拟。合在一起，这些给了我们一个对于思想性质的句法分析，以取代关于理性的书面讨论（见科恩布莱斯，Kornblith,1985 年）。

动。我们不需要归之于精神或语义内容、内在意识,或经验来解释计算机的运作。

电脑通过程序而运作。我们输入程序——把它装载入计算机。这个过程以复杂的方式改变了计算机的配置。对应于不同的输入,它的运作会有所不同。我们可以使用刺激-反应的语言,甚或直觉,但输入和输出的关系不需要简单的有兴趣。它可以源自一个非常复杂的程序。计算机的配置状态有一个物理实现(一个电子的功能状态),在一个复杂的计算之后,它可以产生非常精妙的行为反应。

解释计算机的行为并不需要我们和习惯相反的信念和愿望。程序本身导致了行为(当然,通过使用电力和石油提供的能源,需要一个无尘的环境,并静止——冷却)。现在常见的科幻小说中的自动机器,半机器人,或机器人的形象使得这一新的模式有一定的流行。(我怀疑它也造成了一些形象上的问题,我将在下文谈及。)

如果我们接受了中国的心灵哲学并不是建立于身心二元论之上,那么我们一定可以使用诸如电脑类比来解释智能人类的行为。电脑类比表明一个物理的物体如何在世界中推理,行动,具有道德和发生功能。当我们输入数据,一台电脑可以打印出一个复杂计算的结果。这的确是一个计算,虽然它没有信仰。[8] 我们不认为计算机对于前提的意义做出反应,并用一种合理的洞察力看到其证明的结论。① 它侧面帮助我们理解为什么我们不需要理所当然地假设中国哲学家采用了传统西方关于精神、语言和世界关系的理论。

---

① 这就是我通过讲述该精神模型是语法的而不是语义的所要表达的意思。我们所说的推理可以理解为根据一个程序的计算。我们理解计算机具有运算的物理潜力。当我们通过载入我们的程序改变其电磁状态,我们创造了这种潜力。那个物理状态揭示了它如何能够可靠了接纳了输入而产生了一个正确的输出。

这并不是说古代中国人发明了电脑。对于精神的电脑类比有帮助主要是因为它使我们摆脱了对于我们继承来的希腊心理学观点的依赖。它使我们能够想象一个替代者以指向这个关于神秘的，内在的精神境域的学说。这给我们一个模式以理解我们的精神如何工作，同时在概念上确定精神和身体。它并不需要一个单独的内在精神境域和自然的物理领域相平行。理性的和情感的输出对于输入而言是同样的物理反应。

在古典的中国哲学家身上验证了这一点，我们得到了一个解释"道"^{way}在中国哲学中的核心地位的模型。"道"类似于程序。孔子把教育视为灌输继承而来的圣贤之道$^{guiding\ discourse}$。我们的研究并实践道。我们通过研究《诗经》或《礼记》学会言行得体。这种观点陈述了孔子明显的非西方的态度，它灌输于传统，是一个人的本质的实现和达成，而不是一个限制的制约因素。"德"，如传统的公式所有，是一个人的内在之道^{way}。正是程序的物理实现产生了行为。我们有美德^{virtouosity}时，我们的行为就会遵循道^{way}。程序的运作如同预定于我们之中。因此，美德，就像一个德行组合（在编译道义之道^{way}时），而且像动力（因为执行引导程序使我们能够做事情）。我们的德行是对一个装载到一个物理配置的潜质之中的指令的翻译。

道家思想家们使这一事物观特别清晰。《老子》提出的理念是我们通过学习指引性话语——获得去做什么的知识（know-to）而创生欲望。编程模型解释了许多古典中国思想的问题。首先要注意的是，在某种意义上说，我们是在彼此编程。我们的输出包括输入给其他人的语言。一旦我们采取这一模式，保持文化传统的重要性，家庭父亲统治模型和政治社会的教育作用都具有明确的动机。让我们更简短地看看精神的计算机模型更多的解释性价值。

这一模式随即为我们提供了一个语言和思想所担当角色的新概

念。现在,务实的(以行动为中心的)而不是语义的分析更有意义。语言指导和控制了行为。它这样做是通过调整我们的行为指导机制:心。通常把"心"翻译为"heart-mind",反映了把信念和欲望(思想和情感,理念和情感)并入一个单—复杂的配置潜力的融合过程。我们不需要把孤立的推理和情感结构归属于计算机来解释他们的行为。

我们现在对于希腊心理学的精神、认知内容的资源该说什么——经验或意识?这个问题揭示了这些解释性模式的深层区别。西方思想实际上把经验看作编程步骤:经验产生了我们所演算的内在语言的理念。中国思想把编程看作是阅读指令的社会进程。经验由此仅仅触发了该计划的执行。计算机具有控制与事物的外部状况相连接的程序。感官提供了区分——把输入分配到不同部分以触发社会化的程序。①

---

① 程序的工作方式是刺激-反应,但它不必是简单化的刺激-反应(见丹内特,Dennett,1981)我们可以想象很好地调整其反应,并使它和我们想象的人类的行为同样复杂。当然,我们会希望该模型包括一个对思想的描述。它不必是一个对意义或想法的内在反映的描述。它会替代数目去运算并调整反应以反映复杂的局势。我们依旧不需要内在主义者,基于意识的思维观点。同样地,经验不必是一个像内心世界一样图示。该编程模型只需要我们的感觉器官区分外部世界的特征。经验不是数据,而是一个接口(输入输出设备)。就我们的感官为使用程序控制所能提供的区别性范畴所及,我们会对实际的情形做出反应。因此,我们的心$^{\text{heart-mind}}$和感官接收器共同解释了我们如何能够通过遵循该程序测试一个条件。"父亲"这个名字在这里适用吗?然后执行那个使你低眉顺眼的指示,并以尊重的语气说"父亲"。
然后,取代认知内容,我们具备了认知-反应的敏感度。执行一道程序,要求我们正确注册外部条件,并敏感地调整我们的反应。这一要求的基础是:我们应该知道在指导性话语中应用每个名号的边界条件。这说明了在儒家模式中正名(rectifying names)及其重要性。孔子不使用定义。他所关心的是正确的行为反应,而不是认知内容或意义。拥有对文字的控制等于触发了在响应的外部条件时的正确处置。此外,下定义只是重复接口问题。更多字词或内部编程是有帮助的,当且仅当程序员已经为那些字词的应用而向外部条件适当调整了我们的德。定义能有帮助,当且仅当我们以那个定义正确应用了词语。所以它不可能是调整行为问题的总体解决。基本的解决办法是相当于调试(debugging)。实时运行该程序,并有教师(程序员)纠正错误。正名对于实现道$^{\text{guiding discourse}}$的目标是必需的。这是社会精英的工作。

21　　因此,这一模式为我们提供了我们想要的东西。我们可以用一个与周围的哲学传统相连续的方式解释名家所关注的名和辨。关键的哲学问题,横在社会理论的路径上,它是名号的可计划性。怎样才算正确使用了一个名号? 我们如何把我们此处的区分安排到今后的案例?①

电脑类比还给我们一个途径来解释古典中国时期关于先天问题的辩论,而不需要输入我们理性-直觉的区别。我们可以把某种道^{way}转换成我们的机器语言,当且仅当我们在机器中已经有一个编译或翻译者。显然,在我们可以输入任何程序之前,必须有人把一些结构内建于硬盘单元。主导这一时期的关于人类的本性一个问题相当于询问多少行为指导是内置于硬盘的(天生的)? 我们是否需要任何社会之道$^{guiding\ discourse}$? 使用道或言来改变天内建于我们行为特征是合适的吗?

---

① 计算机模拟释放了许多有趣的推论,他们可以解释中文思想的其他特征。我们在类似于句子的单元(命令)中使用句子语法思考程序。但是,机器语言翻译,包括一个存储栈的单词。书库中的命令自上而下都重要,而不仅仅在句子之中。书库中的句子成分没有独特的重要地位。印欧语系的魅力是通过句子所反映的在我们的语言理论之中的两个有趣的差异。一个是字形变化的语法,它主要在句子的边界之内运作。句子的作用标记(部分口语的字形变化)指示我们注意,一个句子作为语言单位,其中口语的每一部分都起到了重要作用。句法规则同时要求主语和前提也提请我们注意一个完整的,独立的单位概念。其他的不同之处在于理论关注的语义内容——真理。在这里,一个句子代表完整的思想,事物状态的地图,事实。真理主要是句子的一个财产。因此,它不应该使我们感到惊讶,如果我们没有在中国思想中发现这个语言的概念簇。缺乏句子方面的重点也将影响伦理学。我们的义务概念使其成为一个事实的规范联结。那种"是-应该"的区分假设了两种不同的句子类型。这些类型认为语言扮演了(描述和指示)两种不同的角色。与此相反,计算机模型认为语言主要是指令性的,对行为的指导。如果我们把一个图片的实在性归属于计算机,它将只是一个引导以产生一些输出。中国的德行辩论将不会是关于规则或义务的分析理论。德行辩论将是关于在社会编程中使用什么道$^{guiding\ discourse}$,并研究如何调整名号和区别,以指导执行那个道。

电脑类推和人的尊严

现在出现的问题几乎和构想一个与我们传统上认为是理所当然的心理学模型一样困难不同。能够理解这一模型可能意味着我们发现它情绪上冷漠而价值上自我贬损。这个问题不只是在科幻小说中常见的智能机器人缺乏情感。传统智慧把我们关于人类特殊地位的概念和我们的精神理论,智能和理性捆绑在一起。我提供的心理学理论的替代模型,可能会引起哭喊。它剥夺了我们的人道和尊严:它使我们就像动物——仅仅是应付外界刺激(尽管比其他动物复杂)。这种模式,宗教式地倾向于人类尊严的优胜地位,它会坚持否认人类超越我们本性,使我们优于动物的独特能力。它否认我们偷食知识之树,并失去了我们的清白的神化结果。我们为圣经式的在知识和永生之间做出选择付出了可怕的代价。很难想象我们可以放弃自己作为智者,或我们的精神作为认知的模型。

古希腊人文主义选择了现在熟悉的把人类从自然提升出来而进入智慧境域的道路。它把我们置于一个关于常识和经验的物理世界与关于意义、知识和价值的智能的、理性的世界的混合的紧张之中。我们既不为这个世界所有,也不是摆脱于它(直到我们死去)。以超越冲动(the impulse to transcendence)确定人的价值有翻转的一面,因为我们相应地贬低物质、材料。希腊思想的这两个孪生要素成了基督教的主流,和我们关于我们和上帝特殊关系的观点。

我们的传统也把推理能力(精神)和非理性的、基础的、身体的欲望和激情(心灵)对立起来。我们的信仰,我们的理念,来自精神——来自推理能力。我们的身体给我们提供欲望。

我们把我们的尊严概念和可能于自然欲望的独立捆绑在一起。理性的价值在于只服从推理的法则。只有这样，我们才能把我们的行动理解为自由，自愿的行动。有自由是为了我们的推理能力来控制我们。我们把自己从单纯身体上的物理决定中解脱出来。

中国思想的主流解释理论防御式地回应这一冲动，以估价西方思想中的超越性。那个防御回应误解了推理所具有的理性（并崇拜它）能力。显然，我认为中国的思想家们是符合理性条件的，但我不认为他们发展了一个理性理论。认为中国的思想家们没有理性-情绪对立的二元论，在一些人看来，等于一个谴责——几乎是种族主义的。理性是我们德行尊严的源泉。当然，没有理性理论的哲学理念将挑战我们最深层的假设。

关于中国哲学的东方大师理论处理这一问题时所用的方式是完全令人困惑的。首先，它防御式地坚持认为，古典思想家们隐含地具备理性理论。然而，他们说，中国哲学家们自觉地拒斥以理性控制人生命的观念。他们这样做，理论为了很好的理由而流行。他们赞赏一个神秘地更高的、更深刻的关于右脑和直觉的价值观。这种回应揭示了一个在欣赏西方理性理论复杂而深刻的规范性特征方面的失败。这不仅仅是一个孤立的心理学能力（左脑）的描述性用语。然而，其语境问题，是拒绝它的充足理由，除非我们看到一个替代理论能解释那些文本。我们会发现在古典中文作品中，没有任何理性-直觉二分的明确形式。

我想进一步直面主流理论对于超越的估价。现在人们普遍都承认和赞赏道家关于人类统一性和自然性的观点。把自己理解为与自然的连续，作为动物的自然生态兄弟，在目前的风行状态，足以藐视这个中世纪对自然人的厌恶。反对超验的观点的确符合科学——毫无疑问,在这个问题上仍然反对西方宗教。在自然的神秘和复杂性上,在我们精彩的精神和语言的工作中,仍为宗教敬畏保留了充足的空间。如果我们要去崇拜,它使崇拜行为摆在我们面前的奇迹有意义。为什么崇拜一个想象的和看不见的创造者呢?我们不再为了敬畏而需要超越。①

心灵语言与常规语言

对电脑模型的抵制仍有可能来自另一个方向。似乎心理内容仍然是解释我们掌握语言的唯一(或最好)的方式。目前在哲学心理学和心理语言学中的强调的就是这个问题。这些争论给我们提供了机会以对我们传统的精神和语言假设采取一种新的透视。一些哲学家和认知心理学家认为,古希腊关于精神、语言与这个世界的关系的图示只不过是虚假的。[10] 那个陈旧的、无用

---

① 比起基督教对这个世界超越性的蔑视,新兴的生态意识一定会发现道家思想是一个更同质的家园。甚至在此之前,它本来应该是很明显的,这个希腊和基督教关于人的尊严的概念不仅把我们和动物切割,而且也使我们与我们先前的自我,我们的儿童在概念上令人费解。它在历史上习惯于把男性和妇女区分开来,把自由主人和奴隶区分开来。我们鞭挞那些小人,因为他们缺乏足够的认知理性能力和我们高升的地位相匹配。这一人类尊严的独特概念的历史记录,并没有如恒星般来自我们目前的透视,好像其余的宗教维护者所假装的一样。它也许采取了一个如尼采(Nietzsche)所展示给我们的非正统的思想,即这个基督教的态度是一个病态的道德心理,一种自我仇恨的形式。我们学会仇恨所有的自然激情和欲望。我们渴望另外一个生命只有一半意识到我们是在含蓄地期待死亡。也许只有尼采可以告诉我们这种佛教和基督教之间根深蒂固的亲属关系。超越的希望,如苏格拉底首次认识到的,有可能只和死亡相伴——自然人是上帝的一个敌人!
我希望我不会完全钝化认为人的尊严和价值与超越理性和认知相挂钩的趋势。这是我可以仅仅公开宣布我的观点的其中一个地方。因此,我给出恰当的提示以供批评。这一理论上的重点可能会诱使他们像葛瑞汉那样指责我使中国哲学"痴呆化"(葛瑞汉,1985年,第698页),并促进了反华的偏见。如果是的话,让我把指向归属偏见的手指转回向他们。恰恰是这种西方的评价偏见需要辩护,而不是我对中国哲学家们的解释。认为这一模式贬低了我们的观点背后存在什么偏见?比起基督教来世的超越,道家的自然崇拜当然对我更有吸引力。

的理论注定和燃素理论,牛顿绝对的第三时空,巫婆,和魔术有相同的历史命运。我当然不希望在这里解决这一问题。我只想总结种种难题,它们首先在常识及被广泛接受的观念理论的型式上引起了大家的严重关注。

24 争议的部分缘由在于不同的哲学家对于用理念理论来解释什么现象意见不同。出于我们的目的,让我们来看看中国思想家们与我们共享的使用语言的一个方面。遵循以下方向,我们如何能够为正确使用一个单词而做出必要的区分?传统的西方心理陈述进行如下:仅仅学习一个单词(一个纯粹的声音或视像代表的一个声音)无法解释这种能力。我们理论化了一点,即从我们关于一类东西的经验和记忆痕迹中,我们已经抽象出了一个模糊的图像——一个关于类型的理念。只有在我们有这种想法或概念之后,我们才能希望学习英语(或德语或中文)那种类型的词。我们学会把字词和理念相联系,而理念帮助我们区分我们所看到的物体。这个分析有两个部分:(1)它把惰性的,没有意义的声音,和头脑中的一个理念联系起来;(2)象形图案一类的东西把理念和所指向的物体相联系。

相应地,路德维希·维特根斯坦(Luding wittgenstein)给这一观点提出了两个严肃问题——解释的每个方面各有一个。首先,考虑单词和理念的关系。我们打算解释的原初能力,是能区分一些对象,比如把一条鳗鱼和一条鱼区别开来。我们必须这样做以遵循一个程序或一个命令来使用字词。已提出的这个解决办法假定听到鳗鱼这个词,我们可以从所有其他摆放在我们脑海中的理念中挑选出鳗鱼的理念。分析随即开始解释我们如何在我的前面的鱼之中挑选出鳗鱼。已提出的解释仅仅是把同样的谜题塞到我的脑海中。如何从我关于鱼的心理图示中挑选出我关于鳗鱼的心理图示？如果我们在心理世界中把心理条目视为客体，已提出的解释假定了它所生成的要解释的特别能力：能把鳗鱼从鱼类中区分开来。

解释的另一面提出了类似的问题。意念本身，如我们所看到的，就像一个语言一样工作。理念对应于字词，和对应于思想或信仰的句子相结合。哲学家们把这种语言称之为思想心灵语言。⁽¹¹⁾我们把意义解释为对心灵语言的翻译。请注意，在已接受的观念中，精神语言类似于象形或表意的语言。我们假设这种语言的象形特质消除了解释性的问题。但我们从反应来看，它没有。毕竟，这些图示，和摆在我们面前的物件不完全一样，而且是否问题从鳗鱼图示或鱼的图示推断的问题仍然存在。一种象形或表意语言要求的解释标准和普通语言一样多。（中国的哲学家们肯定会欣赏这个事实！）如果存在一个关于语言如何可以指导区别的深层难题，它也适用于象形的心灵语言。①

解释我们能够使用语言的问题，西方惯常的解答是简单地把它划分成两个相关的问题。一个是声音如何挑选出类型，而另一个是语言如何可以持续地从过去的例子规划新近的新奇案例。不是解决问题的，它只是把它复制到神秘的、假设的、精神实体的两面之上。我们设想了一种从音位到象形语言的翻译，它需要的能力恰恰就是我们努力要解释的。然后，它只是再现了解释语言（现在是象形文字）如何指向世界的问题。

---

① 在中文的案例中，人们把一个象形文字滥用到对象之上的可能性是显而易见的。他们把他们的图形看作既是社会的，又是传统的。心灵语言理论假设了一个语义信号的私人语言。这消除了确定信号应用正确和不正确的正常标准。在运用我们自己的精神信号方面，任何人都无法捕捉我们所犯的错误。因此，我们假定我们不能误用它们。

我应该指出，电脑类比和中文语言理论不打算成为这个问题的答案。它们在这里的用途在于显示传统的、西方的、心灵语言的答案回避了该问题。因此，如果我们相信它的理由是说明语言如何工作，那么我们没有理由相信它。更好地接受语言学习只是要求人类可以学习区分所使用的名称。这是我们的物理硬连接（hard-wiring）。①

理念论及汉语言

我们业已看到，理念论回避了这个问题。它假设了它寻求做出解释的内容。它似乎仍然一个诱人的理论。即使是错误的，它能太自然地诱发一个解释，以至于不会不发生于任何哲理地思考的人身上。在中国的哲学家那里，它怎么可能没有发生过？我们只能通过分析导致这一理论的历史线索，来回答这个问题。解释缺乏某物的唯一途径是找出引起缺乏的正常原因。如果这些论争不能吸引一个中国哲学家，那么其结论自然也不会发生在他身上。

---

① 但是，这种说法，应该给我们一个重要的解放视角。心灵语言理论不仅是一个关于精神和语言的理论；它渗透到其他哲学的理论之中，在特定的认识论当中。我们认为，理念不仅是私人的，而且它们是不言自明和根深蒂固的。任何人怀疑它们都应该是不可能的。我们秉承而来的这一心理学特征导致了对于担心我先前的理论是一种形式的语言决定论的批评。如果中国人没有关于显见之物的陈述，一定有某物阻止了他们对于它们的思考。我们自己对于该理论的接受使得它难以服人以至于别人不接受它。
即使我们不解决这一问题（是否计算机模拟更好地说明了我们对于语言的使用），它也有这一优势：它的确表明了我们继承来的希腊心理理论是许多可能的解释理论中的一个，而不是纯粹的观察。它可能是，也可能不是一个很好的理论，但对于任何思考人类对于语言的使用的人来说，它不是显见的，也不是无可逃脱的。即使我们去接受这一理论，我们把它当作理论的概念，应该给我们需要的距离。我们至少可以用一个关于人类语言和世界关系截然不同的观点来想象一个哲学文化。

在下一章，我关心中文的哲学相关性。我将描述一些中文口头和书面表达的有趣特征。在那里，我将对中国语言理论的常识和我们自己关于语言的传统智慧加以对比。这一点，我希望，将减缓我们语言和心理的民俗理论在意义上的必然性。然后我将解释独特的中文语言工作理论如何激发了他们更多的社会性的、自然性的心智理论。我的假设是，语言之中的真正的差异可以解释流行的语言理论之中的差异性。由于语言理论和精神理论彼此影响，一个不同的语言可以激发出一个不同的精神理论。①

中国思想的哲学价值

26

显然，中国思想的概念内容大大不同于西方思想。这种在概念结构和兴趣上的鸿沟已经引发了中国有任何真正哲学的怀疑。上述怀疑在标准陈述中产生了防御的反应。该防御通常由坚持认为"这是一个西方哲学学说或理论中常见的例子"或"这是一个对于常见的西方理论的反驳"组成。我的做法摧破了这个防御路线。

我认为，该路线从来没有多少价值。捍卫中国哲学价值的零碎策略，东拼西凑找到的原则就是"正如……一样"，如果目标是

---

① 我实际上期望，这一路线将再次唤起对语言决定论的指控。我相信，本导论的细心读者将记住我认为古典的中国思想家们有不同的心理学理论，而不是一个不同的心理状态。同样，我不会认为我们的语言如同我们语言理论那样有差异。中文的理论可应用于英语，正如西方理论可以适用于中文。我认为，当我们考虑文言文时，我们可以对西方理论的常识方面提出严重质疑。但是，我重点关注的结论是，鉴于某些其他关于中文首先表面可信的信念，西方理论既不是自然的，也不是显见的。

从哲学原则获得承认,它打败了它自己。哲学家不只是为了寻找众所周知或传统的谜题。他们评估连贯统一的哲学观点。这种防守策略招致了相反的后果,因为它责备古典思想家,所用的是一个与所谓同样理论无关联的、特设的、麻木的、不可思议地规定的、未加消化的和不发达的碎片列表。

一个基于语言理论的统一理论提供了更多的承诺以重建关于中国思想的零落想象。对现代和古代哲学家而言,语言是一个核心的兴趣。如果中国古典哲学家持有截然不同的语言理论,这一事实可以用一个连贯的、统一的方式解释许多其他的不同。它将揭示他们的学说是西方哲学观点完整一致的替代者。它可以这样做,而不必诉诸没有批评的赞扬,甚或他们正确地得到了它的假设。这就足够了,他们有一个可靠的理论,并以在哲学上具有挑战性和有趣的方式发展了它。

正统的陈述,依靠于自己对于哲学意义的前识,往往淡化对于这些学说的语言学输入。他们通常把它们翻译到一边去。吊诡的是,这个错误的原因是正统的理论家们对传统印欧语系的理念理论无条件的接受。翻译者认为对于中国思想的字面翻译,将使他们转变为词汇魔术的迷信观点。他们淡化了语言学原则,并把它们翻译成更深奥夸张的关于思想、意义和信仰的语言。

与此相反,本研究中一开始就相信我们能够做到对于什么是哲学有一个统一的概念,并且依旧欣赏两个完全不同的哲学传统。让它们同时成为哲学的,不是它们的内容或共享的理论;而是它们共同的兴趣所在,以及对于语言、思想与社会如何互动的哲学分析。

道家思想之复位

我称之为道家理论,因为语言学的洞察力开辟了一个了解道家思想的新途径。主流理论把道家思想视为中国反理性的神秘主义的精髓。它声称,道家理论化了"道",而且他们关于道的理论是语言不能表达的。正统理论的解释路线对于这一吊诡观点的传达就是它本身的吊诡。该解释理论试图讨论"道是什么"是一个不可能论述的问题。可以预见的是,这一路线,仅仅使我们生出更多迷惑。他们猜想,他们在这一路线下对于道家思想的任何不理解,证实了他们把道家思想视为无法理性把握的解释。道家思想如何是不可理解的?它是如此地不可理解,以至于我们无法以可理解的方式解释为什么它是不可理解的。

所预设的语言理论的重点使我们能够把我们的注意力从道转向语言。如果语言不能表达道,它一定是同时由于关于道的某些方面和关于语言的某些方面。现在,我们可以看看可能明晰起来的道家谜题的另外一面。道家把哪些方面看作是语言的功能和限制?为什么语言如此有限?一个有关语言局限性的可理解的道家理论可以解释,在什么意义上某物可能抵制语言表达。

我认为,如果我们改变归属于道家的默示的语言理论,他们的立场将变得更加明晰。通过佛教的语言理论,和其形而上的关注,正统的理论理解了不朽。语言是关于世界的,因此道必须是一个形而上的客体。它必须是多之后的不变的、抽象的一。新儒家触发了这一观点,因为他们觉得道家和佛教类似。道家思想从而秉承了佛教关于一、永恒、不朽的佛本质的神秘主义。他们沿着希腊哲学中一-多、永恒-变化相对比的思路构建神秘主义。我们学会了阅读道家思想如同道家是巴门尼德主义者，把道刻画为一个一元或不变的纯粹存在，但吊诡的是，它也是非存在。①

获得哲学上清晰的道家思想，是阐明一个关于精神和语言的自然主义中文理论时意外的副产品。道家对于自然的热爱应该给我们这样的提示。道家思想与关于意义的柏拉图和康德式的超越境域的神话形成鲜明的对比。西方理论家谈到一个概念或明了意义之处，道家思想开始于一个放在社会上习得的区分技能的自然重点。道家理论的确倾向于相对主义。如我们自己的文化保守派，儒家会做出的反应：一个微小的相对主义就是一个危险的东西！让我们禁止它！我们必须采取行动，犹如从宇宙观的角度来看，我们的当地的地方理念是普遍适当的！我们必须禁止所有这种哲学的争论！热爱旧的教条，并接受常规标准，否则将面临无政府状态！

这可能仅仅是巧合，即道家似乎看重偶像破坏并提出非常规的观点。它只会满足儒家的兴趣以把他们看作是不可理喻的。偶像破坏主义的特性在形式和内容上制造了目前规划的道家。

---

① 主流理论认为，多重性和变化的出现需要道家拒绝感官经验，如同巴门尼德所做的。译者因此把对于身体感官的厌恶读入道家思想，它公然和它的自然主义（及其性欲旺盛的性行为）相冲突。不可避免的是，他们充实了这个故事，使用了所有传统西方剩下的为理论所充斥的专门术语，它伴随着我们的语言理论：主观-客观，主语-谓语，对象-性质，名词-形容词，以及成员-系列。他们还严重依赖佛教输入的西方身-心，理性-情感，信念-欲望，实在-表现的二分法。在道家经典本身之中，我们没有人能为此找到任何可靠的文字性偏见。

主流理论选择了一个解释路线，它导致了一个单一主题令人费解的神秘主义。一的存在包含了多，但并不是一个集合。它从未变化，但包含了所有的变化。因此，西方人把佛教的神秘主义理解为和基督教的神秘主义相类似。相应地，他们把道看作是上帝的一个粗糙对应物。这迫使典型的陈述把道家思想说成是使用了一种神秘体验的主观主义者的语言。他们认为道家对于不朽的太一必须有这样一种神秘的经验。这些熟悉的假设迫使我们下一步把对于感官的怀疑主义归属于道家中世纪西方的偏见和佛教的扭曲完美地同谋，以把道家思想从我们之中隐藏起来。

如果认识到，我们的习约导致的无政府状态可能有很大不同，那么我们就应该给予无政府状态一次尝试。哲学家们对于道家的反应可能比儒家更愚蠢。儒家对于历史有亲和力。从孔子本人开始，他们自己更感兴趣的是阐述，而不是创作。道家倾向于相反的方向。那并没有"使"道家成为更好的哲学家。但他们是更好的哲学家！

小　结

这项研究提出了修订标准理论，以使墨家后学的语言理论和大传统相符合。我必须承认，独立的思考也促动了我的修订。众所周知，标准理论是不连贯的，在哲学上是晦暗的，在智力上是乏味的。葛瑞汉的工作给我们的挑战也是一个机会。我们最终可以赋予古典中文思想以哲学的意义。构建一个替代理论的路线取决于一些基本的假设。其中之一是，标准理论来自新儒家，可能持有儒家偏见。另一个是，它可能不自觉受了佛教影响。儒家偏见中可能出现于对于儒家思想家和他们的竞争对手的许多具体解释中。我进一步确定了保护儒学的标准理论两个系统性特点。支离的学派观点和意义变化假说往往把儒学从理论的挑战中隔离开来。

对于主流理论的第二个怀疑主义来源，既更直接地与语言理论有关，又更加难以纠正。其中的困难来自于我们自己的常识之中该理论几乎不可避免的熟知性。我们关于意识、经验、理念、信仰、情感、理性、精神的哲学心理学自西方哲学肇始以来就伴随着我们。我认为，该理论有着深层问题，并建议我们在适当地方使用电脑类比。

在后续章节中,我会论争归属于古典中国传统的关于心理学和语言学的不同假设。这样做将使道家、墨家、名家和法家的竞争理论更容易理解。这一结果应趋于证实该假设,因为它证明了我们最初的怀疑。新儒家的两个偏见解释了那种中国思想在理性上是不可及的观点的持续存在。这种依据标准理论的辩白已经使得西方思想看起来是难以理解和不可企及的。我们发现了三种辩白。首先是儒家的辩白;第二是在防守上试图把我们最熟悉的关于我们自己,和我们的语言,和人的尊严的假设,纳入他们的哲学动机;三是试图把传统西方哲学教条的相似者强加于文本之上。对于恶劣组装的觉察,完全代替了我们因熟悉而来的任何安慰。正是这些防御解释的失败,需要额外的假设,即中国思想在理性上是不可企及的。

抽象地说,我们没有理由期待中西哲学之间比中西方音乐之间有更多的相似性。在接受中国概念可能更像现代物理学而不像牛顿物理学的可能性方面,目前的许多作者步李约瑟之后尘。然而,其他试图批评这种做法的历史学家们仍然倾向于相关的误解。他们假设,某物安排了理性的、哲学的或科学的思想过程。我无法计算其他人有多少次这样教训我:和古典中国唯一恰当的对比是古希腊!我仍然不信服并且不懊悔。我知道没有申论说明古代中国的音乐、物理或哲学应该更类似于古希腊的哲学、音乐或物理,而不是各自的现代版本。我拒绝黑格尔派有关理性在历史中展开的神话。没有任何理论法则规定所有早期社会必须以相同的次序采取同样的理论。

当然,统一的理论,不会采取法律的形式和数学的推理。这应该会进一步平息对理念决定论的担心。我努力的适度目标是对于中国思想丰富的初创时期更加协调一致的说明解释。值得注意的是,这是佛教以其印欧语系的概念结构入侵之前的时期。儒学在那个语境下是一个强势的学派。然而,在中国,它并不具有新儒家几乎贯穿于中世纪及近代时期的统治优势。在古代中国,其他学派不断使儒学处于守势。后来,它的政治正统性牢固了,儒家思想往往更多地对其他学派兼收并蓄。

我希望,这个路线打开了一个令人兴奋的可能性。我们可以来了解一种完全不同的语言理论。以此为基础,我们可以穿越时间和空间,并与一个异常丰富的哲学传统进行哲学对话。这些哲学家们在语言学上和概念上离我们极尽遥远——当我们生活在真实的历史世界中时。这个对话开始于16世纪西方的旅行者和中世纪后期中国的新儒家学者之间。这只是另一个解释的阶段。标准的西方理论已是一个西方理论一代又一代洞察力的不断增长。我们已通过一个不同于在科学理论中看到的过程,逐渐完善了我们关于古典思想的理论。公开的讨论和批评是理论洞察力的引擎。正是在这一前进的精神之下,我提出了这些修订后的解释性假说。

[**注释**]

〈1〉诺斯拉普(Northrup,1946)。

〈2〉我感谢托马斯·内格尔(Thomas Nagel)提出这个迷人的隐喻(Nagel,1986)。庄子的对应词是"道枢"。但这将需要一些时间去推动。

〈3〉第一个阐明这种怀疑主义的新儒家,其有力程度和任何西方的批评家相仿。见孟旦,1988,第6页。当然,像这种研究,每一个新儒家都认为他比前辈做得更好。

〈4〉白妙子(Bruce Brooks)已经沿着相似的线索,给古典思想制定出了一个更为详尽的年表。他的分析在1990年东北地区的中国思想会议上发表,也许会很快出版。虽然我们的计划在动机(他的目标主要是文本分析)和大量细节方面有所不同,它们具有相同的动机。我们都坚持通过参照对立的哲学家们之间的对话来解释古典思想的发展。本质上是私人思想家的宗教性观点,在深层次上朝向探问关于普遍性的基础性洞见,在其表面看来是合理的。

〈5〉布莱克本(Blackburn,1984),第2章。

〈6〉这并不意味着这种标准观点没有被置于一些印度学派的批评之下。但它是一种足够标准被批评的观点。我会论证,在古代中国,这种观点自身甚至没有出现过。

〈7〉我采用的这个很有帮助的刻画源自科恩布莱斯(Kornblith,1985),第117页。

〈8〉我假定我们关于信念的概念不仅仅是一贯的,而且具有狭义的语义学内容。假如我们容许要么是一个一贯的,要么是一个多原因的信仰概念,然后我们可以以一种直接的方式把信仰归属于一个电脑。

〈9〉如用一个特别清楚的例子,参见葛瑞汉(1989),第7—8页。

〈10〉参见斯蒂奇(Stich,1983)及丘奇兰德(Churchland,1979)。

〈11〉我相信,是模仿列维斯(Lewis,1972)。

第二章　中国哲学的语境：语言及语言理论

地理环境

我并不认为语言是哲学思想之特征的唯一解释。我了解到一些似有理据、有启发性的描述，例如，地理可能对于一个文化具备一定广度的哲学方向有过贡献。我是一个语言方面的哲学家，既不是地理学家也不是历史学家。因此，我不能保证这些有启发性的描述准确度如何。但它们可以给我们提供关于哲学在中国文化中扮演自己角色的语境的一般观念。

中国地理的一个明显特征——一个天然的障碍——解释了在中国和印欧传统之间哲学的交流相对缺乏。哲学的信条是社会性的产物。它们如同技术、雕塑、语言和音乐一般传播，当两个文化开始接触时，它们或许谈及事物，通过这个途径，它们了解彼此的技术、宗教、哲学、天文学等等。一个正常旅行的地形障碍阻止了哲学理论的传播，因为它阻止了哲学家们的游学——他们，在根本上，不是为人所知的自然探险者。

早期中国及希腊-印度哲学传统在一个庞大的天然障碍上物质化为相反的分支——喜马拉雅山脉和新疆戈壁。希腊和印度定型了中东部的极大支柱，他们共享一个概念式透视；而中国哲学和日本、朝鲜及东南亚有一个亲密关系。然而,每一个大的地区,显然彼此影响很小。[1] 汉学家们已注意到早期中国的哲学家们对于古代西方思想中的类似主题表现出令人吃惊的没有兴趣,他们对于遍布古代印-欧文化中的神话和宇宙论并无痴迷。[2]

农业统治了中国的经济生活,这可以解释到处对于自然循环的强调,对于自然恒定的兴趣及对于与自然和谐相处的突出。相反,希腊思想,生长于航运、贸易和商业主导经济的地区。我们假定这有益于他们早期对于星象、宇宙学、航海,并最终是对于几何学的兴趣,而几何学则融入了古典时期西方的思想和科学。

天然的农业倾向是面向自我满足的小型单元。但是,在古代中国,一个大范围的挑战和这种天然倾向相对立。中国的文明沿黄河生长。该河是黄色的,是因为它的成分是(并曾经是)泥土,这意味着该河的三分之一河道会很快淤积,而河流会频繁改道并淹没农田。洪水控制要求大范围的社会合作及因此而需要庞大的政治单位,显然,中国的文化英雄及神话聚焦于他们对洪水的控制(尽管明显缺乏关于世界范围之洪水的神话)。

史前的影响

任何解释理论都会留下某些不能解释的内容。哲学史必须开始于某处,并假定一些宗教或其他的理论来解释哲学的发展的是适当的。同样,正统的对于中国史前时期的描述对一些中国哲学的特征有诸多有启发性的解释,由于并非一个历史学家,我在此处不能保证这些史学结论的准确度,而是让它们给出哲学在中国出现的历史性语境。

中国有文字的历史开始于周朝(前 1111—前 249)。对此前的(技术上是史前的)商朝(前1700?—前1112),我们仍了解其非同寻常的意义。我们主要是偶然地从他们的占卜实践中获取知识,商代的卜师在占卜中使用甲骨(乌龟的背壳或大的哺乳动物的肩胛骨),加热骨头直至它们产生裂纹并释读那些裂纹,他们在骨头上刻上问题,有时还加上从卜师那里得来的训示。通常,一个问题请求指引而占卜则帮助从数种行动方案中选择一个,卜师储存这些骨头和龟壳,可能同时作为神物、一个记录和一个对于指引不断累积的贮蓄。卜辞也常常包括对一个结果的记录——一个占卜有何种正当性——在骨头之上。这些甲骨系列的发现带着偶然的、间接的、说明性的历史。

如果我们把这种实践当作中国书面语言的开端,那么它提示了卜师为何把语言视为行为指引的原因,对记录的保持,与其视之为一个描述性的历史,不如视之为积累有效的指引。关于占卜的实践性中文概念,在《易经》当中保留于很流行的形式之中。它引导我们从形成一个实践性的("我应该……?")问题开始。相反,典型的西方占卜,关注于,如科学,对将来事件的预言。

我们把刻在甲骨上的文字视为语源学意义上的中国书写系统的前身。[3]这个传承对传统的中文语言象形起源理论有利,许多这些商代的图示更多地被视为是象形文字而不是更加风格化的后裔,现代的文字是大约在汉代(前221—公元220)定型的,早期中文中的象形比例要明显高于现在标准的文字。

对于过去占卜结果的保存标明了另一个中国人对于语言同样重要且持久的态度。中国文化重视指引文字——道——的历史积累。良好的指引文字是一个宝贵的资源,而文化把引导性知识作为一个资本的投资和文化的遗产加以贮存。

占卜的实践也说明了一个史前的先例——受过训练的卜师阶层在给予统治者以指引和建议时有何重要性和权力,占筮的卜师可能是儒家的前身。⁽⁴⁾传统上孔子的出生地是一个很多专家所指出的晚期商文化的所在地。

其他商代宗教的特征在周的征伐中保存下来,而周代在传统上被标为史载中国的开始,通过中国历史,它对周代思想的影响折射出持久的商代看法。特别重要的是,传统中国宗教中对于祖先的崇拜在商代已经存在了,它显示出一个社会是连续的甚至穿越生死边界的宗教观念。它促成了那种精神领域如同自然世界一样持久的观点,这种教义写下了儒家把社会视为扩展的家庭的观点。它同样给予了标志儒家思想的家庭支柱伦理观以宗教式的约束。

终极的祖先是商代的神——上帝。周代以自己的神——天作为指引的根源取而代之——这个字提示了这一概念的拟人式起源。⁽⁵⁾然而,理论上,周代的思想家们一直倾向于天的去人格化。最终,周代的天崇拜变成了类似于自然崇拜,尽管在道家以外,天仍然作为指引之道的来源保持地位。⁽⁶⁾

天在周征伐商的正当性理论中扮演了中心角色。关于天命的信条给周代的社会权威赋予了道德的宗教的资格。天授命于最有德行的家族成为统治者。当旧王朝的家庭统治德行堕落的时候,天命可以转向另一个家庭,这个信条成为把中国历史视为王朝更替的解释支柱。家庭德行的衰微显然是不可避免的,这是一个中国的道德熵定律。

比较政治合理性的学生会注意到与西方君权神授论相反的兴趣,天命是一个命令,不是一个权利,而且它通过统治正当化的同样机制,含蓄地使革命正当化。

天的历史揭示了在中国哲学中自然化名词的倾向,天变成了万物持续过程的象征,德性的结论由社会行动的自然语境而来,规范性的概念诸如正当,逐步依赖于被暗示出的对自然或自然意志的遵从,最终地,这个传统将对天命自身给予自然化的解释,它出自运作一个秩序良好的政府的自然结果。因果解释经常置换了中国哲学中的奇妙关联。

语　言

相比地理或历史,我在语言方面有很多话要说,因为语言存在于我以下大部分理论论述的背景之中。我会再次采用把那些源自熟知的以西方或中国哲学为基础的论争放在脚注中的做法。读者也可以通过这些材料选择三个途径阅读:阅读正文和注释,阅读正文并跳过注释,或者再进一步直到跳到下文的叙述段落。与理解后面的叙述相比,这个讨论对于我的立场的论争,更为必要。再次的具体论争也是必要的,因为我是在挑战汉学家之中被广泛持有的关于文言文及其与中国哲学关系的预设。如我在序言中所概括的,占统治地位的理论,假定中国思想家们都含蓄地采取和印-欧语系相一致的语言及精神观念。因此,对于标准观念的潜在辩护者,并不一定要跳过这些部分。

在导论之中(第16—18页,译者按:指原书,下同),我介绍了西方有关语言、意义、理念及精神的急转弯(dogleg)语义学理论,我在那里说过在本章之中,我们会关注中文语言能在哪些方面激发出一个不同理论的一些特征,印-欧语言是影响印-欧意识理论的部分语境。在这个表述中,我会突出一些中国人对于语言的一般判断和我们自己有何不同的方式,我假定现代中国人的口头语言(音调,方言变化,句未定冠词)和古代时期是相似的。① 我将要描述的书面语言的特征主要应用于古典写作语法,我不需要假定古典的写作语法可以被哪个时期任何特定地区的口语语法所确认。古典时期的写作语法和现在一样,和不同种类的口语语法

---

① 当然,这个假定是可废除的,但在这一点上的证据,似乎支持它们最初的可靠性。《论语》中有一些章节显示孔子在选择本地口语时使用了雅音,一些思想家似乎基于事先的立场而否认这一点。语言学家们通常把自己作为重构那个古汉语发音的代表,一些此类体系认为它在语言的其他特征之中解释语调的出现是重要的,在这些对立的假设缺乏经验证明的情况下,我们应该假定和现代汉语的沿续性要优于西言语言。

中国语言的多样性有一个术语上的问题,单词和语言的普通应用原则在英语之中和书写形式有关,我们倾向于说要依据词汇的书写形式来区分它们。(当我们说到"这是一个字,而不是两个!",我们通常给出的是如何去写,而不是如何去说的知识。这个原则部分地解释了为何讲英文的人更愿意把中文字符看成词汇。我们也倾向于依据书写形式来区分语言,在讲话者共有一个书面形式之处,通常的用法把口语的变化命名为方言,这样,我们以方言为特征来描述中文的地区变化,而忽视了一个事实即中国的口语之中,实际的语言变化大致上和欧洲类似。我假定,古典时期,具有类似的语言多样性。

一个单词和一个语言理论上最好的语言学特征是一个迥异的、困难的和不确定的事情,第一步是把一个类型-类例(type-token)同另一个类型-类例区别开来。以上两句包含了单词(类型)——"一个"(a)的五个类例。一些单词-类型的类例即口语的类例,而另一些则是书面的类例。一个单词-类型是一个抽象理论的对象。由此,一个语言是由单词构成的,书面和口头语言是一个抽象语言的不同体现。

中文的语言学家们经常批评那些把中文描述成单音节的人。假如我们以"字"的书写间距来区分词汇,这个特征是恰当的。我们的确找不到拒斥字符即是词汇这一观点的特别不能置辩的可行论争。尤其是古汉语当中的一个短语结构和一个语义模型,能够相当一贯地把单个字符置于最终的节点之上。字符复合词在现代汉语中更常见,但这不能使我相信一个字符词干在现代语言中随即不起作用。现代的复合词主要是有系统的、句法上的及语义上的结构:动宾,表示结果的动词复合词,同义复合词,反义复合词,等等。翻译者通常用一个英语单词来翻译这些复合词的事实不能解决这个理论课题。

有很大区别。①

古代的中文语言理论和西方的流行理论有系统的不同。我们各自关于语言的假定不是私人观察和实验经验的结果。我们从我们的社团中学习关于语言的理论并在我们学习该语言时从我们的长辈中汲取一套共享的公共假设。当别人纠正我们的谈话时,他们频繁地告诉我们关于指引的传统合理性。这样,他们教给我们一点关于语言的传统理论。当他们训练我们读或写时,

---

① 吊诡的是,许多中文的写作者似乎有相反的假定。我试图在它的继承者中追寻这一令人惊奇的观点的来源,他们的反对更多地依赖于对于语言学中可疑的一致意见的遵从,而不是它在处理中文的解释力。他们优先把口语作为确定性的语言学的普适性,并仅是通过极力把反例拉入这个语言学上的一般化界线来处理中文。一个科学的推理程序会使一个人在面对文言文的反例时激起对于一般化看法的怀疑。就我目前所知,只有罗思文(Rosement, 1970)是这么做的。

汉学家们所认为的正宗的语言学派假定说,所有书面语言必定是口头语言的转录。一旦我们理解了类型-类例的区分,这个观点似乎理据全失。在语言之中,书面的意义是单词-符号的真正意义,但这一点不是由它们必定是口头语言的转录以扮演上述角色而来。我的依据,在任何例子中,都认为这种偏见在语言学中远离了已建立的准则。即便它是如此,我们也应质疑一般原理在面对文言文时如何确立。(其他有关一般原理的问题包括逻辑、数学,给声者的符号语言,计算机语言,鼓声,烽火,等等)

德范克(John DeFrancis)领导了汉学领域的改革运动,以接受这种一般性原则并重新解释汉语的条例来确认它,他的论述看起来主要依赖于引用布龙菲尔德(Bloomfield)的强力雄辩。他的冗言似乎已在中国语言的教师之中成了正宗。布龙菲尔德认为,有一点讽刺的是,"书面语言"是一个矛盾修辞法。"书写不是语言,而只是用可见的符号记录语言的一种方式"。(参见德范克1989,第48页)根据手头类型-类例的区分,我们可以就口头语言讲出同样的内容。口头语言不是语言,而是在口耳媒介中表征语言的一个途径。但德范克清楚地解释了布龙菲尔德的一般性原理,以意指书面语言仅仅是口头语言的转录。因此,即使对欧洲语言而言,被解释的布龙菲尔德的语言学一般原理是不合理的、相背离的。在中文的案例中,它仅是直接和对这一现象的通常解释相抵触。详细检视德范克的论断,正当我希望发现一个论争之时,我仅是看到诉诸权威:"绝大多数语言学家相信这一点。"因此,在令人难堪的中文的痛苦之上,我们扭曲并转而制造对于可理解的正统的表面遵从。

书写在中国成长,是作为一个和占卜有关的礼仪实践并受制于其媒质——在骨头上雕刻。它电报式的简短当且仅当每个讲中文的人都远比加莱·古柏(Gary Cooper)字符更简明,方能反映出通常的讲谈。

我们的老师也许传授了一个广被接受的写作理论。

这些社会传授的语言理论并不要求描述上的精确。① 反思我们西方语法学院的理论——和我们所接受的语言训练相一致，众所周知,我们高中的语法不是一个对英语语法科学合理的描述。它的角色是不同的：阐明和诱导概念的正规使用。因此，我们自然会预料学院和民俗语言意识形态，夸大各自的某些功能，而忽略其他人。当语言不同,因此,我们可以预料他们的教学理论的不同可能甚至更为明显。可以理解的是,我们还倾向于使我们自己的教学理论普遍化。我们倾向于理解该理论不仅是作为一个对我们语言的描述，而且是对语言本身的性质的描述。

因此，我们有相当并不神秘的理由假设,即,如果我们的语言不同,我们流行的语言理论也将有所不同。在西方的语言社会,例如,在我们评价一个人的语言能力时，拼写的准确性比书法起到更重要的作用。我们不仅能够容忍受过良好教育的人其笔迹没有吸引力,我们甚至预料在医生中也是如此。在中国的语言社会,好的书法扮演更为重要的社会评价角色；他们的训练理论对书法的强调超过我们自己。

为了解古典中国关于语言的背景性假设,我们应该注意到我们各自有助于这些不同流行思想的语言的特点。让我描述在古典中国用来说明不同民俗语言理论的中文的某些特征。

象形和表意文字

西方人最熟悉的中文特性是它乃一种象形或表意文字。中

---

① 注意,因此,我们并不真正一定要判定布龙菲尔德关于语言优先的观点是否正确。这里相关的问题是,它们是否可以成为中国文化理论中中文的书面语言地域上区别于口头语言的一部分,不管这些西方的观点是否正确,它们极有可能在带有拼音字母而不是在带有中文字符的文化中成为因袭的智慧。

文写作非拼音的性质立即引起了我们的注意——和传统的中文理论一样。不幸的是,在布龙菲尔德迷惑之下的汉学家们假设书写的发展遵循了从原始象形到现代表音结构的必然路径。把表意作为汉语的特征意味着带有贬低的结论,即中文写作是原始的。因此,一些自封的历史语言学家事实上弄了一个挑战既定使用的表意性的家庭小作坊来描述中文。① 他们竭尽全力以阻止获取中文写作在表面价值上的独特性质。② 因此,我们发现中国的语言学家们愤怒地回应西方所有写作仅仅是一种讲话记录的民俗理论。③

此种愤怒批驳的细小的事实依据是很简单的。我们传统上把中文字符分为象形、表意和表音的混合物。象形汉字包括马、太阳、月亮、牛、羊、人和山——大部分字根。表意文字包括一些

---

① 约翰·德范克的著作大全是这种反应的典型所在:"在累积成果的专业生涯中,我不得不忍受的关于中文的错误最终推动我拿起武器反对关于其写作系统的误传。"(1989,第Ⅺ页)。他的孤独感令我困惑。事实上,他的看法似乎是英美汉学界传统的智慧——这一点,当然,促使我提出质疑。
② 例如,德范克坚持认为,所有的语言文字完全是"看得见的讲话"。他断言中文与德语、法语、英语是连续的,区别仅在于其表音的准确程度。声音和符号之间的对应"对语言系统而言有所减少,比如德语、西班牙语和俄语、法语进一步下降,进一步为英语,更进一步是中文"(同上,第51页)。
③ 正如我上文所述,德范克公开拥护布龙菲尔德的断言:"写作不是语言,只是用可视标记记录语言的一种方式。"(同上,第48页)他承认(1989),即使应用于西方语言,其他语言学家也同意他的看法。德范克采用了捍卫中文荣誉的姿态,反对他发现的潜伏在把中文当作表意性文字描述之中的冒犯性的偏见。然而,荒谬的是,德范克公开拥护有冒犯性的价值前提。他说,表意文字系统是原始的,而表音的系统是自然的。这使得他对中文荣誉的辩护引起轰动。他把中文刻画成一个有严重"缺陷",且"不知有多糟"的表音写作系统,该系统"无与伦比的缺陷远超过英语"。(德范克,1984,第128—129页)。此说提醒了对于坚持认为女性和男性不存在生理上差异的性别歧视主义的一个谴责。的确,纠正这种偏见的合理位置,在于坚持认为男性生理具有特殊价值的价值前提之下,而不是陈述差异的描述前提之下。让我们完全地否定这一偏见:表音书写系统不比基于表意性原则的系统更好。然后,我们可以接受正常的对于中文的英语描述,而没有道义上的愤慨。

明显的符号。诸如数字,上、下和中;而且复杂的象形文字由象形文字的字根组成,比如森(三棵树)、明(日和月)。标音的组合体通常具有象形的字根和一个可归结为语音信息的部首。①

在这场致命的争斗中,狄弗朗西斯的对手不是像因为他假装的那样,是西方思想家执意嘲笑中国。他们包括中国人的理论本身。流行的汉语学习助长了建立据称是关于绝大部分表音字符的精致的语源学。它基于基本原理把一个意义指派给整个特质,甚至把这些原理定性为语音学时也是如此。② 正如我们所注意到的,汉语的语言意识形态和语言,诗歌和绘画相联系的方式,与西方的民俗理论假设相违背。对我们的目的而言,这种对使用"表意文字"等词语的敌视,在传统中文对于语言的思维模式的特性上,是盲目的。狄弗朗西斯对这种中文特征的厌恶,来自他对于西方民俗理论不加批判的接受。

---

① 德范克的思路是,既然它归结于语音信息,那么图形结构和语音内容的意义是不相关的。因为它归结于语音信息,它仅仅归结语音信息。我不能给这种固执的不可理喻(non sequitur,原意指表达荒诞、幽默、不合逻辑的谈话方式或文学手段——译者注)找到任何理由。

② 研究已经表明,这些热门的语源学并不总是可靠的历史。尽管如此,德范克关于语音混合体的严格结论就其表面而言是不可信的。表音部分也能有助于语义信息。例如,对 li 这个发音而言,可能的语音要素包括"里"^{road}、"利"^{profit}、"豊"$^{sacrificial\ vessel}$。很难看出,礼^{ritual}(仪式)使用"豊"$^{sacrificial\ vessel}$这个宗教的字根,和理^{pattern}使用"里"^{road}的字根和"玉"的部首,俐^{clever}使用"利"^{profit}的字根和"人"的部首之间没有关联。

葛瑞汉曾经论证过,哲学家为表达他们认为重要的哲学区别,显然构思了许多字符。他指出,当把"恕"^{reciprocity}解释为和自己一样,而"中"^{center}同时代表对于统治阶级的忠诚和下层全心全意的概念时,忠^{loyalty}和恕^{reciprocity}这两个音都和一个隐含理论彼此("如"$^{be\ like}$的发音)相关。(葛瑞汉,1989,第 21 页)。他提供了类似的论证,如情^{feelings}(第 98 页)、性^{nature}(第 56 页)、诚^{sincerity}(第 133 页)、辨^{dispute}(第 36 页),以及其他一系列重要的古典哲学条目。葛瑞汉认为,墨家有意地使用字符-构建的方法来创作他们认为重要的哲学特性。即使德范克在认为容许我们把汉字叫做表意文字这个坏的因果关系上曾经是正确的,对古典哲学家本身,而不仅仅是对西方业余爱好者而言,深藏于这个特性描述中的语言观是非常合理的。

推测起来,作为一个系统的声音,主张书面中文重要性的中国人不同意我们西方的语言意识形态。我们广受欢迎的(西方)书面语言的发明历史诱使我们把象形语文看成是原始的。狄弗朗西斯把中文书写和"讲话录音"的激情同化分享了这种偏见。他写道:"关于中文写作系统的错误能够巧妙地导致反对中国人自己的偏见。"①适当的抨击,还是在于表音的写作是更发达的写作的这种偏见上。在合适位置留下这个前提,将贬低中文写作,即使我们设法把中文全部是象形文字的离奇看法纠正为更准确地认为有25%表音的。它依旧看起来是相对原始的,直到我们废黜哪个关于可能书写系统的毫无根据的价值假设。

这里真正的罪魁祸首,是把语音和讲话与语言本身概念当成一体的假设。恰当的纠正措施,如类型-类例的区别所指示的,是把语言看成一个抽象的符号系统。声音是语言符号一个常见的例子,而不是其精神实质。图片、手势、电磁调制、图表、地图图例、眉毛活动、表意文字、逻辑符号等等,都是其他可以表征语言词汇的符号系统。语言本质上由声音组成的假设——甚至没有中文的例子——很少吸引哲学家。我们把我们的逻辑系统,数学和计算机语言均归诸于语言。② 那种认为我们应该停止用习惯

---

① 同上。第Ⅺ页。正如我们指出的,这不够精妙。这是一个德范克所拥护的那种偏见的推论:认为书写发展的自然路线是从象形到表音系统的观点。例如,可参见他221页上的评论,所有书写系统都是一样在"把他们的祖先追溯到象形符号……"。
② 德范克草草处理了正式的语言,如数学,理由是他们是不完全的。他没有给这种说法以可替代逻辑应用的清晰意义。鉴于逻辑的意义,所有的语言复杂到足以包括普通的算法是不完全的。鉴于常识性的阅读,他的论点是很容易被元逻辑的正式结果甩出正轨的。勒文海姆-司寇伦定理表明,任何一种有很多可数语句的语言,在一阶逻辑加算术上,有一个解释模型。我假设,有一种语言在德范克的意义上将算作是完备的,假如它有无穷多的可能性来表达思想。

的方式讲述这些事物的论点,离引人入胜还差得很远。

假如我们只讲孩子可以在母亲膝上学习到的自然语言。这主要会经验地产生口头的、言辞的语言。但是,这似乎主要是一个生理上的偶然,而不是一个严格的语言概念的因果推论。例如,聋哑儿童,可以学会没有以声音为基础的第一语言。①

更深层的问题是,汉学家们回避承认任何中文写作的重要性,而错过了可能成为哲学地有趣的方式。首先,这里的问题不在于是否"象形"或"表意"是一个对书面中文的正确描述。我们的问题是,中文的语言意识形态是否可以如此自然地描述它。狄弗朗西斯的看法将使我们把中文概括为表意文字的倾向(及传统的中国人的倾向)看上去没有任何事实依据。所谓的错误完全是一个幻想。我认为,书面英文和书面中文写作之间的一些区别要求另外的解释。很难说书面的中文的确就像英语,只有精神有缺陷者才如此说。促使我们注意汉字独特性的,不仅仅是它们看起来和对象的图像相似(它们通常不是如此)也不是从历史上看它们似乎是起源自图片。真正吸引我们的是中文字形中间语言(interlanguage)的方面。狄弗朗西斯把英语和芬兰语等同对待是有误导性的,因为中文似乎是一个单一语言和语言家族的混合体。许多不同的中文语言共用一个单一的书面形式。在那些语言之中,一个中文的书面字符所代表的一个发音不比任何其他语言更多。

中文书写从而发挥柏拉图的意义世界,及其哲学派生物——

---

① 德范克草草处理了失聪者人使用的信号语言,他的观察是,所有实际的失聪者社团与其更大的社会的语言要素是一体的。这无助于说明,一种自然的手势语言,要么在概念上,要么在人力上是不可能的。

私人心理语言(mentalese)理念的中间语言的作用。①中文书写促使我们把它描述成象形或表意文字,是因为它起着西方理论所设想的象形的精神理念的中介作用。中文字符给了一个解释如何把不同的口语发音联系起来的模型。但是该模型是一种社会-传统模式,而不是精神的、抽象的或形而上的。

从理论上讲,在华人家庭的语言中,我们没有必要限制字符发挥这样作用的可能性。对日本早期历史的很长一段时间而言,主要的书写系统(为男性的)是中国的古文。它和日本人的口语几乎没有联系,它与英语也是一样。我们也可以使用类似的技巧

---

① 这是使"表意"这个词看起来妥当的原因。表意文字不代表理念;他们在中文的语言理论中,发挥类似于理念在西方对应的解释性角色。汉字在这个意义上类似于理念。理念理论把他们看作是近似图片及中介语言的项目。一个因果关系链既把理念,又把汉字和语言中的词汇所提及的世界上的物体连接在一起。他们锚定了"急转弯"理论(dog-leg theory),因为他们意图用语义性代表的神秘力量取代简单的图案性代表。

它们的主要区别是,柏拉图的版本把理念描绘成在客观的理性世界中的终极实在物。他只把声音看成是对语言习约方面的建构。我们17世纪柏拉图主义的心理语言版本中,也使象形语言处于首要非常规的位置。这种个人主义的版本使心理的表意文字完全地主观和私人化。(但是,它们依然是理性的产物——现在和经验相结合。)

汉字无疑是常规的、社会的和公共的。古典的中国理论家们没有走向制造对于解释语言-世界关系的描绘的诱惑。历史(圣王的首创)和习约(我们想和它们的用法相符合的意图)把语言和世界捆绑在一起。和中文对应的这个象形中介语言的不同,主要是现实的、传统的语言,而不是私人的、心理的、智力的,或超凡脱俗的。中文作家很容易认识到,即使是象形文字的正确写法,也是一种社会习约。一个象形语言和一个声音系统一样,代表了有意解释的需要。他们不会被幼稚的假设所诱惑,即假定某人把声音翻译成一个象形的心理语言,将解决语言中谜题。它无法提供所需要的语言与世界之间的恒定关系。即使他们是图片,其使用仍然将取决于周围的习约,而不是它们的纯粹的象形内容。

用中文写英语。①

我发现暗示的中文观点是非常合理的。我们的语言能力预设了一个独特的人类能力以确认关于形状的范畴，这就是人工智能理论家所突出的模式识别。我们的阅读能力预设了这个认可形状范畴的能力。我们在这个世界上使用语言指导我们的行为也是如此。都需要我们可以把一套类似的形状类例认可为一个类型。我们学会了认可一个常规的形状，或者给一个形状的常规上决定的范围指派一个单词。象形文字是早期的写作形式，因为在任何语言的发展中，一个共同分有的形状识别能力是必定存在的。②

---

① 德范克用"单一性事件"这样滑稽的标题来讽刺这种可能性。他描绘了一个虚构的情节，日本人，以及韩国人和越南人，在战后迫使西方人写汉字。德范克显然希望这个描述能使这个愚蠢的想法有点像18世纪精巧的仿中国制品一样保留下来。不幸的是，他报告说，许多读者把这个蒙骗当真了。他似乎已经怀念那个反应点。它所显示的是，这个故事已经有了足够的概念上的可信度，以制造一个漂亮的把戏。德范克认为这个故事显示了理念的不连贯，以及它是如何被假定这么做，是一巨大的未解之谜。当然，这个故事也表现出政治、社会和文化上的天真。把这一特定的概念上的可能性当成是明智的政策，这当然是怪异的。注意这种事情在概念上可能性，不是去把它提倡为语言学上的策略。

② 我们可以中立地说，语言是由可理解的符号组成的。手势、声音、图片、烟幕和舞步均可以是符号。对符号唯一的先验限制，是人类能够学会认可它们：我们能理解容纳新产生的符号以及由单个符号而来的综合符号相结合的原则吗？除此之外，与汉学教条相反，我们找不到一个先验的拒绝理由把常规的书面符号的语言与任何特定口语区别看待。在英语方面，如我前面所论，我们以建立在书面形式基础上的标准使文字和语言个体化。我们把"fit out"视为两个单词，而把"outfit"当成一个。在英国英语和美国英语当中，我们都不会说"biscuit"和"cookie"是同一个词。相反，我们倾向于说，在英国英语中，同一个词意味着一些不同的东西。讲汉语的人则诉诸于汉字以消除他们话语的歧义。当有人问他们的意思是什么，他们会在手上，在空气中把那个字写出来，或者描述出来。一些汉字有熟悉的说法，如"三横王"。他们还会使用汉字组合来确认该汉字，如"中国的中"。

常见的中国人的理念在这方面和我们自己不同。书面的形式都影响了彼此的民俗语言理论。即使文盲也将学习各自文化的理论。他们将采用他们文化中的语言理论,就像他们自己文化中关于太阳、月亮、心理和精神,及死亡的理论。他们不需要学会书写自己以获得其群落关于他们语言的意识形态。他们必须做的是与那些的确接受了这一理论的人们谈论语言。

意义、翻译和心理

因此,中文的这种特点促使我们(即使是误导)把它作为象形或表意文字来描述在哲学上是重要的。这表明为什么中文的语言理论家们不会被任何类似西方的意义急转弯理论所诱惑。西方的意识形态引入了意义以解释了人工辅助语言的翻译。由于关于意义的理论和一个理念声名狼藉的模糊概念有如此广泛的历史和理论联系,我们缺乏的一个重要动力来假设中国对应的理念、信仰、意义、思想,或心理器官、认知的内容。

为表明这一点,可考虑对我们的民俗理论如何就意义产生困惑有一个典型的、标准的陈述。要知道,隐含在我们的语法学院的意识形态之中的要求是:意义是某种类别的对象。我们假定的语言有一个描述性的功能,而且我们的关注对象如同实在的基石,使我们倾向于在我们的语言中对任何有意义的条目要求对象。①

一个字,一个噪音,或一套纸面上的标记——怎样才能意味着什么? 有一些词,如"砰"(bang)或"飒飒"(whisper),

---

① 事实上,更有诡辩性的理论其代表版本要求有对象只支持语言中在逻辑上确当的名号。其他条目,然后被解释为复合的名号。这种分析对借助于不存在的对象来处理这个问题来说是必要的。

听起来有点像它们的所指,但通常一个名号和它所命名的东西没有相似之处。一般的关系,必定是完全不同的……意义的神秘在于,它似乎没有在任何地方落脚——不是在单词中,不是在意识中,不是在一个单独的概念中或徘徊于单词、意识和我们所讨论的问题之间。[7]

无论这个徘徊在我们语言用法周围的关于意义的概念,对我们而言是如何熟悉和直观,我们没有必要把它归属于古典时期的中国哲学家。西方理论开始援引私隐的象形语言。由于和声音不同,理念的确类似于它们的对象,它们构成了世界上声音和对象之间的解释性联系。我们把那些精神的象形文字确定为词汇的个人意义,无论她学习什么语言。这些精神的对象说明了我们学习常规语言的能力。西方的民俗理论假设,我们把我们的母语翻译成精神性象形文字的私人语言。

传统的中文理论家们不会有任何并立的动机去假设私人的、主观的意义。中国的民俗理论把所谓的象形文字看作和这个世界具有历史的、因果的关系(正如我们的想法)。但是,历史是语言社团的历史,而不是某个人的,并且中国对于字形的使用和历史习约相一致。他们的理论明确地提到语言的常规特性,和用法的可接受性所起的关键作用。中国的理论家们强调语言和社会的关系,甚至超过他们对语言和世界的关系的强调。

中国思想家对于熟悉的意义问题并不着迷。他们不把从哲学概念出发当作探求定义。这并不意味着他们与哲学无关。他们只是采用了一个直观地,更多社会性的语言理论。社会习约支配语言的所有方面——图形本身、区别,以及我们所掌握的字符的声音。语言取决于社会的赞同、习约或一致。共享的使用模式具有习俗的,规范性的地位。这些习约,中国的怀疑论者注意到,可能和它们究竟为何不同。中国的怀疑论者凭借他们的怀疑支持文化相对主义,而不是靠内在的、私人的主观性。

语调无哀乐

西方学生在处理汉字之前,通常首先遇到口语的困难。此点始于语调。这并不是因为语调在发音方面注定是困难的,甚至英语当中缺乏语调。问题在于,我们的早期语言训练告诉我们在鉴别单词时无需考虑语调。我们的语法学院的意识形态,通常忽略了语调。我们学习发音和语法,而把重点放在我们的书面符号——拼音字母之上。声调的确在英语口语中发挥作用,但不是在书面中。一句话的声调发出不同的语音作用的信号——表达讽刺或怀疑、指责、调情、质疑、说服、要求等等。然而,这一点我们很少在我们的语法书中教授。语调的作用打击了我们,因为太含混以至于不能明白地去训练。我们认为一个人自然地掌握了语调,或根本没有。诚实不能教。在我们的流行理论中,我们有效地把语调作为语言学之外的因素加以考虑。

在内涵-外延的区别上,我们改为使用单词。在我们的民俗语言理论中,声音的语调不改变我们说什么的实质内容。它仅改变了情感的覆盖面,即我们所说的情感语调。某人可能会采取一种嘲讽的语调,一个质问的语调,一个惊讶的语调,等等。西方人从而学习了一个把语调现象和我们心灵哲学的另一个方面相链接的民俗语言理论。它强化了民俗理论关于理智和情绪、理念和感觉、信念和欲望、理性和激情之间的分歧。单词表示纯理性的理念。语调表示情感或感觉。你学习单词,但情绪语调恰好是你的情绪状态的一个自然结果。

在现代汉语中(大概在文言文中也是如此),语调比字母-音位在印-欧语系中承担更多的语言学角色。① 中文的这一特征是中文具有节奏性质的刻板印象的一个来源。② 这也可能导致了东方不可思议的刻板印象。事实上,和西方学生保持语调不变一样,讲中文的人如允许语调情绪性地变化,也可能会觉得不舒服。

鉴于语调发挥了文字识别的作用,我们可能想知道一个人如何用中文表达感情? 例如,粤语——一个更接近古汉语的现代语言——拥有丰富的词汇,句末的最后一个字传达嘲讽、惊讶、怀疑、说服力,等等。一个人在谈话的结尾处简单地加上那个字,以改变我们所称谓的情绪性的角色。③

你可以说,中文展示了对我们直截所说的话的社会性的,或情绪性的影响。语言的此项特征明确揭示了我们要处理和语言有关的事情,尤其是社会的事情。相比之下,西方的语言意识形态,把语言的关键作用视为传达想法,事实和描述性的内容。中文的语言训练更加自然地把语言描述为一种人们之间互动和相互影响的方式。在汉语中,我们使用一个特别明确的词去引用,去命令,去说服,另外去影响别人。

---

① 其在于语调对于单词识别是至关重要的。语音的性质和字母有关——圆唇的对非圆唇的(o对e),唇音的对齿音的(b对d),在英文中是重要的区别。它们决定了我们表征的是哪个英文单词。在汉语中,平声对去声,上声对入声,语调上做的改变和元音或辅音的性质相同。
② 这一点在粤语中尤其正确,从中我们的许多刻板印象会减少。粤语有更多语调,更大的音调范围,比普通话少的连续变调,因此每个字通常是用它完整的语调说出的。讲粤语者的会话热情加深了这一印象。
③ 起表达谈话行为的作用或一个句子的语内表现行为之力,我相信这种现象对情感的表达较少。同一句话,在句末加上一个词,可以用来说服、命令、质疑、批评,等等。我把这作为情感表达的描述,是一个对于西方民俗语言理论的临时让步。

第二章 中国哲学的语境:语言及语言理论

我的假设是,中文的语言训练不会促使西方偏向把语言理解为描述性的。① 中国的理论家可以有理据地假设语言使我们社会化。② 我会论证,中国的思想家们把运用名号的技巧看作是习得的能力。我们在标记区分方面和社群保持一致。这种共有的语言技能使社群能够协调行为。在哲学术语方面,中国的语言理论从语用学——语言和使用者关系出发;西方理论首先关注语义学——语言和世界的关系。

有规则的语法

对苦战的西方学生而言,汉语语法的简易性可以部分地弥补语调的困难。学生们有时不得要领地说汉语缺乏语法。在这个陈词滥调中的核心真理是汉语语法没有语法上的词形变化。③ 我们常规的表达,又是来自于我们关于语言的语法学院的意识形态。我们正式的语言培训非常强调数、时态和格的变化。因为我们很少发现有必要给讲母语的人教语序,我们用敦促学生正确讲

---

① 我不认为中文的这个特性是它们在社会背景下检视语言的原因。中国哲学出现的背景是,对于传输、整合、掌控,以及把礼仪当作社会化方式的实践方面先验的兴趣。西方哲学中出现的背景是,对于天文、航海、几何等方面的先验兴趣。这些主导性的兴趣最直接地说明了两个传统检视语言的不同背景。西方思想家在其与世界的关系中研究语言(语义学),中国思想家研究语言与其使用者和社会习约之间的关系。(语用学)这个特性仅仅是揭示了每一个文化详细阐述那个分析方向的特定方式。
② 古典的中文思想家最终从这个更基本的指引行为的作用中得出了一个语言有可描述性作用的理论。他们关于专业引用的理论来对我们应该如何使社会用法持续不变的描述。外部引用是一个如何规范名称使用理论。
③ 这个关于差异的陈述取决于一个词尾变化的限制性概念。中国人使用的字符——有时在动词之后,有时在一句之末——这可以说是"时态"的标志。我宁愿把他们描述为"体"标志(完成后,继续),而不是"时态"标志。例如,一个完成标志可在语法上用于与"明天"这个单词一起使用。如果我们认为变形影响了一个单词,并认为一个字符就是一个词,那么这些将不会被计为变形。当然,代词的复数字也可以这样说:们(普通话),或哋(粤语)。

话的方式强调语法的一致性。常见的语法错误例子是诸如缺乏主谓一致和格及数方面的错误。因此,我们倾向于认为这些功能穷尽了语法涵盖的范围。我们与其他印欧语言语法的苦战也侧重于枯燥的动词词格的时态和数的变化以及掌握语法上的性和格的变化。①

汉语在这方面,比英语更加类似于逻辑。②尤其是在古文的书面语中,语序决定了语法的作用。③ 只要我们严格地界定"项",格的变化是数不胜数的。

我们关于语言的民俗理论的强调另一个次要的功能,尤其关于英语。我们的语法训练包括说写完整句子的命令。完整的句子表达一个完整的思想。我们的意识形态强调,一个完整的句子都有一个主语和一个谓语。在英语中,即使在稍微奇怪的上下文中,我们在语法上也需要主语项(如在"It is raining"之中)。虽然,在逻辑上,典型的句子对其中使用的项都是平等的,我们的意识形态告诉我们,谓语表示了一些有

---

① 我们的语法学派民俗理论使我们在掌握这些令人费解印欧语言的特点上的投入合理化。我们相信,这种复杂的变形系统对于明晰的沟通而言是必需的。学习中文使我们从这个偏见中解放出来。印欧语系标记句子功能的方式变得似乎没有必要。学习逻辑也会有同样的效果。逻辑符号也是分配极多变形。(我说"极多",因为我们可以把变量和谓词字母(通常是大写字母和小写字母)之间的差异视为句法变形的对应物。)逻辑符号主要依靠规则和运算。如果你的句子中包含像"昨天"这样的词,时态就是多余的。如果"七"就在名词之前,我们几乎不需要在动词上有一个标记的来告诉我们,"七"是两个或两个以上。名词出现在主语和宾语之间的地位位置(在英文中)也不带有"格"的标记。代词也可以这样。
② 语言学家们呼吁语言更依靠语序,而不是变形解析。英语是西方语言中最有分析性的之一。古代汉语很可能是实际人类语言中最有分析性的。
③ 如在逻辑之中,文言文的谓词也有好几个为"项"安排好的空隙或位置。及物动词有两个规则的位置,一个有间接宾语的动词有三个,一个不及物动词有一个,等等。前置词在可插入项的谓词处增加了位置的数量。作为中介的介词"以"出现在主语和动词之间的位置。位置格的介词"于"(中)出现在宾语之后。动词之前的项空隙可能是空的。假如项缺失了,动词后的位置需要变量(代词)。

关宾语的事项。因此,一个标准的想法是关于一些对象的,并以特定方式描述该对象。

古汉语的书面语言经常省略了主语和其他动词之前的名词。因此,我们不应该假设我们以句子为基础的意识形态将是直观的中国的语言理论的一部分。如果我们不把主谓区分中的信念归于中国哲学家,那么我们没有理由将其本体论之中的精心推敲或精神理论归之于他们。中国哲学家并需要相信表达是关于具体对象的。我们不需要设想他们的本体论把实在分析成由物质(客体、细节)及其品格(属性、特点)所组成。我们不需要设想他们分有了主观性与客观性相对立的心理理论。我们不需要设想他们将语言看作一个思想单位(信仰或其他一个句子的对等物)或者一个事实的传递。

我们的民俗理论这些常见的,几乎是本能的方面,围绕着我们的语言培训,不必是在把中文作为不同语言的教学中所传递的民俗理论的一部分。我们不能在我们的解释理论中把这些作为默认假设。每个归因需要来自文本的建设性论点。

构建语言的积木

我们通过把语言分为若干单独结构部件的理论方法了解我们的语法。我们语法学校的意识形态的确把口头和书面语言紧密结合起来。因此,我们首先把书面语中组成单词的字母(语音)个体化。我们的理论然后主要以我们的书写习约——在那里我们留下了空间——来个体化单词。我们的理论把一个单词看作带有句法作用(语音的一部分)一个声音串与一个意义(一个和理念的结合)。单词(语音的一部分)一起配合构成句子。在我们的语言意识形态中,句子是一个关键的结构性部分。句子的界限控制了大部分的语法共识。我们认为,语法是构造句子的规则。我们教语法的方法因此强调句子。① 句子表达了信仰(完整的思想是理念组成的)。句子在我们的心理世界之上绘制地图。句子用我们内在的想法和信念共用一个逻辑形式。

中国人关于组成语言的结构单元的理论,当然是不同的。如果中国人也套用了他们的书面形式,他们就不会把声音当作基本的建筑模块来处理。正如他们学习写字,他们学习一个关于写作起源和性质的不同理论,这个理论不会始于音素字母或对音节组件的分析。中国人只是注意到了,字在他们的方言中以特定方式发音。他们不会把自己描述成书面声音。基本结构单元的汉语

---

① 维特根斯坦把我们关于事实的概念看作一个实在的结构,它以一个句子的结构分有了逻辑的形式。一个典型的句子是由一系列项及相关联的因素组成。一个事实包含客体的相应构造用项来指称。西方语法学最近的一个趋势是基于对话的语法。逻辑学家可以说成是要研究一系列句子和一个论点的语法。

西方的语义思想给了西方思想们的看重句子的其他一些原因。我们的真理概念完全只用于句子。我们的传统语言理论主要涉及语义学或意义理论。由于这些发展,我们理解意义要取决于一个句子的真理概念。同样我们的认识论侧重于命题态度——信仰和知识之间的差异。信仰和知识只是在句子,命题或完整思想的层面上形成对照。我们也把它们称为句子的或命题的态度。

相比之下,中国务实的语言学理论,处理可断言性(assertability)的问题超过真理。这种反差是属-种对比,而不是排他性的。我们可以把真理看成是一个物种的可断言性。把真理从其他物种的判断在语法上区别开来,要求关于理性能力的理论和关于信仰内容的学说。我们不限制可断言性和句子关联,如同我们对待真理。我们可以为可断言性评估字词,短语,句子,论据,甚至整个关于可断言性的对话。

中国思想的确处理"知"knowledge的问题,但不是命题知识。文言文没有和命题信念在语法上相平行的动词。语法对象的"知"know始终是一个名词或动词短语,而不是一个主语句。这样的知识赋予汉语的意义是知道如何做某事,知道去做某事,或知道关于某物。文言文中和信仰背景最接近的对应物还着眼于项,而不是句子。如果我们要说,"He believes it is good",文言文将使用像这样的结构:"他善之"或"他以之为善"。我们撷取其理论力量最好通过讨论一个排列来使用的一些客体的术语。有些译者把这种类信念结构描述成把某物作为种的存在的认定或看待。

培训强调的是笔画。①

中文民俗理论的下一个单位是部首——图形或有助于意义的图形的一部分。②他们是人、水、木、口、心、言、鱼、骨、刀等部首。在构字中，复杂的字符包含部首以及包含语音信息的偏旁。③

这里流行的中文理论以不同的方式把口语和书写联系起来。汉字并不代表声音。他们指出，简单地说，不同的汉语方言以不同的方式读一个字。正确地安排好的字符串构成辞。古汉语辞的概念贯穿于我们有意构造的任何语言字符串中。(8)它包括我们所称的一个复合词，一个名词或一个动词词组，连绵动词，完整句子，甚至成双成组的句子（对联）。

古典作家没有在其语言理论中使用现代术语句。④接下来他

---

① 在中国的民俗理论中，笔画和书法、绘画有关。它显然不强调西方学生熟悉的文字和图片之间的所谓差距。相反地，中国画在框架之内轻松地包括了语言。甚至山水卷轴通常兼具一首诗、一个谚语，或一副对联。书法和绘画的连续性，是中国美学和字符理论一种深刻而重要的文化特征。中国关于绘画和书法优点的理论强调笔画的质量。这部分说明了如上所述对于书法揭示一个人性格重要性的强调。刻板的图片及文字的二分法，在我们如此熟悉的"价值千金"的谚语中将很难作为汉语教学的一个特征得以理解。
② 传统的词典组织使用部首和中文的民俗词源学强调组成字符的部首的象形起源。
③ 拼音信息可能对某些字符或在一些方言(语言)更为精确。正如我上文所指出的，中国民俗理论通常也给语音元素赋予意义。请记住，中文历史学家，把这些民俗语源学看作是最具幻觉的。无论我们是否同意，中国的民俗理论，当然是很容易去激发的。通常，一系列的语音结构可以传递一个字符信号的近似发音。很难显见的是，从可供范围内选择的语音内容和意义没有关系。
④ 葛瑞汉曾声称墨家发现了句子并改变了辞的含义以专门指向句子。他关于这一点的证据基本上是，墨家发现在字符串中，字词的顺序是很重要的。除此之外，他可疑地依赖于一个重构的段落，它看上去更像是一个葛瑞汉自己语言直觉的可塑性场地，而不是一个关于句子的理论。葛瑞汉说，初看起来，它好像一个难以理解的千篇一律的名单，但"在仔细观察之上"，它变成了一个葛瑞汉自己对于文言文句子作语法分析的陈述——一个关于名词性的和口头句子的分析（葛瑞汉，1978年，第474页）。即便葛瑞汉承认，那个"同根之同一"的关键标题是"神秘的"。（同上，第475页）。（转下页）

们说到的大的语言单位是说,然后是道^{guiding discourse}。

中文写作在很大程度上依赖于优雅的对偶来传达结构信息。作为消除歧义的表达方式,结构的约定部分取代了抑扬顿挫的约定。结构的对偶可以扩展到整个文章。因此,汉语意识形态把我们熟悉的语言意识形态所分开的部分更加紧密地拉到了一起。它把散文和诗歌混合起来,就像它的艺术装饰品把文字和图片混合起来。② 我们错误地混淆了语言理论,当我们断定中国哲学中的诗歌结构的频率表征了它的情绪性或非理性的特征。⁽⁹⁾中文中的诗歌结构是一种阐明的手段,而不是神秘主义、隐晦,或浪漫主义的手段。

结构与释义

古代汉语的字符有很大的语法流动性。我们可以说,他们可

(接上页)墨家的确发现,单词的顺序在辞中是很重要的。但是,这并不意味着他们发现了句子。所有的语言字符串具有功能的复合性。即,该单位是由功能部分组成。例如,一个名词短语,可能有一篇文章,一个形容词,和一个名词。甚至人的名字也有句法结构。
我们西方的语法理论强调完整的句子,及关于其基本功能部件的理论。我们的句子理论假设了一套词类。功能的部分在我们的语法和我们的语义中发挥了重要的作用。部分的意义是它让一个句子成真时所发挥的作用。印欧语言字根-字尾的结构吸引我们注意这些功能的作用。
中国的语言理论家没有这样的理由来发展一个句子理论或其补语,词类。中国的语言理论家的确注意到在话语之中词序是重要的。在任何有意义的字符串中,词序、休止符、起始和结束点是很重要的。中国的理论家没有推论说,词序把命题串从较小或较大的语言结构中突出出来。在他们关于次序重要性的陈述中,他们没有援引命题的功能。词序的重要性,在于语言如何引导我们,而不是在如何表达了真理。

② 对于文^{language}这个字的传统描述是它在字源上指向的装饰。汉语中一个更有趣和更有启发性的复合词是文＋化,传统上被翻译成 civilization。通过文学累计或书面语言的方式装饰或美化人类本性的文明化的理念,是一个对中国的观点有启发的考虑。它也再次使我们想起我们上面所做的观察:书法在评价一个人的性格,一个人的教育和文化发展上的重要性。

以发挥许多词类(part-of-speech)的作用。但是,这种表达方式,夸大了差异。同样,在英语中,任何字根可以发挥许多词类的作用。不同的是,英文的字根要这样做需要有适当的变形。一个适当的名词可以成为一个形容词,例如,Einsteinian(爱因斯坦的)。我们可以用"-ize"使一个名词变成动词。我们可以用"-ness"或"-hood"使一个一般性名词变成一个单数的抽象名词等等。我们使用字根-变形的结构使我们的单词在句子中扮演不同的角色。所不同的只是中文没有使用变形来这样做。词序在字符中串决定了字符的句法作用。

字符,如同字根,也有明显的命题作用。①白通常是形容词。马通常是一个名词。我们通过字根的使用来解释一个字符在句子中其他位置的使用。因此,"吾白之"大致类似于"我认为它是白的"(以精确性为目标的翻译可能使用"我认为这是白的"或"我要它是白的")②。字符可以在不同的词类作用中运作,它说明了

---

① 这一事实,加上结构上特殊化的字符像者和之(作为一个宾语代词或在同格中使用)能够证实一个句子结构的假设。否则,在句法基础上,将更难论争任何分解优于另外一个。显然,给句子分配角色和字符串开始及结束之处及主要动词是什么的一个假说是相关的。文言文臭名昭著的语法晦涩性就是源于这个相关性。因此,假设分析的论争常常严重依赖于解释性的假说。在实践中,由于缺乏标点符号,主语的可选择字符,以及字符的句法流动性,语法分析和解释是相互交织的。这有助于再次解释在中国哲学中诗性结构是如何常见的。正如我上文所提到的,诗性结构实际上可能比散文更清晰。中国哲学的这个突出的风格可能是出于一种对清晰的追求,而不是神秘的隐晦性。一个作者可以通过诗意的对偶来指导解释。如果两个词组有平行的结构,我们通常给双方设想同样的分析假说。这有助于排除一些在隔绝之下对任意一句做出合理解释的理论。请注意,例如,下文关于《道德经》第1章第3—6行的一个争论如下。词组之间文体上的类似从而在引导读者的分析方面发挥了重要作用。我们一并使用解释的可理解程度和平行性来排除分析假设。

② 我们的中文语法课程对这种结构区分了作为依据和作为推定的使用。我们通常会使用西方信仰的理论来阐述这些区别。但是,我们也可以谈论一个区别的社会与物理的原因。

一些关于中文的西方意识形态。它有助于一般的西方人印象,即字符具有许多的含义(见上文,第13—14页)。

物质术语和范围形而上学

我们语言理论的很大一部分似乎和语言没有多大关联。我们已经提到过西方有关本质、特征、具体对象以及它们共享的(和不断变化的)属性的学说。在早期西方思想中相关的区别是在一个永恒的客体及其变化的成分之间。这种客体和组成它的内容的区分,也在西方哲学中塑造出了一和多,永恒和变化的问题。这种对比已成为语言分析中的一个常备工具。但是,普通的学校语法,仅仅认识到了英语有一个探求客体和它的内容之间的区别的句法功能。西方语言用不同种类的可数名词和物质名词来标记这一直观的区分。"河"是一个可数名词,"水"是物质名词。我们认为,河是水。赫拉克利特问他如何能在同一条河中沐浴两次,因为他显然没有在完全同一的水中沐浴两次。[10]

名词之中物质-可数的区别在于事物同一性和个体性的不同概念,它影响了西方著名的流量问题。可数名词有一个内置的个体性原则。了解该名词就是了解如何计算它所指的对象。一个可数名词的同一性原则允许它能够获得和失去物质,并仍然保持完全同一的个体。因此,我们可以计算河流,而即使水流入和流出,它们都保持不变。

一个物质名词,如水,是累计上所指。这个概念对个体化(计数或计量)没有什么特殊的原则。相比之下,它的同一性原则更严格。如果它的某些部分已经发生了变化,它不再是完全同一的水域。

两种名词西方语言都使用。例如,河流、汽车、狗、勺子,是可数名词,因为我们可以计算它们。它们通常有复数形式,并可以通过数字或"many"以及"few"这一类的措辞直接进行修改。可数名词主宰了我们关于实在性的常识。这些名词符合我们世界的常识对象。名词本身包含了确定常见类型的个体的原则。西方常识的普通世界是具体物或个体对象的物质。

水、金、草、木、家具和牛肉是英文中的物质名词。我们度量它们而不是计算它们。根据我们选择的个体化原则或措施,我们可以用无限多的方式计算同样的数量。我们把这些物体看作是我们的世界更加无定形的,可变的组成部分——物质替代了对象。语法上,它们通常抗拒复数形式和直接的计数我们用"much"或"little"来改变他们的用法,而不是用"many"和"few"。这些名词有同一性的原则,但没有一个固有的个体化的原则。我们知道怎样才算是相同的 X,而不是什么算作个别的 X。

如果我们要测量或计算物质,我们把物质名词和可数类别词如几杯(cup of)、几盎司(ounce of)、几片(blade of)、几根(cord of)、几块(piece of)和几头(head of)等合起来使用。什么才算是一个个体和我们的测试目的有关。我们可以用几滴水,几杯水,几桶水或大量的水来测量水,或任何其他方式。更进一步,不同于物体,物质是累积性的。我们用物质名词中的一个指向几个空间上孤立的物质。我们可以使用我们用于每个部分的相同单词,指向少量的总和。

因此,西方哲学中关于持久和变化的概念性难题,被反映在这个语法区别之中。西方的常识在其解决变化的问题时同化了物质和质量,并留下一些具体的物体作为实在的基础。看起来,物体是稳定和不变的,而此外它们所造就的物质是不断变化的。

正如水从河中流入流出，活物在它们成长和变化时吸收和排出质料。然而，它们仍然是同样的东西。究竟是什么保持稳定或不变？这个答案在其他我上面所讨论的本质理论中开始出现。事物的成分可能发生变化，而其实质是保持同一。如同印度思想，希腊思想假定实在必须是不变的。

这两个物质-物体的区分和对象-属性的区分纳入了传统西方对于特定物体的关注。事实上，西方的具体物是一个抽象物。西方一般的常识世界是一个稳定的抽象个体或具体物的汇合，个体或具体物改变了成分或属性，但仍然保留了同样的、纯粹的个体性。我们把这种抽象的具体性从许多不同的特点、品质、偶然属性、模式、性质或特点中区分出来，也从质料、实质或原子中区分出来。①

如此多的西方哲学理论源于这个模型，以至于我们无法想象任何其他的。我们关于一个事物、一个客体或实体的概念本质上是那些可数的具体物。我们因此把我们关于实在的文化分析归结于中国的哲学家，而没有注意到它的语法基础。我们坦率认为它是不可违背的常识。

我提出了一个激进的假说。假设中国哲学家们设想了更多

---

① 西方思想的主旨之———直是寻求最终的原子微粒，然后是质子和中子，然后是夸克，然后……关于抽象微粒的学说仍然指导我们对于宇宙终极构成基点的文化寻求。还原的物理主义学派分析假定实在在时空中一定由具体的物体所组成，直到爱因斯坦及量子力学之前。非还原的现实主义者坚持认为共享的属性一定也是实在的——一定也有抽象的共性。通常的物体外观是潜在的抽象实在的复合物。它们在形而上学上由这些更基本的物体构成。这些，我们传统上认为，可能是不会改变的要素。现实主义者应用它们来把变化解释为抽象的特殊性及共性的结合。

像物质本体论的东西。① 当他们讨论万物,他们也许并不意味着10,000个可数的物体,而是10,000个可命名的物种。现代哲学家把这种另类本体论称之为分体论(mereology)。(11) 这是一个关于具有部分-整体结构的非连续物质的本体论。

现代汉语似乎很少语法性的可数名词。(12) 现代汉语几乎所有的普通名词和数词及代词一起使用时都需要物量词。汉语名词不带有复数。② 汉语中缺乏 many/much, few/little 的区别。③ 在文言文中,情况并不是那么明确。名词缺乏复数形式和 many/much 的区别,但数字可以直接修改一些名词。然而,它们也可

---

① 我的物质名词假说(mass-noun hypothesis)已被广泛误解,部分地,我猜想,因为我把它称为物质名词假说。这不是一个句法结论以为中文名词有物质名词的语法。实际上,我论证以为(1983年),如下文所述,古典语法不是一个物质名词的语法。物质名词假说,如其奎因主义者的鼻祖所提出的,是一种解释性的假设,一个关于这些术语之意义的理论。笔者推测以为汉语名词的语义学可能会像物质名词一样。对该假设的测试不是语法上的,但是否意义的归属使我们归于中国哲学家们的信仰更有理性的意义。葛瑞汉(1989年,第402页)引用了何莫邪(Harbsmeier)不确定的语法分类把古汉语名词分为三组。何莫邪在企图反驳物质名词的语法假说时,把所谓的语法群体用诸如可数,物质,和全称等回避问题实质(question-begging)的方式来标记。葛瑞汉似乎认为如果何莫邪决定承诺这一白纸黑字的分类,它将表明"至少以其最初的形式,物质名词的假设不再是站不住脚的"。除了可质疑的真理标准(即,无论何莫邪最终愿意向白纸黑字承诺什么),这个结论模糊了议题。葛瑞汉肯定说"陈汉生的洞察力似乎对于保存剧变非常有价值"。但是,这个洞察是物质名词假说的全部。我已经否认文言文的名词是语法的物质名词。我做出的解释性主张是,在他们默示的本体论是分体论的假设基础上,我们能够更好地理解他们的语言理论及相关学说。何莫邪系统地混淆了句法学和语义学。

② 对于普遍范围,现代代词确有重叠形式:人^{human}人^{human}=每一个人(everyone)。说名词不容纳复数形式不同于简单地说它们缺乏一个复数。例如,鱼和鹿都接受复数,即使它们的复数形式和它们的单数是相同的。重要的是,我们可以数或计算他们。

③ 但是,你可以询问有关数额的问题,用一个显示期望答案的方式来使用量词:"几$^{how\ many}$支^{pieces}笔^{pen}?"但是,标准的对比多$^{much;\ many}$少$^{few;\ little}$可以用另外的方式解读。"多$^{much;\ many}$少$^{little;\ few}$鱼^{fish}"? 要么可以用个体鱼的量词,要么用重量(或体积)的测度来回答。"很^{very}多$^{much;\ many}$鱼^{fish}"多(很多;许多)鱼(鱼)并不承诺物质或可数名词之间的解读。

以使用数字-量词("五头")的结构以修改它们。这些类似于物质的结构通常跟在名词之后(马五匹)。

可以说,古汉语的本体论假设可能影响了汉语的发展。逐步地,名词逐渐有一个更加统一的物质名词的句法。在我们要讨论的古典时期随后,数字-量词的形式在汉代(公元前 221—公元 220 年)变成了标准化的。

范围和语法范畴

中文名词类似于英文物质名词的一个突出方式,是它们不用冠词修饰语而可以在谓词中填充项的位置。① 这个语法特征有助于模糊任何不同类型的名词之间的区分。② 相应地,中国的语言理论,区分名词主要靠他们的界限或范围。

形容词也有范围。文言文的形容词也可以填补一个项的位置,要么是作为主语,要么是宾语。③相应地,中国的理论家,因此,在名词和形容词之间,没有做出明确的区分。④

---

① 在英文中,只有一个逻辑上的单数名词(一个专有名词,抽象名词,或物质名词)可以填补一个项的空隙。我们必须在名词短语中嵌入可数名词("The Cat," "A young person")。

② 这是一个语法的差异,但是,专有名词是无法被改变的。物质名词可以用一个修饰语形成新的物质名词。"浑水"是从水中而来的不同的范围的一个物质名词。"聪明的简"是一个感叹,而不是由"简"而来的不同范围的名词。

③ 古典(和现代)语法不需要任何系动词带有形容词或者名词补语。它们有效地取代了物质名词。形容词和物质名词之间的技术语义区别是物质名词有同一性。(我们理解的完全同样的水的概念,刚才是在这个杯子中,现在在那个壶里。)但考虑到他们关注于如何做出区别的问题,这个常识性的英语语法区别对他们的理论并不重要。

④ 中文理论家们的确注意到的区分涉及范围是否重叠或互相渗透。这是他们对形容词和物质名词最接近的区分。甚至在这里,他们主要区分混合之间的区别——"合坚白"之"合"和"合牛马羊"之"合"。公孙龙可能在一个点上提出非反身代词的依赖。他提示,白,依赖于马的形色,马并不依赖于白。

反过来,形容词和不及物动词没有明确的区别。① 在英语语法中,我们需要一个系动词带有形容词而不是不及物动词。在逻辑上和汉语中,形容词和不及物动词如在语法上发挥功能。

这一连串的假定进一步有助于解释为什么中国理论家并没有在他们的字符之中提及在我们看来是明显的功能区别(词类)。② 古典时期的中文作者只把单词说成是名。鉴于他们语言的这些事实,我们可以理解的是,这既不是一个误译,也不是语法上的幼稚。③

范围和本体论的相对性

在古代中国的理论中,最引起注意的是,范围是任何字符(单词)突出的语义学特征。理论家们注意到,一些名号适用于实在的小范围或一部分,而其他一些则适用于更广泛的范围。因此,中国的本体论不使用常见的希腊实在主义者的一-多结构。他们推导出了一个关于实在的更相对的部分-整体观点。在中国

---

① 同样,这种情况类似于逻辑,那里不及动词,形容词,普通名词,和物质名词都将被谓词字母所代表,并解释为一系列的物体或纯逻辑的规定。我们的中文课堂语法把形容词称为静态动词来标记这一同化。

② 他们最终注意到区分实名和虚名。他们将用前一类范畴包括普通和专有名词,形容词和动词(带有参考范围的所有项),而用后者概括功能性或情感的后缀。

③ 有人可能会说物质名词可能是对于名的更好翻译,虽然不够通俗。但是,为了这些目的,我把物质名词在逻辑上视为单数,如同名号。当然,他们不是固有的名称。正如我上面提到的,语法上的区别是固有的名称无法被修改,而物质名词可以。虽然我们可以振振有辞地把所有扩展的谓词看作名号,诚然,中国的理论家们在把算子(所有、一些、存在、存在、非存在)看成名号的问题上是错的。这是错误的,但依然并非幼稚。这些算子像是代词一样,也经常填补"项"的位置。在任何情况下,对量词的恰当分析在逻辑的发展上是一个先进的主题,而这些算子在许多方面的作用更像是名词或相关的动词,而不像是英文中的对应词。例如,存在判断的算子及其反面(有,无)通常在语法上发挥二价动词(two-place verbs)的功能。

的本体论中,我们看到没有对原子或恒定微粒还原式的追击,也没有语法上的对象-属性的区别。他们的本体论符合物质-质料模式。

但是,这一模式的重要性,不在于对象所指的分散性质。在于附和于它的语言掌握概念。中国的语言学理论强调物质之间区分或标记的界线。实在性不是大量的独立者,固定的物体,而是其基础之上,语言社区刻画了区别并以名号标志它们。每一个部分-整体的安排对一些预设的标准和目的是相对的。一个部分,反过来,有诸多部分。任何一个整体可能是另一些较大整体的一部分。

作为许多可能的划分一个整体的方式之一,常见的西方本体论中的个体对象符合部分-整体的框架。西方思想强调把客体作为一类而认可或分类的能力。即使当中国的思想家的确已经转向语义学的议题,诸如指称,他们依旧侧重于实效。名号的熟练用户如何在新的情形下安排这些区别?

物质假说解释了中国语言理论中相对主义的一个来源。物质可以从多元化的观点,并为了不同的目的被计数和点算。我们可以讨论人-物中的个人,或人-物中的家庭,或人-物中的城市国家。客体性是在这个概念框架下的衍生计划。西方本体论中原始的具体物出现于为了一些目的,把物质分成更小的(一个偶然的、连续的)团簇的结果之中。(见下文第528—529页。荀子该处的论点明显地依赖于一种解释同一性的理论目的,它通过时间容纳可数的同一性。)他们并不把这些个体的团簇作为整体最终实在的积木,在整体之外它们被雕刻。语言所标记的部分-整体结构,在实效上是相对的。

标准的解释理论经常把赫拉克利特式的变化问题归于中国

哲学家(特别是道家)。我反对。没有一个哲学问题仅仅产生于这一事实本身,即变化发生于部分-整体的本体论中。质料是变化的。但是,这个观察,由它本身并没有引起哲学困难。永久的西方问题在于解释客体如何在其组成的质料流入和流出的同时,均可以保持为完全同一的客体。道家操心恒常和变易,但是,并没有提出这种为人熟悉的西方概念框架。他们更多是从隐含在任何方言中的部分-整体相区分的相对性之中得出了结论。他们操心语言的恒常,而不是反对恒常。我们规划一个分隔开的区别的标准——把一个质料从世界中分割开来——可能会发生改变。这是一个完全不同的变化问题。它可以激起哲学反思,即使没有实际的或形而上的变化。

中国的怀疑主义也有其轨迹可通。其理论家们对我们关于分割实在的标准是一种辩论方式而不是其他。中国的相对主义者认为理性是实用的,而不是在事物的本性之中。中国的实在主义者认为,本性或天生直觉引导了分割。根本问题是,是否有一个正确的方式把整体分割成命了名的部分。怀疑论者置疑的是,有没有任何正确的解决。当中国哲学家们操心变化时,他们并不担心什么客体或个体持续或什么属性变化。他们注意我们如何改变语言的实用。我们可以在世界上用不同的方式划出分割的边界。恒常性是一个语言实用主义的,而不是形而上学的问题。

语言的调节作用

如前文所述(第 41—42 页),所有的经典思想家所共享的一个深刻假设支撑了他们对于语言的务实态度。民俗意识形态假定了语言指引行为。如果我们认为指令性句是基本形式,我们可以接近这个看法。这和西方文法学校的意识形态相违背。在英语中,我们了解到,我们省略主语使该句变成祈使句或一个命令。我们完整的句子理论把祈使句作为残缺的句子(带有暗含的主语)。我们把描述的形式看作正常,完整的形式说明了语言的真正作用。

古汉语没有明确的描述性和规范性的形式。① 因此,比较翻译学的学生,会发现大量的文本,一个用陈述的英文翻译,另一个用祈使的英语翻译。我建议,在这种明显的含混之后,存有某种语言功能的假设。所有语言均运作以指导行为。鉴于这个假设,一个社会并不需要一个明确的规范性标记。

这并不意味着所有句子是指令性语句。这仅仅意味着,就像一个计算机程序,输入作为一个整体指导我们在世界上的行动。我们在指导行动时使用语言制造的所有区别。信息交流是语言的一个子程序。信息始终是和指导行动的程序有关的信息。

社会用语言来指导我们的行为。老人告诉我们,在选择和拒绝的行动方针时,要符合区别各种物种的常规方式。我们并不是由其他礼教的实践在孤立中学习语言。语言指导行为,因为学习社团语言诱导我们采用一个社会共享的方式对外在世界做出不同反应。中国思想家们用他们遵循的范围结构来解释语言的这一功能。

正如我们已经指出的,西方哲学从假设语言的描述角色开始。西方思想家因此需要设定一个对其常规功用的校正来说明语言如何引导了我们。他们假设了义务、权利、价值观念等等的

---

① 我们可以经常带着信心从上下文来翻译。其他时候,上下文留下的是模棱两可。我们已经注意到,在文言文中,即使在陈述句中,语法的主语是可选的。与此相反,主语可能出现于上下文明显需要祈使语气来翻译的地方。此外,文言文缺乏明确的应然动词。

存在。这是另一个被价值语言所描述的对象境域。相应地,西方的伦理哲学家,寻找事物的关系或属性,诸如应当(ought)、良好(good),或应该(should)一类的词指向它们。西方的道德怀疑论从否认这些规范术语的背后存在任何真正的事物之中得到了许多好处。

西方哲学包括了一个关于这些价值属性和关系的历史悠久的辩论传统。我们把说明当作甚至是评价性语言的功能。这种观点导致了客观性或有效性取决于实在性的假设。我们困惑于带有指令性功能的句子如何可以在描述性的属性和关系框架中被解释。如果我的务实假设是正确的,我们在古典中国找不到这样的道德话语风格。

事实上,我们的确在古典中国没有发现类似的哲学关注。在那里,客观性关注侧重于制定指引区别的标准上。是否有常名构成常道 guiding; discourse; way?在社会的,指导的话语之中,有什么标准确证这里对事物的区分是正当的,而不是那里?在中国,核心的现实问题是关于应用哪些标准的争端的不可解决性。为了这个方案,我们怎么能够达到一个没有争议的标准?我们必须预设一个常规的吗?有没有自然的标准和区别?另一个问题来自于突出标准本身的同一性问题。我们如何决定以正确的方法来把标准应用于事物?是否有一个解释标准的标准?我们如何规划在正确和不正确使用其他条件之间做出区分?

语言和心理

因此,在中国的语言意识形态中,我们已经看到一些合理的差异。中国的理论家有理由模糊我们对于语言和绘画,散文和诗歌,或诗歌和音乐的严格分离。他们不会在语言和感觉或情感之间做出明显区分。他们不需要假设一个内在的精神生命,以其思想和感情之间的区别来解释语言。他们当然不会认为语言的基础是私人的,个体化的经验或意识。他们是从总体上来说,没有得出任何我们熟悉的关于我们自己的身-心观点的具体细节。

因此,我们几乎没有发现西方思想家阐明唯心主义心理学其他方面的些许痕迹:经验、意识、内在图示、精神本体和精神境域中的客体。梦的论点和感官怀疑主义在西方思想中发挥了主要作用;而持怀疑态度的,它们在中国思想中至多是副产品。中国思想家的确注意到了在记忆和想象之中都有的心理意象。但他们没有什么兴趣让它发挥解释意义的作用。他们的主要问题不是解释个人如何使用语言。相反,他们探寻社会应如何保持或改变其指导性话语。

特别是,中国的思想家没有把心理的句子作为信念归属于个人精神。他们假设一个心-智过程引导了行为。把常规语言内在化影响了心-智如何进行这项工作。我们学习我们的语言时,社会用社会道德给我们编制了程序。这一进程并不使用证明中安排的一系列句子的欧几里得模型。中国思想家没有从前提或理由的句子概念着眼刻画这个进程。它们并不代表欲望是被假定的(如同我们必须在实际推理中解释其功能)。

西方行动理论的重点放在自发的行动之上。我们使用信念、欲望,或行动理由来解释这种特殊的,有限制的行动。在中国思想家们看来,这种区分似乎不会在其节点上刻画道德世界。一个道德媒介,一个人——作为一名有理性能力,能以欧几里得模型处理内在句子(信仰)和欲望的理念,这属于印欧语系的哲学传统。精神机能的这种推理模型在中国精神理论中并不占主导地位。

第二章　中国哲学的语境:语言及语言理论

社会背景:一些结论

中国的理论清醒地认识到语言和思想公共的、社会的属性。他们不太可能没有注意到,图片不是自我解释的。没什么能诱使他们使用一个私人图示系统去解决这个语言谜题。对流行的中文学习理论而言,语言就是图示,而可信赖的蓝图问题依然存在。当我们用图片代替文字时,凡是如何理解单词与世界关系的问题仍然存在。中国人倾向于接受语言不可削减的束缚及其对我们生活在本质上的社会影响。我们用从社会上学来得的以及从历史文化中继承来的术语和区别来安排我们的心智。社会、历史和习约,而不是私人的经验,形成了我们的思想。

西方哲学开始于天文学和航海作为核心问题的地方。他们首先面临解释性的形而上学议题。这种几何(欧几里得式的)模型的证明结构主导了西方精神运作的概念。伦理思想开始于世界上的第一个民主,并借用了前苏格拉底形而上学的概念结构。法律辩论(被发展为戏剧),然后影响到了西方哲学活动的发展。

相比之下,中国思想出现于学校之中,学校首先是作为礼教,继而是以文本为基础的共同体。它们朝向政教运动的方向。这些游说运动首先在诸侯国,然后在帝国的等级上争夺政治影响力。从一开始,他们主要关切的问题是适当的社会组织和动机。哲学产生之处更像我们的政策智囊团,而不是法律和科学的辩论。当中国的思想家们摆脱这一模式,如道家一样,它的方向是文学和诗歌,而不是富有争论的戏剧。

尽管有这些环境方面的差异,它们之间的辩驳仍然集中于语言,及其与心智之间的关系,和伦理指引中的现实主义与相对主义的对立。他们逐步形成了仔细地，详细阐述地关于语言和它的社会作用的哲学理论。这些形成了他们对于道德心理学和政治及社会伦理的分析。中国哲学不是一成不变的。它追随着一个激动人心的知识旅程，而推动辩证法的发动机就是独特的中文语言理论。

[注释]

〈1〉葛瑞汉(1989)，第390页。在这个观察中欣赏此种哲学兴趣。他和史华慈(1985)都经常间接提到雅斯贝尔斯(Jaspers)的轴心时代假说。对史华慈来说，这个假说给葛瑞汉所赋予的特殊意义是一个有趣的社会学一致——几个伟大的历史性文明几乎同时出现——在公元前800—前200年之间。史华慈似乎认为无论我们会给这个事实给什么解释，都需要基本的哲学性的问题群(problematiques)与之相近。它似乎是一个全球意识到超越问题的时刻。这部分地解释了他对于正统理论中把孔子与柏拉图、摩西、佛陀一并崇拜的采用。每一个人都是世界上这一启蒙时期在他的地区被遴选出的代表。有时，史华慈的陈述似乎是他诉求于这个假设仅仅是为了坚持我们要认真看待中国的哲学家。我不反对这一点。但是，轴心时代的观察并没有给我们以任何特殊理由来认为在中国的哲学问题，与希腊和印度是一样的。

〈2〉葛瑞汉(1989)，第12页。当我是一个大学生时，吉尔伽美什(Gilgamesh)洪水的史诗被当作一个文化的共相被引用。创世神话和宇宙论在汉代的黑暗时期变得重要起来，可能当时沿着丝绸之路和中东地区的文化联系被扩展了。一些学者把这个假说与哲学独立性强力区分开来。例如，梅维恒(Victor Mair)推测以为很多中国的术语是借用了印欧语系的语言。他引用了音素学的证据。他注意到大量汉字在现在或有时(在一些地区)听起来好像是梵语或其他欧洲语言中的一些单词。他也宣扬佛教和道家教义的一致性。这更多的是一个结论而不是证据。其他人试图通过指出哲学理论的相似性来证明这一点。显然,这些论证当且仅当它能正确解释中国的理论之后才会起作用。我的论证提醒过我们共享哲学直觉的假设。诉求于相似学说以证明文化的联系使得论证回归。

〈3〉尽管,对很多商代符号而言,还没有追溯到合理的谱系线索。

〈4〉伊若泊(1990),附录 B 讨论了这个理论。他是批评它的。我感谢他指出了这个问题。在这里我不会试图去解决这个议题。伊若泊自己(第19—21 页),仍然把商代的实践引证为儒家关注于礼的先声。

〈5〉这一点,又是有争议的。参见伊若泊(1990),附录 A。

〈6〉对于儒家思想中天的出色讨论,参见伊若泊(1990)。新教的翻译者选择了商代的天父(father in heaven)概念来翻译 God。天主教的翻译者使用了周代的神性之天来翻译 God(天主)。我把它留给不同教派的学者们来解释选择不同翻译的意义所在。

〈7〉托马斯·内格尔:《这一切意味着什么:哲学简介》(纽约:牛津大学出版社,1987),第 38 页及第 43 页。内格尔对于哲学议题精巧别致的介绍开始于我们最为熟悉和常见的直觉。这使得该书成为关于西方普遍态度特别出色的导读。

〈8〉葛瑞汉认为墨家把辞作为一个技术条目专门地指向句子(1978,第207—209 页)。我在我 1985 年的论文《中国语言、中国哲学与"真理"》一文的附录中挑战了这一结论。葛瑞汉把墨家发现了句子这一点理论化了。它是,他认为:"墨家最后和最困难的发现"(同上,第 25 页)。我在同一篇文章中表达了我对于这一论证的质疑(第 510 页脚注)。这是伴随着这一辩论的有趣轶闻。我写那篇文章时使用了随即很流行的技术——在一个 CP/M Kaypro Ⅱ 操作系统之上的"完美写作者"。最初,附录是被作为一个脚注包括在文本中的——下一个脚注紧接着我对于所谓句子发现的怀疑的表述和解释之后。这是一个很长的脚注,因为我试图说明在《名实篇》中辞的使用恰好和通常的意义相一致,而在几个地方不能在理性上被解释为"句子"。然而,"完美写作者"不能处理长的脚注。在几次格式化文章的努力失败以后,我略施小计解决这个问题,方法是删除第二个长的脚注而把它做成附录。葛瑞汉因此以亲自和书面的形式不断抱怨我写了一整个附录来拒斥他的结论,而一直没有注意到关于他们发现了句子这一理论的实例。"陈汉生,在《真理》一文第 517 页有一个附录来拒斥我《名实篇》发现了句子的结论,但是没有研究,甚至没有注意到我有关的例子"(1989 年,第 394 页脚注)。当然,我在第一个脚注中提到,引用,并批评了他那个他们发现了句子的结论。第二个脚注表述了后续的问题,即他们是否把意义转化为"辞",并开始精心地使用它以专门指向句子。假如附录仍然是一个脚注,那两个脚注将是连续的,且葛瑞汉的抱怨可假定为关注于议题的内容胜过感觉上的轻视。由于是他不能原谅在附录中没有包括脚注中的论证。他从来没有原谅我,并把衣钵传递给了何莫邪(Harbsmeier)和斯科斯基(Cikoski)(葛瑞汉 1989,第 391—392 页)。自然地,我也从来没有原谅过"完美写作者"——它好丢脸,由于它另外不过是一个好的文字处理编辑器。这个文本准备于"词汇完美"之中,正如读者所注意到的,它容许很长的脚注。

〈9〉葛瑞汉重复引用诗歌,语言,和格言作为反理性的证据。例如,可参见葛瑞汉(1989),第 7 页。然而,他的确注意到对偶有助消除书面古汉语的歧义。但他的解释使事物费解。如果对等辞在结构上是模糊的,那么对偶不能通过自身来帮助解决含混性。要使对偶有帮助,它必须是这样的例子,即通过要么是明智的解释,要么是进一步的线索,对等句中的其中一个强烈支持解决含混性的一个途径。一个更好的例子是对于《道德经》第一章第 3—6 行之分析持续不断的质疑。

〈10〉参见伯格(1975)对于物质名词如何在哲学问题的转换中如何表示的出色陈述。我从他那里引用这个例子。

〈11〉参见我在陈汉生(1983),第二章之中的陈述。最早使用关于另一种本体论的分体论(mereology)这一术语者之中,包括了罗素(Russell)和莱斯涅夫斯基(Lesniewski)。

〈12〉数目和形状项和其他一些暂时的项是关于可数名词(举例来说,四角,一天)的最有说服力的例子。我感谢提姆·摩尔(Tim Moore)为我指出这一点。汉语的类型(sortal)可以作为被缩写的名词结构来使用。

第一编

积极之道的时期

第三章　作为基准线的孔子

这些文本包含着关于世界性主题的陈述,即判断真理与谬误的陈述。但是,这些陈述不同于体现西方哲学特点的那些陈述,因为这些陈述的有效性的证据只能从对隐藏在其背后的实践的把握中获得。在这里,具有理论分析力量的文本与之不相干,因为"道"的实践者们认为,我们用于确定真实性的各种概念性框架不是通过分析产生出来的,而是在与世界的实际相互作用过程中通过经验产生的。"道"构成了经验的结构,并由此通过综合形成了一种判断事物的方法,而某一文本的主张不能在这一方法之外得到评价。

——伊若泊①

在从事思想比较这种工作时,尽管我们对逻辑关系和兼容性都会持有巧妙策划的假设,但是我们至少应该在对待思想比较过程中的那些问题之时,不时地命令自己要质疑全部的那些未经检查的偏见。思想比较所具有的解放性功能之一,就在于这种比较正好能够挑战关于逻辑一贯性和教义兼

---

① 伊若泊(1990),第9页。

容性方面已经审视的假定。

——本杰明·史华慈①

从技术的意义上说,他并不是一个哲学家。

——陈荣捷②

孔子的《论语》:一些初步的假设

在中国有记载的历史初期,一个被称作"儒"(Ru)的社会团体支配着思想舞台。儒者主要集中在商文化所在的地区。他们也许是商代精英阶层的后人。在退出政治活动之后,儒家团体沉浸于学习、传业和表演,因此而保存了传统的礼仪形式。他们在所有的传统领域中寻求美德。他们唱歌,他们跳舞。他们培育仪式,他们完全沉浸在连续的表演之中③。

我们承认,最著名的儒者——孔子,是中国的第一位学者和教育家。孔子把儒的身份当作是教育的结果,而非与生俱来的天赋。毫无疑问,在孔子之前,儒者就有自己的导师(模范人物、领袖人物)。孔子突出的创新之处在于,他使儒者这个团体不仅关注于对纯粹礼仪的掌握,而且关注于对文献的研究。他所教授的东西包括需要掌握的一系列传统文献的纲要。孔子根据儒家的传统经典编辑了阅读清单,其中包括历史文献、诗歌和礼仪④。在歌、舞、诗篇吟诵等训练内容的背景下,把焦点转向研究文献这

---

① 史华慈(1985),第61页。
② 陈荣捷(1963),第17页。
③ 见伊若泊(1990,第1章)关于儒家专注于礼仪行为和舞蹈的权威性论证。伊若泊为这样的一种立场辩护:"儒"所指称的,仅是孔子的追随者。
④ 我同意一些人的如下观点:他们认为,能够证明孔子曾研读过《易经》的那些证据,其数量是少得不足以让人接受的。

一做法带来了一种语言的行为观念体系。

正如当今的大学教授一样,孔子认为教师同时也应该是学者。他的学识就在于对思想史和礼仪史的掌握。史华慈的推测是,孔子属于"服务阶层中的书记员一类",是"管理那些保存在国家档案文献中的文化传统的工作人员"[1]。传统的观点认为,孔子在同他的门徒周游列国的时候,搜集、研究、编辑了礼仪方面的文献。此外,传统观点还认为,孔子充满挫折的列国游历是为了寻求政治上的出仕。伊若泊论争说,正是后来的儒家学者们的关注,投射出这样一种孔子的形象。他认为,孔子的政治意识形态,实际上证明了儒家学者继续淡出政治舞台的合理性。[2]

孔子的一些学生向往着做官(即雇佣于某些封建君王的官府),而且其中有些人获得了成功。政治对教育产生了需求。候王们也需要礼仪方面的专家。礼仪使得封建国家的人们凝聚成一体,同时也是支配外交的主要形式。孔子的儒学训练也注重谈吐的高雅[3],和对历史知识的掌握。孔子强调政治上的忠诚和自我控制的服从。对于处在社会不稳定时代的统治者来说,他们赞赏这些德行。

其他的弟子以孔子为榜样成为了教授传统文献的教师。孔子必定是一个善于鼓励、诱导学生的导师。对孔子的奉承、追捧一直延续到其弟子的第二代和第三代,他们继而又引入了新的内容。弟子们开始搜集那些被认为是孔子所说的、值得纪念的言论,并编辑成文,这就形成了著名的《论语》一书,其字面上的意思就是"议论性的文字"。这个文集是我们对于孔子之"道" the Way 的

---

[1] 史华慈(1986),第58页。
[2] 见伊若泊(1990),第1和第2章。
[3] 虽然孔子并不喜欢巧言令色。见《论语》1:3。

知识的主要来源。它同时也标志着一种体制性结构的出现：在这一结构之中，中国哲学得以发展。这个结构，就是这样的一个学派：他们的基础，在于研究、保存、传授并逐渐扩大那种被称为"子"的教导的文本。

按照通常的做法，在这里我们或许也可以用一种不错的小说形式来描绘一幅孔子的画像："孔子是一个热爱母亲的和善的男士。他在学校曾受到伤害，那时……"这种讲故事的风格促使我们采用某种人格化的哲学观。根据这种观点，哲学的方法就类似于欧洲现代哲学之父笛卡尔的自我描述的方法。这一老套的程式所展现的，是一个智者坐在扶手椅中研究着自己脑海中所浮现的内容。她通过推理而抵达某一哲学立场。笛卡尔称之为沉思。随后，她提起笔开始在纸上描绘出一个能够启蒙我们这些人的哲学系统。①

这种常见的模式是一种夸张，对笛卡儿来说尤其是一个夸张的说法，因为笛卡尔从中世纪思想家那里借用了大量的论点和学说。但在中国，对于孔子来说，这种模式则扭曲了一个"子"的文本的社会作用。从孔子的《论语》开始，对某个文本的研究、保存、传授和编辑，在中国只是一小部分知识阶层所关注的事情。许多文本比其他文本更有可信度(《孟子》《墨子》)。古代中国的"家"们叙述着、保存着某个文本，同时也为某个文本所指引。当各家学派通过对话以获得更好的学说观点时，文本编制者们关注着，特别是扩充着那些文本的内容。因此，作为对孔子人格化的描述的替

---

① 佛学也有一个类似的传统，即通过内心的沉思、冥想而抵达某一教义。史华慈(1985，第60页)看起来是接受了个人思想家的陈腐说法，并将其作为判断哲学出现的标准。

代,我只打算提供在上文中已提及的对儒学共同体的描述。①

《论语》证明了传统的儒家训练的正当性,它在本质上是一种礼仪家们的教育哲学。这种教育理论是建立在关于语言、社会和心理的假设之上的,其中的某些假设灌注于中国全部的古典哲学思想之中。《论语》对传统的儒家训练的辩护给予了孔子本人儒家创立者的地位。对格言的搜集汇总,从根本上维护了孔家学派的地位,抵御了其他基于文本的"子"的学派的攻击。最终,所有的儒者都标榜自己为孔门儒学的弟子。现在,我们便直接将"儒"(Ru)翻译成"儒家的、孔子的"(Confucian)。古典时期结束后(前550—前200),政治结构选择了儒家理论(Ruism)作为官方的正统理论——实际上,正是政治体系神化了孔子。

对于礼仪家的观察来说,孔子自己没有亲自撰写哲学性文本是十分重要的。孔子②将他自己的角色和作用说成是"述"而非"作"(7:1,译者注:指《论语》的章节,下同)。他只是研究和传授传统的东西。《论语》更多的是从历史而非哲学的角度叙述了孔子对自己学术活动的认识。他把传授给弟子的"道"当作是礼仪化行为的指南,而这个指南是自古存在于历史之中的(4:9;11:22)。

孔子没有柏拉图那种对辩论的兴趣,尤其是对法律辩论的兴趣。两个文化的哲学先驱对各自学术活动的看法是不一样的。柏拉图的风格是使用辩论的模式。孔子使用的是演奏音乐的方式。我们在《论语》中可以找到一些辩论,但是孔子并不鼓励将辩论作为一种方法使用,孔子也不认为自己参与或解决了学派之间

---

① 对于儒学共同体的动机和这里所描述的大部分内容,我要感谢伊若泊的贡献;对于古典思想中文本的作用的陈述,我要感谢白妙子的贡献。
② 为了体裁上的方便,我会一贯地使用这种个性化的文法表达方式。读者根据自身的需求,可以将我所提及的孔子一词理解成"《论语》所说的那个孔子"。

的辩论问题。①

然而,众所周知的是,《论语》中确实出现了某种辩论。不表示任何同情的评论家们指出,《论语》的文本之中充斥着矛盾,这一定是孔子在同自己辩论。② 例如,一个众所周知的难题是,"礼"和"仁"对于教导民众来说,哪一个更重要。有些段落认为"礼"似乎是获得所有德行的关键(2:3,2:5,以及 8:2),其他段落(3:3)则暗示"仁"是关键。还有一些段落(9:1)甚至说孔子很少谈仁。孔子对待惩罚的态度也是矛盾的。一些段落暗示处罚是易于接受的③,而有些段落则是完全反对处罚的。④

尽管如此,想要证明这种矛盾是错误的却是不容易的。面对片断式的对话结构,我们很难直接找到明确的矛盾之处。此外,如汉代批评家王充(生于公元 27 年)所说,错误可能是出在孔子的弟子和他们的编辑过程那里。《论语》中的主要张力,即礼和仁的问题,也许反映了弟子们的解释性差异。通过记忆来进行拣选,肯定会影响格言的搜集汇总。总之,礼和仁的对抗在中国古

---

① 见芬格莱特(1972,第 2 章)关于一个类似的,但其焦点略有不同的论点。这不是中国哲学家一般性的特征。我们在下一章将要讨论的那位人物(墨子——译者注)则引入了哲学论证和辩论,其力度与任何一个西方人一样。并且,他所特别针对的,是并不参与辩论的孔子。自那以后,机敏的辩论成为之后古典时代的特征。除了在论证方面之外,那种机敏还表现在辩论的风格、精练和幽默方面。

② 这不仅是一个西方的批评观点。《论语》的张力和模糊性也一直是从汉代的王充(生于公元 27 年)以来的一个批评的主题。史华慈(1985,第 61 页)说,"……很难将创始人的念头与他的弟子们所作的诠释分离开来……",但是,他不同意图津田左右吉(Tsuda Sokichi)对问题的看法,他称津田左右吉是"一个激进的、破坏偶像的文本批评家",这个批评家"发现这个著作充满了矛盾和时代错误,以至于不能用作孔子思想的原始资料……"尽管我也受到索科齐观点的吸引,我将证明史华慈对悲观结论的摒弃是正确的。矛盾的存在确实使我们难以下结论说,关于孔子原初的意图,究竟哪一个群体的弟子是正确的;之所以如此困难,是因为我们所掌握的,仅仅是由弟子们所收集的对孔子真正立场的不一致的证据。

③ 见史华慈(1985),第 104 页。安乐哲(1982 和 1985)是另一个例子。

④ 见陈荣捷(1963),第 22 页。

典时期两个不同的儒家学派,即传统主义者和天赋观念论者之间产生了持续的分歧。①

研究文本的专家们在孔子的直系弟子身上发现了这一分歧的证据。史华慈②对《论语》中提及的弟子们在世界观方面的差异,给出了一个极好的解释。首先,以子夏和子由为代表的一派弟子认为,要遵循"道"就要学习、练习传统的规范,即礼,并使其内在化。另一派,其代表是子张,也许还包括难以捉摸的颜回,则强调内心的导引,即仁的重要性。他们的目的不是简单地掌握"礼",而是培育更加抽象的、直觉性的"仁"。我们在《论语》中所读到的,主要是关于这些孔子之"道"的问题的分歧。

持着对自己被教授的内容的不同解释,弟子们显然地搜集了他们与孔子的会话,包括了完整的陈述和片断。这些材料中的有些段落指责了某些弟子错误地强调了某些方面,有些段落则反映了弟子对孔子的抱怨,抱怨他有些观点是含糊的或前后不一致的。③ 文集的名称"论语"本身就暗示了这个集子是一个对话集。④ 我的结论是,格言之间似乎是相互冲突的,因为弟子们引

---

① 这两种思想路径说明了儒学的全部历史过程中所存在的分歧。在古典时期,它们通过孟子和荀子之间的论辩表现出来;在新儒学时期,它们通过朱熹和陆象山的论争表现出来。所有的儒家学者都面临这样一个选择:选择相对依据文本的传统方法,还是选择相对自然且带有天赋观念意味的方法。伊若泊(1990)反对传统以来对这两种学派的区分。他论证说,儒家的所有派别都是在继续实践着对礼的行为的培养。当然,事实也许就是这样。但是,他们在为所做的事情进行辩护时,却的确采用了不同的理论。
② 史华慈(1985),第130—134页。
③ 这不仅是因为在第一代和第二代的孔子弟子中出现了分歧,还由于古典著作从这个时期起就有了一个总的倾向,即文本之后的思想家将自己的观点加入到文本之中。见道森(Dawson,1981),第4页。
④ 中国古典哲学著作在其题目中含有"论"字时,通常含有对话或辩论的意思。其他著名的"论"包括了《白马论》和《盐铁论》。庄子齐"物论"。这个观点首先是由杰夫·里格尔(Jeff Riegel),提出的,尽管他可能不同意我在这里对此字的用法。

用孔子的教导,为的是支持他们各自相互对立的观点,以派系的立场对孔子的观点予以解释。《论语》不等于孔子的"道",但它至少是关于孔子之"道"的两种相互对抗的理论。①

因此,在重构孔子的教学时,我们只能得到一个已经带有分歧和派系观点的诠释。我们仍可用这个文本实现重要的目的:第一,从中抽出两个派系所共同持有的假设;第二,集中研究他们在论争中所采用的概念结构。我们可以将那些共有的假设归于孔子——但是对这样一个结论,文集本身只是证据,而不是权威。孔子的观点也许与这两个派系的思路是完全不同的。②

更进一步地说,我们可以在理论上论述一种争议形成的过程,从而发现一个似乎合理的原初性的儒家立场,正是这一立场

---

① 史华慈(1985)指出,韩非子发现"儒分为八"。我们不能排除孔子自身的理论含有内在矛盾的观点。但是我们也不能只靠引用《论语》的矛盾性质,来证明它的确有内在的矛盾。
② 这看上去是史华慈的观点。他确实提出孔子有一种"道家的气质"(1985),第128—129页。王充也同意这个说法,他认为《论语》的那些问题,仅仅是源于弟子们问出错误问题的愚蠢。任一学派的人都会反对我的诠释策略。就像那些早期的弟子一般,他们希望孔子站在他们自己那边。保守的学者们事实上崇拜孔子。于是,他们不可能接受这样的可能性,即孔子的教义可能有缺陷、不完整,或者是含糊不清的。典型的观点是,孔子在开头讲述了一些全面而普遍的真理,而不同的弟子们只不过是忽视了其要点所在。如果说儒家学者中有任何不同观点的话,一定是有什么人误解了那位神圣导师的意思。
但是,这里的要点是,这一类所谓更为深刻的儒家理论都是带有双重的推测性的。这种推测认为,在孔子未能向其弟子讲清楚的那些事情上,他自己本人必定是清楚的;而且仅仅通过研究那些因困惑而争辩的弟子们所报告的格言似的片断文本,诠释者就必须能够搞清楚冲突是如何解决的。这种将孔子神圣化的策略可以满足崇拜者的近乎宗教性的目的。作为"道"的信奉者(Daoists),这么做是没有用的。被理想化和半神化的孔子必定会产生出一种完美教义这样一种假设,破坏了我们的解释性工作。照他们的做法,学派内部后来的分裂一定会被解释成是源于某人的无能或糟糕的信仰。中国的儒学历史并非开始于一个崇高、全面的真理,而是两个思想路径之间出现的张力和分歧。典型的情形是,正统的天赋观念论学派坚持认为孟子得到了孔子的精髓,他所做的只是详细解说以及加入细节。该学派还将荀子作为异端。随着近乎于宗教的观点的出现,哲学的进步和张力也就消失了。

导致了争议。① 这便产生了概念性的基准(conceptual baseline)，中国哲学从这一基准出发而发展起来。我们不用担忧对于这两个不同的类型中的任一个，孔子本人是否持有一个一致性的理论。我们不需要解决学派之间的争议，即孔子是站在哪个学派那边。但是，我们必须提出问题：为什么孔子的那些语录从来没有暗示他也许已经意识到自己的教义之间存在着冲突和矛盾②。我们应该把这样的一种解释当成是先天不现实的：即宣称孔子已经将问题解决了。这种解释使得后期的儒学分歧更加难以说明，除非我们假设孔子是故意使他的学生处于困惑之中的。

良序社会

孔子没有直接教授一种社会政治哲学。但是，他的教导表明了一整套关于具有良好秩序的社会的态度。因此，基于他对周王朝的政治制度和合法性理论的赞许，我们可以试验性地为他建立

---

① 记住，与全部文本的解释相一致这一点，是方法论意义上的要求而非某一种诠释；不过这并不要求将每个文本都当作单一的一致的理论。相反，一个由若干作者在长时期内编辑而成的著作并不是意味着，我们无法将这个著作以一种一致性的理论加以诠释。例如，《道德经》显然是由许多片断编辑而成的，我们无法将某个片断的写作归于那个神秘的作者。使《论语》与众不同的是其语气(tone)。在辩论的双方都引用某些引语的时候，我们能理解那些引语——它们有可能就是原话——的意思。我的诠释理论的一致性，在于它自然地解释了儒学分为孟子和荀子两种思想路线的区分。《论语》不仅是后期的编辑结果，而且这一编辑是在出现了诠释方面的争辩之时完成的。产生两个儒家学派的那种张力，我认为是固有地存在于原初教义之中的。对于后来的分裂，我并不视其为圆满的儒学真理被片面地扭曲的结果。
② 有一位聪明的儒家学者曾经假设，仁和礼之间的张力是孔子有意用来激发创造性的儒学思考的。见杜维明(1970)。

一个含蓄的理论。① 孔子弟子的两个派别都赞同这些态度。而且,更广泛地说,这是古典思想家们共同持有的看法。在古代中国,民主是罕见的。对这一观点的重构与我所论述的目的是相符的,因为除了这一观点在中国普遍受到赞同之外,它与我们熟悉的西方的关于如何建立社会秩序的观念有着根本的不同。②

令我们震惊的是,中国的社会哲学具有单一的自然主义特性。它使我们意识到,西方人的"自治的个人"的观点如同是对天使和魔鬼的理念化。对孔子说来,一个孤立的个人意味着已发生过什么灾难了;自然而健康的人类社会是存在于社会结构之中的。如果我们假定,一种政治哲学必须把社会-政治结构与自我主义者的观点等同起来,那么孔子似乎就没有任何政治哲学可言了。

教化的层级

中国的哲学家们理所当然地认为人是社会性动物。在自然和神之间人没有什么形而上的分歧。更进一步,自然的社会结构就是一个层级(hierarchy)。我们的社会组织,注重的是训练和传授某种文化活动的技能。孔子将家庭作为社会的基本样式。政治组织在形式和功能上都是模仿家庭的。统治者的作用如同父亲,他有责任教育和保护他的臣民。正如萧公权所说,"政治社会之本身实不异一培养人格之伟大组织"③。

---

① 孔子确实表示过他赞同的是周的传统,尽管许多学者推测他发掘的传统是来自商文化的核心地区。作为例证,可参见萧公权(1979),第 107 页。他宣布"吾从周"(《论语》3:14),并且声称是从周公那里获得的灵感。
② 我感谢孟旦提供的关于孔子含蓄的政治理论的解释概要。见孟旦(1969)。
③ 萧公权(1979),第 113 页。

孔子的社会哲学和教育哲学是同一的。孩童学习走路、谈话、吃饭、睡觉、问候、冒犯、玩耍和工作,其方式与其家人如出一辙。他主要是通过模仿其父母和年长一点的同胞而形成自己的行为模式。政治只是将这种自然过程扩展到一个更大的背景之下,以及扩展到更为复杂的社会化行为。

我们在家庭中模仿形成的行为依赖于我们常规、惯例的社会身份。女孩与男孩所学到的口头语言和身体语言是不一样的。我们自己还模仿那样一些人,他们所承担的社会角色是我们所期望的,或是我们命中注定的。进而言之,我们模仿艺术家、工匠、老师、巴士驾驶员、电视人物、棒球明星和政治人物。恰当地说,我们没有对这些我们将要承担的基本角色进行挑选,这些基本角色与我们的身份是如此紧密地捆绑在一起,以至于先于我们的挑选。当这些基层角色包括了更进一步的选项时,我们也许会在选择角色所定义的其他选项的过程中,遵循我们初始的选择。

因此,孔子赞同家庭之德的观念。家庭中应该有行为范式,其成员应该精通艺术;但是这些东西不必是遗传所承继的。继承性的训练产生了家庭成员共同具有的品格。这个观点在背后支撑着中国家族王朝的政治理论。周公第一次申明了"天命"(the Mandate of Heaven doctrine)的教义。即使与最为相似的西方人关于国王神圣权利合法性的证明方式进行类比,中国人对政治合法性的证明也是不同于西方的。合法性并不是无法解释的神秘授权;它与家庭的卓越德行具有密切的关联。统治地位家庭的社会身份来源于其教育性的角色,即这类家庭是最适当举止的典范所在。具备行为美德的家庭理应得到授权,因为它相符于层级性的自然目的,即作为一个能够给予人教育意义的典范。统治地位的家庭必须是"德"的示范。

于是，尽管权威是世袭的，若是缺少了家庭的美德，却会与这种授权渐行渐远。天的授权的观念与国王的神圣权利概念是不同的，其不同之处在于前者隐含了一种革命的教义。当某一个家庭的"德"优于统治地位的家庭时，革命就会发生。这种天的授权并不是立法和惩罚人民的权利，而是一种教育和造就人们品格的命令。

也许，孔子的兴趣并不在政治本身。他所预想的是一个连续的、层级性社会架构。政治仅仅关注社会组织中的高层。孔子的教育使命，即训练政府官员，其政治性的一面是来源于上述的社会导引观念。他的政治上的"道"使天命与自然的社会秩序观念相互结合起来。遵循社会性的"道"，将会通过保护社会秩序而行使那个授命。帝王之道所形成的范式，按理就是社会运行之道。

造成弟子之间的分歧的论争，并不是来自对上述社会观的任何不同意见。总的来说，他们都认同同样的社会性的"道"。就这一点，正如我在前文中所指出的，孟子、墨子和荀子也是如此。我将这一个正统的基线作为儒家的社会-政治性的"道"。从这一基准出发，我们就能详细地衡量各种不同的意见。

孔子在政策上的结论确实与其他哲学家们的观点不同。他的视角和观点与超自然主义没有任何关系①，而且是古典和保守的。保持授权的政治性途径就是维持秩序——不是维持法律和秩序，而仅是秩序。然而，秩序对于孔子来说不只是国内的平安无事。如果国家有一个正确的架构和一种特别的礼仪化秩序，那

---

① 从基准线的意义开始，我们注意到"天"这个字眼在职能上更像西方的"自然"一词而非"上帝"一词。天与上帝在意思上的共同之处，在于它扮演了导引之源的角色。它并不对应于自然-超自然的本体论的二分法，也不意味着理想世界的完美与世俗污秽之间的分离。惯常的诠释将墨子作为这种自然主义的一个例外。我在下一章中将会论证，这个结论是可疑的。

么国家就是有序的。孔子从对圣王之治的传统性解释中看到了社会秩序的这一范式。

通过学术活动,孔子掌握了一些圣王所遵循的,并且有意要传给后代的关于秩序的专门知识。孔子政治路径的目标是一个包含在传统"文"中的具体的社会样式。通过研究过去的文献可以了解圣王之道。因此,我们必须同时学习《书》和《礼》,以发现政治上的"道"。他的政策建议的核心就是依循传统。他认为现时社会的问题就源自于对古代礼之范式的偏离;他所做的主要理论阐述,就是关于如何重建以至保持传统社会秩序。

社会是由一个礼的结构,即一个由各类角色所组成的系统所构成的。社会的道(方法)就是合成所有角色成分。承担某个社会角色,就意味着遵循那个角色的"礼"。该角色的惯例、传统,也就是它的礼,详尽阐述了该角色的全部内容。当我们扮演某个角色之时,我们便遵循它的礼。作为历史学者的孔子,在传承下来的"儒学"传统中发现了礼。

通常,礼的实施者充当了多种角色,其中有些是同时充当,另一些则在不同时间充当。我可以同时是父亲和儿子、丈夫和朋友、老师和学生。这些角色构建了互为补充的规范性关系。这种惯习主义者的立场不是建立在人格或道德主体上的。社会是其全部角色的总和,而不是个人的总和。孔子的人本主义并不是建立在关于个体抽象思想体系之上的;这些个体通过对道德标准的选择来指导自己与他人的关系。孔子对道的解释根植于传承下来的社会实践之中。我们的人性体现在任意一个我们所担当的社会角色中。这个角色是惯例性的,扮演这个角色时所具有的德的标准就是"仁"。

孔子的传统行为规范,其相互性结构规定了自然的层级。社会性的礼仪反映了居上、下位者之间的关系①。这并不意味着某些人生来就自然而然处于上等的地位,那个行为规范并没有对单纯个人的价值进行比较。我的观点是,我们可以在不同的情形下担当互补的角色。对应于每个上层的地位就有一个下层的地位。礼是以各方互补性的位置来规定每一方的行为。父亲以某种行为方式对待儿子,而以另一种方式对待母亲。并且,父和子的适度的行为必须是和谐的。当两者的行为规范都得到了满足时,他们就实现了礼中所蕴含的"道"。

儒家学说和中国人的思想所具有的这样一种关于人性的特殊的乐观主义,使得它们与希腊和印度的思想十分不同。孔子的理论指出,我们不需要依据世袭的社会地位来分派礼所规定人的角色。相反,他强调,我们可以根据人基于"德"的价值来指派这个地位。美德的确存在于家庭中,但是可以推想这种美德是培育的结果而非天生的。这个地位在世代的延续中可能上升,也可能下降。如儒家文献所描绘的,在一个秩序良好的社会中,正是通过获得和传承美德或优秀品质,人们和家庭在角色的层级中才获得了更高的位置。而后来的政治机构,则是通过推荐或公开的竞

---

① 当然,任何温和的愤世嫉俗的自由主义者都想知道是哪些人给这些考试打分、谁来决定哪些人具有美德。中国的历史学家可以讲出无数关于儒家学者与现实主义的官员们之间的斗争故事。双方都想控制考试机构。这种指定德行的体系就是我们公务员考试的远祖。强调德行的指定反映了儒家抢夺权力的情况。这种公务性的职能的确使皇帝很难办。政治领袖是否应该有能耐操纵官僚机构,取决于谁是政治权威以及民众对其政治学说的感受。无论是想到慈禧或是想到理查德·尼克松,我们都会钦佩那些拒绝执行邪恶政策的官员。但是,在罗斯福最高法院,人们却不会赞成这种道德的独立性。一个独立的官僚机构的倾向是保护官僚阶层的道德价值的现状不致改变。重要的是要认识到,对于儒家道德主义者来说,这种道德上的停滞正是这个体系的目标。他们认为自己头脑中的传统道德的形象是不应改变的。

争性考试来确定这种具有优秀品质的群体的。①

在很大程度上,儒家学说似乎致力于这样一种观点,即人们的起点是平等的,人们生来具备相同的学习能力,以至出色地担当礼所规定的角色。所有的人都有能力获得传统意义上的美德。因此,那些在某一方面达到更高地位的人们不仅理应得到其地位,而且由于处于这样一个地位而给他人带来益处。他们的正确行为为我们其他人树立了榜样。服从于"礼",就是对晋升到一个更高层级的角色和地位的关键的合理性证明。

统治者的角色

帝王处在礼仪层级的顶端,他需要服从对他的命令,承担他的角色。帝王没有权利去统治,只有一个"命"command 去统理系统的秩序。"命"mandate（同一个词），使他承当礼中的一个关键角色。他在层级的顶端开始建立行为模式之链。他引发了礼的整个结构的形成。他所关心的事物,与"天"保持一致。人类的礼仪发生在自然的情境之中。只有当礼与自然保持和谐,它才能生存、延续。帝王是"天：自然"与人类社会之间的联系者。为了保持社会与自然间的和谐,他必须将社会建立在礼的途径上。只有这条途径才能使人类繁荣,而人的繁荣则维持了秩序,秩序则保持了自然的认同。由此,天命才得以延存。

帝王有责任维护礼的体系所进行的有效、平稳的运作。他不直接(而且,实际上也不能)管控全部常规的行为。因而他的主要

---

① 事实上,在传统的五伦中,有一种是平等的关系：朋友。

任务是给各种范式的角色命名。他为那些处于礼的第二层级的角色命名(2:19—20)。除了这个类语言学的专家式任命角色的任务之外,帝王主要的责任就是通过自己的行为树立起一个正派得体的榜样。由此,他向自己的直接下属灌输尊礼的思想。而这些下属,同样地通过自身的行为为更下层的人们做出榜样。帝王并不干预日常的行政事务。①

子曰:"无为而治者其舜也与?夫何为哉?恭己正南面而已矣。"(15:5)

季康子问政于孔子。孔子对曰:"政者,正也。子帅以正,孰敢不正?"(12:17)

季康子问政于孔子曰:"如杀无道,以就有道,何如?"孔子对曰:"子为政,焉用杀?子欲善而民善矣。君子之德风,小人之德草。草上之风,必偃。"(12:19)

儒家反对法律和处罚

正 rectify(纠正、改正)
十 夂 to beat(打击)

政 govern(统治)
或 regulate(管制)

特别之处在于,早期的儒家没有将立法和施法作为帝王的义

---

① 见萧公权(1979),第113页。有趣的是,我注意到这传统在毛泽东时期的中国得到了承继。当时最高领袖是以一个理论家的形象出现的,而不是作为一个行政管理者的形象出现的。他通过自身在自律和牺牲方面的榜样作用,而博得其下属(那些实际的行政管理者)的奉献与严谨。

务。与"法"的观念最为接近的类似说法,是强制性管制的观念,即 12:17 和 12:19 中"政"。我们可以用类似于公案的方式部分地解释孔子在 12:17 中的回答,即两个"政"/"正"字在结构和发音上是相互联系的。在这里翻译为"管制"(regulate,也可以是"政府的管理"等)的这个汉字(即"政"——译者注),由"纠正"激进分子的"正",与核心意思为"打击、抨击"的"攵"共同组成。这个双意词所暗示的是,统治者无须通过打击来管制社会,他只需通过教育就可以达到目的。孔子是偏爱教育,并且反对使用强制力来维持社会秩序的。如果有学习的机会,并且有社会的范式存在,人民就会自己弄清楚对应各人角色的主导性社会实践。使用惩罚并不仅仅是残忍的:它肯定是与礼仪秩序的目的背道而驰的。

> 子曰:"道之以政,齐之以刑,民免且无耻;道之以德,齐之以礼,有耻且格。"(2:3)

孔子的论证是教育性的。他能够接受法可以起到推动作用这一命题:人们会试图避免错误的作为。但是,他所批评的是,在法律发挥作用的过程中,强制性的管制将破坏人们天生的接纳社会安排的倾向。越是通过威吓来管制行为,人们发展自发性社会实践——如"礼"——的行为就会越少。我们对习俗性社会交往的潜力,依赖于我们所具有的羞耻感(sense of shame),即遵从习俗的倾向。我们可以用两个假设来解释孔子的基本原理。第一,人的行为举止既有遵守习俗的倾向,也有获取自身利益的倾向;第二,对这些倾向的实践将会强化倾向本身。强制性的管制强化了人们审慎的倾向或自私的倾向,因为躲避惩罚是对我们个人有好处的。强制力要求人有这种利己主义的倾向,利己主义倾向继而要求人拥有处事时的审慎态度。惩罚性的管制强化了利己主义，同时疏忽且削弱了我们自然的社会天性。法律削弱了我们对符合礼的社会习俗的遵从以及对范式进行效仿的倾向。因此，法律危及了自然社会秩序的根基。

此外，由于法律的表达形式是固定和规范的，这便助长了争辩的产生。每一条法律在被解释的时候都会有含糊不清的地方。某些人必须站出来确定某个特定的行为是否违背了法律条文。因此，诉讼变得不可避免。孔子指出，尽管在诉讼中他自己可以和别人做得一样好，但他的目标不是怂恿诉讼而是消除诉讼（12:13）。诉讼就像毒品一样：如果一个社会沾上了它，就不可能摆脱它。法律带来了自私的动机，自私的人会养成一种能在法庭上让自己得以逃避惩罚的机敏。他自己将会争辩说（或请人替他争辩），那条法律不适用于他的案情。他的案情是一种特殊情况，或是一种例外，抑或是隶属于另一条法律所管制的范畴。有些时候，他便能成功地逃脱惩罚。于是就需要更为精细的表达形式，来修订原来的法律规定。接着，更为机敏、善辩的人出现了，他们是在这个不自然的社会制度中通过实践被培养出来的。法律将不得不变得愈发详细和复杂，导致的结果便是出现无休止的循环，即对更多法律、更多律师和更多诉讼的需求。

在那个时代有一位著名的诡辩家邓析，他也许已经凸显了对法律条文与具体导引之间的这一鸿沟的认识。他在郑国是很受欢迎的诉讼专家，曾帮助许多人逃避了法律的惩罚。他所做出的机敏而合法的辩词，"以非为是，以是为非，是非无度，而可与不可日变"。

于是，法律促使人们发展了欺诈的、狡猾的、不正常的使用语言的方法,而非以规范的方式运用语言。① 与古希腊一样,中国法律的发展产生了诡辩家或讼师的阶层,这些人随时可以为任意案件的任意一方辩护。② 正如道森(Dawson)所指出的那样,"人们已经习以为常地接受了这样一种情况:发言者可以从具体的情境中抽出一些文字,并根据自己的意图而赋予这些文字任何意义"。③ 令人难堪的是,如果有这么多缺点,法律制度是不会产生一个秩序更好的社会的。由于削弱了人们社会的、尊礼的本性,这种快速解决社会秩序问题的方法变得不利于其自身的目的。看上去十分荒谬的是,一个存在许多诉讼的社会同样是一个存在许多犯罪行为的社会。这个社会的领导者们也许会躲在法律背后说,"我所做的也许是不道德的,但不是不合法!"从长远计较,更好的做法是选择能够抑制天生的自我主义的社会方式,培育与法治相反的、遵循社会习俗的天性。

　　孔子反对法律的说法由两部分构成。一是有关动机方面的论证,二是关于解释方面的论证。法律破坏了社会的动机,激发了热衷诉讼的弊病。但是,第二个论证同样也困扰礼治。具体的礼,如同法律一样,要求在具体情境中给出解释。这一对礼的解释的问题,构成了儒家要求正名的动因。

---

① 人们也许会猜想,儒家后来反对法律的原因部分地来自于这样一个事实,即法的实践使儒家学者从权威的位置上被驱逐出去,而那些在历史和传统方面没有得到训练的巧言令色之徒却得到了地位的提升。这一点也强化了儒家与名家之间的敌意。但是我们在《论语》中并没有发现这样的观点。
② 与柏拉图不同,孔子不需要在某种历史的客观原因中得到保护,而是要在从对历史传统的忠实之中得到保护。儒家谴责他们的诡辩者,并不是因为他们是前后不一致的相对主义者,而是因为他们的出发点并非是一个传授下来的"道"的坚实的历史基础。
③ 见道森(Dawson,1981),第22页。

正名

儒家关于良序社会的理论中,最显著的特征是其所推崇的"正名"。在这里,教育理论、语言理论和政治理论融合在一起。① 正名是对如何解释法条的一种实用性、政治性的回应。通过仔细甄别言语的细微差别,社会政治的权威们试图使我们正确地遵循传统的法典。语言是一种惯例,通过复制专家们的行为而传承下来。常人的权威(舆论的领导者)将语言和行为放在一起以建立范式,继而确认语言的用法(1:14)。因此,语言仅仅是一种特别的核心的惯例,其他惯例则依附于其上,尤其是《礼》中所说的惯例。

在争论什么是正确的符合礼的行为举止时,孔子的学生们一定会发现孔子在关于法典方面所发现的东西。即使有一本写满规则的法律文书,我们也并不能看清某个特定的行为是否符合某些规则或与某些规则相冲突。这种不一致也许来自规则之间的矛盾。例如,我们可以规定,允许年长者优先上车,同时规定上车时必须动作迅速。如果一个老者缓慢地或犹豫地上车,那么这两个规则则变得相互冲突了。

我们也许可以设立这样一个简单的礼的规定:"从帝王的左边走,从平民的右边走。"那么,当我在街上遇到某人走过来的时候,为了遵循刚才那条规则,我必须同时知道应该是哪一条规则

---

① 《论语》13:3。对于这一节的可信度,魏礼(Waley,1958)和克里(Creel,1960)都提出了怀疑。技巧的重要性主要是针对传统主义一方来说的。占主导地位的天赋观念学派则几乎不使用正名。孟子从来没有提及过这个教义,而荀子为这个题目却写作了整整一章。由于我并不将《论语》作为孔子自己的著作,因此我将忽略这个关于可信度的争议,而集中于研究这个教义在两个思想路线中所发挥的理论性作用。

指导我的行动,以及这条规则所限定的内容。我必须能够从来者的外貌分辨出他的地位。即使我有这种能耐,要应用这个规则也是困难的。来者可能是一个化了妆的正在巡视其王国的国王,或是一个从某一民主国家而来的被免职的国王,或是一个违法的暴君而非真正的国王。除非我能给来者的身份定一个正确的名称,否则我就无法使用这个规则。

即使我确定了应该执行哪一个规则,我还得确定这个规则告诉我要做什么。我必须能够分辨规则的指定者所说的右和左。再者,即使我知道了这个右和左的区别,我仍有问题要问。这个规则所说的是我的右,还是平民的右?在这些规则能够指导我们的行为之前,我们不得不搞清楚来者及其行为各自在规范之中的差异。

规则自身并不能解决这些解释性的问题。对解释做出进一步的规定只会使问题更加复杂。成为一个规定方面的专家也无法对这种怀疑论提供一种并非循环论证的答案。靠我自身教育方面的努力是不能从这些规则中归纳出什么东西来的。这种怀疑论的观点质疑我对每一条我自称已经学过的规则的理解是否正确。但是如果没有如何分辨语言学方面差异的知识作为前提,我在任何一种情况下也无法应用任一条规则。我的专业本身就带来了循环论证。

在搜集的片断语录中,孔子只有一次直接提到正名。其上下文暗示了正名是社会领导阶层的义务,尤其是像他那样获得宰相位置的学者的义务。

> 子路曰:"卫君待子而为政,子将奚先?"子曰:"务必正名乎!"子路曰:"有是哉,子之迂也!奚为正?"子曰:"野哉,由

也！君子与其所不知,盖阙如也。名不正,则言不顺;言不顺,则事不成;事不成,则礼乐不兴;礼乐不兴,则处罚不中;处罚不中,则民无所错手足。故君子名之必可言,言之必可行也。君子与其言,无所苟而已矣。"(13:3)

这个教义揭示了孔子政治理论的所有特征并形成了这个理论的独到之处。行政治理的任务就是教授礼乐。如果人们错用文本中的名词,这种教育就不会成功。我们可以暂且认为错误的用法是指圣王们(礼的作者们)不会采纳的用法。因此,如果我们使用"觚"字时,指代了错误的礼仪用器皿,那么我们就不能用正确的方法举办仪式。(6:23)。

这段文字含蓄地承认了礼和法受到了同一个问题的困扰。任何用于指导行为的固定形式在其执行中都会被错误地诠释。如果一个社会不能正确地使用名称,那么人民就不会从传递下来的语言规则里得到相应的指导。

同样有趣的是,传统的文献中包括音乐这一形式,如果我们错用了名称,音乐也会错。一个简单的解释是,事实上,如果名称(符号)没有得到纠正,我们奏出的音符将是错误的。如果我们不知道如何将乐符翻译成指法,我们就不能按作曲者的意图弹奏出曲子。在下文中,我们会考量一项解释如何会有缺陷,即使在这个解释中并没有出现类似于错误音符这样严重的错误。

虽然孔子说出了他必须正名的理由,但他并没有说应该怎么做。然而,根据他对正名必要性的分析,正名的方法显然不会是给出一个词语定义的清单。如果孔子担忧的是语言的解释能力问题,出版一本词典只会使问题更加复杂化。最有可能的情况是,统治者正名的方法如同父母教导子女时的正名方法:首先建立它们的正确用法,然后据此对孩子的正确使用予以肯定("是"),对其错误用法予以否定("非")。建立正确的用词范式所涉及的就是正确地使用这些词,如同一个人熟练地练习和履行礼为他所规定的角色。我们在树立榜样时,只需要公开地指出目标物,指出我们所规范的行为的名称,而这个名称是我们自己在执行这些行为时成为范式的。

儒家古典时代的对手——墨家,对儒家理论的一个推论做出了回应,提出对儒家正名理论略加修订的建议。为了防止诸如礼这一类固定规范的各个规则之间相互冲突,儒家理论会要求每一次对一件事物只能使用一个名词。于是,既然对待一个人和一个贼有不同的规定,我们对眼前的某个人,或是称其为一个贼,或是一个人,就不能同时给予两个称谓。否则,规则带给我们的指导就会是不清晰的。墨家学者发现,根据他们现实主义的名称理论,儒家的推论——"窃贼并不是人"的说法是让人无法接受的。于是,他们提议只对行为的描述予以纠正。窃贼是人,但是杀死窃贼却不是杀死一个普通的人(见下文的讨论,250—251 页)。

这就给了我们一个途径来进一步说明孔子关于"政"的其他的一些陈述。治理中的纠正主要是指正名。正名是统治者在充当建立教育性范式的角色过程中的关键。它是用来取代鞭打与杀戮的东西。

还有一段文字使我们能进一步观察正名与各层级效法范式的政治理论之间的关系。主导的解释认为此段文字所讨论的是正名问题,而孔子在这段文字中并没有提及这个词,因此从解释的角度说,这一点是模糊的。如同前面各节中一样孔子再次被问及"正"的同音词——"政"的涵义。

> 齐景公问政于孔子。孔子对曰:"君君,臣臣,父父,子子。"公曰:"善哉!信如君不君,臣不臣,父不父,子不子,虽有粟,吾得而食诸?"(12:11)

这段文字所谈的就是关于范式的解释问题,这个问题在前一节关于礼的解释文字中已有所论述。王侯们在治理方面的任务就是依据人的优点给予他适当的名分,给统治者以统治者的名分,给大臣以大臣的名分,等等。① 孔子要求齐景公所承担的是他所认为政治领导者应该承担的任务,即识别出范式,然后为它们命名。因此,他使范式得以正名,使道德上的效法变得准确。我们可以认为,如果没有这样一种范式的辨识,人们是无法天生地区别范式的好坏的。正名可以使礼、乐、法和其他通过文献传递下来的教导得以正确的施行。社会也必须正确地识别礼的角色的范式。因此,通过正名,政府就能达到教育的目的。

政治领导者的任务就是成为正确使用术语的模范,而不是去

---

① 这段令人困惑的文段产生了一个典型的对正名的误解。许多人认为这一节证明了正名根本不是针对名称,而是针对人的责任。他们读这一节时,认为其所要求的是,我们做事必须名实相符。之所以产生这样一种诠释,是因为孔子的回答很像佛家的心印,可以用两种方式进行解析。在每个短语中,我们可以将每对名词中的一个作为动词。由于中文句子可以不出现主语,我们可以选择名-动或动-名的分析。如果我们将其读为动-名,"你-侯王"就是可能的主语。这种读法之下,侯王为政,即"政"的任务就是根据人们的德行给他们以名分,给统治者以统治者的名,给大臣以大臣的名,等等。然而齐景公自己所依赖的"政"仿佛是所有其他人的责任。事实上他的回答似乎是十分不适宜的,以至于人们要问他是否是在讽刺和反对孔子答语中的那种高深莫测的性质。他对这种心印式回答的分析是一种自私自利的分析。对抗性的诠释由于固定了孔子双关语的文法而接受了齐景公的这种自私性的分析。除了齐景公的回答之外,我们通常给予这种双名词短语以动-宾式的分析。孔子的回答是含糊的。从诠释角度来说,我们有两个选择:或者这一节是关于正名的,或是与正名无关。如果我们像齐景公那样解析孔子的回答,那就不是关于正名的。它也不是关于治理的艺术的。此时它与所讨论过的前面的小结没有明显的理论上的关系。如果相反,我们将其作为一种给侯王的指令来解析的话,它就既是关于治理的也是关于正名的。在任一情况下,它都不能被一贯地用来证明正名确实是有关矫正人民的这一说法。

修改规则，即立法。规则就在传承下来的"道"之中。正名为传承下来的"道"提供了产生合适行为的条件。作为必然的推论，统治者必须正确地给社会角色的范式以合适的命名或认定这些范式。每个角色的"道"是已经设定好的。

此外，还有第三种正名的方式成为后期儒学中的一个重要方面。这个方式关注的是历史学者如何使用文字的问题，而不是关于政治领袖的作为。在编写历史时，人们可以用合适的词汇描写英雄和坏人，而无须考虑他们实际所获得的社会地位或头衔。传统上人们认为孔子作为一个未加冕的圣王就是这样一个历史编写者的典范。传统认为孔子在其编纂的《春秋》中做了这种正名。即使一个人不能成为其同代人的典范，他也可以通过文献的传递成为继承者的典范。①

我们在陈述这个理论时不可能不注意到一个问题。一开始，我们担忧人们也许不会正确地遵循规则。我们认为，政治和社会的领导者有责任树立榜样。但是，人们如何知道自己是否正确地遵循了规则？这个怀疑的全部理由不仅适用于低层的人们，也适用于处于层级顶端的人们。它们不仅适用于现在的行动者和表现者，而且适用于我们的教师和过去的模范。

我的假设是，这个怀疑论是躲在高高在上的神秘的、未经定义的、直觉性的"仁"之教义背后的；而"仁"在儒家思想中占据着中心的地位。孔子本人对仁也许没有什么好解释的，因为他并没有认为它存在什么问题。而他的弟子们，由于各自对仁的解释存在不同观点，则开始在每一次提到仁字时就将其作为关注的焦点。他们试图从中找到关于直觉标准方面的线索，而这些标准可

---

① 当然，这是一种较弱的技术。历史书本身需要被诠释。《春秋》引出了两种竞争性的注解和传统，对这些注解和传统本身又被相互竞争的解析加以注释。

以解决如何正名,如何指导对礼的解释的问题。他们将仁当作解释性的直觉,这个直觉能使他们看见任何特定环境下礼的要求。统治者(或他们的学术顾问)应该培育这种直觉。有了它,他们在引用礼的文字时就能正确行动,就能在指导行动时建立正确使用名称的范式。当对礼的要求存有怀疑时,行使正名工作的人就必须有某种直觉以判断什么是正当的行动。如果正名用来解决解释性的问题,那么就需要某种类似于仁的直觉性的理论。

仁的这种作用说明了它为什么这么重要——即为什么孔子会十分担忧,如果人们没有仁,礼会变成什么样子。孔子将仁描述成克己复礼。他说仁可以使人分别成为善人和恶人(4:3),并且,如果你专注于仁,你就会远离恶(4:3)。

我将在后文再次讨论这个问题。总之,我认为,传统主义者和天赋观念主义者都依赖于由仁作为直觉导引的教义。他们在仁的来源和性质方面存有不同观点。仁是生来具有的,还是后天学习得来的?他们还在仁对于正式记载的传统的影响程度方面有不同意见。是仁要求礼,还是仁取代礼?

与正名相似的一个常见的西方例子。美国的法学传统提供了一个与正名相似的常见例子。根据孔子的政府观,政府是一个纯粹的司法层级组织(judicial hierarchy),这个组织不制定法律,只是解释法律。对于低等法院所做的涉及"言论自由"一词的用法,最高法院有一系列支持的和否决的决定。最高法院(为司法的目的)本质上是通过在特定案件中规定"言论自由"一词的合适用法,来决定和固化这个宪法用语所特指的含义。他们也许从来不会去定义"淫秽"一词,但他们看见"淫秽"行为时,就会使用这个词。从逻辑上说,所有法的释义都涉及名称范围的确定。对于一个案件,决定将其描述成一个涉及自由言论的案子,而不是淫秒的案子,这也就决定了哪一条法律规则或规定适用于该案子。以下是该实证类比的几个要点。

固定的法典。在两种案子中,我们在一个规范的、固定的公众形式中继承了其具有指导作用的语言学形式。为了遵守某些抽象的观念,我们不用邀请诠释者来改变词义。法和礼的这一特点与西方理性的伦理学和科学形成了对照。后者在思想上的目的是要对所谈论的"道"的真实陈述加以精练、修改或改善。最高法院不能改变宪法,它只能改变其解释的理论,即改变宪法用词的词义范围。也许可以将美国宪法看成是关于美国政府的礼。它是从圣王般的国父那里继承下来的一种权威形式。

通过具体的应用而形成范式。法庭只是在具体、确实的案子和争论中做出裁决,即在官方行动的情境中做出裁决。其裁决在本质上就是说出此时此地正确的法律用语。对于最高法院,它说什么,就具有了法律效力。[①] 其他法院则根据最高法院的语言行为来建立自己的法律语言范式。法律体系就是一个效法范式的体系。低等法院遵守高级法院做出的先例。所有的法院都试图遵守过去的先例。

权威的层级。处于司法低层的人根据其上层的人对法规的解释来建立自己的对法规解释的范式。这一点又与道德和科学

---

① 这个口号给了我们一个理解芬格莱特的观点的途径,即孔子关注的是语言和惯例的表述行为(performative)方面。最高法院有表述行为的权威。一种表述行为的行动就是说话的行动。在合适的场合说"我允诺"即是允诺。在仪式中适当的地方说"我愿意"就是愿意做某事。当表述行为的权威说"我宣布你们结为夫妻",这些话在那个时刻就适用于新婚夫妇。当法院"宣判你有罪",则从法律的角度来说你开始成为有罪的,虽然从非法律或道德的角度来说,你有罪是以你犯罪行为的发生作为开始的。"法律就是最高法院所说的法律"这句话之所以是正确的,不是因为最高法院的成员在法律方面是无所不知和不会犯错的,而是因为他们的权威是表述行为的。他们在具体案件中所作的声明为司法制度确定了法律术语的涵义。

形成对照:在道德和科学领域,我们不承认有什么表述行为的权威。没有人仅仅通过宣称什么东西就能使这个东西成为道德的或真实的。我们所拥有的这些基于理性的社会制度观念,鼓吹且强化了西方人的个人自主、自律及作为整体的理想。①

被理想化了的作者和意图。在司法理论方面,还有传统的和理想化的思路或解释学派。传统主义者将这里所说的"道"的历史上的作者理想化。他们认为自己是遵循创建者(或圣王)的意图的。他们自觉地遵循过去的传统,如同社会实践中人们遵循上层的意图一般。

关于解释的特殊判断力。理想主义者的路径是强调,在应用已固定的法典之时,其社会性的应用范式必定含有一个内在的标准以指导其解释工作。我们将最高法院指导性的直觉称为正义感(a sense of justice)。儒家的天赋观念学派强调,对解释来说,"仁"是一种直觉性的指导。传统主义者也要求有这个指导。但是传统主义强调的是直觉的工具性:它是了解和遵循创建者意图的方法。对于天赋观念学派来说,它主张一种本身即为正确的标准,它说明了创建者们的权威,并且,令人高兴的是,与创建者们的判断相一致。

当然,还有许多重要的不同类比,这些类比根植于两个传统中更为一般性的差异之中。在我们的传统中,正义的观念,其内

---

① 这里的反差说明了两种传统的核心差异。如果问题是关于真实性或事实性的,那么权威必须是专家型的。没有科学家或道德学家能够说什么,什么就成为真实的。因此,在法律方面,我们可以区分两种权威。哈佛大学法学院宪法首席教授作为一种权威,其方式是最高法院的司法人员所不具有的。他可能对法律的历史和理论有更好的领会,对法律有更深刻的理解。但是他所说的关于法的言论不能使其成为法律。最高法院的司法人员也许不那么有智慧,但是如果他说(在合适的官方场合)什么是法律,那它就是法律。

容更加集中，而不仅仅是一种用于正确评估的直觉。我们柏拉图式的传统，将正义与理性和理论一致性联系在一起。法庭有儒家所说的那种责任，即对他们解释的行动提供理由或论证。他们需要与涵义和定义的观念打交道。在指导其法律的解释时，法庭依赖的是一个清晰的司法伦理思想体系。我们对整个法治体系的合理性证明就是基于道义论的个人主义道德。

最高法院内的辩论集中于用什么标准可以判断解释的正确性上。在这一问题上，保守派再次鼓吹应该遵循美国的圣王这一意图。改革派则追求直觉性的正义感，普遍的仁爱，或某个理性的标准，如一致性、例证，或客观道德。对所有的裁决进行合理性的纠正，被公认为是一个理想化的智者赫拉克勒斯的任务。[①] 从实践的角度来说，能力有限的人类的法官们所依赖的也是一种理性的直觉。孔子的改革理想有类似的趋势，但是却没有产生出一个理性的指导概念。从政治角度说，正义感就是与儒家的"仁"这样一种我们用来纠正错误的观念的类似物。

与正名相对立的是苏格拉底的批判性道德观念。基于欧几里得间接证明理论的苏格拉底式的方法，其目的就是对规则进行修订。没有权威性的文本记录了道德原则。我们是通过推理来得到这些原则的。理想化的规则结构必须一致性地解决全部冲突和异议。推论的道德性公理和规则应该产生出针对具体道德问题的具体答案。思想活动关注的焦点就是形成最高的指导性

---

① 见德沃金(Dworkin,1977)。

原则。苏格拉底式的方法隐藏了解释的模糊性问题。①

然而,甚至是西方的道德争议也常常有着正名的形式。这种情况尤其是发生在我们按照惯例接受一个规范的道德规则的时候。考虑一下关于堕胎的争论。我们在两个被我们当作惯例接受的规则之间发现了明显的冲突:一个规则是我们不得杀清白无辜的人,一个规则是我们对于影响自己生活的事情有选择的自由。参与堕胎辩论的人们几乎没有人对这两条规则本身提出问题。他们的辩论指向的是对词义的纠正。什么是"人"的范畴?这个范畴是包括还是排除了胎儿?如果胎儿是人,那么我们关于杀人的规则就是适用的。如果胎儿不是人,则不能适用这些规则,而此时,选择自由的规则就可用到仅仅与此事相关的人身上,即怀孕妇女的身上。如果你的直觉认为堕胎是可以允许的,你就不会将胎儿纳入人的范畴。如果你的道德直觉不是这样,你就会将胎儿纳入人的范畴。

人性理论

注入人性

儒家两个学派之间在传统上争议的焦点涉及的是人性问题。孟子形成的是一个极端的理想主义观点,即人性生来是善的。于是,他的人性理论成为其学术体系的基础。孔子则似乎没有将注

---

① 我这里描述苏格拉底的方式,是从他的问问题的传统中衍生而来的一般性方式。他的伦理学没有涉及多少行为规则,也没有涉及多少用于谈论道德德行用语的用法规则。这些也许通过扩充可以被认作是道德规则,但苏格拉底似乎并不是一个道义论者。倒是他的方法中的欧几里得元素是很重要的。这个元素可以在演绎结构中有关定义的用法中找到。

意力放在这个问题上。(回忆一下《论语》中的有一些章节,弟子们对没有听到孔子关于"性"与"天道"或"仁"的论述所做的抱怨)。我将要论证的是,孔子的社会教育性的理论在逻辑上预设了一种与孟子的理论相异的人性理论。

有几个章节谈到了这个问题,并且,尽管儒家的正统理论遵循的是孟子,但是甚至那些强调"仁"的弟子们与孟子相比,对人性的观点都似乎是较其更为中性的(6:19,16:9,17:2及17:3)。许多诸如自私等作为人的特性是处于教育的影响之下的。人性的很多方面是后天习得的。这并不意味着不存在天生的倾向,而是意味着那些在孔子的"德"这个观念中起重要作用的特性,是部分地从文化的"道"那里传递下来的。因此,弟子们注意到,孔子更加突出"文"而非"性"和"天道"。(5:13)行为的重要倾向主要来自实践和培育(见下文80—81页)

孔子早期认为人是这样一种动物,这种动物有教礼和学礼的自然倾向,能通过教学而获得礼。孔子明确引述的几项具体的礼的内容,包括了礼节和仪式的适宜性。我们假设在他的礼纲中占主导位置的是祭祀仪式、葬礼和官方仪式。根据礼所占据的中心位置,大多数解释者将孔子的礼归结到一个更广的范围。赫尔伯特·芬格莱特是一个典型,他认为礼代表了习俗、制度或一般的社会实践。①

让我们考察一下芬格莱特所举的一个现代西方文化中一个

---

① 这个分析很多是得益于赫尔伯特·芬格莱特(1972)所作的那些有价值的且有突破性的分析。在他所使用的方法中,关键的步骤就是从孔子所指的那些具体细微的礼开始归纳,直到触及概括出来的有关习俗、惯例的观念。我们接受这个分析,是将其作为解释传统所预先设定的方法。我不太看好这样的观点,即孔子有着清晰明白的有关惯例的理论。

常礼的例子,即握手的行为。① 这个礼要求有两个人来行动,并且这个行动要求互动。主动伸手者,处于一个合适的社交情境中,伸出他的手,另一个人,作为配合的响应者,握住其手。在这个合适的社交情境中,两者的联合行为依据我们文化中的握手之礼构成了握手的行动。可以说,习俗创造了各类行动。握手的行动并不只是一种纯粹的身体动作。握手的行动表达的不仅仅是一种身体姿态,还是一个有历史的社会团体所具有的一种习俗,这个习俗回应的是一种无侵犯意思的身体姿态。

如果我们联想起维特根斯坦将社会实践类比作游戏的观点,我们就能够领会孔子关于"礼"在人性中所起作用的看法。人们有参与组织化的社会交往的自然倾向。我们可以注意到儿童在玩简单的游戏,如躲猫猫、拍拍手和挥手再见时所表露出的喜悦。我们可以认为,礼将这种回应性的仪式当成习俗性的仪式:

"你好吗?""很好,你呢?""还好,谢谢。"

需要注意到的是,这些问候语中的礼与其中的标准随着文化的不同而相异。在中国(在外国人引入"你好吗?"之前),与之相对的问候语是:

"你吃过了吗?""吃过了。你呢?""我吃过了。"

我们自然地会努力复制和模仿这些礼仪化了的交互行为。这就是说,我们倾向于通过与他人的互动来掌握习俗性的社会举止。我们重视并通过实践试图成为可靠的行动者。如果我们的老师(或其他被我们认同的行为者)承认我们的举止符合某个实践标准,我们就会体验到学会这个举止所带来的自然而然的满

---

① 握手是现代礼的一个很好的例子,但是它不带有儒家的礼所特有的那种身份、地位有高有低的结构。

足。礼仪性的互动就是人性的实现。在社会层级的另一方面,我们不仅是从自身的实践和行为中获得快乐,而且还在教授我们所掌握的技能的过程中获得快乐。

例如,我的孩子拿着一本图画书在我的手上拽着。我坐在地板上。他坐在我腿上,打开了书,伸出食指,说"Utsah"。无论他对自己正在做的事情是怎么想的,我都认识到这是一个对话性质的举动。"这是什么?"("What is that?")接下去的回应就是说出书里物件的名称。这儿,我们所实践的就是一种初级阅读的形式。我们成功地在玩语言游戏,不管孩子是否知道他是在用三个英文单词在提问。

我们也可以来考察一下儿童如何学习数数。首先,他学着背出从一到十的数字。下一步干什么?打开书至画有十个气球的那一页。我伸出食指,指着该页,按顺序读出数字。他模仿我这么做。他在读数字时心不在焉地敲打着书页。对他的这个行为我没有给予肯定("是")。有些东西他当时并没有注意到。(至此,我也确实不能解释这里的问题!)。他不得不对应着每个数字敲打一下。当他能够理解这一点的时候,他必然会注意到,对应于每个数字,我都指向了不同的气球,从来不曾两次指向同样的气球。数数是一个建立在许多较简单仪式上的一种复杂的仪式。

维特根斯坦再次为我们提供了一个类似的观察。在学习社会语言的游戏中,我们通常不依赖外在的规则。在解释提供给我们的规则时,为了理解和继续下去,我们总是依赖人的某些深层次的能力。(想象一下,你试图解释躲猫猫的游戏规则)。于是,对于游戏或礼的传播,既要建立模范,又要具备某些基本的人类脾性。那种帮助游戏传播的脾性就是模仿的倾向,就是理解礼仪化的人的互动形式的直觉。我们还要注意,这种能力是连续性的,在某种程度上存在于整个动物世界。我们与猫狗一起玩一些简单的游戏时就觉得很开心了。这种奠定了人性基础的能力与我们先验的智力或实证结构的唯理性(proof-structure rationality)是毫不相干的!

我们需要老师,但不仅仅是将其作为一种模范、范式,因为老师在教授我们的同时也在肯定或否定我们的行为。这也许会,但不必要,采用某种外在的赞同和不赞同的形式,即对什么说其"是"或说其"非"。更加典型的做法是,老师对应孩子的行为所做出的响应。于是,老师所采取的回应性的行动就是效力的标准。游戏得以继续。

这体现了建立范式的重要性。因此,我们很少是只根据规则来学习符合礼的举止。我们可以论证(见上文 65—67 页),人是无法这样学习的。学习需要老师建立范式,以及学生聪明地模仿。儒家的基本观点就是在一个更广的社会化的范围内看待教育。教育是人成长的自然的一部分。社会中充满着各种形式上的老师-学生的关系。孔子自己对其学生的影响力不仅来自于他所教授的内容,同样来自于学生将其作为榜样的倾慕。正如我们之前所看到的,孔子的社会政治理论强调的是通过榜样来学习的重要性。教育,就是建立品格,而建立品格需要有范式。正直的官员对道德教育的贡献就在于使人看见他的造诣(2:1)。没有这种造诣的范式,礼的教育就不能成功。(4:13)。

最终,我们得到礼仪的诀窍来自于对他人的模仿,而不是来自书本。无论多么小心,我们在饭桌上的举止几乎都是承继下来的。儿童们主要是通过范例来学习。我们绝大多数人在理解一个游戏前,至少需要玩过一次这个游戏。超过一定的限度而用太多的时间学习规则其实是一种浪费。

我们在自己的大众文化中也认识到通过范例学习的力量和重要性。"你在大声说什么呢？我听不见你在说什么。"在婚姻顾问之间很常见的观点是，我们看到的父母所为以及其他成人间的相互举止，对于我们的婚姻行为的影响比我们理论上的分析和教育的影响大得多。体育方面的优秀不是通过论述可以表达清楚的；我们必须亲眼看到（反复观察）应该如何做到它。对于大多数的手艺，我们就是通过学徒的方式掌握的。

建立范式之所以重要还有一个原因。在行动时我们无意识地处理了环境中的大量线索，我们从来就不能从有限的一套指令中学会某种技巧。我们必须看见真实情景中的榜样。无论我们可以从描述性和指导性的文字中学到多少东西，我们都不可能详尽其细微之处，以确保我们能够熟练而成功地展现全部技能。对于每一个行为表现来说，我们必须对其所在的独一无二的情境做出响应。

再看直觉的作用。我们说的"直觉"通常是指我们所掌握的一种技巧，凭借这个技巧，人们可以处理情境中的线索，并做出足够迅速的响应，以调整自己的行动，应对日益变化的环境。现实中，我们不可能在理论上解释在做一件事时如何考虑到所有必要的细节。正因我们需要对无数因素的无休止的变化而调整我们的行为，所以实践是必须的。

实践形成一种直觉，即对线索、对环境中那些影响行为表现的特殊条件做出迅速处理和响应的能力。"麦克尔-乔丹冲向篮筐……"他并没有计划去完成那一个壮观的投篮，而是在情境中出现了投篮行动。他所具有的是高度发达的反馈机制，对周围的视觉，对防守者行动的预感，即一种推断当下行动的能力，等等。他的技能就在于应对于这样一种反馈，调整了日常得到良好训练的行动惯例。直觉产生的不是观念性的知识,而是及时的响应行动。通过建立范式和技巧的练习,我们获得了一种可靠的、详细记载各种线索并在行动中做出响应的机能。

请注意,为了我们的目的,我们关注的是直觉能力,而不是直觉。我们要的是能够产生有效行为的那种直觉。我可以把我在赶牛时向右转的直觉重新描述成我相信牛会向右转的这样一种直觉。这种重新描述的方式在西方的行为理论中有自己的位置。但是,在孔子那里,它却没有说明性的作用。我通过实践而获得的直觉自身说明了我为什么向右转。我并没有产生一个认知性的想法(甚至一个直觉性的念头),而是直接向右转了!① 孔子预想的是,惯例性的行为会成为自发的行为。在文化上得到这样一种东西就是实现了作为社会性动物的人的本性。然而,他也注意到,在学习的早期阶段,在我们成为有德行的人之前,我们的行为要求更加专心(2:4)。想要理解对孟子的怀疑主义回应,我们只需提醒自己,甚至是早期的儒生们就已经注意到我们通常是通过实践来学习那些指导性的直觉的。

指导性的直觉存在于一种在具体现实的结构中得以实现的倾向性之中。它不属于某种纯粹的思想或精神的范畴。它所带出的典型结果是在环境中展现适宜的行动(身体的运动)。儒家

---

① 我在这里是陈述而非论证儒家的观点。不过我倾向于赞同这个观点。假如我们将每个熟练的回应都与一个外界的情况连在一起,与实际的由信念和欲望构成的演绎法联系在一起,那么最日常的行动也要求有无限大的整套的信念和欲望——以至于一个常人的大脑是无法容纳的。我发觉,更为可能的情况是,我们使用实际的直觉作为暗含的信念的证据,这些信念是我们在进行说明性的证明时所引述的。实际的直觉也许给我一个相应信念的证据,这个信念可能在一些其他较弱的直觉性行为的演绎或归纳的推理过程中发挥作用(例如决定让牛自己走是因为前面有一个箱形峡谷)。请注意儒家对行为的另一种说明则要求的是执行计划和环境变数的类比,而不是信念和欲望。行为动机的条件是人在真实环境中执行一套指令或礼仪性的技艺。

传统上所说的"德",就是一种看得见的身体表现。① 在获取某种传承下来的能力时,我们自身会发生改变。或者说,如孔子所言,对礼的训练和教育就是对我们自身的切磋琢磨。(1:15)

因此,早期的儒生们推想,最有效的学习方法是效仿熟练的业者,这也是孟旦所说的模范的效仿(model emulation)。在这个观念中隐藏着直觉主义学派的反语言的思想根源。如果不树立模范,无论给出多少规则也不能提供执行一个良好的诠释的行为所必需的细节。我们在孔子反对法律和惩罚的观点中可以看到这种反语言的痕迹。对法典不严谨的解释在为了逃避惩罚而正名的过程中滋生出了巧言和狡猾。

语言:一种范例。这本英语著作的主要读者可能都是在西方习俗环境下长大的。如果我们将语言当作一个习俗的范例,我们就可以更好地理解儒家的观点。语言能力被惯例定义成为一种技能。我们通过范例学习语言。我们认为获得语言技巧就是实现人的一种自然功能。新生儿(有些实验提出甚至胎儿)对语言的反应比对其他声音的反应更多。孩子们总是模仿得非常好,他们十分喜爱语言游戏。如果说我们学习过语法的话,那也是在我们早就掌握了我们的语言之后的事。令英语老师永远头痛的事是,正式的训练对我们在现实中应用语言的影响是微不足道的。在自然地获取语言能力的过程中,孩子们先学习简单的技巧,然后再将这些技巧建构成较复杂的技巧。孔子的态度最重要的一点是:我们很少担忧在形成语言行为的过程中限制了孩子的自由本性。

---

① 这一点经常表现于他们对那些自愿伤害自己的宦官的鄙视之中。因此,庄子乐于通过一些有伟大德行的、却长得奇异古怪的人的故事来斥责儒生。

在各种惯例中,语言有其特殊的地位。它是一个特别关键的惯例性的社会实践。在几乎所有的高度复杂的社会礼仪中语言都在发挥作用。尽管不是唯一的学习内容,语言在我们的文化习得过程中是很早就进入我们所计划的议程的。我们学习语言并不是将其作为掌握礼仪的一种抽象的先决条件。我们学习语言的框架是由其他礼仪所构建的:打招呼和问候的礼仪、亲缘关系划分的礼仪、就餐的礼仪、请求允许的礼仪,以及宣称权利的礼仪。

需要注意的是,中国人与西方人关于语言功能的认识是不同的。吸引孔子的是书面形式的"文"而不是口语(1:6)。"文"也指艺术性的装饰和修饰。① 作为学者型的文化传播者,孔子所确定的是语言在传播和保护美学性修饰的过程中是如何发挥作用的。我们通常将书面语当作是口语的一种寄生形式,西方语言就是如此。我们对词的那些认识,对孔子来说,就是这些词的发音方法,而不是词本身。(7:18)

我们学习内容(词条)和形式(正确的或艺术的词序)的过程是同时进行的。语言的共同体在时间的长河中积累了名称以及各种习惯性用法。文辞是文明的一种流程图。孔子的社会工程就是要通过文辞来设计和修饰人民。中国人将其结果称为"文化",而这个词我们翻译成"文明的"。孔子说,"不学《诗》,无以言"(16:13,另见 17:19)。

因此,文字的掌握是获得所有文雅举止的基础。我们发展

---

① 伊若泊(1990)论证说,这是从舞蹈的样式中得来的。他指出的一个有趣的事实是:"武"和"舞"是同源字。周朝最早的圣王的名字就取自文和武。甚至武士的训练也包括礼仪性的舞蹈(某种类似于武术的形式)。"文"也许因此就代表着人们通常在形体的举止或演示中所意指的那些惯例形式。

出展现礼仪或开展那些构成我们生活形式的活动的能力。① 我们在建立他人的行为范例时也在建立他们在语言上的范例。于是,通过学习和实践,我们的自然潜能便得以实现。它创造了人的本性;它不压制这个本性。学习朗诵一句诗,学习握手,学习用口哨吹出一首曲子,都是类似的。"兴于《诗》,立于礼,成于乐。"(8:8)

对比一下儒家的传统主义和西方的民族心理学。西方思想认为自己对语言和民族心理学②所采取的态度是不证自明的。这种态度使我们很难看到孔子的观点的吸引人之处。我要回溯为什么对我们来说,那种态度似乎是不证自明的,从而使我们能够了解中国古代思想家们如何忽视了那些我们所认为的、对于心理学和语言来说是显而易见的真理。

孔子致力于书面文字而非口语——这种关注造成了随之而来的差异。既然中国哲学家认为他们的文字是象形,他们随即就意识到,一个象形式的语言是既基于发音,也基于习俗的。象形文字符号不能对自身进行诠释。中国哲学家不会认为脑海中假定的图像可以用来说明语言的含义。他们的语言是图像。这些图像是惯例性的,是公众性的,是作为文明的装饰物得以传达和教授的。思想的语言是公众性的,是在历史进程中共享、获取的。进而言之,他们认识到了诠释惯例的必要性。

西方流行的语言解释理论神话了语言学习过程。我们将这一

---

① 这个维特根斯坦式的概念是对"道"一词的非常有吸引力的翻译。
② 我从史蒂文·斯蒂奇(Steven Stitch,1984)那里借用这个词。现代西方民族心理学显然得益于18世纪的哲学心理学和语义学理论。斯蒂奇将其追溯到古希腊哲学家那儿。然而,与英国经验主义者相比,苏格拉底和柏拉图认为技能和表演更为重要。尽管如此,希腊人却是最早将心灵划分成理性的/智性的,以及相对立的感性的/知觉的。

过程隐藏在朦胧而不可触及的内部思维的秘密领域之中。我们所假定的是,一个前置的语言推理过程创造了不可见、不可触、不可接近、朦胧且神秘的心智产物。我们称这些产物为观念或概念。然后,通过一个尼采所推崇的逻辑,我们坚信这些神秘而看不见的东西就是关于知识的最直接、最明显、最基础的东西。关于这些东西,所有的人都会掌握其全部的、正确的、未经处理的相关知识!

这些心智产物就是我们自己的表意语言中的字。让我们称其为精神语言(mentalese)。① 我们的个性化的语言学习理论坚持认为,在我们能够掌握一个社群的语言之前,我们必须建立起这种神秘的表意语言。语言学习的模型就是翻译:我们认为自己是通过将语言翻译成自己的心智图画,而达到理解一种公众语言的目的的。我们与他人交流时,就是在他人的头脑中触生了一个与其精神语言足够类似的象形文字。

各种观念在我们的头脑中形成链条,如同数个单字在纸上形成句子。意念的链条形成某一个完整的想法,此时它就对应着一个符合语法的完整句子。如果对于一个头脑中的句子,我们持确定的、无法定义的态度(类似于一个愿望——就像佛教所说的执着),我们则称这个完整的思想为一种信念。心理上执着的结果是,我们的行为理论认为信念能发挥作用。信念与一种愿望一起引发行动。(愿望可以当作是我们有着另外一种执着。)当这种情形发生时,信念和愿望就是原因,它们导致那个行动发生的过程就是推理。西方哲学的主要注意力集中在主动的行动方面,这些行动我们将其作为推理的结果来对待。因此,我们之所以认为孔子的礼的观点是一种操纵性的,是因为我们认为理性动物和依循

---

① 我直接从大卫·列维斯(David Lewis,1972)那里借用了这个现成的词。

惯例的动物之间的差别是千真万确的。

如果详细描述我们的语言学习理论,这会使我们怂恿人们抗拒社会交往。我们诉诸于用自我主义者的假定和机制,来说明社会是如何仿佛是在用一种诡计和托辞使人社会化的。一个说同一语言的社群,通过运用微妙的奖赏和处罚,训练我们去正确地翻译我们的意念和信念。这种做法使语言学习看上去是受操纵的和不自然的。我们偏爱这个理论;在这种理论下,某种内在的语言则完全是个性化的,而且为了自身的利益,我们只是将那些完全个人化的意念翻译成社会共同的语言。

在西方语法学校的教育意识形态中潜伏着一些众所周知的难题。其中一个难题是,说同一语言的人们如何知道我们什么时候已经正确地学会了语言。我能做的仅仅是将我所说的话与我的思想进行比较。我们对于交流的映像问题则受着另一个类似的难题的困扰:我们如何能够知道交流是成功的?一种理论如何能够怀疑我们将一个发音与头脑中的一个形象相连接的能力?如果假定我们在头脑中能够将发音与形状相连接,这个理论又如何解决这个难题?这个理论如何能够解决词与词之间关系的难题,此时它倒过来又给了我们两个难题:(1)我们如何能够将一个单词与头脑中象形文字连接起来,(2)我们是如何将头脑中的象形文字与世界连接起来的?(这个象形文字,在中国人看来,只意味着另外一个词)。最后,当这个理论试图对这些难题做出说明时,它忽略了语言的习俗性和社会实践性。它将语义当作一种神秘的心智介质中的奇怪产物。这些心智产物是个体的大脑能够理解的,是完全独立于社会实践的。

最后,民间理论与我们普遍所认识到的有关语言的东西是不一致的。如果在英格兰我说"我要一块饼干(biscuit)",我会得到一只小甜饼(cookie)。如果我在堪萨斯说这样一句话,我会得到一块煮熟的膨胀的生面团。我提出的要求,其意义与我所需要的东西的没有任何关系。我的要求的意义是由使用那个词的社群决定的。我心理上所想的东西不能改变那个社群对那个词的定义。我们反对该种误解的方式,促成了我们对词义的混淆。我们可能会说,"我是指这个,不是那个!"这种说法使得词义模棱两可。一种情形下,它关注的是这个词与现实世界的关系,在另一种情形下它关注的是我们的意图或愿望("我刚才并没有想要伤害你。")对这种情形的正确描述是,"我要这其中的一个""我想我刚才应该换一种说法,所以现在我更正我的要求"。我们的心理状态是不能改变一个词在社群中的意义的。

这些思考对说明芬格莱特的有争议的观点——即孔子的理论中没有心理学——是有帮助的。西方的关于信念和愿望的常识性心理学不会帮助我们理解中国人关于人性的理论。孔子的理论在说明人性时不要求有任何关于心智的、认知的生命教条。我的儿子在玩他的"utsah"游戏,无论他的内心状态是什么。他的愿望达成依靠的是其所处的社会环境——即我对他做出了回应。他不需要相信他正在发出的是一个三个词构成的问句,"那是什么?",以掌握这个简单的惯例(礼)。① 内在的心理状态并不是给予习俗的形式以生命,以及给予语言以意义

---

① 但是,芬格莱特有点将问题给混淆了。他似乎否认了孔子有任何心理学的概念。然而,问题不在于人们没有心理学的特性,而在于他们的心理状态是性情式(dispositional)的状态;不是不可接近的,而是内在的认知性状态。他的混乱来自他自己的认识,即将"仁"描述成一种必须伴随行礼的一种态度。这就是将其当作了一种内在状态。假如芬格莱特的观点是对的,"仁"就可以被解释为是无甚作用的。但是,如果它是一种实现了的指导正确行为的直觉,那么它就能具有孔子所赋予的重要作用。

第三章 作为基准线的孔子

的东西。

需要重申的是,我并不想要对"思想的语言"这一观念进行彻底的驳斥。我满足于之前已经以某种方式对其进行了描述——这一方式揭示了这种语言观与我们不应认真对待的迷信之间的关系。我想要揭示这个问题,是为了这样我们就至少能够理解为何有些人将其看作一种麻烦的、流行的神话,而不是将其作为不证自明的、明确无误的东西。我主要是想提醒这本英文著作的读者,他们所谈论这些问题的一般方式并不是自明的,也不是无可置疑的常识。无论我们的内部心智是什么状态,无论"信念-愿望"民间心理学理论有多少优点,这个心理学理论并不是必然的。它不是人们思考人性时必须采用的理论。① 我们自己要回避这个观点是有困难的,即使我们意识到它所具有的问题和难题,因为它深深地植入在我们的语言里。我在这儿所谈的要点是,我们不应该以为世界另一端的人们在两千年之前也拥有这样的语言心理学的神话。古典时代的中国思想是一定没有这种观念的。

我们不应使用内在个体的神话来详述儒家的观点。除了儿

---

① 这里便是一个例子:当史华慈试图反驳芬格莱特关于孔子没有心理学的观点时落入了这样一个陷阱,他首先引用的是儒生的一个抱怨,即礼的成分不仅仅是丝绸和美玉,然后断言说这个抱怨直接就意味着礼失去了它的内在涵义。但这并没有抓住芬格莱特所说的要点。礼的涵义不是某个行为者的内在心理状态赋予的。礼的涵义,即必须加之于丝绸和美玉之上的东西,是一种积极的集体实践,至少这才是芬格莱特所说的要点。史华慈的驳斥仅仅是以西方民族学的方法在获得语义概念的推论时进行了循环论证。必须注意的是,芬格莱特对这个曲解负有部分责任。史华慈在引用他的话时说,"仪式也许表面上看上去很亮丽,但由于缺少认真的目的和许诺而实际上是沉闷的,机械的"(第73页)。芬格莱特不应诉诸于目的和许诺这样一些有意识的观念。沉闷的,机械的表演可以解释为是因为表演者自身状态的缺陷——一种程序的机器语言式的翻译,这种程序需要进一步除错。

151

童在行为上的趋向之外,我们关于儿童的信念和愿望没有任何证据。我们可以直接地谈论这些趋向,以及人的自然倾向和能力。① 简而言之,我们同时具有学习语言的倾向和能力。② 掌握语言是我们自然的社交能力的关键部分。

现在我们可以来认识一下芬格莱特所举的例子与他的中国思想中没有心理学这一观点之间的关系。请注意,芬格莱特所说的握手,其意义不是基于任何心智的或心理的行动。双方握手甚至可以发生在梦游、昏迷、催眠中,也可想象一下他们正在喝马铃薯汤。哪怕他们都不喜欢对方,他们也会握手;即使在做出这个姿势时双方都不是诚心的,他们也会握手。如果他们是为做成了一笔生意而握手致意,那么无论他们脑中有什么其他致意的方式,这都无关紧要,只要生意做成了。造成握手这一动作的是社交实践,而不是心理状态或任何一方的认知假设。类似的情况是,使语言有其意义的是有一定历史的语言社群,而不是某种神

---

① 虽然我们可以向自己讲述这样一个精神第一性论者的精致且梦幻般的说法,即用内在的目的来解释语言的累积过程,但是这一说法似乎是不可信的,只要我们注意到语言行为的社会性特点。如果我们将其扩展到动物和儿童,这个理论就从其原有的荒谬性而变得是不切合实际的:即"她要一个瓶子,而且相信通过哭就可以得到它"。我们在解释思考的各种模式时最终所做的是将思考类比于成年人通过说话的方式表达他们行动的理由。我们使用的语言暗示的是这样一幅图景,儿童和动物用其思想的语言对自己说话,而这种思想的语言是由于外部语言的力量的反复无常的性质而失效了。

② 一种可能的反对意见是这样的:这样一种说话的方式不能解释任何事情! 倾向说是一种对行为的空洞的解释。"信念-愿望"观念的解释至少有一个可取之处,即不仅仅是对现象的复述:我们学着说语言。我同意这一点。我们不是在提出另一种可选的理论,至少不是一种如同科学一样精致的,适于心理学的理论。我们仅仅是指出通俗的民族心理学是一种糟糕的解释。它不仅可能是谬误的,而且它所提供的解释预设了它所需要解释的东西。对于这样一种解释,其他的解释就不可能对其加以任何改进。当儒学提出礼的行为是自然的这一主张时,它并不是在提供一种可选的描述性解释。但是,如同对所要解释的行为模式的观点一样,它提供的是一个比自我主义图景更切合实际的解释。另一方面,一个全面的解释可能牵涉到比任何人目前所知道的更多的神经生理学的因素。

秘的主观经验。

对于我们大多数人来说，从信念、愿望和决定的角度来说明握手的行为(尤其是当我们作为回应者时)是有点觉得古怪的。当别人的手有力地伸向我们时，我们几乎是没有时间建立一个信念("哦，他要和我握手呢")和检视我们的愿望的。如果从习惯的角度来解释，同样也会感到奇怪：握手与捋胡子的习惯之间并没有明显的相似性。事实上，任何用心理学的关注来说明这类行为的(意指那些在解释行为时纯粹采用个体内心发生的情况)，都是缺乏说服力的。这个说明在本质上是具有社会的和历史的特性的。

孔子既没有给出心理学的说明，也没有给出其他什么说明。要理解孔子，最好的方式就是将人理解为单个的、分散的客体。人们通过一个惯例系统指导着自己的邦国、城市、家庭和个人；在这里，习俗、惯例好像就是人类这个有机体的中枢神经系统。请想象一下存在于社会单元而不是个人之中的推动力吧。各个部分承担着人类整体的各项功能。个体是作为礼所描绘的框架的缝隙而出现的。记住，重点是礼所规定的角色，而不是承担这些角色的个人。当我们在掌握社会所定义的行为模式时，我们学着成为女儿、兄弟、老师、统治者、爱人、祭司、朋友，等等。我们存在的重要特征是我们从社会中所获取的角色，而不是我们赋予这个角色的个性。

现在转向教育应用心理学。我们所描绘的孔子关于人是礼的动物这一理论，表明了孔子独特的教育观。在进行教育时，我们交流的并不是认知性的内容，如科学事实或数学定理。相反，教育是道德心理学的应用。教育的目的就是给予所有人按惯例行动的能力。教育使行为模式内在化。教育主要类似于行为训练,即品格建设。① 社会性的教育是劝导人们遵从礼。教育的目的就是让人们掌握他们将要担任的由礼所定义的角色。

然而,我们可以建立一个可接受的自然主义的心理学理论,使其与孔子的社会学理论相一致。我们不去假定任何非实在的主旨,或性质,或事件。我们可以谈论心智,但是是将其看作一种影响机体的、遵循"礼"而运动的器官。训练良好的心智,其实际状态在展现礼时直观地体现在能力中。这个状态,中国思想家们称之为"德"。"德"的传统解释就是内在的"道"。我们可将其理解为,"德"是"道"在我们的实际性情中的转换。

个人握有各种技巧。我们每个人在履行各种角色时,都要学习必需的全部技能。心理状态只是给我们提供了具体得以实现了的性情的状态,这种状态体现于我们能够在合适的地点和时间做出某种可以接受的行动。

我们能够归之于孔子的,是一些必然的、关于个人心理的假设。个人心理在说明文化适应性方面是必需的。我们没有必要将西方心智主义的民间心理学归因于孔子。这种心理学并没有说明礼的意义或生命,但是它说明了我们是如何获得行使礼的能力的。控制我们生活的有趣的东西是社会性的。

孔子关于礼以及礼内在地参与人们的社会生活的主张是对整体的人们而说的,而不是严格地针对个体所说的。他不像我们那样,提出这样的假设,即关于社会的主张必须通过谈论社会原

---

① 芬格莱特将这个观点转换成对孔子反对惩罚的一种解释。如果在追求这个目标的过程中使用惩罚,那么这在道德上是不可接受的。孔子假设,这是治理国家的目标所在。因此他不得不谴责将惩罚作为统治的手段这一做法。我自己并没有在个人主义者的道德观中找到可以作为解释孔子反对惩罚的合理的理由。

子的行为,即个人的行为和心理而得以解释。① 对于孔子关于人性的主张,最可接受的方式是将其认作有关人性实质的主张,而不是个体人性的主张。人与其他动物的差异不仅仅在于人的社会性,而且在于人的社会交往能力是基于后天所学习和继承的习俗之上的,而非基于本能。②

孔子的弟子们将他的涉及礼的实践的心理学理论浓缩成《论语》中的一句精炼的话,"学而时习之,不亦说乎?"(1∶1)。人们学习礼、实践礼,并从中得到愉悦的趋向是孔子关于人性为善的假设的一部分内容。在学礼的行为过程中,我们本能地想从中得到满足。

人性与仁的角色

儒家关于人的思想功能的观点集中在对礼的论述上。孔子提供的解释不要求在人性的结构中有任何超自然的或精神性的因素。③ 儒家的观点与现代生物学的解释是一致的。我们是社会性动物。使人类与其他社会性动物有所区别的独一无二的东西是我们社会化的方式。我们积累文化,并通过语言和文学传播

---

① 见陈汉生(1985),"个人主义"。西方式的解释倾向于微观的解释。我们在解释一种宏观现象时(社会或冰的形成),采用的方式往往是描绘个体的行为(个人或原子)。而中国人则倾向于宏观性的解释。他们解释现象时(个人的行为或暴风雨),描述的是整体性的处境(社会的结构或阴阳之气)。
② 我认为芬格莱特另一个难以说明的,但他又十分坚持的观点——礼一定应被认为是具有魔力的——来自于西方文化倾向于用心理学的语言解释这样一些事情的事实。既然孔子没有感到用这种方式解释它们的必要,他就必定认为它们是通过某种魔力而发挥作用的。我对这种观点表示怀疑,即孔子认为在这里除了过程中最自然的那些因素之外,所有其他东西都在发挥作用。
③ 这并不必然地意味着孔子不信鬼神——他也许信,也许不信(《论语》11∶11)。这里的重点是,鬼神在孔子对人的思想活动和独特性的解释中没有用处。人是特殊的社会性动物:积累礼节的动物。

文化。自然并没有在人的基因中嵌入了人们在社会中应该如何相互适应的方法。这种方式是累积性的,是历史性的。我们通过文字的或口头的传统将各类形式传给后人。因此,人是遵从礼的动物,这些动物的发展自然是受到历史和文学的影响的。

但是,没有任何东西强行将习俗施加在一个思想上是反抗的、不乐意的人身上。习俗并不对一个自治的主体加以限制。习俗使我们成为现时的我们。我们此刻作为人的身份特性与我们承当的角色是一致的。这些角色充实并构成了我们的本性而不是控制了我们的本性。人的本性是善的,并不是因为善行是天然的,而是因为人能够使善内在化,即社会性的、顺从的性情是自然的。

从二十世纪后期的观点来看,孔子的理论在人性方面可被认为是非常乐观的。社会性的解释不可否认是基于这样一种假设,即人的本性天生就是社会性的。对于一个浸透了心理自我主义假设的文化来说,这就是一种人性善的理论。根据我们的理解,孔子和孟子似乎相差不大。但是在儒家内部的争辩中,孔子似乎没有孟子走得远。

在天赋观念论学派和习俗、惯例学派的内部论争中,我们需要更多的证据来证明孔子属于"人性本善"的学派。孟子的口号是:

(A) 人性本善。

而我认为,或者我们可以认为孔子承认两个密切关联的关于人的社会性的主张是:

(A^1) 人是社会性的、遵守礼的动物。
(A^2) 人是社会性的、相互仿效行为的动物。

如果说,"善"是指天生的社会性和顺从性,那么这个主张与孟子的口号相比则是比较弱的。我们可以想象,一个社会性的动物学习礼,但是(1)学的是不好的礼仪,或者(2)学的是不好的行为,或模仿的是某些行为的不好的地方。这就暗示我们不得不在孔子的理论中加上一些东西而使之更接近孟子的理论。

($A^{1'}$)人们的遵从礼仪的脾性趋向于达到道德上的正确。

在这两种学礼时可能出现偏差的方式之间,$A^{1'}$所表达的观点是含混的。一种诠释是,这个观点提出了孔子特意回避的一个问题,即礼的伦理地位的问题。"我们也许学习的是一本不好的有关礼的书?"我们暂且搁置一下对这个问题的讨论,在下一章中,墨子将提及这个问题。另一种诠释是,$A^{1'}$的观点使我们想起孔子曾提出的一个问题,即在批评法律时曾经提出的那个问题。人们对于礼所描述的内容可能持不同的意见。我们是否有一个正确诠释礼法的自然倾向?如果说我们有某种和谐的解释礼之法典的脾性,这就会削弱孔子对法律的批评。这就会使我们很难说明,如果我们生来就有诠释善的脾性,为什么刑法法度会产生诉讼和争议。

如果我们承认对礼的诠释有好坏之分,那么我们就会要求有独立的"是"的诠释的标准。我们不能满足于一个纯粹基于文献的价值观念。

注意,在典范效法方面出现了一个类似的问题。我们会倾向于孟子的观点,假如我们将 A^2 重新诠释成 $A^{2'}$:

($A^{2'}$)人们在效法行为模范时能够正确地衡量哪些是好的典范。

让我们重点来关注这样一个主张:人们在选择模仿的人物及

其表现时,他们会正确地做出衡量。① 需要重申的是,仅仅有模仿社会中的优越者的倾向并不足以保证一个好的结果。如果我们效法坏的榜样,我们就会变坏。用孟子的话说,我们关心的不仅仅是人们是否判断是非;我们所关心的是,人们是否正确地判断是非。该问题的另一种表述方式是,说"孔子教授观念 A(人性是善的)"就等于说"孔子教授观念 $A^{2'}$(人们在效法行为模范时正确地衡量出好的模范)"。$A^{2'}$这个观念也由两个部分组成。

($A^{2.1}$) 人们会分辨出善和恶的表现。

($A^{2.2}$) 人们仅仅复制那些他们认为是善的表现。

如果在这个问题上不考虑乐观主义倾向,人们为了为孔子辩护也许会不得不接受一种师道尊严的权威主义的社会实践;这样,即使我们认同圣王的"道"是正确的,得到的结果也不一定是绝对正确的"道"。我们也许不得不去解决诠释的惯例中所固有的相对主义。如果一个后来的传统出了错,则错可以变成对,对会变成错。

因此,这个关于人性善的问题的解释可以翻译成这样一个问题:孔子所教授的,是人们倾向于赏识且偏爱正面的典范,而反对负面的典范吗?答案是不清楚的。对孔子的人性方面的论述引用最多的是下面的话:

子曰:"性相近也,习相远也。"(17:2)

子曰:"人之生也直,罔之生也幸而免。"(17:2)

第一个文段所暗示的是,我们可以做好事也可以做坏事——或者说至少能做不那么好的事。这里对人的潜能表达了一种乐

---

① 这里还可以有另一种诠释。我们能正确地从范例中做出推断吗?在这些不同的情况下"做同样的事"指的是什么?尽管表面上有了更多的信息,我们对典范的效法和规则的遵从还是能够提出类似的诠释问题。

观,但同时也承认这样一种可能性,即为了运用好礼和范式,就需要正名。第二个文段是《论语》文本中诸多强烈表达自然道德的文段之一。① 但是在另一段文字中,孔子暗示,"直"的标准对于不同地区和习俗来说是相对的(见第 82—83 页)。他的立场也可以用《论语》中另一段备受尊崇的话来解释,那段话是孔子在讨论学者的人性成熟过程时所说的;那段话暗示,孔子认为对于礼的规则直觉性的且从容自然的遵从是需要一生的学习和实践来培养的。

> 子曰:"吾十有五而志于学,三十而立,四十而不惑,五十而知天命,六十而耳顺,七十从心所欲,不逾矩。"(2:4)

于是,上述所引用的孔子的话暗示,可解释的优秀品行是一个自然的成就,但是这个成就所依赖的是将一个传承的形式内在化。他似乎是轻松地保证了这个成就必定是恰当的,但他并没有给出任何理由使我们不再担忧我们是否培育了错误的直觉知识。这些句子并没有足够清晰地表明孔子同样持有强烈的天赋观念论者的 $A^{2'}$ 观点(人们在效法行为模范时能正确地衡量出那些好的典范)。体系中没有包括天赋观念论者的 $A^{2'}$ 观点,其原因之一是,它产生了一个儒家关于恶的问题。依据儒家的假设,有圣王和一个黄金时期的存在。如果现在说,人能够区别好的和坏的典范,并且自然地倾向于效法好的榜样,那么我们就绝不会堕落到今天的地步。进而言之,请注意在政治方面的假设中,孔子认为有必要掌握权威来指定榜样。如果孔子接受了天赋观念论者的

---

① 这个乐观的语气伴随着略微的含混不清。"生"是指整个生命历程:出生和成长。但是,正如我们将看到的,孟子自己的理论并不是严格意义上在说,至善在一出生的时候就存在,而只是代表一种自然成长和发展的方向。另一种含糊的因素是中文文本中的地区特征性的因素。语气是祈使性的:人应该向善而成长,否则灾难是一定会出现的。

$A^{2'}$观点,这就不是必须的了。与此相类似的是,正名的政治理论暗示了人们在诠释礼仪法典时是会犯错的。

那些为儒学正统理论辩护的人宣称孟子的教义(整个社会行为是天生的)仅仅是对孔子理论的修饰。为了得到这个结果,他们不得不混淆"直觉的"和"天生的"两个概念。放牛时,我是凭直觉知道向哪条路转。我没有停下来计算牛群跑向左或右的概率。对此,我既不犹豫,也不惊讶。我考察的是牛群的行为状况和我可能从不会加以描述的环境状况,并且,毫无疑问必定有些情况我甚至没有意识到。(这些情况甚至包含在我所骑的马的反应之中)。但是,无论我认为这个行动是多么自然和明显,它肯定不是天生的。

我们并不怀疑自己有天生的能力——如平衡能力、跟随行动的能力、分辨模式的能力,及语言能力等。天生的能力同时也是直觉性的,也许在获取其他直觉知识时会用到。但是我们所称之为直觉的行为几乎都是合理地经过反复实践后达到自发性程度的那些行为。让我们再次考量一下我们说母语的情境。我们是在自发性地说母语。相对于我们大部分的有意识的行为处理机制来说,说母语则变成了背景的无意识行为。但是,我们仍不认为这个能力是天生的。与习惯的想法不同的是,女性也许不比男性有更多直觉知识,但是她们的直觉知识与男性的不一样。同样的,这些直觉知识中有一些是天生的,但大部分可能是我们在使各自的文化角色内在化的过程中而获得的。

道德与人性

中国哲学的套路是一方面忽视形而上学和认识论,另一方面对伦理有更大的关注。最近罗思文论争说,按照芬格莱特的分析思路,其结果是要质疑中国哲学有无真正处理道德问题。芬格莱特将孔子的"道"描述成"没有交叉路口的道"。① 如罗思文所指出的,孔子关于人性的观点似乎排除了道德推理的自主性的必要。② 芬格莱特论争说,孔子甚至没有"选择"的概念。

在讨论墨子时我会更多地谈论这个概念性的问题。但是,此时我们可以首先注意到"道"的含义明显的比"道德"(morality)的含义更广。可以证明的是,道德是道的一部分(16:11)。道德的论述是导引性言论的诸多形式的一种。但是,"道"不全是道德性的:道包括了全部的实践指导——礼仪的、音乐的、语言的,等等。

其次,汉语似乎有一个足够完美的词用以表达我们所认为的道德。孔子关于"义"的观念③似乎在理论上起着重要作用。他说(1:13),"信"近于"义"。他认为"义"像"知"一样重要,一样需要去遵循。"义"展现了追求善的限度(14:12,16:10),并且指导着选择与言辞(15:17)。

然而,既然说孔子有一个像"义"这样的概念,那么一个重要的问题是,他的注意力为何是集中在惯例的适当性,即礼之"道"这一方面。孔子似乎对他的弟子们更多强调的是礼节而不是义。假定孔子的义是指道德,我们无法分辨他是否区别了真正的道德与某个社群的风俗。风俗在形式上类似于礼节。它们与一个有一定历史的社群和它的社会认同有所关联。我们能够通过经验性的研究来发现它们。它们并不告诉我们最终哪些事情是道德上正确的。

需要认真加以怀疑的是,那些刻画孔子思想特点的历史学、

---

① 见芬格莱特(1972),第2章。
② 罗思文在亚洲比较哲学学会的会议发言中论证了这一点。我期待其相关文章不久后出版。
③ 我将在后文论证我为何在第3章中把"义"翻译为道德。

社会学研究是否在任何时候都能够回答真正的道德问题。① 有些历史学家相信历史学可以替代哲学，能够提供道德指导。诠释者倾向的假设是孔子就是这样一种历史学家。② 但是，孔子并没有提出辩论者所要论证的元问题，也没有提供历史学家似的答案。他似乎确实没有对这个元问题有所认识。当问题放在他面前时，他故意回避了它。这充分表明了他的传统主义、惯习主义。

> 叶公语孔子曰："吾党有直躬者，其父攘羊，而子证之。"孔子曰："吾党之直者异于是：父为子隐，子为父隐。直在其中矣。"(13:18)

孔子没有正面回应当义务之间发生冲突时道德真正要求我们怎么做这一问题，而是在这里回到了社会的风俗方面，即吾党异于尔党。这就暗示孔子认为"义"是一种习俗，就像风俗一样，而不是道德推理。当然，这种说法与孔子的道德观点是一致的。《论语》中的"道"的概念，就是历史应该能够提供某种"道"。《论

---

① 思考一下在人类学意义上的"羞耻"和"内疚"两个概念的差异（这个差异在日常用语中显然是不明显的）。这个差异通过关于道德状态的两种不同观点来区分文化的不同。一种羞耻文化，如儒家传统主义，将道德作为本质上社会性的文化。而内疚文化则把伦理问题当作是超越文化性的（如来自上帝的），或将其当作是个人自治性的。在社会科学的用法中，一种羞耻文化是通过集体谴责而激发行为。大家认为某个做法是错误的——这一事实就使得那么做是错的。在这一点上，内疚与羞耻明显不同，内疚更多的是指自治的和负有责任的。当我发现自己的道德标准与集体的标准相反时我感到内疚。羞耻的文化利用并强化我们对失去面子的恐惧。内疚文化，在这个意义上，更为个性化。羞耻文化是惯例性和社会性的。在罗尔斯(1971)，第442—446页中可以找到关于羞耻和内疚两词在日常用语中的用法的分析。

② 见史华慈(1985)，第63页。

语》中的论述并没有在道德的"道"和习俗性的风俗中做出区分。①

孔子的辩护者曾争辩说,孔子没有资源或世界的经验来区分在中国被认同的习俗和普遍的道德。这个辩护是不成功的。用中文表述该问题,就跟用英文一样毫不费力。羊的案例足以说明,孔子只是在回避问题。孔子知道在不同时代礼有所不同。②他在做出这个声明的同时,表示他选择追随周代文化精致的礼。③

汉语中的确有字词可用来表示差异。第一个反对儒学的思想家墨子,直接而明晰地指出了"俗"与"义"的区别。后期的儒生顺从墨子的说法,传统主义者和天赋观念论者之间的争辩被转换成仁-义与礼-义之辩。如我们之前见到的那样,诠释性问题自身引发了伦理学中的实在论问题。礼-义就是习俗性的风俗。

除了使礼义世俗化之外,孔子自己也毫无保留地忠于礼义:

---

① 辩护者们为传统主义的立场进行辩护时,将其看作含蓄地论证了在回答道德问题时不可能全然逃避传统这一事实。这样就暗示了孔子确实理解道德和习俗之间的差异,并且彻底地思考了这个问题,认为对于道德理论来说不可能有额外的文化基础。如果孔子是出现在哲学运动的结尾而非其开始之前的话,这个陈述才会更加可信。在中国历史的这个时点——哲学辩证的开始之时,孔子的弟子只不过是没有能够认识到真实的道德问题的重要性。两个学派都以为孔子教授的东西包含了对"我们应该做什么?"这一问题的答案。他们之间所争辩的,只是如何使人们去这样做。《论语》处理的是教育和道德社会学的问题,而不是规范伦理学的理论。
② 《论语》2:23。
③ 《论语》3:14。

"我爱其礼。"(3:17)① 他看上去并未教授弟子们如何获取地位的学问。他的慎思概念更类似于向善的目的,而非仅仅是为了从一个前提出发,以到达一个结论。如果将他与苏格拉底做比较,可以说在他的弟子所知晓的范围内,孔子的"道"和他的论述既不同于苏格拉底式的疑问,也不同于苏格拉底式的方法。②

孔子弟子的任何一派都没有清楚地认识到这一关于道德的问题。他们所得到的训练不是去担忧道德的准则。他们关注的

---

① 在某一谈话片段中,孔子宣称有某种思想贯穿于他的教导之中。在这个片段中(《论语》4:15),他并没有告诉人们这个一贯的思想是什么(一个弟子给出了一种解释)。如陈荣捷(1963)所评述的那样,儒家传统从未有关于这个思想的一致性的解释。现代的诠释者们仍然试图描绘出年长的弟子们对该问题的想法,以拯救孔子的哲学名望。有大量现代诠释者跟随芬格莱特,提出了关于这个一贯性思想的各种理论。对我而言,整个努力充满了强迫性的护教味道。诠释者们最终想要达成的,是通过推测性的语源学——也就是对那位弟子在回答中所使用的两个词的韵和图解的结构进行评论,而梳理出一种道德理论。他们对于这个微弱的一贯思想的不顾一切的执著,恰恰说明了孔子没有给弟子们提供多少关于道德理论的东西。

这段文字没有什么特别的观点。它说明的是孔子意识到他的理论如果不需要证明的话,也还是需要某种一贯性。它给我们指出的是,在"儒家的消极黄金规则"与仁的标准的诠释之间有可能存在联系。不幸的是,它导致我们得出孔子像墨子一样是一个功利主义者的诠释。那个贯穿全部的思想应该就是孔子所缺少的规范伦理学理论——即用来证明学习和遵从礼的合理性的那个理论。孔子对礼的不满是系统性的。他像孟子一样将自己的理论建立在仁的基础之上。我这里要证明是,孟子在这个问题上与孔子是根本不同的。此外,还有一种辩护的说法是诉诸于孔子崇拜传统所带来的社会性结果:礼定义了周文化的结构,对这个结构孔子是十分忠诚的。政治上他所关注的首要问题就是理顺并保护周王们的训令。礼的延续对于凝聚社会和解释文化都是必需的。这样的话,似乎就像完全承认了孔子根本就不是伦理哲学家。

② 赫尔伯特·芬格莱特那本具有影响力的关于孔子的著作为我们提供了讨论孔子如何接受礼的一种方法。他提出,孔子关于礼的观点并不是出于一种不加批判的、未及哲学思考的保守态度。孔子知道人们在没有对某些惯例做出假设之前不可能回答苏格拉底式的怀疑论。异常天真的传统主义者的教义是一种真正的哲学上的深奥教义,即认为惯例是人生中固有的。"我们必须假定,至少是在一开始假定,一个伟大的思想家和教育家有某种更加引人注目的和更普遍的基础,以形成自己的道,回答他的那些重要的问题。如果我们试图弄清这样一种基础可能是什么,我们就能更好的理解孔子。"(芬格莱特,1972,第59页)(转下页)

是正确地执行一个既定的,基于历史和文献的"道"。他们特别关注如何正确诠释礼的问题。这使得他们在自己内部对"仁"产生了争议。早期儒家仁的理论与孟子的理论所发挥的作用是不同的。这个理论没有刻意要去回答这样的问题:怎么做才是正确地遵循了礼?他们似乎从来没有担忧这样的问题:"这些礼终究是我们应该遵循的吗?"

孔子更为关心的是道德的功效而不是道德的标准。"道"在以前的文本中早已给出。人们的任务只是学习它、遵循它。因

(接上页)这就形成了这样的意见:我们将一个默认的道德理论归于孔子,即使他从未陈述过这个理论。看一下孔子倚赖于礼节的表面价值。无论孔子是否为传统主义有过深刻的辩护,他的观点都在暗示一种伦理的传统主义。他是如何做到这一点的呢?我们这么推理:道德是至关重要的。孔子认为礼节是至关重要的。如果他真的考虑了道德问题,他很可能会说遵循礼(也许在仁的指导下)就是做一件有道德的事情。

我们必须丢弃上述这些论证。对孔子正统的崇拜,即他一定是一位伟大的哲学家,不能成为一种前提。如果我们允许自己虚构他的论据,我们将永远不会关注到他真正使用过的对话形式所具有的哲学性的有趣之处。例如,孔子甚至没有说人们应该服从礼。他根本就没有直接使用过"应该"一词。处于高位的人这么做了,就做了;低等地位的人这么做了,也就做了。他的语调似乎像是一个礼节专家在说话。这种语调与他对问题的理解是一致的。

因此,我不同意那个被人们已经接受的关于中西哲学之不同的说法。通行的调子是:中国哲学长于道德理论而西方哲学长于认识论和形而上学。至少对于孔子来说,这种说法是不准确的。实际上孔子并没有规范的道德理论。如果我们坚持要为他虚构、创造一个理论,并就此谈论这个理论,我们就不会注意到孔子身上最有趣的东西——对于西方人来说,那就是他关于教育和人的社会性的新颖理论。他从未纠缠于纯粹的道德问题。如芬格莱特所说的,孔子的道是"一个没有岔路的道"。我非常想要补充的是,尽管有着这样一种灵动的措辞,芬格莱特与我在这一点上仍有分歧。芬格莱特说孔子的礼包括了全部真实的惯例。他明显是打算把批判性的哲学道德也包含在其中。

将礼作为一个蕴含了"道德"一词的普遍性词汇似乎是不对的,有数个理由可以支持这个说法。首先,我们仍可以批评孔子甚至将传统道德看成与礼节一样重要了。其次,我们要在道德和任何社会的相关风俗之间做出区分。道德并不仅仅是习俗性的。最后,将礼诠释为道德仍旧没有处理好这样一些孔子本人的问题:他过少使用说明性的语言,他经常选择礼节作为事例,以及他回避了对话者所提出的道德问题。

此,他更多地论述礼节而不是"义"。于是,在这个初步的意义上,我们就能够理解芬格莱特和罗思文认为孔子没有道德理论的主张。

儒家的概念性图解:道

中国传统哲学中的关键概念已经在事实上成为一个英语单词——dao^{way}。传统智慧将"dao"看作一个最难懂的词;但是与其他哲学词汇相较,翻译者对其的处理却更为一致,即把它翻译成"way"。然而,我们依旧面临着难题,因为 way 是一个异乎寻常的朦胧的英文词。英语中在使用 way 这个词的时候,其词义十分广泛,而我们的哲学家们从来没有像对待与形而上学的和伦理的概念相关的词汇——如实在、知识、善等词汇那样,注意过对这个概念的分析。

Way 是一个原词,因此无法对其加以解析。有许多部分地与其同义的词。但是,我想不出该词能够属于哪个种属。我们通常是使用分类词对其加以说明的,如某种方法、道路、技能、习俗或实践。根据传统上的"定义"概念,way 这个词在英语中如同"道"这个字在汉语中是没有定义的。不过,幸运的是,哲学家们已经长期丧失了对希腊人崇拜定义种属的迷信!我们运用如下的规则就足以解说 way 一词的意思。

(1) X 是一个 way = $_{定义}$ S 跟随 X 从 y 点到达 z 点。

或者

(2) 做某事时,S 使用了 X。

我们将 way 一词与行动联系起来,走路就是一个最具体的行动。一种 way 可以通过其目标,即目的地体现出来。在这个意义上"道"与 way 是很相似的。"道"的最具体的意思是"路"或"道路"。由此延伸为一个普遍的观念,用以回答任何"如何做"的问题,为一般性的实践提供指导。

我们将看到为什么将"道"翻译成 way 是可行的,并且通过审视其谓词和修饰词来认识孔子使用"道"一词所表达的意思。在《论语》中,孔子将"道"当成这样一种东西,它是可听见的(4:8),可说出来的(6:12),可以学习的,可以纠正的(1:4),可以成为范式的,可以走出来的(5:7)或可以被荒废掉的,可以是在场的或不在场的(3:24)。"道"是可生可长的(1:2),可被强化的(15:29);道可以是小的,也可以是伟大的(19:4)。人可以掌握"道"。"道"指导着技巧,包括说话的技巧(17:12)。"道"的履行是快乐的一个源泉(13:25,16:5)。在态度上和行动上,不同人对"道"有不同的诠释。(17:3)

像其他汉语名词一样,"道"一词的功用与英语中的物质名词有粗略的类似之处。我们有很多方法列出所选的事物种类。① 而"道"没有任何个性化的内在原则。② 因此,"道"的不同之处在于我们既不能将其作为单数名词,也不能作为复数名词。相反,我们把道当作这样的东西,它是由某些部分构成的,而这些部分本身也是道;某个部分的道可以是某个更大的作为整体的道的一部分。如果 X 是道,Y 是道,那么 X、Y 合起来也是道。我上班

---

① 包智明论证说,至少对于某些中文名词,可以假设一个使其个体化的可能的原则。他给出的一些例子是有说服力的,但是其说服力主要是因为我们使这些名词个体化的方式似乎是明显的。在连续的时空群中,有些东西用其他方式是很难个体化的。在《荀子》中有这样一些文段,荀子将某些东西当作时空的连续,并将这一点作为某物之成为某物的一般性例证。见葛瑞汉(1978),第 325 页。

② 见陈汉生(1983),第 30—55 页。

所行走的道，是我步行的路和驾车的路的总和。中国思想家们在讨论"道"时，有时将其作为有特别作用的行动者，有时将其作为社会生活的全部历程。

孔子使用"道"一词，展现了它是被作为一个一般的物质名词而非专有名词而使用的。专有名词可以不被修饰；道一词却可以被修饰。孔子将道的具体部分与其整体区别开来，其方法是给出具体的历史人物作为参照(4:15)。于是，我们可以谈论你父亲的道，孔子的道，先王的道，一个村庄的道，或者天道。我们也可以区别不同历史时期的道(3:16)，或具有不同的实体技能的道(4:5)，或不同的标准化系统的道(16:11)。做事情有许多种路径，而且有直的和窄的路径。

每个部分的道可能也有自己的组成部分(8:4)，这些部分可以被看成是一个更大的道的一部分。顺应于天的想法对重要的"天之道"概念产生了影响。这个想法在开始时似乎是一个神祇的指示或命令，之后则发展成为包含了自然界中所发生的一切道的总和，即自然中发生或遵循的全部路径。在这个自然主义的转变中，"天-道"$^{natural\ way}$概念的规范力得到了保存（庄子除外）。

除了个体化这一区别之外，"道"和 way 在语法上还有一个不同之处：道可以被用作动词。你可以"道"^{guide}一个国家、部落、家庭、个人，甚至是胳膊和腿。我们可以通过例如规章、魅力或教义来"道"，亦即提供指引。这个动词用法的最普通的译法是 to speak（说）。想一想我们通常所使用的谈论(discourse)一词，这可以帮着说明道的动词用法和名词用法之间的联系。"道"合宜地具有一个物质名词的结构。你的谈论和我的谈论构成我们的谈论。而一个社会的政治论述就是每个政治人物的论述的总和。

尽管如此，"speech"一词似乎还不能完全抓住"道"的动词用法的含义,它太广了,同时又太窄了。说它太广是因为并不是任何言谈都是在行道(daoing),只有指引行为的言说才是。同时,言说一词又太窄了,这是因为除了言说之外,我们还可以通过姿态和范例(当然还有书写符号)来行道。

这里对将"道"译成"speech"这一做法的提醒,意味的是一个更为一般性的,且我们必须要记住的关于语言和象征的警告。当我们在想到语言一词时,要在广义上使用它,即语言包括了我们所说的肢体语言,舞蹈语言或音乐语言。接着,我们就应记住这个假设:语言和谈论的作用是行为指引(1:4)。

"道"包含了全部有意义的指引行为的实践。道并不是要模仿现实,而是要模仿价值。我们将一种模范转换成品行时,我们就是在遵循价值的范式。"道"必须被表现出来。姿势、外貌、舞蹈、歌曲、诗词、法律规定、礼仪规则:所有这一切都必须付诸诠释性的表现。从分析的角度来说,遵守规则是一种重要的范式,而演奏一场交响乐可能更能合意地抓住孔子所说的"道"的概念性含义。① 对于一首诗来说,诠释也许就是朗诵。对于舞蹈和音乐,诠释就是表演。如果我们是从展现、实施的角度而非服从或遵守的角度来认识孔子所说的礼,那么我们对他的礼的理解就更为深入。这些为了用来指引行为的道,是通过诠释性的行为而实现其提供导引的目的的。

道与形而上学

这些关于道的思考有助于突显中国哲学家所关注的基本问题与印欧语系哲学所关注的问题之不同。它们之间深层的相似

---

① 我对孔子观点的这样一种洞察,分别得益于伊若泊和安乐哲。

在于两者的传统都对语言有兴趣。但是希腊和印度的语言理论依赖的是意义和真理的语义概念。印-欧式的方法则是试图说明关系着个人和现实世界的语言学意义:我们在客观世界之中理解词义;语言是关于真实世界的。印-欧的观点是将语言的主要功能当作是描述性的或代表性的。这些理论所假设的语言的作用,就是将关于世界的信息从一个说话者那儿传递到另一个人那儿去。

这样一来,印欧哲学就对形而上学和认识论有一种特别的兴趣。其认识论处理的问题是我们如何理解意义,以及我们如何了解这个世界。这就将两个西方传统(印度的和希腊的)引向一个心智的观念,即大脑中充满了固有的代表性的精神产物:观念。如我们所见,观念组成一种私人的语言。因此,在印-欧的范式中,习俗性的语言变成是表面、肤浅的了。

几乎没有争议的一个事实是,中国哲学中没有西方哲学的古典身-心二元论。我们还承认中国哲学很少关注认识论。我们明确意识到不存在这样一种担忧,即将个人的世界经验和这些经验的准确性当作具有代表性的东西。对于孔子来说,他所关注的知识是直接与"道"连在一起的。知识就是关于"道"的知识,就是关于做什么的知识。(现代汉语表示知的词就是"知道")。知和无知都是由道来确定的(5:21)。所谓学习就是学习某种道。所谓知就是去知晓某种道;而无知就是不知某种道。因此,在《论语》中,翻译者们经常将"知"处理成"聪明"的意思。"知"更接近于技能而非信息的处理。① 我们应该这样理解知,即"知道如何做"或"知道要去做",而非"知道什么事情"。想要"知",就是想要知道

---

① "知"也用来表示认识某人。但是,这种用法不太会使我们产生误解,因为它同样出现在英语的语法情境中。

(如何)去适当地做事情。

所以,最后我们要说,早期儒家的基本观点所关注的不是形而上学,而是行为指引。"道"并不传递科学真理,而是作为我们行动的方式。从一开始,并且在根本上说,"道"就是一个说明性(prescriptive)的概念,而不是描述性(descriptive)的概念。语言的作用不是为了表现某种对立于我们内在心智的外部现实;它的作用是通过历史中的社会领袖们去向社会传达和传播行为指引。

文献:礼、乐、诗

对价值的论述无疑可以成为被记录下来的谈论——即"文"。文学包含了有我们刚才给予"谈论"(discourse)一词的广泛的诠释意义。例如,我们可以说"乐之文"。《论语》中孔子关于道德价值的谈论,包括了一系列培养品格的文献内容。教育弟子的核心文本包括了《礼》和《诗》。在孔子的格言中,"礼"和"乐"常常成对出现。"乐"实际上是指包括舞蹈在内的精心制作的音乐表演。(我们也可将"乐"字理解成"快乐"enjoyment)。这就暗示了一种对待礼的态度,即,礼详述了对规则的遵循这一西方范式,而我们之前曾用这个范式对"正名"作了解析。孔子可能认为他所提供的就是文艺范式的训练——"诗""乐""舞"。《礼》由典礼构成,在典礼中扮演仪式角色的人们按固定的程式吟诵、歌唱、跳舞。

于是,对一般性的社会来说,这种对礼的态度就是孔子那令人着迷的关于社会和人的关系的乐观主义态度的基础。礼的范式所预先假定的,是角色或等级的体系。《论语》强调的是承当这些角色的适当性。但是,对于适当一词,除了从语义上理解之外,还可以进一步从审美的角度来理解。乐和礼共同的特点就是我们是通过表演来诠释它们。我们练习和学习这些不同的"道",并在表演时获得快乐。可以看出某些演出所表演的是同一首歌曲，而其中的一些比其他表演来得更好。我们会偏爱某些特定的表演性诠释，但这并不意味着其他的表演是错误的。

因此，对于由句子或规则组织起来的论说结构，我们不应限制我们的观点，而应该关注近来那些强调美学范式的解释。特别需要注意的是，假定孔子喜欢使礼乐共同出现，我们则应做一个乐谱表演范式的实验，把论说与行为之间的关系比作一个乐谱表演的范式。① 这样，我们就将说明的焦点转移到令人愉快的诠释过程上。如果对一种社会实践的诠释取代了在解释行为时所用的信念-愿望模式和实用的推理模型，那么这种混合正确的东西和美学上令人愉悦的东西的方法则是自然而然的。诠释和"道"同时对行为进行说明。行动者自然要去获得且承当各种社会形象。作为一个人，他能够这么做的能力解释了他的那些行为表现。在孔子的范式中，需要被说明的对象是行为表现（performances）而非行动（actions）。

于是，从遵循规则的概念中至少能得出一种诠释。"仁"不仅帮助我们遵循规则，而且可能是按照固定的程式去遵循。我们不仅要弹奏出准确的音符，而且还要用合适的长短、强度、流畅度、平滑度将音符组合起来，这样才能使得一场演出不仅是合适的而且是引人入胜的。我们理所当然地通过有意义的社会性规则（音符、礼的指导，以及路标）指引我们的行为。当我们的注意力集中在这种行为上时，希腊人的自愿行为模式似乎是与之不相关的。在这个美学模式中，信念-愿望和原因-行动模式的分析对我们来说则是另一个问题了。

---

① 安乐哲、郝大维(1987)在他们对孔子的美学诠释中曾强调了这一点。

仁与孔子的语言理论

于是,对于"仁"这一既重要又难以捉摸的概念,上述那些思考提出了一个至关紧要的说明性任务。孔子关于仁和礼的最主要的说法是"人而不仁,如礼何?"(3:3)。而孔子另一个自我挫败的说法是,尽管"仁"对于所有的人来说是容易得到,甚至几乎是普遍可以得到的,但他却总是不愿认为任何人都是仁人(4:6)。

理想主义者们辩论说,所有的人都有拥有"仁"——这就是他们被强化的人性乐观主义的基础。"仁"使我们能够正确地选择范式,选择值得作为范式的行为的各个方面;一个惯例的或传统的"道"似乎就需要这样一种能力。但是,我必须说明的是,不仅天赋观念论者可以运用这种对仁的诉求,惯习主义者也同样可以使用这种诉求。

孔子关于"仁"的理论有一个很不好的名声:神秘主义。如我们之前已经注意到的,某些弟子们甚至抱怨他们从来没有听说过"仁"。其他弟子则一定是听了很多关于仁的教导,以至于他们认为仁是《论语》中使用得最频繁的理论性词汇之一。标准的观点是,孔子没有(或不能)定义仁。如果它是一种诠释能力,那么它就既不是原初的,也不是神秘的。至少,我们可以说孔子观点的模糊性使得历史的惯习主义者与天赋观念论者之间的争论未曾得到解决。

政治意义上的"正名"行为似乎依赖于那些有某种诠释性洞察力的正名者。如果"仁"意味着这个洞察力,那么它就可以说明为什么"礼"没有"仁"的话就毫无价值。"仁"并不是我们在遵循礼时的一种空洞的、行为停滞的适当感受而已,而是在控制行为进程时,即行"道"之时至关重要的一个元素。它不是孔子心理学的一部分,而是孔子有关实践的直觉性解释学的一部分。

《论语》中的争论只可能来自于对"礼"所展现出来的"道"的误解。某些接受孔子神圣教学的弟子们一定是弄错了那些教导中的重点所在。听同一个老师谈论同一个问题,却对如何构成一个合适的行为表现有不同的看法:这明显是允许发生的情况。这种产生不同看法的可能性对于任何形式的传统主义来说却都是一种困窘。正如我们之前所论证的,一种道德理论如果仅仅满足于跟某些特定的规则保持一致,那么它就无法为相对主义与怀疑主义提供答案。因此,"仁"的概念不是天赋观念论者所固有的概念。传统主义者如果没有"仁"的概念,其观点就是不完备的。

在我接触了文本之后,随之而来的是什么呢?知晓文本的人仍然不能达成一致。这个考量使得"仁"缺乏定义这一问题亟待解决。于是出现了许多正确诠释的新标准作为可替代的选项。我们也许可以认为,对于法典、规则的任何片段的正确诠释应该是:

1. 理性上正确的(连贯且一致的)
2. 有证据做最好保证的
3. 对你的本性来说是可信的
4. 是更接近创建者的原意的
5. 对个人是有利的
6. 是最大程度地符合每个相关者的利益的
7. 道德上是正确的

8. 直觉上是正确的

在这些关于诠释标准的观念中，没有任何一个要求我们将标准视为是天生的。但是，这确实能说明孔子需要将仁的某种观念与礼一起使用。弟子们没有听见的是孔子关于这种诠释能力的概念的具体细节。对这一问题的不同回答能够给我们提供一种便利的哲学类型学。

我们可以假设孔子当时是更倾向于(7)而不是(5)。自我主义在孔子的年代还没有形成或被承认，但是无论是孟子还是孔子，在使用仁时都没有表现出自我主义有多大的吸引力。（我们在后面将会讨论杨朱，他或许更为赞赏自我主义这种解决方案）。尽管如此，(7)对儒教仍然提出了一个问题。到目前为止，我们没有理由认为孔子有任何独立的有关道德的概念。儒家用于指引行为的是传统的准则。如果将此认作是道德的标准，那么(7)为准则诠释问题提供的回答是陷入循环论证的。为了知道什么叫做道德，我们必须理解法典、准则；为了能够理解法典、准则，我们必须知道道德是什么。

功利主义者可能会将(7)诠释成(6)，并解释说指引行为的论说对每个人都有好处。尽管持正统观点的人通常不承认这一点，但孔子是更趋向于同意这种回答的（见《论语》1:12）。这个回答是对孔子反驳得最厉害的墨子所提出来的，于是这种密切关系便是颇为尴尬的。但正如葛瑞汉所说，孔子的消极黄金规则似乎是直接通向了墨子的普遍主义的功利立场。反过来，令人困窘的是，墨子又似乎是被孟子所推崇的（对于孟子来说，"benevolence"一词是和"仁"最接近的翻译）。

传统主义者和天赋观念论者也许都同意(8)。这就使两者都不同于西方的理性道德论者——这些理性道德论者会更倾向于认为(1)或(2)是对(7)的进一步解释。① 偶尔将"仁"翻译成"人性"(humanity)则提醒我们(1)在西方句法型诠释理论中的作用。我们在诠释之时是预先假设了这样一个事实,即人们共同持有某些具有人性特点的推理策略。我们在寻找某种最根本的假设,从这个假设出发,其余的"道"似乎都会随其发展。诠释某个规则时,我们问,是什么样的方式在应用该规则时可以使其最大程度上与规则的全部整体保持一致。

维特根斯坦提醒我们,对人性的诉诸不仅仅是与信仰和教义的一致性拴在一起的。他著名的格言——"如果狮子可以说话,我们却不能理解它"——所暗示的是我们与所诠释的人所共同持有的不仅是逻辑能力,还有基本的动机和态度方面的见解。我们无法有效地与一个把我们视为与自己无关的、令自己感到厌恶的生物,或是一个把我们视为自己的一顿食物的生物进行沟通。

孔子对人性的解释使我们想起维特根斯坦的上述模型。至少儒生们没有将仁的特点归纳成一种推理的结构,而是描述为一组人的特别的社会性倾向。儒家的观点是,人这种脾性的结构,其关键的元素是家庭的爱。因此有这样的口号:"孝"是仁的根基所在(1:2)。尽管如此,传统内部的问题依然是关于这些直觉倾向的地位问题。它们是先天的或天生的,还是在一个指引的传统中得到训练后的结果?纯粹的传统主义者应该给仁一个约定的分析。传统是最终的指引;用于其诠释的道德直觉则来自于传统

---

① 事实上,罗尔斯的反思平衡(reflective equilibrium)同等程度地依赖于(8)和(1)。他的直觉似乎部分的是天生的,部分的是后天获得的。既然该直觉是可以通过正义的实践和理论性的反思得以改变的,因此它似乎是部分地由后天获得的。既然它不仅仅反思了某人所采用的理论(如果不是这样,它就无法为理论修订的内容辩护),因此它必定有一些天生的牵引力。

内部。正如孔子所指出的那样，我们获得这个直觉是通过将某指引的方案内在化。

根据"七十而从心所欲"一节(2:4)的精神和正名所隐含的理想，传统主义者所做的有魅力的回应是(4)："选择文本作者所想要的行动"。从操作层面上说，这也许等于是作出了一个有反真实的主张，即假如圣王曾教授你们且严格地看管你们的话，他们并没有纠正你们的表现。

天赋观念论者不同意这个说法。他们可能会将(8)诠释成(3)，同时还可能强调我们道德情感的家庭性结构。然后，再根据一个附加的假设，即我们拥有相同的本性，他就可能赞同(4)是从(3)衍生出来的这一说法。追随孟子思想的儒家正统观赞同这样一种天赋观念论者对仁的解读。正统观点的辩护者会论证说，这样一个结果是暗含于孔子的教义之中的。如我之前所论证的，仁确实似乎是某种被要求的东西，甚至是传统主义者指导人的行为时的态度所必需。但是，上述的想法所证明的仅仅是对于一个确定的规则、法典来说，需要某种预先的标准。这一点并不能证明标准必须是先天的，它甚至也无须是一种直觉。即使当我们预先假定了某种直觉性的标准，我们所信任的法官或圣人的直觉也许也是通过实践学得的。标准本身可能就是我们前面所讨论过的后天习得的直觉，即这样的一种能力：将情境中的所有线索加以记录，并使用这些线索来精微地调节我们的行动。

如果我们将仁当作是这样一种后天习得的直觉，那么对于这个难题的直觉性答案，也是可以适用于传统主义者的。这个答案对于孔子的声明是真实的：只有长时间的实践才能获得仁。如果你从十几岁开始学习它，到了七十岁，你就能获得它。不过，任何人都可以通过这种方法来获得它。

心灵哲学家注意到,人们能够理解并以至教授那些他们甚至一开始不能表达清楚的东西:如骑自行车、分辨小鸡的性别、正确地说话、哲理性的推理。我们说话的能力仅是其中最著名的一个例子。关于你是否掌握了说母语的人所拥有的语言知识的测试,与其他说母语的人都有关联。相关的权威(例如,说母语的人)可以认可或宣布你已经掌握了这个语言。这种情形就保护了孔子的导引性的"道"所具有的社群主义精神。

显然,我们仍可提出哲学意义上的难题。这种后天习得的直觉所引入的问题是我们要如何证明传统习俗自身的合理性。我们的直觉在本质上就是这一传统的训练所得出的产物。如果将"仁"当作是一种后天获取的直觉,如同孔子对自己道德成长过程的解说那样,那么该立场就依然是深层的传统主义的。在康德主义传统中成长起来的人就有康德式的道德直觉,儒家训练则会使人获得儒家的直觉。若是在拒绝功利的或其他道德改革的建议之时依赖于诉诸这些直觉,就陷入了循环论证;这种直觉无法抵挡一种来自另一对抗的道德系统的挑战。墨子打算改变那些社会向我们所灌注的指引性直觉的内涵。甚至在做诠释工作之前,他就反驳了儒家之"道"的内容。对一个对抗性的"道"的回应,天赋观念论者的答案是更为有力的。如果所有问题只是关于获得一种诠释传统的方法的话,那么传统主义的回答就是可以让人接受的。

不过,我们还是可以提出一组支持天赋观念论者立场的难题。首先,这种后天习得的直觉不能解决规则法典的若干诠释中究竟哪一个是正确这一问题。我们在一开始讨论问题时,是由讨论诠释儒学的不同学派之间的争论而开始的。如果我是 A 学派的学生,我会发展诠释性直觉中的其中一种。在与 B 学派的学生辩论礼的问题时,诉诸我的这些直觉并不能解决任何问题。他的直觉与我的直觉一样强烈,但却与我的直觉的意义完全相反。在不同诠释路径之间的对抗中,传统主义者的答案无法证明其中任何一个路径的合理性;它能用于解释我们如何传递解释性直觉,却不能证明其中的任何一个。

其次,即使我们承认我们是后天习得了我们的直觉,我们仍须有某种使我们迈出第一步的天生的能力。我们中的绝大多数人有天生学习区分左右、上下、酸甜等事情的能力。我们学习惯例习俗的能力,是建立在某些天生的或前社会的人类秉性这一先决条件之上的。

最后,如果针对什么是正确的行为的问题,我们接受"作者意指"的理论,我们就不得不面对游叙弗伦(Euthyphro)的难题:圣王们倾向于赞同某个行为表现,是因为它是正义的;还是说由于圣王们希望它如此,它才是正义的?我们应该采用哪一个说法呢?传统的法典,即《礼》,是行为的标准,还是圣王的意图?躲在传统的背后只是逃避哲学问题,而不能消解它们。没有任何一个儒家学者喜欢探究这些问题。孟子和天赋观念论者们则至少曾经试图给出一个答案。

但是,天赋观念论者的直觉主义答案有其自身的问题。它治好了疾病,但却杀死了病人。它试图从一开始就消解法典的必要性。如同我们之前所论证的那样,按照推测,这些直觉能力是在具体的情况下进行正名工作的。这就暗示,在我们意识到之前,我们就有一种在具体情况下判断是非的能力。因为只有当我们独立于法典的方法而了解到堕胎是能被允许的或是错误的,我们才能够给常规法典中的胎儿和人这两个词正名。

如果儒家官员有上述关于仁的认识,如果在具体情形中能成功运用这样一种认识去判断是非,那么人们就会问为什么他们还需要礼。如果这些官员们非常善于在具体的情形中说出什么是对的,这就已经是他们所需要知道的全部东西了。技术上而言他们并没有遵循"礼"。他们的行动与被宣称的对礼的正确诠释是相符的,但是他们遵循的却是"仁"。是非的真正标准变成了圣王们的直觉。历史研究有它自己的用途,而我是通过"仁"来确认自己的诠释是正确的。他们的仁让他们自己获得灵感而将其记录下来,我的仁则让我遵循它。

这个问题的一个折中的答案是精英主义者的答案,而我认为这个答案是与早期儒学的平等主义精神相违背的。这个答案要求将"礼"用与百姓,将"仁"用于圣王。圣王们正名是为了百姓,这些百姓们没有仁,因此只能用礼和对权威的尊重来为其引导。这个观点保护了传统作为社会指引和社会权威结构所发挥的作用。但它却破坏了孟子的主张,即所有的人生来就具有"仁"。作为"道"的信奉者,我们不会惊讶权威者提出的这个答案。我们感到惊讶的是,他们竟然期望我们认真地对待他们的观点。

无论如何,精英主义者们依然存在更深层次的问题。对于他们来说,礼是多余的。深层次的问题在天赋观念论者的系统内是无解的。如果它要确定仁与礼哪个更重要,无论怎样其结果都是把礼认为是较不重要的,礼被认为只不过是圣王们在历史中所做的正确裁决的总和。他们的正确裁决的总和与你或我的裁决的总和,其道德上的地位是一样的。

天赋观念论者的说法也没有解决这一哲学难题。天赋观念论者的说法声称可以为传统提供一个独立的合理性证明。天赋观念论者认为惯例是建基于人的自然本性,而非建立于历史的偶然事件之上的。但是,我们仍然要问,为什么我们将我们自然的反应当作是正确的？天生的和后天获得的直觉都不能为自己证成。天赋观念论者的说法所能做的全部事情，就是提供给我们一个从惯例得来的独立的标准。它没有给出任何理由说为什么这个标准是正确的。一个完全可能的情形是，我们天生的自然反应中的某些东西，如复仇和贪婪，明显是邪恶的。

天赋观念论与未能言说的道

儒学和中国思想中对直觉的普遍依赖是其思想中所暗含的语言怀疑论导致的结果。最终，对礼的许诺也不能逃出孔子为反对法律而做出的论证（正如我们针对法律解释所列举的类似情况所显示的那样）。意识到法典中的模糊部分，就使得纠正成为可能。这种意识破坏了依靠法典指引行为的理念。简单的法典不能指引行为。想要运用法典指引行为，就需要某些外在于法典的诠释性指导。

但是，如果我们主要关注一般性的惯例学习，我们必须要说，有时我们不得不预先假设某种先天的直觉能力的存在。正如维特根斯坦教导我们的那样，在将语言作为惯例性系统时，这种假设尤其正确。在学习规则过程中的某些时刻，人确实能够理解规则的意义，并继续学习它们。乔姆斯基论证说，我们需要一个先天的文法，使我们能够学习任何传统的语言。这种直觉能够被系统化吗（即把它们写下来，就像做成一个计算机程序那样）？也许可以，但是计算机仍然必须有某种未经更改的解释性结构（真实的硬布线）。在应用语言之前，必须存有某种东西。通过某种东西对自身建立程序的能力必定存在于先天的硬布线之中。

"德"是我们能够后天获得的东西。教育能够改变我们性情的结构。但是我们的思考揭示了这样的结果：必定存在着某种天生的德。简而言之,我们的重点是,在学习和掌握习俗时,我们必定有先天的脾性可以运用。我们必定倾向于模仿,并热爱正面的回馈。我们必定喜爱仪式化的游戏,如同我们享受与成年人喋喋不休的谈话那样。正是这样一种心理上的硬布线使得社会性的程序编制成为可能。

这就是内在于我们之中的"道",一种前设于我们吸收社会化能力之中的"德"。我们可以将其认作是一种自然的道,一种未能言说的道。它是一种无需进行编排的程序。没有这样一种为掌握语言而不得不具备的能力、本能和爱好,就没有任何语言能够指引我们的行为。

也许我们类似地需要一个先天的道德语法以至能够正确地遵循一个传统道德。它可以是一个非后天获得的"德",这个"德"体现在先于语言的"道"之中。使用语言的方式一定是先于语言本身的。因此某些最低程度的道德人性必定是先天的。我在后文将试图论证,孟子列出了一个似乎合理的先天道德人性的清单。

这些思考带来了另一个认识,即"道"必定是超出语言之外的。如果我们认为一个指引性的交谈就是一个指引性的道,我们就可以在用语言表达的道和遵循这个道而产生的实际表现范畴之间做出区别。按照推测,仅有某一些这类行为的进程是正确地遵循了道的。而在这一些行为中,又只有其中一些确实关于行为表现的极好的美学诠释。没有任何指导性论述能够针对一个独一无二的具体的行为表现进行诠释。没有任何详细的描述能够担保一个诠释是美的或是正确的。在这个意义上,"道"的物质性的实现是无法仅仅通过语言就得到充分说明的。

因此,没有哪个"道"能够保证某人的"德"会得到这样或那样的物质性实现。如果用一个社会的道来编制程序,那么这样一种物质性的实现会影响我们如何在世界中自然地实现这个道,即我们实际所走的路。将公众的指导性论说的机器语言翻译出来,其译文是不能在那个指导性论说中被说明的。内在的道也是超出语言的。

哲学与法度怀疑主义

《论语》中明确出现的哲学问题在我们确定了一个法度化的"道"之后浮现出来。教育哲学和语言哲学的问题开始于两个学派共同持有的立场。我们有自己的法度;那么现在遵循这个法度指的是什么?对礼的理解指的是什么?礼是否是可教授的?

于是,作为一种解决如何填补论说与行动之间差距这一问题的答案,正名理论引发了一个古典中国哲学的中心议题,史华慈将其解释为"语言的危机"。① 这个语言的危机与柏拉图的概念很不一样。前者涉及的是要遵循一套指令,而非一个关于意义的理论。它激发了一种关于语言的怀疑论,这种怀疑论单靠定义

---

① 见史华慈(1985),第164页。史华慈没有认识到在儒家对于名的关注和名家的讨论之间所存在的连续性。因此,他认为,《论语》对名的关注发生在古代中国语言本身的危机出现之前。他本质上是将之前讨论的所有问题的天真性归因于早期的儒生。他们认为"已经被制定好的语言……准确地反映了事物的规范性质。语言自身的内涵反映了真实秩序的状况。这个危机不是语言的危机,而是人们滥用和扭曲语言的危机"(第92页)。但是,这种滥用正是激发这里所说的怀疑论的东西。如果我们接受这种对于语言的天真的信心,那么这种扭曲如何可能?我们怎样才能知道我们没有扭曲它?它应该如何被纠正?什么才能算作是正确的?什么样的正名可以被认为是正确的?史华慈的信心来自孔子,他把西方的概念性架构用到了孔子身上:"使用语言的方式(不)是与其内在的意义相符合的。"(第92页)除了这个对西方理论的映射之外,我认为,如果儒生们要将那种天真归结于他们的创始者的话,一个"道"的信奉者是不必反对的。问题仍然存在。否认早期的儒生对这些问题的意识,只会导致这样的结论:他们没有哲学的洞察力。我只是认为他们在道德哲学问题上没有洞察力。我将在后文中论证,公孙龙的立场是与正名尤其相关的。

（进一步使用指令）是不能削弱的。它带来了这样的一种烦恼，即我们无法说清楚在使用自身的语言的过程中是否出了错。我们试图像我们的老师那样使用语言，我们的老师则试图像他们的老师那样使用语言，如此等等向前追溯直到圣王。我们试图表示顺从。但是没有任何方法可以证明我们已经做到了这种顺从。

这还不只是代际之间的问题。我可能都无法判断自己是否追随了自己的那些为了遵循某种规则的断然的、被宣称的意图。如果我重新解释了那条规则，那么我就无法意识到我曾经这么做过。

传统的两个儒学系统的辩护者们往往赞颂儒学所具有的弹性。这种弹性表现为用直觉解决语言学怀疑论的问题。这意味着，一旦他们直觉性地认为如此行事是合适的时候，他们就会忽视了他们自己的规则。这给他们提供了一个可以用来反驳西方思想的观点，这个西方思想是指，西方人在解读孔子时，认为根据苏格拉底有关创造性自治的哲学标准，孔子的行为指引似乎是僵硬（rigid）的。

问题是要在两种态度之间找到一个中间位置：一个是把儒学看作是僵硬的（因为对法典的某个自然而正确的诠释方法，是由历史上不合时代的人所设定的），另一个是将儒学转变成相对主义意义上的捉摸不定的东西。弹性诠释这一方式能够让我们将任何道德态度都放入"礼"之中：这种弹性就变成了专断的无规范状态。确实，正名将弹性引入了形态已确定的法度之中，但是如果对直觉不给出更多的界定，它就提供不了对弹性的限制。除非我们选用一些非儒家的标准，如理性或功利，法度就可以与任何行动相容。然而，如果我们真的采用了另外的标准，我们就有了证明其合理性的任务。这个证明将面临预先设定标准的危险。

那时我们就将面对诠释标准的原初性问题。这个诠释并不比诠释最初层面的指引性论述来的容易。此外，我们还要解决这样的问题，即如何解释在给定标准的情况下，为什么我们仍然需要那个须被诠释的法度。为什么不直接用标准来评价行动呢？

正名理论在中国哲学中设定了一种倾向。这个倾向如同在西方哲学中，柏拉图追寻定义的倾向一样的强势。并且，它还标明了这两个传统的分析性推理风格之间的主要差异。柏拉图的传统是寻求某种普适的思想内容；儒学则将那些内容当作是理所当然的。儒家的起点是寻找某种持续不变的方式，遵循一个给定的指引性内容。令人困惑的怀疑论之所以存在，是因为我们能够对我们所预设的每种"道"诠释方式提出质疑。这意味着，我们能够对用于诠释最初层面的"道"的任何更高层次的标准的诠释提出疑问。

我们必须看到，每个传统都有对其持怀疑态度的人。中国哲学家所批评的哲学议题的性质影响了中国怀疑论的形态。在西方怀疑论者证明我们无法得知某个公式正确与否的地方，中国的怀疑论者说的是，不存在能够产生出不变且可靠的指导行为的某套规则或直觉（一个持久的、不变的"道"）。中国人的怀疑论不是聚焦在某些表达式的真实性上，而是在其如何能够指导行为上。

西方哲学开始于苏格拉底的挑战。那个挑战几乎成为了"哲学"这个概念的组成部分。"我知道，"苏格拉底说，"这是公认的要做的事情，但是我应该去做公认的事情吗？"依据这个标准，孔子似乎根本不是哲学家。他对公认的观念从未提出过挑战。但是，中国人的哲学却在另一方面卷入了维特根斯坦所提出的这一挑战：即使假定我接受了这种传统的行为方式，我如何知道我是正确地遵循了这个方式呢？

这个道德理论上的区别产生了十分不同的哲学方向。西方哲学吸收了苏格拉底和柏拉图不信任惯例性的知识,亦即道听途说的思想。这就使得西方思想无止境地追求完美普适的原则。二十世纪的重点问题则是,什么行为可以称得上是遵循一个原则。与此同时,对正确准则的寻求带来了句法推理、证明、反证,以及科学的理论结构等一系列概念。中国哲学开始于儒家对传承下来的准则和被强调的诠释多样性的尊重。中国的思想所选择的是涵义的变化而不是理论的变化。这样一种追寻带来的是对名,名的范畴及其应用的惯例更为强烈的关注。儒学对这一点的强调使怀疑论成为中国长期的正统思想。我们将会看到,对抗的学派对传统主义者的虔诚提出了挑战,但却没有形成一个权威性的理性概念。①

其他的诸多问题

这里对孔子所进行的讨论缺乏许多你可以在大多数文章中所能找到的其他话题;这里几乎没有关于诸如孝行、五伦、三纲等等中心议题的细节。我几乎没有谈及孔子关于灵魂、鬼怪、死后生活的实用性观点。相反,我的注意力集中在与西方哲学传统的系统性对照方面,以及西方哲学与古典中国思想所共同持有的那些假设。如果我们要避免曲解和贬低孔子的观点,这么做是十分重要的。

孔子的观点十分重要,是因为它在现代中国仍然存在。他的

---

① 如果对中国没有能够成功地发展出科学有某种解释的话,这个解释就是最贴切的了。科学运作依靠的是一套用于描绘世界的普遍有效的演绎公式这个理性观念。它是将欧几里得的和苏格拉底的推理模式应用到自然规则上去。

观点也部分地解释了在今天这个时期的哲学发展和成长的动力，以及说明了儒学在过去两千年发展和成长的动力。他的观点也在某种程度上带来了百家争鸣时代的其他学派的发展。

上述这些发展的基础是对我们的社会本性的关注。社会本性是在学习惯例的过程中所获得的。传统的西方思想文化相对地不那么重视语言中不可回避的惯例元素，以及人在满足感及成就感中所蕴含的社会性元素。我们所强调的是个人的、私有的、主观的东西。我们关注于推理的能力，我们将其理解为是前文化的。甚至当我们谈论快乐时，我们似乎都预先假定了快乐完全是个人的事情，尽管大多数对个人的快乐和分享的快乐都有体验人知道后者更为美好。在分享的快乐的大多数形式下都蕴含着礼——比如我们在同一个乐队演奏、与密友交谈、唱圣诞颂歌，或戴着呼吸器一起潜水。

孔子的理想并不是一个与我们完全相异的理想。

第四章　墨子：制定哲学议程

95　　　　可以肯定的一点是，墨家在哲学上是浅薄和无足轻重的。

　　　　　　　　　　　　　　　　　　　　陈荣捷①

　　然而，正如我们所见，他辩护这点的方式呆板而平淡，和他辩护所鼓吹的其他任何一条原则一样——通过诉求于物质利益、独裁主义和可疑的关于古代黄金时代的称述。

　　　　　　　　　　　　　　　　　　伯顿·华兹生②

复　位

　　孔子的思想是形成的背景。墨子是儒家的第一个反对者，并开始了哲学的反思。因此他制定了哲学的论题和辩论的条件。道家哲学大部分的核心概念都是来自于墨子与儒家的争论。

---

① 陈荣捷(1963)，第212页。
② 华兹生(1963)，第11页。

第四章 墨子：制定哲学议程

儒家的陈述通常都是批判墨子的。① 墨子是古典时代上半期最重要的哲学家。仔细分析他的哲学思想为我们理解中国哲学提供了一个更准确的视角。在公元前五世纪，中国还没有哲学思考和理论构建的传统。儒家践行他们的行为守则，而且还思考是否有一条与传统相连的中心线。他们被训练得只会背诵诗句，而不会写辩论文章。写辩论文章和进行哲学思考都是从墨子开始的。他在传统的道德观念和恰当的道德之间做出区分。他创立了唯一一个功利主义的版本，还为这个理论和一个更精细的政治理论进行辩护。他为国家的社会组织提供了一个有趣的自然判别版本。他得出一个逻辑的实用认识论，以及带有可操作性和历史性的语言理论。他还做出辩论！②

墨子学派在儒家统治的哲学黑暗时代中并没有幸存下来。对墨子的批判是对儒家思想深度的一次严峻考验。尽管墨子学派最终消沉了，但是墨子的哲学仍然是孔子哲学思想的敌人。墨子的论辩逼使儒家进行哲学辩论，逼使他们也学习了一点哲学知识。没有墨子的激发，儒家可能永远不能在除了《论语》所形成的机智话语之外取得进步。墨子的怀疑改变了儒家理论的内容和风格。尽管孟子辛辣地和歪曲地攻击墨子，他还是通过把儒家变

---

① 这个过程在西方的陈述中同样得到延续。大部分人都以轻蔑的抨击墨子不恰当的风格或者是缺乏高雅的文化为开始。最典型的例子是华兹生。"他认为《墨子》是中国哲学书写的最早尝试。尽管如此，由于它的模糊性，人们不禁指出无论有什么有趣的建议，《墨子》都是艰涩的。它的论辩如果不是有逻辑的、有说服力的，也是有组织的、清楚易懂的。但是整本书句子的风格单调，缺乏睿智或者典雅，是中国文献中的异类。"华兹生(1963)，第 14—15 页。
② 试想想把所有这些都告诉给一个专业的哲学家，并加上："他的弟子开展了语言，逻辑，几何和经济的分析研究，而且还以标题为'名和物'写下了一篇关于行为唯名论者的文章。噢，顺便说一句，几乎所有写过这个主题文章的人都认同墨子的哲学是无足轻重的。"

得更世俗化来维护它。墨子对儒家传统主义的攻击是中国哲学的催化剂。道家在他们对"儒墨之辩"分析中含蓄地承认了这一点。

道家充分利用儒墨之间的冲突来表达它重要的哲学观点和语言理论的中心概念。墨子开始对什么样的语言可用于陶冶性情产生疑问，以及提出一个关于选择的原始标准问题。他形成了"辩"distinctions，"是－非"this-not this，"义"morality，"知"know-how，"心"heart-mind，"可"admissible 和"道"way 的概念。这些概念形成了贯穿这个时期哲学讨论的概念框架。道家的理论尤其依赖于墨子这些概念。墨子仍然用"道"作为一个普通术语，而不是一个名，但是明显地承认这个"道"discourse 有一些儒家所没有的观念。他发展了一个自然的、恒常的"道"way 的理论目标。

墨子学派最终形成了语言分析、道德标准分析、科学的早期形式和对部分逻辑的分析学习。这个学派使古典时代的哲学达到顶点。我将古典哲学分成两个时期——一个是在墨家后学之前的形成时期，一个是之后成熟的分析时期。墨子不仅对哲学的形成时期产生了影响，他的行动还为哲学开辟了成熟之路。

儒家理论在解释中的影响

虽然陈荣捷的判断受到早期哲学成就的挑战，但是他对墨子所持有的新儒家态度在主流理论中得到传播。一直以来，汉学家们以一种消极的态度看待墨子是一个客观教训。翻译者接受主流的儒家学者关于术语意义的解释，并接受儒家关于这些术语意义在文本中的论述。儒家追随者对文献的注释通过排除有关对孔子的批评和减弱最激烈的批判来解释术语。因为我们每个人都努力去迎合他的老师。即使在西方，汉学研究都是植根于这种新儒家的态度。正如孔子教我们的,在学习一门语言时,我们必须合符我们老师的要求。翻译者和学者开始时对儒家的术语理论和那些术语的意义产生疑惑。我们确认我们对中文的掌握是通过迎合主流的,传统的新儒家解释和对墨子的估价。①

谈论墨子的标准方式是认定他就像儒家一样使用"仁"和"义"的术语。翻译者理论化了墨子使用了多少儒家的术语以及他如何改变了这些术语意义的结论。② 这些术语是中国哲学的术语,而不是儒家的术语。所有的学派都用这些术语来陈述他们的反对意见。它们允许的用法就是它们的意思。它们的意义是不同学派的假设,但是这些术语的意义不是一成不变的。关于这些问题最直接的说法是:"孔子认为道德是 X,而墨子认为是 Y。"不过汉学家们却习惯说:"相对于墨子认为道德是 Y,孔子认为是 X。"这种解释让人觉得儒家正确地使用了语言,而墨子却不正常地使用语言的含义。这是产生困惑的原因。

正如我们所指出的,孔子从来没有清楚地理论化其重要术语"仁",而且他很少,并且以非正式的方式使用"义"。从使用次数来看,墨子是把这两个术语置于道德理论中心的哲学家。他比孔子多两倍使用"仁"这个术语,"义"则多三倍。孟子关注于这两个术语很大可能是受到墨子的影响而不是孔子。孟子,如同墨子,把这两个术语,而不是儒家的"礼"放在他理论的中心。他接受墨子"仁"是利他主义的观点,而不仅仅是没有定义的本能。

---

① 当然,一些相信墨子思想的人是例外的。葛瑞汉(1978)观察到在墨子和杨朱提出挑战之前,儒家"似乎无能力提出任何比'管仲知礼乎'更重大的问题。"(第 17 页)休斯,受到惠施的启发说:"墨子的思想不仅是极有逻辑的,而且还极具辩论技巧。虽然在墨子的生涯之始,他的知识和道德很多都来自于孔子,但是在推理方面他做出的贡献要远超孔子,因此我们可以认为他是几种新推理的发明者。"
② 可参看冯友兰(1958),第 53 页和冯友兰(1947),第 30 页,第 34—40 页的陈述。

墨子用"仁"和"义"作为批判儒家思想的中心概念。他从来没有表示他认为儒家有使用这些术语的特权。在我们使用"道德"这个概念的地方，墨子用"义"——作为行动的一个重要的、反思性的指引——与道德规则相对。他提出用"利-害"的分别作为准则来指引反思性的道德评价。然而，儒家的解释却将"义"和"利"看成两个相冲突的概念。他们宣称在中国孟子对墨子在中文语义上的批判分析是正确的。因此把墨子的道德功利主义看作是矛盾的。最终，许多墨子的翻译者都用 profit 来翻译"利^{utility}"。这种翻译试图将儒家毫无根据地认为墨子是一个自我主义者曲解变成了中国另外一个意思假设。

正如我们看到的，孔子没有强调"义"。他强调"礼"。这个事实引发了关于他是不是一个哲学家的尴尬问题。这点上，西方的陈述再次为这个意思假设做出了含糊不清的辩解。它并歪曲了我们对儒家和墨家的认知。西方人论述"礼"包括道德。① 因为英文表达出错，所以人们必须认为中文意思是非常不同的。由于包括了道德，他们用陈旧的宗教术语"righteousness"来翻译"义"。当被要求面对传统儒家在道德反思的上的幼稚时，他们争论说，整个文化都不能在道德和习俗之间做出区分。他们把孔子在哲学上失败归结于中国文化的同质性。

这次辩解失败了。准确地说，区别之处正是墨子思想的核心。中国第一个哲学家做出的区别，就如希腊的苏格拉底一样简单、精确。儒家的训练没有注入伦理哲学最基本的区别。② 但是这个观点是关于儒家的教育实践，而不是中国的语言！

---

① 芬格莱特在他讨论"礼"的时候，把"真"加入到"礼"里面。
② 正如我在书中第 82—83 页所争论的，尽管事实如此，孔子也注意到"礼"随着时间和地点而改变。

第四章 墨子:制定哲学议程

风格攻击

正统思想对墨子的蔑视无意中强化了中国思想糟糕的哲学形象。例如陈荣捷留下的迷思促使那些寻找中国真正哲学的人忽略了墨子。① 然而既使在陈荣捷的译本里面所列举的墨子哲学成就依然十分耀眼。在面对墨子的哲学思想比儒家传统有明显进步而无可否认其证据的时候,学者们的蔑视需要证据支持。就如华兹生的评论所聚焦的,贬抑的观点表达墨子沉闷的论说风格,重复的陈述,和没有感情的表达。史华慈②和葛瑞汉③也赞同这种说法。没有关于墨子写作风格的注释是不可能写出一些关于墨子的东西的。这种做法明显支持"墨子不懂得中文"的谋划。

我们长期以来对墨子作品的反复论说做出了似乎是正确的解释。中国人依靠复杂的对仗来记录复杂的辩论结构。有些陈述进一步指出墨家的一些弟子需要反复背诵才能理解他的论题。他的著作不是为了一间大学出版社和在社会中流通而写的。他采用前提——对称论证——结论的方式使他的争论更加容易被接受和记忆。一个哲学家禁不住去想对于标准理论的真正反对理由,是墨子为了争得一席之地。如果你认为中文使所有的哲学观点都必须写成模糊的格言,含糊的古诗暗示和不可推知的直觉,你会发现墨子的风格是令人反感的。墨子是中国以哲学风格写文章的先锋。儒家必须在他们不能掌握的辩论和这种文学活动降低了他们身份的两种感觉中做出选择!

---

① 安东尼·弗卢(A. G. N. Flew),"分析哲学的文化之根",《中国哲学》(*The Journal of Chinese Philosophy*),6(1979):1。
② 史华慈(1985),第 137 页。
③ 葛瑞汉(1989),第 34 页。

当然,对判断口味的反驳是困难的。我发现当一个人正在讨论哲学问题的时候,这些批评方式的语气是小气和毫不相关的。但是更重要的是,我连它的基础也不了解。考虑到华兹生对这段话生动的翻译,许多形容词都可以应用,我是不会觉得沉闷和缺乏想象的。

> 且夫繁饰礼乐以淫人,久丧伪哀以谩亲,立命缓贫而高浩居,倍本弃事而安怠傲,贪于饮食,惰于作务,陷于饥寒,危于冻馁,无以违之。是若人气,瓶鼠藏,而羝羊视,贲彘起。君子笑之,怒曰:"散人,焉知良儒!"①

人们会理解为什么儒家不喜欢这种作品。但是它没有风格则是一个口味上有争议的判断。把它称作干冷无情十分接近使用那些术语的可接受极限。

墨子的生平

关于墨子的生平我们知道得不多。主流理论轻率地做出推测以给他的学说制造出一个面具。"墨"字的意思是墨水。纹身需要用墨水。在中国奴隶主和执法者为他们的受害者纹身。因此某些学者认为墨子要不是一名奴隶,就是一名犯人。然而更可靠的理论是从他的写作内容,他们的风格,和社会的文献推断得出的。

我们从墨子对儒家具体知识的攻击中推测他学习过儒家的思想。② 从他的出生日期(大约公元前 480 年),我们可以假设一

---

① 华兹生(1963),第 127 页。(见《墨子·非儒下》——译者注)
② 史华慈在史华慈(1985),第 138 页,指出这个推测得到《淮南子》书中内容的支持。

个孔子的弟子(或者是弟子的弟子)曾教过墨子——这人极可能来自儒家保守派。① 然而,与贵族阶层产生了孔子和他的弟子相比,墨子极可能来自于他们的对立阶层,一个正在冒起的手工业者中间阶层。很明显,他从儒家那里学到了传统。但是作为一个讲求实际的人,他开始对这些传统产生反感。

墨家思想形成于手工艺在中国变得重要之时。当儒家思想被定为正统之时,墨家开始失去了他们的力量而衰落。这个时期的历史记载下了手工业的觉醒、手工艺的联盟,甚至是罢工。墨子在其书中也以手工艺者的工具作为例子——指南针、尺、转轮、测量工具等。② 经济学家们,如马克思申论的,这些出自于他们的智慧。最可行的假设是把墨子看成是一个充满智慧,正在崛起的手工业阶层的代表。

再次,我们从关注个人转向了关注整个社会阶层。围绕墨子的文本形成了不同的学派。他们的兴趣似乎都关注于道德理论和辩论,不是行为。我们了解关于墨子核心学说的三表法。葛瑞汉注意到他们因为政治上持有不同的态度而产生了差异。③ 葛瑞汉把他们分为纯粹派、妥协派和反对派。这看起来像伊诺所说的儒家,墨家不断地修改他们的教义以使他们更受统治者的欢迎。最有趣的分别是不同的学派都修改了《墨子》。他们不仅争

---

① 见史华慈(1985),第139页。墨子的批判假设这个学派主要是保守主义的。这给我们另外一个确认保守主义是儒家的早期派别的理由。因此这可能是儒家的原始教义。
② 葛瑞汉(1978)对此点做出了最好的解释。史华慈在史华慈(1985),第137页,令人费解的抛弃了葛瑞汉的假设。他用他经典的回答来详细地向修正主义者做出解释:P在逻辑上不一定跟随Q,因此不是Q。他指出对手工艺的兴趣"并不能证明他是一个手工艺者"。这个特殊讨论的唯一可能的动机是允许史华慈认为墨子是一个平民。这保护了无理由反对墨子的儒家传统。
③ 葛瑞汉(1989),第36页。

论如何解释,而且还重写了他们的论式。这是关于两个学派差异的一条重要的线索。

马克思主义者解释了墨家思想产生的社会原因,同时也解释了它的最终命运。秦朝和汉朝将中国转变为一个封建帝国。它们为古典时代画上句号,并开启了中国的黑暗时代。这个越来越专制的国家在压制了手工艺者同盟的同时,也为儒家提供了舒适的家园。基于工匠的假设解释了为何在中国产生的少量科学知识来自于墨家。光学(尤其是镜光学)、几何和经济学的发展来自于这个时代的手工艺者。中国将所有学派和思想统一于政治的统治和评价之时,放弃了科学理论的构建。

工匠与指引:客观的标准

墨子的工匠背景体现在他的哲学风格和内容之中。儒是精通文化和仪式的祭司。儒家强调习俗的认可和肯定。墨家是手工艺者、工程师、军事战略家。他们的成功标准多是一些指导的世界,少一些对社会道德的依赖。墨子在哲学中寻求客观的衡量标准。他最常用的例子就是测量工具。

> 一个手工艺者有没有技术是没有分别的:所有都用这五种工具作为标准,只有技术是准确的。但是虽然没有技术是不准确的,他们根据这些标准仍然可以得到很好的结果。因此手工艺者在他们的工作中的测量标准就是这些工具所提供的标准。①

---

① 休斯(1942)。休斯恰当地强调了墨子的教义的这一方面。

第四章 墨子:制定哲学议程

墨子用这种客观的测量标准来反对模仿师长行为的习气。他认为社会接受的正确行为标准是不可靠的。他坚持只有效法(imitation,指墨子所强调的"法"。——译者注)才是"仁"的基础。追求客观和现实是墨子"道"的基石。他要求更恒常、普遍和自然的评价标准。他提倡用"天"来代替社会的统治者作为行为的标准。

墨子因此用传统的外在权威——"天"——来支持他对传统的内部批判。"天"(nature)变成了一个恒常、可靠和可测量的范式。在不同的评价团体里面"天"是中立的。所以墨子暗中接受了儒家由于精神上的需要,我们必需在人的性格里面设立外在权威的观点。他追求的是把权威普遍化并将他的标准应用于所有地方。因此,"天"的引用是一种寻求可靠、恒常、可定义标准的延续。他时常说"天"是客观的和可定义的——与艺术家用直觉相比,更像一个手工艺者的衡量标准。有技术的和没技术的都可以得到相似的结果。你不需要一个内在神秘的直觉来决定是否达到标准。

儒家传统开始接受墨子与偏爱相对的兼爱是他们之间主要的差异。他们以强调亲缘关系来辩护。儒家开始直接提倡根据不同的社会距离来实行不同的道德准则。作为各种版本的黄金规律,我们不知道孔子对偏爱是否有这样高的评价。葛瑞汉猜测墨子的兼爱源自于孔子的黄金律。① 但是儒家在这个基础上对墨子的批评凸显了罗思文对儒家的规则模糊了他们的道德、社会规范、礼貌、风格、礼仪和机械的服从的担忧。在西方出自苏格拉底,在中国出自墨子的道德反思理论倾向于建立一种无私的和持

---

① 葛瑞汉(1989),第42页。

续的或者是恒常的人类行为准则。

道德的目的是提供一个比我们亲缘直觉更可靠和恒常的行为指引。我争论说当墨子把"天"引入到他争论的判断句时,这就将建立自然关系与恒常、可靠、客观和公平的联系。

文化适应的过程

此种对恒常的衡量标准的强调是墨家思想的重要因素,这使得他给人的印象是一个西方的思想家。但是他关于社会,心理,语言和思想的假设基本上都与儒家相似。尽管他渴求客观的标准,墨子接受儒家关于自然教育过程的描述。人们在社会等级中形成他们的性格。然而,墨子不把"礼"^{ritual}作为针对所有习约的一个基本术语,他使用的是"俗"^{custom}。墨子没有为儒家精致的社会规则做出辩解。但是他确实承认通过训练和模范来塑造我们。我们模仿君子和他们的言行规范。他保持父亲在道德教育中的权威,但是却把统治者排除在对父亲的权威之外。最终的模范——统治者的模范——是"天"。

墨子将强调的重点由具体的"礼"转向了世俗实践的核心,"言"^{language}。"道"是公共的指引话语——"言"。墨子形成了一套的丰富语言以刻画社会指引如何发生。他没有怀疑它的确发生了。

修养、性格和心

《墨子》以我们熟悉的关于学者和贤人在培养道德性格中的重要性作为开篇。我们在行动中表现我们的性格。性格是对我们行为动机的总结。这些动机源自于"心"(heart-mind)。"心"

区分"是-非"(this/not-this)。所以指导行为。①"心"包含"是-非"判断。我们描述一个行为,一件事或者一个物体是否像它。我们看它是否满足于一个描述性的术语。我发现一个像黄色钻石形状的标志。根据我所学习到的内容,我将变得更加谨慎。"是-非"设定引起一种冲动,一连串的行动。

像孔子一样,墨子认为我们在学习技能中形成我们的性格。学习一种技能训练思想的指引系统。因此墨子把这称之为"心术"。② 我们收集"是-非"的反应用于指导我们的行为。这些反应是最接近动机的对应部分。我们的动机和性格来自于语言和社会的练习。行为动机不是内在的。我们所说的感情是"心"对"是-非"的反应。我们所有禀性组合起来的反应就是我们的性格。墨子关注的是如何打磨和塑造这些行为的动力。他不认为社会应该放弃性格的塑造。相反,他提出我们应该如何塑造性格的问题:我们应该使用传统的方法还是一些新的方法。

我们将心的成功运作称为智慧。这个术语暗含着一个真实、客观的标准。语言在获得技术或者智慧中扮演着重要的角色。③但是如果我们不能把语言的使用贴合事物的结构,我们的反应将不能被称为技术。我们通过在真实环境中不断调整行为来获得技术。适应的训练区别了技巧和笨拙。所以墨子强调我们必须在获得真知识之前要善于辨别事物。④

这是墨子批判儒家的重要前提。儒家通过使用没有分别现实技能的词语来培养技术。他们关注于一个教师从世界中学习

---

① 《墨子·修身》。
② 《墨子·非儒下》。
③ 《墨子·修身》。
④ 《墨子·修身》。

到转移注意力的证明。因此,孔子从来没有给"仁"和"义"下定义。这导致了儒家虽然喋喋不休地使用这些道德术语,但是他们从来没有认为那些术语能使他们满意。这些没有定义的术语使得儒家在作为顾问参与政府管理的时候可以任意被曲解而产生可怕的罪恶。

墨子再次认同儒家把君子作为使语言社会化的恰当人物。他们的"知"^{grasp}(被认为是指引他们的"道"的中心)决定他们如何行动。改变语言的编排就会改变他们的行为。我们甚至可以用语言改变本性和普罗大众的态度。儒家偏爱自己的家庭和亲属是一个顺理成章而仍然是可变的行为上态度的例证。

> 姑尝两而进之,谁以为二君,使其一君者执兼,使其一君者执别。是故别君之言曰:"吾恶能为吾万民之身,若为吾身?此泰非天下之情也。人之生乎地上之无几何也,譬之犹驰驷而过隙也。"是故退睹其万民,饥即不食,寒即不衣,疲病不侍养,死丧不葬埋。别君之言若此,行若此。兼君之言不然,行亦不然。曰:"吾闻为明君于天下者,必先万民之身,后为其身,然后可以为明君于天下。"是故退睹其万民,饥即食之,寒即衣之,疾病侍养之,死丧葬埋之,兼君之言若此,行若此。(《兼爱下》)

墨子把他的道德改革看作成以语言为基础内容的社会工程计划。他把语言看成是社会化的一个中心方面。语言的模型和社会的实践(那些社会精英)会说当人民开始模仿一种语言时,这种语言就会产生效益。由于语言和各种可辨认的社会实践相联系,语言规范人类行为中的变化。社会化涉及学习语言行为和社会行为。

因此墨子承认儒家道德心理学的主要内容。对家庭的偏爱和忠于社会等级是人类的自然特性。我们对家庭过分的关爱正是因为家庭十分有效的塑造了我们社会化的类型。但是这在墨子的观点中产生了冲突。墨子接受等差之爱的自然性,但是他质疑这种爱的伦理价值。也许我们应该直接以语言的社会化来改变这种自然的性情。然而正是这种性情改变了机械主义的自然性情。

墨子进一步同意孔子认为道德实践最中心的类型是效法模范。我们在学习社会化话语和与话语相关联的恰当行为时跟从君子。孔子和墨子同样持有我们以同样的方法学习道德和语言。它们是相同过程的不同方面。我们模仿那些在我们之上的人的语言和相关的行为。人们都尊敬他们的领导者。他们记下那被社会领导者打造的语言标准。领导者的行为确定了那些标准的意思。墨子看待政治社会的角色就如孔子一样。这个角色的主要评价是它通过打造和修改社会的"道"来提供教育。再次在公共的和指引话语的意义上使用"道"。

在这些建构的假设下,墨子与孔子的不同是清晰的。他希望有一个更加恒久,更加现实的"道"way来指导实践的过程。如果领导者在行为中形成功利的标准,人民都会一样。墨子追求不仅发展了那种模仿的趋势,而且还改变传统的价值和自然的性情。他为普遍化的语言和现实的性情作为争论。这会改变人类的本性而接受行为模式。

> 未逾于世,而民可移也,即求以乡其上也。①

墨子同意孔子的观点。精英们正确的语言示范会给人们带

---

① 《墨子·兼爱下》。

来新的道德态度。然而，对墨子来说，这就有了改变语言的可能性。

> 言足以迁行者，常之。①

墨子强调客观的衡量标准和带有儒家"言"^(language: words)和"道"^(guiding discourse)的社会属性的现实语言环境。社会的和现实的或者自然的标准应该在指引话语中确定一个术语。某物是其所是，乃因为某群体认可它们如是。一张支票依靠社会机构银行和法院的承认。支票可以写在篮球上。其他事物独立于社会标准，就是它本来的样子。即使整个社会将鲸鱼当作鱼类，但是它不是鱼。许多术语都是一个混合物。这些术语的使用有其社会的标准。但是这些标准都依赖于现实存在可以衡量的特征。掌握这些术语需要社会的教导和关于世界的知识。

我把这样的术语称为浓密的（thick）指引术语。②"浓密的"概念包括诚实和懒惰这类词语。它们直接摆出正反双方的态度，而且除了它们指定的意思外还有描述性的内容。仅仅有指示意思的词是单薄的（thin）指引概念——"是"（right）和"非"（wrong）。在它们指定的意义之外，它们没有对世界进一步的指导内容。"是"和"非"在中国语言里面也是单薄的描述术语——是和不是。正如庄子将会指出的，无论哪一个意思，它们都可以应用到任何事物。

我们可以代表墨子把厚密的概念都作为一个"道"^(guiding discourse)。"道"的最突出组成部分是词，不是句子或者规则。在我们的老师的批准下，我们学会了一种将世界分为

---

① 《墨子·贵义》。
② 我从伯纳特·威廉姆斯（1985），第 129—130 页中借来这个概念。

"是"^(this：right)和"非"^(not this：wrong)两部分的能力。所有术语都指引行为。我们对语言和行为的掌握,以及全部技术都是我们的"德"^(virtuosity)。因此,翻译者在翻译时必须把这个术语分为道德和能力两个词。正如我上面指出,传统的公式是"在个人的理解中'德'就是'道'。"（实际上墨子在任何体系里面都使用"德"。国家,时代,家庭,个人,甚至是自然都可以有"德"。）最后一章对"道"和"德"重要争论的反思是任何言说的"道"都需要一个不能言说的"道"。

正如墨子所理解的体系,我们在名的层次进行道德的选择。选择者学会了在相关的内容下"是"某些东西或者在无关的内容下"非"某些东西。这里暗中假设了在一个物体中使用单薄的行动指导术语会对这个物体产生不同的行为。当我们使用反义词的时候,我们对一个内在的"道"的应用就十分不同。在区别环境中的某些事物而与"名"^(names)产生关系的那个词是"辩"^(discrimination)。"辩"是我们道德选择概念最接近的对应物。在分别 X 和非 X 中,我们区分了情况或者结果。因此也指导了我们的行为。它如何指引行为依靠我们指引话语体系的整个计划——"道"。"辩"就是去知道什么是"是"和"非",正如在实行计划的过程中满足一个名。

传统上,西方哲学家曾经用形而上学或者认识论来解释这些浓密术语。西方传统假设相似的事物里面内含着一些相同的东西（特征、性质或者属性）。它们共有的这些特征解释了它们为什么相似。柏拉图的形而上学假设了型相的存在。每一个事物在名的范围内使型相具体化。我们接受了这些型相,并正确使用了名。更为熟悉的另一个属性是认识论的。我们在名的范围内得到（通过天赋或者经验）事物的一个精神表征。理念变成了术语

[104]

的意思和解释我们去"是"的能力。

正如孔子一样,墨子的陈述并不依赖于这些方法的任何一种。他的解释终止于学习区分概念的能力("辩")。这就强调了他社会性的语言观点。我们在"辩"的社会训练过程中形成了我们的性情。社会的统治者肯定我们与他们一致的区别模式。墨子没有假设任何内在认识的内容,而且他也没有提供一个相似的形而上学解释。他认为事物本身就是相似的和不同的。根据事物的相似和不同,我们做出了我们的社会能接受的区别。一旦我们能熟练的做出区分,我们就假设我们的用法是正确的。我们受过近似训练的社会成员应该用一种恒常的方式使用指引术语。

因此即使墨子想有更客观和现实的内容,但是他不能摆脱孔子的教师-学生的传授模式。我们做出区分的语言技巧要求在老师-学生的模式中体现。我们可以改变它。但是我们只能通过同样的塑造和实践过程。墨子没有假设理性主义者的定义或者一个经验论者的认识论来为他的"辩"找依据。

因此"知"(know)这个术语在墨子的体系中扮演的角色与在我们熟悉的话语中的角色是十分不同的。再次,他的用法就像孔子的用法。"知"不是一种内在的体现,而是一种掌握方式。知识的对象就是"道"。我们可以在谈话中或者文献的学习中传达"道"。[①] 当我们使"道"在心里变得真实的时候,我们了解了一个"道"。如果我们把它的"是-非"模式内在化,并在现实环境中依照它来行动,我们就了解了那个"道"。当我们肯定其他人心中的分别行为和动机表达有"道"的存在,我们就认为他们的培养是有

[①]《墨子·非命中》。

技巧的或者是有知识的。①

语言在这个过程中既是一种工具,又是一个陷阱。因为我们调整了语言去反映世界上重要的差异,所以它能正确的指引我们。所以我们必须要分析现实。我们不能仅仅满足于培养文本、诗歌和恰当形式和类型的技巧。孔子提出的语言修饰作为性格培养的一种途径是危险的。② 墨子希望在"名"对行为的指导中增加客观的现实衡量。

进一步说,教师必须在他们认为"是"的事物上言行一致。他们的行为是确定"是-非"反应的模型,并强调了语言。即使你做出了正确的区分,但是只有你的行为是有技巧的——与客观的世界相匹配——学生们才能掌握这种区别。③ 语言是一种培养工具,嵌入了现实和有技巧的行动之间。如果你的语言不是可靠的,你的行动也不会有效果。

"道"之模型

在这里,我们传统的西方形而上学或者是语言认识论在诱惑我们。为了帮助我们摆脱诱惑,我建议我们应该运用计算机的类似思维。随后,我们可以提供一个语言在没有使用我们熟悉的墨子思维理论下怎样指导行为的一个自然主义理论。试想想一种语言的术语嵌入了一个程序,一连串的语言之中。我们把我们的语言社会化,而且当我们有意的行动时,我们运行了社会的程序。当我们掌握了社会指引的话语——它的"道"时,社会就把这个程序输入给我们。因此术语的顺序——句法——在"道"中起了作

---

① 《墨子·非儒下》。
② 《墨子·修身》。
③ 《墨子·修身》。

用。但是墨子并不关注句子的句法或者规则。他只在"名"的层次下分别语言。正如我所论述的,中国思想家对把程序中的节点标记为句子的命令和规则没有太大的兴趣。(古汉语中"名"有两个相关的字的发音都是 ming。主流理论将"命"^{command; name; fate}看成是"名"^{names}的动词形式。)①

想想有大量电脑词语(字节)的机械语言。命令堆栈(command stack)是计算机对程序句子语言的机械解释。这是机器程序的物理体现——机械的"德"^{virtuosity}。我们在运行一种机械语言之前必须翻译或者编写成一种程序语言。相似的,我们把一种语言内在化来使自己社会化。我们的内在翻译与我们内在的性情相作用(我们的机械结构)给我们一种真实的社会化行动——机械语言程序。我们在语言中为融入程序的能力假设了一个硬件。内在程序的现实化是一连串词语的顺序。它们的排列起作用。但是考虑到总体的顺序,句子中分出的部分是不连贯的。即使我们将命令的部分填入到句子中,句子的顺序和词的顺序同样是很重要的。

我们的硬件必须包括学习语言的禀性和对未被程序化的自然区别如快乐和痛苦或者利益和伤害的某些行为类型。人类的硬件必须至少包括模仿和学习社会的、传统的实践。任何社会程序运行的情况取决于之前的硬件。我们可以把"道"看成是程序,并把"德"看成是人类将"道"内在化的身体潜能。在我们体内的"道"是一种内在的、现实的公共话语。

通过这副不完整但有用的现代画面,我们必须把这个谜题放在一边。古典思想家没有给我们一个"道"如何与"德"相连的电

---

① 后期墨家关注于"辞"(phrase)是一种向语言规则的发展。一个典型的"辞"(phrase)是一个行为术语加上一个物体。它陈述的是一种向物体的行为方式。

脑理论。电脑的相似性主要帮助我们克制将我们熟悉的关于句子信念和欲望的精神理论归之于它们。让我们集中关注古典思想家的直接论述。掌握了"名"terms就允许我们以"可"appropriate的方式去"辩"discriminate和"取"select。我们将"道"作为一种道德的世界指引。它的核心包含了有关世界的指引和与行为相关的术语。大致上,这些术语指导我们对物体的相关价值、情况、状态做出"是"与"非"的判断。我们接受指令指引的地方就是早期中国思想家依赖所理解的价值做出指引的地方。遵循"道"就是追随价值。道德并不包含一系列的责任和义务。

  一个以术语为基础的"道"(与句子为基础相反)通过评价而不是责任和义务做出指引。总之,它是一个善的"道"而不是义的"道"。①"道"指引我们的方式不是通过遵守法则,而是通过一些与诺齐克的追随价值概念相似的东西。② 一幅由规则指引,句子式的"道"的科学图画将会是一条空间的丝带包含着动作和事件。这会是历史中由于服从行为规则而产生的一条可能的世界通道。描述这个中国早期修辞阶段的更清晰的图画是森林中的道路:树是有价值的和没价值的。社会的、留传的、传达的语言照亮了整个森林。伦理上的问题是"我们应该在哪些树上留下哪些标记呢?"以及"我们看到了一个标记后应该怎样做?"

---

① 我们现在的描述语言包括评价和指令。对我来说,"是"和"应该"的区别(规定与命令之间)仍然是基础。事实和价值间的区别有更多的问题。如见威金斯(Wiggins,1976)。
② 我从诺齐克(Nozick,1981)第317页中摘取这个简便的短语。

当我们掌握了一种新的技能——一种禀性的潜力——我们通过努力，思考和困难的考验才得到它。当我们掌握了一种行为，它就变得容易了。就如我们脑中从一个并行的处理器中获得这个过程：它从意识中产生，然后变成自发的。从自然的性情看，它是不可区别的。从内在的思考角度看，这种有技巧的行为慢慢就变成直觉——第二本性。它变成了一种基础的行为，我们可以从中得到获得新的，更高级技巧的指示。当我们内在化了一个"道"，指引的力量更像是从世界中来的，而不是来自我们自己。因此"道"，公共指引的话语，将我们引向了"德"。我们将那个"道"解释成特征，个性或者是技巧——性格结构。

概而言之，我们通过发展人们的自然倾向来训练他们，使他们效法他们敬仰的人。我们对于社会的话语和与之关的正确行为均以效法。墨子看到社会的政治角色正好与孔子一样。他通过提供道德教育来塑造和修改话语。另外，他们同样用公共意义下的"道"来指引话语。但是墨子所想的是"道"^{way}之非恒常性。"道"可能是坏的，邪恶的，无用的或者和孔子的"道"一样是错误的。墨子想有一个新的和更有作用的"道"来指引实践的过程。

对传统主义的攻击

因此，墨子对养心的态度无疑是值得反思的。他含蓄地批判了已接受的传统。流传下来的内容，传统文本的语言可能不大能适应我们在其中活动的真实世界。墨子强调分析和调查的重要性挑战了传统的观点。尽管如此，墨子认为他的"道"是他反对儒家所引用的传统权威的替代物。① 像"天"的权威,这反映了墨子认为学习传统是不可避免的。我们不能放弃对传统的引用,不过我们可以选择引用什么样的传统。

尽管如此,墨子用苏格拉底式的攻击反对儒家的传统。他代表了一种极力与早期儒家观点相分离的看法。他通过一种思想试验来提出他重要的观点(有点像人类学)。考虑一个与已接受的规则相矛盾的、令人震惊的事件,如分解和吃掉自己第一个儿子。我们共有的直觉都相信,即便是儒家,其反应都是该行径既不是"义"moral,也不是"仁"benevolence。我们所有人都接受某些事物作为一种传统不会把它看成是"义"。

> 子墨子曰:"此所谓便其习而义其俗者也。昔者越之东,有輆沐之国者,其长子生,则解而食之,谓之宜弟。其大父死,负其大母而弃之,曰鬼妻不可与居处。此上以为政,下以为俗,为而不已,操而不择。则此岂实仁义之道哉?此所谓便其习而义其俗者也。"(《节葬下》)

一旦我们想问墨子或者苏格拉底问题("我们接受的习俗是真确的吗"),我们就走上了一条道德改革变得可能的路。我们可以看到孔子的观点没有涉及对传统的检视。孔子没有鼓励做出超越传统的判断。他明确关注的是解释的问题。给出一个传达的指导话语,我们怎样从不同的方法中选择一种方法来"形"perform

---

① 我质问传统是否有一个真实的来源。我怀疑墨子仅仅是创造出这个来与儒家的主张作斗争。事实是墨子很有意识的使用,还嘲笑儒家的传统不够古老。这让人更加疑惑。在《墨子》之外我没有发现其他人引用墨子所说的传统。当然在新升起的手工阶层有没有记录的口述传统。然而没有理由把传统至于比儒家圣人更早的历史时期。

它。正名是最简短的回答。① 我们必须为我们想要人们使用的名提供区分的模板。

书中内容提出哪些词应该包含在公共的"道"里面和墨子怎样安排顺序。墨子首先形成了与世俗道德文献不同的反思。为了论证他的观点,墨子与他的论辩对手(儒家)持有共同的观点:语言必须包括术语,如"义"morality。那个术语必须肯定道德和习俗的差别。墨子的道德革新的争论使用的是传统的道德术语。他所用的例子同样在儒家的道德话语中。甚至是儒家都不得不承认这些传统既不是道德的也不是仁慈的。在我们的共同语言中,说某些事物是传统的并不等于说它符合"义"moral。②

"义",就如道德一样,是一个可以用于规定哲学中道德反思的术语。"礼"可以或者不可以与"义"相等同。只有在儒家的陈述中我们可以确定"义"是对神圣礼仪的一种宗教的、奉献的态度。但是注意到使用"义"不是说道德批判的来源或者本质是个人的理性自治。墨子就如孔子,没有把重要的道德事件放在个人的行动选择之上。墨子思想中的个人是社会化和儒家式训练下的产物。在那种环境下,选择引起了对计划的控制。道德的问题源自于社会的观点,而不是个人的观点。

---

① 我们可以进一步的提出问题。正名仅仅是实用的(这根据的是它产生了一种统一的和共同接受的解释)或者是实际的(这根据的是它产生了唯一正确的解释)。第二个选择是什么是"仁"的教义。没有"仁",什么会成为行为的法则,就如"礼"?见陈汉生(1972 和 1983)。

② 墨子的用法肯定了把"义"moral翻译为道德而不是儒家标准的正义。儒家的翻译淡化了早期儒家对道德的忽略。与此同时,儒家进一步把墨子刻画成为一名宗教狂热分子。墨子与儒家相比更多的谈论"义"morality。墨子清楚地把道德和风俗区分开。他直接而且集中的关注于道德问题,并指出"义"morality是一个实行评价的体系,而不是一种个人道德或者承诺。它和一连串实践的"礼"相对。墨子的争论破坏了辩护者为儒家天真的说无论出于什么原因,中文都不能从道德中区分习俗的"礼"的辩护企图。和在英文中一样,在中文中,"礼"作为概念和"义"是有分别的。

墨子主要攻击儒家思想的传统主义者的面相。他的论辩没有攻击儒家的先验观点。实际上,我要论争的是尝试对墨子的回答促使儒家形成先验主义的思想。墨子的挑战比我们注意到的《论语》内部的论争更重要。正如我上面指出的,孟子的先验观点同样是大量取自于墨子的概念和理论架构。

所以墨子最后在世俗道德规则和正确的道德之间做出了苏格拉底式的区分。他提出的问题几乎定义了哲学的思考:"为什么我们要遵循传统的价值体系?"然而,以有趣的方式,墨子的问题与苏格拉底不同。苏格拉底的问题是个人的:"我应该怎样生活?"墨子的是:"我们应该遵循什么样的体系?"苏格拉底的问题关注于个人的生命以此作为道德的反思。墨子从一个公共的社会观点中提出他的问题,而且他的问题关注于社会的秩序和公共指引话语的本质。但是两者都暗含着反对世俗的本质。而两个人的观点都不足以使他人告诉我们:"这是人应该做的!"

因此墨子继承了孔子关注于社会而不是关注于人的观点。不论是他的语言理论还是他客观的道德观念都不是内在的、主体的和个人的概念。他提出语言和道德问题都不仅仅是个人,而是社会的。个人、机构、学校,或者其他系统都会引入"道"作为系统中的"德"。反思的问题关注的是我们应该认识到"道"里面的什么东西。

墨子论争说,我们必须认识到传统的实践或许不是"义"的可能性。他的观点不是我们应否决定接受社会的实践,而是我们是否要改革它们。墨子论争说,社会必须采用一些审视,而不是习惯或流行的观点来判断它的"道"。当我们有正确的标准,那么我们就可以用它们去"是"某些社会的"道"和"非"其他的"道"。① 然而,即刻有一个柏拉图教育观点的矛盾吸引了我们。如果不是社会共有的用法,那怎样去做出"是-非"正确的标准呢?当我们的道德来自于一个传统的观点时,我们怎样认识到这个观点缺乏道德呢?我们怎样会意识到我们自己的道德实践是不足的呢?

实用主义标准

墨子提出包含社会的"道"(way)的指引"是-非"模型的标准是由"利"(utility)和"害"(harm)组成的。正如他所指出的,如果我们要"明是非",这是必要的。我们用"辩"作为核心来指导我们语言和它所接受的"道"(way)的社会改革。墨子告诉我们要提倡有益于人民和国家的恒常指引话语、社会实践、语言和习俗。我们必须避开和抛弃那些不是的。

在这里我们有一种熟悉的感觉。墨子反传统的动力——像许多西方的道德改革家——是用一种功利主义的标准来代替习俗的道德态度。这种相似的冲突就在一种确定的,直觉式的道德和来自于以下两个特征的功利主义之间:

预估能力。首先,一个功利主义的"道"提供简单,清晰,准确的衡量标准。我们可以根据在不同环境中我们学到的道德观念设计新的道德观念。这种能力帮我们设想道德改革家所选择的替代品。否则,它非正式的意见指导我们的评价和行动会显得模糊。因为它面对的祖传的道德有关于浓密的概念完善的体系,人们必须正确的使用它,而不是被它引导。简单的设计能够弥补传

---

① "是-非",应用于"道"而不是在"道"里面,代表了芬格莱特没有在儒家思想中找到与道德选择观念相对应之物。

统的缺失。一种道德改革的提出带来一个危险,就是它的指导概念没有持续性——墨子理论的主要要求。因此人们没有在行动中持续地解释道德概念。功利标准的优势就是在于它的可衡量性。它就如手工艺者的铅垂线般符合标准。任何人使用它都可以依赖它的准确性。

自然原因。第二,作为自然指引的区别(与习约相对),利-害的区别给我们留下深刻的印象。这看起来是一个前社会的指引反对一个社会的指引。它为我们应该采用哪种指导概念提供了中立的基础。它给出一个改变习俗标准的自然基础。对利的追求和对害的厌恶并不与社会相关。趋利避害似乎来自于一个自然的,前社会的意愿("天志")。

一种推论是墨子的标准适用于不同社会阶层的人们。我们在社会选择"道"的过程中,使用这个标准来指引我们的行为。他认为一种普遍的,自然的意愿构成了"利-害"(benefit-harm)区别的基础。然而,我们对这种区别的自然偏好不是自我的。就像休谟,墨子认为这种对利的自然偏好非常适用于其他人。这个标准,正如它本来那样,是普遍适用的。

正如儒家和康德主义者都注意到的,功利主义与习约关于什么是道德的直觉是有冲突的。他们反对功利主义的观点。儒家思想和康德主义对道德的态度是一样的。① 无论从哪种传统的

---

① 争论所引起的儒家义务论依赖于儒家反对功利主义——尤其是自我的功利主义。从我们的角度看,孔子争论说我们应该接受"道",即使社会并不是如此。这应该由"天"去协调,由我自己去选择。这种纯粹主义是后果论和缺乏道德反思的结合物。如果命运决定协调不能实现,我们就缺少了指导行动的其他基础。它的替代物也只是无序和自私。义务论的出现反映了孔子对"道"的类型设想失败。在芬格莱特的话语中,孔子的"道"是没有岔路的。借助康德的义务论,我们不能混淆这种态度和承认纯粹派的观点。它没有康德那些理性,责任的重要概念。

观点（它们有不同的原因）看，功利主义是不道德的。它的计算和衡量与我们认为的道德判断相冲突。这就是我们准确的证明道德改革是错的。

一方面，功利主义批评各种传统道德；另一方面，它发现我们依赖的道德直觉是没有经过反思的。道德直觉把功利主义看作是道德教义。在好的方面，我们一旦形成了苏格拉底或者墨子的问题，道德直觉就是循环论证。但是对人们已接受道德的任何功利主义批判都设想功利主义是道德标准。我们所说的话语中所共同接受的、浓密的、世俗的道德概念是错误的假设。

有没有中立的角度来判断这些互相冲突的道德标准吗？有没有一种对传统道德的批判不需要产生墨子的疑问或者一种不是循环论证的功利主义反证明呢？

道德改革的悖论

哲学的思考和疑问是有代价的。一旦我们提出超越文化的问题，回答这个问题可能变得无望。我们怎样决定接受依什么规则而行呢？如果我们使用一种传统标准，我们不需要改革。如果我们使用另一种标准，它看起来是随意的和不道德的。我们使用任何其他标准都会产生道德争论。如果道德改革提出的标准不同于我们的传统道德，我们养成的道德直觉会断定那种标准的使用是不道德的。由于标准的倡议者反对我们培养过的直觉即是道德的，在他而言这没有什么印象；他认为接受我们传统的道德是不道德的。

这个悖论使墨子变得更加不服从权威，因为中国的评价话语强调社会的、实用的观点。苏格拉底对道德规则如何正确进行反思之处——与大众接受的观点相反，中国思想家依赖于"可"这个术语。一个有利于传统的,已接受的标准概念。

这解释了墨子在论辩中引入"常"constant这个术语。这给墨子"道"的标准有了接触现实的机会。这些现实的术语也成为了怀疑主义的关注点,尤其是道家怀疑主义。墨子提出恒常的"道"这个理想的标准。胡适注意到墨子和道家思想的联系,提出用"常"意味着真理。因为它比"可"admissible这个概念更现实。但是还有一个比真理更实用的概念。尽管恒常之"道"紧紧依赖于现实世界,它不是一个关于教义和世界的表象对应(representational correspondence)的概念。墨子还把"道"作为一种指导的话语。世界是"道"指引的。如果一个"道"在现实世界中成功的指引了一个社会,我们从来不会改变它。因此它是一个恒常的"道"。

恒常的多样性

一个"道"不能成为恒常的"道"有各种各样的原因。我将它们分成三类:(1)继承的恒常;(2)规划的恒常,和(3)实用的恒常。

传承恒常。传承恒常是儒家之"道"所担忧的问题。"正名"有一种保护传承之"道"的企图。它使话语以恒常的方式指引我们,这种方式是圣王(奠基之父)所谋划的。他们担忧的是语言会在各代人之间发生变化。当然没有人会担心发音的变化。儒家担忧的是从术语或者工艺品或者物体相联系的行为中发现指引的术语是会改变的。传统或者礼仪可能会因此会误入歧途。问题在于在传统中生活的人不能够说出它的改变。因此,即使是社会中最循规蹈矩的人,也有一个关于遗传恒常性的问题。现在我应用"礼"所"是"的,可能就不是孔子曾经于此做出的选择。

预估恒常。预估恒常的问题是传承问题的一般化。即使我自己在不同的情况下使用同一个术语,我自己也会怀疑起来。假设我的老师肯定了我使用"德"这个术语,我还是会担心我用来判断"是"和"非"的术语只是偶然正确的。① 可能碰巧我的设想是正确而得到她常久之后的认可。或许我的设想就是这个类型,但是我已失去了它的认证。不管我的社会认同度——我毕业的学校——我对术语的应用是可以保证的。我现在不会认同我老师的用法。这种担忧有另外一个版本。我可能会发现我所"是"的,是我老师所"非"的。但是我不能确定我的用法是否错的或者我的老师有否改变她的观点——可能由于年纪变大而失去了对以前观点的信心。

我们认为西方形而上学和认识论对思想和意见的解释提供了解决对预估恒常担忧的答案。然而,它们的外在只是一种幻觉。如果我担忧的是我所区分的物体是否经常在变化,心灵理论不能使我感到满意。它仅仅使我担忧我所分别的精神物体是否一致。所有的心灵理论都是消除人们发现我错误的实际可能。没有老师能够发现在我使用英文术语表达我内心的想法时是否犯了错误。这种心灵理论不仅没有解决问题,反而让我们去思考处于另一个层次的怀疑主义:我怎样知道我选择了恰当的理念与世界相匹配?

设想恒常的多样性之一是表现恒常。术语不仅可应用于客观事物(手工艺品、亲属、社会角色),而且也可以用于行为、礼仪和表演。因此,我怀疑我的表现,我的解释是否一直正确的。我以父待父(father my father)是正确的吗?这种延伸是否还在过去这个名的接受范围之内的行为呢?

---

① 哲学家会把这作为古德曼(Goodman)"绿蓝色"(Grue)和"蓝绿色"(Bleen)问题或者是克里普克(Kripke)的"奎兹"(Quess)的对应物。

墨子的功利主义语言一个有趣的特征是它在社会的层面上对于表现和预估恒常性的自动调整。预想和人们普遍具有的表现缺点是注定的。墨子提出我们采用的指导话语使那些人获得最大的利益(通过他们解释的实际倾向)。如果人们通常误解他们的角色,那些原因包含了如何计算才能得出最好的"道"。

因此,我们可以从话语层面的"道"和行为层面的"道"做出区分来理解墨子的理论。墨子提出一个话语层面的"道",但是在行为层面用功利主义的标准来测试它——人们通常采用行为的过程。他提出无论如何通过功利的原则,话语层面的"道"可以产生出行为层面的"道"。因为在话语层面的"道"的特殊环境中,解释的问题应该利益最大化。

实用的恒常。第三种恒常是实用的恒常。一种鼓励人们跳到加速汽车前面的社会之"道"是不会持久的。世界和我们的身体是一个给定的语境。那些认为"道"在世界上会不停地折磨其使用者身体的人不可能把"道"传给后面几代的人。"道"可能或者不可能促进社会和谐。如果它导致了不和谐,那种不和谐可能会导致社会的改变。它的"道"会改变。有些"道"在人的本质和自然环境中会比其他的"道"更稳定。

孟子的辩护者可能争论,就人的本性来说,一种以家庭为基础的道德比普遍的道德更加稳定。在抽象的层面,墨子会接受相关的考虑。如果在经验中是真的,恒常的"道"应该是家族所特有的。如果那是儒家的观点,儒家思想基本上就和墨子一样是结果论的。墨子主要的不同在于反对经验的假设。

偏见之"道"自困的本性

一个特别令人尴尬的不稳定结果是当正确的使用一个"道"

的时候,我们提倡公众应该注意一个不同的,相反对的"道"。如帕菲特所说的,由于这个结果,我们可以把任何的"道"称作是一个自困(self defeating)之"道"。① 墨子争论说儒家思想也是一个这样的自困之"道"。就如我们所见,儒家道德直觉和墨子的功利主义矛盾的中心是有"偏爱"和"兼爱"。儒家主要关心于家庭和由此发展为对所有人相同的关心。因此,许多墨子的争论都是关于"兼爱"。在这个上下文中,墨子偶然发现一个道德改革矛盾的解决方法。他提供了一个没有疑问的"兼爱"的争论以对抗儒家传统道德的故事。②

> 今有平原广野于此,被甲婴胄,将往战,死生之权未可识也;又有君大夫之远使于巴、越、齐、荆,往来及否,未可识也。然即敢问:不识将恶也,家室,奉承亲戚、提挈妻子而寄托之,不识于兼之有是乎?于别之有是乎?我以为当其于此也,天下无愚夫愚妇,虽非兼之人,必寄托之于兼之有是也。此言而非兼,择即取兼,即此言行拂也。(见《墨子·兼爱下》——译者注)

这个例子不是很有说服力。儒家的士兵会把他的家人交给他的亲戚以更好地保护他们。即使他们的地位后于原来的家族,但是他们却先于忍受着饥饿的陌生人。所以我们也理解墨子也有相同的结论。如果有两个兄弟,两个邻居或者两个陌生人的其中一个让这个士兵来托付他的家庭的话,他会选择与他自己家庭有特别感情的。那么那个人会好好的照顾那个士兵的家庭。每

---

① 帕菲特(Parfit,1984),第95页。
② 需要注意的是这不是一个关于普遍关心的中立论辩。这仅仅是与家庭道德相比有相对持续优势的论辩。

当我们考虑把社会关系延伸到我们家庭以外的时候,我们可以举出许多这样的例子。如果我们每一个人都贪图方便把自己的垃圾扔到邻居的院子里,结果是每个家庭的这种做法对其自身都是没有好处的。如果每一个家庭都有一个广泛关注的范围,这样对大家都有好处。在偏好是对个人而言的地方,就会产生霍布斯式的争论。在以家庭关系为主的地方,墨子的观点就出现了。国家主义相似的也是自困的。许多环保主义者接受一种物种歧视的观点。如果我们直接做出经验假设,我们可以产生一个相关的问题以降低任何有偏见的评价标准。

所以墨子提出一个有力而中肯的观点。问题在于是我们应该在社会上灌输什么类型的"道"。如果我们把一个儒家之"道"适当地灌输给某人,我们会期待他能寻求正确地达到它的目的。要根据儒家之"道"来做出正确的行为,可能会是给其他人灌输一个不同的"道"。特别的是,他会灌输一个比他所遵从的"道"更普遍的"道"。

现在,如果是苏格拉底反思"我应该做什么"的道德疑问,这将不会产生矛盾。随后,那个士兵就可以接受一个道德,并根据这个价值系统去鼓励其他人接受一个不同的"道"。然而,墨子会用一个更社会化的方法提出反思性的道德问题:"社会应该把什么类型的'道'教给社会中所有人呢?"一些用儒家观点做出判断的人也会看到将普遍规则交给其他人的好处。因此,墨子没有任何假设就肯定他普遍的功利主义标准。他可以在儒家的"道"中肯定它。我们不需要遵守儒家的"道"的道德目的。我们可以看到在这种环境下,它把我们引向了墨子的"道"。在普遍的社会道德下比有偏向的道德更容易达到儒家的目标。

这个例子展示了特殊亲戚关系道德内在的不连贯,而且它展示了一些像中立理性的东西。("像这样的时候,没有蠢人。")但是墨子没有形成一个学术理论或者一系列的原因。尤其是虽然墨子经常批评它,但是他从来没有依赖实践理性的自我主义概念。① 他与偏好关注儒家家庭道德标准的儒家学者进行争论。墨子实用主义的变化是根据他评判的标准而不是他的欲望和信念。

概而言之,反对儒家道德争论有特殊的重要性。但是却很少有人注意。对任何理论来说,道德改革是重要的。墨子通过它自身的理论假设攻击偏颇的,以家庭为中心的道德体系。即使是接受以家庭为基础的道德,他仍然会偏向由社会形成的普遍看法。② 如果我们以功利主义原则培养我们的性格,我们将会更容易达到儒家的道德目标。以儒家的立场来看,普遍接受以自然的,家庭为中心的道德得出的结果是没有那么容易接受的。在帕菲特的话中,一般道德和儒家道德,都是自困的。③ 共同地实行它们,于其目标而言,相比于另外的选择——普遍的功利主义,其所产生的结果更糟糕。

墨子之"道"是自困的吗?现在试想想,我们上面所说的一连串话语和问题。人们会把听到的话解释为不同类型的行为。《孟子》(1A:1)指责墨子依旧是另外一种的不恒常性。他的"道"没有达到它所建立的公共条件。它是自困的。应用"利-害"的标准

---

① 见史华慈(1985),第 140 页。下面墨子的政治论辩值得特别的关注。表面看来,这和霍布斯的观点相似。但是仔细的考察一下,我们可以发现墨子没有假设我们心理上时自我主义者。相反,他假设在心理上我们是道德主义者。对于墨子来说,自然的状态是源于我们有不同的道德,而不是出于我们自私的动机。
② 儒家拥护者的陈述歪曲了这个论辩的结构——这在他们眼中是一个危险的论辩。他们把这作为墨子功利思想一种深层自我主义形成的证据。见冯友兰(1947),第 43 页。同样的歪曲影响了下面将讨论的他们政治理论"尚同"的解释。
③ 帕菲特(1984),第 95 页。

会引起我们不应该在公共的"道"里面使用"利-害"的实际词语的矛盾结论。① 人们错误地解释"利"^utility 的各种方式导致了他们的行为变得自私。功利主义使用的一种选择规则适用于个人，还适用于社会。它可能包含了产生自私计算的社会规则。如果它不允许人们在一般话语中做出"利-害"的分别，功利主义的"道"更有可能达到它的目标。

这是一种不同的批判。② 它没有严格指明墨子之"道"所给出指引有何不连贯之处。墨子同样使用"利-害"的标准来评价话语之"道"在社会中产生的结果。但是话语的"道"没有把标准解释清楚——如果孟子关于人们解释倾向的悲观经验假设是正确的。孟子的结论是基于人们对标准的误用（可预测的）。国王可以继续用"利"作为指导他使用语言的一个标准。他希望人们效法他使用其他语言术语。正是由于这个原因，他不能在他效法的术语中包含"利-害"这对术语。

技术上变得自困不能证明功利主义是有缺点的，但是它有一个令人尴尬的后果。正确的话语最终可能不包括它自己的基本区别。如果墨子认真的对待他的"道"（way），可能他从来不会公开提倡他的"道"。如果经验的假设是正确的，它就是一个不能言说的恒常之"道"。

自然之"道"或天"道"。这些反思给我们一个关于"道"的有规则的理念。"道"不能是自困的或者是自灭（self-effacing）的。任何自困的"道"是一个不恒常的"道"。"道"应该是一个可以用

---

① 需注意的是那仅仅是可能的。孟子认为这种悲观的人类自然倾向解释的假设是正确的。如果这是他的假设，这和他对人类道德的乐观主义有矛盾。
② 我再次引用了帕菲特的区分。他说儒家的道德是自我挫败的，而功利主义的道德却使自己变得无足轻重。

于管理人们的简单标准。① 普遍的,功利主义的,有特征和动机的道德比有偏好的,家庭的道德更恒常。如果我们的目标是一个恒常的"道",我们应该改变现存的道德。人们需要经历一种心灵的改变和养成对不同"是-非"的反应。他们必须采用无私的,普遍的看法。

一个"道"即使它是自困的,也可能不是实用的恒常。罗尔斯为他的"道"提出相同的要求:两个正义原则。"道"必须进入一种平静的思考状态。思考和实践会使人们身体内部达到平衡状态。我们的规则应该使一种包括人们反应和自然事实的现实平衡。随后的更加会覆盖一个恒常的"道"。进一步说,正确的规则会产生一种更有自发性的保证。正义应该使人们的感觉和自然相协调。②

实用恒常的理想提供了一个理解自然的(或者上天的)"道"的方法。自然之"道"的一种意思是它是一种完美的实用恒常。在那种意义下,我们把"道"看作是被自然通过某种演进的过程而加以选择的。自然喜欢在我们身体的自然结构中作为一种冲动展现它的普遍存在。这解释了墨子恒常的自然之"道"是普遍的和超越特定文化的。

世俗道德的"道"和表达它的词语不是恒常的。与之相关联的看法和行为是自我挫败的。它们被世俗接受并不意味着它们是正确的。我们可以看到这个"道"以及它在传统中寻求改革。一个"常道"给了我们走出对传统标准的循环用法的方法。一个传统可以通过它自己的足迹来提升自己。我们可以看到传统的

---

① 《墨子·尚同中》。
② 罗尔斯对这种平静的思考原则有一个更政治性的解释。见其"正义如公平:政治的而不是形而上的",《哲学与公共事务》14(1985):第 223—251 页。

标准在它们的解释下是不可接受的。当那种情况发生的时候,我们之前所划分为可以接受的,现在变得不可接受了。我们现在需要一个新的标准,而且我们甚至还可以诉诸于旧的标准。

所以墨子总结得出我们需要引用一个新的标准来形成道德态度。他选择普遍的和恒常的作为功利主义的特征。① 我们应该把功利主义的"道"变成恒常。(注意,这种形式意味着墨子没有想过把自然恒常的"道"看成是固有或者内在恒常的。)

这显示了墨子不追问那些问题就可以证明他的反儒家思想。他使用"天"就是追问了那个问题,因为儒墨都宣称"天"(nature)支持他们钟爱的标准。另一方面,他通常的实用论辩也引用了这个问题,这是因为它用了功利主义的标准来判断实用的结果。儒家思想是否自困的争论没有那样的缺点。他不需假设以他自己的道德观点作为起点。他展示了如何从儒家偏爱的观点中得出他的普遍主义的观点。那不能表明这是绝对正确的,但是儒家很难在一开始反对这个论点。这个论点的确表明了墨子的道德比儒家的道德更加恒常。

墨子功利主义的观念结构

哲学家们通常区分两种类型的功利主义。行为功利主义要

---

① 功利主义基本上用于指代普遍的或者是利他的计算。在这种情况下,根据西方的标准,墨子是一个功利主义者。普遍的"道"和有偏好的"道"是相对的。墨子有意划出他的标准和儒家标准的区别。我强调普遍主义主要是因为儒家的陈述。接下来墨子的陈述都将功利主义当作成一种自私的或者是自我的道德标准。对墨子的其他批评是把他作为一个利他主义者,甚至孟子也是这样认为。虽然墨子把"利"(benefit)作为利他主义的标准,但是孟子却肯定那是自私的解释。因此他们把"兼爱"作为墨子理论的特色,而没有指出他对道德的看法来源于功利标准。

求我们在行动中计算其中的利益和选择最好的一种行为。规则功利主义允许我们计算采用不同规则的后果。当我们行动时,我们遵守的规则是通过功利主义检验的。中国版的功利主义与这两者都不同。它不关注于规则或者行为,而是关注公共话语中的词汇。①

我们把包含规则功利主义和墨子词语功利主义的体系功利主义作为一个中立的类型。它评价了一个语言指引游戏。体系功利主义没有认为它有分析或者分开指导话语的任何特殊权利。"道"中的规则顺序和规则中的语言顺序同样重要。我们也把它作为语言功利主义或者是程序功利主义。它包含了使用语言来指引人们的性情。但是它的指引不是通过义务的陈述——句子的规定。指引话语的一连串词语教我们如何在规范我们行为中应用它的社会类型。在这个计划中,我们使用的语言或者程序给自然和人类环境一个有利的结果。

儒家的传统主义可能将它自己转变成一个体系功利主义。我们把儒家的"礼"作为一个话语的"道"。然而孔子没有把它的标准理论化为句子或者规则的形式,也没有使用必须、应该等责任词语。他"道"的观念不是一系列的规范句子,而是一个行为指引话语。这些就是分开话语的词语——正如墨子的"道"一样。无论何时,孔子给我们提示建立了一个"道"的部分。这个重要的部分就是"名"words。典型词语是角色的术语,如"父""子""君""臣"或者是工艺品的名称和与礼仪相关的物品。词语指示事物,但是指示的词语包含在指引的话语中,而不是在事实的话语中。

---

① 在一个层面,这只是一种正式的差别。积极的"道"在规则中安排了它的词语。在那种情况下,孟子的指引与规则功利主义重合。这产生的结果是规则功利主义给出的和功利主义相同的指引。见里昂(Lyons,1965)。

正确地区分角色或者物体包括了一种使用它们的行为。

墨子对语言、思想和行为的讨论都相似地以"名"作为中心。我们上面讨论的相关观念——"辩","是-非","可",和"常"——都应用于指导行为的术语。词语的陈述产生间接指引的作用依赖于我们在真实世界中的区分。但是话语的跨越透视角色塑造词语怎样指代的陈述。正如我们上面指出的,"名"^names 的一个动词形式是"命"^command。墨子关注的是词语如何指导区分以指引人们的行为。他强调加入指引话语的社会角色。

关注"名"看起来是很正式的,但是它有一个有趣的结果。西方哲学家把话语分为规范性的功能和描述性的功能。我们通常认为这就组成了句子。规则的句子是规则的或者义务,权力,价值的陈述。我们将把命令式的句子作为描述的形式。我们知道命令是被它描述的形式所指引的。我们被要求把描述的句子变成是真的。

这给我们注意到许多相关的差异加入了一个重要的因素。当代中国哲学家通常关注于词语而不是句子,规定的而不是描述的,肯定的而不是常规的语法真理。① 如果我们在脑中保留这些差异,我们会更欣赏中国伦理的运作方式。

对中国指导话语最恰当的二分法理解是老子的"名"和"道"这一对术语。一个"道"通过使用名来指引行为。名是指引体系的基础。因为中国古代哲学家都把语言看作是管理行为的核心角色。所以语言在句子中的某些部分可以在没有规定性动词——如应该——的情况下也能起作用。指代或者描述事物是从语言中衍生出来的一种方式。指引体系的中心是"名"。

---

① 见陈汉生(1985)。

自墨子以后,哲学家开始更加关注"名"的描述功能。墨子学派最终形成了古代最现实的体系。但是墨子个人的道德观点是一种实用的反现实主义。我们把"辩"的模式加入到所有的术语中以使"利-害"的关系得到最好的效果。我们分出物体的实用类型。物体的类型取决于人们的实际目的——"物"。每一个竞争的"道"会把世界分成不同的样子。因此中国思想家理解他们"辩"的不同意见。这是另一种方式显现了中国古代的概念体系是实用的。我们再次思考墨子的公式:

言足以复行者,常之;不足以举行者,勿常。①

追求以句子和描述为基础的道德模型使我们关注于事件状态。我们要记得"道"是由规则产生出来的一种可能的历史。在上文中,我喜欢把中国的概念作为帮助我们认识世界的指导话语。墨子同意我们必须学会区别我们在现实世界指引的能力。那是一个对解释的担忧。但是他也把我们的注意力引向了指引的内容。他批判性地质疑社会指引的传统内容——词语。由词语组成的"道"是真实生活中使用的关键。问题是哪些词语在"道"里面以何种规则会得到最好的结果?

以成对之名指引

墨子的伦理标准是功利主义的。然而,他在快乐和痛苦或者开心和感伤之间加入一个"辩"的主语。他从不把"利"作为对欲望或者快乐或者幸福的满足。通常,他认为利益是直接的物质利益。他思考我们如何运用于所有的人或者整个社会——政府。

"利-害"的区分是它最原始的区分,还是其他区分的基础。

---

① 《墨子·耕柱》。

他没有对这个标准进行更深入的辨别。他认为这是自然的,每个人都接受它。可以预见的是,人们在他们得到利益的时候是更开心的,但是他没有通过因果力量来定义利益以创造快乐或者幸福。他把我们显然已经知道何者对人们有利视为当然。(对古代中国人来说,这是一个相对简单的问题:饥饿和生存的对抗。)正如我将在第 125—128 页争论的,墨子假设"利",如生命,是一种自然恒常的术语。

人类道德性格的顺应性。三种语言的改革看起来与语言对我们产生的影响有关。第一种改革包括新的词汇介绍。庄子对这种反传统的行动感到高兴。但是墨子并不提倡使用新的词语。第二种改革是正名。墨子通过指出他的术语而产生"辩","是"和"非"一种相应的行动。这种语言改革改变了存在的语言习惯,包括同样的词汇。这里我们改变了名的区分。因此也影响了行为。

第三种改革使用同样的词汇。然而,它在相同的话语中改变了"名"的顺序。这解释了我们怎样使用相同的词语来引起相反的行动。试想想"言"和话语是一连串的名。墨子可能不会把话语分成不同的句子,但是我们在公共话语中使用不同的顺序形成了差异。一个不同的排列对行动有不同的影响。排列像一大堆平常的机械语言,决定了输入怎样影响产出。词语的体系会改变输入对程序产生影响的方法。

句法学家否认我们有一个全部固定的句子。相反,墨子看起来相信我们使用和我们的社会一样语言的观点——发音,做出区分,和排列顺序。① 这是由社会的领导者决定仿效和实行语言的用法。他们为他们的自然权威补充了批准,宣传,奖励和惩罚,以

---

① 我怀疑与句子相联系的创造性是一个我们作为自由,理性代言人概念的中心因素。

及其他社会的禁令。他们训练我们正确的使用差别,并指导我们如何把那些差别应用在我们的行为中。

神与命。墨子对神(指鬼神——译者注)和命的讨论说明了他的语言改革方案的实用特征。他"辩"的理论包含了差别的划分和词语的排列。如果我们想看到词语的排列怎样被包含在"辩"里面,就可以想想两个可能的排列顺序。在第一种序列中,"有"^{exist}在神之前,而"无"$^{not\ exist}$也是在命之前。而另一个序列为相反的类型所持有。墨子理解到认识接受哪一个排列就是知道在"有"^{have}和"无"^{lack}之间使用哪一种"辩"的方法。词语的排列知道怎样把词语应用到事物的一个特殊例子。墨子争论我们(文化领导者)应该"执"^{grasp}神之存在,而非命之存在。

检验词语排列的标准同样是有"利-害"。如果我们坚持神早于存在,人们可能有更合适的行为方式。正确的语言测试不是在语义上陈述实际的或者真实的道德规则。(这个肯定不是语言是否客观事实的真实图画的测试。)墨子问及的仅仅是哪一对术语能更好的促进利益行为。

墨子把功利主义的观点理解为"道"的相对名词术语的排列。例如,"有-无"之"道"的指引融入其他的词语,如"神"和"命"。① 他建议用"利-害"之"辩"来决定"有-无"之"道"。根据分类"辩"的共识,社会应该采用一个公共指引的话语——"道"。它们会影响每一个人的行为。他的建议是调整每一种差别和融合这些差别以产生最大的"利"。

因此墨子争论一个人必须清楚"利-害"之辩。"辩"解释了所有其他的名。对于任何的名来说,就是知道怎样在"是-非"中使

---

① 《墨子·明鬼下》。

用它。他知道它是神还是命。我们建立"名"是在一连串"利-害"分别的话语之上。

我们尤其需要注意的是,我们没有原因把"道"中的一连串话语当作是真的。墨子之"道"包括"有"在"神"之前和"无"在"命"之前的一连串话语。在文字上,他对相信神的讨论还没有儒家多！他指出这种说法的实用利益。他尤其担心的是废弃了传统中描述神纠正不正义的道德化文献。他问"无"神在这种语言传统中怎样才是恰当的呢？在这种文化的一连串论辩中,墨子以一个强调实用本质的论辩作为结论。他采用了一种表明实际上他怀疑是否有神的语气。他争论说我们必须采用和跟随这个"有-无"之"道"。因为通俗文献,民间信念,口头词语等等原因,恰当的和功利的指导语言将会使用神之"有"。

倪德卫提供了一个更新了的儒家批判墨子的西方版本。他通过引用柏拉图认为教育是悖论的观点来关注这个儒家的批判。[①] 这是十分有帮助的。因为中国思想家关注的是教育和内心修养的选择,而不是逻辑假设。倪德卫问如果道德不是内在于我们的,我们怎样会意识到给予我们的道德知识呢？我曾经指出这个争论的某些版本是属于儒家先验主义的。如果我们不是有先验的道德,我们怎么会有为社会献身的动机呢？当倪德卫用我们常用的关于人类行为、信念和欲望的概念来思考墨子的观点时,他发现了一个深层的问题:墨子怎样可以和帕斯卡尔一样假设人类通过一个意愿的简单行为来改变他们的信念？

教育悖论被我称为道德改革矛盾的对应物。如果你意识到改革的建议实际上是一种道德进步,你必须在心中有一种新的道

---

① 倪德卫(1979)。

德倾向。柏拉图争论说学习形成知识。如果你把任何东西都看成是真的,你必须把它与其他东西作比较。所以如果它真的在你心内,你可以获得知识。你只有相信它,才会认为它是真的。

倪德卫的分析在柏拉图灵魂回忆说和孟子性善论之间给出了一个可以接受的联系。但是他对墨子的批评是错的。墨子并没有说我们应该"相信鬼神"且"不相信命运"。他只是说社会应该永远地说"有鬼神"和"无命运"。这种恒常的话语类型是社会应该拥有的。

差异就在这里。信念出现在西方普通人行为的民间心理解释中。但是语言出现在墨子关于普通人行动的理论中。这不是说墨子有一个我们"在语言中思考"的理论。他只是假设人们执行语法的指引。执行计划给行动做出解释。如果我们改变指引,我们改变了行为。西方民间心理学关于这点的详细解释并没有出现在墨子的表达中。

现在我们可能会坚持:"但是他必须相信语言通过信念来影响行为。"正如我已经争论说墨子一点也没有说关于那种类型的事情。但是从我们世俗的心理看到,他们没有理由坚持中国的思想家在毫不知情的情况下采用了它。我们发现在表面上他们实际是为自己的语言理论表达找到了好的解释理由。

因此,帕斯卡尔的问题与墨子无关。帕斯卡尔受到批判是因为他错误的使用了信仰这个概念。信仰不是一种可以选择的东西,而是其他选择的前提条件。墨子没有提出人们应该相信什么的建议。他只是提出社会中应该包括公共的话语——"道"——的提议。这引起了一个存在的公共话语怎样评价和采纳建议的问题。那是道德改革的矛盾。但却没有产生帕斯卡尔的问题。

然而倪德卫的分析认为存在一个与道德改革矛盾的判断版

本相似的动机是正确。这个矛盾表现在休谟的两个著名的口号中:"你不能从是中得出必然"和"理性是激情的奴隶"。这个逻辑的观点可以被陈述为庄子版本的对应物。"没有假设一个必然,你就不能从理性中得出一个必然。"但是中国的版本就明显不合逻辑的。它是关于使用语言的标准做出以强调语言差别的区分。你不能在没有假设"是-非"的前提下形成一个"是-非"的标准。

每一个标准本身都是一个语言的分别,而且确定了一种"是-非"的方式使得任何的区别都有一个标准。一种用道家的术语提出的问题说法是墨子把"利"benefit作为一个恒常的术语。在他提出我们改变指引话语的其他区别的时候,"利"的意思仍然是决定性的。他提出"是-非"之间的"辩"会确定我们做出"是-非"的方法。然而我们必须做出"是-非"的指示来判断"利-害"。

墨子有两个道家的问题。一个问题是确定选择一个基本的分别作为基础的标准——判断的问题。另一个是用"利-害"进行道德改革的一个解释的或者是设想的问题。墨子假设确定"利-害"的标准没有引起争论。他没有担心我们用"利-害"的标准做出"是-非"的判断。然而解释性的争论是可能的。例如墨子假设大部分人同意的就是利益。中国现在却把这看成是有害的。我们在酒,牛奶,红肉,和宗教中也可以说同样的东西。人们会不同意怎样去计算利和害。因此,另外一个问题是墨子假设一个在道德改革中应用"利-害"分别的"是-非"。在我们可以使用那个区分来判断其他"是-非"之前,我们需要一个标准。鉴于墨子理解"辩",他也应该担心在划分"有神"是"利"和"无神"是"害"的结果时是否正确地使用了"利-害"的区分。

中国无限追溯的说法与休谟有动机因素的第二个口号相似。

"是"和"非"不仅是指示,而且是带有行为的结果指示——就如正反的两个方面。因此,"是"在不同的语境中可以被翻译为"this"、"right"、"assent","非"可以是"not this"、"wrong"、"denial"。"是"和"非"是中文语言概念的最初基准线。正因为是这样,它们构建了语言指引行为的理论。它们同样是单薄的(thin)规定性和描述性的术语。

因为墨子强调外部行为对我们语言使用的指引。所以他的观点是一个客观的圆环。他提倡衡量的标准。这种标准是科学观点的一个部分。衡量理论使用的评价标准在科学中与在数学中同样重要。它们产生除了恒常之外的可靠结果。实际上,这仅仅是通过衡量假设和观察者不同的衡量标准使数学的标准得以在科学中使用。

这种衡量标准使墨子的观点看起来是普遍的、现实的、恒常的、客观的。因此也是理性的。但是墨子没有证据,结构,假设或者结论的观念,也没有信仰-欲望的实际理性。他的基本观点是语言的社会化指引人们的行为。他提出我们社会化的改革过程应该符合他认为是自然的,可衡量的标准。因此是普遍的,它的外在部分也是恒常的。

墨子的确在语言中依赖人类动机的可变性。但是这并不意味着他认为人类是天生的白板。首先他明确认为人们在出生之时就有规划能力。这使他们能遵从于社会的领导者和榜样。其次,他同样认为"利-害"的基本标准是一种自然的冲动。所以他没有否认任何人类内在的本性。

但是不能把"利-害"的冲动看作是每一个人的内在冲动。这是在每一个自然体系中都会显示出来的一种自然冲动。正如墨子所看到的,自然的排列是一种利益最大化的排列。每一种类型的动物就如社会中每一个阶层的人一样寻求自己的利益。在心理层面上,墨子没有一个特别的主张。因此像休谟一样,墨子将自然的冲动看成是一种普遍观念的冲动,而不是关注于部分或者个人利益的自我关注。

天之所欲的角色

我们上面已经指出道家的道德改革有判断层面和解释层面的矛盾。在这两个方面同样有各自的标准和动机问题。墨子引用"天"^nature 来解决整个复杂的问题。首先让我们关注于判断的问题。

公开的标准。什么是最初的道德标准呢?我们怎样可以展示普遍的道德分别标准是"利-害"呢?我们怎样判断它是恒常的一对术语呢?

墨子似乎经常把这个问题和动机问题相混淆。

动机/义务。为什么我们要留意功利的道德准则呢?什么给关于标准的问题提供答案?为什么我们要担心怎样回答?

在这两个传统中,道德包含两个方面:(1)一个外在证据方面;(2)一个内在的,情感的,动机的方面。这些方面回答了两个道德理论的问题:"什么是道德?"和"为什么是道德?"我们必须有区分道德和非道德的标准,而且在作为行为指引区分时符合那些标准。在西方道德哲学里面,我们把标准和动机在一个原因的概念中混合在一起。我们在理性怎样可以成为结果的理论中调和了这两个矛盾。虽然我们很熟悉这种方法,但是这不是墨子的。

因此,在《墨子》中,"天"扮演了一个复杂的角色。一方面,它似乎是一个评判的标准；另一方面，像"神"这个术语一样，"天"有动机的角色。墨子在他的功利主义道德选择的判断中参考了"天"。功利主义回答了"什么是道德？""天"权威化了那个标准。所以"天"有双重权威的角色，设定问题和影响解决的方法。动机部分来源于恐惧，但也同样来自于人们"尚同"的自然欲望。"天"也回答了"为什么是道德？"

这些角色在墨子的讨论中是不可分离的。墨子肯定没有清楚地区分他们。作为一种义务的来源，"天"和其他社会的领导者——年纪较大的人，统治者，父母——是有关系的（更加高级）。"天"在中国所有的思想家的理论中都有相似的角色（除了墨家后学和庄子）。它把统治等级延伸至现实社会之外。

122   令人困惑的是，墨子也坚持了权威的立场，却拒绝"天命"mandate of heaven。"天命"这个短语有一连串令人疑惑的翻译。一方面，正如我们所指出的，"命"command 被理解为"名"的动词形式。它认为名在命令中有规定的角色，但是却没有引入命令，法律或者规则的社会结构。然后，人们再次把"命"翻译成"fate"。我认为"fate"（命运）的译法是误导人的。在中国的古代，事件通过名来决定比因果决定的多。"名"name 有一个包含了等级，名誉，成就，地位的理论角色。人们可以从"名"中获得启发的知识。"名"决定的自然理论是与西方属性决定论相对应的。

孔子对"天命"的用法是和他的政治理论相一致的。"天命"mandate of heaven 任命了帝王，帝王任命下一级的高级管理人员，而高级管理人员任命下一级的官员。所有这些任命都被建议依据"德"来进行。但是"天命"natural naming 在儒家思想中是命定主义，因为它认为我们获得恰当的道德地位的体系是由天提供重要条件的。如果上天没有区分事物的名,即使像孔子般的圣人也不能认识。这就是责备"天"^nature 使我们缺乏了"名"^name: statue。

以这种方式理解"天命"帮助他们解释墨子为什么反对"天命"^natural naming,而主张接受"天志"^natural intent。墨子的理论把安排和得到的"名"变成一种社会功能,而不是天的功能。所有的名都由社会和人类所决定的。他们的决定根据天志——"利-害"——作为区分的标准。"天志"^natural intent 是恒常的。如果产生了什么错误,那是我们的责任。所以墨子基于实用,功利的原因反对"天命"。支持这样一种理论影响了我们的道德志向,还会使我们不愿意在地位结构和道德的"名"的结构中做出改变。我们这样做使人们的社会地位取决于对社会做出了多大的贡献。他们应该用"名"来得到最大的幸福。

儒家在社会层面比个人层面显得更消极。他们不愿意为改革"名"的体系负责任。他们认为那是被自然和过去的历史所确定的。孔子教授在他不同的技艺中接受传统的训练,努力的练习以及静待会在政治结构被人们认识的上天设定情形的态度。接受儒家天命的理论使我们在社会上十分被动。就个人而言,儒家的确自我教化,但是礼仪上的纯洁使他们躲避改革社会的责任。正如我们所指出的,儒家遵守他们的角色要求,而把这归为"天"的指导结果。

所以墨子反对"天命"^fate,接受"天志"^natural will。他接受天的意志作为"名"的恒常标准。但不接受天决定"名"的观念。社会用天肯定的标准来确定"名"。天的意志(前社会模式)选择了"利"^utility 的标准。这就设立了道德改革的标准。除了"利-害"^benefit-harm 这一对术语之外,天没有在某些地方固定"名"的体系,也没有为人们指定角色。

我们把统治者使用的标准称为"利-害"的标准。① 从这里看,这像一个儒家的结论。统治者随后命名次一级的事物。次一级的事物命名再次一级的事物,并以此类推。它们同样为行为,事件等命名。它们"是-非"这些事物。墨子争论说这些"是-非"行为指引的"名"是恒常的标准。每一个层面都把它的权威传至下一个层面。最权威的是自然。因此自然的恒常衡量标准,"利-害",应该管理所有附属的名和价值。自然给我们标准,但是在文化结构中使用与否是由我们决定的。

因此"天"不同于下一级的权威。我们可以劝说每一个阶层的权威都在其上一级权威的价值标准指导下行动。在天的层面,我们不会劝说它使用理想的标准。自然或者"天"是最终的权威。它为道德反思设定了可以衡量的现实语境。

因此,从墨子对"天"的用法可以推出普遍的概念。墨子没有留意儒家用"道"作为一个基本社会结构的概念。但是"天"使我们的注意力从世俗的和可以改变的看法中转移出来。它给我们一个做出世俗区分和改革世俗区分的更加普遍的态度。如果我们仅仅把"道"的基础放在社会的认同上,我们就缺乏了把它作为"义"moral的保证。在墨子的观点中,"义"morality是恒常的,可衡量的和普遍的。正如墨子提出,如果我们不想达到一个家庭的期望,我们可以离开这个家庭。即便国家也是如此。然而我们不能离开自然世界。自然的动机是普遍的,而不限于某个特定的社会结

---

① 三个"尚同"的段落是有不同的发生原因。它们中的其中两个没有主体,是由"天志"natural master决定的。第三个把"天下"all under heaven作为选择者。

构。(原则上,我们可以逃离这个特定的结构。)①

因此我们不需要认为墨子有自治的明确概念或者独立的理性动机——一种来自演绎推理的动机。儒家的统治者当然没有康德义务论道德的观点。对他们来说,所有的指引来自于社会的结构和社会的领导者。如果现在的道德知识是这种类型的知识,那么领导者如何得到他们的"义"呢?权威之链来自于社会的领导者和也会回归天。墨子从宇宙共同体的推论中形成了他的普遍主义。

"天"同样扮演所要求的判断角色。它不是直接判断一个"道",而是判断功利标准的选择。天之所欲(natural urge)是为了人类生命,繁荣和秩序之中的结果。道德的动机有引出自然意愿的目标。这些目标是社会道德选择的标准。"天"接受功利主义的证据就是所有可以把这个标准作为在"道"ways之中做出选择的元标准的证据。

墨子声称知道"天"认同功利主义标准是因为:(1)它遵循了天之行中的标准;(2)它是一个客观的,可衡量的,明显的标准。"天"使雨水下降,作物丰收等等。这些明显是人们的和国家的利益。进一步说,天的好处没有限定于任何特定的国家或者文化。墨子宣称,所有社会阶层都得到天相同的祝福。人们在感激中认识到一些神,并祭祀它。这表明上天的或者是自然的关心是普遍的,不仅限于一个文化。

---

① 葛瑞汉(1989,第 48 页)根据把"天"比作犹太—基督教—神论的上帝来为这个论辩做出更传统的解读。我知道宽容原则的拉力隐藏在这个十分普遍的解释假设之后,但是超自然一神论无论是在自然上,还是在理智上都是不可抗拒的证据就没有那么大的震撼力。在这种情况下,解释的假设要求一个意思可以改变的假设去解释"天"怎样有自然的意义却与葛瑞汉在同一页提出的观点——墨子没有背离儒家思想神圣的意义——产生矛盾。

我们几乎不需要详细阐述这个判断的不足之处。人们倾向认为天的安排对我们来说是有利的,这在我们适者生存的进化论解释中仍然十分流行:进化是指人类的生存而不是恐龙的存在。幸运的是,这种熟悉的在自然中以人类为中心的偏见的争论不是墨子仅有的分析。他的推理经常与解释的方向相反。他把他的功利标准归于天是因为这样容易被理解。①"天"之志具有意欲的特征。我们可以和手工艺者使用圆规和铅垂线一样准确的测量它。天的标准是可以接受的和设想的。它不需要一个相对的解释传统。墨子说他可以如手工艺者般决定天的意志。功利原则有简单和客观衡量的本质。

这个争论似乎说简单性和客观性是自然的和普遍的标记。复杂性和争论性是社会的,习俗的和历史的标记。他使用"利-害"的区别作为最好的论辩的标准是以这个区别是准确的和清晰的观点为基础的。我们评价和促进标准的选择是为了使它更广泛的被接受和解释的更准确。

思考"天"在促动和评判道德的角色提醒我们语言有一个对应点。我曾经提出一个假设来解释中国思想家认为语言怎样影响行为。那个假设提出了一个道德标准和道德动机之间的自然联系。我们内在的行为动机隐藏在语言之中。我们可以认为我们自己在运行一个程序——社会规定的话语。直至现在,我们没有依赖"欲"这个表示意愿的概念。我们的动机源自于我们的本性。我们是这个社会程序的运转体系。我们这个种类本能地符合以语言为中心的社会规则。最容易产生欲望的事物来自于包含"利-害"区分的一种天志的观点。人们趋向于(欲?)服从他们

---

① 《墨子·天志上》。

的上级。这两个天然倾向为墨子社会伦理之"道"的改革提供了引擎。

叙述的剩余部分关注于语言的习约性。社会的领导者开始会说不同的话,做出新的区分,并以不同方式评价和行动。这一点通过天然的社会等级流行和传播。它改变了其他每一个人模式的行为。由于社会的实践是上天的,自然的和内在的,我们在语言中必须使用它,掌握它和表现它。本质上,一旦我们建立了基础的标准,信仰-欲望的解释在这里就无足轻重了。

最后,诉求于"天"反映了墨子在伦理中针对现实主义未完成的,奋斗的意愿。他想要一个比文化和社会更加普遍的标准,一个不因为应用而依赖解释传统的标准。它必须解决关于"是-非"的暧昧性或者文化上相对的假设。然而,他"天"的概念十分依赖于社会权威模型。

道德:动机和理由

我曾经论述说墨子关于思维和语言的理论是实用的。这种理论产生出对一个自然意志的双重描述。把自然和功利当作两个不同的问题来回答:(1)"我们应该用什么标准来检验一个传统的'道'";(2)"我们为什么要一个'道'通过这样的检验?"普遍的效用回答了第一个问题。"天命之"回答了第二个问题,如目前所有人都能回答它。

因此天没有作为道德标准独立于普遍的效用之外。它解释了我们为什么有认真对待功利主义指引的动机。墨子诉求于天,并使用人们相互间的自然吸引来表达超社会的权威。这个观点并不是说"天"为人类在进入社会之前就准备了动机。他关于

"天"的争论与他所指的神,鬼和命运相对。他论述说我们说"天"里面的某些东西在促动人们方面扮演着有益的角色。那样的话,就像墨子论争保留"天"的知识和权威的好处一样,他也论争"神"的存在和"命"的不存在的好处。所有这些传统的宗教的演说方式扮演了十分重要的实用角色。墨子没有直接论证那些观点中的真理。谈论神是存在的,并以"天"作为知识和意志的益处之所以显现,是因为社会在传统上接受一个关于(政治的)义务的天命理论。传统文化接受和依靠使用"神""鬼""天"等语言的故事和道德寓言来促进道德的一致。墨子并不提倡为了使"道"对人们更有利,在"道"的改革过程中抛弃了这些传统的"道"。①

因为墨子没有清楚区分作为评判标准的功利主义和自然的动机,他就有了一个将神圣的命令与其他规范理论相混合的古典问题。一些事物的正确是因为自然的命令或者意志,还是因为它是正确的所以受到自然的命令?仅仅延伸这相对问题不能消除对人们有两个不同的道德理论的反对。这就留下了他们产生冲突的理论机会,也为孟子和道家的批判打开了方便之门。葛瑞汉论争说墨家后学有意避免对"天"的援引。因为他们看到诉求于天所带来的无政府危机。

墨子的另一个诉求是可测量的预见性,我倾向于它对于接受普遍功利原则来说,或许是一个在可能范围内足够好的理由。如果它的连贯,和另外一个的不连贯,不足以确保采用它,天的命令也帮不上忙。它可以提供动机但是不能证明其正当。更深层的

---

① 墨子有关鬼神的章节在这个观点上是十分吸引的。它甚至受到传统翻译的欣赏,例如华兹生(1963)。它减少了对事实上存在的神作为以神为中心的受欢迎的道德寓言的争论。重复争论的是如果我们说"无神",这些道德教育的形式将会被抛弃。

动机在心理上是需要的,但是在理性上,它不能提高计划的地位。

如果我们再次考虑公开问题争论,我们可以看到为什么诉求于"天"或者自然来证明一个标准的正当性会失败。对"天"的诉求会产生一个问题(和庄子一样):"为什么要遵循天?"更认真地问(尤其是从道德的观点),"为什么要成为有道德的"这一问题可能没有答案。

事实和价值的际会

我们使用摩尔(G. E. Morre)公开问题的论点也可以解释道家关于确证和解释的这个孪生问题。摩尔论争说,针对任何所谓关于(X)是"好"的自然定义,我们可以机智地问"X是好的吗?"由此,没有一个"好"的自然定义不是无可争议的正确的。中国的说法可以被陈述为:针对任何所谓关于"是-非",如同关于"利-害"的自然标准,我们都可问"确证和指引这个'是-非'分别的标准是什么?"那个方程式一起问及了我们为什么要把它作为主要的分别和我们为什么要在我们的语言使用中以它作为指导。

每一个"道"代表一种不同的价值。我们知道把自然或者天作为一种冲动就是价值中的现实主义或者是客观主义。西方民间传统把这作为事实-价值的区别。事实是客观的,价值是主观的。再进一步说,我们沉迷于描述性的句子以至于模糊了事实-价值和是-必然的区分。是-必然是指不同类型的句子——事实陈述和义务陈述。因此我们把"你不能从'是'中得到必然"的口号作为我们不能填平事实-价值之沟的证明。①

---

① 约翰·麦克道尔(John McDowell,1981)争论说没有事实-价值的区分可以得到最终的保障。事实和价值的区分同样是以社会的意见为基础的。西蒙·布莱克本(Simon Blackburn,1981)为设想的人类道德传统辩护。我倾向认为区分事物的因果规则指出独立于我们之外的因果关系是认清自然的而不是社会区分的最好方法。

然而从一个实用的,指引行动的和以语词为基础的观点看,价值语词和分别就像是描述性的语词一样运作。浓密的伦理术语和描述的或者是自然的术语都是指引世界的(world guided)。它们的用法依赖于对现实世界公共特征的反应。要吸收任何术语,如 X,来指导行为,我们要学会 X 和非 X 之间的分别。随后,根据我们的规划,我们运行一个我们感觉到 X 存在这种描述下的子程序。鉴于这个描述,X 是否是自然的术语如水,一个人工的术语如检查,或者是一个价值术语如仁,都没有问题。学习术语是学习区别和使用一定方式来指引行为。

所有我们掌握的分别帮助我们用规定的话语来指引行为。我们在使用术语的社会实践中学习到性情的行为。在学习区分技术的同时,我们学到了以文化所赋予的形式对这些区别做出反应。通过学习"名",我们学习到了一种分别和在行动中使用它的特定方式。我获得的性情从环境中选择了水,或者去做一个检查,无可否认地是十分复杂的性情。在某些情况下,我们在问题中十分喜欢 X;在其他的地方就不是了。

我们不是在言语的形式中习得性情。我们把它们作为相似的行为加以学习。我们从例子中可以推导出来。通常情况下,我们不能描述我们排除在最一般的术语之外的术语。所有那些术语的应用包含了许多层已获得的直觉。所以那些指引我们的词给我们很深的印象,就好像是从外界而来的,对事物的一种自然反应。

墨子把注意力直接放在分别的能力上,"别"^{distinguish},"辩"^{discriminate},"分"^{divisions},或者是"辨"^{divide}。① 每一个"辩"^{dicrimnate}都

---

① 芬格莱特(1972,第 22 页)指出即使儒家为这个关注提供证据。然而墨子所用的"辩"没有"言"。但是芬格莱特令人信服的争论这种关注在墨子之前已经存在。当然,墨子把它变成了中心问题。所以辩论家都接受《墨子》中的这个中心观点。

与"是-非"有关。每一个"辩"恰好是某些"名"。想知道要如何使用一个"名"就是要知道怎样"是"一些东西（把名用于它）和怎样"非"其他东西。我们行动过程中或者在获得某项能力的社会实践中做出区分和命名。

依循这个理论角度，"是"有两种翻译方式"this"和"right"。语言和词语通过区分事物来指导行为。发现这是在文本中发现正确的东西来引起一种已经习得的性情。"这"是一个单薄的描述性术语，就如"正确"是一个单薄的道德术语。我们说它单薄是因为"这"这个术语很少依赖于世界的属性。它在每一种情况下拣选出在上下文中最恰当的东西。① 心以一个具体的术语运行它的程序做出区别，并返还一个"是-非"。

当环境需要一个"是"的判断，我们把唤起我们性情的那个术语称为占统治地位的。当我们把一个术语看作是占统治地位的，墨子说我们"执"这个术语（就如在第 102 页所引用的，统治者掌握了普遍和部分。），并使每一个术语产生一些复杂的行为。

在任何可信的"道"中，"水"和"检查"都不是恒常占主要地位的术语。我们使用它们有时会产生积极的行为，有时却会产生消极的行为。然而某些浓密的术语更加恒久。这些包括我们通常说的价值术语。喜欢仁慈而不喜欢残忍的性格会稳定或者恒常。任何有关"仁慈"的"道"都相对地与社会时间持久地互动，以吸引我们选择仁慈而不是残忍。友善（基本上）在绝大部分人类之"道"中处于统治地位。"水"和"检查"的指引就没有那么恒久了。

我们可以认为恒常-不恒常的区分对应于和事实-价值的区分。然而，一些描述的术语是恒常地处于重要的地位。我们一般

---

① "举"picking out 是新墨家思想中最接近的意义。

都喜欢生命而不是死亡,利益而不是伤害,快乐而不是痛苦。

墨子认为被这些术语所指引的恒常的偏好表明了它们是非习约的偏好或者是前社会的偏好。假设把我们的偏好用于讨价还价和获得学校的学位,我们没有学到这些偏好。毫无疑问,任何取水的实际脾性一些部分是自然的,一些则是传统的"道"所灌输的。进一步说,一种传统可以调和即使是来自于自己偏好的行为。一个给予我们的"道"会引导我们宁愿死也不要失去荣誉,宁愿自由而不要生命。臭名昭著的是,即使是我们对食物和性的品位都体现了阶级导致的差异。

我曾经使用伯纳德·威廉姆斯 Bernard Williams 浓密的(thick)道德概念来使早期关于语言和"道"的理论有意义。威廉姆斯声称我们以一种与价值术语有关的传统行为方式学习这些术语。价值是世界的指导。因此相关语言群体以为是客观的。我们通过可获得的事物来在现实世界中应用这些分别。我们很少争论那些语言的用法。

威廉姆斯把这些术语与单薄的道德概念作对比,单薄的道德概念使我们能陈述关于价值的不同意见。例如正确,错误,必然和应该。即使在一个给定的社群里,我们对这些词的用法也是有争议的。我们的社群用单薄的术语来陈述和辩论其分歧。通过一种牢固共享的直觉和一种价值被世界所指引的感觉,我们使用浓密的概念。在讨论单薄的概念的使用时,我们认为浓密的概念有共同之处。

这给我们关于墨子对"天"的依赖和他赋予"利-害"的优先性之间联系另一种看法。"利-害"是一种自然指引的分别。无论人们如何满意他们的传统,"利-害"仍然指导所有人。所以它给我们一个在任何特定的传统之外的支点来检验这个传统。这是一个自然恒常的指导术语。正因为如此,墨子把它作为"天"的意志——一种自然的偏好。

在墨子的分析中,我们事实-价值的区分被解释成两种不同的分别:恒常-不恒常和自然的-习约的。恒常和自然为重要的行为指导术语做出了不同的区分。如果墨子参加了我们科学的,描述性语言的游戏,他会明白用描述性的或者解释性的恒常作为一个区别在中国只占很少的地位;那只是因果上的自然种类。因为中国哲学家把理论的重点放在语言怎样指引行为。我们可以明白他们不同的关注点。墨子和孔子都没有想到自然种类的区分和可估价的区分之间有什么不同。① 墨子对儒家君子原型式的滥用吸收了这两个区分。对什么是道德和什么不是道德的判断和什么是黑和白,苦和甜相似。

> 今有人于此,少见黑曰黑,多见黑曰白,则以此人不知白黑之辩矣;少尝苦曰苦,多尝苦曰甘,则必以此人为不知甘苦之辩矣。今小为非,则知而非之;大为非攻国,则不知非,从而誉之,谓之义。此可谓知义与不义之辩乎?是以知天下之君子也,辩义与不义之乱也。(《非攻上》)

中国哲学的传统以关注实用主义代替语义学。它把我们称之为事实-价值的区分融解为一个恒常和自然程序的事件。它没有"是-必然"区分的句子对应物。

---

① 在古典时代,荀子做出这样的区分。他认为相似和差异之间的区分可以通过感觉,共同文化所肯定,而且还被当代的圣王和不同的贵族所决定。这是以传统标准为基础的。只有他们接受古代创造文化的圣人的用法才能被肯定。(《荀子·正名》)在墨子的概念中,没有这样一种区分有那种角色。

人际关系中的"兼爱"

让我们对墨子功利主义的结构做出总结。他的伦理叙述一开始就注意到传统主义的局限。传统道德不能做出自我评价。在某些例子中,尤其是儒家偏爱的说法,它们是自困的。中国的传统有道德改革清晰的概念。墨子明确的提出了这个问题。自墨子之后,中国的思想家接受任何规范的"道"都要有一些非传统正确判断的要求。墨子接受传统权威仍然必需传承的观点。但是他提倡一个普遍的,恒常的内容。这使他在"利"和"害"之间进行"辩"。"利"是一个自然恒常的指导术语。它变成了所有"是-非"区别的基础,决定名的范围和一连串群体话语的排列。领导者应该用功利主义的语言来影响恒常的语言。

墨子在中国流行意识中的标记是他"兼爱"的教义。他使用"利-害"的标准说社会应该强调"兼爱"而不是儒家的"偏爱"。人们会把领导者采用的指引内在化,还会模仿领导者的语言和行为。这会改变他们之前连孟子都承认的偏爱的性情。

这个社会规划的评判是忽视了功利主义的标准。道德标准是"兼爱"和"偏爱"这两条著名教义的基础。一个是在人际关系层面,一个是政治层面。

儒家一派的陈述有时会指出墨子的立场基于"兼爱"。① 他们认为功利主义跟随在"兼爱"之后而不是相反。这在文本中是无法辩护的,在理论上也是令人迷惑的。在上面的引文和有关"兼爱"的整个篇章,墨子有一个完美、清晰的论辩。在开头的句

---

① 陈汉生(1963)是一个经典例子。一个拥护儒家思想的陈述令人惊奇地提出这个分析。见葛瑞汉(1989),第41—45页。

子——"仁人之所以为事者,必兴天下之利,除去天下之害,以此为事者也。"——到最后的句子——"此圣王之道,而万民之大利也"——墨子明显是用自然的、恒常的、可衡量的功利主义标准为"兼爱"作辩护。

儒家以对"兼爱"的关注取代对功利主义的关注反映了一个儒家困惑的特征。儒家系统地混淆了道德心理和规范伦理。墨子知道他的道德改革包含了自然性情的转变。他依据的是趋利避害的自然意愿和掌握社会实践的自然倾向。这就影响了规范伦理所规定的改变。规范伦理不是儒家的强项。正如我们看到的,孔子没有一个特别清晰的规范伦理的概念。他的弟子渴求一条单一的道德理论的线索。他们所得到的是一个未经检验的对礼的推崇,和一个从不可质疑的实践中获得的神秘的,无法解释的"仁"humanity。墨子令人信服地削弱了现存的社会实践作为道德之"道"的标准,而早期儒家没有明显的规范方面的回应。

这个回应来自于孟子。他将儒家的关注点转向道德心理学,人性的理论。儒家的描述把这称为哲学的突破。① 虽然这是一个有趣的话题,但是却避开了墨子的挑战。通过注意"兼爱",他们批评墨子转换了焦点。把伦理规范转换为他们的强项描述社会学。他们将争论用描述的话语说出:"人们是自然地偏爱还是自然地兼爱的呢?"儒家当然可以以我们情感中的自然家庭偏爱作为证据。他们认为只要这样做就是反对墨子。事实上,他们轻易地错过了规范理论的要点。

所有这种儒家人物关注于人性而忽略了墨子已经理解了这种策略。他把儒家的主张放在有偏向的统治者口中(前文第

---

① 可特别参看葛瑞汉(1989,第107页)。他将孟子对这个问题的介绍作为前哲学和哲学的分界线。

247

102—103页):"此泰非天下之情也。"① 然后墨子冷静地追踪某些反对一些人使用"兼爱"语言的影响。每一个人通过他掌握或者认为是恒常的区别养成了自己的情感结构。

墨子受到了他提出的规范改革会改变自然感情的批评。更中要害的是批判这个理论不切实际。第一个批评只是说功利主义要求改变自然的反应。对于这个的回答是:"那又怎样?'礼'^{ritual}的训练同样改变和塑造人类的本性。问题只是我们需要怎样的影响?"

第二个批评是墨子的理论要求人们做出的改变是我们所不能完成的。第二个批评的形式和我们的说法相似:"这在理论上是可行的,但在实际上是不可行的。"墨子的回应是有理由的。② 一个没有实际用处的"道"怎么会是一个好的"道"呢!"诸道"(Daos)是实际指导的框架。如果一个"道"不是实际的,就不是一个好的"道"。我们不问一个"道"是否包含最大功效的辞语。我们要问的是:"这会带来最大功利效果吗?"在实际中有影响的"道"不一定完全与话语相符。我们拿在语言中采用普遍关注的行为和那些偏爱话语标准的作比较。他们的行为有不同吗?是的。有一种更受欢迎的行为吗?是的。这个测试不是"人们是否完全遵守此'道'?"而是"此'道'的社会认可是否带来更好的效果。"③

墨子对我们怎样能够改变社会的陈述从儒家隐含在正名理

---

① 《墨子·兼爱下》。
② 《墨子·兼爱下》。
③ 正如我们所强调的,这里的问题是道德改革的问题。道家会问怎样发现一个没有疑问的方法来说清楚什么是好的或者更受欢迎的。那就是规范理论。在那个问题上,儒家的处境并不比墨家好多少。他们引用人的本性是毫不相关的。

论中的人性假设开始。他和孔子一样假设我们的感情自然地是孝顺的。然而他论争说通过实践"兼爱",人们可以更好的完成他们孝顺的目标。社会通过规范的语法和"道"的表现来影响和塑造人们。墨子的结论也相信这一点。

如果这是儒家反对墨子乐观主义的辩论,这就在人性中提供了一个令人惊奇的和没有特色的犬儒主义观点。这隐含的意思是没有人可以超越自然而然的偏爱。墨子的乐观主义回应诉求于人类的智慧:"意不忠亲之利而害为孝乎?"①所有聪明的被孝顺所打动的人都应该实践和宣传普遍的关心。那会让我们孝顺的目标更容易实现。墨子的争论通常以对孝顺的关注开始。他反对的是无聊的、短视的观点。他争论说一个聪明的、懂得思考的孝顺观点拥护者会加入他的阵营并提倡一个更普遍的"道"。

墨子的争论同样利用了儒家假设的权力模型。他使用了跟随传统就是自然的观点。实践普遍的关心会改变社会。因为人们会对模范做出回应。如果你在其他人面前表现得无私(例如关心其他人的父母),他们也会采取利他的行为。通过统治者的采用、实践和模仿,一种普遍的语言可以在一代人之内成为一种社会接受的传统。墨子没有留意儒家假设人类自然地接受社会实践和模仿他们的统治者。根据这些假设,我们没有明确的理由反对改变指引传统以使用更具反思性的伦理标准。儒家从规范伦理到道德伦理转换的尝试失败了。部分原因是墨子的道德心理学和孔子的没有太大分别。正如我们所见的,孟子的道德心理学是另一个问题了。

---

① 《墨子·兼爱下》。

尚　同

"兼爱"理论很容易就上升到政治层面。这里墨子使用了另外一个指定的搭配名号:"尚同"agreement with the superior。他假设"利-害"是关键的规范性分别,使用这个分别去"是"一些政治的"道"是自然的,其效果也是明显的。

墨子的论争是大家熟悉的。表面上,他使我们想起了英国政治哲学家霍布斯社会契约论的观点。

> 子墨子曰:"方今之时,复古之民始生,未有正长之时,盖其语曰'天下之人异义'。是以一人一义,十人十义,百人百义。其人数兹众,其所谓义者亦兹众。是以人是其义,而非人之义,故相交非也。内之父子兄弟作怨雠,皆有离散之心,不能相和合。至乎舍余力不以相劳;隐匿良道不以相教;腐朽余财不以相分。天下之乱也,至如禽兽然。无君臣上下长幼之节、父子兄弟之礼,是以天下乱焉。明乎民之无正长以一同天下之义,而天下乱也,是故选择天下贤良、圣知、辩慧之人,立为天子,使从事乎一同天下之义。"(《尚同中》)

我们注意到统一"义"的争论是一个功利主义的争论。他假设我们应该把"利"最大化。现在,我们可以插入早前在教义中论述自困的争论。墨子会提出每一个具体的"义"在与目标发生矛盾时都不能达到目标。然而,即使他假设了充足的"众义"moralities,针对每一个自我挫败的论辩将会是不可控制的。我们可以假设不同的"义"有不同的"利-害"概念以移除他自己特有的道德标准。每一个人都会看到政治计划的要点。墨子认为每一个人都会同意他描述为"害"的情况。

在分析墨子的政治教义时,我会关注两点:(1)与英国哲学家托马斯·霍布斯(还有其他西方有假设-选择观点的政治理论家)的比较和对照;(2)和孔子的比较和对照。

首先,需要注意的是墨子像霍布斯,不像孔子。他没有依靠"天命"(帝王的神圣权利)来确证政治结构。① 墨子使用"天"的方式说明了我早前的观点。他把天之志作为他体系的基础。但是他拒绝自然的或者上天之"命"。他认为名的分配是为了获得利益而受到自然冲动指引的一个基本社会问题。

虽然墨子是肯定它,而不是假设它;但是他接受儒家对什么组成一个有良好秩序社会假设的大纲。他肯定了等级制度的优点。等级结构不是由自然直接赋予的,而是一个为了达到功利目的的自然意志的结果。这个等级制度通过制造词语和事迹来影响行为。墨子对孔子最大的反对是认为道德教条的内容应该来自于这个等级结构。他反对用三千陈旧的"礼"作为规则。墨子认为应该采用普遍功利原则——"利"——来作为单一的规则。"尚同"在社会学上是恒常的,它解释了我们应该怎样使用语言和根据功利的利他主义来行动。因此"尚同"是在没有规则和标准下处理道德区别和表现的动机。在这个方面,它就像诉求于"天"

---

① 经过翻译后,这个观点是模糊的。我们可以通过修改或者假设肯定是"天"选择了"世界中最高尚和最有能力的人。"在三个版本中的其中两个是没有主语的。第三个版本则有主语"天下"(世界)。毫无疑问,墨子没有想到选择这个方法。但是这和他"兼爱"的论辩是一致的。他会认为这样选出一个人是明智的。在这个问题上,他假设大家都会同意有一个统治者。"一个检查事件的人……"孟子在这里再次接受墨子在自然过程中"天命"是很容易被接受的观点。跟随孟子的自然陈述,儒家传统认为普遍受欢迎的主张是"天命"的工具。这个论辩引用社会的理性作为一个整体通过模仿上级来采用功利主义的体系。它绕过了上帝的同意。这使墨子是一个宗教思想家的传统解释更加尴尬。

或者"自然"。这种诉求使用了规则,还影响了规则。但是规则是直白的好处。墨子没有设想由自然赋予的社会权威会挑战标准。

和霍布斯比较

墨子的叙述描述的一种情况和霍布斯描述的自然状态表面上是相似的。让我们把这种论点的形成说成是一种假设-选择的政治判断。这个假设-选择假设我们在面对一个在政府和自然的状态选择下,我们会选择政府。为了看看和霍布斯理论相平行和相对照的理论,我们先总结霍布斯的论点。

霍布斯以机械的物质主义看待世界和人类心理。每一个人组成的社会就好像是每一粒原子构成的一般物体。每一个独立因素的行为是根据它自己的规则。整个物体就是由单个行动构成的。人类原子的行为规则是快乐和痛苦。自然使人类把快乐最大化,而把痛苦最小化。霍布斯的理论是自我主义和享乐主义的经典例子。

个人追求自己的兴趣是一条自然法则。惩罚侵略者的自卫是一种自然权利。然而在缺乏任何法律和政府的情况下,这种自我利益和自我保护将不可避免地把国家引向人和人之间的战争状态。在这种战争状态中,生命是无助的、贫穷的、不愉快的、残酷的和短暂的。所有理智的关注自我利益的人都不可避免的想要签订契约。他们彼此间会签订公约以摆脱这种战争状态。这个契约把惩罚侵略者的自然权利让渡给一个统治者。因此,这个统治者就正当地拥有了垄断性的处罚权力。统治者随后制定法律和实施惩罚。不管那些法律的内容是什么,遵守条约和服从统治者带来了秩序和安全。

假设-选择模式的大纲形成了现在西方政治理论的中心。我们可以在洛克,卢梭,康德,杰弗逊和起草宪法的人中发现不同的说法。我们对这种讨论十分迷恋。因此当看到墨子的说法时,我们就把这作为霍布斯的说法。因此历史学家假设墨子是中国的霍布斯——一个相似性产生误导的条件和一个宽容原则发生错误的例子。

把霍布斯和墨子的论争定位得过分接近,其结果之一确认了儒家把墨子的体系扭曲为停留于心理学上的自我主义。① 实际上,墨子对人性的假设与孔子相平行。人类是被社会实践和社会习俗,尤其是语言所促动的社会动物。在墨子的观点中,我们没有看到比孔子更多的个人主义,自我心理主义的暗示。

墨子没有说每一个人都是被自己欲望促动的自我主义者。每一个人都被一个"义"morality所激励！墨子所讨论的问题是由过多的不同道德动机引起的混乱。犯罪是人与"义"的冲突,不是自私。每一个群体都有一种不同的指引话语指导他们的行为。道德的异议,而不是自我主义,引起了社会秩序的崩溃。相应地,这里描述的前社会状态没有自相残杀的霍布斯状态那样激烈。

我们在墨子的自然状态中看到的不是自我主义的自我保护,而是关于哪种行为更有效率的道德共识。异议浪费人们的劳动力,好的教理和食物。在极端的情况下,还会带来战争。再次说明的是,这是道德概念的冲突,不是自私。这种战争的双方都有正义的动机,它必须证明为之而死是有充足理由的。没有纯粹的自我主义者会选择在战争中阵亡。进一步说,墨子没有介绍有关权利的教义,尤其是在自我保护中没有惩罚的自然权力。他的解决方法不是来自于一个承诺,一份合同,或者一份公约。他把这

---

① 见史华慈的对待方法(1985),第142页。

作为自然状态下工作效率不足而产生的后果。人们在他们接受的社会统一的"义"的安排下行动。

霍布斯证明了法律规则的正当性。但是墨子从来没有借助于法律或者进行本质性的报复。和孔子一样,墨子认为国家是一个教育机构。他接受用惩罚作为在参与社会竞争的禁制手段。那些不接受权威支持的"义"的人将会受到惩罚。但他们不会因为违反特殊的规则而受到惩罚。

需要注意的是,霍布斯法律的内容没有道德标准。他证明他对一个内容是利他主义的统治体系的忠心。墨子把对体系的论辩带入了它的内容中。功利规则管理着道德判断:"是-非",它在体系中到处被模仿。

这个观察进一步加深了对墨子仅依赖于自然动机力量的印象。他的理论不是提供道德的天命准则。相似的,"尚同"不是一个为了"义"的政治准则;那个准则仍然是"利"。在这里,争论是为了在社会动机结构中灌输判断规则,以及在更特殊的"是-非"判断中使它有有利的解释。墨子没有争论最基本的分别是上级(或者自然)所说的。等级制度仅仅确保道德协议。协议的内容是功利主义的。根据基本的标准要求,我们使用的是一个已经认同的社会"是-非"判断模型。

墨子反复强调只有以上那些才能正人民。那是一个心理学或者社会学的主张,不是一个正确的"义"的规则。这不是上级认为某些东西"是"。客观的评判规则是适用所有"是-非"的功利活动。("天志"必须符合人性,而人性的准则是功利主义。)"尚同"不是"好"的相对标准(无论上级怎样说)。它是解释动机问题的社会答案。政治系统提供影响标准的结构。它提供惩罚、奖励、拥护、表扬、批准——一个"天"的动机的社会对应物。

第四章 墨子：制定哲学议程

和孔子的比较

正如我提到的，墨子的陈述提示了一个儒家社会组织的观点。孔子缺乏一个把社会和国家分离的西方法律观念。隐含在社会组织中的目的是道德教育——性格塑造。墨子分析这指引语言的和谐以及我们"是-非"的和谐。除了没有假设一个传统的角色外，这个分析和正名背后的目的是相对的。儒家认同墨子关于人类心理和建立好的国家的观点。孔子同样有一个统治者示范的正名机械主义的例子。两个学派为我们提供了内容有矛盾的社会机械主义。墨子的意见仅关注于指引术语应用。但是我们可以在指引话语中改变术语的顺序。社会等级制度操作内容和解释，为规定话语带出最有利的社会类型。

因此，当墨子说出了他的理论之后，我们看到他的理论和霍布斯理论有更大的差异。这像一个儒家秩序良好的社会。首先，墨子的论点不是评判一个唯一的合法统治者，而是一个官方教育等级的模型。"以天下为博大，远国异土之民，是非利害之辩，不可一二而明知。"①所以最高的统治者选择聪明和有道德的人作为高级官员。他不能通过他自己扩展其在教育上的影响。可能这是因为墨子认为他的实践任务仍基于分别使用的模式之上。

当系统处于合适的位置，然后：

> 闻善而不善，必以告其上；上之所是，必皆是之；上之所非，必皆非之。（《尚同》上）

我们需要记得"尚同"没有分离价值判断和术语的应用。"尚同"的体系比儒家"正名"的体系更明晰。我们推论这来自于孔

---

① 《墨子·尚同上》。

子。他的政府等级制度理论使正名成为管理的焦点。我们推断正名是通过世俗的指引用法而起作用的。这是通过例子逐步接受和遵守上级的用法而改变的。我们要想到这个过程中包含了等级体系的用法。

进一步,虽然不像孔子对法律的明确反对,但是墨子也不依赖于惩罚。他的道德观点不是以人们应该得到什么为标准。他没有用"天子"natural master或者法律作为对特殊违反规则行为的惩罚依据。他的理想更像一个普通法的司法系统,在这里面,每一个下级法院做出的审判都要与上级法院相符合。这里"尚同"是评价而不是责任。正如我们注意到的,孔子相似地把正名建立在判断范式上。

墨子允许使用奖励或者惩罚使人们接受和参与到整个尚同体系。"尚同乎其上,而毋有下比之心。上得则赏之,万民闻则誉之。……下比而非其上者,上得则诛罚之,万民闻则非毁之。"① 然而这种惩罚的用法不是经典的惩罚。人们不会因一个特别的"非"的行为而受到惩罚。只会因为拒绝参加统一的规划而受到惩罚。社会不会附有特别的惩罚法律,也不会根据错误的严重性来区分等级和罪犯责任的程度。

所以墨子的体系虽然表面上与霍布斯十分相似。实际上,它是一个典型的中国体系。他认为政府的功能是提供正确语言和行为的等级模型。他用无政府主义的威胁来为权威提供正当性。但是我们要注意到最终的权威不是"天子"或者任何特别的圣人

---

① 《墨子·尚同中》。

般自觉。真正的权威是自然或者"天"和他功利的自然冲动。①除了恒常的,自然可衡量的价值之外,所有其他"是-非"都是可以用"利"来计算或者衡量的。"天子"(帝王)本身应该遵从它的上级,天。什么是它的上级想要的呢？普遍的功利！因此墨子体系的结果是一种每个人在语言和行动中实现功利最大化的政治要求。他建议礼仪化或者使用恒常的功利主义语言和行为。"尚同"是一种社会机械主义以达到墨子形成恒常的语言和宣扬功利的目标。

原则上,在一个低层的人可以嘲笑上级的错误。这个说法是指功利标准比政府义务更基础。只有达到那种标准,人们才能向他们上级汇报好和坏的结果,以及证明上级是错误的。因此只有当他用上天批准的功利标准正确判定时,他才制定正确和错误的标准。

功利主义的多重结果

墨子功利主义中一些我们不熟悉的结论指出了中国和西方文化关于什么是功利或者利益的深刻差异。我们已经指出墨子甚至没有提及统治西方功利哲学价值的主观标准——幸福或者快乐。② 这些个人的,内在的,主观的观点很少出现在中国哲学。在古代中国,没有人被所有行为都是为了某种主观满足的观点,

---

① 所有这些道德权威概念——不论这个权威是圣人的直觉,一种传统,天,或者一个宇宙规则——是庄子怀疑主义的攻击对象。在庄子之前,几乎所有中国关于道德的推理都是形式中的权威。
② 评论者经常在这里犯错误。他们正确的指出墨子哲学是功利主义。随后却错误的假设它一定和古典英国享受功利主义相似。或者向葛瑞汉那样,假设墨子的功利主义是错误的。(1989,第 40 页)。

或者一个人所有的行动都是为了自己的幸福和快乐的观点所吸引。①

墨子举出了一个关于价值的社会客观的看法。价值的标准不需要是一些秘密的,内在的和私人的事物。他假设"利"有一个直接的社会范畴。它不是指向一种内在的感觉。关于"利"的例子可以是充足的食物,居所,和平以及生命的物理情况。

"非乐"

反对音乐是墨子没有主观价值标准很好的说明。我们会期待一个西方的功利主义肯定音乐是一件好的事物。如果墨子肯定乐是一种快乐的功利概念,我们会期待墨子"是"音乐。实际上,他"非"音乐。

我们举出一个墨子"非乐"的例子是他不是一个享乐主义者。② 第二个例子是熟悉产生了误解。

当有人把"乐"译作 music 时,我们把一个孤单的牛仔弹着他的吉他作为一个典型的例子。这几乎就是墨子批判的社会传统。他的批判和他对"礼"^ritual 的批判相平行。(记住,孔子也提倡这两者并列。)他的基本论点是一种以社会为代价的论点。他对音乐的批判是一个提倡"节用"的例子。在古代中国,"乐"典型的指统

---

① 中国有道德自我主义者。杨朱就是一个关注个人生存利-害计算的自我主义者。墨家后学把"利"作为当你得到它,你就会觉得快乐的东西。在经典时代,这就接近了一个以个人主观意识为基础的道德概念。

墨子举出一个社会的,客观的价值观点。价值的标准不需要是一些秘密的,内在的和个人的东西。他假设"利"有一个直接的公共范围。它没有指向——一种内在感觉。适当的食物和居所,和平,以及客观的,实际的生活条件是功利的例子。

② 批判的陈述有时会指责墨子的观点是一种肤浅的功利主义。这种判断来自于一个富裕社会的两千多年的一种主观功利传统。这会帮助世界三分之二的人记得墨子的观点是很有意义的。

治者对仪式的乐的放纵——有舞蹈员和杂技表演的音乐会。他们(从一个反对贵族的观点)是贵族阶级的浪费和放纵。我们不必假设他反对农民在田野唱歌(或者听他们的随身听)。(墨子会坚持他们在田野工作而不是跳舞。)当然,墨子同样也不赞同那种快乐。

最后,在儒家的语言里,"乐"通常与"礼"相连。这也可以帮助解释墨子为什么"非乐"。儒家假设"乐"对我们的感情有强烈的影响。因此会影响我们的行为态度。礼仪的音乐传统培养儒家道德人格。另外,音乐的形式像语言一样是习俗的形式。它们的表现和保护形式和其他传统形式一样受欢迎。最终,音乐和圣歌变得紧密相连。儒家欣赏古代经典中的圣歌,礼仪中的舞,高尚的思想产生的行为。

把话语放在古代传统抑扬顿挫的节奏或者音乐的框架中,我们强调了它们吸引人们的注意力,塑造人们观点态度的能力。(这是我们十分熟悉的保守的和批判现代音乐腐化道德的社会主义者的观点)。不像柏拉图,孔子对理性没有幻想,所以他喜欢用技艺来塑造和打磨人性。墨子有同样的观点。"非乐"的过程很接近我们理性之根。音乐是浪费的。它与"礼"^{ritual}的联系,也在内容中受到反对。

"非攻"

"非攻"是墨子功利主义另一个直接应用。这里再次需要分析的是它的中心论点。

> 今师徒唯毋兴起,冬行恐寒,夏行恐暑,此不以冬夏为者也。春则废民耕稼树艺,秋则废民获敛。今唯毋废

一时,则百姓饥寒冻馁而死者,不可胜数。今尝计军上:竹箭、羽旄、幄幕、甲盾、拨劫,往而靡弊腑冷不反者,不可胜数。又与矛、戟、戈、剑、乘车,其列住碎折靡毙而不反者,不可胜数。与其牛马,肥而往,瘠而反,往死亡而不反者,不可胜数。与其涂道之修远,粮食辍绝而下继,百姓死者,不可胜数也。与其居处之不安,食饭之不时,饥饱之不节,百姓之道疾病而死者,不可胜数。丧师多不可胜数,丧师尽不可胜计。①

非儒

最后的"非"是对儒家的重点攻击。墨子对儒家极端的攻击使我们会说它的教义受到儒家的误解是正常的。(见前面第98页的例子。)要掌握墨子看待儒家观点的特点,我们必须提醒我们自己:在理论上儒家思想在墨子之后形成。我们现行的观点是儒家思想经过了两千年的发展。这些发展很多是来自对墨家和道家挑战的回应。在墨子时期有圣歌和礼仪幻想的儒家看来就像墨子所指出的是愚蠢的。

墨子批评的主要是儒家理论的传统礼仪内容和儒家的语言和行为。儒家以雄辩和精细的方式表达"仁"和"义"。但是在道德行为中没有正确的区分。(见前面第107—108页。)墨子认同儒家的政治假设和对人性的乐观估计,以及孔子详细说明的修养方法。这些区分中国和印欧思想的教义在中国敌对的学派中也是共同持有的。他们代表了中国思想和西方思想深层和持久的分别。

---

① 《墨子·非攻中》第二段。英译本可见休斯(1942),第58—59页。

从更广的程度上说,甚至是毛泽东和现代中国革命的激进派都持有儒家和墨子的政治的和社会的假设。在历史的不同时期,它们都受到一些挑战。但是那些挑战都没有成功。概而言之,中国思想家在他们所有的社会政治理论中并不关心精英的教义和人性的社会性。这些假设的基础是一种有智慧的人的行为,尤其是语言行为的有特色的观点。

然而墨子批判思想可以说明的部分是它的情感热情。他衡量标准的理论在于人们决定术语应用的行为。他没有形成,也没有举例证明一种冷酷、沉静、理性的陈述。他也没有形成一种关于句子是否正确的人际间合法推理或者证明。因此,庄子从墨子的批判中找到了一种道德怀疑,并进而继续了对两个学派的争论。这说明了关于分别争论的误用结果。道家把两个敌对派别的交流作为产生第三种不同概念不可避免的结果。它们的差异源于对"仁"和"义"的不同区分。他们的"道"就以这些不同的方式划出区分。每一种区分都改变了对下一种区分做出选择的情况。因此,跟随每一个"道",就像在做出一次选择后寻找自己的道路。没有一种选择是证明它们是基本标准的中立方法。儒家依赖传统,墨家依靠自然的、机械的衡量。

在道家看来,墨家和儒家的区分调和了双方极端的标准。[138] 墨家对功利有一种自然的偏爱,儒家则是礼仪和音乐。他们都认为他们的偏爱是自然的。他们的圣人根据上天来做出"是-非"的假设。每一个学派都假设它的标准是创立,加强和使他们偏爱的社会指引话语变得恒常的基础。他们也各自把自己的观点看成是恒常的"道"。它们假设一个人可以假设一个恒常的"道"。

《墨子》中的理性和权利

　　评论者经常在墨子身上发现一个西方的理性信仰。① 我曾说那是一种误导。墨子没有说理性告诉我们他的教义是真的。他说没有人可以抵抗他的话语或者他不能理解人们在听到他的"道"之后仍然批判它。他指出即使是最愚蠢的人，在被问到这个问题时也会说"因为……所以……"。他认为这种行为策略明显是正确的或者是错误的。

　　然而西方思想家支持一个普遍人类理性能力理论的观点。这种能力包含认识的能力和接受好的论点的性格。在西方哲学，理性是我们哲学思维的完整部分。墨子的陈述则不同。他的哲学思想是一种对利益的普遍偏爱和组成一个社会的"道"的潜能。功利是他做出区分和组成术语的普遍标准。我们可以在没有西方理性理论的情况下使他的论点变得有意义。我们都可以认识利害，并喜欢利而不是害。普遍的另一个因素是可掌握的衡量标准。我们无需有技巧的表现者作为解释权威也可以得到相似的解释结果。

　　我们可以像理解孔子般理解墨子人类社会本性的理论。他争论的是一个不同的"道"和一个不同的实践解释标准。但是墨子的理论不是西方实践理性构成我们心理学的传统理论。人们说的和做的，接受的和反对的都来自于一个内在的"道"，一个指引行为的语言体系。它是语言恒常的使用模型，社会实践，领导能力，以及惩罚和奖励。没有早期的中国思想家把理性作为动机

---

① 最好的例子是葛瑞汉(1989)，第36—37页。

的因素。

教育或者社会化建立在性情和动机之上。修养不是个人理性创造的动机。我们不必知道理性动机和非理性动机的区别。我需要的是知道功利主义和非功利主义的区别，或者是前社会动机和现在社会动机的区别。墨子体系的内在理性概念要求由工具到目的的、可设想的，以及简单的、可衡量的标准。

语用论与语义学

墨子的语言理论与西方（和印度）的理性主义不同。"道"是中国哲学的中心概念。"道"站在哲学讨论的中心。然而，如果把"道"作为一个形而上学的概念是一个错误。实际上，相反的事物是真的。"道"作为理解语言的主要术语表明中国不把语言看作是描述形而上学实体的。中国语言理论不是名和现实的关系。语言的观点是实践的。它是名和我们的行为方式——我们的"道"——的联系。语言的目的是指导行为——为我们指明路向。语言不是元科学的工具，而是规范我们行为的实际的社会工程师。

我们倾向把"道"作为来自于我们主要关注意义和真理的语言理论传统的形而上学。语义理论（真理）和形而上学（实体）是紧密相连的。再次处理这些假设最好的方法是首先把它们弄清楚。印欧的理性主义与语义学中的真理和意义，形而上学和认识论的概念有紧密的联系。它是一个欧几里得模型的证明结构。那个结构是一系列的句子判断——意见和信念。西方的理论假设思维是关于世界的过程的证明和实践理性行为的实际证明。它把理性范式作为推理和争论的过程。

我们从句子之外构建一个论争——假设和结论。在推理过程中,结论句从句子中承袭真是因为前提句为真。理性指向知识。西方哲学知识的传统概念强调句子中的推理。自柏拉图开始,西方传统把知识定义为理性支持的真理。

西方思想家关注于真理和意义。一个真的句子是它意义的一种功能,而意义的本身也是由词构成的。在苏格拉底和柏拉图的时代,西方哲学沉湎于找寻定义。定义把词语变成句子,并有真理的功能。柏拉图主义把定义作为知识的基础。一个术语的意思是一个句子的真理。如果不知道术语的意思(包括定义),我们不能知道句子是正确的还是错误的。

关注真理和意义是西方语义学的标志。西方传统关注于事实陈述的话语。我们可以在西方认识论和哲学心理学中看到,整个印欧文化范围都用这种语义学方法来学习描述语言。中国哲学家则实用地对待语言,把语言作为指引的行为——语言的规范角色。

语义学传统的中心问题是词语和一些物体在陈述唯一现实世界中的关系。语用学的传统主要关注于语言和社会的关系。它把语言作为有社会影响的社会实践。语义学的传统是关于真理的,一种关于表达恰当性和可接受性的实用传统。① 语言学的传统关注于意义。语用学的传统关注于使用者实用主义的模式及其影响。我争论说语用学,而不是语义学在孔子和墨子的观点中占主导地位。

---

① 我并不认为真理和肯定是相对的。实际上,真理可以看作是肯定的特例。肯定的标准可用于科学的或者理性的疑问。肯定不是独立于世界之外的。对一个疑问或者命令的肯定受到世界的影响。在情况已经出现的地方,命令是不适合的。当一扇门已经关闭了,说"关门"和"这扇门是开着的"都不合适。

欧几里得的理性和责任伦理学

我想说的是西方理性证明概念——欧几里得理性模型——解释了部分西方伦理和中国伦理的基本差异。从差异的深度我们可以猜测中国的哲学家根本没有谈论伦理理论。(见第81—83页。)这些猜测出自于西方伦理理论中理性代言人或者自愿者的中心概念。

正统哲学把伦理分为两种类型：责任伦理和德性伦理。我的分析得出中国的伦理是第三种伦理结构。我并不知道它的名字。如果被逼要给它一个名字，我会说是"道"的伦理。道德伦理是"德"的伦理。我曾争论说中国的理论中，"道"^{way}是基本的，而"德"^{virtuosity}是"道"的衍生。所以严格地说，中国的伦理不是德性伦理。同时，"道"不是一个责任、义务或者规则的体系。它只是简单地把"是-非"用于事物上，并根据它的行为特征行动。它指明了我们跟从"道"的价值。

假设"道德"是对于"ethics"的一个正确翻译，那么中国的伦理和西方任何一种伦理都是不同的，如同德性伦理不同于责任伦理。这种差异也是对自愿的理性行为和技巧的回应。"道"指引技巧。对自由、理性的代言人来说，责任指引自愿理性行为。

让我通过详细说明两种不同概念的语言和思维的联系来指出两者的差异。我们个别的行为就像我们所说的句子，但是我们称之为技术。我们选择行动，但是我们培养和形成技术。技术包含性情的结构，不是行为本身。我们可以重复地行动，但是我们表现技术。一个技术的表现对事物不同状态的产生更有意义。

先来看欧几里得模型。西方伦理哲学脱胎于欧几里得几何。欧几里得的几何理论仍然是我们思考的模型。几何学可以成为证明的概念,一系列的陈述,句子或者方程式(语言学中的真值)。我们把句子分成一系列的前提和结论。前提是公理或者定义。结论是一个假设、定理或者主题。如果我们用恰当的方式来证明——合法的——那么结论就从前提中继承了真。如果前提是真的,那么它们也是真的。

我们把欧几里得体系里面的内容作为一个代表空间实体的模型。证明—结构模型给理性概念一个初始形态,还使我们客观地看待现实世界。它之后成为西方哲学的支柱,最终形成了科学。原因是证明的前提。推理是证明在人们思维中的重现。有理性是在我们合法地思考、说话和行动的情况下思考、说话和行动。概而言之,欧几里得模型是怎样描述世界——科学理论模型——的模型。功利的推导仍处于西方理性概念的中心地位。

欧几里得模型引入了定义的概念。定义在推理中处于中心地位。它们的地位就像那些公理。它们加强了整个知识结构的基础。从"道"的角度看,因为它的中心问题是话语如何指引行为,所以定义是多余的。定义只是指导语言行为的另一种话语。它是词语使用的规则——一个规定。中国思想家没有使用将词语转换成句子的技能。定义只不过把指引的问题推回到一个层面。"道"的解释需要一个标准。这个标准像"道"的其他要素一样是一个分别。无限的倒退仍然在进行。但是它的结构不是一连串的定义,而是一连串指引"是-非" it-not it 在低级分别层次应用的分别的解释。

再看看实际推理中的欧几里得模型——实际的三段式。欧几里得的理性模型促进了西方逻辑的发展。正如我上面指出的,这个模型是一个代表整个空间世界的一系列公理、定义和推理规则指导过程的所有真理的很好的方法。西方伦理哲学之后利用

欧几里得模型来解释和判断行为。当我们思考要做什么的时候,这就是实际推理。(与理论相对)

亚里士多德假设了一个名为实在三段论的特别的证明形式。这个实在三段论的前提包含了规定的句子。这些可能是欲望的规定描述,或者是基本的道德规则。这形成了追求更高级的道德公理的伦理理论概念。其他前提陈述相关的事实——描述性的句子或者信念。正式地说,实在三段论产生了一个在现实环境中跟随道德规则的规定。

从亚里士多德到康德,这个形式不仅要能够证明,而且还要能解释行为。实际三段论的结论是行动。为了使三段论能够解释行动,我们要有理性逻辑结构的思维。前提的理性推理在思维中进行。休谟主义者分析说前提包含心灵状态的精神解释。现实的前提是对我们信仰和我们欲望规定的回应。当然,我们的欲望可能是道德的。如果我们是理性的,那么就有一个关于我们指导行为的心理过程的有效的论辩模型。

这种希腊心理学成为西方和印度的常识心理学。我们发现希腊的三段论有古代佛教的逻辑。因为它的广泛流传,所以我们倾向于认为每个人都接受这种希腊理论。我们用更有说服力的理论特征来加强它的说服力。如果它是真的,那么它就明显是真的。如果我们接受了它,我们不能想象有任何文化或者文明会没有它。

这种不能抗拒的心理学部分来自于亚里士多德,还有部分来自于后期哲学。亚里士多德把心理学置于语言之前。他说现实中的事物是我们的精神图像。语言是代表这些图像的标志。现代欧洲(17、18世纪)和英国哲学更认为我们本能地和无意识地指引这些图像和观点。这些观点包含了精神句子或者信念的词语,而且使我们确定地意识到它们的存在。没有人会在信仰中失去信念。

明显的是,选择了信仰就等于选择了它的对立面欲望。这些就和句子一样。虽然我们一般有目的地把它们描述为欲望。逻辑上说,它们一定是"我有某些目的"的欲望。否则,它们怎能在实在三段论中起到解释行动的作用呢？无论如何,有目的的欲望一定包含了目的的精神表达。人们怎会看不到这些呢？

这个理论-证明概念是西方文化很有用的创造。我并不打算否认它或者降低它的作用。但是它是一个文化创造——与其他文化创造如信仰、信念和欲望在一起。古代中国的心理语言学家没有建立一个书面讨论的思维模式。① 他们构建了一个十分不同的心理语义学理论。

西方信仰-欲望模型解释人类行为的最大缺点是解释技巧。一台电脑可以画出欧几里得的理性模型和解决数学问题以及逻辑问题。直至现在,没人可以成功地让电脑用两只脚上楼梯或者创造可靠的英语语法。实在三段论的技术概念看起来是不合常理的。我不能把我加入的道德规则与杰克·尼可拉斯的信仰和欲望等量齐观。

在译者用"belief"来翻译中文的地方,文体中可能有几种不同的语法结构。他们全部都关注性情、技术或者能力。他们没有一个有句子内容——思想或者信仰——表达的主观观点。古汉语语法结构典型地使用意向动词来构建常用谓语(动词、形容词和一般名词)。例如,我们说罗尼相信桌子是蓝色的,古代汉语会说罗尼蓝桌子或者"以"$^{\text{with regard to}}$桌子"为"$^{\text{deems; makes}}$蓝。那就是,罗

---

① 这个生动的隐喻是借用自我的同事希拉里·科恩伯利斯(Hilary Kornblith)。

尼很可能把术语"蓝"应用于桌子。他不仅是处理蓝和绿的区分，而且在分界线的正确的一边使用事物"蓝"的术语。

这个词语的技巧或者特性展示了解释行动或者表现的特征。罗尼在颜色之间划线的方法影响了他怎样接受命定、指引、请示、规则等。他做出分别的倾向决定了他行为的方式。他的名字组成了他的"道"。

因此我们在汉语传统中谈论知识和信仰要特别小心。我们把一个我们熟悉的现代西方概念加上表面的证据而认为中国思想家有一种不同的语言来讨论思维、语言和世界的联系。与中国的"知"最相近的对应词是"know how"（知道怎样）。与"信仰"最相近的对应是类型和普通术语用法之间分别的意向的教义。当我们认可这种区分的时候，我们以赞成的口吻（如同知道如何）说出这种特征。我们肯定了这个人的能力、敏锐、判断力和技能。我们中的部分人知道去（know to）区分日落的两种颜色。但是有时候看到同样的日落，我们中的一些人会"红"之，而另外一些人则会"灰"之。某些人知道去（know to）搭配我们衣柜中的某些颜色，其他人就从来不能掌握那种精致。

信仰和知识像它们在西方哲学中的功能一样，在句子的应用比词语中多。我们相信或者知道的是像句子般的物体（观点、思维、信念、陈述等）。英语中的"know"没有介词用法，所以在西方传统认识论中几乎没有地位。当我们思考知道的其他用法时，信仰是没有用处的。例如，我知道新西兰的首都但不能说我相信新西兰的首都。我知道怎样在蹦床上做弹起的动作，但是我们不会说相信怎样做任何相似的事。

在谈论句子时，我们都相信我们有那样的知识。在谈论词语时，我们更可能使用知道怎样或者知道什么的概念，而不是陈述性的知识。我们知道那些词语,我们知道怎样使用或者发音。①这些没有介词的用法允许汉语传统中"know"的使用方法。一旦我们翻译了"know",就产生英语词语"know"的模糊性。我们把这归之于命题知识的理论和中国哲学家的理论。然而,信仰—知识的相对理论没有展现中国知识理论的特征。

在讨论定义和意思的地方,中国理论家关注于进行"辩"的能力。因为有关区分的不同意见是不同学派间异议的核心论题,我们可以把"辩"译为"argument"。由于对争论两种含义的混淆,翻译者大都认为"辩"是证明,而不是争论。② 因而他们把名家归结为对逻辑问题的处理者。我们由此假设了一种被人认为英语词语是意义明确而翻译者却不能用以解释中国理论真实结构的显见的心理学。

墨子的语言理论

墨子功利主义有趣的地方是,他在其中加入了一个不同的语言理论和思维理论。我们可以看到他同样也有西方功利主义反传统的特征。功利主义反对有特殊联系的道德。它是对传统进行反思的产物。这是比前哲学传统的道德更逻辑、更恒常的明显的哲学道德观点。这以自己能给出传统道德模糊的指引或者不能给出指引的答案——清晰、一致的答案——而骄

---

① 这种哲学模型影响了其他一些术语的翻译。例如,"善"good更准确的翻译是good at。学者们一般认为孔子是表现礼而不是遵循礼。教育主要是道德教育。智慧就是行动。孔子把学习和实践连接起来,而不是把学习和记忆连接在一起。有很多这一类的例子。
② 葛瑞汉也受到这种模糊性的影响。他的论点就是以这两种模糊性为基础的。最主要的错误可见葛瑞汉(1989),第36—37页。

傲。如果认为墨子的功利主义符合西方理性思维的功利主义，那是错误的。它不是。

三表法

中国哲学的主流解释忽视了墨子的重要性。他与西方思想家的相似性吸引了很多解释者的注意。他们忽视了基本的差异。[144]这使墨子在儒家传统中看起来是一个异类。实际上，正如我们所争论的，他比孔子更能创造哲学传统。他的语言焦点集中在中国哲学的框架。他是理解古典时期伦理争辩的关键。我们可以通过墨子为语言的改革提出有启发性的伦理建议来了解语言和伦理是怎样互动的。

在《明鬼》和《非命》两篇中，墨子用他语言观点中的"三表法"来提出一些形成关于恒常言说的特定方法。这个理论有效地指明了西方以真理为基础的思想体系和中国实用的思想体系之间的差别。翻译者没有赞同墨子的观点。他们坚持认为墨子的思想是以真理为基础的，而他的理论是一种对真理的检验。一种翻译显示了这种观点的危险：

> 因此一种理论必须受到三表法的检验。三表法形成的理论是什么呢？它的来源、它的合法性和它的应用性。我们怎样判断它的来源呢？我们通过与古代圣王流传下来的事迹作比较。我们怎样判断它的合法性呢？我们通过与人民的耳目所得的证据作比较。我们怎样判断它的应用性呢？我们通过观察它在管理中能否给国家和人民带来利益来判

断。这就是三表法。①

我们对三表法感到熟悉是因为我们想到了现代美国的实用主义者和他们对真理的实用主义定义。墨子似乎形成了一个相对的观点。然而，西方实用主义者面对的是一个有两千年历史的关注真理的传统。他们有一个很好理解的科学真理入门概念去定义和解释。对知识和信仰的疑问限定了美国实用主义者的哲学方法。我曾认为这类问题从来没有在中国形成。由于墨子的语言观点没有对这些理论的关注，我们没理由认为墨子有这样的关注。② 他对某些事物使用了实用主义的标准。因为我们最熟悉的是实用主义的真理论辩。翻译者就假设真理必须是某些事物。

相同的是，当我们知道墨子的兴趣是对精神的关注时，我们希望把墨子理解成会说一些关于精神话语的人——我们必须相信精神。缺乏信仰明确的语言描述没有为翻译者添麻烦。因为他们认为关于信仰的理论和其他精神事物都是明显的和不可逃避的。我们由此可以假设这些精神心理学的语言是在墨子的论辩之中。他肯定会说相信精神有实际的利益。

现在我们全部同意当我们用这种方法解释墨子时，我们减少了他的理论的模糊性。所以翻译者不可避免地批判墨子的天真。为了公平起见，我们最好再仔细地看看墨子语言的结构和它的译文，以弄明白是否应该把对这个天真的批评归之于墨子。我首先会通过关注教理形成时的实际词语来提出一个关于我们解释的总结陈述。随后，我会在一个更普遍的层面进行讨论。

---

① 华兹生(1963)，第118页。
② 当然，我们要排除所有的哲学传统都与我们有共同关注领域的假设。

第四章 墨子：制定哲学议程

上面翻译中的两个词语缠结在一起使它看起来像是真理：理论和检验。墨子说的是三"法"standars 和三"表"gnomen。葛瑞汉把后者作为一个标明和衡量太阳在哪里升起和在哪里下降的参考体系。"法"和"表"是正确的标准，而不是真理句子的定义或者检验。他们的标准是"言"words; language。① 墨子提倡使用"言"的客观参考标准。

第一个标准是恰当使用的历史标准。我们通常尝试像我们老师教我们那样使用词语。他们相应地接受了他们老师的模型。一种语言恰当性的社会标准可以追溯至术语形成之时。我们接受之前做出区分的方法——设想术语有新的用法。墨子同样希望我们在连结词语的时候遵从以往的用法。那就是使区分正确。例如，我们应该接受圣王把存在置于鬼神之前的对语言和存在文化的融合。

把第二个标准根据人们的眼见耳闻作为一种新的检验真理的方法是十分诱人的。对眼见耳闻的东西的参考触动了同一根弦，并对科学理论做出经验的肯定。然而，墨子从来没有像经验主义者那样使用标准。他从不讨论从证据到一些理论句子真理的推断。实际上，他一点也没有使用推理的概念或者感觉素材。如果这是经验主义，它就是没有哲学意味的、主观主义者的经验概念。如果我们把它作为一种社会标准的恰当用法，它更与文本一致。我们使用语言应该像一般人那样用于表达他们看到的和

---

① 部分评论者认为"言"意味着教义或者理论。但是，由于他们没有否认它同样有语言/词语的意思，我们也就可以说他们没有划出语言-理论的分别。不能做出分别是实用主义反对语义学观点的标志。正如在"命""道"等的例子中一样，翻译者在这里对待他们不同文本下的英译本就好像本土的说话者不及普通英语说话者那样懂得词语和教义理论之间的推理一样，我把这种版本称之为"英语是唯一真正语言"谬误。

273

听到的。① 然而这不仅仅是一个社会标准。我们实际上也和其

---

① 葛瑞汉就是因为这点反对我早前的论点(1985)。他的反驳(1989)依赖于修辞性问题。"但是这件事仅仅是现实的……用第二种方法直接向看到的和听到的灵魂汇报会有什么不同呢?"(第395页)葛瑞汉引入了一个肯定的修辞性疑问使得这些提问反对我的解释——那些事件仅仅是事实的,他就祈求提出的疑问就是那些汇报内容。修辞性疑问提出,除了葛瑞汉的方法外,没有其他方法可以理解它们。

对修辞性疑问的回答是很简单的。即使我们假设那些科学事实与我的假设相反。差别就在于,我们应该如同早晨谈论日出或者地平线那样谈论发生了的事情吗?接受墨子的语言理论并不意味着墨子假设的科学对应物一定相信地球是宇宙的中心。浅陋的聪明人以他们的理论可能会认为他们有很好的理由去纠正普通人汇报他们早上亲眼看见的事情。墨子的科学对应部分只是坚持我们应该继续用普通的方法去命名人们汇报的有声有色的事件。将这种对应性带回到古代中国,复杂的儒家解释理论者坚持说"在普通人说看到'神'spiritual energy 的地方,是'阳气,'dominant ether 短暂的集结"。接受儒家的观点不等于说墨子拒绝被人看见的解释。葛瑞汉举出汉学中的另外一个例子说明他和现代精英主义者坚持普通人说中国汉字是表意字而不是音节-形态-音标或者符号,又或者是其他新创造的词有相同的观点。墨子说我们可以明确地说:"中国的表意字带有音位信息。"我们不需要改变词语的通常用法来传达世界的资讯。

随后,葛瑞汉再次错误地陈述了我的观点:"陈汉生反对墨子的其他两法,圣人的权威和社会的结果。这两法对于你我来说不是与真理相关。所以墨子并不追求真理。"但是我反对说这两个方法不是对真理简单的检验。墨子从来不会说他在谈论真理。他仅仅给我们三表法。他谈论的是三表法的应用。如果在没有文本的情况下葛瑞汉仍想坚持他所说的是真理,那么三表法应该是真理的检验。如果他们想检验其他事物,除非文本中没有其他指示,我们才有墨子在说其他事物的结论。这并不帮助我们说有我们的"真理"和他们的"真理"。我们应该对什么被置于第二个问号之间产生疑问。一个英语单词?不是。一个汉字?这看起来也不像。它是一个葛瑞汉式的词。葛瑞汉还在文段中做出解释。所有我们知道的是它和英语的"真理"不同。但是那就足够了!如果它不是相同的,就一定是不同的。现有就是说它是什么。

所以在假设解释它们就是谈论真理的情况下,葛瑞汉同时指出墨家一个十分愚蠢的错误。葛瑞汉指出他们的错误是文本行与行之间的意思与整个文本不一致。随后他就用他自己不一致的解释批判他们。

葛瑞汉否定了这个意见:"但是即使在现代的西方,只有复杂的逻辑才能从权威和社会利益中分离出真理问题。"然而,只有当他们真是有罪的情况下,我们才需要道歉。只有在这一点上才是真正有问题的。此外,这种回应假设了真理的问题不可避免地与权威混淆在一起。我就是挑战那种权威。葛瑞汉的回答只是再次提出问题。(转下页)

他人一样使用语言。我们不仅要与时间一致,而且还要和整个群体,包括普通人民相一致。墨子对标准的用法(例如在谈论鬼神的时候)明显是有多种证明方式的。但是我认为那并没有体现第二个标准的所有力量。它使我们想起我们在墨子谈论所有标准时指出的观点。标准不仅是要共同相信的,而且要像功利原则一样,还要像普通的衡量标准一样是很容易达到的。人们必须简单地通过使用他们的眼睛和耳朵就能运用它们。"法"standards应该是

(接上页)　他说人们在真理中讨论错误是正常的。当然,那是真的。但是却不相关。例如,葛瑞汉经常引用在讨论他的解释性观点时(第119—120页)汉学家一致的看法。但是当我们理解这些熟悉的错误如何走进葛瑞汉的推理过程时,人们会惊奇地发现它明确地在葛瑞汉的方法论中形成——一大串规则中决定什么是正确的解释。"第二,如果有超过51%的美国亚洲研究协会成员在这本书的出版之日认为这种解释是正确的,那么它就是正确的。"一个寻常的逻辑错误和一个表面的清晰的推理规则之间是有差别的。这不是墨子被隔离开的论点,而是他的语言使用理论的排列和陈述。

随后,葛瑞汉提出一个修辞性疑问:"进一步说,如果存在鬼神,在中国引起的唯一问题是,社会是否肯定它?如果没有人否认鬼神祭祀的社会责任,人们怎么会怀疑它?"葛瑞汉的修辞性疑问使我困惑,而且还再次回避了正题。我们在争论什么是"它",那个可被质疑的、等同的对象。我认为墨子谈论社会责任时会说"有"鬼神的责任。他批评儒家坚持无用的社会祭祀活动的同时,忽略了说社会"有神"的实践好处。葛瑞汉似乎会继续那样说。虽然重新形成了关于说"有"鬼神是一个故事信仰的主张,但是他没有注意到又再次回避了正题。我正在挑战行与行之间的信仰理论。

接着葛瑞汉引用"普遍的公式给出两个选择"的话,把他的翻译应用在一个英语如果-那么的观点构造条件中,并且指出他提出的问题正如他的翻译所指的"隐含了即使在外部的哲学循环中,这个问题都普遍被认为是公开的"。他甚至没有注意到我们之间的争论就是这个问题是什么。他简单地认为这是一个应该相信的事实问题。现在那就是相对的可能性。我的解释可能是错的,但是人们可以通过避开正题重复修辞性疑问反驳假设只是一种幻觉。

我挑战传统提倡的观点,以创造在面对缺乏那些术语及其精确语法的行为主义者语言使用时,把真理和信仰关注归之于中国哲学家的论争。使用修辞性疑问仅仅是拒绝接受挑战和做出争论。修辞性疑问的答案有显而易见的文本暗示风格。葛瑞汉假设他只是要展示他们有这种关注不是不可能的。但是我所表达的解释性疑问出现了。因为我主张两种解释都是可能的,而且对于吸收了西方民俗心理学的人来说是明显的东西,对墨子来说则不一定是明显的。我们不得不争论有一种可能性是更加合理的。

客观的和容易设想的,以及不依赖于模糊或者有争论的直觉。正确用法的标准是人们可以用眼睛和耳朵来批判。它们不应该是唱着圣歌的牧师精英阶层的财产。

耳目之测是一个词语应用的检验。我们不应该使用词语或者做出人们不能用他们的眼睛或者耳朵做出辨别的区分。我们把这检验理解为社会适用性的检验,然后是术语的有用性和区分。如果人们不能把术语运用到他们眼睛看到的和耳朵听到的术语,那么这些术语对于利益的普遍用法来说就太深奥了。

第三个检验进一步确定了墨子的语言关注是语用的而不是语义的假设。我们已经犯了把墨子作为一个现代实用主义者的错误——假设了一个关于真理实用主义检验。古代中国哲学没有一个类似真理的概念。所以没有理由假设一个没有人改良的还原翻译理论。无论是墨子抑或是孔子都没有提出一个语言怎样回应世界的抽象问题。他们没有怀疑句子中的语义学成分。这个标准在墨子的语言功利主义之后得到发展。我们使用语言必须产生利益。我们使用的标准使我们可以用功利的方法来"辩"。

如果我们把假设的观点归之于墨子,这会导致我们追问墨子是否真正相信鬼神。可能他只是发现这个信仰是有用的。成文的文献并不能轻松地解决这样的一个问题。他的道德观点十分社会化,使得个人观点在这些事情上没有得到表达。他以他的语言和词语,而不是规则、理论或者信仰为证明的基础。正如我们争论的,他提倡我们需要纠正社会的"名"来得到好的生活。他提出正由于此,社会采用了"有"神代替了"无"。

他论争说这个提议是有用的和恰当的。这合乎社会认同和历史前进的标准。古代圣人都以恰当语言的"道"来说话和行动。

那种说话方式有很大的作用。过去的作家在文学加入了灵魂的道德教化故事。把"有"置于"鬼"和"神"之前鼓动了人们恰当的行为,因为我们应该把这种语言用法变得恒定。

墨子没有一个他自己的信仰概念。他以更接近于唯意志论者及我们应该怎样说这些事情的社会议题来关注自身。他假设我们说话的方法会影响我们如何行动。所以我们应该如此这般说它们。

语言的社会特征

英汉字典同时中用"language"和"word"来翻译"言"这个字。像我们可以把"木"翻译成"tree"或者"wood"。"言"^{words; language}是大部分名词都有的特征。"言"的最基本单位是词。任何"言"的总和都是"言"。我们可以理解大部分中国哲学家所说的语言是词语单位。汉字和词语的趣味减弱了中国语言的实用主义效果。词语是社会的,而句子不是。

我们注意到我们怎样批判人们对词语的使用。我们可以说在三种方式中,词语是不恰当的或者是不正确的。首先人们使用的词是社会并不认识的或者在不恰当的情况下使用的。例如有人指着一粒写着字的标签说"请把药丸递给我",或者有人站在关闭了门的房子里说"请关门"。虽然没有一个祈使句是错误的,但他们都不能符合正确使用的社会标准。即使有语言,遵守一些规范标准也是有必要的。① 从汉语的角度看,如果没有公有的规

---

① 维特根斯坦反对私人语言的论点似乎失败了。人们可以找到遵从人们自己的传统(或者不遵从)的意义。即使人们不能证明它,即使是一名确认说私人语言是没有意义的人。一个现实主义者会坚持使用我的私人语言违反了我过去的实践是有意义的。

则,我们会失去语言的定义功能(规范和协调行为)。你拥有的只是一堆噪音。

第二,我们可以抱怨词语的使用——即使社会赞同它——不符合过去的用法,我们发现这些批判来自于我们固守传统的英语老师,而且语言的媒体权威因为现代流行用法地位的降低而感到悲痛。这个主张是儒家语言理论的重要因素。这是历史主义的标志。历史学派肯定自治和客观地批判现实社会中实际的语言实践。这些特殊的批判地位仅仅为历史性的学者开放。① 我们避免了语言在清楚和美丽的黄金时代衰落。偏离过去语言的用法是一种粗俗的标记。

第三,我们可以批评词语的使用是一种改革者的方法。它在流行的观点和语言理论意义中是实用的。一个词的一种特别用法表明一种特别的区分。做出区分可以是有用的或者是没用的。不同方式的分别可以帮助我们达到一些目标或者阻碍我们达到一些目标。一些分别是没价值的。

另一方面,句子没有那么明显的社会性。假设有人跟你说你刚才写下的句子不是其他社会使用的句子(虽然里面的词语可以),你会为自己的创见自豪,而不是感到被批评。如果有人试图批评你的句子不同于以往的使用者,你也会有同样的感觉。句子使用的传统主义只适用于宗教体系。在句子,而不是词语上,我们更重视个人主义和自治的价值。在句子中衡量创造力价值的可能性在于词语使用和意义的价值。我们认为只要说出新的和原创性的东西有意义就是有价值的。

如果有人批判你的句子使用了实用主义的标准,你会做出明

---

① 然而你必须使用轻蔑的,乃至粗俗的术语来区分你认识的社会历史学家,以及你想强调哪些用法和清楚哪些用法。这就是正名。

确的辩护。无论你的表达是否对社会有用,它们都可能是真的。有时候真理是残酷的。我们的希腊传统为了它自己的利益而培育对价值(知识)的衡量。与个人主义和自治一起,一种对句子的关注强调了一种整体观念的语义学定义:真理是不惜任何代价的。

我们注意到墨子的三个标准阐明了标准作为术语使用的定义。如果他谈论什么标准都是标准,那么他就是在谈论标准的适用性,而不是真理。这些标准在应用于句子、理论或者信仰中都是肯定的。作为真理的检验方法,这三个标准确实很失败。作为对词语使用的检验和采用什么样的区分方法,它们是有趣的和可信的建议。历史理论不是差的检验,而是最有效的检验。关于我们使用术语可信的陈述是我们与教我们这些术语的人一样做出相同的区分。我们假设这一连串做出区分的模仿和术语的使用回到了它的创造者的时代。对于墨子而言,那就是圣人。中国人典型地把他们的文化英雄作为语言的发明者——他们创造了术语和区分。有一种看法认为我们继续用那些术语来标注这种区分不是天真的。

语言知识及区分的操作检验

在下面段落中是可以证明墨子使用的是一个实用的术语意义概念而不是句子真理。它同样指明了知道怎样应用语言的概念。

> 子墨子曰:今瞽曰:"钜者白也,黔者黑也。"虽明目者无以易之。兼白黑,使瞽取焉,不能知也。故我曰瞽不知白黑者,非以其名也,以其取也。今天下之君子之名仁也,虽禹、

148

> 汤无以易之。兼仁与不仁,而使天下之君子取焉,不能知也。故我曰天下之君子不知仁者,非以其名也,亦以其取也。(《贵义》)

> 此譬犹盲者之与人同命白黑之名,而不能分其物也,则岂谓有别哉?(《非攻下》)

《墨子》经常担心在现实世界做出区分的能力。人们掌握了诸如黑-白,甜-苦,好-坏的差别吗?如果我们用西方的世俗理论来谈论思维和话语,我们会期待墨子有一种很不同的处理这些词语使用疑问的方法。他会表达出他的担忧,就是只要问盲人有没有黑-白的理念就知道他懂得区分黑-白的意义吗?他会假设说盲人不知道这两个术语的意思是因为他没有思维图像。

臭名昭著的是,我们不能定义颜色。我们认为理解意思需要一些个人对黑和白的内在的,现象上的感觉是显然的。西方的语言理论没有给出一个比墨子方法更令人满意的语言陈述。正如墨子所指出的,只要盲人关注对语言的掌握,他就可以胜任对颜色词语的使用。他们可以说得和其他人一样流利。从语言学的观点看,盲人不懂得他们使用这些词语的意思是令人疑惑的。他能力上的不足似乎跟他学习语言的能力无关。

从汉语的观点看,语言的角色是指导行为。如果墨子有更多行为的和客观的观点,他会接受这些明显的东西。盲人可以和正常人一样准确地定义和使用黑和白这两个词。他有部分知道怎样的知识和名的联系。盲人在以黑-白作为指引基础情况下,他缺乏指引他的行为和做出差别调整的能力。那就是墨子争论的,也可以说是很重要的。

墨子和孔子的一致

墨子给出了更多在《论语》中发现的含蓄的儒家语言理论的详细情况。两个学派都同意文化的英雄创造了语言。圣人们向我们展示了他们对给予我们建立有秩序的社会指引区分的洞察力。这里重要的例子是关注于使用语言和指导行为。社会的认同和历史的持续性在这个设想中是有用的。因为指引在文化中同样是社会的和可以累积的。正名,尚同,以及对古代的检验都出自于有相同背景的理论。我们必须保留告知我们存在指引话语的区分体系。历史的正名观点加强了墨子的体系,正如它加强了儒家的一样。他们最主要的不同是墨子认为这是三个恰当用法中的一个。这是一个决定恰当用法的思考,而不是判断一种用法的类型。它肯定了我上面提到的保护规则。即使我们要改革传统的"道",我们也要为其实现最大的利益。

研究墨子的一个很重要的原因是分清这些大家认同的关于思维和语言的假设。因为它很强烈地反对儒家思想,而和西方哲学观点有一个明显的相似之处。那些同意的观点显得特别重要。他们把自己作为那个时代基本假设和西方哲学最有意义差别的候选人。

我们的确找到一个可观的这些基本对照的集合:

1. 人们存在于自然的社会等级。他们倾向采用一些社会的或者道德的好的概念:一些"道"。

2. 人们基本的学习是模仿在等级制度中处于他们之上的人接受的模型。这种学习最重要的是学习使用一个共存的名的体系:一种语言。

3. 掌握名的本能和在指引人们行为和协调社会活动中使用名的本能都是自然的。最能指导人类行为的方法是建立一个语言使用的模型。社会自然就使用了正名或者尚同。

4. 学习名包含了获得在物体中进行分别的能力。对最成功的学习的检验是我们分别的方法和社会中的其他人一样（或者和我们以前所用的一样）。这个协定对调整语言的功能有基础的作用。那也是对调整社会的功能有基础作用。

5. 我们可以通过举出一个不同用法类型的例子来改变一个社会由名标出的分别。我们通过权威、世俗和社会的习惯来决定语言的用法。

6. 消极地说，墨子和儒家同意仅仅依据"词"或"名"来谈论语言。他们没有把句子、观点、信仰、思想或者意见理论化。他们没有脱离使用词和指引行动的能力来谈论意义。它们没有谈论西方哲学里面常见的主观概念。这里没有提及一个内在表象或者图像或者抽象的理论。智慧的概念在他们的语言陈述或者人类的精神功能里面是基本的元素。①

由于这种假设与印度的和欧洲的哲学传统十分不同，所以十分吸引我们。传统的评论并没有完全忽视中国语言理论的这些特征。但是他们只是轻视这种理论而不是发展发展它。一个普通的汉学家对这些语言和行为朴实的观点的反应令人尴尬。标准的观点倾向于把中国的语言观点以及它和人类行为的联系当作一种词语魔术。他们对中国哲学感到尴尬的是他们接受了西方的语言理论，并认为观念理论和自愿道德行为

---

① 在有这种翻译迹象的地方，它典型地是翻译者把这种理论当作必然的常识，并在翻译中支援他们。

的信仰-欲望解释是自明的。所以他们没有仔细研究它在整个古典中国方法中的作用就忽略了中国理论中他们认为是迷信的部分。

在印欧的观点中,语言是一种没有行动的附带现象。观念才是重要的。我们要求观念要学习语言,而不是相反。如果我们接受了西方的图像,那么我们会发现它十分慷慨地原谅了作为语言魔术或者过于强调语言在塑造性格和行为中作用的原始信念的中国哲学。从西方的世俗理论观点看,社会的习俗成为人类功能的描述是一个相对靠后的阶段。他们构成了对自然人类功能的一种相对温和的(及几分可反对的)侵扰。

心-身的分别增强了西方关于人类本质观点的认同。弄清楚这个结构成为西方哲学一个长期问题。我们从来不能成功地清楚说明人类能从现实中提取出相同概念的主张。人类心理上是自私的观点需要一个广泛了解文字的小技巧。18世纪的哲学家(尤其是布特勒,Butler)分析和打击了心理学自我主义的教义。通过引用信仰和欲望解释人类行为不可避免地会引入了倾向或者技术。我提出,印-欧语系概念体系是托付于魔术的那种!

第二编

逆语言时期

第五章　孟子：创发反击

的确,人们在阅读《孟子》时会得出这样的印象:这是一个完全沉浸在儒家传统之中的人,他对于来自门外的挑战保持着深刻的警惕,尽管他也深受时代话语的强烈影响,但在信念方面却没有丝毫的动摇。

本杰明·史华慈①

……我们很难相信像孟子这样具有极高才能和声望的一个思想家竟然经常沉溺于看起来无关紧要的辩论,抑或他的论敌经常在面临没有前提的推断时变得哑口无言。我们猜想失误一定在我们身上。我们一定是没能很好地理解这些辩论。

刘殿爵②

背景:儒学面临的双重挑战

孟子在孔子去世后大约一百年,出生在儒家文化中心地域的一个贵族之家。他和孔子一样,名字的拉丁语写法中融

---

① 史华慈(1985),第 255—256 页。
② 刘殿爵(1970),第 235 页。

合了"子"字。①（confucius 之名译自"孔夫子"，Mencius 译自"孟子"。）有学者认为他是比孔子更有影响力的儒家学者。孟子把儒学的注意力转移到道德心理学上来，也就是关于人性的理论。孔子的弟子曾经抱怨："夫子之言性与天道，不可得而闻也。"关注焦点的转移和先验论（innatism）学说最终界定了儒学。

我们假定对儒学的两种互相冲突的解释路径促成了《论语》的编纂。我认为，我们通常可以近似地把孔子视为儒家的传统派，而孟子则是先验解释的主要代表和理论家，他的动机要复杂得多。孟子的理论不但要对礼做出解释，而且要回应墨子针对儒家传统道论做出道德重构的挑战。先验论从修辞角度与各种道德重构进行对抗，它后来变成新儒家的正统理论。自宋明理学家以来直到现代美国第三期儒家，都是通过孟子的棱镜来了解孔子。

因此，在正统理论中，孟子的名声非常显赫。但是在同时代的哲学家里，他给人的印象却并不深刻。②甚至有别的儒家学者也嘲笑他幼稚的先验论立场。然而孟子在国君们面前是很成功的——他们是典型的彬彬有礼的听众。我们有理由怀疑正统派对孟子的敬意，但这些都还不能作为证据，因为孟子远不只是我们现在所看到的这样。

我们所看到的是，魏礼（Waley）指出，在汉学历史上更为诚

---

① 曾有一个短暂的时期，有学者试图把墨子称为"Micius"。毫无疑问，尝试失败之后，墨子就浑身轻松了。
② 史华慈(1985)，第 290 页。

实的年代,"作为一个辩者,(孟子的辩论)是无效的"①。儒家的解释策略在这里显示得非常清楚:他们竭尽所能地夸大孟子,贬低墨子。孟子只有在对手是侏儒的时候才显得高大,主流观点一直在竭力掩盖这一事实。我们可以勾画出墨子那些具有哲学兴趣的辩论和立场,同样也可以勾画出孟子的辩论和立场——但那都是防御性的、不相干的、诡辩式的闪躲。孟子的辩论充满了不恰当的类比,缺乏严密的推理,而且似乎有意曲解对手的观点。然而,他却有着贵族式的写作风格。

中国哲学依靠直觉而非理性的套路基本上可以认为起源于孟子。我们经常把他的先验论拿来和柏拉图作比较。柏拉图用关于意义的挑战性理论来刺激他自己的学说,而孟子的主要目的则是使自己能从道德重构的辩论中抽身出来。孟子用他的先验论批评墨子,同时又可以不必回应墨子的挑战。

听起来十分荒谬,但或许正是孟子在哲学上的不成功最终奠定了他在文化上的统治地位。在中国的学术传统中,没有什么比一部含糊而不连贯的著作更有用、更有吸引力。孟子那费解的神秘主义强化了这一点。浩繁的儒家注解都在试图厘清孟子晦涩的理论。正如刘殿爵所说的那样,当我们意识到其中的问题之

---

① 魏礼(1939),第194页。葛瑞汉援引魏礼的评论以说明他所谓的"在过去的半个世纪,对中国哲学的理解已经发生了改变"(葛瑞汉,1989,第119页)。葛瑞汉的评论恰好成为一种迹象,即解释的理论在何种程度上依赖于慈悲的心肠,以至于使得主流理论混淆了理解和同意二者的差别。而现在,对儒家的慈悲心普遍地混淆了精通和理解中国思想之间的不同。当然,要想获得儒家教师的认可,慈悲的态度是必不可少的。但是我们确实希望保存这样一种理论上的可能性,即中国古代那些口口声声驳斥儒家的哲学家们,是真正看透了儒家幼稚的语言。我们不能让官方正统意见对孟子无上地推崇蒙蔽了自己的双眼,他那些轻蔑的论敌也许已经向我们指出他正是一个彻头彻尾的骗子。

后,信念要求我们对孟子做出新的解释。于是,经院哲学(scholasticism)应运而生。

墨子出于同儒家辩论的需要,对哲学术语进行了界定,其中的关键术语是辩。儒墨之争的关键即在于哪种辩应该被用到社会的设计(programming)中来,用哲学的话语来说就是哪些区分(distinctions)才是我们应当接受的。孟子自己也承认,为了维护儒家学说而不得不和对手进行辩论,但是他又坚持说自己并不喜欢那样,这么做全是因为当时"杨朱、墨翟之言盈天下"。①如果不能平息杨朱、墨翟的议论,那么儒家学说就无法广泛地传播。如果异端邪说侵入君王的内心,则会有害于全国的社会公共事务。

墨子对孟子理论最终成形的影响,远远大于主流解释通常所认为的那样。墨子把孟子从独断的礼仪迷梦和理论的消极被动中拯救出来。孟子放弃实行自我隔离,一切听天由命的立场,参与到人们应当遵循何种道的哲学讨论中来。虽然是在为现状作辩护,但他确实发展出了一种理论。

孟子的训导重在对礼的吸收,而不是哲学理论或辩论。他参与辩论是因为他相信语言能够影响行为——而且这具有一定的危险性。但是,他不可避免地从他的论敌杨朱、墨子的说法中借用了某些成分。孟子虽然把礼和仁、义、是非放在一起作为"四端"理论中的内容,但是礼始终位居第三,而且在整个理论体系中不起主要作用。仁在孟子的理论中是普遍的,而且隐含着功利主义的意味。(仁作为一种美德,与功利主义的责任相对应。)

---

① 《孟子·滕文公下》,以下援引《孟子》,只标篇名。

第五章 孟子:创发反击

虽然墨子对术语作了界定,但是孟子所受的儒家熏陶则强调在朝廷之上背诵诗句能力,这使他无法接受墨子议论文的文风。孟子的风格与《论语》更为接近,而其中的对话则明显比《论语》要长得多。孟子似乎比孔子作更多的长谈,而这些谈话中所包含的理论往往使我们联想起那些晦涩的格言。

传统观点认为《孟子》一书是孟子本人和他的某个弟子合力编纂而成的。① 虽然孟子有不少弟子和门人,但是《孟子》一书也许是早期儒家哲学著作中唯一一部只包含某一位先师本人原初思想的著作。② 因为它没有形成专门的学派,所以也就没有人对它进行注解和增补。

辩论所采用的术语是儒家所不赞成的。墨子曾论证说,社会之道不能单纯依赖于早期儒家所维护的那种传统标准。孟子的策略是借用论敌之一的说法来攻击其余。杨朱的说法为孟子提供了一个回避墨家挑战的方法。但是他也必须修改杨朱学派的某些策略。他修改了杨朱的神意道德(divine-command morality),把它变成儒学在先验的、自然主义的立场上对其他学派做出的回应。这一策略隐含着杨朱反语言的观点,因此也就解释了为什么孟子喜欢保持沉默,并对好辩表示歉意。

我们已经对墨子的说法进行了深入的探讨,现在有必要来研究杨朱对是[this]非[not this]的区分。不幸的是,我们无法直接研究杨朱自己的说法,我们了解杨朱都是通过二手材料,主要是《孟子》和《吕氏春秋》。

---

① 休斯(Hughes)(1942),第 96 页。
② 伊若泊(Eno)(1990),第 99 页。

传统上把杨朱视为早期道家的代表。① 根据流行的观点——通过孟子的解读,我们才得以知道——杨朱主张利己主义的伦理学。在哲学辩论中,这意味着他把"我"作为一个核心术语。孟子说:"杨子取为我。""为"就是"做",他的言行都围绕着"我"来展开。"为"的另一个意思是"为"for the sake。换句话说,杨朱通过鼓吹人我之间的区别来维护"我"这个术语的核心地位。就像孟子说的:"拔一毛而利天下,不为也。"②

葛瑞汉争辩说杨朱的哲学并不像孟子认为的那样只关心自己。③他把"拔一毛而利天下,不为也"理解为"拔一毛而易之以天下,不为也"。杨朱学派的这种思想倾向在《道德经》第五十二章中也表现出来。大致跟孔子一样,④杨朱也在道德层面上拒绝牵连政治。他认为如果每个人都拒绝接受帝国,那么世界将会变得更加美好。人们应该拒绝参与政府公共事务。葛瑞汉把杨朱视为一个利他的无政府主义者,而非冷漠的利己主义者。

---

① 对此葛瑞汉有不同见解。他把杨朱学派和道家视为两个不同但相关的学派。葛瑞汉推测说庄子可能一开始是个杨朱学派的学者。他对《庄子》的分析表明,其中有大量篇幅出自杨朱学派的手笔。我自己则倾向于把成熟的道家视为一种关于道的理论。杨朱的态度与其中某些理论家不谋而合,但是从别人对他学说的转述来看,道的概念并没有扮演一个重要的角色。因此我把他视为早期道家的代表人物。
② 《尽心上》。
③ 关于此种解释的最佳说明和例证,请参见葛瑞汉(1967)。在葛瑞汉(1978),第15—18页,以及(1989),第53—64页这些著作中又多次重申。葛瑞汉认为杨朱重视生命,进而肯定所有生命具有同等的重要性。但是在杨朱惯常发表的利己主义言论中,我们却找不到任何令人信服的文本证据证明这一点。
④ "孔子",疑为"老子"之误。——译者注

第五章 孟子:创发反击

我无意于探究这个解释性的问题,因为我们只有二手材料。我们关注的对象乃是孟子所转述的杨朱。而孟子的理论恰是对他自己所理解的杨朱学说的回应,他又按照自己的理解借用了其中某些观点。①

在另外的陈述中,杨朱拒斥所有传统的社会价值和政治活动,激进地抛开了儒家和墨家。他否定等级制度、道德模范、社会和谐的价值,并否认儒墨两家学说所带来的社会利益。那么他将如何开展这一激进的是非之辩呢?

葛瑞汉主要是根据《吕氏春秋》的记载,重构了杨朱的论证。它起始于杨朱和孔子、墨子共享的一个评价基础:天。孔子和墨子都认为天之命或志引导着我们的行为之道(dao of behavior)。他们的分歧是:天究竟会选择哪种道。杨朱对这一辩论的贡献在于:他提供了一种释读天择的新方法。他提出了一种和生命长度有关的命的理论,不论命具体是什么,它都是天的意志。他的理论把命和生联系在一起,现代汉语中的合成词"生命"指的就是寿命的长短。

跟其他许多理论一样,他所谓的天与其说是人格的,不如说是恒定之物,它比我们审慎地选择并应该遵行的道更为优先。它

---

① 葛瑞汉猜想他所谓的"哲学的利己主义"或许在古代中国是难以想象的。他的解释就算是正确的也无法支持那样的结论。如果孟子错误地指责杨朱的利己主义,那么至少说明他能够理解这种观点。葛瑞汉的讨论混淆了哲学的利己主义和伦理的利己主义。或许那个时代的思想家都认同人类最基本的社会属性,即没有人是心理的利己主义者。这一区别在我们流行的心理学理论中,或许就是西方人所谓的私人的、个体的、唯心的心理学概念的部分功能。

设定了一些条件,其中之一就是我们何时会死。①一个人的寿命是天所注定的,但是发生意外并不包括在注定之中。天在每个人出生之时赋予他特定的体魄,从而也就注定了死亡的时间。

中医主流理论把气的有无视为区别生与死的标志。气在后来变成中国形而上学理论的基本概念。气不是一种惰性的物质,恰恰相反,是一种充满生机的流体。中国古代判断人生死的方法就是把一面镜子放到鼻子下面,如果气在镜子上凝结,就说明人还活着,因为还有气。能呼吸就是活着,否则就死了。

现在我们可以通过类推的方式勾勒出杨朱的观点。天在每个人出生的时候赋予他一种叫做气的粒子,他的自然生命也就因此被注定。得到的气越多,就能活得越久。大限将至的时候,不是天横加干涉把人杀死,而是气通过日积月累的作用,决定着每个人自然寿命的长短。这为杨朱的理论招来道德上的攻击。从某种意义上来说,人的实际寿命并非完全被注定——虽然它不能被人为地延长,但却可以被人为地缩短。

如果某些严重的外伤泄露了气,那么人就会在他原定的大限之前死去,因而也就违背了天。意外事件经常会发生。在古代中国,因卷入政治斗争而丧生的事件比比皆是。错误的言辞、招致损失的建议、加入失势的党派,甚至成为阴谋家无辜的牺牲品,都

---

① 葛瑞汉从杨朱理论中借用了一整套的术语。我同意葛瑞汉的假定,即这些术语,尤其是"性",是孟子人性论的重要理论背景。参见葛瑞汉:《孟子人性论的背景》,新竹:《清华学报》,1967,第6卷,第215—274页。但我也同意伊若泊(1990,第257—258页注释)的观点,即把所有这些都归于杨朱的名下是有点牵强的。

会引来杀身之祸:斩——处死。斩,通常被翻译为"beheading",是把人从心肺处切开,把剩余的气释放出来。人耗尽了他的气,也就违背了天所安排的大限!

杨朱说,是天在冥冥中指导我们不要参与政治活动。我们对于天的责任在于保存我们的气,不要在天定的大限之前死去。① 利己主义成了一种道德义务。

关于杨朱,我们就知道这么多。从重要意义来讲,他不是一位道家人物,道在他的理论体系中不是一个核心术语。他的利己主义似乎是在劝告人们从建构或者灌输道的社会工作中抽身出来。我们可以从他的理论中看到道家的元素,尤其是他反对社会、反对习俗的态度。但是还有另外两个元素对孟子非常重要。一个是宿命论的观点,劝告人们接受现状。另一个是认为人的自然禀赋中包含着天的威权。孟子从杨朱那里学到了内在的、原始的构成策略来解读天的道德指引。这些想法中包含着反语言思想的种子。

孟子的哲学号召

我们很早就发现一个有趣的类似,即孟子像柏拉图,孔子像苏格拉底。其中的相似之处具体表现在几个方面:其一是学生一方具有极大的影响力,以至于我们不得不花大量的时间来区分老师一方的原始形象和后世形象。其二是柏拉图和孟子都吸收了更早的,而且更加粗糙和含糊的哲学态度。他们初步建立了具有构建一种唯心的、先验的理论体系的倾向。孔子的教义是杂乱

---

① 与之关系颇为密切的是,各种代表着早期道家态度和哲学倾向的隐居避世之人经常以此为由向孔子发难。

的,缺少精致的辩论,这就自然使得人们通过首个有系统的捍卫者、诠释者所开出的路径来认识他。①

然而这种相似的关系在某个重要方面却不一样。柏拉图跟苏格拉底一起生活,同吃同住,在一起交谈,而孟子至少也已经是孔子的第二代弟子,生活的时代有着将近一百年的跨度。我们在承认孟子奠定的孔子形象有着巨大影响力的同时,也必须意识到

---

① 风格上的一致同样吸引着我们。根据亚里士多德的观点,虽然柏拉图是苏格拉底的继承人和鼓吹者,但他同时也是辩论中的猛将。西方学者长期对孟子在辩论中的糟糕表现感到困惑,尤其是他那些牵强附会而且幼稚粗糙的类比。刘殿爵承认人们通常都会有这样的印象,但他试图为此提供辩护,见他的《论孟子在论辩中譬喻方法的运用》,《亚洲专刊》(Asia Major,1963年第10期);在他的《孟子》(企鹅书店,哈芒斯沃斯,米德尔塞克斯,英格兰,1970)一书中又重印,见附录5,第235—263页。我没有他在本章开头所陈述的那种动机。相反地,我要申明,我在理解孟子对手的观点时毫无困难。我们的问题仅仅是为什么孟子的类比作为辩论而言是如此的笨拙。刘殿爵作为一位卓有才气的思想家,却简单地怀有一种不现实的假定,在同时代的哲学家(对比于中世纪经院儒学的正统派)当中也算富有特色。我们有一种绝好的解释可以说明孟子在后世儒家正统派中的高度和影响力,而不必诉诸某些神秘而费解的逻辑巧妙。如儒学成为主流学派并且视孟子为正统的解释者。在他本人所处的那个时代,在其他诸如荀子这样的儒家学者之中,孟子不过是一个哲学上的笑柄和承受指责的替罪羊。我反对这样的假设:因为他在政治上被帝国的统治者们所接受,所以他就必定高明。一位无政府主义者中肯地推断:道家的观点恰好成为其对立面。
我们进一步观察到孟子与柏拉图不同的是,他的哲学灵感、术语以及辩论的风格都来自其对手和敌对的学派。孟子虽然是第一个从哲学上捍卫儒家的学者,但是他并未参与真正意义上的哲学辩论。当我们看到孟子不合规范地玩弄某些文字游戏时,我们就可以明确地知道他在逻辑和辩论方面确实缺乏必要的训练。他常常转换、扭曲或者贬低对手的立场。他的整个理论建立在一大堆含糊其辞的基础之上。
在《墨子》书中,议论文的风格只不过是个开头。墨子朴实的语言和对有效性的理解,使他的辩论很容易被模仿和重建。但是,孟子却仍然只能停留在绚丽的传统中。刘殿爵的研究确实显示了他已经朦胧地意识到一场独立的运动(或许就是新墨家运动)正在奠定辩论的标准和风格。他徒劳地借鉴这种辩论的方式恰好证明了他对此一无所知。他的儒家训练强调为了修辞的目的,选择背诵恰当的诗句。他把这种态度带到辩论中来,他认为辩论就是背诵毫不相干的诗句,并通过含糊的口号得出他的结论。接下去我将仔细研究刘殿爵和葛瑞汉的新尝试,他们都希望抬高孟子在逻辑方面的形象。

那是经过孟子加工重建的孔子形象。孟子对孔子的解释自有其独到之处,就好像第一个对康德哲学做出解释的人一样。

孟子在参与哲学讨论的时候面临着双重挑战,他要用当时哲学辩论的术语表达和捍卫儒家学说。孟子的辩护最终使得儒家在历史上成为一个学派,他比孔子做出了更大的贡献。但是,我也不得不说,为了做到这一点,孟子在文献著作和遗传基因两方面根本地改变了儒家之道的性质。①我的确承认孟子的体系是在理论上发展了儒学中直觉主义的一翼,而荀子则发展了传统主义的一翼。因此,我们可以公正地说,孟子至少详细阐述了孔子教义中一半的内容。

世易时移,政治和哲学的大变动造就了孔子和孟子之间极大的差别。孔子希望保护式微中的周王朝,而孟子则坦然接受它在崩溃的现实。孟子虽然对此表示痛心,但他更为关注继之而起的新事物。

马基雅维利主义代表暂时性的政治体系。各国争相发展政治和军事,并为争夺国际事务的统治权而进行短暂的结盟。在大型国家联盟中间,会产生一位领导者,人们称之为"霸王",被翻译成多种词汇:tyrant, overload, paramount prince。跟孟子交谈过的大多数国君都热切地希望发展他们的国家,壮大他们的军队,增强自己的实力。他们互相欺诈或结盟,一有机会就趁热打铁地从事分裂或征服,或别的什么事情。孟子对他们玩弄的这些外交手段表示深恶痛绝。

---

① 儒家学者通常掩盖了孟子激进的背离。新儒家受佛教的影响,着迷于传教。与此相伴,带着宗教式的倾向,认为最初所涌现的教义就是完备而且完美的,这使得他们对孟子的大量创造视而不见。孟子既然无法改变孔子创立的绝对真理,那么他必定只是在对其进行更为详细地解释说明而已。

知识界的周边环境也发生了变化。在孟子的时代,社会对知识分子有着更大的需求,相应地,也就有了更多的供给。他们无须像孔子的弟子们那样经常要去寻求长官的委任。人才的竞争非常激烈,各国君主争相邀请思想家们成为自己的门客(think under their gate)。这种体制使得思想界涌现出更多的流派,而且迫使儒学与别的哲学理论互相辩论。虽然孟子本人不愿承认,但他实际上从中获益良多。况且,独断的态度增强了他好辩的倾向。他严重依赖以讲故事和类比的方式说理,从而鼓动国君起来行动。他的著作较多地记载了对治国方式的劝说,对于和其他哲学家的辩论则记载得比较少。而这些辩论的内容,就其现有的记载来看,显得非常晦涩,因而需要富有创造力的解释。

　　跟孔子一样,孟子也游说各国君主,他希望其中有人能采纳他那些理想主义的策略,以使天下恢复统一与和平。他也从事教学。① 他的弟子不像孔子的弟子那样出名,而他本人看起来也不是一个富有魅力的人。(在很长的一段时期内,从来没有人认为孟子也是圣人。直到后来新儒家的出现才确认了孟子的地位。)孟子自己在这一方面表现得非常谦逊,他说:"孔子,圣人也。"圣人的现世有一定的周期,而今正当其时。弟子问:"夫子既圣矣乎?"孟子回答:"恶!是何言也?昔者子贡问于孔子曰:'夫子圣矣乎?'孔子曰:'圣则吾不能'。"对圣人来说,否认自己是圣人显然是恰当的。②

---

① 伊若泊(1990)说,孟子教学的内容仍然是礼仪而不是辩论或者理论。又说,哲学是某种可以用来驳斥异端邪说的东西,但不该成为一名优秀儒者的学习课程。事实上,孟子的哲学恰是一个很好的例子,用以说明为什么哲学是不应该教授的。
② (《公孙丑上》)。

第五章 孟子:创发反击

　　政治上的竞争产生了各种敌对的意识形态和政治策略。某些政治家试图瓦解封建制度,建立君主制下的官僚政治。他们被称为法家,成为儒家的宿敌。商君(鞅)最早在秦国开始法家式的改革,而使秦国最终得以完成统一大业。① 他强化君主的权威,加强中央集权制度,这些政策对封建制度构成直接的打击。同时进行的还有经济方面的改革,包括强制迁徙、征兵、允许土地买卖以及其他削弱大地主势力的方法,从而把权力从封建地主手中转移到中央政府。

　　改革的核心思想招来了儒家的广泛批评。它提倡以清晰的、可测量的标准,尤其是详细的、如实颁布的法典(由当时的领导者所设计),来替代传统关于礼仪的文献。这不但抛弃了关于德行的理论,同时也消解了儒家政治主张的理论基础。如果关于礼仪的知识不再重要,那么在与功利主义者展开(军事、外交、农业等各方面)竞争的时候,儒家式的训练就不再具有优势。因此孟子痛恨秦国的改革运动。日益强大的秦国威胁到其他诸侯国,这却反过来为孟子争取到了听众。

　　法家的政治改革和墨子的道德改革有一个共同点,同为孟子所反对,即他们都使用外部的非直觉的标准来处理解释的问题。他们都主张使用经过深思熟虑的,尤其是成文的标准,来引导我们构建和解释道,这就成了孟子的主要攻击对象。孟子认为实际的解释必定有待于经过教化(cultivated)的直觉。

　　孟子把他的理论称为王道,与此相对,那种野心勃勃、以力服人的则称为霸道。它们都有着同样的目的:统一天下,孟子把它

---

① "中国"(the Central Kingdom)一词就指称这一王朝,以前它被称为秦(Ch'in)。把法家描述为法律学家是一种误导,后面我会说明这一点。

与天命这一传统观念联系起来。正如我们所看到的那样,天命把道德内容安放在首要的位置。孟子也有他自己的政治策略:仁政。

仁政强调统治者的道德品质。孟子从孔子和墨子那里继承了社会的乐观主义。领导者可以通过为人民设立榜样的方式最终达到社会和谐。孟子认为,如果一个统治者真正具有德行(而不是仅仅是为他的所作所为披上道德的外衣),那么他将会成为"王"。在此,孟子开始修正王这一术语的含义,只有一个具备正当行为和优秀品质的统治者才能成为王。只要具备了相应的品质和行为,他就自然而然地会成为王。这一修正反映在天命学说上就是:只有真正的王者才能获得王这一名号和统治世界的天命。

孟子的品质伦理学有他自相矛盾的地方,它让我们联想起自相矛盾的幸福:只有当统治世界的野心不是你的基本动力时,你才能够统治世界。《孟子》第一章第一节的对话就已经阐明了这一点。我早前引用了这一论点,并批评了把功利主义看作低调的想法。国君只接受墨家的利害之分而不问是非之别,将造成危害。臣下会对国君阿谀奉承以谋求个人私利,最终将导致混乱。孟子以"利之法"来否定利之说。

孟子的论点我们很熟悉。对效用的批评揭示了功利主义的道德在公共事务中会遭遇失败。思考这样一个案例:一个真正功利主义的总统永远不会对别国实施报复性的核打击。如果邪恶帝国真的邪恶,那么,这位总统不能让对方知道自己的功利主义取向。带着功利主义的同情心管理公共事务将会导致毁灭性的后果。邪恶国家将把我们毁灭而自己却免于惩罚!因此,功利主义者的道德理论声称,以他本人的眼光来看,说出真相(他接受这种道德理论)是不道德的。①

孟子和墨子真正关心的都是社会问题,个人的道德取向不是他们的兴趣所在。他们争论的问题是:"人们应当采取什么样的公共指导原则(何种道)?"墨子鼓吹功利主义(利-义)的道德,而孟子则提出了一种关怀德行(仁-义)。孔子和后来的荀子则提倡基于礼仪的道德。

孔子所说的仁究竟是什么意思,我们不太确定。而孟子所说的仁,我们认为可以理解为仁慈。他所说的仁政,是指统治者与他治下的人民一同分享。孟子在孔子的基础上更进一步,认为经济利益是实行王道的支柱,国君必须认识到人民有着和他本人同样的需求,进而帮助满足他们的需求。孟子举例说到诸如减税、开放打猎区域以及举办音乐会之类的方法。为了贯彻这一宗旨,他同时也谈到了国君的好色。(《梁惠王下》)国君必须致力于减轻饥荒、照顾老人;必须确保有足够的桑树支持的桑蚕,以生产足够的衣服;必须注意保护家禽家畜,合理使用民力而不违背农时。(《梁惠王上》)

孟子提倡恢复井田制,这是一种平分土地的制度。②它把土地划分成棋盘的样子,看上去像汉字的"井"字。从原则上讲,井

---

① 请注意这一困境严重依赖基于经验的假设,即他人在得知情况之后会如何回应。特别地,它假定对方不会以功利主义的方式来进行回应。这意味着此一问题并没有真正揭示功利主义根本性的失败,只不过是一个在某些经验性的假设之下,所有可能出现的问题。
帕菲特(1984,第23—24页)把一种具有如是结果(妨碍它自身被公众接受)的道德理论视为自谦的(self-effacing),它与自暴自弃(self-defeating)有着天壤之别。功利主义是一种密切联系实际的理论。如果能恰当地遵循它,就能得到在它自己看起来是最好的结果。恰当地遵循它,一般而言必然包含着能够被公众所接受。功利主义仍然会清楚地告诉总统应当怎么做,他必须要在道德信仰的问题上说谎。
② 《滕文公上》。

指的是正中央的那块土地。八户人家各自耕种外围八块大小相等的土地。中央的土地则由所有人共同耕种，其产出则上交给政府，成为官员们（即所谓的"劳心者"）的俸禄。

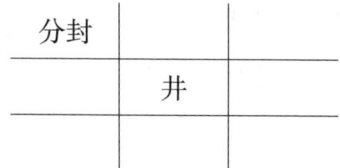

孟子在一个弱小的诸侯国浪费了太多的时间，以至于耗尽了游说更有实力的国君的心力。他的政治理论强调民意和民主两个层面，而最终是要"赢得民心"。对孟子（以及毛泽东）来说，这句口号意味着决定斗争成败的因素是公共道德而非客观实力。

孟子也同样把天理解为一种自然的永恒之物，是一个让人类活动于其中的背景。他认为具有良好品质的统治者一定能够逐步实现他的宏图。永恒的背景是心理学。如果国君采纳孟子的道，那么他的实力就会随着支持率的上升而增强。老百姓争相迁徙到他的国家，士兵组成军队为他作战，他们为了明确的目的、道义的勇气、肩负的使命而战。国君的政治、军事实力就因此而增强。

最后，如果统治者不依赖于武力，表现得仁慈和大度，那么他的实力会更加壮大。在作战的时候，非但他的士兵会出于责任感而作战，而且他的德行会吸引对方的士兵倒戈投诚。如果他关心人民的利益、降低赋税、放弃侵略，那么即使只有少数兵力，也能轻易取得战争的胜利。这与只会使用武力、玩弄法家手段相比，效果要好得多。只要能够赢得民心，哪怕最弱小的诸侯国也能成为统一天下的王国。（《梁惠王上》、《离娄上》）

孟子因此把天命民意化和自然化了。全天下的人都说某人应该为王,他就是天所指定为王的人。天命的迹象显现于人民对统治者地位和品质的认可。它们充斥于国家和军队中,老百姓们用脚投票。然而,孟子的政治理论不仅仅重视支持者的数量,而且更加关注支持的程度。胜利来自于士兵的献身精神,而非兵员数量。

孟子的政治理论在以上这些方面看起来要比孔子更进一步。墨家运动对中国的道德直觉主义有不可忽视的影响,而墨子本人所具有的宇宙关怀显然也投射了到孟子身上。孟子关于天命的自然主义解释填补了墨子理论中的空白。墨子只是简单地声称具有最高德行的人会被选为天子。

另一方面,孟子对现有政治权力的倚赖使他不得不对统治阶级做出一定的让步。他为传统特权辩护以反对法家的平等主义改革。他反对一切削弱贵族势力的改革。他反对削弱地主,奖励军功,提拔平民进入官僚集团取代世袭贵族的做法。(《梁惠王下》)他主张的井田制更加显示了他的保守主义倾向。这是一个关于是否恢复周朝土地法的讨论,在那里土地所有者不能离开自己的土地。而且从理论上说,虽然农民可以分得一块土地,但实际上却使得土地更牢固地掌握在统治阶级手中。

孟子甚至淡化传统儒墨两家关于提拔贤臣的主张。只有在极其严格的条件下,他才同意将一个贵族免职或者将一个平民提拔上来。(《梁惠王下》)

毋庸置疑,他之所以对贵族势力做出让步,其部分的动机乃是要为自己关于仁的学说寻找听众。另一方面是由于他对于论敌的观点有些反应过度。在孟子强烈反对的学派中,有一个被称为农家。他们有着平均主义的理想,鼓吹取消一切劳动分工。统治者不再依赖农民的赋税和奴隶的劳动过活,而是自己耕种土地、编织衣裳。

孟子断言关于劳动的基本区分是"天下之通义","或劳心,或劳力。劳心者治人,劳力者治于人。治于人者食人,治人者食于人"。这其实是在为精英传统的正当性作辩护。之所以做出这样的区分,乃是出于学者内心的决断,即普通人应当如何判断是非。这一理论招来了中国马克思主义者的尖锐批评——尽管马克思本人似乎也持与孟子同样的立场。

孟子政治保守主义的核心在于反对法家主导的政治改革。他坚持说统治者的个人品质和对社会的榜样作用才是影响国家的关键所在。社会大众以在位者为榜样进行效仿的信念使得制度设计看起来是毫无必要的。① 这成为儒家与法家辩论时特有的话题。这也决定了中国对当代西方政治、军事实力的回应。孟子不是周朝的忠实拥护者,但他也看不出有什么理由要从根本上改变封建制度。他全部的乌托邦式的要求就是统治者必须具备高尚的道德品质。

孟子的道德心理学

借鉴杨朱的自然主义

孟子的政治策略中包含某些假设,这些又成为回应墨子和杨

---

① 这一倾向的根源是十分深远的。这看似与孟子对语言的怀疑态度有关。制度结构(包括宪法、法律体系、条例、原则)依赖语言来控制行为。对于任何成文的道,具备优秀品质的人就能以道德上正确的方式解释它。而那些怀有邪恶品性的人则可以腐蚀任何完美的制度系统。西方立宪主义者的信念与此完全相反,而更像是法家 standardizers。我们可以设计一种制度结构,让它在任何时候都能正常运作,而不论掌权者是否易于腐败,人性是否自私、邪恶而且残暴。在成文宪法指导下确立的制度结构能够控制暴民,孟子一定会认为这是天真的设想。

朱的核心理论。墨子攻击经典的权威性,反对儒家的经典体系,这些典籍对于如何为人处世而言,并不是必需的。杨朱则攻击有关参与社会政治生活的理念。虽然杨朱的攻击更为极端,但是威胁反而比较小。杨朱的追随者不会在朝堂之上和孟子或者他的学生辩论。显然杨朱的政治立场是不切实际的。关于社会应该遵循什么样的道,利己主义很难提供一个像样的回答。

另一方面,墨子一再地攻击孟子最薄弱的环节,他挑战孔子关于道德的概念,并试图进行道德重构。我们自己不能每天无所事事,而期待天会把一切事情安排妥当。我们必须重构我们的指导原则,在一定程度上可以吸收某些现有的原则。孟子亟需回应墨子的攻击,因为他们站在同一个舞台上。①

孟子借用了杨朱的理论框架来建构他本人对墨子的回应。杨朱从权利入手论证对天的服从——事实上,当时所有参与辩论的学者都认同这一点。但是杨朱既没有从经典里找到这一责任的具体内容(天事实上希望得到什么),也没有呼吁天把各种利益平等地分配给每一个人。他发现了我们与生俱来的能力,尤其是我们的生命力(life force)。天的意愿就是我们能够正确认识并履行预定的寿命。杨朱认为,自然的约束根植于我们与生俱来的身体结构中。

孟子从这一理论中吸收了某些成分,即天除了赋予我们生命之外,还有别的东西。这使得他可以轻而易举地回应杨朱,同时也能够对墨子做出更为复杂的,看似无懈可击的回应。孟子对杨

---

① 在此我和葛瑞汉的观点恰好相反。葛瑞汉的观点是,杨朱学派的学者对孟子构成严峻的挑战,因为墨子是一个道德学家,而杨朱则不是。他说杨朱引发了一场形而上学的危机,从而刺激孟子真正上升到哲学的高度,并开始谈论心理学!我却把墨子视为严峻的挑战,他才是孟子真正的论敌,而杨朱则是孟子理论的渊源所在。还有其他不同观点,参见伊若泊(1990),第110页。

朱理论进行补充的核心在于,他认为天赋予我们道德的能力。我们物质的心是有道德导向能力的器官。在此,他对杨朱学派进行了整合。指导来自天命,而天命则可以通过我们与生俱来的身体构造来把握。正如我在上文中提到的那样,对上天意志的另一种主张来自墨子,他用天意来论证利害区分应当成为我们的自然标准。

现在,孟子反驳墨子的思路是这样的:你(和其他学派一样都)承认天是最终的权威,天通过它的赐予显示了自身的意愿。然后,他稍微地借用了墨子的某些主张:天把某些取向结构(preference structure)灌注到我们内心,这正是天意的表现。但是孟子又扩展了这一论点:天把详尽的道德判断和行动的倾向灌注给我们,而不仅仅是对生存和利益的偏爱。

孟子阐述了与传统实践和"礼"的要求相一致的自然倾向,而这又基于对经典的正确理解。令人惊讶的是,孟子认为这是因为道德本能塑造了传统,而不是相反。人类社会之所以会产生礼——仪节和习俗——乃是基于我们的自然本性。①因此,基于功利主义标准的行为是违背自然的。②我们不是天生的利他主义者,我们是天生的传统主义者。我们埋葬故去的父母、爱自己的

---

① 《滕文公上》第5章。
② 同上。"夫夷子信以为人之亲其兄之子为若亲其邻之赤子乎?"无论是孟子本人还是他的捍卫者都没有意识到这一辩论(被解释为赞许自然的行动)其实是在回避墨子提出的问题。正如我前面已经讲到的,墨子清楚地意识到主张利他的功利学说必定要求改变现有的态度和行动。他说这可以通过传统教育常规地完成;政治领导和社会模范如果结合了一种使用语言、展开行动以指导区分活动的标准,就会带来功利主义的结果。如果孟子的主张是基于道德的,而不是描述性的,那么他依然是在回避问题。但即便是在那样的解释之下,我们也不会认为那是在道德义愤之外,孟子所提出的有力抗辩。

家人都是发自内心的。这也是天所希望的,那些自然倾向是需要我们保护并加以培养(cultivate)的。

孟子无意中也把杨朱理论中的问题沿袭了过来。他接受了原初道家(proto-Daoist)一个包含潜在问题的观念,即不管是什么,只要是自然的,那就是正确的。儒学沿着孟子学派的这一内在观念发展下去,注定了最终要和自己的某些信徒,比如狂禅(Mad Chanist),进行较量。有些人从他们自发的、自然的行为来看,变得太道家化了。这是因为他们把自然与非自然的区分视为永恒不变,并用这一区分来判别是非。

这也要求孟子对自然、非自然的区分做出判断。他反对墨家,但接受原初道家的分析,因此他通过语言现象来进行判断。从天赋本能中自发产生的行为就是自然的。关于自然、非自然的区分于是乎变成了自然与习俗的区分。这是对早期儒学的根本性背离。孟子为了反对墨子而放弃了儒学理论中为墨子所攻击的部分。然而孟子本人和正统理论从不认为这恰是在向墨子认输。

孟子理论的细节充满了对人性的洞察,这显然是他理论中最强有力、最惊人、最有说服力的部分,同时也是影响力最大的部分。他关于心的理论最终占据了统治地位,成为中国秦汉以降哲学争论的焦点所在。孟子完全放弃标准理论(normative theory),使之在道德心理学和形而上学的辩论中石沉大海。新儒家以为孟子就像统治后世那样统治着先秦时期。他们也天真地认为人性论是中国先秦时期唯一的哲学论题。我接下来将会指出古代哲学家们很快发现了孟子实际是在回避问题,他本人也因此而在中国真正的哲学时代处于被边缘化的地位。

事实上,孟子同时代的哲学家很多都在致力于研究标准的问题(the normative question),他们发现孟子是借助他的道德心理学回避了这一问题,这使得他们对孟子一直不太重视。在我们讨论孟子那天真的自然主义所存在的问题之前,先来看看他的道德心理学的具体内容。然后我们再来研究孟子暗含的标准理论究竟是个什么样子,以及它是否成立,是否回答了墨子的伦理学挑战。

心

孟子认为人类用以指导行动的器官是心。孔子和墨子也都同意这一点:某些作为我们禀赋之基础的自然构造通过某些方式进行辨别和采取行动。但是他们都认为我们实现心的禀赋是通过内在的文化和语言。社会的尊长教导我们学会某些方式对事物进行区分和回应。孔子和墨子因此得出结论:榜样、教育、对父母兄长的模仿构成了天然的动机结构并使之具体化。孟子理论的新奇之处在于他的观点乃是基于他对天赋(innateness)的主张。心这个器官本身就天生具备全部的内在禀赋和道德行动。这不是说孩童就是道德上的圣人。先天的禀赋就像种子一样发芽、生长。有意识的社会化只会带来两种可能的结果:它要么加强、要么阻碍原有的东西;它不会赋予禀赋以独立的内容。

四端①

孟子说心包含着四端。这四端是与生俱来的,具有道德辨别取向或行动倾向。在特定的情况下,它们使我们倾向于做出特定的行动。四端由禀赋构成,在具体的情形中选择和从事于一系列

---

① 端,在这里英译为"font"(开端),而在后文又用"seed"(种子)。为了照顾行文的流畅,某些地方沿用孟子的术语:"端";而某些地方则直接译为"种子"。——译者注

的道德行动。一系列的禀赋构成一种美德,即一组相关的禀赋和倾向。四端经过恰当的发展,会长成四种具有代表性的美德。而这四种美德一起反过来塑造出成熟的道德形象。孟子发展了一种可供选择的、非常规的形象塑造理论。

首先是恻隐之心。人们会自然地对其他人报以同情。恻隐之心会发展成仁。其次是羞恶之心,它会发展成义。再次是辞让之心,它会发展成礼。最后是是非之心,它会发展成智。

孟子花了大量篇幅讨论恻隐之心,这是他的理论基础,它把他的道德心理学理论和关于仁政的政治学理论结合起来。他讲到人天然具有恻隐之心的时候,经常举"孺子将入于井"的例子。(《公孙丑上》)他举例说,当有人看到有小孩将要掉到井里的时候,他会自然地产生要阻止此事的想法。哪怕他是一个怯懦的人——甚至完全没有意识到自己具有同情心——也同样具有恻隐之心,会想要把小孩拉回来。孟子说人之所以会这么做,不是为了想要得到报酬、名声或者感激。他唯一的动机就是那天赋的,为他人着想的恻隐之心。

孟子的说法类似于大卫·休谟①的观点,即认为人类对他人天生具有一种同情心。任何一个正常人都不会喜欢看到别人受苦,或者喜欢破坏别人的喜悦和幸福。他与休谟的不同之处在于他的理论中没有主观性的概念化器官(conceptual apparatus of subjectivity),而这在墨子和孔子那里都是同样具备的。孟子从来不使用主观的、内在的喜悦、痛苦、欲求或意图之类的观念,他

---

① 大卫·休谟,《人性论》。从元伦理的角度而言,孟子也同意休谟的观点,即道德是从那些自然倾向中推导出来的。关于我们是否应该喜欢这样的道德,或者是否应该顺从那些禀赋的问题都是无意义的。

往往诉诸内在行动的禀赋、刺激或本能。①对于周围世界的各种情形,心就是会做出这样的反应。同情就是一种行动倾向,而不是内在情感。

恻隐之心和仁的关系显而易见。对他人的关怀充分发展之后就成了对全人类的仁爱。这是真正的王所必须具备的美德。一个具有这种美德人的自然会想要和他人分享,而仁慈的政府则会关注世界上每一个人的福利。仁是一种普遍而利他的美德。

羞恶之心和义的关系则不那么明显了。如果你给一个西方康德主义的道德学家看羞耻、尊敬、道德、习俗四个词,通常来说她会把尊敬和道德配对,羞耻和习俗配对。孟子却截然相反,他认为义(道德)由羞耻而生,礼仪由尊敬而生。这种不同的直觉判断似乎根源于对羞耻和内疚的不同区分。西方先验论者会说,道德是良心或自然内疚感的产物。羞耻只是让我们感受到来自外界的压力,而不会产生道德。西方学者并不把道德视为公共议题,而是视为个人的承诺。虔敬的宗教情怀和抽象的道德概念都使得我们不相信习俗。西方人从纯粹的、区别于社会认同的道德良心中获益良多。

区别很容易会被夸大。我不太相信存在着内疚和羞耻这样两种互相区别的原始感觉。②更为可疑的是,直觉的区分能力正

---

① 他甚至也诉诸相似的感觉。参见《告子上》。
② 区别更多地在于究竟是什么原因生成那种感觉。如果它来自于从事不当行为时被人发现,那么我把它称为羞耻。相反,如果它来自于独自一人反省自己的所作所为,那么我把它称为内疚。这两者的区别似乎存在于各自对道德的不同理解。羞耻的概念把道德视为社会性事件,即共享的群体标准的内化,在这一点上与礼仪相似(我或许会为我的餐桌礼仪感到羞耻,却不会为此感到内疚。小便时被人看到或许会觉得羞耻,却不会感到内疚)。内疚则与作为行为标准的道德相联系,它一种是人们自认应当遵守的行为规范。由此看来,羞耻和内疚只是在对群体标准的接受程度上有所不同。

是这两种相互对立的道德理论的一种功能。西方的理论设想有一部完美的法典:上帝的命令或是纯粹实践理性的律令。这正与社会实践和风俗习惯形成对比。对儒家或墨家来说,道德是一种社会实践,它由语言上的"道"以及指导解释的制度安排所组成。孟子认为羞恶之心会发展成义,他更多地是受到墨子的影响,把义视为一种理想化的道德实践。我们自然地倾向于掌握和顺从社会认可的实践或行为,因为我们是受羞恶之心驱动的动物。

根据这种学说,我们可以了解到禀赋和美德之间的关系。羞恶之心是激励我们学习被社会所接受的道德行为的自然倾向。其结果是我们因此而成为习俗意义上的道德之人。孟子关于义的概念和西方关于道德的概念还是存在一些不同。孟子把道德视为与社会大众趋于一致。人们倾向于遵循社会行为规范,他们的社会性禀赋也禁止他们做出与公共舆论相违背的事。没有人是一座孤岛;没有人能完全忽视别人的看法。

初看之下,辞让之心和礼的关系也不太明显。①之所以如此,是因为我们把注意力集中在礼的传统形式上,而忽视了它的等级制度内容。如果我们还记得儒家的礼主要针对等级制度而言,孟子的观点也就不难理解了。尊敬长者是人的本能,它激励我们学习专门的辞令、礼仪的规范、谦卑的行为。辞让之心产生礼正是体现了儒家的主张,即礼的等级属性。这不是对理性个体或道德代表,即个人本身的尊敬。这与康德式的平等主义所要求的尊敬完全不同。

顺便提一下,孟子把礼视为一种自然的德行,虽然他没有明说,但这实际上是相对的。我们注意到人们有一种自然的倾向,

---

① 辞让,英译为"respect"。——译者注

要去学习和实践约定俗成的行为模式。但是，这种倾向并不能使我们得出结论，认为某个社会的礼比其他社会的礼更符合自然。事实上，说到辞让之心总是让我们清晰地联想起社会、社会等级结构以及对什么是适当的特殊规定，我们认为它们和礼相关联。

当然，这是墨子的观点。也许孟子对此还特别敏感。我们发现一个非常有意思的现象，就是孟子谈论礼的次数要比孔子少得多。孔子经常谈论礼和仁，而在孟子那里，经常谈论的是仁和义——这正是墨子用来大肆攻击孔子及其古代传说的有力武器。然而，礼才是孟子应当对墨子做出回应的关键。他必须断言礼的行为出于自然，以此来捍卫原初儒家的观点。孟子在某些章节中又确实强调礼义，就像是在对《论语》进行回顾。

孟子对是非之心说得更少。在理论上如此重要的一端，竟说得如此之少，以至于读者会困惑他为什么要把它囊括进来。很显然，对于孟子为了回应墨子而提出的先验论来说，这是至关重要的。我们还记得，墨子所谓的道，通过以某种道为"是"来计算实际行动的利益，内在地解决了解释的问题。个人判别是非的活动受到公共的道所支配，其中所得到的利益总和决定何者为常道。孟子的理论不需要考虑公共话语中的道，因此这里也没有什么东西需要解释。指导来自实际情境下特定的是非判断。孟子那基于行动的道由心中应对特定情境的是非反应所构成。

孟子认为自然的是非禀赋会产生智。这暗示了知识是先验的。（有点类似于莱布尼茨的先验知识理论，它像一颗种子一样逐渐展示自己，就好像其内在结构已经包含了它的生长和发展。）

是非禀赋的生命原理或基因形式是必须加以阐明的。①和其他三端一样，我们必须解释成熟的美德（实践的智慧），即这种先天的禀赋或本能经过正常发展之后生成的东西。

是非经常被用来作为区分事物的标签——区分是与不是。它同时也被用来作为评价的标准——区分许可与未经许可。是非代表了以指导行动的方法对事物进行区别和分类的一般倾向。我们可以解释孟子说，人们自然地倾向于对事物作区别和分类。这种倾向的结果是导致赞成或反对的态度，而这又自然地反过来指导行动。

与是非之心相对应的美德是智，它表示对重要的具有行为指导意义的区分进行熟练掌握。智不是不得要领的夸夸其谈。所有用来满足实践所需的正确的区分方法，都蕴含在我们心中是非判断的禀赋中。道德的种子，类似于莱布尼茨的单子，必定隐含着完备的世界道德图景，因此当我在面临实际情境的时候能够做出正确的行动。

孟子道德心理学的反思

古代的大多数思想家都认为人的本性是社会性。他们对孟子的批评仅在于孟子夸大了人类本性中的善，并加以理想化。典

---

① 这是明代的唯心主义者王阳明的观点。我相信他对孟子的理解是正确的。我认为这是理解孟子的最佳途径。艾文贺（P. J. Ivanhoe）曾讨论过这两位儒家学者对自然道德的观点是完全不同的。他说，王阳明的观点是一种探索模式，而孟子的观点则是一种发展模式。但是孟子确实认为有一种正确发展四端的方法。而且他的标准立场是，正确意味着"与先天禀赋一致"。因此如果有一种正确的发展方法，那么它必定存在于四端本身。否则，孟子就必须断言道德的某些部分是来自于外界的。这就违背了他跟告子和墨子辩论时的立场。孟子不会对墨子做出任何似是而非的回答，除了主张直觉先验地存在于全部特定的是非回应中之外。

型的批评是，吸收了传统犬儒主义人性观的西方学者，认为孟子的道德心理学缺乏经验的支持。然而我对此却不能同意，我不认为孟子的问题在于对待道德问题太过乐观。我必须说，西方传统的民间心理学也是理想化的。我们认为理想化的自私正是一种现实的人性论观点。

我们西方人拒绝心理上的利己主义，从某种意义上来说乃是基于基督教关于原罪的教条，继而是柏拉图对身体的贬低。我们学会把渊博的学者视为道德上杰出的人。理性掌控着我们基本的、动物性的感觉和激情。这一传统使得西方思想家忽略了人性中真实而不容否认的社会性，并认为道德理性高于自然本性。

西方的伟大著作勉强地承认人是社会性的动物，但是它们把大部分的社会属性归结为某种深层的自私自利。人们总是表现得以利他或道德为目标，而真正的意图却总是自利的（即趋乐避苦）。由于我们希望被当作好人，因此我们也会真正有想要利他的时候。

过了两百年，西方哲学家们明白了这一解释中的谬误。[1]自然地，我的愿望是属于我个人的，否则它就不会激励我。但这并不会使之成为一个基于我个人利益的愿望。其内容是实现他人的福利。我们的这个愿望当之无愧地成为道德学家用来反驳心理利己主义者的武器。而且，显然我们已经做到了这一点。尽管它仍然流行而且有着讲求实际的外表，心理利己主义在经验上是幼稚的，在概念上是混乱的。

对于心理利己主义，还有一种更为细致的反驳，它以社会的训练代替利他的愿望。它断言，训练的过程内在地依赖于自利的

---

[1] 有分析表明，心理利己主义最早见于 Bishop Samuel Butler 的 *Fifteen Sermons* (London, 1726) 一书的 "Three Sermons upon Human Nature"。

愿望。从最好的方面说,这一说法揭示了我们的社会愿望是心理上已经得到的事物,而不是那些我们没有得到的东西。这一说法将会对孟子的先验论构成挑战,但并不是从墨子或孔子的角度提出来。然而,再次重申,这一附加的前提也许会把先验的愿望和它所指向的对象搞混淆。我们的各种愿望,包括学习语言、模仿他人、理想化父母等,都包含着自私的内容。它们是简明而自然的先验禀赋。

还有另外一些时髦理论同样质疑自私是人性的先验结构的说法。我们固执的愤世者倾向于忽视社会生物学的愤世嫉俗与利己主义的愤世嫉俗之间的矛盾。社会生物学致力于研究来自遗传基因的禀赋如何有助于保存基因密码。(他们借助于自私基因来使得他们的理论显得坚实有据。)每一对父母都会认可人们具有养育、照料、教育并繁衍后代的倾向。这不是个人兴趣,而是关系到物种繁衍生息。

中国学者的理论显然抓住了某些关于我们社会属性的要点。[168] 对人性作冷静而客观的分析之后必定会认同孟子描述。孟子观点或许还不足以论证人性善,但是已经足以证明人的社会性。

孟子的四端描述了人类心理的四个近似的、普遍的层面。所有人除了最可怜的精神病人之外,都会对他人的痛苦和喜悦做出反应,我们都会受到别人赞美或责备的影响。我们确实会感到羞耻,会使自己的行动符合他人的预期。我们在风格、衣着、政治观点、语言等诸多方面都与他人保持一致,以至于自我中心的解释变成空洞乏味的叙述。最好说这些是我们自然的社会本性的一部分。人类的自然本性促使我们积累社会实践并使之内化,和其他人一道遵守礼仪。最后,抛开道德怀疑论者自相矛盾的建议,我们的确不得不做价值判断。如果我们不是人,就不会被认为是。

心智理论的问题

在现阶段,孟子的问题不在于其心理学理论的精确性和现实性。正如我已经提到的那样,他的主张是非常富有争议的。在我们看来,问题更多地存在于我们自己的文化理想主义,而不是孟子在经验上的错误。真正的问题在于他的理论必须要经过解释才能构成一个标准意义上的体系,从而展开对墨子的反驳。经验层面的问题不在于他那令人难以置信的乐观和对人性本善的明确表述。他一定会说是自然把儒家所主张的道德体系灌注到人类本性中去。

接下来,我们来分析概念的问题。孟子混淆了他那难以置信的、特殊的道德心理学和标准理论。就算果真如他所说,儒家学说已经被灌注到人类的基因密码中,墨子的反驳依然有效。人们仍然可以反问,为什么我们就不能尝试改变这一自然的安排?因此作为对人类社会本质的经验性描述,显然这些是难以置信的,而且与伦理问题也是不相干的。它们回避了墨子的问题。

恻隐之心引发了一些问题。孟子说人心中都有同情的种子,似乎是在回应墨子对儒家的攻击。儒家通常把他对墨子的批评归结为:无私的利他是不自然的。儒家大概会回应墨子说,爱无差等并不是人性的自然倾向。人们自然地对自己的家人或亲属更为关心。但是,如果说"孺子将入于井"的例子还有些作用,那就是证明了墨子所说的,关注全人类普遍福利的自然意志是存在的。一种对他人的先验关怀——不论他们与我们的关系如何——一定是自然的。孟子所谓的仁,不管它是否从恻隐之心中生发出来,似乎正和他所忽视的墨子所谓的"爱无差等"相一致。

事实上,在《孟子》书中很难找到一则对墨子的批评是站得住脚的。①孟子当然相信道德是自然的而且是内在的,但是很显然,这种道德也包含着一种内在的普遍的利他倾向。对孟子来说,问题还不算太严重,不像那些把他奉为儒家"亲亲"理论(partial-love theory)捍卫者的后世儒家学者。他当然讨论了致孝和敬亲的自然倾向。但另一方面,他也没有正面断言说,人一定没有普遍利他的自然倾向。

根据孟子的核心理论,对人类的普遍关怀会生发出仁的美德。根据传统儒家关于爱有差等的观念,仁首先是施于自己的亲人,然后才推而广之,适用于全人类。这就是广为流传的经典孝道理论。孟子名义上也提倡孝。②他也知道孝是圣王之道的核心美德。尽管如此,孝在孟子的理论中并不占重要地位。更进一步,孟子的四端说与传统的仁出于孝的说法相抵触。仁之端,即恻隐之心是一种自足的美德,它作为对全人类的自然关怀,扎根于人的内心中。

在这个问题上,孟子确实自相矛盾。除了最常用的"孺子将入于井"的例子以外,他有时候又说,仁是其理论体系的重要元素,并与家庭中的"爱"区分开来。(见《孟子·尽心上》)但是,孟子又说仁就是亲亲(regarding kin as kin)。③有时候他又说人们亲亲的行为出自仁。④我很想请教孟子的拥护者如何解释这显而易见的冲突。孟子经常会对其拥护者英勇的、符合逻辑的创造力

---

① 在被频繁引用的孟子和墨家的讨论中,夷之(见下)的说法是模棱两可的。我们已经对它作了标准的、描述性的解读。在标准的解读下,我们发现它是在回避问题的实质,而只是提出孟子那有争议的标准:人爱自己的亲属应该甚于爱其他人。
② 他使用这一术语的频率相当低,而使用墨家术语——利——的频率反而比较高。
③ 《告子下》第3章,《尽心上》第15章。
④ 《离娄上》第27章,在《梁惠王上》第4、第7章已有暗示。

进行考验,而这只不过是其中之一。

有一个策略可以调和细节与核心理论之间的冲突。①令人吃惊的是,孟子的后继者喜欢使用的策略是强调这些理论对墨子的批评。他们不得不从两种互相冲突的解释中选择。一种是支持孟子最宝贵的具有哲学意义的主张,即关于心的理论。另一种则承认正统已经崩溃以及针对墨子的批评是不恰当的。主流理论为这些随便的标签赋予了更为重要的意义。我们必须清楚地知道这已经超过了他所再三强调的、极具价值的四端说和"孺子将入于井"这一例证的承受能力。

拯救传统观点只有更少的要求。除了说一些不相干的话来回避真正的问题,正如我们在前面已经看到的那样,这一争论导致了儒学奇怪而令人难堪的结果。承认有等级区别的爱——特殊关系的爱——最终走向普遍的利他:仁。这很难回应来自墨学的批评。儒家必须承认墨子对成熟道德内容的认识是正确的,尽管他并不强调它是如何发展起来的。儒学如果真的重视有差等的爱,那就必须强调它是在对先验的道德本能作不成熟的表述。

我们应该说普遍的仁爱是一种理想,在现实中,所有人的爱都是有差等的爱。我们会发现墨家讨厌儒家的理想主义,并声称两者都是不可能的。这就是墨子的反驳。孟子有时候看起来也是站不住脚的,比如在批评墨者夷之的时候是自相矛盾的:一方面提倡普遍的爱,另一方面又给予自己的亲人以特殊的关怀,这两者是有冲突的。从这样的角度来理解孟子,才是一个优秀的儒

---

① 比如说,人们可以说其他的这些准则只不过是例子,而不是孟子核心理论的分析;或者认为它们是对传统儒家的让步;或者指出它们出自《孟子》书中靠后的、琐碎的部分,而不是前面理论探讨的部分。这些迹象表明孟子并不理解被他的解释者视为基础的四端说所暗含的意思。

者所应该做的。

那么我们应该说我们对待自己亲人的感情就是那种明确的应该推广到全人类的爱吗？我们并不清楚要如何区分不同的爱、以确保这点与墨子的立场不同,尽管它很明显与"孺子将入于井"的例子不一样。孟子他自己是这一批评中唯一的受责难者。孟子根据这个他最喜欢的例子断言我们有一种明显的禀赋无私地关怀他人。作为四端——其中并不包含孝,它先验地存在于我们心中。

看起来,没有哪一种解决方案是令人满意的。这就是为什么儒家的捍卫者通常需要采取某种策略,把这个问题伪装成道德心理学或教育理论,而不是标准的理论。传统对于孟子批评墨子的理解,与他本人的标准立场明显是有冲突的。他关于仁的标准理论很难与普遍的功利主义区分开来。虽然墨子谈论道,而孟子回避道,但是他们的行动之道或许最终是一致的。

主要的区别存在于用来教导学生的、成文的道中。正如我们在前面已经看到的那样,孟子反对使用"利"这个术语,因为它会导致效用减少。功利主义理论总是不愿意显露自己。我们必须积累社会实践经验并培养遵循传统与直觉的态度,而不是直接使用功利的标准。否则,我们只会使福利减少。我们应当探讨作为美德的仁,而不是作为价值的利。但是,正如我们所见,作为美德的仁与功利主义的行动标准理论是一致的。这一分析表明,孟子与墨子的区别仅在于孟子强调的是功利的道德美德,而非功利的道德语言或语言指导下的行动。

一个相关的问题存在于羞恶之心与义这一对组合中。为了对这一组合加以解释,孟子似乎接受了儒墨两家关于道德是一种社会习俗的观点。羞耻感让我们倾向于与社会实践和他人的判断相一致。但是,这又与传统对孟子"仁义皆内"的说法相抵触。传统认为恰当的道德行为只能得自人性中的某些因素,尤其是心的性质,而不依赖于社会的、历史的习俗。

我们可以通过修正"羞"的定义来避免这个问题。如果我们相信孟子的理论是自足的道德理论,那么我们应该明白羞耻之心与义这一对组合更像是内疚与道德的组合,而不是羞耻与习俗的组合。从而我们就可以把孟子那常见而富有争议的主张解释为:我们每个人的内心都有一种道德的而非社会的指引,它的功能性等价物和唯一的道德源头就是道德良知。虽然他的主张在经验上看其来是可疑的,孟子至少是在谈论先验道德良知的时候,发表了一种类似传统基督教的道德立场。当我们把这一对组合与其后的两对组合结合起来考虑的时候,又会遇到更为艰深的问题。

我们先来研究辞让之心与礼的关系问题。这里要提到的美德被称为"礼"。它不怎么吸引人,它仅仅是在经验层面会引起争议:全人类意义上的道德和内疚真的存在吗?声称全人类意义上的礼仪看似太过天真。不过,我们还是尝试弄清它的心理学解释以期回应墨子的问题。让我们把这两个案例放到一起来讨论。我们对羞恶之心的理解有助于本阶段的工作。

如果说道德的具体内容只有通过天赋的能力才可以了解,那么所有关于宗教礼节、饮食礼仪、取名习惯以及穿着方式等具体内容也必定如此。但是,强化理论(即先验的礼的意义)的经验可能性几乎不存在。在另一边则是貌似合理的弱化版本:我们可以认为有一种先验的禀赋使我们遵循所在的社群当下所奉行的习俗,因为羞恶之心使我们倾向于遵守社群道德。但是孟子生活在墨子之后,他必须论证社群道德的正当性。在强化理论中,我们认定人们始终具有一种先验的禀赋使我们符合儒家特殊的行为规范。

从《孟子》整部书来看,我们无法确定应该选择哪一种解读。孟子需要强化理论来回应墨子。但是,在其他章节,孟子又倾向于不那么可疑的弱化理论。他把"礼"和"义"视为需要被专门教授的东西。(《梁惠王上》)一种标准的解释办法是对精英理论和一般理论进行区分。孟子的强化理论阐述圣人的道德,而弱化理论则阐述一般人需要学习的知识。

精英主义的策略,与孟子在阐述关于心的理论时展现的平等主义不相符。其结论是:作为精英分子的少数人心有四端,而大多数人的心理状态则与早期儒墨两家的假定相同。既然如此,对精英们来说,强化的解释就不再可疑,虽然掌权者一定会受到阿谀奉承。事实上,孟子在他的分析中一再强调普遍的人性。就像我们都知道的那样,他主张"人皆可以为尧舜"①。

必然地,孟子必须放弃半神话的(得自圣人的)关于礼和义的主张。他似乎把他的平等主义主张视为每个人从他自己的本性中得到的必然结果。正是这一主张使得孟子把礼——尤其是为墨子所攻击的儒家的葬礼和服丧之礼——与先验情感联系起来。孟子为了回应墨子,辩称这些礼包含在人的自然本能之中,是历史发展的必然结果。古代流传下来的葬礼仪式之所以是这个样子,乃是因为我们的自然情感驱使我们这样行动。圣人只不过是赋予这些行动以礼的形式,正如我们每个人都会做的那样。

> 盖上世尝有不葬其亲者,其亲死,则举而委之于壑。他

---

① 《离娄下》。

日过之,狐狸食之,蝇蚋姑嘬之。其颡有泚,睨而不视。夫泚也,非为人泚,中心达于面目,盖归反蘽梩而掩之。掩之诚是也,则孝子仁人之掩其亲,亦必有道矣。①

但是,让我们来思考到一个特殊的例子,孟子还无法让我们得出结论,即只有儒家特有的礼仪形式才与自然的人性动机结构相一致。火葬的礼仪——甚至是食人的礼仪——或许已经从孟子那含糊的理论中发展起来。墨子同意孟子关于我们在社群实践中共享一种自然的人性动机的观点。我们都喜欢唱颂歌,但不能被视为是儒家所谓礼的证据。然而,只有这样明确而坚定的论断才能够让他恰当地回应墨子。不要忘记,墨子并不主张放弃全部习俗和惯例。他主张把儒家的礼改变成共享的更具功利意味的社会实践。他规划的未来社会也同样具有被大众所接受的、约定俗成的社会实践。他确实也主张埋葬亲人:把他们用草席裹起来,再用三尺泥土掩埋。孟子需要论证的是某种特殊的礼仪形式。

因此我们或许要从两个方面来理解孟子的先验道德学说:(1) 弱化版本,在经验层面上看起来是有可能的,它在中国被广泛接受,而且与墨子或传统儒学相一致;(2) 强化版本,在经验层面上看起来是不太可能的,但是作为关于自然的、先验的、内在的理论来回应墨子却又是必不可少的。

弱化版本不过是我们对孔子和墨子学说的一个更为系统化的表述。强化版本则从根本上改变了儒家学说。以此看来,孟子抛弃了儒学的传统原则。尽管如此,他还是继续坚持儒家的礼。礼最终变成了成文的文化智慧的传播者。它变成了传承文明的动力。在孟子的同时代学者看来,这一强化理论是站不住脚的。但

---

① 《滕文公上》。

是,新儒家最终却把道德先验论变成正统理论,并把它发展到足以与佛教神秘主义宇宙论相抗衡的地步。他们把孟子那不可言说而只能凭直觉把握的,丰富而详细的道德原则解释成宇宙的道德结构。正统的解释掩盖了这种先验论与早期儒家理论的冲突。

标准的看法是:孟子只不过扩展了孔子的著作并回答了一些孔子暗示过却没有说出来的问题。[①]结果是,墨子对人性的分析在理论上反而比(强化的)孟子更接近孔子。孟子依赖于弱化的、被广泛接受的主张来建立他的心理学。但是当他攻击墨子的时候,则又转向强化的主张。

现在我们可以看到是非之心是何等重要。我们同样可以对它进行强弱两方面的解读,就像在讨论孟子关于道德和礼仪的理论那样。从弱的意义上来说,孟子断言每个人都有一种把事物按照某种标准进行是非的分类,并以此指导言说和行动的倾向。我们被设计成具有辨别能力,能够对社会的、语言表达的道进行区分。我们能够学习一种惯常的作法,以便能够在面对不同情境时做出不同的选择。

从强的意义上来说,先验的倾向仅仅导致被孟子视为正确的实践上的是非区分。从弱的意义上来说,我们会对智这种美德作相对的理解。人必须学会应用某种道。某个社群所认为的智,对另一个社群来说或许会变成愚。智就是掌握社会所认可的回应方式。强化的解释对于把孟子理解成一个道德现实主义者来说是必需的。每个人都具有一种对事物做出理想的是非判断模式。在每一种特定的情境之下,只有一种正确的行为方式。我们每个人都有一颗"以是为是、以非为非"的心。新儒

---

① 参见牟复礼(1971),第55页。

家的代表人物之一王阳明赋予强化解释以完备的逻辑力量，使之成为一种完全理想主义的形式。孟子的心紧贴在一张历史的、完全的道德图纸上，针对每一种特定情境都会产生特定的、正确的回应。

强化版本隐藏在孟子更具神秘主义倾向的学说背后，那就是浩然之气。这将会引发一场争论，即孟子是否是新儒家宇宙道德理论的创始人。

"敢问何谓浩然之气？"曰："难言也。其为气也，至大至刚，以直养而无害，则塞于天地之间。其为气也，配义与道；无是，馁也。是集义所生者，非义袭而取之也。行有不慊于心，则馁矣。"（《公孙丑上》）

这段对话暗示了具有四端的心不过是具有道德结构的宇宙原料的一种。心是宇宙系统整体的一个组成部分，并且自发地和充塞于天地之间的浩然之气的全部状态一起发动（vibrates）。因此，我们自发地意识到应该去做整体上和谐（uniquely harmonizing）、同类相持（homostasis-sustaining）的事情。没有哪种命令能够具备如此的宇宙敏感性。依循于精微的、依据情境而定的直觉，只有那永恒的道。

孟子坚持认为任何一个充分发展了四端的人（即圣人），针对各种不同的情境会有完美的直觉判断。她的心引导她在每种不同的情境中以正确的行为为"是"。墨家对传统儒家的批评并不能破坏这一自然的、先验的道德知识的概念。在任何情况下，一个实践的是非直觉即刻会产生指导行动的作用。

孟子理论的强化版本对儒家道德理论做了彻底的修改。孟子虽然忠实地维护传统的礼并以此攻击墨子，但是他事实上已经抛弃了传统。他的理论把自然直觉作为最终标准。（当然，他仍然频繁地讲到礼。）我们或许可以借助传统关于圣人的讨论描述一种微弱的、近似的是非态度模式。因此经典或许是必要的。我们相信经典是古代圣王根据他们的直觉写成的，因此它们一定不会与这种直觉相违背或抵触。但是，判断是非的先验能力严格依赖于外部的、历史形成的习俗。对充分发展了先验道德知识的人来说，单靠规则几乎无法表达她在回应特定情境时所具有的敏感性。一旦我们完成了心灵的发展，那么来自习俗的琐碎规则也就变得没有必要了。

如果我们追随天赋的是非发端，那么从原则上说，它们将会继续发展直至我们变成圣人。对孟子来说，行为对错的最终标准是圣人之心回应的方式（《离娄上》）。他的行为告诉人们什么是礼。而智就是对圣人所具备才能的认识。而这最多也不过是通过规则粗略地加以表达。学习传统虽然能起到一定的作用，但是对道德发展来说却是一条蜿蜒曲折的道路。

心的发展：植物的类比

孟子关于发展、扩充道德的说法模糊了强弱两个理论之间的界限。很显然我们在刚出生的时候不具备对不同情境做出不同回应的能力：婴儿无法回应气的宇宙振动，也无法对当下的情境采取恰如其分的行动。①我们与生俱来的道德是一种潜能。但是

---

① 正如我前面提到的，我认为王阳明否认这一主张。正确的意思是说，如果有人尝试对孟子做出前后一致的解释，王阳明的态度就是必需的。情境包括我是谁的问题。婴儿无法表现得像圣人，那才是婴儿最正确的行动。发展自己的心灵，就是儿童所做的一件在任何时候都正确的事。在孟子的理论中，培养之中和成熟的道德行为阶段之间并没有相关的区别。王畿的"存在主义"解释看起来也是不可避免的。它存在于孟子立场的基本逻辑之中。自然主义作为一种行动的理论在排除其他理论成分的方面表现不佳。庄子也发现了孟子立场中的这一暗示。最后，孟子对于圣人之心和愚人之心的区别无法给出清晰的证明。

这种潜能中到底包含着多少细节仍然是模糊不清的。孔子和墨子都承认我们那些明显的、弱的潜能,使我们能够从周围文化环境中学习道德。而孟子则要求一种强的潜能,最终变成道德,其内容包含在种子(四端)之中。

因此,孟子多次详细阐述他那关于直觉的发展以及以植物作类比的动机理论。我们必须重视种子长成植物的类比。孟子没有使用解释性的概念,比如圆满、本质、终极原因、基因、DNA 密码之类。而且,使用植物作类比对孟子来说还有更重要的意义。种子里面含有一套自身成长的计划书。橡树种子不会长成松树,而松果也不会长成草莓。我们的潜能不会获得别的义、礼、是非之道,而只会获得明确的儒家倡导的义、礼、是非之道。种子里蕴含着关于是非的全部知识,而当它长成大树的时候这种知识也就随之表现出来。种子的类比暗示了整棵大树的最终形态在某种意义上早已暗含在种子里面。这也就是孟子的人性论假设:其中含有特定的内在的道德。

道德之树本性的详细结构,不是外部因素作用的结果。外部环境只会使植物凋谢、枯萎或者扭曲。它对整个结构非但没有贡献,而且会造成伤害。不管我们换用什么样的土壤,松树永远不会长成苹果树。类似地,我们道德的种子要么生成儒家所谓的道德,要么遭到扭曲。但是如果其他因素都具备的话,我们就没有必要干预种子的生长。我们无须告诉它在什么地方长出分杈。道德在这个意义上说是内在的。

植物的类比也使孟子的心理学理论和政治学理论得以联系起来。土壤是植物生长的基本条件,就好像可靠的经济来源是人类生存的基本条件一样。对普通人来说,如果他们的经济生活没有保障，就无法培养道德品质。①因此，仁政就成为人民大众发展儒家所谓道德的先决条件，对于构建完美的国家政治秩序而言相当重要。

水和养料代表着我们对道德本性的反省、认知和评价。意识到它并对其进行评价（与种子本真地回应）是发芽所需的重要刺激因素。我们心中的自豪感和自信心更进一步促进了它的成长。类似地，周围的杂草代表自私的欲望。这些都是刺激其他器官的东西，有可能会和心发生冲突。如果忽视它们，那么当心苗壮成长起来的时候，它们也就逐渐衰弱、枯萎最终消亡了。如果我们屈从于食欲、性欲、安逸等肉体欲望，那么这些欲望就得到滋养而心却慢慢萎缩。每当我们顺从道德直觉而非肉体欲望，心就会有更强的力量来对付杂草；反之亦然。

当个性之树成长起来的时候，它变得更强更复杂。当萌芽首先出现的时候，它只是一个单一的、简明的直觉命令，类似于把孺子从井边救起。当我们顺应它的枝干并加以保护的时候，它便发生了分枝，变得更为复杂。每个分枝都代表更为复杂的是非判断能力。（如果把人生想象成一条充满分岔的道路，我们一生都在做认定其中某一条而否定其他的。）最初的萌芽是柔弱的。周围的杂草容易对它构成威胁，它很容易遭到摧残。但当它成长起来之后，就变得比其他竞争者更强大。最终，当它长成一棵成熟的大树之后，与竞争者相比就显得更为复杂，也更为安全。这其实代表了圣人的道德之心，它凭直觉做出所有正确的、情境敏感的

---

① 但是，士则不然。对于士而言，经济生活状况不能成为个人怠于修身的借口。任何一个有闲暇和金钱来买这本书的读者，也不该用这个作借口。这是指导统治者的政治前提。统治者的政治行为会成为普遍道德发展的条件。这种行为就可以被称为仁，它能够解放自然人性中所具有的道德，而这种道德又会反过来确认统治者本人就是真正的王，具有圣人般的影响力。

是非区别,而从来不会在何为正确的问题上犹豫不决。圣人从来不会担心道德动机和自利动机之间的冲突。他和普通人一样有欲望,但这些欲望却不会与道德发生冲突。

道德上的圣,不但包括心的内容,还包括对心的控制。孟子谈到他对不动心的关注。他明确地通过培养集中精神(或沉思)的能力来达到目的。圣人拥有精确的行动知识和可靠的自我控制能力。他行动自如,没有矛盾或犹豫。他的直觉是内省的,自然而然地激励他自身。圣人从来不会因在道德和自利之间做选择而焦虑。在圣人身上,允许存在自利的欲求,因为它并不威胁到整棵道德的大树。这使我们联想起孔子所说的"从心所欲,不逾矩"。自然地、不受阻碍地发展内心,其结果是道德上的至高境界:圣。至此,我们就拥有了可靠的、基于具体情境的直觉和以此来指导行动的倾向。

我们每个人都具有本质相同的种子,都有可能达到圣人的境界。我们所要做的只是追随自己的道德禀赋,那么它们就会逐渐变强变复杂。允许和鼓励这种自然生长的结果就是成圣:永远正确,永远安宁。

孟子对这一道德阶段的解释引导我们回归到关于气的道德神秘主义学说上来。气为这一理想化的道德心理学提供了形而上学的基础。体现道德背景的是非判断是完全正确,而且完全有效的。我们可以与宇宙的力量协调一致。浩然之气在圣人和世界之间流动。气构成圣人的道,圣人的行动,以及整个世界的道。圣人的行动变得完美而且自然地回应所有情境。气是我本人向自己的行动中注入的生命物质。它是使行动产生影响和实际意义的力量。我控制它,又为它所控制。我的控制基于我对最深层自我的认知,这种自我带有宇宙道德的力量。道德不仅存在于我的精神中,也存在于气中。圣人的气、圣人的道德关怀和实际行动,充斥于天地之间。

> 其为气也,至大至刚,以直养而无害,则塞于天地之间。其为气也,配义与道。(《公孙丑上》)

圣人明确知道应该做什么。此时此地的小小举动,将会阻止未来的一场核战争。(我们认为此时此地的圣人会意识到发生核战争是一件错误的事情。)但是,王阳明一定会说,我在此把意识到错误从行动中独立出来的时候,稍微地曲解了孟子的立场。我们只有在关注行动之道的时候,才能前后一致地解释孟子。不要去关注成文的指导,或对具体事件的陈述,或语言符号所指称的对象。多了解各种行动、生命历程,它(经过正名)的指导作用就会产生。孟子的立场是,如果我是圣人,我就会"为"。我的为就是"是",其影响依赖于气的状态。由于成熟的道德能与气相协调,因此圣人行为的影响总是有利无弊。它们将促进自然技术的发展。

我不知道关于道的描述、称谓或者区别。我只有在知道这么做普遍正确的时候才会去做。正确的行动(包括语言行动)就是圣人会做出的行动。它没有套路,无法用语言表达,既不是传统的道,也不是新发明的道。它就是道。孟子的道只有一种扩充,就是那一系列行动。道的扩充是固定的,它包括从现实生活中引出的是非观念。人性就是这一固定扩充所依托的东西,而心则具备理解和运用基于情境的道的能力。

行动选择的敏感性和精确性并不来自可预测的计划或语言的引导。没有标准、不可测量意味着高度的敏感性——与心的直觉一样。敏感性必定是来自于内在道德倾向的成长。意识的形式是"知道"：知道在恰当的情况下执行行动之道。王阳明认为：知即是行。不管内部设计是什么样子，我们发现道的结果、是非的范式，都只是在自发地回应特定的、具体的情境。我们不应该从外部强加以道德结构。我们必须避免墨家的错误，即试图通过重构术语系统来作道德的区分。

孟子讲了一个关于植物的故事同样是为了证明这一点。他说的是一个宋国愚人的故事。愚人希望秧苗快些生长，于是来到田里把每株苗都拔高了一些。毫无疑问，结果是反而把苗都害死了。我把这个比喻审慎地引申到道德哲学的学习方面。为了做到这一点，人们试着去发明或做决定，并强加以外部的语言标准。人们使用语言来训练和指导道德直觉，试图形成个人的直觉来配合诸如学习名称的道、做出区分的道或者采取不同行动的道。于是人们允许语言和理论来指导和纠正道德直觉生长的方向。孟子认为，那样只会有害于道德的发展。

语言不但是不必要的，而且在孟子看来，还是危险的。拔起道德的秧苗或者劈开它的茎干（做出非先验的区分）都是有害的。当人们使用某些道德行为概念的时候，就会有阻碍道德自然生长的危险。如果它不是秧苗本身所具备的，那它就会扭曲天赋的道德设定。如果它与秧苗本身的天赋一致，那它无非是一种粗糙的、不必要的指引。因此，孟子的理论是一种在原初道家的基础之上增加了逆语言立场的理论。而墨子就好比是那个揠苗助长的愚人。

因此，孟子对儒学的捍卫没有达到语言理论的层次。他很少说到这一点，因为他的语言理论正是反对语言的。这一立场使得孟子作为一位宗师，其地位在儒学内部是有争议的。孔子的弟子认为礼和教师在道德培养过程中极为重要。（《论语·季氏》："不学《诗》,无以言。")但是孟子不这么认为,他认为道德是内在的。它不但使礼变成可有可无,而且使教师仅仅在督促自修的意义上才有作用。不管学生跟随教师学习什么知识,被传授的知识本身是多余的。没有哪种结构能够被从外面赋予。教师的示范作用也很少能够增进或阻碍植物的生长。

相比之下,我们可以明确地知道孔子到了七十岁的时候也不会认为礼是可有可无的,或者是教师显得多余。当然,孟子并不反对这些儒家的标志。但是除了刺激内在道德的自然生长之外,它们扮演着不起眼的角色。从原则上讲,我们的本性、我们的四端、我们的心与都圣王一般无二,我们理应能够制定出我们自己的礼。至少,我们应该可以认识到基于直觉的特定情境下的行动。理论上,这会与礼的正确解释相吻合。

显然,孟子坚定地认为,经过恰当发展的心的内容与对传统所谓道的正确解释相吻合。孟子并不需要对正名有一个清晰的解释,但是,因为标准不是一部传统的法典。做出正确行动的直觉能力(正名所需要的能力)允许我们把礼视为一种指引性的道。但是,礼看起来没有什么危险,因而他也无须判它死罪。孟子也许会争辩说,传统的礼不像墨子和杨朱所说的那样,它必定符合我们的道德直觉。而且,把它视为圣人所设定的系统,它会刺激内在植物的生长。它当然比我们今天所能发明的任何类似事物要好。理论上,那些法典是人类所能制定的最好的法典。如果它们会妨碍道德的发展,圣人一开始就不会把它们制定出来。要知道,圣人总是采取能够产生最佳效果的行动,包括谈话和写作。

但是,直觉已经成为孟子的关键标准。我们发现没有哪种准则可以生成圣人的全部行动。无论如何,准则都要求有直觉的、解释性的指引。圣人真正起作用的影响力是内在的,即他的德。

它只对特定情境产生恰当的行动作为回应。我们无法把它转化成一张清单。他的知识不是关于言、名、辩的知识，而是纯粹实践的知识。如果说我们能够从礼中学到知识的话，那么我们也能在礼之外学到知识。

孟子虽然是一个情境学家，但不是一个相对论者。任何两个圣人在同样的状况下会做同样的事情。①行动的正确性不依赖于心的主观回应。他们行动的正确性真实地存在于气的结构之中。自然安排心去产生行动。圣人的智是对全天下所有情境的唯一而客观的正确回应。在进行道德选择的时候，必定有一种完全正确的做法。没有哪种言说的道能够可靠而又源源不断地产生它。

虽然，孟子不会赞成这个问题，但我们可以研究真正正确的事物的性质。我曾经提到过，它具有功利的成分，尽管孟子对墨子激烈批评。孟子的思想体系是一种技术，其结果可能是秩序或者是协调，但不会是快乐。孟子之论始终是间接的。毫无疑问，他对行动之道中的善的描述一定与墨子不同。正如杜维明所说的那样，②我也同意孟子或许暗示了把善概念化成为一种非自然的、直觉的人类完善性。他拒斥墨子那些更为物质化的概念。但是，正如他最重视的德行——仁——那样，同时也把它融入理想的政策中。他并不拒斥功利主义本身。这就意味着，他的基本立场是技术的、间接的，他那没有理论的理论恰能增进或最大化某些目标。

当孟子在批评功利语言的时候，义务论的态度就出现了。他

---

① 状况指的是圣人的身体状况、所处的社会状况等。比如说，一个瘦弱的哲学教授和一个重量级职业拳击手对待抢劫犯的方式必定不同；警察和普通公民对待抢劫犯的方式也必定不同。当我们身处不同状况的时候，心给予我们做出正确回应方式。
② 特别是，参见杜维明(1985)。

为传统经典做辩护,原因是他认为经典中的语言不会妨碍达到完人的目标,而思辩的道却相反。正如我们所见到的那样,他对功利主义的批评,用语言表达就是:它扭曲了道德的激励。如果不使用语言,我们将更好地达到目标。事实上,墨子的概念结构似乎迫使孟子采取一种坚定的间接论的立场。他所反对的不是功利主义关于什么该做、什么不该做的观念,而是反对使用功利主义的语言。行动之道或许有着功利的指向,但是能够对它产生影响的社会之道却是一种行动的义务论,也就是说,是一种没有固定原则的情境伦理。他的争辩事实上是建议我们出于功利的需要而考虑社会情形。他的争辩暗示了,行动义务论作为一种公共的道,能够比墨子详细阐述的功利的道更可靠地臻于至善。

这种逆语言的直觉主义成为孟子应对墨子挑战的防御策略。它批判任何对传统的、规范的讨论形式进行修正的尝试。沉思基础上的道德重建必定是不正当的。道不是由儒家的传统规范决定的,而是由我们的自然倾向决定的。没有什么准则能比让传统自然地发展更好。孟子认为没有哪种经由反省改进的语言或区别实践会比传统做得好。特别的,没有哪种针对某个功利目标而设计的语言实践能够做到这一点。

没有哪种准则(包括功利的计算、利己主义和法律系统)可以计算出什么样的行动是应该的。道的准则如同基因密码一般早被写入我们内心中。我们只能通过心在具体情境中的倾向显现它自己的时候才能了解它。如果我们的心认识到自己的潜能——如果它变成圣人之心的话——那么我们就会知道在具体的情境中应该怎么做。没有哪种法典能够产生构成孟子所谓的道的行动。

总而言之,礼在孟子理论中所扮演的角色远远轻于在早期孔门弟子理论中的那样。《论语》中经常把礼和仁并举,并多次加以强调。而孟子则把礼安排在四端的第三端,多少显得有些不起眼。如果孟子有过任何暗示的标准,那就是圣人自发的行动。没有哪种简要的成文的准则能够成为标准。没有哪种成文的准则能够对情境足够敏感,以解释圣人之心感知的复杂性。礼是其中最为接近的准则,但是,终究只不过是一种近似物。如果语言不能完全胜任这项工作,那么孔子的学说和墨子的学说只不过是在程度上有所不同罢了。墨子所谓的非,对孔子来说也是一样。

直觉主义的评价

孟子的理论留给我们什么呢?我们可以同意孟子对人性的勾画,弱的解释是精确的——当然比心理利己主义更精确。四端为我们的社会生活构建了一个合理的图景。我们可以认为它们在心理上是自然的。现在我们或许要问,那种人性理论是否能够成为儒家标准伦理的基础?它是否为墨子的道德重构计划提出了什么专门的问题?它是否为儒家传统标准理论或儒家直觉标准理论提供辩护?

对于第一个问题,我们现在可以很有信心地说不。考虑到它在弱化层面上的意义,四端说在传统标准方面与墨子的功利主义有着相同的性质。事实上,弱化后的意义很难与墨子的心理学假设区分开来。出于对付墨子的需要,孟子的理论要么回避实质问题,要么对经验的心理学作大量似是而非的断言。

其中尤其可疑的是羞恶之心,它只能解释为什么不管我们选择哪种道德,它都是存在于我们当下周围的环境之中。但这样并不能反驳功利主义的道德。墨子可以轻易地回答道:"是,人们应该学会耻于与旧有的实践相一致,并且未能积极有效地参与到商业组织中去。"虽然一种强化的解读对我们来说更为熟悉,但是给我们的良心遗产——即我们所共享的东西——赋予一种明确而普遍的道德意味,在经验上是可疑的。如果我们真的要寻找这样一种全人类的道德图景,功利主义看起来和中国的儒学或者西方犹太-基督教的(Judeo-Christian)康德主义一样,声称确实存在这样一种普遍的道德倾向。

我们还不能说表示尊重的礼节和仪式是全人类的或者说是内在的。而且孟子避免讨论作为内在范式的是非。很显然,他对四端的强化理解方式必须面对实际的人世纷争。这相当于说,在任何争论当中,总有一方扭曲了他自然道德的本能。孟子泰然自若地认定他本人的论断是自然的,因此任何与他意见相左的人都是在自欺欺人。(指责别人自欺往往是真正自欺者的常用伎俩。)

当然,孟子(和孔子)的辩护者会指责说我们有失公允。从我们现代的、相对的视角来看,孟子的内在道德学说看起来很幼稚,但是我们必须考虑到被批评对象所处的年代。那种对多样伦理体系的相对认识是一种现代的,或者说西方的观点。他们会争辩说,中国古代的思想家们不可能有这样的预见。

然而这种辩护是站不住脚的。首先,孟子回应墨子和杨朱的挑战,他除了让我们知道理论界存在着互相对立的道德观点之外,什么也没有做。正如我们所看到的,甚至孔子本人也知道礼在不同的时代、不同的民族中有不同的内容。孟子显然知道有一种政治理论——即秦国的君主集权专制理论——并不认为传统和礼的正确性是不容置疑的。墨子对儒家传统主义的攻击集中在社会存在与是非直觉的绝对冲突。一个没有研究过人类学的人也可以把握其中逻辑的要点在哪里。不管它是不是一个广泛为人们所接受的共识,怀疑的理论偏见很久以来早已扎根于哲学传统中。事实上,孟子的体系只有在他试图回应这种怀疑的时候才有意义。孟子在面对关于变动中的社会存在形式的争辩时,坚决捍卫自己的先验论主张。他的立场可以归结为:以他自己的道德为是、为自然,而以其他意见为非。

即使我们认同孟子本人的道德直觉,我们仍然不能得到他想要的结果。我们假设允许有一个道德的心存在,并进一步承认它先验地包含符合儒家道德要求的倾向(包括正名)。我们仍然可以问:为什么我们要关心心的问题,并跟着它去做?假设墨子承认他所主张的道是要审慎地尝试去改变人性的现状,孟子也不会轻易认为现有的人类倾向是正确的。

从标准的哲学术语学角度来看,孟子就像一个改革家一样,尝试从是(is)里挖掘出应该(ought)。为什么要服从心?也许我们曾经意识到它的存在,那种知识应该会给予我们自由,它应该能够让我们更真实地看待它。那种超脱的沉思也许会帮助我们从它的命令中自我解脱。稍后庄子也会就心与其他身体器官——也就是被孟子视为杂草的欲望——的关系发表自己的看法。孟子能否开出一条自然的道路来区分种子和杂草呢?如果自然天赋构成道德的道,那么为什么要以我们自然天赋中的某一部分为是,而另一部分为非呢?

接下来,从道家的观点来看,孟子和墨子的理论有着同样的缺点。他们都回避对方的问题。他们都说天,但又都反对对方的说法。他们都从已有的价值系统中各取所需,认定某些东西为自然的是,而其余的则为非。他们都诉诸有争议的标准来论证自己的选择。这可不是富有成效的辩论!他们在论证从自然到命令的阶段的时候都有问题。他们都把自然视为永恒的、既定的。对他们两位来说,自然和非自然的区分就相当于留存和改弃。似是而非的道德改革主张对现状的捍卫者和改革者来说同样麻烦。

孟子似乎隐约地知道他必须回应这一挑战。他提供了诸多不同的论证和理由以说明我们为什么应该重视心的倾向。原因之一就是区别特性(distinguishing feature)。(亚里士多德给出了之所以要锻炼理性的一个类似的原因:对人类而言,区别性是一种美德。)道德的心把人和动物区别开来,因此我们需要发展它,并且给予更多的关注(与其他器官和人与动物共享的欲望相比)。没有人会希望自己像个动物,不是吗?①

就像我们稍后会看到的那样,道家并不认为对这一修辞问题的回答是显而易见的。但是,就目前来说,我们只需注意许多行为是人类独有的。这并不会使得加以训练变得迫切。我猜想人类是唯一一种能够用手指来挖鼻孔的动物。难道那样就等于说我认为我们应该更频繁地 挖鼻孔吗?人类会笑。这是一件值得赞美的事,但也不能因为其他动物无法做到这一点而使之成为一种义务。我们是唯一一种会弹手指发出声响的动物——这是一种悦耳而且有用的声音,但是未必存在于正直的内心之中。

但是道家的反应是很令人困惑的。为什么要为了特别的道德目的而关注专门的领域?为什么不是关注我们的基因?也许我们应该强调灵长类动物的行为而不是哺乳动物,或者强调哺乳动物的行为而不是脊椎动物,诸如此类。或者我们可以就更小的范围提出相同的问题。为什么不是强调高加索人的行为,或者男性的行为,或者特定阶级的行为,或者特定民族的行为?这样一种随意的是非之分也可以视为对孟子的另一种解读。

孟子还为顺从心灵提供了第二个依据。他认为发展和端正

---

① 《滕文公下》第9章,《离娄下》第19章、28章。

我们的心对于健康的重要性就如同身体其他部分一样。如果有人手指弯曲无法伸直，他会不辞千里去找人医治。①难道人不该以同样急切的心情去医治损坏的道德器官吗？回答是："当然应该。"但是为什么一个健康的心比健康的手指、肠胃、眼睛，或者别的自然器官更能指挥身体呢？因为它会指导我们避开一切可能有害于身体的处境。

有一个相关的争论，比孟子的类比论证的更强。既然弯曲的手指在道德上是允许的，那么幼稚的心也应该是允许的。如果孟子关于心在认识论方面的功能和能力的说法是正确的，那么我们就有了认知和道德的双重责任去发展我们的心。孟子说那种培养会使心——实际直觉——变成可靠的指引并激励道德的行动。我们每个人都应该开展训练以使那个过程更精确、更可靠。当然，这还是留下一个问题：墨家、杨朱学派、孟子学派，究竟哪一家的发展方式才是正确的呢？而且这仍然只是假设，而没有论证关于心的合乎标准的陈述。

另一个可能的论证来自宗教。它暗含于最初从杨朱那里借用过来的论证：我们应该根据天命行事；天命就是我们心的命令；因此，我们应该顺从自己的心。通过诉诸天的权威，这一理论给杨朱的利己主义赋予了义务论的色彩。墨子同样诉诸天的权威以激励他在作区分时所使用的功利主义标准的选择。孟子也是同样如此。因此这一辩护至少是杨朱和墨子都不能反驳的。但是，对于解决实际问题而言，它基本上也是于事无补。

孟子有一段非常出名的论述看起来是希望通过正名来回答庄子的问题。这里孟子把议题变得相当清晰和直接。他承认身

---

① 《告子上》第 12、14 章。

体的各个器官倾向于在它们遇到的事物中,自行做出区分和判断是非。他阐述了他最重视的器官——心——所作的区分,以及性、命两个术语的特定状态。

> 口之于味也,目之于色也,耳之于声也,鼻之于臭也,四肢之于安佚也,性也,有命焉,君子不谓性也。仁之于父子也,义之于君臣也,礼之于宾主也,知之于贤者也,圣人之于天道也,命也,有性焉,君子不谓命也。①

现在我们就有了一个完美的论证之环。这样一种区分存在于有德君子的自然禀赋之中。对这种区分的论证就是:这是君子会做出的行为。因此,某个会作如此区分的人,就定会如此区分。墨子和杨朱恐怕也很难否认这一点!

庄子争辩说孟子是在回避问题,他假定有一种传统的是非观念暗含于他所要求的心的自然构成中。孟子一定不会只以作为指导的心为是,他一定也以某种特定的发展方法为是。这就意味着义作为一个整体,不可能是全部内在于心的。他的某些标准存必定在于心之外,以论证各种互相区别的心(圣人之心和愚人之心)或者心的各种状态(未经扩充的和已扩充的)。

就像墨子一样,孟子也不可避免地有两个基础。他必定会以某些心的区分或倾向为是,而以其他为非。通过把某一类倾向视为自然的,他把它们视为能够而且希望照做的。他把心的一部分视为与自己一体。以什么样的标准来选出究竟是哪一部分或者哪种状态呢?通过把其他倾向视为命运,他承认它们无疑的、不可避免的存在,但同时也把它们视为某种心灵或者本性之外的东西。他划定界线,规定了一个包含是非的自我,并断言:这个才是

---

① 《尽心下》。

真实的自我，那个却不是。以特定的方法来做到这一点，在孟子看来，就是君子的态度。如果你希望孟子和别的君子把你也视为君子，你就应该遵守那样的是非。如其不然……

上面段落的一个有趣的作用是用来排除回避问题的假设，即君子会做出特定的区分或选择。我们把它视为一种针对激励和相对论证的辩论。我们在自己的低级欲望中选择。孟子也许会认为，你会在你第一层次的欲望中发现其中有道德的欲求。同样你会在第二层次的欲望中发现发展第一层次道德欲求的欲求。我们从现有的第二层次欲望中作选择。我们可以质疑这第二层次欲望的价值，并作第三层次的选择。但是我们将仍然必须从现有的第三层次欲望中做选择，诸如此类。

因此我们把那一段视为一个来自内省的第二层次的辩论。孟子认为，当我们对内心进行反省的时候，并不是只看到四端的呈现。我们同样也看到它们竟然也有第二层次的是非态度。道德的种子与为它们赋予更高价值的态度是并存的。我们事实上能够认识并发展它们。我们希望自己的某些禀赋在作为指引和行动激励的时候更为可靠。如果你诚实地内省，将不只会看到一种荣誉的动机，还会看到培养种子的动机。

因此，这一论辩只有在你发现那样一种第二层次的动机时才有效。如果你是一个反文化的人，你在内省的时候将会看到内心中传统的价值、行为方式以及想要驱逐它们的愿望。正如大卫·休谟那样，孟子也一定会说，他不能再和你讲道理了。如果你确实具有第二层次的欲望，那么担负论证工作的角色就一定发生转变。孟子不必再为发展高尚的灵魂作辩护了，而反对者却需要一个理由来说明为什么不那么做。为什么要以哲学的名义假装不具备这样一种第二层次的欲望呢？

这个问题回答起来很复杂,而且还要诉诸哲学意义。哲学的冲动对可选事物进行衡量和比较。对于日常目的而言,只要说"你想得到它,那么就去想办法"就足够了。把哲学当作一种社会实践包括排除这样一种意见:"也许我想要的不是这个,而是别的什么东西。"我们可以在第一层次欲望的阶段做这个哲学的、怀疑论的排除。如果心灵偏爱某种自然的禀赋,或许我们应该忽视它或者改变它。道德改革家,比如墨子,已经在某种程度上做到了这一点。最后,孟子把他对现状所作的辩护建立在人不应该谈论哲学的基础之上。

孟子对语言和心智的态度

孟子发展了第一种反语言的理论。[①]他对墨子的回答表明了他的语言理论以及它与思想的关系。揠苗助长的故事正是把他对语言和成文的道的看法具体化了。在别的章节中,孟子更进一步研究了言和心的关系。为此,他定义了自己不同于对手——告子——的立场。学者们一般认为那是一场关于道德内在性的辩论。辩论的核心是告子的一个类似于墨家的观点:"不得于言,勿求于心;不得于心,勿求于气。"(《公孙丑上》)[②]

现在我们可以看到这一格言的解释脉络。它类似于我们现在所谓的"白板理论"。心灵的倾向都是早就安排好了的。除了心灵的倾向以外,没有宇宙的、自然的指引。同时,除了经由公共议题所确定的规则之外,心中没有别的倾向。

[①] 惠施认为杨朱的理论实质上也是反语言的。但是从现存的只言片语中来看,杨朱并没有论及言和道方面的问题。
[②] 对本段文字的关键性理解,我参考了倪德卫的观点。

孟子只同意准则的第二部分。结合他对作为道德力量的气的观点。我们心的先天设计是宇宙指引的一个相关组成部分。我们指引行动的禀赋唯独安排了心的是非倾向，并以此来引发后续的程序。宇宙中也许有着更多的内容，但是所有与人类指引有关的东西就全部存在于心中了。与心相一致的结果就是浩然之气的集聚。

这一格言的第二部分引出庄子的观点，即认为气的权威或许存在于所有自然器官之中。孟子和告子都把气视为刺激因素，它与心的控制意向共振。因此身体其他器官的气自然地服从于心。但是，心必须与气中所有的道德力量协调一致。因此，气的外在道德并不与人类的指引相关，除非它存在于心中。心与气的全部关系就是这两者的同步性。这就是道德宇宙中圣人之心的有效实现。

但是，孟子激烈反对格言的第一部分：即言和心的对等关系。人们不应该把言视为心的源头。这等于是把道德外化了。心包含着详细而精确的区分能力，以及孟子语境下的是非。我们永远不能把它付诸语言。心中必定含有无法用语言表达的倾向。否则，语言符号的实用性解释就不可能。

孟子拒斥白板理论。正如我们要声明的那样，孟子拒斥它是有道理的，而不论告子是否真的持那样的观点。但是孟子陷入另一个极端，即心具有先验的结构，而该结构会受到语言的影响。语言要么与先验结构一致，要么改变它。如果两者一致，那么语言就是不必要的；如果语言伤害了先验结构，那它就是错误的。所以不要指望语言有任何心所不具备的指导意义。因此，语言的危险更甚于任何的诱惑。我们不需要成文的道，它会腐蚀我们的心。

第五章　孟子：创发反击

孟子从义的内在性得出这些结论。①告子就此与他辩论(尽管他也同意孟子仁的内在性的说法)。孟子的立场和他冗长的辩论是《孟子》全书中唯一一次与哲学家展开的辩论。(《孟子·告子上》前八章)。②告子大概也是一个儒家学者,③他捍卫早期儒家关于道德直觉由相关文献引申出来的立场。他们两人就像墨子一样把不同的问题混淆在一起。其中一个话题是:什么因素保证是非回应的正确性。另一个是:人们如何知道在具体的情境中应该采用何种是非。第三个是:是非的动机来自哪里。我们可以在道德合法性的源头、道德可知性的源头以及道德动机的源头之间做出区分。孟子和告子简单而含糊地辩论道德源头的问题:它究竟是内在的(来自心)还是外在的(来自言)?

孟子致力于道德心理学,当我们把注意力集中在第三个话题,即动机问题的时候,一定能够最好地理解他。我们必须推断他的回答是纯粹标准的或者元伦理的问题。孟子的立场赋予了动机问题许多意义。在那里,我们可以明白他的观点与传统儒学相关联。荀子争辩说道德的内容不过是诡计和虚构的产物。它是一种历史的积累物,来自于人们学习和内化的社会实践。在这个意义上,墨子的立场也是外化的。他鼓吹以语言改革来实现道德重构。

墨子的动机一部分是内在的,一部分是外在的。我们有一个优先的动机去吸收和执行从阶层社会中习得的社会规划。那个优先的规划决定了动机,而教育的内容——语言——形成了人类的道德动机。但是墨子的立场并不认为心就是一块白板。任何

---

① 在本段文字中,许多观点来自与信广来的讨论。
② 这一辩论从理论上说并不是必需的。参见伊若泊(1990),第260页。
③ 参见伊若泊(1990),第114页。

343

能够被实际把握而且指引我们言说的道,需要某些优先的倾向。一般来说,这就是接受并执行原定规划的倾向,或许是接受某些规划、拒绝其他规划的倾向。

正如我们已经看到的那样,后期墨家放弃谈论自然的意愿。所有现有的、功能性的德以及所有行动的道可以说是自然的。它们相当于和心的优先规划一致,并且和天一致。因此,墨家的主张无异于是说甚至连盗贼也能诉诸自然倾向来为自己的行为作辩护。这一见解是庄子的多元论的第一阶段。

在此之前的分析已经告诉我们,墨家对语言和道德的态度,对墨家本身造成了一个问题。这个问题使我们看到儒家存在问题的另一个版本。如果儒者能够在礼中正名,他们必定已经能够认识到某种是非观是正确的。那么墨家必定认为某种内在设计——不管是什么——使得我们能够认识到功利的标准,并且使得这一认识激励我们。如果是这样,那么至少我们不应该把它内化。墨家一定认为终极的道德标准是内在的。因此墨子的道德有两个源头:一个是以利害来区别的关于是非的自然意愿,另一个是取决于社会条件的完整的是非灌输系统——言说的道。

孟子以他喜欢的方式很高兴地讽刺某些墨家人物造成了这一问题。在他们鼓吹内化普遍的爱的同时,也不得不承认并以行动证明在他们的行动中包含着一种厚爱亲人的自然倾向(《滕文公上》第五章)。这显示了他们具有两个互相冲突的道德源头:他们把内在的自然的道割裂成两个,一个是被接受的标准,另一个是为标准所拒斥的关于家族的部分。孟子扩充自然的、内在的道,使之包含比单纯的喜好更多的内容。墨子和孟子一样,必须论证我们自然偏好的被接受部分,并拒斥其他部分。孟子说,天从单一的源头中创造了事物。那就是唯一的、自然的道。

孟子把他和告子在内外两方面的不同与他们各自关于语言如何与心相关的看法联系起来。接着他声称自己立场的力量在来自的"知言"。当被问到如何解释这句话的时候（就在讲完揠苗助长的寓言之后），孟子列出了一个语言如何把人引入歧途的清单："诐辞知其所蔽，淫辞知其所陷，邪辞知其所离，遁辞知其所穷。"言辞是危险的，而且掌握语词包括知道它们的危险性。"生于其心，害于其政；发于其政，害于其事。"尽管圣人给我们留下了语言——礼，如果能够再来一次的话，他必定也会同意孟子关于语言的论断（《公孙丑上》第二章）。

孟子似乎不认为言和辩有什么有作用（除了它们在驳斥异端的言和辩的恶劣影响时所具有的工具价值）。但是，他的理论不能支持一种彻底的反语言立场。言是行的一种。先天倾向中的是，也许会以打开电灯开关或者说"上帝保佑你"为是。语言和行动的源头都是心。正如庄子所说的那样，没有什么能比天籁更为自然。自然的所有造物都会发出声音。人籁不能与天相反。

心在面对具体情境的时候会做出有针对性的辨别和区分，并做出是非回应。至少某些语言，必须由公共讨论的可接受的结果组成。比如说讲出狭义的所谓"是"，在某些时候必定是一种恰当的语言行动，来自经过教化的心。只有这样理解才能使孟子本人也参与辩论的事情显得合理。

孟子实际反对的东西恰是来自公共之道的语言回应的文化积淀。我们把语言行动变成"辞"，并把它作为道来传达、积累和教育。这些历史积累的道在心灵之外呈现出它们自己的生机。然后我们对它们进行重新解读，使之回归心中以指引其行动倾向的成长。重新被内化回到内心，它们在原则上也许会与其先验设定发生冲突。①如果我们使用一种成文的道来引导创立一种不同的区分范式,我们将会冒一点风险:如果我们仍然赞同或不赞同自己的心,就会刺激它否定自身。

孟子对墨子两个根源上的攻击可以理解为:"如果不是心灵的是非能力出于某种原因选中了某种指引或标准,你如何能够认定它是好的?如果你接受顺应心灵预先存在的倾向,为什么要忽视家族的倾向?"把某些外部倾向视为标准并以此来改变心中原有的立场就是道德外在性的观点。这就是两个根源的含义。因此,语言和教条的作用就像杂草一样。它们会扼杀道德种子自然而正确的成熟过程。

孟子对墨子的批评还有另外一个方面。墨子认为语言诉诸心灵以接受某些并不是与生俱来的动机。他同时接受和拒绝把心作为道德标准的动机性偏见。但是孟子自己在反对语言的时候也是这么做的。如果我们的心具有先验的设定以产出正确的是非结果,那么使用语言来对我们进行指引必定是其中的一条。宇宙的连续性和气的统一性都显示了语言是非常自然的。它在学习、教育和灌输价值观过程中的积累和实现必定是自然的。甚至是对传统进行审慎的调整——道德改革——同样必定是心和气的自然结果。孟子怎么能反对它们呢?②

我们可以把道德动机源头的问题转换成一个认识论的问

---

① 考虑到庄子的分析和孟子在人性问题上原始的乐观主义,我们并不清楚这一点究竟是如何发生的。这是儒家关于恶的问题的成文版本。

② 儒家关于恶的问题在新儒家的理论中成了一种通病。他们并不注意成文的版本。普通的方式是简单认定人性在初始时是善的,那么我们怎么会落入一个恶的社会情境并且没有去纠正它?墨子刻把这种普通的方式称为"新儒家的困境"。参见墨子刻:《摆脱困境:新儒学与中国政治文化的演进》,1977(中译本由颜世安、高华、黄东兰译,江苏人民出版社1996年出版——译者注)。

题。我们倾向于使用我们自己关于这一问题的认识论概念。墨子并未发展出理性的概念。孟子也没有发展出直觉的概念。西方传统的"辩"不在他们的概念框架之中。我们理解墨子的方法就好像在使用客体、度量标准的时候诉诸理性。但是,他没有明确阐述一种关于才能的心理学理论,并把它作为一种个人精神功能的典范。如果他这么做了,也不会是一种用于证明的才能。墨子曾谈到一个类似逻辑的概念,并且证明它是一个对于我们理解某种标准来说必不可少的、更为一般化的观念。接受一种基本的是非就是接受一个完整的与标准相一致的是非范式。

孟子的认识论立场认为所有是非知识的源头是心对第一层次情境的回应。你无法通过把心的是非回应区分成基本的、权威的部分和派生的、可变的部分来了解什么是道德的。这一错误的形式就是一种成文的道。语言不能成为动机上或认识论上进入道德的途径。

但是孟子确实有一种才能:先验的区分能力(是非之端)。我们可以问这一才能代表什么:它提供了何种认识论的进路?我们已经承认孟子现实主义的回答。从正式的意义上讲,孟子的道德是现实主义的。对于任何一种特定情境的道德问题,都有一种正确的回答。但是从形而上学的角度来看,它仍然是现实主义的吗?我们同样接受用气的理论来证明它确实如此。正确的答案出于某种原因带动了宇宙道德结构的变动。这就大致相当于程子、朱子对孟子的现实主义解释。而王阳明的理想主义解释作为一种新的挑战,坚持认为不能在形而上学中把气和心区分开来。这与孟子关于道德内在性的主张有冲突!它使得关于道德的知识内在化,但是知识所依赖的现实是气的外部状态。

但是,孟子肯定没有像王阳明那样深入地考虑这个问题。①他在和告子辩论时的解释借助一个关于长者的比喻。当我以长者为长的时候,将会如何呢?告子坚持认为长是外在的,孟子则认为是内在的。告子无意把这一区别升级(可能孟子在写作过程中有所省略),但是究竟是什么造成了人们对长的错误理解呢?动机和判断也许来自内部,但是它们的正确性和有效性似乎取决于外部。正如我前面已经提到的那样,孟子会和狂禅一样,认为我本人的是非一定是正确的。

我们接受孟子关于人类具有一种完整的先验道德原理的说法。道德原理使人类能够处理任何道德中立的外部实体结构,并产生道德上正确的行动。但是道德上的正确不具有形而上学的偏见,不同于心在特定情境下的产物。这将有助于证明孟子的论断在形而上学上也是内在的。②

现在我们来研究墨子理论中的一个问题:即道德改革的悖论。它告诉我们如果要进行道德改革,墨子势必要武断地把心割裂。其他人如果怀有不同的道德观点,也会以不同的方式武断地把心割裂。我们因此有了这样一种印象,即关于道德改革悖论的解决方案是一种现状伦理学,但也是一种错觉。它只在没有关于道的辩论的时候才有意义,当然它也就变得无关紧要。一旦道德改革开始进行,人们就不能再否定改革的进程或者再来讨论它是否自然。关于现状的回答本身必定拒斥一部分自然的道德进程。

---

① 这种看法无疑属于异端之例。
② 新儒家看似致力于道德实在性的研究,而这恰是孟子所反对的东西。但是他们通过纯粹的唯心主义,把世界内化于心的方法来调和他们的道德实在性理论与孟子的道德内在性理论。他们依赖于佛学对普遍的心和个人的心的区分。因此,道德的源头是"道心"而非"人心"。

关于改变既定设计的辩论是我们设计的一部分。问题被提出来之后,唯一真正的解决方案就是"随它去吧"。

当然,我们具有先验设定。我们的先验设定就是接受社会的设定。墨子在选择利害标准时的立场,向来是有争议的。但是墨子认为道德既是内在的,又是外在的,看起来却是相当可靠的。孟子不能证明后天获得直觉是非自然的。拒斥孟子的立场不等于拒斥直觉主义,只是拒斥先验直觉主义。

成功的商人、医生、科学家、程序员、舞者、逻辑学家以及农民,都发展出了可靠的直觉。直觉引导着他们。然而这既不能说明他们的直觉是先验的,也不能说明是完全适应社会的。墨子喜欢客观评测,但是他的心理学理论却继承了早期儒家对直觉发展的解释。这就有助于认识道德——动机和意识——内在设计和外在设计的互动。墨子的功利主义道德改革强调客观的、外在的尺度关系。但是它不能把先验的和习得的倾向范式都去除。

当然,孟子担心墨家一定要改变或者去除某些内在的设计——即他对于某些关系者的自然关怀——对此,我们无法做出恰当的回答。如果我们打算实行某种经过深思熟虑挑选出来的普遍的利他主义,那么某些已有的设计必定会被改变。我们无法安慰孟子,但我们可以找出他之所以觉得前景令人不快的理由。这肯定是由于他对儒家现有价值观的不够审慎的偏爱造成的。我们能够反驳指责墨子试图反对自然的观点,因为墨子对我们应该采取何种设计的关怀是一种自然的关怀。孟子关于先验设计的假定简单地回避了标准的问题,支持一种有争议的、不够审慎的关于现状的概念。他的立场要求我们去除自然的关于使用语言和提出第二层次的道德改革问题的设计。

现在两边都缺乏在自然禀赋中做出特定选择的理由。墨子至少给出了针对儒家道德的防御性批评,而孟子则仅仅依赖于他那正直的对现状的偏见。

《孟子》的逻辑、语言和类比

孟子没有发展出关于逻辑或理性的学说。他的实践已经成为争论的主题:要么激烈地批评它,要么忠实地捍卫它。我意识到自己也身处批评者的行列中。我同意刘殿爵的说法,即"对读者来说一点也不奇怪",孟子"沉溺于看起来是无关紧要的辩论,抑或他的论敌经常被没有前提的推论或结论(non-sequiturs)有效地置于哑口无言"。[①] 他那对言和辩充满敌意的态度似乎同样反应到他的理论和实践中了。他在面对哲学论敌的时候,措辞始终是非常随意的。孟子的态度似乎是:他本人直觉地知道什么是对的,任何可以使对手迷惑、困窘或屈服的方法都是可以接受的。他把辩论视为心灵未经充分发展的人所从事的文字游戏,而他必须容忍这一点。他在辩论中唯一的目的就是击败挑战者,因此他经常混淆视听并投放烟幕弹。

正如他的捍卫者所说,[②]他依赖于一种弱的辩论形式,通过类比来阐述自己的观点。我发现他的类比非常不理智,而且也讲不通。但是,这一回应同样也是有争议的。比如葛瑞汉就说:

> 这段与告子的对话以类比的细致考察推进。魏礼(Arthur Waley)于1939年著书宣称,孟子"作为一位善辩者,他的推论是琐碎无效的。《告子》篇中关于善与义务是内在还是外在的全部讨论是一堆离题的类比,其中很多能同样

---
① 刘殿爵(1963)。刘殿爵(1970)重印,第235页。
② 刘殿爵(1963)。刘殿爵(1970)重印,第235页。

第五章 孟子:创发反击

用来推翻他们试图证明的东西"。现今很少有学者愿意继续采用魏礼对孟子的轻蔑态度,这说明半个世纪以来我们对中国哲学的理解发生了变化。刘殿爵于 1963 年写的《论孟子在论辩中譬喻方法的运用》一文,标志着准确把握中国古代论辩的一个良好开端。①

不论国王属下的聪明人如何赞美他的新衣是多么巧夺天工,我认为,总该有一个人来质疑它的存在。但是,我不敢相信,自己竟然也是站在魏礼一边的少数派。尽管如此,读者也会期待我应该像林肯那样分析问题,而不是像葛瑞汉这样。某些汉学家至少在某些时候,会被愚弄和恐吓。我恐怕会被指责说,支持主流的解释观点并不代表易于受骗。

刘殿爵专断的分析看起来确实征服了所有人。我仍然对他的论辩表示困惑。最后,我更是对他开放的理论动机感到不解。我猜想这解释了葛瑞汉的推断,现在大多数人都深信孟子的逻辑敏锐性:"我们很难相信像孟子这样具有极高才能和声望的一个思想家竟然经常沉溺于看起来是无关紧要的辩论,抑或他的论敌经常被没有前提的推论或结论(non-sequiturs)有效地置于哑口无言。我们猜想失误一定在我们身上。我们一定是没能很好地理解这些辩论。"②

刘殿爵的研究被频繁地征引,而葛瑞汉的褒赞几乎被全世界所接受。这是一个极好的例子,揭示了儒家通往解释理论的标准进路。它始于一个信念,即孟子一定不会像初看之下所呈现的那样糟糕:"我们猜想失误一定在我们身上。"他轻率地忽视了这样一种有可能的情况,即孟子在逻辑上确实是脆弱的。然后他把关

---

① 葛瑞汉(1989),第 119—120 页。其中提到的刘殿爵是指他 1963 年的著作,1970 年重印。
② 刘殿爵(1970),第 235 页。

于意义的背景假设和前提都归纳为孟子的意义。他推论说正是这些假设使得孟子如此高明（同时也使他的对手显得无知）。因此整套理论"被假定为孟子时代的读者所熟悉，包括孟子及其对手都接受的独特的哲学观点，以及辩论时所采用的类比方法"①。

孟子经常宣告对手的谬误，但我们有理由否认其合理性，因为对手经常就孟子在逻辑和语言方面的孱弱提出合理的批评。否认了一个，就必须同时否认另一个，因此刘殿爵的研究正好成为我的目标：它始于一个假设，认为儒家深奥而且玄妙。然后用前提和背景假设来支持这一信念。接着声称自己的假设代表了术语的真实含义和所有中国思想的普遍假设。如果他人指出更为明确的意义——尤其是墨家——就指责他们没有很好地理解术语的真正含义或者他们自己的假设。"墨家乍看起来似乎为社会带来了秩序。但是仔细审视就会发现这只不过是通过忽视告子和孟子仔细讨论的问题而达到的。"②

葛瑞汉正确地意识到刘殿爵的论文引发了一场关于孟子与告子辩论中所用类比的名副其实的大讨论。这是孟子学派在寻求孔子那晦涩的一以贯之的学说时产生的副作用。它引发出各种各样的回答。我无法一一列举刘殿爵那些详尽的或者另类的分析，以及其他所有怀着相似动机的解释。我喜欢让相互敌对的解释自己为自己辩护。

我瞄准了整个原初儒家解释策略中普遍的假定和动机。我并不打算说明某一种或全部赋予意义的尝试（都）是不可能的。我想要说明的是，这种理论的代价太大了。反对公认的关于孟子在逻辑方面极其孱弱的事实，其代价是必定包含大量复杂而有隐

---

① 刘殿爵（1970），第235页。
② 刘殿爵（1970），第259页。

晦的说法，他的反对者们事实上也都知道这一点，只不过他们不像孟子那样深刻和清晰罢了。谁要是看起来清晰，而且尤其是能干，必定会被认为误解了深刻的背景含义、文字意义和基本假设——那些他们事实上共享的东西。

小心翼翼地回避某种理论保全了它自身。儒家甚至还不知道该如何做哲学研究。中国早期思想史上的其他学派倒是做了某些有意义的工作——正如他们展现的那样。只要我们不把儒家放在首位，就可以对中国哲学有一个比较清晰的了解。而且在最后，我们甚至可以对儒家有更好的理解。我们只要不在文字游戏上浪费时间，义理就会自然而然地显现出来。

当我们意识到问题所在的时候，这种儒家解释的代价看起来显得尤为愚蠢。尽管发明了相当特异的背景假设，儒家仍然没能成功地捍卫孟子。虽然刘殿爵的研究被广泛征引以保护孟子在逻辑上的名声，但是却没人能解释凭什么认为刘殿爵做到了这一点。为了寻求辩论的意义，刘殿爵提出关于意义和背景信仰的说明性假设，以此为孟子的立场提供辩护。他宣称孟子的论敌，比如墨家，没能理解问题的关键。但是这又如何支持孟子的类比呢？刘殿爵认为中国学者在辩论时使用一种特殊的类比，它不同于被普遍接受的假设，在中国哲学家当中也只有孟子能够理解它。

一般来说，我们知道类比常用于辩论或阐述。类比中的严格论证应该类似于一种弱的归纳辩论。如果 A 和 B 相关而且相似，那么不论什么东西，对 A 来说为真的话，对 B 来说可能也为真。论证力量的强弱依赖于相关相似的程度。刘殿爵的解释并没有把任何类比转化为论证——正如他本人所承认的那样。[1]他

---

[1] 刘殿爵(1970)，第 257 页。

的立场更为谦逊。他详尽地给孟子作注,把所有离题的类比掩盖过去。这对于赋予类比以理论意义是无济于事的。对于它们在辩论中所扮演的角色,魏礼的指责依然是有效的。

但是这些类比能够被说明吗?基于他对孟子的哲学重构,刘殿爵解释了孟子那些看似离题的类比。他宣称如果我们接受他对那些辩论的分析,就不难理解那些类比的意义。但是,人们往往不会按照他的方式来理解。一个解释性的类比通常是为了使哲学观点更为清晰。如果读者必须在弄清类比的含义之前,先弄清某种哲学理论的概要,那说明他没有弄清类比所扮演的角色究竟是什么。它们既没有论证那些观点,也没有尝试阐明它们。

所有这些说法都显示出孟子使用类比来论证他本人的学说,对二十世纪的解释者来说是一种挑战。只有通过对孟子的立场做出清晰的重构,我们才能明白为什么他的类比是没有任何意义的!尽管如此,我们仍然迷惑不解。刘殿爵注意到孟子阐述自己观点的时候,告子并未加以反驳,安静地让孟子把话说完。刘殿爵以告子的不反驳来证明那种类比的结论在当时必定有它的含义,只不过我们今天的人无法理解罢了。①

刘殿爵声称中国古代思想家使用独特的类比方法,我们应该如何看待呢?墨家学者(一贯清晰地、不诉诸神秘性质地)阐述了一种他们称为侔辞(matching phrases)的方法。刘殿爵断言那是对"孟子所用方法的完美表述"。但是墨家的方法最多近似于告子。刘殿爵和葛瑞汉强调孟子使用的是严密的逻辑方法。就算他们是对的,那也无济于事。魏礼的见解是有道理的,他认为孟子的辩论是只是大部分,而非全部都是不相关的类比。但是其中

---

① 刘殿爵(1970),第238页。

有一则辩论看起来似乎是严密的。

但是这就够了吗？它是有根据的吗？它在逻辑上是有效的吗？让我们来仔细研究。刘殿爵对这则与告子的辩论有详细的分析。

> 告子曰："生之谓性。"孟子曰："生之谓性也，犹白之谓白与？"曰："然。""白羽之白也，犹白雪之白，白雪之白，犹白玉之白与？"曰："然。""然则犬之性犹牛之性，牛之性犹人之性与？"（《告子上》）

初看起来，告子以一个反对孟子先验主义的命题开始。所有与生俱来的禀赋都是同样自然的，为什么要以其中的某一种为独尊呢？这或许是理解告子理论的关键，即人性在道德上天生是中立的。诚如魏礼所言，孟子的回应看起来是无关紧要而且不相干的。但是刘殿爵试图消除这一印象，不单只依赖于辩论的正式结构，还有包括用常见手法对性的特征进行详细而清晰的解释。

在这里解释仍然扮演着它通常的角色。它不仅原谅了孟子的离题，同时也抹杀了告子对孟子那明确的、中肯的、直接的反驳。我们将会看到，告子的开场白不再是像它一开始那样，以反先验论者的面貌出现。它变成离题的、无聊的而且隐晦的重复，或者是双关语，或者是某种对生和性的关系的含糊表述（性由身和激进的心组成）。传统意见认为，生和性这两个字也许是同一个字，或者是同名异物。葛瑞汉说对性这个术语深层含义的误解部分地解释了魏礼的谬误。

> 这里我们可以引用确实伟大的亚瑟·魏礼的另一个有趣的错误，这是用半个世纪后我们优越的智慧反观得到的。……在我的早期著作中，通常把告子的"生之谓性"译作

"It is inborn that is meant by nature"。的确，晚于孟子一个世纪的荀子正是用与生俱来来定义性。但我们已经看到，在公元前4世纪的日常语言的使用中，有生命之物的性，就其与生的区别而言，意指在营养充足而没有外来妨碍与伤害的情况下生命充分发展的方向。[1]

葛瑞汉对我们关于术语在当时的日常用法中意味着什么的卓越智慧的透彻观察的确最不像是为孟子特制的。如果葛瑞汉的理论要求意义有所变化从而肯定孟子理论的意义，并魔术般地变成荀子、墨家以及后期道家，那么他几乎是在维护魏礼的指责，即孟子以一种特异的方法使用术语。在孟子的解释者那里，改变意义的理论是很有代表性的，他们都接受一种假设，即虽然原初儒家看起来很粗糙，但孟子却真的很深刻。

不管怎样，这是多种复杂的关于性的理论中的某一种，神秘地原谅了孟子的第一反应。这不是一个使用类比来进行的辩论，而是佯辞。基于这一假想的联系，孟子说"所谓生之谓性"就类似于"白就是白"。从《孟子》文本来看，告子并没有对此提出异议。毫无疑问，这说明他也同样接受这一临时改变了意义的术语！他终将为此付出代价。现在他的开场白和此后的回应都已经变得无法理解。从来没有人解释他为什么以那样一个无意义的话头开始交谈。

但不论如何，遮羞布毕竟起不了多少作用。虽然它有助于解释孟子的回应，但无法应对魏礼的反驳。如果生和性是同一个字，那么我们就可以理解孟子"白之谓白"的类比，但它仍然是无效的，仍然没有比原来的意思更容易理解。如果它们是同音字，

---

[1] 葛瑞汉(1989)，第123—124页。

那么它就是一个双关语——那么孟子的类比就显得更加无效。如果它确实如葛瑞汉所说的,那么我相信那意味着告子的开场白就是一个正确的分析。告子允许孟子把他的命题篡改为"成长就是栽种,并在具备充足的养分和未遭受外来的阻碍和伤害的情况下,完成它自身的发展。"但是这不是一个分析的真理。如果把它颠倒过来,它同样成立。"栽种并在具备充足的养分和未遭受外来的阻碍和伤害的情况下,完成它自身的发展就是成长",虽然有点稚拙,但在分析上是成立的。尽管如此,它与"白就是白"在分析上为真的形式却不一样。我实在看不出这些简单的哲学知识如何拯救孟子在逻辑上的失败。

如果我们认可第一个哲学的谬误,刘殿爵指出,接下来的辩论看起来像是出自后期墨家的语言分析理论。墨家分析并批评代数学的推论形式。代数形式是这样的:我们以一个简单的句型开始:(X 是 Y)。于是接受检验的推论就是,如果(X 是 Y),那么(KX 是 KY)也成立,这里 K 是任意给定的术语。比如说,马是动物,马的头是动物的头,骑马是骑动物,诸如此类。

正如我们将要看到的,墨家证明了这一表面看来有说服力的推论其实是无效的。刘殿爵必须证明孟子在逻辑上是站得住脚的。他通过揭示孟子了解墨家的某些逻辑来证明这一点。但是诉诸倖辞却让我们陷入两难的困境。如果孟子对逻辑一无所知,那么我们就可以知道他确实就像看上去的那样无能为力。如果他确实了解后期墨家关于有效推论的理论,而又对此视而不见,那么他依然是无能为力的。

事实上孟子的情形比这还要糟糕。他不单只是在模仿墨家已经指出的无效的辩论形式,而且模仿水平还惊人地拙劣。那样歪曲和低劣的形式不禁让我们感到惊讶:他怎么会错误地认为这是有效的?! 看起来,孟子对于什么是有效推论一无所知。他以其难以置信的形式误用表明他完全不了解墨家的推论过程分析。如果他事实上对此有所了解,那么恐怕只会对他更为不利:他不但能力不足,而且还不可理喻。

孟子的推理如下所示。如果你承认(A 是 B)(生之谓性),并且(A 是 B)就如同(C 是 C)(白之谓白),那么如果你再进一步接受(CR 的 C 是 CS 的 C)(白羽之白犹白雪之白),那么你就必须承认(T 的 B 是 U 的 B)(犬之性犹牛之性)。墨家分析的结构很吸引人,但最终被证明是无效的。而对于孟子的结构,我简直无话可说了! 这仅仅是一个概要,远远还不是全部,但这已经难以启齿了。

就算我们认可某些哲学家的说法,对文字、意义、言辞、或写作手法进行更为深入细致的考察,就算告子的第一步是(B 是 B),那也不能对孟子起到太大的帮助。他迫使告子做出让步以及在第三步使用(C),而第四步使用(B)这两者之间的关系,仍然无法做出合理的解释。(A)在整个辩论中完全不起作用。

这就是孟子推理的奇特形式,但这一例证告诉我们的是孟子在逻辑上的无能,而不是时代本身的无能为力。从最好的方面看,它告诉我们他也知道符合逻辑的辩论方式,并试图借此制造烟幕弹。它还告诉我们,正如我所说的,魏礼认为孟子所有的辩论都是不相干的类比是错误的。这则例证只能表明它使用了不相干的佯辞方法。

孟子的推理模式是,他几乎使用了所有可用的文字游戏,模棱两可的言辞,改变自己的立场,人身攻击以及通过自己的著作使自己在辩论中傲慢地占据上风。他最喜欢的手段就是回避问题、引导问题以及牵强地使用类比。与他反语言态度相一致，他对于以道德上合理的方式配置语言和观点并没有什么信心。我们马上就会来研究"辩"，这里面充斥着诡计和欺骗。对推理形式进行严格的研究是名家的课题，而不是像孟子这样一个反语言哲学家所能做到的。考虑到孟子的一贯反语言立场，我们认为他对名家没有什么特别的利用，对他们细致的逻辑理论没什么兴趣。

孟子对后世的影响

从广阔的历史图景来看，孟子是最具影响力的儒家学者。尽管他是古代哲学家们的笑柄，他最终在中国思想史上的影响却极为深远。中国思想和儒家思想的混淆相当于中国思想和孟子思想的混淆。但我要声明，道家也稍稍地借用了孟子的直觉神秘主义。但是，中国古代思想家总不能给人留下很深刻的印象。老子的分析驳斥了孟子关于我们的直觉判断必定是先验判断的说法。庄子的批评击垮了他的直觉主义。甚至后来的儒家学者也对他关于人性幼稚而乐观的假设表示怀疑。他们把他当作开始进入正题之前用以逗乐的替罪羊。

从另一方面来说，孟子理论的弱化版本却是没有争议的。也许其中唯一的新鲜事物就是宣称一种全人类的关怀是先验的。从儒家到韩非子、墨子、庄子甚至或许还包括杨朱，都承认人的本性是社会性。但是孟子关于社会性的具体观点是最著名的，也是最系统的表述。强化版本关于人性善的说法成为中世纪儒学的主流。他关于真正的王以及他对天命的学理性调整也都是如此。甚至在当代，民族主义对手还在较量他们赢得民众（往往是被操纵的)欢呼与喝彩以进行统治的能力。

从理论上说,正统儒家的建构通常都会赞同孟子关于经济、教育以及理论上每个人的道德平等性对政治和道德来说所具有的重要意义。那些态度在当今中国的革命家和改革家身上还可以看到。孟子关于天命指引下的道德循环几乎成为中国古代王朝一种自足的预言。儒家恰当地借用了他的某些观点,即天命循环中学者所扮演的角色。学者忠诚地为他的帝王效力。他们通常最大限度地表现忠诚,以确保他们的帝王保持最高尚的道德。这就成了儒家在政治不能体现仁义的时候,对君主提出批评的理论基础。他赢得民心的政治策略成为当代争取群众的策略,这导致当代西方文明经历了越南战争。最后,他关于自修和作为结果的道德神秘主义学说决定了直至今日的中国学者的态度。

不管它是如何孱弱,孟子毕竟为了儒学提供一种审慎的标准理论。儒学简单地忽略了墨子迫使孟子面对的问题。因此,孟子在儒学建构方面的影响力并不是偶然的。行动义务论并不是一种特别好的标准理论。它是一种非常不可靠的理论,很容易被歪曲或附会。很难找到一个反面事例,因为它拒绝由任何标准学说或者理论陈述来表达。心是唯一已知的道德源头。他的理论为他拒绝从事理性论辩提供了一个理由:"我内心知道这是错的!"那就是君子所需要的全部。但是没有哪种文化可以接受这样奇异的诡辩。

一点也不奇怪,这种基于本能的立场后来变成了传统的捍卫者。它使得孟子能以巧辩回应墨子,而不论在哲学上是否站得住脚。孟子认为道德知识不能进入某个系统或任何计算方式。我们以经过发展的道德技巧回应具体的情境。当我们可以理解这一理论的时候,我们就已经同化进了某种社会道德。因此这种学说仍然是对付苏格拉底的问题和道德改革的有效方法。不论我们的道德直觉是什么样子,我们都认为它们是正确的。孟子的崇拜者如葛瑞汉等人仍然认为道德改革的问题引出了孟子的现状改良方案。

孟子理论中可取的部分在于,他认为我们的心无法从学习或者顺应某种言说的道来增强其可靠性。孟子的道是行动之道:充分发展的心基于具体情境做出是非判断的范式。语言无法表达它,理论无法指导它。

尤其是注意到孟子反语言观点的正式结构与新儒家描述的道家形象十分相似。他的神秘主义是道德的,因此必须注意,孟子(而非老子)才是中国最早的直觉反语言主义的鼓吹者。正如他的指引标准一样,他提出一种绝对的、直觉的、道德义务的道,它无法用语言来表达。

顺应内在的道等于顺应人的内在本性并自发地行动。一个在最严格的要求下充分发展了其技巧的人,从来不会有意识地去想该做什么的问题。她的行动自发地流露出来。她神秘地把充斥于宇宙间的力融合进行动当中。语言会扭曲内在自然的道。正如我们将要看到的那样,老子试图掩盖这一点,而不是加以说明。

我们不必对孟子和原初道家的并行不悖感到奇怪。毕竟,孟子借鉴了杨朱的结构以便于对付墨子。自然地,他对辩论结构的使用使他成为一个借鉴了早期道家理论成果的儒家学者。儒家总喜欢声称可以调和儒道两家,但那只不过是儒家学者的一厢情愿罢了。孟子的体系特别地促进了这种协调。新儒家开始理解孟子并模仿他对道家的解释,但是,这种所谓的协调不过是孟子把儒家拉向道家的一家之言——不是因为道家意识到自身与原始儒家的理论相一致。而且,孟子所借鉴的道家是早期道家,尤其是杨朱。而道家在孟子之后又有了三个阶段的发展。

在这些所谓的协调之中,我真正反对的是这些乏味而原始的新儒家所理解的道家概念。儒家总以为道家一直停留在孟子所借鉴的那个不成熟的阶段。

对此,我们马上会看到,他们完全搞错了!

第六章　老子：语言和社会

> 但是由于道家的神秘思想,我们一开始就被作为中国神秘主义中最重要的术语"道"的用法吸引了。一个在儒家思想中主要用于表达社会和自然秩序的"道"是怎样变成一个神秘实体的呢?
>
> 史华慈①

> 从这些段落,我们可以看到"道"这个实体在宇宙形成之前就已经存在。这个对于作者来说是一个不容争辩的事实。"道"的本质是自然的。它自然的本质被它生成和维系的宇宙所证明。但是除了这些之外,我们不能说出关于"道"的任何东西。
>
> 刘殿爵②

理论的解释

一个解释,如同一个解释性的科学理论,说明了这个世界的某些方面。当我们想去解释某种语言——无论是海豚的、外星人

---

① 史华慈(1985),第194页。
② 刘殿爵(1982),xvii。

的、诗人的、哲学家的、数学家的或者是母亲的,我们需要使用解释理论。为了理解一些解释性的原则,先让我们假设看到了以下刻在山洞石壁上的文本:①

!＾!＆@
@＆♯＊!
$＾%＆!＾!

需要注意到的是,我们以某种理论开始。我们把这些标记当作是文本或者铭文,而不是由于水流腐蚀或者因为风吹而成的。这意味着我们将要采用一种特别的方法来说明它们。当我们将这些标记假设为一种语言时,我们把自己的说明称为解释。为了方便地说明我的观点,请允许我提出我们规定把那些标记是数学的命题进一步理论化。我们要寻找这部分标记的相关价值来解释或者说明它们。我们进行的这种活动就应是解码。

首先需要注意的是一个出现在每一条公式中的符号(＆)。这提示了将＆翻译成＝的假设。我们在这个假设里预先假设了很多东西——数学的语言可能没有一个准确对应的符号(如同古汉语没有"是"这个词)。然而在假设的情况下,我们可以猜想＾和＊同样是数学运算符号。其他的符号就是数字。我们在这个假设中再预设一个特别的算术的句法结构。(铭文的作者可能没有在两个数字之间写下它们的运算符。)假设让这些符号得到理解。我们可以如理解数学方程式一样理解这些符号。让我们用几种

---

① 需要注意到,我们开始时把"这些符号是铭文"作为理论化的假设。我更进一步地认为我们应对它们进行水平阅读,而不是垂直阅读。我将这种合理的解释方法和宽容原则归之于约翰·郝格兰(John Haugland),在郝格兰(1981)书中第25页至第30页所提到的。

不同形式的字母来代替这些数字。

$$a/a=b \quad a+a=b$$
$$b=c-a \quad b=c-a$$
$$d/e=a/a \quad d+e=a+a$$

我们发现文本被转换成我们的数学方程式同样可读。可读性是最低限度的要求——是一个必要但不是充分的条件。我们现在有两种可读的方式。我们需要一个原则在这些可读的有价值的公式里进行选择。思考最后一条方程式的两个翻译。

$$d/e=a/a \quad d+e=a+a$$

将左边翻译成我们的符号引出了一个问题。由于 a/a=1,d/e 就必须要等于 1。所以,如果我们选择了第一个公式,那么 d 和 e 就必定是相同数字。现实中,那是有可能的! 即 d 可以是 12,而 e 是一打。

但是我们更喜欢第二条公式。为什么呢？我们说第二条公式的运算符号与那些符号更匹配——那就是更高级和更简单。我们可把每一个符号都分配到一个可识别的数字。在科学里,我们喜欢最精致和最可能的解释。在所有能使这些铭文有意义的理论中,我们同样地喜欢最合乎经济原则的那个理论。我们的解释暗中假设了一个数学家有意的刻下了那些符号。我们进一步假设这位我们不认识的数学家像我们一样,在她的数学系统中没有多余的东西。她和我们一样思考。

没有任何一个假设是神圣的。所有都是可放弃的。如果我们能对她有更多的了解,我们可以利用外部的证据来肯定不同的假设。然而,我们只能依赖于文本。人们可以通过提供更好地解释铭文的而且更精致的猜想来反驳我们的猜想。在这一点上,根据我们所拥有的证据,我们说第二个解释是更好的。

现在通过用数字来代替字母,让我们考虑下列情况的可能性:

$$0+0=1 \qquad 1+1=2 \qquad 2+2=4$$
$$1=2-0 \qquad 2=3-1 \qquad 4=6-2$$
$$3+4=2+2 \qquad 4+(-2)=1+1 \qquad 3+1=2+2$$

只考虑这三组,我们不需把太多精力放在第一组。为什么呢?为什么其他两组更受我们的关注呢?因为它们使得每一个方程式在文本中为真。你可能想到许多令所有的方程式为真的解释理论。我们需要记得我们只能依据于文本作解释。所以我们就此认为后两组公式是对那些符号更好的解释。

注意到我们解释选择中的相关因素。我们更喜欢一个令我们觉得文本是我们自己撰写的解释。我们可以转变我们思想里面明显的算术假设。通过其他证据,我们可以做出总结。她要不是一个试图迷惑我们的令人讨厌的数学家,就是她仅仅是在乱涂乱划。如果我们有整本书的话,我们或许能将她许多的信仰理论化。随后,我们可能有理由说第一个任务是对文本做出正确的解释。我们可以想象到一个有其他信仰的令人讨厌的数学家制造出这些东西。由于我们必须继续对文本进行解释,而缺少额外的资料,我们最好采取保留真理的翻译方法。

需要注意的是我们仍有两个保留真理的理论。我们应该接受它们中的哪一个呢?直觉告诉我们应该接受第二个。为什么呢?因为最后一个方程式让我们感到烦恼:

$$4+(-2)=1+1 \qquad 3+1=2+2$$

如果我们假设仅仅涉及正整数,我们的解释将会更加精细。

我们或许对零的概念进行假设和用自然的方法表达负整数。如果一种数学语言能够容纳负整数,我们将会假设它在表达负整数时形成了一定的经济原则。它会有常规的系统来区分负整数。否则,它所使用的负数符号将会与它们相对应正数没有任何关联。

这些简洁、精细或者经济的说明是解释中其他相关的因素。简洁所指的一部分是我们所接受的,另一部分是我们怎样想象我们自己如何用这个因素进行解释。当我们给出一个说明其他人创造文本的解释时,我们的理论似乎包含了一种绝对的心理学。我们可以假设作者有和我们相同的原因吗?选择这些解释可能的原则可以反映这些假设吗?如果可以,它们就像是巨大的经验假设。为什么要假设我们所有的原因都是相似的呢?

我想我们无须做出那样的假设。当然经验上其他生物处理事物有不同的方式是可能的。有些方式可能十分不同,以至于我们不能理解它们之间的交流。那就是说,那些似乎是它们的语言用法有一些为我们人类的能力不能掌握或理解的计算机式的规则和条件。我们怎样发现超智慧的空间存在物或者海豚是真的呢?我建议唯一的方法是检验那些试图辨别它们的交流模式和解释它们是关于其他生物的假设。每一个失败都会趋向肯定一个特别的逻辑假设。当然,一个成功的例子将会决定性地否决了它。我们解释的尝试将会遵循和前面一样的约束。我们要努力得出一个简洁、精细、连贯的解释。

在经验上我们有可能永远不能成功。我们的智慧是有限的。所以在这世上有我们不能理解的事件和生物存在。它们比我们更加有智慧。或者由于本质上的不同,即使通过电脑我们也不能轻易的理解它们的语言。对它们来说,我们就如鹦鹉学舌,仅仅能够发出一些不能融入它们体系或者生活的无意义的声音。在低级智慧生物和有极端不同的目标和意图的事物中,这也是一样的。

在推理过程中,验证我们做出解释的目标根本不同,就是验证解释是不可能的。说它们在推理过程中根本不同,实际就等于说:"我放弃。"如果我们对一般人类的推理做出假设,我们就是选择进行解释,而不是简单重复某些声音。所以非理性主义者声称,一个同时提出相反解释的人不可能有前后一致的反对理由。反对只能来自于选择了不同工作的人。相反的解释只是要求不受任何理论的限制——尤其是那些要求他的解释理论必须是清晰的和有条理的。

我们的反思已经指出了指引我们解释理论的两个不同说法的约束。宽容原则说我们的解释需要把语言的真理最大化。人道原则要我们把理性最大化。两种原则的核心是:我们假设句法的构成和逻辑的推理规则是有效的。随着时间的流逝,一种语言必定可以在现实世界里达到人类认可的目标。

无论我们的语言有如何不同的功效,但它们在现实世界中必定要为人类的交流服务。这是宽容原则的动机。我们假设我们使用某种语言来描述我们的世界。这样我们就选择了最适合这个世界的解释方式:真理最大化的解释。当然我们只能以我们自己的方式来衡量解释是否与这个世界相符合。这个原则使我们更倾向于同意我们自己的意见和信仰。

人道原则是由于对宽容原则过分强调我们的解释必须与内容一致的担忧而产生的。我们可以理解计算机语言使用的概念和假设与我们所有的是十分不同的。以真理为基础的宽容其实并不是很宽容的。我们应该容许我们的解释中把那些对我们而言似乎是错误的解释归之于我们假设的作者,只要解释的错误在人道上是可以解释的。那就是说,如果我们可以理解不同的假设将不同的人类文化引向那个信仰。这将我们的焦点从真理的个人陈述转向了某些信仰是如何指导其他人的。

我们假设我们可以看到其他人如何把一个陈述演绎成另一个陈述。我们将某种人类理解的各种意见间的和谐最大化来代替真理的最大化。这是一个不正式的假设。我们因为用它来思考各种不同的信仰而使它非正式化。我们没有特别使用任何逻辑理论。如果在语言中,一个陈述的解释以一种精细的可被理解的方法和另一个陈述相联,我们无需反对这个解释。因为我们并不相信这个陈述。我们把这种解释原则称为人道原则。

值得注意的是我们整体上都使用了那两个原则。我们没有单独使用宽容原则或人道原则令每个陈述都为真,或者理性地与一些细微的部分相连。我们将符号整体的真理或者合理性最大化。我们没有改变每一行铭文的数字赋值。我们的洞穴符号集比较小。但是我们思考如何凭借一个更完整的文本或者其他传统知识来修改我们的假设。由于在已知信仰中寻求逻辑联系,人道原则本来就是完整的。

这两个原则在很多事件中同时起作用。人道原则一般会将关于这个世界的真实信念归之于作者。两个原则都可以令文本之内有矛盾的观点具有意义。除了没有可能得到更多的连贯的解释之外,宽容原则排除矛盾的可能性(因为它们是假的)。人道原则直接找寻解释的连贯性。但是我们可以在人道上了解诡诈、动机和欺骗性的论辩会产生哲学悖论。缺乏关于作者理论倾向和意图的资料,人性的解释通常选择合逻辑的(连贯的)而不是不合逻辑的阅读方法。虽然人性解释的门槛很低,但是人性的原则也不允许人们仅凭猜测就认为一个文本是自相矛盾的理论。我们也不可以简单凭一个不被支持的先验假设就认为这个文本所属的学派是"相信矛盾的"。

现在假设有人是在这个洞穴里。他有长长的胡子,昏昏欲睡的眼睛,和一种深沉的权威式声音及一顶他声称能帮他进行直觉体验的特别帽子。他研究这个文本已经有一段很长的时间了。他告诉你我们第一次阅读时所反对的是传统上被接受的。但是他除了说这是由他祖父告诉他父亲,再由他父亲告诉他之外,他举不出任何证据以证明什么才是关于文本的真正解读。当你问他为什么他的传统偏向于这个奇怪的解释时,他的回答只是这个作者是一个非正统的数学家。她的思维模式与西方理性的思维模式不同。当你再问他为什么传统对她做出这样的结论时,他的回答只是简单的:"哦,看文本吧!"

不要被他的长胡子所吓倒!他的争论是不合理的。只有当你接受了他的解释之后文本才能证明她是非正统的。更好的解释一点也不会把她变成是非正统的。长长的胡子和传统并不能改变解释的性质。他的解释的成立同样需要像我们的解释一样得到相同证明。当然,这个长胡子的解释是相当有趣的。例如,你可能希望了解他多一点和在另一本书中讨论他是在洞穴里面的。了解他的传统是怎样阅读文本有助于你去理解他的哲学体系。这可能与他的祖辈接受矛盾解释是相关的。但是你不能只是简单的发现正统的理论接受这个解释就减少说明一个解释理论的责任。解释中的现实主义就如墨子的道德现实主义。传承一个坏的解释不能形成一个好的解释。

《道德经》的文本

你可能已经猜到我的讲述要点。在《道德经》中,我们有一个简练的文本。儒家的绅士们告诉我们,根据他们的解释传统,这个文本描述一些同时被界定为不能描述的东西。要知道,儒者,尤其是新儒家,认为这个观点对理解道家是相当重要的。由于它把自己定位于道家的对立面,你必须知道道家是凭借什么去了解新儒家的。那和理解道家不是同一件事情。作为一个逻辑的和语法的问题,新儒家的解释传统没有特别重视如何去确定一个正确的解释理论。

即使道家思想的一个基本特征是"矛盾",证明新儒家的解释理论也需要相当大的工夫。它必须展示出其在古典哲学中是有意义的。道家思想的不合逻辑并不意味着孔子和孟子的假设可以免除理性的批判。意义本身的完整性要求有一个统一的理论。

了解到这点后,我们依赖于我们自己的解释实践。新儒家对待文本的方法与我们有很大的差异,所以我们甚至不能把它称为是一种解释。但是如果问题是关于解释的,那么我们就需要明白一个传统的理论不能降低证明的条件。传统理论把道家思想当成是敌对的理论,还从它内部的矛盾性来批判它。当你抗议传统的解释有着令人难以置信的矛盾时,标准的回答就是作者的思想不是受制于西方的理性。道家主义者用一种不同的逻辑接受矛盾。既然做出断言,就必须要有证据。在你问及我们如何证实道家主义是用一种不同的逻辑时,一般的都会说:"看文本吧。"

在我们阅读文本前,我们需注意到谈及《道德经》时,我们要先清理我们的假设背景。我们和新儒家有这是一个哲学文本的同样的假设:它符合我们所谈及哲学的社会环境。我们看到孔子、墨子、孟子都有不同于西方民间理论的哲学思想和语义学思想。我们所要说的就是《道德经》的理论应该来自于一些相同的假设以及关注于同样的议题。解释原则的完整性排除了作为一个独立思想家以柏拉图的内在理念①重新反思世界的哲学家形象。道家主义者不是以讨论真理和意义,定义,证明的结构,现实和信仰作为他理论的开始。因为这种开始是他们也解释不了的。他也不打算进一步展开巴门尼德和赫拉克利特之间的论辩。他只会思考儒墨间关于"是非","名","道",语言的指引和社会组织的论辩。

在这章里,我关注的是解释的理论,而不是文本的理论。大体上,我接受现行文本的解释。它将这个文本看成是一个不断广泛积累不同资源——民间智慧、流行谚语、诗甚至是笑话的一部分。② 这暗含着这个文本的作者不是老子,也不是只有一个的作

---

① 可参看史华慈(1985),第 60 页。
② 基于没有做出和一个心理学假设同样的原因,这里提供的解释方法不能得出只有一个作者的结论。一个文本即使由多个作者写成,也可以是连贯的。由同一个作者写成的,也可以是不连贯的。我们与我们的同事和编者共同完成我们的著作。这没有使解释更加困难,或者著作更加不连贯。联合创作的努力基本上没有改变解释的理论。但是在知道由一组作者创造出文本后,这就降低了我们接受文本中有不同作者矛盾陈述的门槛。同样地,知道它是来自于一个单一的作者用一生的时间写成之后,也降低了我们接受文本某些部分在不同时期是有矛盾的门槛。作者论述不同的事件,迎合宗教的或者是政治的喜好,在下午 4 点吃产生幻觉的药物等等也可以这样。但是解释首先试图使意义连贯。如果我们成功了,这些因素不能影响那个成功的翻译理论。

者的结论。再者,还有几个不同的版本为了我们解释的注意力而斗争。最近发现的两个被埋在汉墓的文本——马王堆帛书本,与各种不同的传世本有显著的差异。

我们可以对分开的文本逐个解释,或者我们可以组建一个混合了一个或多个早期版本的文本。我们通常希望我们形成一个更接近祖本的假设文本。我们显然在直接比较的基础上做出断言!我接受现行的文本理论不是因为我对它们的证据有充分的信心,而是因为一个解释必须要有一个文本。

我会拒绝眼下用马王堆帛书本代替传世本的尝试。① 这个处理方法不等于我们认为传世本是祖本。我写这本书的目的是挑战传统的解释。没有一个传统解释是直至现在仍缺乏文本的。但是由于我打算通过把这个问题联系到不同的学派以解释古典思想,我就假设与马王堆帛书本相比传世本至少是一个正确的版

---

① 但是我同意史华慈把马王堆帛书本看作在秦汉黑暗时期肇端,流行于统治圈子的黄老学派的作品。那些文献的内容直至现在也不能使我对这些文本在古典时代不同的哲学流派中区分出来。我选择的部分文本反映了一个文本的哲学兴趣和因结构的改变而减少和颠覆。最明显的一点是将政治的和有目的性的部分放于首位,(指《德经》——译者注)而将解释哲学性思考的语言放于文本的中间(指《道经》——译者注)。这反映了编者的分歧。一个强调政治策略,另一个关注哲学沉思。同样,马王堆本加入了我将会讨论的一个对有模糊意思的段落相对没有那么成功的解释的特征。
我选择传统文本,部分是因为它比马王堆本强调的统治者直接统治更注重道家的思想和哲学的关注。如果这种假设指引了整部著作,我认为它更可能是产生于古代思想家的哲学关注,而不是它们在正统的宗教统治和哲学受禁时期所接受的损益。

本。这是一个有用的假设。①

如果有人提出一个得到有效证实的文本理论认为新的文本更接近于原文,我们将有更足够的理由去解释那个文本。但是它也不是一个难以拒绝的理由。关于传世本的解释,我们已经作了很多突出的讨论。新版本与哪一个是这个传世本的最佳解释无关。由于每一个文本在不同的位置用了不同的字句,所以会有不同的最佳解释——它可以表达不同的思想。我们解释每一个文本将会在某些地方与符合当时哲学社会环境的背景假设相冲突。原则上,我们应该或多或少地将每个文本的最佳解释理论化。

我们进一步假设那个文本是一个道家文本。这个假设让人特别烦恼的是,与儒家学派和墨家学派相比,没有一个清晰的道家学派。"道家"一词是数百年之后的汉代史学家发明的。这些身份尚待证明的哲学家们确实持有某些相同的态度和思想。道家这个术语得到证实是由于两个中心文本(《道德经》和《庄子》)关注于对"道"进行更深一个层次的讨论。道家的思想是由儒墨关于接受哪一个"道"的争辩和在实际行动中的解释问题引起的。他们开始对儒墨两家的假设产生疑问。我们是否应该尝试去建

---

① 我将会做出如下的论争:新的发现肯定了之前所持有的《道德经》在汉代仍十分流行的观点。它们还证实了黄老思想的存在,以及作为不同学派以不同方法拣选和编辑文本的活生生的例证。发现一个文本并不否定也不减弱之前认为在那个时期有不同的早期传本的假设。我们不能认为马王堆本就是当时的传本。做出这样的结论就是试图以一个文本决定其他的文本——在这种情况下,从一个地方获得一个文本是一个有偏见的例子:那个墓是一个拥有很大权力的统治阶级成员!学者不会埋葬在会将他们腐朽的骨骸保存至 20 世纪的墓穴里。
要采纳马王堆本是早期的传本还需要人们进一步解释这个文本作为传世本是如何出现的。如果我们假设所有的文本就如我们所发现的文本一样,那么我们必须假设一个基础的文本出现了剧烈的变化而变得流行。这必须将汉代的《道德经》带进了这样一种观点,即在王弼从他能获得的六个不同版本来校对他的版本时汉代《道德经》已经存在或者将近成书。我会提出一个更有可能性的假设,那就是这个精细的墓穴给出一个至少已经有不同的版本流传的例证。

立,提出和影响一个运行中的"道"呢?他们开始反思"道"真正的本质以及对指引"道"的假设的疑惑。

作为道家思想的一个文本,《道德经》中一个统一的理论给道家思想在哲学论辩的文本中一个连贯的角色。我遵从《庄子》中给出的要点。《老子》书中"道"的理论是处于慎到和庄子成熟的道家思想之间。我认为这更多地是一个理论判断而不是文本判断。① 它可能也是有历史性的。然而最能吸引我的观点是,葛瑞汉猜测庄子是借老子这个形象作为批评儒-墨的道德主义代言人。② 他的代言人是一个道家批判的反语言的版本——一个如孟子般有着重要地位的人。庄子尤其喜爱用老子作为他的寓言中的人物。因为历史中的老聃有深受儒家尊敬的形象。作为孔子的老师,他可以居高临下地与孔子谈话。同时,他可以揭示孟子反语言的天赋主义彻底地背离了儒家的本质和孟子的理论缺点。庄子关于老子和孔子之间的讨论第一次在道家思想中加入了老聃的名字。这开启了传统上把反传统信仰诗集和反道德格言的形成归因于庄子寓言中的人物之门。

老子的观点,无论是《道德经》的真正作者还是庄子寓言中的形象,都在道家思想发展中占有一席之地。它理论上代表了道家思想一个原始的反语言版本。一个逻辑上先于分析时期的版本。分析哲学家反驳无论是儒家版的老子还是道家版的老子都不是反语言的天赋主义。他可能会深深同情原始道家。但是庄子知道新墨家反对这个,还避免他自身犯这种错误。老子代表了对应于孟子的道家。

我把道家思想定位成一个哲学的关注点,一种在成长中融合

---

① 我没有提供一个关于《庄子》和《道德经》相对的成书时间来支持它。
② 可参看葛瑞汉(1981),第126—128页。

不同理论的思潮。但是传统认为道家都是有反传统信仰的社会政治态度。道家抛弃了社会和习约。但是通常认为那种态度不是一个明确的教义。道家思想同时也被比作科学中的相对主义，宗教的神秘主义，道德和美学中的情感主义和政治中的无政府主义。一种解释理论必须能够解释表面上的这些相似性，即使它反对老子将世界看成是粒子物理学的寓言，就如爱因斯坦形成了他的相对论之后所遇到的情况一样。

与反语言的道家思想相反的是，儒家或者墨家积极的或者是有建设性的"道"的理论。两家都主张一个社会的、符合礼的规范来指引人们的行为。道家就是怀疑这种共同的特征。老子直接攻击传统的儒家理论。他和孟子有很多相同的假设。两者都代表了对最早时期中国古典哲学思想的一个共同方面批判的反应。然而这通过证明反语言的假设不能使礼保持原状减弱了孟子理论的分量。

在某种意义上说，老子和孟子一样是一个神秘主义者：他是反语言的。但是孟子支持老子认为在语言中指出语言的界限是矛盾的观点。但是老子理论中那些限制反映了语言在中国人观点中的角色。语言意味着表达了"道"。"道"，如我们所论争的，是指引性的。老子讨论的是语言指引性质的局限，而不是描述的局限。老子，就如孟子所做的，在反对语言角色的指示性中展现了他的神秘主义思想。语言有限的理论和神秘的思路是实际的，不是形而上学的。

无疑，老子意识到了真实的世界。但是这本身不能确证在现代对于语言角色的陈述中把一个含蓄和无目的的变化归之于老子。他并没有打算用语言代表现实，而且还否认这种表达是可能的。他当然没有使用任何我们熟悉的佛教和西方的论辩来说明语言不能描述现实。传统的解释者关注于语言的局限和神秘主义的矛盾,并提供印欧语系的证明作为明显有深度的解释。这要求他们把"道"重新解释为一个形而上学的客体。

《老子》的文本完全符合语言是人类社会组织工具的观点。它提供指引。当有不同的语言时,"道"有不同的指引。结构主义者假设语言容量的增加——扩大了"道"的范围——增加了文本积累的指引性。虽然墨家仍在为任务选择哪一个"道"而烦恼,但是他们极有可能会赞同的。老子拓展了那些可解释的难题,并请我们去看传统术语或者语言的套路如何令我们迷失。谁也不能保证给人们提供了语言的指引,他们就必定会选择所给出的道路。

在老子探索矛盾和他绝对的自然、创造和怀疑的方面,我们看到一些庄子使用的把戏。但是,把老子的思想与西方以及佛教的描述性的神秘主义联系起来,就曲解了神秘主义在这里的角色。道家的神秘主义起源于道德建设时期理性的和连贯性的哲学关注。道家思想作为一种陈述方法,在新儒家理论中发挥作用。它抛开了对儒家的批判,并和佛教融合在一起。我们对宗教的兴趣使我们把道家的思想推向了基督教的或柏拉图式的神秘主义。我们把老子和对语言不能描述神秘实体的称赞纠缠在一起了。

鉴于何为解释的问题,我们不得不认为道家思想不合逻辑的传统断言是可疑的。我们仅当没有连贯的和明智的方法,在上下文中去理解文本时才能接受它。把道家思想看作是不能理解来自于提出一种意义转换的假设来隔离的道家思想。当一个道家人物使用"道"这个字时,它随时会改变意思。这个假设使道家思想与它所讨论的"道"无关而受到两个不同道家学派的批判。相反,解释的标准试图强迫将"道"置于西方的或印度的假设——尤其是语言和心灵是有一个可描述的角色和结构的假设。其结果则是使关于道家思想是内在的、非理性的断言恶名远播。

道家思想的历史背景

我们可以把充满智慧的道家先驱看作是挑战孔子的隐士。《论语》里提到的几个过路人属于反社会类型。他们观点的最终结果和杨朱的思想相似:人们应该脱离政治。抽离出社会和保留有价值的东西而不是走进政治阴谋诡计的泥潭里,你在那里无论如何也不能真正地改善事物。①

传统将纵欲主义和与它的相对的禁欲主义归之于道家思潮。前者明显更反对社会道德,后者必定同时不反对前者和社会道德。社会道德,毕竟带有某些快乐。杨朱的自我主义也显示了反社会、反社会道德的精神。然而不是所有的道家理论认同把自我保存或者生存作为一个最终目标的。杨朱只是一个恰好与早期道家联系在一起反对社会道德的例子。

他们都怀疑社会规则不是权威性的。直到现在,我们看不到有共同信条的证据。当概念自身成为二级理论(second-level theory)的重点时,我们把这标记为道家思想学说上的开始。我

---

① 《论语》(18:5-7)记录了三个有特色的故事。我们注意到罗伯特·伊诺(Robert Eno)的观点,孔子本人也有这样的精神。虽然孔子有一套说明在统治阶层中应该履行的义务的政治理论,他也用那三个故事中的理论来评判政治行为的正确性。但是他不赞同我认为道家持有的反社会和反传统的观点。

们在论说层次的"道"和行为层次的"道"之间提供了一个精细的差别以使墨子和孟子的思想有意义。行为意义上的"道"在论争中十分重要。我争论的说道家思想开始于行为的"道"——有目的的具体行动过程——变成理论的时候。让我们追溯道家论辩的线索。

慎到和道家理论的开始

成熟的道家思想被认为是从慎到开始的一个连贯的发展理论。他是另一个我们只能从间接记录和残篇中了解的哲学家。慎到在《庄子·天下篇》对中国思想的历史总结中扮演了重要角色。《庄子》书中将慎到放在墨家和老子(老聃)之间。像墨子一样,他们借用更广泛的道家自然角度来激发他们的反语言理论。但是他们现在放弃一个主宰之"天"的观念,并以"大道"来代替。慎到的沉思标志着道家理论的开始。[1] 我认为慎到是道家理论的开始。因为他首先直接反思了"道"作为行动过程的本质。[2]

"道",一个哲学话题。让我们重新回顾一个行为的"道"——

---

[1] 传统的陈述不能看到道家理论的发展,正如不能看到儒家理论的发展一样。它从来没有抛开慎到的思想来看待道家思想的发展。我的陈述也从慎到开始。就理论所关注的来说,传统的陈述结束于慎到。它认为慎到自然的"道"的概念是老子和庄子独有的概念。

[2] 有趣的是,韩非子在他的君王绝对统治标准中引入了慎到和老子的观点。在古典时期没有"法家"standards school 和"道家"way school 之分,这是后来历史学者在反思当时思想时才加上去的。慎到的残篇在两个文本中产生了一个特别有挑战性的解释谜团。在这条注解中我只会指出一个解决的方向。我相信消极的斯多葛主义现存的段落和《韩非子》某些段落是相协调的。韩非子对老子文章的引用并不意味着他是一个独裁主义者。他的观点可能是由于话语的"道"没有道德权威(或者相等的道德权威),一个在环境中成为统治的人将会进行统治。这不是道德优越性的证据。相似地,统治者恰好也是在环境中获得了统治的地位。这不是因为他的道德价值。这是命定主义的对应物,不是一个完美的可预言的或者偶然解释的教条。这更像是一个道德怀疑主义的版本。没有需要或者可能去证明权威,或者哪个"道"是统治的。它就是这样发生。

一个具体的形态——如何产生出一个话语意义上的"道"(discourse sense of dao)。直到现在,我们论及的所有哲学家都使用"道"这个术语。我们教授、掌握和遵循"道"。孔子用古典文本,尤其是《礼》来规范他的"道"。虽然所有的文本都陈述他的"道",服从要求将文本的语言解释为可用于实际行动的"道":正名。所指的行为的"道"是一个在文献中被指向或表达的行动过程(或者是一系列可能的行动)。正如我们所见,在话语(discourse)和过程(course)之间的是解释。

一个行为的"道"是一个可能的行动过程。同一种话语可能产生不同的行动过程。结构主义时期常规的观点是一个话语应该指引一个单一持续的行动。墨子提出一个不同于传统儒家的论说。他提出通过选择产生正当行为的话语,来界定其恒常。因此,无论有什么在他的话语中,他真正强调的是应用于行为和在行动过程中使得语言恒常化的那些标准。

如果我们现在关注这个行为意义上的"道",我们可以认为墨子行为的"道"就如同一个可能世界的历史。① 当每个人按功利原则做事,"道"就是事件的过程。自然地,说和写是我们行动的部分。说话和书写的过程将会精确地使普遍功利最大化。我们应该将某些事物变得恒常,就是那些使用词语来区分所选出的标准模式。他的话语不仅服从于他的功利原则,同样也是他功利原则的来源。要记得的是,这些特征有导致降低他的"道"的重要性的可能。那么孟子就是一个行为上的功利主义者。

孟子同样也有一个"道"。他给了我们大量的论说。但是严格地说,他的道德的"道"没有公共话语的形式。它只是我们跟从

---

① 需要注意的是我反对墨子的观点。可以参看第 105—106 页。那是因为他仍然关注于话语的"道"作为历史进程的指引。

我们内在的是-非指引的独一无二的世界历史。没有话语要求孟子作实际的解释。他无须正名。他的"道"源于直觉的指引。当我们实际上如圣人般行动时,我们接受了他的"道"。除了那之外,我们不能给出清晰的说明。(至少,我们不能做得比圣人依礼而行好。)孟子明确认为一个行动的过程,一个行为的"道"是正确的和恒常的。所有的圣人在相同的环境下的行为是相似的。

需要注意的是,我们可以认为每一个关于"道"的描述是一个指示的,将来的历史。如果我们实现了墨子的"道"或者是杨朱的"道",又或者是孔子的"道",再或者是孟子的"道",人类活动将会有不同的过程。

每一个行为的潜在模式是一种方法、一条路径。基督教、自由主义、供给学派、公式转换语言(Fortran)和朋克摇滚音乐同样如此。知识就是"道"的知识——做什么和怎样做。(现代汉语将"知"和"记得"组合起来就是"知道"。)任何指导行为的系统选择了一种行为方式。有无限多种描述"道"的可能,就如各种各样的人给出的概念理论和实践解释产生出很多种世界历史的可能。

需要记得,"道"是一个社会概念。它指引每一个人,不只是单个人。所以一个行为的"道"都是一种社会历史,而不是个人历史。还要记得"道"是一个宏大的术语。因此我们可以跨过不同的地区总结"道",而获得一州之道、一国之道和世界之道。对个人行为做出总结是一种社会行为。每一个敌对的思想家都提出他的"道"是唯一在世界中指引社会生活的"道"。因此每一个"道"都描述了一种不同的世界历史:一种是在《礼记》中准确表达的,一种是正确使用功利主义的,一种是每一个人自自然然相继而死的,一种是内在的、不经过是-非考虑的。我们可以清楚的知道还有其他可能——基督教的、佛教的、实用主义的、多元主义的、同类相食的、马克思主义的等等。

考虑到这一幅人类历史可以有很多种前进路径的图画,如果我们意识到不同的"道"通过相互竞争哲学家而得到发展,我们现在就可以知道慎到是怎样提出自然化的"道"了。他是以自然为标准对墨子和孟子的一个道家主义的回应。慎到首先得出"于物无择,与之俱往"的结论。任何实在的显然都是自然的。为此,我们必须引入规则。慎到说即使是一块土也不会没有道。① 我们不需通过描述性的"道"来指引我们的行为。

> 大道能包之而不能辩之。知万物皆有所可,有所不可。故曰:"选则不遍,教则不至,道则无遗者矣。"是故慎到弃知去己,而缘不得已。泠汰于物,以为道理。曰:"知不知,将薄知而后邻伤之者也。"謑髁无任,而笑天下之尚贤也;纵脱无行,而非天下之大圣;椎拍輐断,与物宛转;舍是与非,苟可以免。不师知虑,不知前后,魏然而已矣。推而后行,曳而后往。若飘风之还,若羽之旋,若磨石之隧,全而无非,动静无过,未尝有罪。是何故?夫无知之物,无建己之患,无用知之累,动静不离于理,是以终身无誉。故曰:"至于若无知之物而已,无用贤圣。夫块不失道。"(《庄子·天下》)

意思转变的假设。这是一个关键的转变,使得慎到的"道"有一个形而上学的概念。我曾争论说传统的"道"的用法很自然的延伸为有指导的"道"。无庸置疑,它引起了早期哲学家的关注。它是从墨子到杨朱和孟子将他们的论辩作为关于哪一个指导方法是"天道"或是自然的"道"的中心趋势。传统陈述认为道家使用的"道"不可解释的偏离它的正常意义。以下是某些例子。

---

① 《庄子》,92/33/50。

> 虽然在其他学派中"道"的意思是一种道德真理的体系，但是在道家这个学派的意思是自然的、恒常的、自然的、无名的、不可描述的一。①

> 每一个哲学学派都有它自己的"道"，它的意思是一种预定的生活方式。最终在一个它的追随者称为是道家特别的哲学学派中，"道"的意思是自然运行的一种方式。用更抽象和更有哲学意义的术语来说，就是一些与上帝非常相似的最终事物。②

> 在某些例子里，"道"是指一种形而上学的实体；在某些例子里，"道"是指一种自然律；在另一些例子里，"道"是一个人类生活的原则和类型。③

需注意到，"道"的意思转变的所有假设性解释都是翻译者提供的，并不是在文本中发现的。文本中有相同的段落，但是没有说"让我们改变主题。""道"神秘地转变了它对于道家的意义这一假设，使得主体-物质和哲学类型都一定同时改变。而这种转变必须不被参与者察觉。在一个晚上，哲学的兴趣转向了实际的和实用的关注，就如同西方的形而上学，知识论和语义学。一个传统在没有任何动机下如此剧烈的重新定义它自己，从它的表面看是一种难以置信的解释假设。

但是意谓的整体主义(the holism of meaning)给出了其他的结果。例如，知识的意思现在必须转变。它曾经是知道怎样和知

---

① 陈荣捷(1963)，第136页。
② 魏礼(waley 1934)，第30页。
③ 陈鼓应(1977)，第2页。

道怎样做,它现在是描述某种实体的知识。在它改变之后,主流理论不能解释慎到"弃知"或者这个术语在段落中还有什么其他的表达。一个人们熟悉的关于慎到的解析是说他像我们西方的斯多葛主义,一个命定论者提倡斯多葛学派所接受的前提。但是斯多葛学派认为知识是有价值的。他们以理性的态度接受决定所有东西的原因。因此所有已经发生的东西都是道德上正确的。

但是那不是慎到的观点。他放弃"是非"和"可/不可"acceptable-unacceptable的判断。他没有宣称什么是正确的。他停止做出断言!尽管有人提及到"那是不可改变的",但是也很难指出他是命定论者。他并没有说没有东西是可改变的。他仅仅说他接受了什么是不可转变的。就如我们再次看到墨子一样,这种看起来是命定主义的是一个真正的没有"是非"自然标准的断言。

与正统观点相反,我争论说慎到所用的"道"是早期道论的继续发展。道家们注意到尽管引证"天"nature; heaven来证明哲学家们所争论的"道"。他们的态度真正来源是他们接受不同"道"prescriptive discourse(说明性话语)。他们提倡学习、掌握和了解他们大师的"道"。参与者在他们的哲学讨论中使用他们自己所说的"道"。他们从不同的指引角度出发,这使得事物看起来有明显的差异。每一方都不能明白为何他们的论敌看不到这样明显的差异。它如此明显使得每一方都认为是自然的。慎到通过对这些例子简单的反思认为我们可以排除知识。自然的"道"不强加于任何一个人。

尊敬的态度——意识到一个话语的"道"令人敬佩的力量——引出了一种将道家思想等同于西方熟悉的神秘主义的流行观点。道家用语言塑造我们生活中对自然的认识来补充他们对哲学惊讶。在发现一个不能比较的断言后,我们将道家思想等同于西方的神秘主义。我们随后将道家作者归于一些十分不同的哲学体系,一种内在的体验。这就突破了我们的常识。用主流理论总结,道家思想开始于一种不可言说的内在终极的神秘体验和一种不可解说的神秘的天人合一的体验。"东方的传统恒常地把这种终极的不可见的作为现实以在所有的事物和事物的部分中表达自己。它可以被称作印度教中的梵,佛教中的法身,道家思想的'道'……"①

慎到"道"的用法背后有一个真实的概念。它是我们实际做的选择和行动的真实事件世界。"大道"是被认为是世界历史真实过程的一个指引。

那个实体的部分不是事物,而更像是历史。所以慎到可以接受"大道"作为部分和作为一个整体。慎到的"道"的数字特征来自于(1)把它看作各种可能事件过程中的实际过程和(2)把它看作一个自然或自然历史的整个过程的整体。它不是一个内在的神秘概念,而是自然的和整体的——在其旁边暗含矛盾。

我们已经明白慎到的教义作为含蓄的墨家主义和孟子一个自然的或者上天的"道"。这个"道"和公认的真理一起表示任何是实在的都是自然的。自然的"道"是实在事物发生的方式。人们无须依靠指引的话语来符合现实的"道"。他"弃知"的术语拒绝指引的教条,接受实在的"道"无须话语的指引。那就是慎到反语言的观点。他没有声称有一个不可言说的实体或者一种天人合一的体验。

对自我主义的拒斥。意思转变的假设不能解释慎到术语的另一个方面:"去己"。一种解释出现以保留指引性的"道"的意

---

① 特乔夫·卡普拉(Fritjof Capra,1975),第117页。

义。慎到希望我们"弃知"和抛弃指引的教条。正如我们前面所说的,"道"是一个比"义"更广泛的概念。它包括了所有指引。这包含自我主义或智慧。杨朱的自我主义和墨子的功利主义从本质上看与慎到"大道"的观点相似。他们选择性的规则体系是基于不同指引区别的方式。一个自我主义的规则体系强调自我与他人的分别,就如功利主义者在利与害之间的选择。

我们从他人中区分自我的能力就如语言以其他的指引性区别为基础。如我们的语言共同体般做出区别是我们必须学会的复杂的社会技术。它是一种用来指引我们行为过程的技术。学习那些词语给予学习一种道德的自私或者无私的保证。做出那样的区别使我们能够跟随一个欲望、赞成和行为模式去思念其他人。

因此,自我主义不是一种纯粹的自然或者自发的对世界的反应,而是一种涉及关注名称"我"[1]的一种指示的教条。例如,一个自私之"道",可以分为幻想、爱好甚或主导的欲望。不同的自私的概念(不同的自我和他人的区分方式)产生不同自我主义之"道"。有些人可能关注于经济人,有些关注于精神的或者有智慧的人,有些关注于人们在历史中的地位。正如那样,这些不同的自我主义画出了围绕自我——形成一个不同的自我——和他人的不同的界线。

自私的教条指引行动就如道德的教条一样。如果我们如慎到所提议的抛弃所有的体系,那么我们也必须抛弃杨朱的教条。慎到术语的两个部分有理论的联系。因为杨朱的自我主义是一个"道":"弃知"要求"去己"。需要注意到我们已经看到了成熟的"道",它批判了它早前的形式,道家思想不是一种静态的哲学。

原始道家思想的悖论。因为慎到和他的传统共有"知"的概念,他的术语生成了一个指示性的矛盾。需要记得的是"弃知"不意味着是放弃关于实体的科学信仰。慎到似乎有很多形而上学的断言和关于什么是实在的观察。"弃知"必须替代放弃或者忘记指示的教条——没有深思熟虑,没有模型、圣人或者贤人。不要遵从规定,但是让事物自由发展。

问题是"放弃规定"描述了一些东西。"弃知"是一个规定的"道",一些指引性的论说。如果你遵从它,你将会违反它!我们有我们第一个关于"道"的悖论。慎到之"道"是一个不能"道"^{guide}我们的"道"。

自然化了"道"是慎到的贡献。一旦我们理解了"道"作为历史的一种可能的过程,我们可以把实在的历史过程看作"道"。一旦我们明白了这一点,就很容易把"道"作为自然历史过程的最可行的候选名号。有什么比自然更实在的呢?但是我们可以在慎到的方法中提出另一个悖论。实在的"道"包括所有存在的教义的"道"和我们跟从它的趋向。我们要做的是用"道"的知识来行动。它包括所有作为可能性的可能的"道"。他的论辩没有要求我们放弃任何东西。

道家的发展理论于是用一种与先验的哲学一致的方法来分析"道"。老子在《道德经》里接受慎到放弃用知识指引行动的矛盾规定。这意味着放弃所有指引性话语的"道"。他同样有反语言的观点。但是他并不是根据实在或者是自然行为的"道"的概念或者甚至是命定主义的线索。实际上,我争论说老子的分析拒绝话语的"道"。《道德经》分析话语的"道"的方法打造和净化了我们以及我们的行为。然而,孔子认为有价值的,老子则认为是悲剧。他支持语言指引我们的机械主义的理论。这更详尽的资料解释了名是怎样指引内在的"道"和影响行为的现行理论。这个解释削弱了孟子对存在的倾向是自然的或内在的声称。

总的来说,道家思想是关于"道"的一个"道":它于话语而话语(discourses about discourse),于指示而指示(prescribes about prescription)。他是一系列关于"道"的理论。老子,像慎到一样,希望逃离语言的社会影响。道家怀着对语言和"道"如何影响我们行为过程的畏惧和迷惑来开展这项研究。道家思想引人注目的新见解是我们的话语是真正的权威,而不是自然。自然是一个普遍的保护物,在其后面哲学家隐藏了他们真正所做的事情。在道德哲学家之间的论辩中,自然是中立的。

老子:无生和传统

传统认为老子是《道德经》的作者,就如孔子、孟子和墨子一样,但我们对老子并不了解。然而在其他例子中,我们不需要对作者是否存在做出审慎的怀疑。我们假设这本书与一个人曾经教过的东西有某些继承关系。《道德经》没有提出老子的任何教义。它主要展现的是一部美丽诗句残篇的汇编。虽然部分学者并不同意,[①]但是我认同主流的观点就是老子没有存在过。

关于老子的传统传记资料大部分不是幻想的(他有160至200岁),历史上受到疑惑的(他曾教导孔子),就是矛盾的(他的故乡、官职、年龄)。所以老子是《道德经》的单一作者的意义就是不只有一个作者,更有可能是有多个作者。

文本仍然有连贯的语气并真正发展了道家主题。即使仅仅是一本公理、箴言、智慧的格言、长者的话语和流行的讽刺格言的汇集,我们也能尝试解释书中的理论。书中的理论倾向可能是编者的意向或者是解释者的意向。无论我们如何思考这本书的作

---

① 陈荣捷(1963),第138页。

者,编者,探索者和读者,我们都要尝试解释各个部分在《道德经》文本和道家理论发展中的角色。

像《庄子》的作者一样,我把《道德经》置于慎到和庄子之间。这个反语言的道家思想文本主要攻击话语的"道"的理论。一个传统的解释指出老子的第八代孙与司马迁处于同一个时代。这将老子大约放在了孔子之后的一百年。有些文献学家认为《道德经》和《孟子》的时代相近。我认为它们的内容也有密切的联系。它们是对孔子和墨子做出反语言行动的儒家和道家版本。

即使是纯粹幻想的,老子的传统故事给《道德经》一个重要的视角。那个故事表明《道德经》不是各种资源的汇编,而是即兴而写的。老子试图离开中土之国(可能对中土之国感到厌恶),而知道老子思想的函谷关守关尹认为我们不能浪费这么好的思想,要求(或者请求——取决于你对老子的敬畏有多少)老子写下他的"道";除非老子留下一些话语,否则阻止他过关。老子匆忙中自然而流畅的写下了这份宝贵的文献。两个世纪以来,这份文献让学者们感到开心、迷惑、失望和神秘。关键是老子没有写下这些的内容内在动机。他这样做是因为受到一些催促,所以他写得很快而且没有经过深思熟虑。

基本的解释性假设:慎到和语言分析

《庄子》认为《老子》是慎到理论的发展。《老子》详细地阐述了反对规定知识的观点。文本包含了慎到反知识、反圣人的呼声,还扩大了我们抛弃负担的事物范围——现在它包括了"学""欲""别""名""言"以及紧随圣智的缜密行动。这些术语显示了一个话语的"道"如何运作的详细的理论特征。《老子》中的攻击来自于我们熟悉的反社会、反对礼和反对权威的态度——不是来自于命定主义或者实在事件过程的概念。道家反社会的无政府主义促进了道家下一阶段的语言理论。自从语言成为社会控制的工具之后,我们应该避免使用它——和所有与它有关的东西。

与慎到相比,如果有什么区别的话,老子较少形而上学的意味。他偶尔使用一个自然历史过程的"道"的概念。但是他的观点是指出习俗的论说和名是如何束缚我们。他没有把自然世界的历史作为一个解决方法,独一无二的正确指引。他似乎更欣赏自相矛盾的含意。① 或者,他用自然地或者是伟大的"道"作为一个人们可以对世俗的指引产生疑问的可选择的角度。

区别和对反之名。文本最有兴趣的是关于主体的对反之名。道家著名的对立特征的反转来自于老子关于名的比照理论。他假设名是成对出现的。② 相反的术语是"相生"的。拥有或者学习一样事物就是去拥有和学习其他的事物。知道任何术语就是知道如何去区别。因此我们学习一个词就一同学习了它的反义词。学习包括了获得一种自然的能力。当我们做出我们熟悉的语言区别时,我们不需要花时间去思考。

因此每一对术语都有一个单一的来源。一种区别引起两个术语。在墨子用一个名引起一个简单的和索引式的"是非"反映模式的地方,老子看到了一个区别引起了一对名字的出现:对反。知识是对词汇的掌握,不是定义的而是自然的以分别的倾向作为条件。所以他的哲学强调的是一对词语之间的联系。这轻微的改变了语言的图景。这不仅仅是一组难以形容的术语;而且这些术语以相反的成对聚在一起。

---

① 然而老子似乎在概念中表达了一些怀疑主义。我怀疑我们能否把"道"理解为一个客体。
② 经典的陈述来自于第 2 章。

第六章 老子:语言和社会

　　区别最突出的显示是两个相对的术语如何指引我们。这里老子首次以欲望为中心做出陈述。相对的术语指引我们的偏好。区别形成态度。他关注的是实际的指引,但是加入了一种机械主义的效果。社会化产生影响行为的欲望,它们不是内在的。我将会论证以为对立面的反转所颠覆的是社会化的欲望,或者给每一对名号的优先赋值。老子教导我们如何衡量世俗教给我们没有价值的东西是有价值的。

　　这里道家理论明确指出我们所争论的,是孔子、墨子、孟子的语言理论中隐含的。然而这种曲解底下是一种相反的态度。现在,老子反对语言先在地所造成的塑造和修饰的价值,并试图提供一种启发来取消它。

　　区别和欲望。因此老子将墨子思想中的某些东西更加明确的表达出来。简单的学会做出区别并不足以吸取一个以名为指导的体系。我们留下单词赋值来触发程序的控制。老子认为机械的控制就是欲望。我们学习从其他事物中分别一个事物的欲望(可能只是在确定的文本)。

　　我们要看到《道德经》的观点仍然是与西方哲学是有分别的。试想想一个教导区别的非感性陈述。我们选择老子感兴趣的一个例子。假设我是一个美术老师。我的目标不是教授一种鉴赏的理论,而是试图艺术地塑造我的学生。简单地说,想象一下我的学生每天都带来一系列的图画,我向每一个学生说不是美丽就是丑陋,不允许任何定义。通过模仿造型,我逐渐把学生训练成懂得如何分别图画的美丑。他们将袭用我使用的语言模式,如美和丑来评价事物,直到他们和我一样可以把美和丑应用于他们从未见过的图画。美丽/丑陋是一个社会的区别,而且如模型般,我设定了标准,而我的学生将尝试使用。

假设在期末测验里，他们都正确地使用这个标准来区分一系列他们从未见过的图画。作为奖励，我给他们每人一幅图画。如果他们很快就认为是一幅难看的作品，我肯定认为我的作品是未完成的。掌握我美术的"道"不是把正确的使用这个术语。它不仅要正确的做出分别，而且要把欲望和区别正确的联系在一起。

道家的曲解是这样的。学习社会的区分典型地涉及了社会的倾向。在有无之间的分别中，我们更倾向于有。在美丽与难看之间的分别，我们更倾向于美丽。对名的学习塑造了我们的行为态度和欲望。这是因为我们学习语言是通过模仿它们在一般文本中指导选择的作用。我们不是通过背诵课程来学习它们。因此我们学到了让名指导我们做出相同的选择就如我们的社会模范（老师）所做的一样。

我们的学习包含我们日益增加的对"道"的掌握。我们掌握了我们所接受的关于名、区别和欲望的体系。每一日，我们向这个体系增加更多的东西，而且被它塑造。一些人形成了一种仅凭感觉就能分别聚酯纤维和棉花的能力。聚酯纤维的裤子已经不能满足的需要。他们分别的能力影响了他们的行为。他们不再去 Zayre's（英国知名折扣百货连锁企业——译者注）和 K-Mart（澳大利亚知名超市——译者注），而是只去有自然纤维的精品店。这些精品店的价格更高，因而他们需要找更能赚钱的工作。他们的动机不是奴隶主手中的残酷鞭子所驱使的——这是他们的有修养和文化的品位所驱使。他们学到的区分和令他们产生欲望所使用的名影响了他们的品位，生活方式和需要来满足他们的品位。

在一般情况下，我们说这些人跟随一个时尚的或者是品位的"道"。他们希望展现出一个有修养的品位——做出区别。我们对我们厌恶的电影做出表扬感到羞耻。课堂和性格的特征拒绝一些事物。因此语言和区别将社会阶级的限制注入了我们的灵魂。得到合理的欲望对我们社会体系的价值是重要的。语言是社会塑造我们行为动机的一个工具。

老子,像慎到一样。含蓄地反对那些由名组成的"道"。老子难以命名的"朴"^simplicity的形象——那没被雕刻的墙壁游离于欲望之外——浓缩了老子观点的精髓。无名,就是没被雕刻,没有分离。游离于名和分别之外就是游离于欲望之外。一旦它被分割了——一旦有了分别——就有名。

我们需要记得我们对道德理论做出怎样的思考——习约之"道"——是指引我们的名的体系。"道"作为理论对我们的指引没有其作为概念式的透视给我们的多。老子扩大了"道"在名的层次上对行为的影响。他的陈述不是在句子的层面上。机械主义不像规则引起一种我们可以借用事物的描述状态。它对我们的影响更多的在于塑造我们的品位和我们不同的态度。社会教导我们如何做出区别和应用它们。它注入了区别和与欲望相关的类型。

在论辩中引入"欲",含有一种日常翻译所取消了的暗示。老子把行为的动机作为社会化的产物。如果我们认为欲望在印欧语系的意义是前社会的,我们将不能注意到老子的分析是如何削弱了孟子的理论。孟子将行为的动机:"性"^nature作为一个天生的或者是自然成长的指引器官"心"的产物。

"为"和"无为"。老子一定觉察到社会塑造我们的方式是无所不在的。这种无所不在使得任何彻底的反传统主义都产生矛盾。老子著名的"无为"^nonaction的概念——"无为而无不为"——引起这样的矛盾。让我们检视这个矛盾。

我们之前已经讨论过重要的字词。"无",我们在墨子关于精神的讨论中提及过。它的反面就是"有"。我们所讨论寻找语法信仰结构选择的"为",它在术语信仰结构中大约等于"认为是"(deem to be)或者是"当作是"(regard as)。我们也注意到它在孟子表达是杨朱的自我主义中被视为"为我"(for me)。"为"最令人注意的是它在古汉语中所拥有的复杂角色。中国作者将"为"作为一个动词。我们将它译为"to act","to make"和"to do"。当它被用作形容词时,我们翻译为"artificial"(人工的)或者"man-made"(人造的),因为像老子这样的作者们都反对它,甚至把它视为"虚假的"(false)。最终这个字扮演的是一个辅助动词①的角色。我们通常翻译成"for the sake of"或"in order to"。

当老子把"为"理论化时,他没有用英语的等价词。尤其是,他的脑里面没有为一种用法找一个英语的等价词,再用另一个英语等价词表达另一种用法。他看到一个看起来是统一概念的单一术语。"为"是在指导行为中将一些东西分配到一个名的领域。这是老子概念体系中与我们有目的行动的概念最相近的等价词。但是相对于指引行动的价值领域,它仍然较少关注于行动。"为"$^{do; deem}$在自由、理性、意识或者自愿行动中不是有目的的。相反,老子的"为"指示了社会的引诱、学识和反应的类型——自主的或者自然的相反的反应。这个字与注定,非自然的技巧,做或者制造和目的相连。老子所描述的矛盾包含"为"的整个复杂的角色。我们需要避免任何基于人为的引诱或者学习的目的或者欲望的行动——那些都会导致事物被认为是这样的或者那样的。它在这个标语的概念角色与一个指引概念的理论一起发展。老子认为被这种方式的指引是不自然的。

---

① 在现代语言中,助词的发音包括了语气的变化。

第六章　老子：语言和社会

我们熟悉的神秘主义引导我们对老子的没有目的性采用另外一种分析。佛教和基督教将老子解释为攻击自我主义。那是因为他们将欲望，目的或者意思看作是寄居于或者是属于个人的。他们把欲望看作是自然的、个人的和自我为中心的。老子则把他们看成是社会的，而且与名和区别相连。我们摆脱"为"就使我们从"社会的"目的，"社会上引诱的"欲望，"社会的"区别或意义结构中释放出来。我们将从社会的、人为的、非自然的指引，和区别和对称的名的体系的指引中得到解放。那就是众所周知的让我们可以自然而为。如果佛教-基督教的理解是真的，我们将会发现道家的禁欲是有价值的，而不是没有价值的。

因此结论是由分析学习过程中所包含的名，区别和欲望，以及用它们来指引我们而得出的。我们自然的自发性要求我们放弃整体的复杂性。那就是"弃知"的老子版本。因此遵循"无为"就是放弃名、分别、欲望和任何根据它们而做出的审慎行动。"无为"和"弃知"是与他们的术语相连的。

这使得与慎到的自相矛盾相比，老子有一个更复杂的版本。他的作品仍然包含了不是他一贯反对的东西。因为他写下的就是语言。他的语言给我们增加了指引性的概念。他依赖于名的对子，以"自然的"来反对"习约的"，以及做出区别的方法（在社会上基于语言所产生的脾性是非自然的）。如果我们明白他教导的内容，相对于习俗和"为"，以及区别和偏好指引下的行动，我们将会更喜欢自然。这本书的目的是推崇"忘"[forgetting] 而不是"积"[accumulating]。从书中得到的指引是教导我们不要接受书中的指引。这是因为另一个不能"道"[guide]的道[guide]。

实际上，第一章开篇的著名句子就如"无为"的术语一样，允许悖论。没有其他的"道"[guide]是更好的。所有来自于一个

"道"^guide 的指引不是恒常的。

首章:解释

以这种背景,让我们仔细地阅读第一章。① 无论《道德经》传世本的编纂者是谁,都会决定以这些语句开始。这些句子设定了一个与我们读到的其他残缺的部分不同的背景。我们假设那就是编者意图在开篇提出重要的哲学断言来指引我们了解随后的语句。第一章同样是一个中国哲学模糊性的经典例子。我们倾向假设那不是偶然的。但我仍然接受它的鼓励并试图解决这种阅读方式产生的困惑。

这一章开始于一个著名的但已被普遍误解的对仗句。标准的翻译是:"The Dao that can be spoken is not the constant Dao。"康德谟(Kaltenmark)给开篇这句话一个标准的评价:"不可言说的'道'在《道德经》的第一章就被确定了。非常不幸的是,这极为重要的一章是整本书中最难懂的一章。因为可以对文本做出几种不同的断句,而字数间的差异和个别词语不确定的意思也能适应几种不同的翻译。"②

独一、不可言说的"道"

每个人实际上都接受康德谟对第一行的描述令人感到奇怪。

---

① 黄老统治者的说法将有目的性的部分放在前面。因此,有些人提出称《老子》为《德道经》代替《道德经》。道家的版本将更有语言学意味的部分放在前面。我们假设两者都有他们做出这种编辑选择的原因。在道家的版本,我们应该怀着对语言的怀疑来阅读有目的性的部分。在统治者的版本,我们应该以政治的目的来阅读语言怀疑主义的部分。在这里,我将用道家思想来解释《道德经》。我将在韩非子一章中讨论以统治者为中心的解释的发展。

② 康德谟(Kaltenmark,1965),第 29—30 页。

通过康德谟(Kaltenmark),他们假设这句话肯定的称这个不可言说的形上的、神秘的物体为"道"。那就是说第一行就表达了我之前所说的矛盾。它说出了一些它断言是不能说出的东西。

那种一致性是错的。第一行并不是肯定任何东西都是不可说的。它没有包含任何存在的或者是一个不可言说的独一的形而上的和有规则的"道"。让我们仔细的阅读开头两行。我们可以注意到"道"在句子中出现了三次。我们必须把它作为一个名词(学说)和一个动词(规定,提倡,讲说)。

道可道非常道
名可名非常名

第一行的标准翻译是"The Dao that can be told is not the constant Dao"(译者通常将 dao 大写——正如他们对待 God 一样。)首先需要注意的是,在中文里面没有一个词有与定冠词"the"相对应的意思。译者遵从他们社会实践的方式常常在 dao 之前加上了 the。① 根据这个原则,我们可以将一个"道"或者任何"道",又或仅仅是"众道"(Daos)的主语作为解释的假设。翻译的习惯包含了一个古代解释假设,即所有的道家都崇拜一个神秘的如上帝般的"道"。因此他们在翻译中假设不能在原始文本找到的:肯定一个独一的,不可说的"道"的存在。

一切看起来是无辜的。一个细小的,不包含任何东西的词怎么会如此重要的呢?答案就是自从伯特兰·罗素之后它就被修读哲学的学生熟悉了。一个定冠词在英语中的通常产生的作用

---

① 这种习惯即使在翻译者接受了黄老版本的情况下仍然被坚持。它是"道可道也"。翻译者如此珍惜他们的解释假设,以至于这本书是关于不可言说的、神秘的"道"。他们不能勉强地把这个句子翻译成"Dao can be spoken"。(亨德里克,Hendrick,1989)他们交替地用定冠词进行翻译,没有注意到这与他们的解释理论相矛盾。

是修饰一个普通名词。在这种情况下,"道"这个术语就成了一个单一的逻辑名词短语:the + 普通的名词短语 = 一个包含了回答描述一个独一无二的物体存在的短语。在与上帝的类比中(反对其他神),大写字母也有同样的含义。它将一个普通的术语变成一个恰当的名词。

需要记得的是早前思想家用"道"作为中国哲学中的一个普通术语,而不是一个恰当的名。在汉语里,单数形式的术语和普通术语相比的检验是为了看看术语是否可以被修改。文本中对"道"的修改就如《论语》和《墨子》里面所作的修改一样。《道德经》代表的是神圣的"道",伟大的"道"和水之"道"。我们所讨论的句子修改了"道"。对它进行修改的是"常"!这个概念原则上包括了"常"的"非常"之"道"。假设道家彻底改变了"道"的通常意义仅仅是难以令人信服的。假设他们把"道"的文法由一个普通的术语改变为一个独一的名号是奇怪的。

所以我们在翻译中插入 the 没有插入 any 或者 a,又或者仅仅是用复数形式更有理由,即"Ways that can be told are not constant ways"第二行与第一句有同样的语法结构。然而更多译者在翻译这一句时使用了复数的形式。

我关注的是定冠词给依赖于译本的读者一个摆脱长期以来的翻译偏见的问题。无论在什么地方,译者用 the Dao(或者 the Way)代替了 a dao。① 但是在这种特殊结构中,即使译文里面使用了 the,在英文的句子里仍没有包含一个单一的"道"的存在。因为限制性从句"that can be told",这个特别的英文句子中的逻辑排除了定冠词。和 the 一样,逻辑对 any,a 或者是复数的 ways

---

① 或者某些"道",或者是任何"道"都依赖于文本。

第六章　老子：语言和社会

都有同样的效力。试想想"The chef who breaks yolks is not the ideal cook"（打碎蛋黄的厨师不是一个理想的厨师），这句话既没有肯定一个独一无二的厨师的存在，①也没有肯定一个没有打碎蛋黄的人的存在，也不是肯定有一个理想的厨师。这个句子的逻辑相当于"The chef who breaks yolks is not the ideal cook"（任何打碎蛋黄的厨师不是好厨师）。

典型的英文翻译断言可以说出的"道"不是一个恒常的"道"。因此，第一句没有为有不可说的"道"的客体的假设给出理由。在没有"道"不停的改变意思的假设下，正名的观点可解读为用语言表达的任何有规则的体系给出变化无常的指引。我们对这一句的理解就如孔子和墨子的直接指示或者是慎到的"道"所表达出的矛盾，又或者是老子的话语的"道"。

语言指示的变化无常

即使不考虑定冠词的问题，通常的翻译都是语法上有错误的。英语，不是古汉语，有带有"which"的从句。在中文里，修饰语在它们修饰的词语之前。② 一种可接受的"道可道"的语法分析是认为这是一个动宾结构。（要记得在古汉语中主语是可以省略的。）因此；"道可道"$^{\text{speak the speakable}}$。得出的结论首先可能是这样

---

① 当然，我假设一种词本身的阅读方式而不是事物的阅读方式。那就是我假设这个句子不是被一个特定的大厨用作指引，即使他不会打碎鸡蛋。
② 因为与英语不同，语言学家称汉语是一种左翼语言。修饰词一定要放在被修饰的词之前。主语的翻译"the x which can be xed……"接受一个生活在汉朝末年的哲学的黑暗时代后半个世纪的少年儒家对第一行做出的语法解释。那时占据统治地位宇宙论哲学开始衰退。加入天才少年王弼可以平息一些纷争。但是对这个观点的权威的论证非常弱——比平常的还弱。但是至少翻译者应该说他们使用了王弼修改过的版本，而不是他的解释。名词短语的翻译将会更正为"可$^{\text{can-be}}$道$^{\text{way;speak}}$之'^{s}道$^{\text{way;speak}}$"（王弼对第一行重新断句）但不是直接解释"道可道"。

399

做是"非常道"is not constant speaking。(要记住,说出的"道"指引着言语。指引言语会改变。)或者其次它可能是这样做不能产生一个恒常运作的"道"。这段话提醒我们解释的问题:没有语言的指引能给出恒常的指引。

所以正如我们所想的,第一句处理的是语言和行动,和形而上学无关。我们可以从对仗句的第二部分确定这个特征。它与语言有关是无可辩驳的。第二行解释第一句。"道可道,非常道"是因为"名可名,非常名"。这种词语使用样式——界域差别——可以随着时间而改变。词语可以改变。因而它们之间的分别不是恒常的。所以社会实践引起名的改变。语言的变化无常的指引令我们想起了儒墨关于应该接受哪一个话语的"道"的两个忧虑。

217   第一个忧虑是提议或者解释是谁提出了正名理论。自从我们学会使用名之后,我们就不得不在我们使用指引的论说之前为它设计新的背景。设计问题影响了对引起行动和正确的命名行动本身的区分。引起这个熟悉的语码和行动之间的解释缺陷是因为我们对假设我们能正确地命名世界的担忧。这个解释的忧虑在行为方面让我想到了孟子对简单的论说指引的担忧。"名"对在道德情况下提供做出区分的恒常指引的复杂性并不敏感。在每一个方面,指引论说所包含的"名"不能保证一个恒常的行为过程。

第二个忧虑是我们提及的对分析儒墨论辩道德改革的担忧。在那里,没有出现我们可以调和相冲突的"道"的中立的、恒常的标准。占主导地位的假设是自然的"道"或者"天道"是恒常的。因此一个自然的"道"是一个恒常的"道"。但是,正如慎到的反思所展示的,本性不需要论说的指引,而且在所有对立的道德体系

第六章 老子:语言和社会

中本性是中立的。

我们可能会受到诱惑而将道家思想视为在墨子意义上更强硬的断言,即所有的"道"都是自相矛盾的(self-defeating)。① 但是这远远不是显然易见的,而且肯定没有用墨子的方法来处理这种情况。或者我们会受到将道家思想作为任何"道"结束于悖论这种已被遗弃的观点引诱——正如慎到所做的那样。那会给慎到的批判一种"你也是"的不堪辩驳的曲解。但是在中国哲学没有任何东西有展示出那种状况。在第一句里也没有直接陈述或者暗示。老子只是简单地指出"道"和"名"缺乏恒常性。他没有分辨这两个不能成为恒常的东西在历史上的踪迹。他当然没有形成任何比这种语言批判更令人沮丧的版本。他也没有做出所有的"道"是自相矛盾的、荒诞不经的或者是对立冲突的陈述。他仅仅说所有的"道"和名都不是被决定的。

在中国哲学的语境中,第一个对仗句是对混合了儒墨的积极理想做出挑战。孔子和墨子两人都试图选出某些指示性的话语作为恒常的话语指引社会。两人都明白指引必须包含对名的运用的训练——正"名"——使话语的"道"产生出行为的"道"。老子指出实现这个恒常的目标是无望的。我们没有办法确切地预测在新的环境下如何使用"名"。我们不清楚我们选择是划出轻微的区别,还是仍然一样。我们的社会训练(学习语码或者接受模范)没有关于如何在新环境下预测的清晰含义。所以我们从生成

---

① 葛瑞汉(1989,第176页)认为道家思想开始于一个更强的假设就是所有语言都是内在矛盾的。同样可见于他对后期墨家的对这个问题回答的讨论。(1989,第185页)。葛瑞汉在与后墨思想对照下给出了庄子的道家思想的分析。我在下面将会解释为什么我认为那个分析误解了庄子和道家的思想。它的中心问题是没有任何东西可以等于一个没有包含一些与一个理论相似的句子或者命题,真理的价值,消极的事物的矛盾理论。

任何"道"中得到的恒常的指引是接受一个由名组成的论说。

第二行对第一句诗句的解释是因为"道"和"名"之间是整体和部分的关系。"道"由"名"组成（不是句子）。它们通过学习与名相关的分别、欲望和行为的技艺来指引行动。因为名不是恒常的，所以以语言为基础的指引也不是恒常的。这种"道"的用法已经在《道德经》之前的文献中用到。在这一点上，没有意思改变的假设是必须解释道家思想。正如我们随后看到的，后墨、庄子、荀子和韩非子都在这种意义上使用了"道"。我们将不能发现一个对"道"这个词做出道家式的语言修改的证据。

道家关注和分析"道"这个概念——他们发现这是有趣，而且重要的。他们像其他思想家一样，把"道"作为一个名的体系来使用，一个规范和影响我们生活的体系。因为名是可以改变的，包含名的指引系统是会变化的。

对解释和标准的担忧证实了任何可说的东西不是恒常的断言。没有一个包含了任何特别的可说的或者是恒常的东西。老子可能意识到慎到自然的"道"是世界历史的实际过程的理论。但是他并不依赖于这个理论。慎到论说"道"的方式和第一章的第一句是一致的。就我们看来，他的"道"最终没有成为指引。某些"道"——人道，规则指引下的社会行为——所呈现的样子就是我们所说的样子。其他的"道"——事物自然发生之道——不管我们怎样说也是它们本身的样子。人们可能争论说前者是变化的，因而不能给出恒常的指引。直到现在，《道德经》还没有讨论后者，也没有说有什么东西显示了自然为什么被认为既是变化的，又是不变的。

极有可能的是真实的"道"被认为是恒常的是一种道家方式。也许假设在一个恒常的非社会现实中我们的技艺和实践有它们自己的生命可以给我们否认我们的技艺是完全任意的理由。①只有某些行为可以在现实世界中获得成功。恒常的自然是我们拥有与名有联系的恒常的社会实践的唯一保证。如果那就是老子这里所说的话的背后要点，它肯定没有直接断言。他的语气听起来有更重的怀疑意味。

在前面的章节里，我们已经讨论讨"常"这个术语。在那里，它的用法同样是作为一个实用的语言概念。墨子说"常"有助于宣扬好的行为。在这个观点之前，中国哲学没有把"常"作为一个形而上学的概念。标准的翻译宣称它现在已成为一个形而上学的概念。它引入了古希腊和印度的形而上学般的假设：只有恒常是真实的才能支持它们"道"是唯一实体的形而上学一元解释。很快受到宽容原则的指引，这些翻译者在他们探索早前实用的、语言的解读术语之前，解释者就把握了相似性。我们会追溯"常"是怎样与中国语言理论相关而不是与印欧语言相关。他们仅仅把《道德经》看作是另一个形而上学的宣言，表象世界是流动变化的而一元的现实世界是不变的。

对老子来说，缺乏恒常性的不是经验世界中的具体物理事物，而是名的体系的应用。不存在不变的话语体系。这并不是因为事物是变化的，而是因为名（它们的分别）是变化的。直到现在，我们至少不用与一个思考事物是如何迅速变化的中国的赫拉克利特打交道。我不是断言道家怀疑事物是变化的，虽然它们明

---

① 葛瑞汉(1989，第176页)认为道家思想开始于一个更强势的假设，即所有语言都是内在矛盾的。同样可见于他对后期墨家的对这个问题回答的讨论。(1989，第185页)。葛瑞汉在与后墨思想对照中给出了对庄子的道家思想的分析。我在下面将会解释为什么我认为那个分析误解了庄子和道家的思想。其核心理论是没有任何东西可以被视为是自相矛盾的，包括一些对应的句子或命题理论、真值、否定及一些命题演算。

显是这样认为。只有佛教和爱奥尼亚学派认真思考过它们是没有变化的。

　　抛开这个印欧传统很难体现出道家有什么理由将自然变化的明显事实作为一个哲学问题。有如此明显特征的世界到底有什么问题呢？只要你从十分特殊的语言的或者认识的假设开始（和爱奥尼亚哲学和印度哲学一样），恒常和变化的问题就成为了一个重要的哲学问题。认识论的观点，包括知识是有关现实的，知识必须是关于真的事物的，及知识与真理没有挂钩的观念——也就是，真理是恒常的观念——导致了一种现实不能改变的观点产生。语言学的观点认为词语为事物命名。它将假设的问题作为一个如何随时间的变化而不断命名同一事物的问题，除非某些东西——它的客体或者潜在的实体——当它的所有物或者表述改变时，它仍然是不变的。所以只要真实的实体世界没有变化，语言就按被要求的方式附着于世界之中。①

　　道家没有做出这些假设。"名"标出了区别，不是划分了实体。它们的知识是关于做事的方法，包括做出分别和使用名。由于每种情况都是唯一的，所以知识必定会变化。道家只是在这种观察中对他们自身感兴趣。独立于世界自身的实际变化之外，我们的指引体系依赖于世俗的不停变化方式附着于这个世界，因而是变化的。那就是关于恒常指引的哲学问题。这些问题吸引了中国理论家的注意力。

术语"有"和"无"的悖论

　　如果头两句是形而上学一元论的宣言，那么随后的第三行到

---

① 为了得到更多关于不同的概念体系在永恒和变化的观点下做出的分别，我们可以参看第46—48页的讨论。

第六行与此毫不相关。① 这四行几个世纪以来一直都是解释争论的焦点。缺乏标点和句子功能的指示使得两种分析假设都是可能的。每一种语法分析都对这四句提供了不同的解释。只要我们对话题做出语言的分析而不是形而上学的分析,那么所有的解释与开篇的主题有关。一种解释认为讨论的主题是有名对无名,以及有欲对无欲的分别。以一个不恒常做出区分的例子为例,另一种解释将主题当作有和无的分别。让我们先看看第三行和第四行:

无名天地之始
有名万物之母

分析区分了不同的语法主语。我们应该将每一句的前两个字作为一个两个字的主语呢,还是当作一个主语加一个动词呢?由于汉语不需要连系动词 is,这产生对这两行有如下两种解读方式:

1."无名"是宇宙的开始,"有名"是所有事物的母亲。
2."无"是对宇宙开始的命名,"有"是对所有事物的母亲的命名。

第一种分析暗含了一种语言理想主义的理论:"名"创造世界。有名是事物的母亲。无名,我们无立场(from scratch)创造我们的世界。详细地解说这个可信的"无中生有"的观点有一点

---

① 刘殿爵(1982)也许支持这种态度。他把所有的章节分成不同部分。他认为这些部分就是一个整体。这里提出了一个正确的解释一定要单独处理每一个部分。但是我们不想知道它本来的意思(在包含《道德经》之前)。将某些事物从文本中抽出就改变它们的意思。这些短语的意思(无论它们在其他生命中有什么意思)是一种使它们被写入这一章的功能。

困难。这个主题最通常的解说是混沌解释。我们将前语言世界描述为没有分别的木棉(Kapok,代指没有差别,未加限制的中性事物,参见第七章注34——译者注)。我们通过对名的使用来建构这个世界以达到所有实际目的。我们分离世界的体系创造了事物。没有自然的种类,只有原始的材料。这证实了"道"是木棉(混沌)的传统解释。我们称这个为名创造实在的理论(names-create-realty theory,以下简称NCR——译者注)。①

第二种分析没有产生这么多纯理论的形而上学,但是它解释了"有"(being)和"无"(nonbeing)。这种分析要求我们将"无"和"有"看成是提及,而不是使用。它尤其重视这两个对反的术语作为区别所造成的非恒常(inconstancy)一个重要的例子。在这种情况下,尝试思考"有"和"无"(语言中有争论的基本分别)作为一种单一区别的对反术语引出了更深的矛盾。它使得显示非恒常区别的方法出现了困惑。如果"有"和"无"从混沌中标记了区别,那么这种区别是在哪里呢?可以肯定的是整个混沌都是术语"有"的那一面,所以是没有区别的。如果真的有区别的话,它会是现有东西的一部分,还应被包含在"有"里面。"无"是命名世界的开始——逻辑方面。不能画出这种隐含的分别——它没有分别任何东西。

各种关于"有-无"的话语之"道"将事物归入这两个范畴。儒家所说的"有命"[fate]和"无神"[spirit]以及墨家论说都与此相反。所以它们有一个传统的用法。但是我们不能决定谁是正确的。因为我们不能给出反对这种区别的有逻辑特征的背景。我们找不到

---

① 黄老之说有助于对这种情况的解读。一个反对的意见是传统版本中有"也"[assertion particle]作为结尾。但是它在类型和内容的其他方面少了一些吸引力。它没有说"无名"是宇宙的来源。但是像"有名"一样是"万物"的来源。

一个恒常的位置来划出"有""无"的区别。"有"和"无"与不同的话语之"道"有关联。我们称这为非恒常分别的理论(inconstant distinction theory,以下简称 IC——译者注)。

"我们不能划出'有'和'无'的边界。"是最接近道家无"无"的说法。然而和巴门尼德不同,他们得出的结论是我们同样不能为"有"做出解释。

恒常的自然没有给我们做出这样的区别。它是一种产生非恒常的习约之"道"的区别。因此我们划出区别时,我们依赖于我们使用的"道"。它不是恒常的。是与不是的分界在哪里呢?它是"是"的一部分吗?或者是"不是"的一部分?现在我们可以看到形而上学的兴趣是从语言理论中产生,而不是任意的断言。对"有"和"无"问题的兴趣直接从相反的语言理论中产生。

直到现在,两个分析都可以引出不同的有趣而可信的解释。但是下面两句使用非恒常分别的理论(IC)比名创造实在的解释(NCR)更合逻辑。让我看看第五行和第六行:

故常无欲以观其妙
常有欲以观其徼

身心平衡论倾向于使用我们对第五行和第六行的分析理论来分析,而不是第三行和第四行的理论。所以 NCR 在这里将"无欲"(lack desires)和"有欲"(have desires)作为一个整体:"故常无欲以观其妙,常有欲以观其徼。"

这里产生了一个问题。字对字的翻译方法使老子看起来是同时提倡恒常的有欲和恒常的无欲。这与全书对欲的态度不同。进一步说,我们对欲望影响的理论需要一个可信的动机。直到现在为止，我们的理论中没有任何东西可以证实恒常的有欲和恒常的无欲的影响的观点。最后，这种分析没有对"常"做出语言学理论的解读。这是我们解释第一行和第二行的中心理论。

IC 的解释，用"有-无"的区别作为例子，得出不同的目的和欲望与以上的理论解释是一致的。我们可以将"有"或者"无"分别看成是恒常的、有分别的。如果我们将"无"看作是恒常的，我们需要用它来观察神秘主义。如果我们将"有"视作恒常，我们用它来看待事物的表现形式。这是一个做出区别的可信的主张。将"无"作为一个恒常的术语将会导致悖论和神秘主义。将"无"用来命名某些事物是有内在矛盾的。将"有"作为恒常会表现出其自身去学习连续事件，尤其是科学的欲望。

为什么"无"与神秘主义联系在一起呢？我争论说在中国关于事件的构造方法是与西方不同的。但是事件通常有一个来源。从西方的观点考虑这个令人喜爱的古语"无"内在矛盾的陈述，你可以在《哲学百科全书》"无"的条目下发现它。

> 无是一个令人敬畏但未被消化的概念，被有神秘的或者存在主义倾向作者高度重视。但是大部分其他作者却将它看作是焦虑、憎恶或者是痛苦。没有人知道应该怎样去应对它（他当然也是），而且一般人通常也被说不说、不看、不听和不做任何东西是没有任何困难的。然而哲学家从来没有在这个问题上感到简单。自从巴门尼德说出不能说出不是的东西之后，在描述它时他违反了他自己的规则，将世界中曾经存在的东西演绎成无。印象坚持在这个主题上有意义和

第六章　老子:语言和社会

无意义之间是一条难行的狭窄的通路。因此说得越少越好……①

人们可以在《爱丽丝仙境历险记》找到相似的经历。需要关注的是如果你把精力放在"无"上面,你很快会被哲学的谜题所迷惑。

需要注意的是,这种解释使用了"常"^{constant}的语言学的意义和剥离了关于欲望的逻辑的和连贯的重要性。要做出这样的区别就要有一种欲望的类型,一种对不同智慧产生兴趣的类型。这不是推荐或者反对。这仅仅是指出一个恒常的术语及其反义词的效果。

在这一点上,IC 的分析受到理论的连贯性的喜爱。但是两个理论都被认为是生活的假设。下一句解决了这个问题。② 我

---

① 保罗·爱德华兹主编:《哲学百科全书》,第 5 卷第 524 页。惠赐者是奚斯(P.L. Heath)。
② 在历史学者中流行的观点是黄老版本解决了一些解释问题。葛瑞汉的陈述是典型的——也许是平常信念的权威。葛瑞汉说:"马王堆新发现的手稿由于增加了虚词排除了第 5 行到第 8 行[我的是第 3 行到第 6 行]关于无和有的其他断句的方法……"(1989,第 219 页斜体字部分)。设想一个文本排除其他解释的假设引起了不同程度的困惑。
最主要的是文本和解释理论之间的困惑。只有宣称新版本是正确的原始版本的情况下才与解释问题有关。我曾经争论说关于文本结论的通常原因是令人困惑的。一个对令人兴奋的发现的反应没有使用科学的逻辑推理。这个反应是"这是一个令人注目的发现。它是我们拥有的最早的文本。因此它是关于什么是原始文本的最好证据"。但是证据扮演的角色是肯定或者否定理论。我们需要对比一下两个相关可能性的假设。正如我们所看到的,假设传世本是原始版本比新的相对的假设能更好地解释《道德经》中的内容。两者都要解释基础文本的问题。在这个问题上,传世本在表面上有更好的解释。进一步说传世本是在删去了虚词的基础上形成的补充假设,还不如认为虚词是有黄老学者们增加的假设更有说服力。(我争论说实际上后者是更加可信的。)本能反应是一种熟悉的人类在统计样本中匆忙总结的倾向。我们有一个带有偏见的物理样本。新发现的兴奋不应超过统计方法的规则。事实上,我们因缺少证据而不能证明一个不合法的推理过程。(转下页)

们将这作为这一章的结束：

> 此两者同出而异名
> 同谓之玄
> 玄之又玄
> 众妙之门

这里说"两者同出而异名"。在 NCR 的分析中，我们刚刚谈及四个主题，而不是两个。我们曾经讨论了有名、无名、有欲和无欲。在 IC 的解释假设里，我们只是讨论了"有"（having）和"无"（lacking）。正如《道德经》经常指出的，这两个相对的术语同时出现。这两个词以互补的方式联系在一起，共同创造出"玄"，甚至

（接上页）但是我们变得困惑。即使我们接受马王堆本是原始版本的主张，它也不能排除其他阅读传统文本的方法。那么问题就是我们是否应该去阅读它，而不是怎样去阅读。如果出于任何哲学兴趣等的原因，我们选择了解释传世本，那么这很可能是因为它表达了一些与马王堆本不同的说法，那就是在特别的顺序里使用了一些不同的词——这改变了它所说的意思。产生的一个效果就是一个版本是模糊的而另一个则不是。但是模糊性是这两个文本之间一个真实的语法和语义的分别。一种正确的阅读方式不能确定或者禁止我们怎样阅读。

但是困惑就会比那更深了。即使同意应该代替黄老的词语，葛瑞汉的观点也只是过度陈述。我们不应该像是想用它解决 20 世纪欧洲关于传统文本的解释争论那样去阅读替代本——虚词放在那里就像逗号般为我们对传统文本进行断句。我们应该阅读替代本以及它产生的所有语法力。在第 5 行和第 6 行有两个外加的"也"字。这是"常无欲也……"葛瑞汉的结论假设外加的"也"（assertion particle）只是断开了句子。但是葛瑞汉自己关于"也"的理论减弱了这个分析。如果这是被读作一个口头命令的句子，一个肯定的记号不应该出现在这里。"常无欲也。"（*?)"也"普通的语义是标出一连串的名词。一旦我们脑里面有这两种解释的可能性，我们就可以轻松地以一种给"也"普通的语法力的方法来阅读黄老的版本。"因此永恒的'无'是一种欲望。用它来观察神秘的东西。"但是这种阅读方法与肯定（NCR）的假设相比更倾向于肯定（IC）的假设。

马王堆本第一章出现的虚词一起证明了我提出的马王堆本是在早期版本的基础上加入虚词的产物的假设。黄老学派形成了一个可供阅读的文本。第一章中所有增加的"也"字不是多余的，就是有语法歧义的，或者是一种对原始文本两种语法上阅读方式的选择。当他们真的选择了一种阅读方式，传世本在增加虚词的版本之前就更加可信了。

是"玄之又玄"。这是进入语言神秘性的一个门口。

综观全书,我们可以肯定"有-无"贯穿全书。"无"和"有"的相对和相反在《道德经》中是一个常见的主题。相反,我们允许《道德经》讨论"无名"和"无欲"。但是我们这样就与道家在文本中对待相反的词语"有名"和"有欲"的反语言和反习俗精神的目标不一致。所以我们接受第二种分析。它进一步讨论了"名"如何在"道"之中起作用。无论是关注"有"或者"无"都构成了不同的欲望和态度的观点。我们将"无"与神秘和悖论的欲望相联系。我们将"有"与理解客体和事件的欲望相联系。

随后,第一章说出了一种关于"道"和指示性话语的怀疑理论。它以关于"名"的观点来支持这种怀疑主义。它使用了一种使我们研究所有哲学家的思想都有意义的绝对理论。随后它思考一对基本的而令人迷惑的名:有和无。它们看上去是最大限度的对反,而我们怀着一个神秘的和实际的目的,将它们与不同的"道"(daoing)的趋向相连。

然而这种区别的存在是神秘的。我们怎样可以认识到有和无之间的区别呢?我们怎样从每一样事物中做出区别?对神秘的疑惑令人觉得更加神秘。让我们看看这些是什么。

《道德经》中对立面的反转

正如我之前所承诺的,我们用与传统道家解读方法不同的黄老统治观点来阅读,使我们理解了书中的其他部分。由于被迫要写下一些东西,老子继续阐述他的观点。他用令人注目的格言、诗之类来表述"道"以反对主流的方式行动的观点。他指说这些观点有时可以有很好的指导作用,有时的作用却很差。在第二章,他再次介绍了"有""无"的概念。现在他使用它们作为许多相对术语例子中的一个清晰的例子。此后,这本文集中所有的格言都是以极其实在的语气说出的。解释者长期以来都对这个文本关注于实在和政治感到迷惑。如果中心教义是神秘的形而上学,那么所有的政治建议有什么用呢?

如果不对中心教义做出神秘的形而上学的解释,而是语言的怀疑主义解释,那我们将可以避免这种解释的困境。那种怀疑主义的产生是反对一种规范人们行为的语言社会机械主义的假设。因此这种政治教义在《道德经》中扮演实用语言理论的角色。它们的目的是说明任何指引的术语和论说都不是恒常的。他以中国哲学讨论中的常用语言来说明他的观点:政治策略。他的政治和实际的建议总是颠覆传统的政治和道德。他颠覆了习俗的价值、偏好或者欲望。他的建议同样显示了他继续接受儒墨的心理模型。无论我们获得什么实践后果,我们都跟从社会的领导者。这部分允许《道德经》被政治理论家视为对统治者的建议。

这个实践的建议是道家相对术语的理论。政治建议只是一种表现形式。从这里开始,任何明显的个人建议、形而上学的猜测、宗教的宣言都可以用来说明语言指引的不恒常性。每一对相对术语之间实用的差别存在于我们的倾向之中。一个单一的分别创造出两种名。我们学习一个词的某些倾向或者欲望类型以及和它相反的词。老子的政治教义说明了名的不恒常性和由名构成的"道"。他向我们展示了我们可以颠覆这些习俗的偏好。它们并不提供恒常的指引。有更好的相反指引的例子。他甚至给"有"和"无"相反的实用暗示。我们学习去注意"非有"的价值。"无"吸引我们去创造。

继而,文本由一些聪明的、显眼的或者是人所共知的格言组成,它们采用了传统儒家的划分法和优先次序的区别。当世俗的智慧通常要我们去衡量"有"(have)的价值时,老子要求我们反思"无"(lack)的价值。在所有先前的"道"提倡"仁"^{benevolence}的地方,他指出天是不仁的。

在传统的"道"不可避免地强调有目的的行为和干预的地方,他的格言描述了平静的智慧:"无为"。在传统价值偏爱高级、强大、智慧、统治的地方,老子的格言指导我们去欣赏低级、软弱、无智和顺从。我们通常被看成是出众的和有分别的,思考着沉闷和没有分别的价值。传统主义者注重男性,老子强调女性。对每一种传统的分别,老子通过我们的谚语向我们展示我们有一种颠覆每一对完整术语价值的方法。让我们称这"道"表达了这种非传统的建议为消极的"道"。

该书对中国文化和我们自身产生的巨大影响证明了相对建议的重要性。毫无疑问,这被真实地记录了。如果我们读懂了开篇几行句子的精神,它的理论要点比仅仅反对传统的指引和教条式强迫性的消极的"道"更细致。我们不应该将消极的"道"当作恒常的"道"。它的观点只是关于我们怎样颠覆我们在语言中得到的任何指引的一系列例子。每一件事物只是帮助我们意识到在所有的环境里面,我们不能把任何固定的话语作为一个指引。

作者把这个主题的基础放在第二章。每一对的名都有一种分别。每一种分别都有一个规则。他选择的某些例子是弱的指引性术语。(可以参看第 126—127 页)它们清楚地评价:好,坏,美丽,丑陋。指引性强的术语用更复杂的方式指引我们。我们喜欢的是我们运行的程序和设置。这些术语包括上和下,前和后,有和无之类的。老子书中评价的口号提出没有术语的指引是恒常。

如果偏好的规则不是恒常的,我们能说出每一个分别是什么吗?老子反对分别吗?即使没有陈述一个恒常的"道",我们假设他引证的消极的建议也是真诚的建议。所有关于分别的学习带着脾性都会偏于这一面,或者是另一面。这个见解的确给我们一个是什么引起分别的问题的观点。成为一个懂得分别的消费者看起来就是被灌输了的社会偏好所控制。这种偏好是由分别产生的两个术语实际上有重要意义的原因。然而用这些术语来指导不是永远可靠的。这里暗示的是接受分别的训练和它有用之处一样有潜在的害处。再次,这是拒斥分别的实际原因,而不是形而上学的原因。

实用主义的论辩提出分别的怀疑主义始于一种对确认相对术语的断言。任何两个相对的术语只有一个分别。那个分别不能可靠地指引我们的偏好。这不是一个描述的分别(那种分别曲解了世界);它是一个实用的分别。习惯的区分指引行为不是永远可靠的。总的来说,以那些分别为基础的有文化动机的偏好是不可靠的。它们用隐藏的,非自然的方式控制我们。

因此老子用另一种方法发展了慎到的"道"。一种继承了隐士和杨朱反社会、反传统精神的方法。他没有依靠一个单一的宿命论的或者是自然论的"道"来"弃知"。他争论说知识的"道"指引行为不是永远可靠的。我们要颠覆我们已有的全部指引性的"知"know-how-to。(股票市场里面的反向策略是一个令人印象深刻的成功模式。)在传统术语中看起来是愚蠢的可能是最聪明的事物!误用分别通常是一种高级的策略。颠覆的要点是看到忘记分别的好处,而不是莽撞地提倡一些相反的话语的"道"。

为学日益,为道日损。(第48章)

第六章 老子：语言和社会

消极的话语，消极的"知"

《道德经》的第三章继续深入探讨相反的主题。在书中剩下的大部分中，老子展出了一种与传统价值相反的论说类型。不要积累，不要说教。了解所有价值中消极一面的价值。我们甚至要了解"虚"和"无"的价值。

这种表达在《道德经》里面产生了几种重复出现的矛盾。老子有时认为"知"，圣人，学和智是有价值的；有时却认为它们没有价值。我们可以假设三种"知"，"学"，圣人和智来区分它们。传统的 know-how-to 包含了掌握分别和一些公认的社会指引，如儒家和墨家。消极的知识是知道反对传统的智慧。我们私下猜测老子设想了一个他在假设之外（ex hypothesis）不能写在书上的第三层次的"知"——指引性的"道"不能被描述。该书的实践是颠覆性的。这种颠覆的要点是不能被表述的。

当韩非子和黄老一派了解道家思想后，他们认真地接受了消极的反儒家的"道"作为正确的话语之"道"。他们把所有反对"仁"的章节和使人民处于无知状态的呼吁理解为对他们的统治导向，操控政治意识形态的背书。相似地，当道家思想与佛教融合而成为一种宗教思想后，人们就忘记了颠覆的批判要点。这个消极的"道"被认为是整个老子的"道"的理论。因此断言"道"就是"无"——是的确存在的。与佛教"空"的教义相联系，它保留了传统解释，但是却直接反对相反的意思是平等的。在那里不强调"无"、顺从、"阴"、女性、玄和水的价值，因为这些分别是恒常的。这只是启发性地纠正我们对有用价值的传统假设。

无论他们处于第三层次的"知"的任何地方，"无"和"有"都是成一对的。

耍弄权谋

所以《道德经》的无政府主义的确提出了一个关于政府的学说。老子给统治者提出建议。这个建议在传统术语中是令人震惊的。统治者使人民处于无知的状态,"虚其心,实其腹","常使民无知无欲"。韩非子吸取了这些章节,正如我们后来见到的,似乎道家支持统治者的专横和操控策略。

更令人惊奇的是,这些提议常常显然是不诚实的。引用一种与恒常政治理论相反的理论,文本提倡的是与我们已有目标相反的目标。所以要想统治,你就要顺从。你想变得有权势吗?那就成为统治者最顺从和最没有野心的仆人。看到这种建议,儒家痛快地指责道家耍弄权谋(scheming methods)。① 他们的分析进一步坚定了道家思想是循环变化的形而上学理论。根据这个儒家解释,《道德经》假设事物是变化的,尤其是向自己的反面变化。所以你到达 A 点最好的方法是向非 A 进发。

我承认道家意识到事态的变化性。看起来是灾难的事可以转变为快乐。反之亦然。成功和失败不是它们看起来的那个样子。有些事件会令我们惊讶。反向策略有时也有效。或者我们使用的是一个有限制的传统关于成功的概念。但是那不是文本的基本观点。它最多对得出人们不能在所有情况下接受一个合理指引的结论做出一些贡献。

我们不需要太过在意儒家的攻击。因为它对这个文本一点也不宽容。老子不会像儒家所提出的那样一贯秉持权谋论。首先他无视传统的价值:统治。第二,他假设了一个恒常的和静态

---

① 陈荣捷(1963),第 157 页。

的"道":相反的。第三,他只花了一些时间来沉思就知道通过这种方法达到顶点是没有意义的。即使达到了顶点,人们也不可避免要下来的。这样的一个策略是短视的。

老子在其他方面的言论也包含了那些思想。它们没有陈述关于政府的绝对之"道"。它们阐明了 颠覆传统儒家价值的说话方式。我假设老子不仅仅是陈述一个相反的"道",当然不是一个儒家可以轻易嘲弄的"道"。他不想以第三种权威的形象来加入儒墨的争辩。他想批判整个行为。儒家不合逻辑的解释将老子陈述的消极的"道"作为他无可陈说的恒常之"道"。那么假设的道家思想的矛盾仅仅是儒家解释的矛盾。

反对使用感官?

> 五色令人目盲;
> 五音令人耳聋;
> 五味令人口爽;
> 驰骋畋猎,令人心发狂;
> 难得之货,令人行妨。①

现代西方儒家(和潜在的佛家)认为老子反对感官经验是另一个误解。这给中国的思想家强加了一个直到现在我们仍不能给他们一个有相似动机的西方定见。我们对传统感官经验的问题没有兴趣。我们甚至没有在精神的媒介里发现经验、意识的概念或者任何认知事件的理论。除此之外,道家作为自然的崇拜者不会反对自然。感觉是我们通向自然的方法和自然效果。

就像关注形而上的演变一样,除了与印欧传统哲学问题有相

---

① 《道德经》第 12 章,刘殿爵 1963 年译。

似性之外，解释者在缺乏可信动机的情况下把这个哲学问题强加于道家。他们假设所有严肃的哲学都有一系列共同的问题。如果感觉怀疑主义的问题引起西方思想家的兴趣，那它同样会引起中国思想家的兴趣。相反，我要争论的是如果我们了解了那些西方思想引起的问题的背景概念，形而上学理论之类，那么我们将会发现这与中国思想家思考的问题是不同的。在17世纪和18世纪，西方哲学和印度哲学不断探寻感觉怀疑主义的问题。但是它不是范式的哲学问题。它甚至不是一个特别有趣的问题。

所以我们应该怎样理解好像"五色令人目盲"的篇章呢？（第12章）难道这不是一个舍弃感官的主张吗？我们是不是应该学习用我们的佛家内眼或者我们的基督教良知或者其他形而上学内在的见解？我承认我要客观地对待感官怀疑主义是有问题。因为我不能理解感觉的观点如何影响心灵，更不用说看起来是可信的。

如果我们把这段话理解成是指感官颜色的，这看起来就会变得荒谬了。老子"五色使人目盲"的建议是明显错误的。甚至是用诗歌也很难证实它。我现在视野范围内至少有几种颜色。或者我只保留四种颜色在视野范围内是安全的。但是如果五种，你的眼球将会爆裂。难道道家的自然爱好者真的告诉我们限制我们与自然的接触使我们看不到明亮的颜色？听到不同的声音？品尝不同的味道？

那种解释违反了人道原则和宽容原则。这是明显的错误，我们通常的经验是更多地体验可口的味道和好听的声音，而不是摧毁我们享受美好分别的能力。

我们很容易从一开始就得到与整本《道德经》主题一致的更明白的解读。使我们失明的不是颜色，而是习约上将颜色归为五类。这使我们忽视了自然中丰富的颜色和投影。(这种选择给老子一种真是有五种颜色的奇怪的观点,而且由于自然的奇迹,真的存在五味和五声!)社会强加于我们的普遍的社会分别使我们看不到自然无比丰富的色彩和投影。在我们传统的指导下,我们忽略所有分别颜色的可能的方法。承认五色使我们错失了自然界呈现的无比丰富的色彩和阴影。它使你失去了丰富的视觉体验。

整段话都是攻击社会性的装饰,以及诸如田猎和扭曲我们自然功能的"贵难得之货"等社会上所构建的行为。我们应该保持我们的自然本质,不要试图用动人的装饰品和时尚来装饰自然。那些加入了传统的品味和态度。

佛教的确是感觉怀疑主义的。他们有一个相似身心二元论。但是这段话的观点看起来是反对感觉怀疑主义的。它偏好还没有被扭曲的自然,而不是传统的。道家更懂得去尊敬和保护没被污染的自然经验。当然,一个汉代的儒者相信正统的五色是五行的关键。五行给统治者以超越自然和我们的力量使他不能容忍异端的学说。他欢迎佛教的解释。自然真的分成五个群体。任何了解道家哲学的人会发现黑暗时代的宗教迷信是荒谬的。

原始道家:神秘主义和孟子

我在这里向已被接受的道家观点发出挑战。传统观点将道家思想理解为一种形而上学的神秘主义。解释者接受他们在文中看到的语无伦次的话,并将它们解释为深层的神秘主义。当然,他们试图说的任何东西都是语无伦次的。但是解释者认为这幅图画背后有一个关于现实和语言的理论。解释者没有告诉我们他是如何从一堆胡言乱语中发现它们的意思的。但是他充满信心地告诉我们像所有的神秘主义一样,道家绝对断言一个单一的"道"的存在和持有一种语言不能是……某些事物或者其他……"道"的理论。

我不敢承认知道解释者怎样用没有说出的关于实在和语言的理论来证实写下的大量的矛盾。我曾经试过接受某种解释,但是却不能成功。我只是模仿我曾经听到的,读者就可以了解我的失落。

最平常的说法肯定了神秘主义的整体性。① 如果我们可以用语言描述,所有神秘主义中一定有一些相同的东西。所以道家的理论一定与印度和西方的神秘主义有一部分相似。语言理论开始于柏拉图的语义学假设。当且仅当指向一个不变实体时,每一个术语才是有意义的。解释者将语言理论置于一个实体包括客体的形而上学假设之中。但是我们看到的客体是在不停变化的。所以语言不能指向任何一个。神秘主义自身有矛盾的特征。它像柏拉图一样,再次声称有不变的客体。然而神秘主义不像柏拉图,胡乱地断言有一种客体的经验——虽然一种神秘的体验不是一种体验,因为它不像平常体验——不是精神的。既然我们有这种一元而且不变的客体,无论我们怎样获得它,人们都会期待结论将会变得简单。语言必须是关于不变的客体。但是不——他们现在总结出语言不能指出那些客体。它只能指出那些语言

---

① 史华慈似乎接受这种分类,虽然他承认所有的神秘主义可以是不同的。参看史华慈1985,第192—201页。他说:"对那些认为神秘主义没有传达出任何意思的人来说,这些选择将会和伊克哈尔特或者印度的神秘的和苏菲的文化一样模糊。"(1985,第198页)我肯定属于认为神秘主义语言没有意思的那一类。但是实际上《道德经》的选择对于我来说是有意义的。所以对我来说,隐含的假设证明了许多这些段落在印欧神秘主义中是没有意义的。那实际上是靠不住的。

理论否认语言能恰当指代的客体。现在他们反过来坚持语言只会歪曲唯一真正的、不变的客体——"道"、佛性、梵、绝对或者上帝。

由于他们的语言理论和实体理论看起来是矛盾的,我不能确保我可以正确地陈述他们的观点。我应该不再受它的困扰。我只是坚持这点:只要我们把解释理论作为文本的解释,我们总是可以从表面上否定这些理论。神秘的解释是一种绝望的哭喊!证据就如它所体现的,对文本的陈述是不可理解的。但是如果我们太失落,神秘的解释也不能帮助我们。如果解释理论是不清晰的,那就没有需要看它是否解释了文本。由于它自身没有明确的真理,它不能解释任何事物。因为它不能合理地解释任何事物,所以它不是关于文本的一个合理的解释。在一个不合理的理论和一个合理的理论之间,我们没有必要问哪一个更好地解释了现象。它更好地解释了我们为什么不能解释它。只有我们不能,我们才需要去做。

我说我们可以。我提出一个代替原来关于道家语言和"道"的理论的解释理论。它不是从不合逻辑的语言和实体假设的先验前提开始的。它有矛盾。但是它们是假设其他哲学家或者学派会把它们作为明显与哲学有关的真理的矛盾。这些悖论不是源自专横的、变化无常的、特定的、乍看是矛盾的,且明显没有意义的假设,那些假设除了许可口头的胡言乱语以外,没有别的目的。它们与使人们所说东西不能被理解的而且意思不断变化的所有重要术语无关。

语言层面和现实层面的观点都认为道家思想是错的。道家思想是和那时中国思想相一致的。它没有激烈地跳变到印欧概念体系。它的假设和问题与中国其他哲学家的假设和问题是保持一致的。语言的理论是实用的。它把语言作为一种规范的社会原理影响了我们的态度、欲望和行为。它影响我们是通过训练我们用一种普通共同相信的方法做出分别：一个指引的社会过程。它很少说及终极实体和终极体验、神秘体验或者其他。

就如我理解儒家、墨家和其他的"道"一样，我理解道家的"道"。它是一种指引的方法。道家富有特色的怀疑主义来自于传统的流动性。它并不是由语言不能把握"道"而引起的。怀疑主义的断言仅仅是任何指示性的论说——任何语言能表达的"道"都不是一个行为的恒常的指引。

解释的这些变化并不意味着是一个单一的作者——老子——写下这些章节。然而，要认真对待它的文化背景，并为文本找到合乎逻辑的解释，仍是一个挑战。现在关于老子不愿意将他的"道"写给关尹的传说的解释是合理的。他公开地放弃了任何指引都是恒常的主张。随后他结集了格言、谚语以及长者充满生活经验的有智慧的话语。那这个要点是什么呢？他不能一直试图通过这些谚语的集合来为生活提供一个恒常的指引。①

---

① 非理性主义者解释道家思想的标准特征将老子置于一个和西方浪漫主义攻击古典西方理性相等的位置。他们将老子打扮成认为逻辑不能捕捉神圣的不可言说的"道"，但是却可以通过诗和想象去了解。(参看葛瑞汉 1989，第 7—8 页，第 218—220 页，第 234 页)一个有趣的主张——我想它是被误导和错误的——但是无论如何，它明显属于一个独特的哲学传统，而且和《道德经》并不相关。老子的观点是语言中任何的"道"都不是永恒的。诗是语言的就如散文一样。毕竟，孔子学习《诗》和礼。毋庸置疑，老子读到过《诗》。寓言都是语言的。毋庸置疑，老子接触了寓言。逻辑是语言的。我们有很好的理由怀疑老子是否与逻辑有接触。所以我们总结得出教授的诗和寓言不能提供一个永恒的"道"。但是由于他从来没有提及逻辑，或许这与他的教导相一致能提供永恒的"道"！如果浪漫主义和这一行的推理不像，它们就可以自由的得到它的情感。如果世界不能被言说，它同样也不能吹口哨和跳舞。

第六章 老子:语言和社会

这说明了什么呢?老子,我们需要做什么呢?你给我们什么建议呢?第三个层次的"知"是什么呢?我们应该抛弃分别和传统吗?

《道德经》的第80章描述了原始道家的乌托邦。① 原始道家基本接受慎到对《道德经》的解释。然而他们的目标既不是斯托亚主义,也不是以统治为导向的专横权威。其目标是极端的无政府主义。作为无政府主义,它不仅反抗政治权威,而且也反对所有社会的权威。从你的生活中完全去除权威的方法是清除语言。如果那成功了,我们剩下的只是内在本能。原始主义者乐观地认为这些本能是和平的,以乡村为导向的,没有权威的,没有侵略性的。除了少一点内在的、前语言的本能之外,他的特性与孟子相似。他们只能够维持一个简朴的家族式的农耕乡村生活。

像孟子一样,原始主义者一定在我们前社会的本能中假设了一个自然的神。没有语言我们仍能做出分别。但是它们不是习约的,而是自然的。分别就在这里。孟子的理论认为帝国的建设和统治的所有必要的分别都包含在我们内在的结构中。原始主义者说只有适合农耕乡村的才是自然的。对孟子来说习约组织起来的政府是自然的,而对原始主义者来说,只有小乡村是自然的。孟子式的圣人内在地就知道四海之内应如何进行统治。原始主义者式的圣人知道如何种土豆、养猪和沉溺于乡村生活。

我认为老子的思想和孟子的思想是来自于中国思想同一个阶段——反语言阶段。因此他们所说的都是一个共同的哲学问题。他们有很多的相似性。但是老子的分析基本上减弱了孟子的观点。老子同样有反语言的态度,但是却给出我们日常道德判

---

① 我从葛瑞汉(1981)那里借用了原始道家这个分类。葛瑞汉强调道家思想正确的分类。

423

断一个更可信的解释。孟子假设我们所有的日常判断都反映了内在的、上天赋予的道德禀性。老子却指出心里面的那些反应是如何从社会而来的。他指出学习语言的整个过程就是一个接受习约的社会的欲望模式的过程。(230)我们的道德态度是通过学习获得的,而不是内在的。自老子之后,中国古典时期的哲学家们都不很重视孟子的这个观点了。

我们自己的浪漫传统肯定会喜欢老子乡村式的乌托邦。但是我们应该将这看作是老子的目标吗？或许这只是认为儒家所"非"的东西有价值,而其所"是"的东西没有价值的另一个例子。把它作为一个恒常的乌托邦理想使得文本不合逻辑。它预先假设了一个处于自然的分别和传统的分别之间的分别。这种分别引起了某些态度和欲望(逃避非自然的分别)和行为(回归乡村)。如果老子真是反对这些和提倡原始主义,那么他就将他自己困在比慎到更复杂的矛盾之中。

需要借鉴慎到的建议是什么呢？我们需要认真对待"弃知"吗？我们也必须把它作为无须知识和圣人传统的另一个例子。我们不把它作为一个恒常的"道",否则我们将会变得荒谬。我们必须将"弃知"和反对圣人的段落作为展示这些术语反传统评价态度的原因。他们不可能是道家最后的理论。

所以老子也神秘地指出了一些其他的知识。那些神秘的段落是怎样谈及一个形而上学的"道"呢？"道"是不是一个创始者,一个不可解释的神圣的而又神秘的事物？像书中的其他部分,这些段落暗示了行动的意思,而且通常是反传统的暗示。"功成而不居"。崇拜自然的谈话都是话语的。它反对某些传统的价值。一元主义仅仅是刺激了启发性的消极的"道"的另一个部分。这不是老子恒常的"道"。

《道德经》里面出现的"道"和话语全部都是变化的。我们应该像维特根斯坦关于梯子的论点一样,一旦我们攀过它们之后就抛弃老子的比喻和诗。如果你理解了它们,你就知道你不需要它们。我们知道不要把它们看作是恒常的。

  上士闻道,勤而行之;中士闻道,若存若亡;下士闻道,大笑之。不笑,不足以为道。(第 41 章)

哪一种"道"?哪个学者做出正确的反应?

我们仍然没有"我们应该怎样做?"的最终答案。我们可以逻辑上把这本书看作是给出的答案吗?难道当你强迫一个要离开这个国家的圣人写下的"道"就是我们所有的期待吗?或许他写了一些其他的东西。一些他只能通过悖论来表达的东西。"无为是由于为,然而没有为就没有事情可以被完成。"如果有一些建议和一些要点是老子没有陈述出来的,我也同样不能。

但是庄子可以!道家思想必定更加成熟。

第三编

分析时期

第七章　名家：中国的语言分析

> 对于这一问题的第一步回答是中国人研究了形式逻辑，而发现它在哲学中没有其他的关注那么重要……
>
> 牟复礼①

> 由于手段依赖于目的，不可避免的是，在中国人的价值视野中，孔子和老子的智慧格言是第一位的；墨子和韩非子的实用理性是第二位的；惠施和公孙龙带着逻辑谜题的游戏最多是第三位的。
>
> 葛瑞汉②

语言理论是所有早期中国学派关注的焦点。他们的哲学理论关注于名。所以毫不出奇，不同的观点开始通过分析更适合的名字理论来为他们的观点辩护。我认为名家有儒家、道家和墨家的版本。墨家的理论将对语言的研究从一个实用主义的角度转向了一个语义学的角度。他们在中国哲学里面更大范围地使用语义学——从"道"中得到更恒常的指引。他们试图描述一个名的现实基础。他们寻找一个"什么是新事物中找到正确的区别方法？"的问题现实的回答。他们认为正确的方法是对世界真正相

---

① 牟复礼(1971)，第96页。
② 葛瑞汉(1989)，第7—8页。

似和差异的回应。

在更早的儒墨时期，一个社会的和含蓄的观点主导了术语正确使用的讨论。然而，他们的争论将他们引向了现实主义。孔子以一个纯粹的传统观点开始。他主要通过"道"的纯粹和如果我们不维持习约的规则将有陷入无政府主义的危机来证明他的"道"。因此他的观点暗示只要人们同意和接受，我们可以有另外一个"道"。正如我们看到的，孔子和他的学派仍然要面对一个内在于他的传统的"道"的现实问题：什么是对于传统礼仪框架正确的表现性解释（correct performative interpretation）？这个问题促使早期儒家面对一个正名的用法和调整由"名"引起行为的现实教义。对于应用他所承继而来的"道"，孔子可能不是一个习约主义者。如果他愿意接受任何产生共同观点的可行的方法，随着时间而改变的对行为的解释不可能影响他。现实的动力使早期的儒家形成一个指导解释行为的观念：仁。①

从墨子（和苏格拉底）的观点看，孔子仍然是一个十足的习约主义者。他认为接受"道"的规范内容是习约性的。他用相同的方法对待传统术语指示的角色和礼仪。人类的指引来自于人类的历史和文化，所以儒家强调对文学的掌握。人们可以提出对解释的表达形式疑问，而不是它规范的内容。灵活来自于对编码的解释，而不是纠正它。

墨子接受习约主义的框架，不过他直接提出现实主义责任问题。他的功利主义语言传统建立在一个现实标准之上。它不是标明实在、抽象和中立考虑相结合的区别，他通过功利主义的标准间接地介绍了现实主义。某些习约比给出的其他语境更有用。

---

① 安乐哲和郝大维有相同的观点(1987)。

墨子介绍的实用主义改变了孔子的关注:我们倾向于最有利的习约。墨子根据功利规则在现实中的指引判断由名指出的分别,而不是它描述的精确性。现实主义只是间接地设立了纠正名的界线。

如果我们认为某些东西是习约的,当且仅当它是一连串有用的共同实践中的一个,墨子然后就会接受语言的习约主义。他争论的只是孔子的习约实践不像另一种可选择的习约那样有用。这将他推向了现实主义。他引入了一个超越习约的,一个至少可以确定(指引)分别的权威。这给他一个名的体系现实的因果基础。这仍然允许有用的习约,而它也深深依赖于社会对规则和意见的需要。

正如我们看到的,墨子的确关注于描述的分别(例如黑和白),但是他把它们作为指引的分别。他把这个区分作为处于道德和非道德之间分别的类似物。他同样提出了名和指导话语的理想衡量方法"法"^{standard}。我们把名附着于人们可以接触的有特征的事物之上。这些特征要求人们使用他们的眼睛和耳朵。他主要把理想应用于规范的术语。衡量的标准是"利-害"。这使人们如测量事物般很容易猜测到天的意愿。对边沁来说是道德计算的,对墨子而言则是道德的集合。

现实主义的冲动同样激励了反语言理论家。孔子的习约主义演变成相对主义的危机,使孟子走向了先验主义。他采用了形式上的现实主义是对具体道德疑问的一个正确回答的观点。孟子反对墨子,而对儒家习约主义的保护要求他提供一个现实主义陈述。他同样根据我们的自然特性来作出分别。像墨子的分别一样,他的自然"是-非"观念成为了对自然实践的指引。孟子抛弃了所有的指引。在墨子用一个分别来指导是-非活动的地方,孟子只允许内在的、没有规范指引的"是-非"。孟子接受习约主义者的语言观点。这解释了他对语言的敌意和他超越语言的需要。保护儒家思想需要一些超语言的指引。一旦我们使用了它,语言就只能是一个危机。直觉直接指导严格的指导术语"是-非"的应用。

235　　老子反语言的观点似乎也源自于一种对相对传统的反感。大部分的批判是这样的:传统都可以是其他的东西。所有的分别都是相反的。除非我们把老子作为一个原始主义者,否则他的结论不像孟子那样现实。(正如我们看到的,这种情况下老子和孟子的分别就在先验和传统,语言引导指引之间划了界线。)假设老子没有说第三个层次的知识很容易把我们带向了神秘的现实主义。道家的神秘主义是现实的和绝对的。现实是正确和错误的基础。实际上,现实使得所有的语言都错了。在这种意义下,绝对真理就是没有绝对真理。慎到的形而上学的"道"是自然的、非传统的,因此也是恒常的指引行为。绝对的行为指引就是不能指引。

　　我的理论是传统称为"名家"的学派不是一个学派,而是一股思潮。学者们开始找寻更多系统的语言论点。他们为所有三种政治观点进行辩护。每一种都直接陈述名和世界的抽象关系。我们可以把老子看作为这种抽象关注的先驱。他展示了指引怎样要求分离的分别和欲望。当认为分别的类型是恒常的时候,人们可以翻转欲望。这就产生了在名划出恰当的区分中寻找中立解释的机会。所以我们知道这些作者也是"辩"(discrimination)的专家。这些作者除了对语言和做出分别的特殊兴趣之外,对政治或者道德教义没有兴趣。

　　现实主义的冲动和西方传统不同。它们不找寻一个语言分别的因果解释——一种世界形成我们语言的意义。它们仍然寻找一个恒常的方法来指导分别。纯粹的习约分别的问题是他们的习约使得他们变得不恒常。那就是说一旦墨子说出了他的观点(传统可能是错的),任何纯粹的习约传统是不稳定的。如果我们社会的目的改变了,任何的"道"都会改变。

中国现实主义的不同是它对语言理论的强调在西方语义学中没有明确对应的概念。我们找不到信仰、概念、理念、思想、意义或者真理的概念。① 墨派的思想家从设想寻找恒常指引话语中创造出现实语义学。他们对怎样设想指导的概念体系感到困惑。他们分析使用的实用术语"可"就如同西方分析使用的"真理"一样基本。他们不会关注于句子,但关注于名或者是一连串的名(通常使成对出现的)。深层的关注是指引的,而不是描述的。

新墨家的文本:重要性和问题

一种名的现实理论的冲动表明它自己在墨家学派的重要性。这是墨子关注的衡量标准的发展,而且还是一个前习约社会或者上天标准的观念。墨家变得对过去建立一个逻辑的习约体系的智力活动感兴趣。这使得他们甚至抛弃了墨子强调的"天"。他们也同样避免引用像孟子那样假设的"心"的感觉。②

---

① 真理是一种肯定的类型。它有几种不同于其他成员类型的特征。首先,它关注于句子,而不是术语。术语的肯定功能在于句子的真理。真理作为一种肯定类型的中心特征是逻辑概念。所有的真理都必须是一致肯定的。推理集中在他们对句子真理的判断之中。真理的肯定必须依赖于一些社会标准以外的东西。最终的特征是使真理理论现实化。这只在中国唯实论中清晰出现。
② 葛瑞汉(1978),第 268 页。

墨家的辨者是一群墨子的信徒。所以有的也被称为新墨家。墨家的信徒分成了不同的派别。每一个派别都有严格的纪律和组织。但是不同派别彼此是不同的。一些关注于保留工艺和战争问题,其他则关注于形式上的哲学问题。

一个学派继承了墨子对客观语言标准的使用和技术的关注。他们通过对"经"canon的简要总结的背诵来传达他们的教义。每一条"经"都包含了一个处理伦理、语言和不同科学(光学、几何、经济)的简短的公式。抄写者把这些"经"称为《墨经》,置于《墨子》的中间。这些"经"被保留下来了,但却没得到研究。中国的传统很快就丢失了这个学派的重要教义长达两千年。

这些推理文本是怎样保护和失去的故事十分吸引人。它缓和了中世纪新儒家不能理解它自己古典哲学一个重要部分的怀疑。进一步说,它阐明了文本结构的理论本质和解释的含义。

古代中国的一种常见书写载体是竹简。中国人把竹简排在一起,并"卷"roll起来。一个人会从右向左地打开"卷"。人们可以轻易地打开"卷"。因此人们可能像句号般把竹简作为自然的终结。这种载体规定了一种自然的长度标准和一个书本尺寸的实际限制。要记住我们传统的《道德经》,作为"道德经"出现于汉代的一个学派。

这种出版方式和书写以及运输的成本使得作者感到简洁扼要的价值。然而,当一个学者为自己抄写文本的时候,他可能自主地在竹简上加入了注释、扩展和评论。这些评论在后来抄本中流传。

墨家后学的文本有六卷。他们简单地把其中的两卷称为第一经(《经上》)和第二经(《经下》)。另外两卷是对第一经的解释和第二经的解释。最后的两卷严重地损坏了。文献学家可以从其他解释的残本中找到这些内容,并称它们为《大取》和《小取》。《小取》是一个明显的逻辑残篇。《大取》是一种不同长度的任意摘录。葛瑞汉假设"两取"来自于一个较早的和一个较晚的《墨子》。他认为墨家把原来的文本命名为《经说》和《名实》。

我们在两个"经"和它们的"说"中发现了语言理论的核心。正统对墨家思想的敌意部分是由于对这些教义的忽视。理论是复杂的,但是它的表达却是简明扼要的。它对儒家思想和在原始主义解释和绝对主义解释中占统治的道家是有敌意的。它们只是因为《墨子》和《墨经》的写作方式使人们失去理解的方法。《经上》是在体系中用不同重要的术语组成简明的理论。《经下》包含了较长一点的概念、伦理或者科学主张。每一种主张都由一个术语解释。每一篇都不是论文,而是一个对概念体系的仔细观察。由于每一部分的术语残篇都比竹简的长度短,墨家后学却把它们写在竹简的上半部分,而且为了节省位置,它们在竹简的下半部分也做出了同样的尝试。这种书写在竹简上半部分末端(书的中间)的简洁的指引可以提醒译者文本中有这种安排。

在抄写的时候,某些抄写者未经思考就直接抄写每一条竹简。这就像洗牌一样打乱了这些竹简。随后在纸的版本或者丝的版本保留了这些错误的翻译。由于缺乏句读和对它们重要性的理解不足,这些随意的文本变成了一连串任意的汉字。儒家的抄写传统喜欢保留文本的原貌,所以抄写者就一再抄写后出的文本。尽管没有人理解和知道它的价值,但是抄写者一直尽职地保留它。当然这是有抄写主题的,缺少或者重写某些字,失去了一些汉字和行列。这种形式流传到清代的学者。他们开始像拼图般重构真实的《墨子》。

幸运的是,在第二组书中,《经说》,墨家在"说"和"经"之间加入了索引。他们在解说的竹简旁边写下了一个对"经"很重要的词。机械的抄写者把这加入到文本中，通常是第一个或者第二个字。这样就打断了语法的解释，使它们更不能理解。但是这同样提供了解决这个问题的钥匙。那些汉字指示了每一个原来竹简的开头，以及两个文本间的重要联系。两千年以来，文献学者始终把"经"和"说"作为分开的部分。

清朝新儒家学派的回归汉学的运动形成了一个对古老文献经验的、科学的兴趣。重构新墨家"经"的过程开始并一直持续到现代。葛瑞汉在1978年出版了整本《墨子》的英文翻译。葛瑞汉的《墨家后学的逻辑、伦理与科学》一书完成了对文献的重构。现在，理解《墨子》是古典哲学时代后半期的关键变为可能。我认为这改变了整个哲学观点。现在可以清楚知道他们改造的语言理论受到庄子和荀子的影响。它与孟子和老子明显不合逻辑的反语言观点被新儒家视为中国哲学高峰。追踪早期哲学家怎样产生这些兴趣同样变得可能了。

新儒家的传统丧失了古典语言理论的精华。在哲学的黑暗世纪和佛教时期，中世纪新儒家思想的出现使用了他们隐含的语言理论。它包含了一些模糊的、直觉的中国古典观点，以及一些由佛教引入的明显不同的印欧理论观点。这种与迷信兼容并包的儒家对宇宙的关注清除了古典思想家的语言观点。

迷信影响下的汉朝产生了一个早熟的少年——王弼，他构建了自己的理论。他结合了《道德经》和《易经》的思想。王弼的深层思想将《道德经》转化为一个宇宙演变学说。他解释说，我们不能命名"道"的原因是我们看不到它。儒家把由一个在哲学黑暗世纪的少年形成的一个空泛的、荒唐的语言理论作为在中国思想伟大时期被证明是在儒家教义的影响下尊重古代传统的天才观点。但是它与佛教的语言和思维理论相适应。佛教传入了认识论和怀疑主义。但是,正如我们所见的,它和古典时代复杂的哲学理论只有很少的联系。

"辩"的集中性

我们有时用"墨辩"来指代这个学派创造的文本和文本自身的特点。保留下来的六篇文章凸显了"辩"的重要性。作者把"辩"作为所有智力活动的关键。"辩"使什么是"是"(疑问中的名的范畴)和什么是"不是"——"是-非"——之间的分别变得清晰。从政治(秩序和混乱的分别)到科学(相似和差异)的所有疑问都涉及"辩"。"辩"的理论是一个关于名的规则,确定利和害,以及解决困难和异议的理论。①

名界定事物。短语传达意向,解释给出事物的逻辑。我们随后根据相似和差异做出选择和反对。我们"有诸己不非诸人","无诸己不求诸人"。观点的逻辑性是墨子提出的一个指引的"道"的基本要求。②

新墨家给"辩"的标准一个新的任务。我们"辩"的方法在短语中或者话语逻辑上是"可"的。由于话语中包含了关于"辩"的标准的话语,这产生了一个倒退的"辩"和一个隐含的现实观点。如果我们把"辩"仅仅作为是习约的,那么我们不能说一个标准比另一个正确。这对我们分别的体系和不合逻辑或者不恒常的术语产生了威胁。因为每一个现实的体系接受了一个现实的目标。他们认为做出第二种选择是对它们的反对。所有我们习约的分别/语言包含了寻找做出分别最理想词语的目标规则。在墨家的

---

① 见葛瑞汉(1978),第 475 页。
② 同上,第 483 页。

思想中这个词语是"故"^inherent way things are。

西方理论在真理句子中表达了现实主义的冲动。葛瑞汉和其他人认为"辩"是争论,而墨家思想包含了逻辑。正如我上面所说的,这是一个错误。至少这是因为葛瑞汉不能认识英语"argument"的模糊性。一方面争论是用同义词来争辩。另一方面,你也给了同义词的证明。简单地说,学派间的争吵(quarrels)和讨论(disputes)都涉及到"辩"。我认为古典哲学家把分辨中的差异置于哲学学派之间有歧见的核心位置。然而"辩"和欧几里得的证明模型没有关系。正如句子排列使得结论来自于真理。

239 墨家没有在任何清晰情况下讨论逻辑或者句子语义研究。他们没有从其他复杂的短语或者句子的组合中分离出句子的结构。他们没有假设特别的语义学句子——真理——来处理句子的肯定性。葛瑞汉则反对这样。他认为墨家发现了句法。这是"墨家最后的或者最困难的发现"①。葛瑞汉的论点没有说服力,除非人们认为句子是一个明显的自然语言类型。② 无论如何,如果句子是最后的发现,那么墨子不能发现论辩的形式。因为它依赖于一个带有先验概念的句子。论辩包含了一些作为前提的句子和作为结论的句子。

---

① 见葛瑞汉(1978),第 25 页。
② 我早前已发表了对葛瑞汉新墨家"发现句子"观点的怀疑。见陈汉生(1985)"真理"。新墨家对宏大的表达感兴趣和担忧要怎样处理它们是正确的。通常的在《名实》中的主要例子都会转变为句子。但是,正如我将讨论的,墨家认为这些例子的方法和他们对待术语和复杂的名词短语是相对的。它停留在意义、范围或者范畴的层面。它们肯定没有在文本怎样分别—辩论的讨论中比句子语义学更接近"当"^satisfiability的概念。所以尽管使用了句子的例子(和词语单位组合),墨子的理论没有证明它们发现了句子。他们肯定没有用于肯定有没有真理价值分别的短语标志。

一个相似的问题影响了对"意"^{intention}的理解。文本将它与"辞"联系在一起。葛瑞汉将"辞"^{phrase}作为句子,还依据弗雷格的意义理论(Fregean sense),将"意"作为理念、思想或主张。这摆脱了它的实用主义核心,并转向了一种英国经验主义的概念论,并带有概念和句子相应部分含糊的词语。所以墨子写下了思维是耳朵听到的和对"意"的检查。葛瑞汉的英文耳朵中有洛克的回响。这一点如此不顾事实,以至于葛瑞汉自己展示了何种意愿最令人信服地与墨家著作中的内容相等同。使用语言的意向包含了把术语用于某种特定的点并停下来。该主张把术语规划于事物之上。(以及在某些地方停止规划。)

从"故"^{inherent}中(事物自己的本身)形成的短语包含了指导行为的模式。指导行为的体系是"道"。像老子一样,新墨家接受了"道"的指导模式。但是他们加入了一些理论细节。在名和"道"之间是在世界中使用术语的观点。除非我们准确地把术语和短语以及解释性的意向共同使用,否则我们将错过表现的"道"。我们的指引是不恒常的。复合短语应该依据命名事物的内在本质发展。除非我们关注我们使用术语的外部基础,否则我们将会有困难。① 这就是葛瑞汉作为句子形式理论的教义。

《名实》的作者认为"道"要求更多显性的名。我们组织名的方法和我们假设分别的方法是基于它们管理了我们跟从社会指引的方法。作者用术语组合起来的规则来作出正确的区分——"辩"。它们不包括句子、思想、观点或者真理。虽然如此,"辩"有一个没有错误的现实推力。然而,最终墨家承认了他们在尝试清楚陈述和逻辑规则的组合时失败了。秩序的规则比名的

---

① 葛瑞汉(1978),第 478 页。

规则更不规则和更难辨别。墨家的现实主义辩论指出了儒家和早期道家的缺陷。墨家指出他们是不合逻辑的。然而这留下了一条庄子批判白马、蛇和螳螂的更为复杂的相对主义道路。

现实主义者的活动

我们不应该将古代中国的现实主义与理想主义(世界仅仅是我们精神构造的观点)或者唯名论(否认普遍的抽象物体)相比。它在中国与语言相对主义相比,认为语言而不是世界决定事物的种类。墨家争论说世界上可以衡量的差别是做出区分的基础。例如,科学不能确定哺乳动物的范围是因为语言的习惯和传统。现实确定自然术语的范围。因此,无论任何文化是否承认,海豚都是哺乳动物。一个语言的群体在认识关于它的语言类型的时候可能是错的。

新墨家继承了原始墨家的论辩主题。他们批评儒家对现实世界的同情是虚无的。在新墨家的观点里,儒家应该为传统对名的过分关注负责。他们关心的只是掌握古代礼仪文本中的语言。墨家引入了一个像科学般对世界中实际的相似和不同的关注。儒家根据他们的传统,通过传统编码规范地使用"名"来指导行为。他们理论上对事物中实际的相似和不同不感兴趣。他们没有在那个基础上提倡名的使用。他们偏爱于反思圣人怎样使用"名"。新墨家的观点是儒家思想忽略了现实世界,以及他们行为仅仅是对传统的名的使用。

《墨经》中开篇的公式引入了术语"故" in itself。葛瑞汉争论说"故"在杨朱的自我先天主义中占有地位。"故"决定了我们的

"命"^(fated length of life)。这是上天赐予的自然结构。① 从语法上说,"故"引出了结论。翻译者更倾向于把它作为"therefore"或"reason"。然而,我们也可以内在地"从事物的结构"解释它的角色。这解释了它和事物起因的模糊相似性。"故"(in itself)使用了中国哲学术语基础概念结构。它既没有一条与事物的法律联系,也没有从早前的句子中引入句子。墨家的力量是"来自于非传统的自然资源"②。

墨家假设现实的基本结构是"体-兼"^(part-whole)。部分是整体中的部分。③ "体"^(parts)比语言重要。当我们使用名的时候,我们把它应用到部分之中。(正如老子所想的,我们从其余部分中分别它)。我们借助于"故"来选出"体"。我们随后必须根据"类"^(similarity)"执"^(commit)我们的"行"^(proceed)。这意味着有一个地方我们会停止使用术语。在这种意义上,世界从外部控制了语言表达的

---

① 葛瑞汉把这翻译为"事物就是它内在的样子"。见葛瑞汉(1978),第189—190页。
② 《墨经》第一篇的开篇公式给出了这个定义:"(经)故,所得而后成也。"
  "成"^(complete)在这里有一个有趣的角色。它通常被译为成功或者完成。但是庄子把它变成了一个受欢迎的解释:"成见"。这些意思怎么会变得可能呢? 我提出下面的假设。一个事物的"然"是在我们的概念体系之中。事物内在地应该为我们的设想提供基础。我们完成设想基于现实怎样影响我们。所以事物的组成有一个主观的因素。人们可以被内在的现实和不同的"情"^(reality registers)影响。因此他们在怎样设想世界中的观念时是不同的。后墨的先验主义理论同样采用了一个"成"的概念作为语言的基础。我们将这翻译成真诚。"情"^(sincerity)代表了设想指引的道德唯实论理想。
  《经说》中区分了大"故"和小"故"。小"故"不保证我们可以把"然"^(so)与一个事物相连。但没有它则一定不然。小"故"是它内在本性的"体"^(part)。大"故"是充足的情况。它们的出现确保了事物的"然"。然而,缺乏了它们,事物则不"然"。那就是怎样变为"成"。见《墨经》第一条;葛瑞汉(1978)第263—264页。
③ 他们从墨子的"兼爱"中使用"兼"。葛瑞汉以为这个结构是我们熟悉的事物本体论结构,并把"体"译为"individual"。然而"体"在字典中有一连串别人困惑的解释:物质、部分、身体的部分、身体、本质。最初的两个公式给出了一个很好的解释。"体"符合概念的标准。这是根据"故"的。

规划。但是这种控制依赖于"故"对我们的影响——"情"^(feeling; reality)。① 命题包括榜样——范式。榜样是事物的标准。任何事物"当"^(hits)一个榜样是疑问中的事物和任何不是的事物都不是。②

我们命名"体"的一种方法是使用形状和特征。这个观点的两种意义来自于《墨经》。"名"(字符)本身很直接地就是形状。进一步说,在汉字里,它们的形状来源于"体"在世界中的不同形状。③ 因此使用语言的能力再次依赖于认识形状的能力。同样的能力可以解释我们怎样应用术语"举"^(pick out)物体和我们怎样使用语言标记:阅读和书写。"举"或者"取"^(choose)的实际概念给了墨子的语义学一个的语气是更加实际和有目的,要超过可能更紧密

---

① 墨子的"情"是基于语言的而不是心的。我把这作为基于"名"的应用的人类反应能力。我们对名的使用是根据一个"体"的"故"给我们的印象。因此这种影响来自于感觉。最终,我们把这个术语翻译成"感觉"。葛瑞汉指出这个术语在先秦时期翻译成"现实"或者"本质"更加准确。但是这就忽略了"情"的非现实内容。它应该与"故"在一起。它与感觉的联系是不可解释的,除非使用了另一种基本的意思变化假设。我把这作为现实对我们的影响。这是现实对人们的影响使人们开始命名和选择。这种分析的优点可以解释人类语言的习俗。否则,内在的特征只能通过魔术来决定名。葛瑞汉有时把这作为名的使用特征本质。但是这再次分离了与感觉的联系,而且还没有对现实怎样影响我们名的分配的解释。"情"是一个相连的感情材料。这是现实留给我们的印迹,而不是逻辑上从现实中分离出感觉材料。
② 《经上》第 70 条和《经下》第 46 条。亦见葛瑞汉(1978)对"情"^(reality)的讨论,第 179—182 页。(《墨子·经上》第 70 条:"法所若,而然也。"《墨子·经下》第 49 条:"可无也,有之可去,说在当然。"原书注释"49"误作"46"——译者注)
③ 墨家并不认为形状是向事物分配术语的基础。第二个基础是使用衡量的标准。这里永恒的或者秩序的普通的名的崩溃了:一块大石的部分并不大。他们已经注意到灵活范围的分析。但是崩溃也不是有秩序的。人类身体的部分也不是人类的(例如,一根手指),但是一个人的某个手指是那个人的(与其他人的相对)。第三种命名方法是和地方有关的——居住和迁移。在那里我们不能知道名是否仅仅通过我们的技巧在事物中进行分别。例如我们可以有一个"秦马"的概念。但是我除了在秦国之外没有办法知道一匹马是不是"秦马"。当我们在秦国时,我知道的所有东西都可以使用这个"名"——一个秦国的花瓶、建筑等等。

联系的,但是更抽象的关于指示(denotation)和指代(reference)概念。

新墨家认识到了语言的构造本性。但是他们没有一个以句子或者语言为基础的句法概念。我们把名组合在一起形成一个更大的单元——"辞"——以用来表达人们的"意"。他们在组合层面再次引入了指导的焦点。他们思考的是人们怎样在现实中使用词而不是怎样纯粹地用语言来表达纯粹的现实。

新墨家关于语言力量的教义最终回到了"道"(way)的概念。事物的本质和我们对它们命名的本能至少在语言学上确定了我们必须行走的道路。这在用名来构造"辞"的时候是特别正确的。如果我们不清楚"类",这些结构将不能正确的指引我们。①

墨家的现实主义给他一个客观的观点来使用名。儒家的正名理论使名经常变化。这里的标准是社会的认同。墨家的陈述是现实的。我们用一个名称呼一种事物。外部的相同和差异决定我们应该怎样称呼其他部分。我们因此接受一个使用名的"道"。我们必须沿着它而"行"^{walk}。(应该注意到"道"包括"名"的应用或者解释。)文中用道路转向的隐喻来讨论言辞之"巧"^{verbal cleverness}(说自由的正名创造力基于所谓的直觉)。墨家用实际的术语如"危险"来描述这些特征。②

西方的语义学学生会发现墨家把关于现实的理论嵌入到一个实用框架中是多么有趣的。从承诺的概念到挑选或者选择,内在指引到最终达到一个实际的"道"(way),社会的语言概念使用了语义学理论。

---

① 葛瑞汉(1978),第478—482页。
② 葛瑞汉(1978),第346—347页。

相对主义的悖论

我认为纯粹的习约主义是不稳定的。正如我们所见,实际解释的问题逼使早期儒家思想转向了现实主义的解释。墨子指出儒家的"道"是不稳定的。因为它是自相矛盾的。新墨家采用了后期反语言的观点以摆脱墨子对建设一个恒常习约指引的挑战。原始道家和墨子都认为语言内在是不足的。所有语言都是"不可"。因为它歪曲了指引——"道"!道家反对语言的传统解释是"道",是一。因此它没有部分,而且是不可分的。由于语言内在标明了分别,所有语言都歪曲了"道"。①

墨家注意到有些事物关于任何反现实主义者的主张是悖反的(perverse)。试想想这个英语句子:"这个句子是错的。"它是错的,仅当它是真的或者相反。现在考虑一下这个句子:"所有句子都是错的。"这不是一个悖论。它明显是错的。如果它是真的,那么它是错的。如果它是错的,它仍然是错的(有一些真句子,但是它不是其中之一)。

墨家由于我上面解释的原因(第 43—44 页)没有像我一样形成对反语言观点的批判。新墨家讨论的是他们熟悉的"言"而不是句子,真理和错误。他们用术语"悖"perverse 来代替错误。他们把"悖"定义为"不可"。②

(经下第 71 条)以言为尽悖,悖。说在其言。

(说)以:悖,不可也。出入之言可,是不悖,则是有可也。

---

① 见刘殿爵(1963),第 19—21 页。
② 葛瑞汉把"悖"译为"self-contradictory"。他承认那种翻译并不精确。(葛瑞汉 1978,第 163 页)。他没有说在矛盾中什么是错的。但是我认为这隐含了对句子和真理的关注。在这里没有那种关注的证据。

之人之言不可,以当必不审。

他们形成了一个驳斥反对区分版本的证明。① 因为每一个分别都有"是-非",否认分别就是否认"非"。墨家证明了没有东西是"非"的观点。这就是"非""非"和就是"非"。(试想想:"你不能告诉任何人什么他们是不能做的"或者"说任何事物是错误的也是错误。")

他们用同样的技巧攻击了老子原始主义的反学习观点和慎到的斯多葛主义。教授那种学习是无用的。这是"悖"。

实用主义的焦点

所以,虽然我们发现了一些和西方语义学相近的矛盾但我们仍然应该把它们作为实用主义矛盾。墨家根据使用的语言和社会接受-反对的尺度来形成它们。它们把"可"^{acceptable}作为分析和评价的主要术语。他们把语言作为一个在我们社会生活和反应本能接受和不接受分别的体系。这强调了它不可能是允许语言说肯定事物的现实方法的讨论直觉。

新墨家没有明确使用真理的概念。但是他们使用了一个排除中间项的类似规则。他们的争论假设了一种允许或者不允许任何事物的表达。然而,墨家在这里的讨论主要关于术语,而不是带有真理的假设。他们通过"必"的概念给排除中立的一个明确角色。② 我们把消极的"非"放在术语的前面而形成"必"。所

---

① 《经下》第79条。
② 葛瑞汉把"彼"说成是"反"。我偏向"彼"保留新墨家理论和庄子相对主义之间的联系。其他是不必需的。然而我对这种修改没有意见。文本中这个观点如此明显,使得任何特别的角色都不重要。新墨家所谈论的是一个完整的术语——其他完美的对应物是恰好和"是"相对的"非"$^{\text{not the one in question}}$。

有术语都隐含了一个"必"。学习分别必须使用术语来区分什么是 X 和什么不是 X。

"必"是一扇逻辑的门。对于任何的事物和任意的名,事物必然会得到一个名——"是"——或者它的相反"非"。这是使用一个名的时候,"是"的承诺。

墨家用"必"这个概念为"辩"这个现实的观点作争论。"辩"是关于"必"的争论。那就是在讨论中一方说某些事物是 X,而另一方说不是 X。就拿墨家作为例子。试想想我们不同意在我们面前的动物是一头牛。我们构造我们的观点是"它是"(是)和"它不是"(非)。如果一方说它是马,而另一方说它是狗,那么墨家就会说那不是辩论。严格地说,在"辩"中,总有一方是正确的。它们中的一个是"当"$^{\text{map into it}}$。① 这是一个只提供给形式现实主义的证据,这是只有一个正确答案的现实主义。墨家后学似乎也相信实质的现实主义。讨论中不只是有一个胜利者,而且是世界,不是社会的习约决定谁是胜利者。我们面前的动物的确像牛,或者不像。

墨家可能意识到惠施的反对意见。惠施认为我们可以找到许多种类的相似性。人们可能会联想到"牛马为一"的例子。墨家不反对把牛马作为一个整体,牛和马是其中的部分。另一方面,他们假设整体有天生的构成部分。这个组合物的范围就是术语所描述的。所以这些物体是由两个"体"组成的物体。存在的术语对应于现实的"体"。有一种适当的方法把牛马分成各自的部分。他们把这种非正统区分牛马的方法贴上"狂举"$^{\text{wild picking out}}$

---

① 正如我认为墨家"当"$^{\text{map into}}$ 的用法十分接近满意的语义学概念。见陈汉生(1985),"真理"。

的标签。① 但是这仅仅是一个标签。墨家从来没有为我们决定哪里是自然划分出"体"的地方给出一个相似和差异的综合理论。这是他们现实主义的阿喀琉斯之踵。

墨家在某个程度上使用了词语的现实承诺是一个在使用词语中应用衡量标准的承诺。否则，它将陷入一个正名的现实版本。但是墨家后学对于儒家的设想是批判的。现实中隐含的部分-整体结构要求名要有多样性和重复的范围。墨家后学反对儒家理论中隐含的一个名——一个事物的规范原则。让我们回忆一下我们上面指出的这种起源（第 65—67 页）。允许名在决定文本中的重复引起了指引话语复杂体系的冲突。墨家争论说儒家正名观点的规范要求是语言清晰描述的一个不实际和不现实的观点。

《墨经》认为现实主义在语言和世界之间的互动使它接受了某些词是可以重复的。那就是说可以有两个名指代相同的事物和一个名指代两个事物（两个"体"）的情况。第一种情况的例子是狗和犬。② 我们可以清楚地知道这两个名指代相同的事物。他们对第二种情况的讨论是通过强调"是-彼"的指向（indexicality）。我们可以把任何事物说成"是"，也可以把任何事物说是"彼"。只是我们不能同时把事物都这样称呼。③ 语言的这种普通特征对它本身的功能没有伤害。尝试改革它们是没必要的。它们没有使指引合乎逻辑。相反，它们形成了使用语言实用的、有效率的指引。

墨家看到名的功能要求我们持有既多且少的常规术语。越

---

① 《经下》第 66 条。
② 见《经下》第 40 条和葛瑞汉(1978)，第 218—219 页。
③ 《经下》第 68 条。

多的常规命名同类的事物,就越少常规之名。墨家把名分成三类:"达""类""私"。① 这三个类型通过从整体中分离出来的相同方法来"举"它们的范围。这个理论最令人注目的地方是墨子用准确的方法把每一个术语与现实的部分相对。所有都从恰当的名和特殊的物体中找出相似的联系。我曾争论说这提出了一幅很大的包含了不相近事物的现实图画。②

所以墨家给出一个直接、现实的分析来解释个人术语的用法。我们在相似的事物应用它们。我们不知道什么东西形成了差异而另一些东西却没有。我们确实知道的是我们应该使用衡量标准。衡量的结果来自于世界真实的相似和差别。这个标准可能是一个模型(实际的或者记忆中的)或者一个衡量的工具。③相似和差别形成了包含"体"和"类"的自然结构。这两者之中,"体"在形而上学上是基础的。只要事物有一致的相似性,"类"可以用来连结事物。④ 在我们举出例子或者衡量标准之后,符合名是一个客观的问题。这个问题依赖于世界。

串联和指代:扩展体系

满足于他们的理论基础,新墨家走向了下一个文本谜题。我们要扩展体系的自然领域和范围,怎样从单独的术语到一连串术语:复合词和短语?他们开始于最小的复合"辞"。他

---

① 《经上》第78条。
② 见陈汉生(1983)和(1985,"个人主义")。
③ 《经上》第70条。
④ 《经上》第86—87条。在《经上》第6条中,我们可以看到事物的种类不能算作"类"。它们是用于尝试把它们做出相比的词语在同样情况下不能用于相同事物的例子。

们首先考察加长了的复合词。一个加长了的复合词是一个有一定范围的短语。正如个人术语一样。它的范围是某种单独术语的功能。它的功能是什么？我们怎样使用复合词来精确选出我们想要的范围呢？一个术语（普遍的或者特殊的）在一定范围内选择出一种物质或者事物（无论怎样分散和散布）。一个组合术语的范围和术语的范围怎样决定复合词的范围呢？

墨家没有做出我们熟悉句子的功能分别，他们没有把复合词的单元作为形容词和名词。形容词和名词（普遍的或者特殊的）同样选出一定范围的事物。墨家后学的问题仅仅是这样，个人术语的范围怎样决定复合词的范围呢？

我们注意到我们最熟悉的西方理论接受了一个描述结构的形而上学分析。我们假设世界包含了特殊（物体或者物质）和抽象的可重复的事物。世界反映了我们名词-形容词结构。这个分析得出了我们对修饰性形容词熟悉的解决方法。它引用了急转弯理论假设每一个词的意思。那个意思把单词和它的范围、外延或者名称连结在一起。当我们组合单词时，我们把这个复合词和一个更复杂的观点或者理念连结在一起。理念越是复杂，能符合它的范围的事物就越少。我们有一匹单独的马。我们可以把它和白、老、大、盲、劣、瘸、饥和蠢联系在一起。每一个单词的观点联系起来变得更加复杂。那些变得更复杂的内容，我们称之为内涵（intension）（意义、含意、涵义），是分配给客体的一系列属性。而且单词有一个的外延（extension）（指示、指代），是调整单词应用的物理范围。随着内涵的增加，外延逐渐减少（包含的物质越少，性质就越多），反之亦然。

然而新墨家只研究范围的概念。他们没有接受我们把事物分为个人的、物质的或者特别性质的自然分别的假设。他们没有谈论个人的组合。他们没有看到与个人和普遍性质相反的概念。他们的分析结构是部分-整体结构。相似-差异的自然结构把世界分为不同的种类,而不是特殊的物体。每一个单词无论有多大的范围,只与一种选择特别范围的能力相联系(做出什么是和什么不是的分别)。个体化是做出分别的局限。个人是整体分别主题的一个种类。这就是《经下》所说的重要的结构规则。"体"是"兼"的"分"。

正如我们所见部分和整体的联系是受文本影响的,从其他角度看,部分也可以把一个整体看作为一个更大的部分。许多名词没有个体化的特殊规则。个体-性质的形而上学结构是更加固定的。我们的习约假设个体化是在任何特殊的意义假设之前的本质。我们常识的世界观反映了我们对可数名词有一种对个体化特别规则的关注。墨家认为只有在它相似和差异类型指导在世界做出分别的意义下,个人的特征才进入世界。① 个体化只是从整体中划分部分的方法。

物体-性质的方法同样适用于英语。因为我们把大部分普通的、外延的复合词称为交叉复合词。那就是当我们增加了词语后,指代的范围就缩小了。② 白马比马少。"白马"指的是一个单独的性质白和马。它指代的是有两个属性的每一个事物。因此形容词-名词的组合包含了一个比各自属性更少的分类。白的物体比白马的分类大。

中文复合词的外延不是相交的。因此,复合是对中国古代语言理论的特殊挑战。有两种单词-单词组合。一种与英语中典型的单词调整相似。在汉语里,"白马"比单独的"马"范围小。

---

① 《经上》第87—88条。
② 外延分析不能用于某些形容词。例如假牧师和潜藏的人物。

第七章　名家：中国的语言分析

然而在中文中，单词的调整可能有一种相反的效果。"白马"缩小了"马"的范围。其他复合词可能扩大了范围。例如复合词"天地"不是天和地的交叉，而是天和地的融合。因此要把这翻译为"the universe"（宇宙）。同样的情况是"子女"不是用来命名儿子和女儿的（没有）交叉，而是它们的融合，因而指的是孩子。这不是罕见的和不重要的例子。古代的作者用这些联合复合词撰写文学作品。同样的例子还有"山-水"scenery，"大-小"size，"禽-兽"animals。

英语也有联合复合词，但是为了两个不同种类的复合词，使用了一个截然不同的语法。我们一起使用 "and"和复合词是复数形式，例如"cats and dogs"，"boys and girls"，以及"field and stream"。

所以复合词个体-性质的分析一开始对中国理论家来说不是很有用的。首先，它们把复合词个体化。语言的自然本体理论是一个转换的部分-整体分析，而不是固定特殊本能的分析。其次，这个理论仅适用于交叉复合词，而不是组合复合词。

从语法上看，中文的组合复合词很难和相交复合词进行分别。墨家后学的问题是什么决定一个复合词范围的增加或者减少。他们的答案引用了自然事物的组合。如果它们能叠加而交叉处不是空的，那么复合词就能举出相交的地方。如果没有相交的地方，复合词就能举出联合的地方。

所以墨家形成了一个形而上学理论①来解释一个复合术语

---

① 如果古代思想家已经有一个语法理由来区分语言部分，给出这两个形而上学的选择是可能的。如果我们已经区分了形容词和名词，我们更能采用与语法区分相应的单独的形而上学分类。然而，我们注意到为什么语言部分分析和句子语法不能吸引他们注意力的原因。古代语法依赖于词的排列而不是句法的影响。汉字在语法上有很强的流动性。恰当的名词，常用的名词，形容词和简单的动词都有相似的语法。所有都可以用于术语的观点。他们把所有汉字作为一个范围的术语是经济的处理方法。所以古代思想家既不提倡部分语言理论，也不提倡功能复杂的句子概念。

怎样有时选出了两个范围的种类，有时选出了它们的产物。让我们把这称为大种类和大产品（与组合和相交的系列相对应）。大种类来自于逻辑或者——它的名。无论是 X 或者 Y，大产品同样来自于逻辑和——它的名。无论是 X 或者 Y。什么时候一个复合词有大产品的范围？什么时候它有大种类的范围？

它们的形而上学观点反映了它们指代的观点。分析开始于范围或者外延，而不是个人的属性。他们把物理范围称为"物"。我提倡我们把这些物体思考成分散的事物。它们有物质的属性如"白"和"坚"，也有大的物体如水或者木，以及自然的种类如马和牛。名指代这些类似物质的准物体。①

他们对这些复合指代的回答始于指出这些范围的分别。某些事物的范围是可以相互渗透的。某些则不能。"白"和"坚"是单词范围相互交叉的例子，被这些单词命名的事物彼此填充或者抵消。"牛"和"马"是不能单词范围相互交叉的例子，它们彼此相斥。

我们稍后还要谈论这些外延方法的问题。现在，我们关注于新墨家怎样检验这个理论。他们使用实用的词语询问哪种表达是"可"。他们把坚-白和牛-马作为两种相反形而上学类型的名字。他们检验形而上学的理论是通过看它能不能在各种语境中给出对传统肯定的解释。他们的语言分析有这种普通语言哲学的回声。当我们把一种表达用之于一个事物，普通的用法允许另一种表达的使用吗？

---

① 为了使这种分析有意义，我们需要一个事物的概念。这个概念在物质和非物质之间是中立的。"事物"在英语中多指物质。这就是我用"木棉"（Kapok）这个术语——这个术语我学自约翰·佩里——来指代没有分别的、没有限制的中立事物。我用太阳的名字来代替上帝的家园。

分析：什么辞可以断定其他事物

在他们深入讨论的大多数例子中，新墨家总结说，在断定"牛-马"的时候，"非牛"也是可以断定的。这怎么可能呢？好。试想想复合词是怎样起作用的。正如我问"你有多少个兄弟姐妹"，假设你的回答是"有三个"，那我再问"有多少个兄弟"，你回答"没有"并没有违反英语的规则。兄弟和姐妹在英语中就如大种类在汉语中的作用。它选出一个事物或者一个范围。范围的每一个部分就如兄弟和姐妹——即使你没有兄弟。所以在墨家的用词中"兄弟和姐妹没有兄弟"是可行的。你的"兄弟和姐妹"恰好没有包括兄弟。

试想想把"牛-马"作为"牵引动物"一个复合词（正如设想把"兄弟和姐妹"视为习惯上所说的"胞兄妹"的替代词）。新墨家争论说在不能相互交叉的大种类复合词中，部分保留了形而上学"体"的地位。这个例子没有强逼一种部分-整体分析的层次转换。即使我们把整体称为牛-马，每个部分都只能是牛或者马——不能两者都是。在墨家的术语中，两者相互排除。这种情况下，在被命名为XY的复合词中非X在事物中是"可"。部分保留了它们在这些复合词中的分别。墨家称之为可分的复合词。

其他包融的复合词——如坚-白的复合——则明显相反，是不可分的复合词。在这些复合词中，部分是相互渗透的，因此"无论何处你理解这个复合词，你都会发现两个"。"白"不能在复合中保持恒常的范围。"白"在不同复合词的不同部分找出了它的范围。它逼使部分-整体结构的转变。同样它引起了对名分析的不同问题。我们要记得一个名选出了范围。如果一个符号选出了一个不同的范围，不管一个符号的结构是怎样，它是一个不同的名。

新墨家的复合理论对一物——一名的正名观点是有敌意的。一个单词和它的范围之间的联系改变了"坚-白"的组合。"白"在"坚-白"中没有与它单独相同的范围。名的范式(一个名形成了一个范围)给我们带来了问题。我们不得不说"白"在一个复合词中不再是相同的名。

相反,"牛-马"的复合词没有对命名的理念带来困难。它们划出的分别即使在复合词中也保留它们范围的独立。牛在牛的事物中的选择就和它没有复合一样。所以,即使"牛非牛"永远不能成立,"牛-马非牛"仍然是成立的。实际上,"牛马非牛非马"也是成立的。(提示:"非牛"举出了马;"非马"举出了牛。)

伦理和现实主义者语言

这个现实主义者的语言分析在墨家的伦理结构中仍然有作用。现实主义引用的是实用的而不是抽象的真理。在墨家的方法中语言对现实的适应在指导行为中更有用。问题是墨家没有使用科学的概念来说清楚为什么会有这种情况。为什么我们要假设一种语言根据自然的相似来分离事物比其他选择对我们更有好处?如果我们采用一个相似的因果标准,我们会开始从问题中得到答案。那种标准选择的相似性对预测和解释是十分重要的。然而,墨家主要引用的是这种现实主义理想给出的总体逻辑性。它避免了相对主义的自我反驳矛盾。

那没有什么好处。除了逻辑性之外,墨家(像儒家)主要引用一致同意的实用规则。把名建立在标准衡量方法之上应用到世界得到一个清晰的、更明显可设想的和恒常的"道"。分别仍然是欲望和厌恶的基础。把世界作为它的基础,我们避免了自由变动的习约解释的问题。否则,解释的多样性威胁把任何指引的编码打造成模型。现实主义给我们在现实世界中假设了分别的恒常基础。

葛瑞汉总结认为在早期新墨家的作品中没有许多特别的关于伦理论述的残篇。这些是最难重建的。我们在第237页讨论过文本受腐蚀的过程,在那当中许多原初的文本一定被破坏了。剩下的只是残篇和提示性的东西。但是这些提示仍然是有趣和值得关注的。假设庄子和荀子的确有这些争论的方法和他们主要观点。

道德体系明显是从术语的范围分析中出现的。墨家做得最好的是如他们保护一个现实的名的体系般保护名的道德类型的逻辑。他们轻微修改了原来以分别为基础的功利主义。他们的基本观点是"义",是"利"。然而他们不再把"仁"作为一个中立的共同持有的道德概念。墨子使用"仁"就好像它仅仅是功利主义的仁慈。新墨家现在把它作为儒家的隐含意义。他们描述"仁"为"体""爱"。这明显和墨家的"兼爱"是相反。

正如葛瑞汉所指出的,墨子最有趣的是抛弃了"天"的权威和"心"的使用。[①] 语言的指引影响自然的或者现实的保证不在于权威或者学术的解释,而在于物体和现实。那是指引词语区分的最有效的方法。假设杨朱和孟子都认为自然的权威让他们意识到神圣的命令变得如何的空泛,人们就会设想对天和观点的"是-非"判断是"心"的自然反应。然而这种推理形式不能证明对任何自然指引观点的反对意见。墨家认为进行使用的方法是检查不

---

① 葛瑞汉(1978),第23页。

同的"道"的恒常性和连贯性。如果我们可以展示一个恒常的、连贯的"道",那会是一个重要的成就。实际上,他们抛弃了墨子的权威。

功利主义的逻辑性来自于它对后果评价的衡量。墨家似乎形成了一个比较利和害的概念。他们把"权"weighing用于积极的意义。(孟子把它作为违反礼仪的一个弹性借口。)对于墨家而言,衡量是他们计算的或者以衡量为基础的道德体系的一个完整部分。与较大的害相比,偏向于较小的害是"义"功利主义定义的一种延伸。其他公式说明了他们关注到计划的功利和实际的功利之间的分别。"利"不是你的欲望,而是当你得到它时使你快乐的东西。①

他们可能会在他们的体系中设计一些概念来应对孟子式的或者先验的道德教条和对墨家思想的批判。他们仍然坚持爱必须是普遍的。但是,"伦"human relations discourse 在人们之间作出了区分,我们对他们肩负厚重的(thick)或稀薄(thin)的责任。② 社会体系对普遍的利益有一般的目标。我们有概括这个目标——兼爱——的责任。社会的体系使我的角色在于追求"兼爱"的时候在我的亲属中更厚重地传播利益。他们甚至争论说"兼爱"要求对自己的爱。因此他们通常用这种自我克制来对墨子进行批判。

他们继承了墨子人的本性容易受社会影响的观点。习约的实践会加入许多不同类型的道德特征。因此,没有自然的"故"解决这些指引问题。指引依赖于我们关注的范围——我们"为"的范围。"为"与"情"相对。这使我们回想起我们在第 126—127 页

---

① 《经上》第 26—27 条。
② 《大取》(葛瑞汉,第 235—236 页,《经说》9)。

所得的结论。那就是习约和自然,恒常和不恒常之间的分别起到我们描述-规定分别的大部分作用。

残篇有一个关于孟子"仁内义外"问题的简要观点。墨家的观点是这些道德概念既是内在的,也是外在的。这意味着墨家的应用部分依赖于外部世界和我们道德关注中事物的"故"的特征。[249] 认为它们是内在的要求在现实世界中一个人类反应的假设——喜悦或者厌恶。我们关注的范围必须包含我们关注事物的"故"的特征。两者都需要现实的指导概念。

因此,我们有一些真实的、外在的、自身的事物。如果没有认为长者值得尊敬的倾向,现实很难产生出指引。因此和我们先验或者习约态度相关的相似和差异是很重要的。指引要求的不仅仅是纯粹的相同和差异的描述。

调整意向性短语

新墨家可忍受在某些在伦理议题上的摇摆不定。毕竟没有对手在伦理设想上有坚实的理论基础。但是新墨家不会忍受他们指引设想的不合逻辑。他们至少把普遍的利他功利主义看成是恒常的。他们这里遇到了严重的困难——有关的困难与我们熟悉的促进正名的解释问题。

新墨家倾向于现实世界规定术语范围的观点。因此他们不能接受孔子理解的正名。那种正名包含了习约,尤其是习约的指引话语(礼)确定术语的范围。我们通过社会的统治者来影响习约。对于墨家的现实主义来说,世界中客观的相似和差别确定了术语的范围。这意味着术语的框架不是由它自己作指引的。术语必须组合成短语,并由"意"来指引。

"杀盗非杀人。"他们怎样处理这个正名理论尝试解决的问题呢？他们拒绝通过正名使习约的指引符合逻辑。只有现实给出设想分别的正确方法。他们的对手一定挑战他们道德的持续性，还要予以他们抛弃权威的恒常性。这是一个严肃的批判。下面是一个明显的挑战：你主张爱所有人，然而你却杀死了盗贼。这个理论怎会是一致的呢？

墨家的分析引用了他们对复合词的研究。他们已经指出与他们对于一名一物的分析相比，复合词更加复杂。这里有两个复合词的不同类型。他们现在争论的是更大的不规则的复合——"辞"。在他们曾经被外延的恒常性理想所指引的地方，他们就强调指引复合词的不透明性。①

> 她的弟弟是一个英俊的男人。她爱她弟弟。他不爱英俊的男人。

在她爱她弟弟的行为中，她不认为他弟弟是英俊的。她接受"爱你的弟弟"的指引，而不是"爱英俊的男人"。因此墨家调整了指引的短语而不是指代的单词。实际上，单词是外延的和现实的。但是他们认为在指引结构中动词的复合不能展示正常和一致的预测效果。像儒家一样，他们为来自于规则的行为体系加入了灵活性。我们调整的不是名，而是和名结合指引行为的短语。

墨家对这个问题的讨论在他们的作品中形成了一个单一按顺序的完整的篇章——《小取》（葛瑞汉译为 Names and Objects）。它始于对"辩"的强调。"辩"包括了在"辞"^{phrase}中找寻"比"^{comparability}。文章中相比的说明和我们称为推理相似。西方逻

---

① 一个紧密或者透明的结构中，真理，意义或者指引变得不永恒。在英语中，信仰是一个紧密结构的范式例子。真理 S 相信 P 不依赖于真理 P。墨子发现术语-信仰结构是坚固的。

辑认为如果一个真理紧随着另一个真理,那么这两个句子有推理的关系。然而当"辞"是"比"的时候,墨家给出了一个实用的分析。

墨家发现了一个确实有独创性的方法来使用实用的概念和常规语言的概念做逻辑分析。我们开始于一个普通肯定短语:一个"名词^{1}名词^{2}也"的形式(名词^{1}是名词^2)。我们认为规范句子在中国的对应部分没有使用连接词。它更愿意用"非"$^{\text{not this; wrong}}$来否定而胜于用"不"^{negation}。新墨家认为一个否定形成一个"非"和一个肯定形成一个"是"。随后,我们用相同句子组成的一个普通的肯定形式,并通过对两个名词加入相同的汉字来扩充一个短语术语。加入的汉字通常是一个动词。但是墨家当然不会让人察觉。这个影响是把一个预见变成两个行动描述。单词^{1}是单词^2。但是动宾单词^{1}不是动宾单词^2。我把这一点用代数方程式进行推理:

$$X\ Y\ 也^{\text{X是Y}}$$
$$KX\ KY\ 也^{\text{KX是KY}}$$

在意向的标准例子中,关系展示了一种恒常。这个短语和缺乏(或者都有)"非"的短语相匹配。在简单的例子中有这些完整的,恒常的相对主义。"白马是马"和"骑白马是骑马"。如果基本句子(第一个句子)适当的肯定形式缺乏我们说它"是"的短语。我们说这是一个"非"短语。如果结果句子(它的恰当的肯定形式)缺乏"非",我们称它为"然"。否则"不然"。一个"是"的句子会产生一个"然"的结果。一个"非"的句子产生一个"不然"的结果。

现在在一个结构紧密的文本中,这是不会发生的。即使发生也是不可靠的。《小取》中的大量例子在所指望的稳定关系中不再起作用。人们的父母是人，但是"侍候你的父母"不是"侍候人"。盗贼是人，但是"爱盗贼"不是"爱人"。现在我们即将看到对这个答案的批评。墨家基本肯定"处决不是谋杀"的相应观点。盗贼是人。然而杀盗不是杀人。

盗贼是人，因为世界本来就是如此。这个术语必须允许重复。但是在这个短语中杀盗和杀人是不同的指引。所以"杀盗"和"非杀人"的"道"是一致的。墨家用简单的名和复杂的短语之间恒常和固定的联系来换取一致性。因此他们的结论注定有悖论的味道。逻辑学家在句子结构之间发现了恒常推理的关系。新墨家发现这个关系是难以解释地不一致。他们的结论是我们不能依靠语言的对应来给出指引。

所以"道"的构成会指引我们的行为。我们必须在指引（复合）"辞"（phrase）的层次调整我们的行为。那是在一个现实的命名理论中使指引一致。体系的连贯性来自于使用功利主义标准来指导短语的构成。我们不能依赖正式的语言联系来解决指引的问题。代数的推理，新墨家的结论是不可靠的。

一旦他们发现这些推理不是普遍的，墨家会用逻辑来为道德的"道"和意义的现实理论辩护。盗贼是人，但是杀盗贼不是杀人。这同时允许它们确定名的现实指代和在不同层次处理解释问题。这允许它们有灵活的借口和避免与正名好处的冲突。这同样表明他们通过"经"的公式把语言理解为指导行为。语义学的指代是语言理论一部分而且还把指引作为最终的语言功能。

为兼爱辩护

因此新墨家有一个复杂的工具来展示他们"兼爱"的观点是

第七章 名家：中国的语言分析

恒常的。他们沉思的挑战类型不仅仅是对道德心理学的怀疑。正如我们所见，传统儒家的攻击是一个对墨家误解的观点。他们担心更多的是他们伦理观点的语义一致性。这里产生了一个他们看作是语言学的问题：我们可否把"爱人"的短语解释成对普遍的指代呢？明显的是，"爱人"是指做一些和我们有接触的人恰当的事情，而不是对所有人。所以一个人的爱可以是普遍的吗？

墨家的回答是这个术语在一个对复杂行为的描述中——例如人们——没有确定它要求普遍行为还是特别行为。但是不仅仅是和他们道德的"道"有关的问题。例如，我算作"骑马"者假如我有时骑一匹马。相反，我算作不骑马的人当且仅当我一直不骑马——一次也不骑。相似地，当我爱我接触过的人，我算作爱人的人。只有我不能对"哪怕是最少数人"表达爱，我算作不爱人。

新墨家对指引短语问题的两个相似答案是一个悲观的范式。这两个问题减弱了语言规律的外延性。墨家把这些情况作为短语构造失败的例子。因此辩证的分析结束于一个道家的悲观观点。我们不能把语言作为一个行为恒常的指引。没有语言的陈述可以避免变幻无常的指代。墨家在他们确定描述术语中的现实主义和他们构造指引的一连串事物连贯的功利标准用法中避免这种无法决定的情况。他们劝告我们恒常的回到客观世界来检验我们术语的用法。我们必须跟随世界的相似性。

这个劝告提醒我们必须在世界中检验我们的"道"。这没有解决我们怎样做的问题。这没有显示出现实需要他们特别的伦理体系。实际上，指代的原则可能假设了功利主义的标准。这种构造语言的方法有实用主义的优点。它的一致的、客观机械的标准产生了更可靠、更可用的指引。在语言中构建"道"依赖于功利的原则对墨子来说仍然是随意的。

新墨家的认识论

《经上》给出了至少六条关于"知"^{knowledge}的公式。四个论丛中的第一个接受了现实主义的重要术语"故"$^{\text{in itself}}$和部分-整体的形而上学工具。世界独立于我们的语言之外。语言活动接受了现实的部分-整体结构。在这些基本的假设下,《墨经》转向了"知"^{knowledge}。在这样的世界中我们怎样知道这些?

知道(怎样)去

第一个定义仅仅是"知识是能力"。这个定义提醒我们"知"的古代用法更像我们的"know-how"或"know to",而不像我们更熟悉的"know that"。这些公式没有一条把知识作为建议或者与信念相对。

在其他方面,文言文的概念像我们英语中"know"的现实主义含义。知道-怎样不仅仅是任何行为的倾向。正如一般语言哲学家争论的,知道是一个成功的动词。"知"是正确地指引行为的那些东西。正确性可能是正确的解释或者是在一个现实世界的语境中一个成功的方法。这一定是算作知识的可靠的指引机械主义。

这个公式的解释是用"知"来表达训练技巧的一种能力。① 其他残篇可以清楚看到这种能力不只是智力的,还包括了一个态度:欲望和厌恶。对于墨家而言,用"知"取代"心"作为技术动机

---

① 葛瑞汉认为墨家在这里原本用区分图标来分别三种不同的意义。但是抄写者从完整意义的图表中删除了这些基本的区别。

的永久集合。它的功能就像西方翻译者用于传达的术语,如意识。然而,我再次强调我们反对翻译者仅仅假设两个与术语有关的意思。相反,我们应该注意到墨家关于人类智力使用类型的观点。对于这些有消极概括内容的陈述,墨家使用了一个警惕的有技巧的和有反应的概念。他们把睡眠定义为"知"而不是在求知,①以"平"^{tranquillity}为不带有好恶的"知"。②

"知"像它取代了意识的概念一样取代了意愿的概念。墨家的第二条公式把思考作为寻找。《经说》把"知"作为一种寻找的倾向。思考是寻求"知"。虽然他们说寻找技术是可靠的,但是无须得到它。③

我们可以通过采用一个谈论知道怎样的不太熟悉的概念来指出新墨家的观点特征。知道像我们讨论的所有早期哲学家认为的一样是规范的知识。这个假设"知"是关于做什么的知识。知识是在行为中表达(当然包括语言行为)。

我们可以反对这种解释为什么它和我们知识概念相对的理论。然而,它没有反对建议的信仰。我们可以把柏拉图式的知识情况译作实际的概念。

X 知道(如何,何时,何地,为何)做出 A 的行为,当且仅当:

1. X 是用于处理 A 的行为(怎样,何时,何地,为什么)。
2. X 会成功地执行 A 的行为。
3. X 进行 A 的行为是通过一种可靠的(恒常)的技巧或

---

① 《经上》第 24 条。("卧,知无知也。"——译者注)
② 《经上》第 26 条。("平,知无欲恶也。"——译者注)
③ 墨家把同等的作为类似的,但是这不会让我们产生对寻找的解释困惑。我们不必把他们看的理论假设为感觉-图像的接收画面。我提出寻找是检查文本中计划控制和"道"的指引线索。《经说上》:"虑也者,以其知有求也,而不必得之。"——译者注

者性情的能力。

这种定义申明了成功的原则。(假设这是信仰的真理。)这包含一个可靠的规则。(西方哲学家假设理性的判断是产生成功的信仰的可靠过程)。这是为什么"知"基本上是一种实践能力,被翻译为"knowledge"是可以接受的原因。

下一条公式认为"知"成功地找到它产生的线索。"知"是"接"。当我们的"知"接触了"物",它可以输入这个物或者在这个运行过程中加入描述性的词。它把"是"作为1,"非"作为0。那就输入了一个程序来运转一个真实的世界。

第三条公式同样加强了知道描述术语的现实基础。知道是和物体的接触和把我们学到模式和事物联系的能力。① 当我们认知的能力与物体相遇时,我们可以在它们中应用标准,这就是认识事物。

最后,墨家的第四条公式改变了"知"这个字。他们把"心"的部首加到"知"字下面,(译注:即"{知心},明也。")并把它定义为"明"^{clarity}。我们在早期墨子的思想中遇到了"明"的概念。它在"辩"中寻找"明"(clear),并争论说我们用"利-害"的分别来在"是-非"中得到"明"。墨家后学的《经说》扩展

---

① 这个例子是原因——上面的限制仍然可用。墨家知识发展了模型的概念。但是葛瑞汉提出了修改,并指出文本的版本允许他追寻其他几个用法。最主要的是《经上》第94条,它使用和"言"有相同的意义的汉字。在这种情况下,人们会找寻"故"——现实的基础。这里有很强的克里普克的倾向,但是却没有本质的概念。这种解释和词语的使用相连,尤其是某些"法"的设想。当文字的特征允许人们认为它是相同的或者不同的,人们依靠"法"来决定怎样选择和拒绝。墨家认为标准有恰当性。它必须包括功利的衡量标准。葛瑞汉假设了《经上》的第71条与《小取》中的"貌"^{description}和"法"以及"辩"的描述的中断。我们可以把它和"法"的教义相连。

了这个。在语言中知道怎样区分事物是"知"^{wisdom}。① 如果我们知道怎样区分它们,我们就认识了事物。认知就是在论说中区分事物。

在一连串的分析后,新墨家在《墨经》的其他显著的地方也使用"知"。一个特别有趣的残篇是:

知:闻,说,亲,名,实,合,为。②

这看起来像一张没有来源和目的或者结果的清单。知识来源于听闻、解释和经验。"知"的目的或者后果是名、事物两者的结合和行动。第二和第三个后果明显指示了墨家现实主义的观点。我们必须把名的知识和世界中的事物知识相结合。只有那样语言才能指引行为。前两个结果最可信的模型是墨子关于盲人知识的讨论。盲人知道怎样使用名,但是不知道怎样区分事物。他们的知识缺乏与事物接触和联系到一个已知模型的现实基础。

认识名和事物仍然需要使用类比的技巧。两个有技巧的结果必须和真实知识相结合。新墨家强调事物知识的重要性就如墨子批判儒家思想一样。但是他们接受包括掌握名等其他重要元素的传统。名保留了社会积累不同现实智慧的指引。在我们听到像这样事物的地方,它把我们的知识扩展到其他情况。我们不能忽视或者抛弃使用名的其他社会技巧。这不是反语言的现

---

① 同样带"人"的部首的字比墨家带的"言"的部首的字更为经常地被译作"ethics"(伦理)——人际互动中的等差。这里的使用"言"部在复合词中出现的单词,被译为"theory"(理论)或"debate"(辩论)。
② 《墨经》第81条。虽然"亲"的术语有亲密,紧密的意思。但是体验不应该被理解为有一些内在私人的图片展览。没有一个中国哲学家形成了一个私人思想经历的主观内在精神理论。这里仅仅是人们从遇见事物中知道的东西合听到的或者知道他们解释之间的意向矛盾。

实主义。

这两种技巧在指导行动之前必须要"合"combined。技巧在命名前是很难从"巧"cleverness 中分别的。它们之间的分别要求"故"the way things inherently are 的仔细检查。只有结合了名的知识和物的知识的技巧才能指引行为。我们把正确的行为作为知识的最终目的。我已把它作为"知道如何去做"(如同知道在雨中如何躲避一样)刻画出来了。①

墨家知识的四个目的与我们用于解释老子反语言无为观点的结构密切相应。它们的分别是这样的:老子的反语言分析把语言作为流动的和可改变的习约。区分的正确是一个社会习约的问题,也可能是其他问题。墨家坚持区分事物的一种已知的技巧。这种技巧有社会的因素,但是它的结果依赖于世界。客观的、前语言的差别和相似指引我们对社会命名习约的应用。我们在行动前必须协调好名和这些真实的相似和差别。墨家坚持把行为建立在其他东西之上而不是习约。如果我们不是这样,那么老子就是正确的。我们不能认为知道怎样的体系是恒常的。

另一个差别是老子关于情感的要素——欲望。新墨家认为行动来自于知识。老子嘲笑了墨家中与从休谟到康德思想中相似的观点。动机内在于实际的知识。但是墨家的"知"是实际的。所以它们知识的观点是没有康德的纯宗教理性那么吸引人。他们仍然像休谟般信任先验的、前社会的、意志的"利"。

---

① "知识和行动的功利规则"后来成为新儒家理想主义者的一个标语。虽然没有墨家的理性和唯实论框架,孟子的仰慕者王阳明使用了区分名和表达一个人内在知道怎样行动的功利原则。他形成了与儒家另一个强调对世界事物关注学派的相反的理论。

第七章 名家：中国的语言分析

新墨家的逻辑

名家的标准吸收了它对逻辑的兴趣。名家通常被认为是逻辑学家。当我们肯定地发现墨家推理接受逻辑的时候，也发觉他们只是在为他们伦理的"道"辩护时候运用了逻辑。理论大部分是语义学的，或者是传统实用理论的一个语义学部分。

严格地说，逻辑理论的一点实质发展源于《墨子》辨证的篇章。除了上面讨论过的代数分析之外，新墨家没有更多地使用逻辑形式来分别事物。即使他们在例子中发展了逻辑的理论，但是正如我们指出的，他们最后拒绝了短语的一种可靠（合法）的形式。他们意识到一些外延知道怎样的相似推断。假设你听到一些知识就是你没有见过的一间房子的颜色就和这间一样，你分别这间房子颜色的技巧使你为一间你没见过房子的命色。新墨家认为这是名的知识和物的知识通过推理来结合的例子。这解释了他们语言可以累积知识的观点。名是扩展和总结指引行动的知识的有用的工具。

否则，听起来像逻辑的观点反映的是一个模糊的实用主义观点。当你用一种方法使用一个语言表达时，你被责任限制了。恒常来自于应用术语的衡量标准。命题的（句子的）承诺怎样在逻辑上引出随后而来的其他句子的承诺，墨家没有给出任何解释。相配的短语分析来自于最相近的意思。然而，我曾经争论说这陷入了复合词外延性的一般问题之中。我们可以用一种恒常的方法增加术语吗？和以前一样，我们通过在一种情况下使用的短语可否使用另一种短语来检验这个建议。什么短语在替换时可以保留指引呢？

他们主要的逻辑术语(被大部分的中国理性推理接受)带来了荒谬的概念。文字的组合在实际上是不恒常的。通过争论接受一种观点没有"害"另一种观点来为他们挑战的观点的一致性辩护。否则,新墨家仅仅表达了对人们怎样"说两种事物"或者"坚持这个和反对那个"的模糊的困惑。

新墨家的语义学和中国的逻辑学

《名实篇》的代数式论辩框架也许是孟子著名的逻辑类比的范例。(见第191—193页)。认可 X 是 Y,就认可了 KX 是 KY。代数的讨论是一种传统阿里士多德三段论不能掌握的形式。我们有理由相信对那种讨论的关注是中国的特征吗?

首先,我们要注意到古典的三段论和建议的推理经常出现在中国哲学文献中。中国著名的连锁推理是我们最熟悉的例子:"名不正,则言不顺;言不顺,则事不成……"他们甚至用三段论形式来表达复杂的无效争论:"黄马是马;黄马不是白马;因此白马不是马。"

然而,代数结构是新墨家研究的唯一评价有效性的形式。那种结构关注于复合术语,而不是真理功能句子。我们可以通过他们的兴趣来解释这个。很少使用逻辑连接词就更少使用句子的结构。中国的作者依靠文本来使句子的逻辑联系变得清楚。他们有一个条件连接词"则"。但是没有表示分离的汉字。连接词"而"在相对的文本中受到限制。关注于名不是句子受到了中国语言特征关注于名——图表、汉字——而不是句子结构(缺乏主语形式,句子功能,标点和语法流动性)的影响。但是一个关注于名而不是句子的理论可以不需要决定而存在。我们要记得命题逻辑(虽然受到古代斯多葛学派的注意)同样没有主宰西方的逻辑兴趣。亚里士多德的三段论展示了他自己对术语联系的关注。数字模型影响现代命题逻辑的构建主要是在这个世纪（20世纪——译者注）。所以我们可以轻易解释古代中国没有命题逻辑。

解释为什么印欧哲学传统关注于三段论形式而中国哲学却不是，这是很有趣的。印欧语言通常要求一个明确的主语或者表明它存在语法的情况。这反映和加强了西方关注于对语言的肯定。我们称陈述句为完整的。我们认为祈使句取消了主语。（相反，我们可以认为祈使的形式是正常的，还可以说陈述句中加入了一个主语阻碍了语言正常的祈使力量。）还有，动词的常规用法进而加强了所有句子有一个主要动词的语法要求。一个中国古代的作者可以看到"术语^{1}术语^{2}也"的句子，还认为这是一个句子组合的例子。中国传统语法将"也"作为一个虚词。这提醒我们这个复合词有肯定力而其他则没有。

把句子作为一个完整单元的喜好（表达一个完整思想）带来了不同语法和语义功能，以及对创造现象的关注。这种关注为西方逻辑注入了传统的、不对称的主语结构。

相反，中文的数量词似乎附加于这样的谓语之上：墨家兼爱人。① 他们发现把相配的短语加入到动词是不一致的："盗人，人也，多盗，非多人也。"当他们加入一个明确的范围术语，这通常影响了判断。语法更像一个等式，而代数的建议看起来是一个很自然的推理纲要。

在把现实的范围现象理论化的时候，新墨家的确讨论了推理的类型和使用句子式的短语。然而，他们没有扩展他们现实

---

① 葛瑞汉(1978)，第127—136页对这一点有详细讨论。

的语义学来讨论句子作为语义的或者真理作为语义的价值。他们也没有转换语言的焦点来肯定而不是指引。他们的观点反映对传统实用-道德有很大的兴趣。技巧控制名会在规范行为中导致恒常可靠的结果吗？你可以在名的控制中得到道德指引吗？

我并不是说他们的争论是非逻辑的。拒绝代数争论形式是有效的。如果它在一个例子中是错的，那么（至少在它简单的形式中）它不能是一个有效的论辩形式。他们正确地缩减了推理过程，这使得"杀盗非杀人"看上去是一个悖论。短语的搭配是不可靠的。他们的解决方法是不扩展短语的意义。他们有一个逻辑上没错的辩论来反对这种推理形式。

257 虽然《名实》中很少推理，但是这是古代中国哲学中仅有的关于推理结构可靠性（形式逻辑）讨论。在进入哲学黑暗时代之前，他们的结论并没有产生作用。他们减弱而不是重新定义的推理类型是伦理的。他们尝试寻找一个支持墨家的道德-政治教条。历史上，古代中国只有很少的逻辑理论——而且是不成功的。没有人知道如果没有统治者把儒家作为正统思想来禁锢墨家的思想（和手工业阶层），中国将会形成什么样的思想。

公孙龙：对儒家语言的辩护

正如我上面指出的，名家不是一个持有共同规定教条的学派，而是一个追求他们各自对语言和名的反思，形成各自道德和政治教义的理论家群体。名家运动的传统中还包括了其他人物，最著名的是公孙龙和惠施。然而我将讨论的是公孙龙和惠施代表了不同的伦理学派,而且通过给予语言的更多关注而形成他们的教义。他们因为各自的语言理论产生分歧。一个支持儒家的命名规则,而另一个更看重道家的哲学观点。但是他们都没有接受新墨家的理论。

《公孙龙子》包括一篇公孙龙在与其他学者的实际话语中发展他的教义和为他的教义辩护的介绍篇章。还有五篇是不同主体围绕名和语言主题的论文。葛瑞汉认为①五篇中仅有两篇是真正出自公孙龙的教义("白马论"和"指物论")。一些伪造者抄袭了《墨经》中的其他部分。不幸的是,那些抄袭者没有明白《墨经》断烂的原因。他把两条经错简的地方看成了两条经,还有指引的文字看作是对文本部分的解释。

阐述的篇章包含了公孙龙理论形成的动机的有趣提示。他用"白马非马"的理论把自己作为儒家观点的保护者。我认为他不是仅仅尝试从与圣人的联系中得到同情。他的语言理论观点是对儒家语言理论的辩护,尤其是正名的自然结果。他追求新墨家曾批判过的一名--一物的理念。

在介绍的篇章以及其他提及公孙龙第二篇中,他因为"白马论""离不可离"和"离坚白"被引用而著名。② 我们应该在新墨家关于复合术语理论的文本中理解这些规范的观点。我们将会从墨家的概念中构建公孙龙对儒家形式主义的辩护。

---

① 见葛瑞汉(1957)。我把这篇文章推荐给学生们不仅仅因为它与这篇文章有关,而且因为它可以作为否定一些文章的论辩模型。中国古代哲学文献充满了那些段落、那些章节、那些话不是"真的"或者不是"原来的"等等的陈述。没有一个论辩能像葛瑞汉对《公孙龙子》的观点那般有说服力。
② 这些是最后一个解释坚-白段落是伪造的观点。假设公孙龙以讨论坚-白著名,伪造者抄袭了《墨经》中坚-白的讨论并把这个结果归之于公孙龙。这欺骗了我们几代人。但是正如葛瑞汉指出的,第二个篇章没有提到任何关于坚-白的段落仅仅是公孙龙分离它们的观点。

正式的正名理论是"一名-一物"的口号。儒家的正名是使规则的应用不会产生冲突或者例外。他们通过只用名来称呼事物或者在正确的"礼"下描述来做到这样的。正名使规则应用于特定的位置,我们弄清楚规则是通过在某种情况下在事物上应用那些术语。所以我们必须决定商朝的最后一个帝王是否适合于被称为王者或者独夫。那么我们就可以决定周朝的胜利是否违反了对统治者忠诚的"礼"。① 如果"礼"指导行为没有模糊,那么在那一个判断的文本中只有一个行为-指引术语可以应用到一个人或者事件。

当然,儒家正名主要是把有价值的或者分类的术语分配给人们。他们根据人们的地位而分类(职位、理想)。"礼"描述了他们在等级中的角色。你的道德责任是你职位或者等级的责任,而不是抽象的人。其他等级的"礼"没有影响你。然而公孙龙写下了描述术语成为语义学理论中心关注的辩证文本。这是关于这个理论的一个规范的、描述的综合文本。故而,这是他对于"一名-一物"的承诺。

白马悖论

我们已经看到新墨家为辩护普通语言的立场而反对理念语言"一名-一物"的原则。语言不是(也不须)那样运作的。复合术语——形成行动的描述、使用尺寸或者地点的术语——都打击了有一个恒常的组合规则的希望。但是,语言仍然为我们的目标工作。改变或者重组命令的规则是不必要的。

公孙龙,如西方传统的理想语言理论家,提出了一个语言改

---

① 这个例子是孟子一个著名的例子。虽然孟子没有提到正名,但却是这个技巧的忠实实践者。

第七章　名家：中国的语言分析

革。他有一个关于严格清晰性的先行理论，而且还想纠正普通的语言。公孙龙和西方理念语言理论家的分别在于那种清晰性的实际概念。西方理想-语言理论者希望有一种明显复合世界的科学描述的语言。公孙龙希望有一种语言明显的和专一的指引行为。

明显的是新墨家的思考减小了那种指引可以是明确的希望。公孙龙和新墨家之间辩论的事件关注于复合术语的技巧问题。墨家允许复合术语选出的事物范围有两种影响。一个术语是对两个范围的总结。它选出了由复合术语选出事物的联合。另一个术语横穿了两个范围。它指向复合术语解释范围。墨家认为前面——"牛-马"——的复合词是可分的。事物不是混合的。（如农场主所说的，你可以从羊中分出牛。）他们认为后面——"坚-白"——的复合词是不可分的。它们两者混合了，彼此渗透。无论你怎样打碎一块石头，它的部分仍然是硬和白。你不能把白从石头中分出来。

在这两种效果中，公孙龙令我们惊奇的是拒绝一个更容易符合我们语言实践的术语——交叉复合词。我们记得西方哲学把这解释为内涵和外延的相反联系。（见第245—246页）在名单中的事物增多的情况下，符合这张名单的人数减少了。（259页）这使评论者得出公孙龙把事物和可数名词理论化的错误结论。然而，他的理论设置与道家和墨家的很相似。

这里有名（大量名词像恰当的名词一样有语法功能）和范围。公孙龙不能接受在相同的名下一个名不能改变它选出的东西。如果它选出了一个不同的范围（实际上一个不同的物体），那么它是一个不同的名。

所以公孙龙牛-马的复合符合他语言排列和明确的原则。两个术语保持了各自标准范围的同时组合成一个复合词。他们命名相同的事物（相同的范围）。当我们增加术语时扩大了复合词的范围。分离复合词符合"一名-一物"的规则理想。因此，如果我们接受儒家的语言排列规则，所有复合术语都必须是可分的。我们必须把"坚-白"的复合词分开解释。① 我们必须认为"坚-白"是对两个范围的统合或者否认这是定名的一个组合。复合词的部分不能单独使用，而在复合中有一个恒常的作用。

公孙龙希望统一对待这两种复合词的方法。因此他通过使用一个来自于每一个组合范式——白和马——的术语来提出他的观点。我们回想一下新墨家关于牛-马复合词的说法。复合词选出不是牛就是马的事物，所以对非牛的断言就是对肯定牛-马范围的描述。公孙龙坚持把白马作为一个可分的复合词。他通过类比争论说非白是肯定白马范围的描述。新墨家通过说马是非牛来为他们的观点辩护。公孙龙则通过白是非马来为他的观点辩护。

另一个观点否认白马可以被分析。不管表面的相似，复合术语和分别对待白和马没有必然联系。因此白马之白不是白羽之白。由于它们是不同的类型，他们不能是相同的名。② 他的论辩陷入了矛盾。两种观点把白马作为一个可以分离的术语或者把它作为一个与它的部分没有系统联系的虚构术语。在这两种观点中，"白马非马"的表述是"可"。

---

① 虽然我认同坚-白的段落是伪造的，而且我反对对它做出抽象的或者概念的解释假设。但是这个抨击是处于正确方向的。公孙龙需要被理解为在寻找一个分离坚-白的理论方法。我们更认为公孙龙把术语作为一个种类而不是一个产品。标准的观点是他谈论的感觉资料是一个现代西方哲学的明确设想规则。

② 公孙龙的段落含糊地提出了在这种观点下，白可能是特别的。白总是固定的或者依赖于某些白的事物。实际上他没有发展这个观点。然而，在一个"事物"是原料或者"事物-类型"而不是一个单独物体的问题中，清楚地说明这个观点不会像人们接受性质-个别的概念结构那么容易。

《指物论》的对白

公孙龙另一个真实的对白,《指物论》(关于指物的对白),是一个没有结果的推论。这个对白的困难是形式的充实和内容的缺乏。那就是虽然这篇文章的语言表面上是紧凑的(充满了"固,使……是,非"等等),但实际上它缺乏内容。除了是逻辑的和类似逻辑用词外,这只有三个重要的术语:"指"、"物"、"天下"。在这篇文章的开头包含了一个句法矛盾。这个对白有几个明显的矛盾。

学者们相继提出了不同的解释。许多都使用了一阶谓词演算。他们所有的目标是展示它的某些观点怎样依从其他观点。他们的动机是我们在洞穴之中感到仁慈的动机。他们假设"知"的解释使对白的观点看起来是真的。随后他们用逻辑的工具来表明对白是逻辑的。这个对白后来的陈述承接了先前的陈述。

许多陈述把理论的抽象术语如"普遍的"或者"性质""特征"或者"阶级"归之于"指"。因此解释者认为他们有中国理论抽象客体的证明。由于相同的理论,中国的理论和西方哲学一样深刻。正如我在导言中说的,辩护的方法没有起到作用。最终它和解释理论的联系中断了。我们不能浪费时间为每一个哲学家构成一个有意义的理论来使他们的教义正确。最简单的原因是他们彼此谈论。如果公孙龙的结论是正确的,那么表示反对意见的那些人的观点就是错误的。使公孙龙成为柏拉图式的抽象理论家的代价是他不能用的语言理论和其他人交流。

因为对白中的句法矛盾,我们没有在所有句子的彼此间区分的技巧。每一样事物都来自于一个矛盾(在古代的两个有价值的命题演算)。在提出翻译理论的时候,大部分翻译者最终给"指"

两种翻译。这消除了开篇时的明确的矛盾。① 解释的多样性提醒我们远没有证明任何理论是正确的。任何两个意义都可以消除矛盾。因此，仅仅消除它不能证明你有正确的意思。除了我们在这个对白之外对中国哲学的理解，没有其他东西可以限制这个解释理论。我们注意到中国语言理论令人震惊的意义概念缺乏。因此，在解释这个对白的时候，除了我们自己熟悉使用的语义学工具之外，我们缺乏判断的标准。鉴于墨子的理论，把"指"作为指代不会是令人生厌的。这个对白当然不能自我证成，然而，它可以作为公孙龙有一个意义理论或者含义为基础的语义学理论的证据。②

但是我们有很好的理由去假设中国的作者用"指"来解释语义学术语。那明显是"指"和物的联系。新墨家以建议的方式使用"指"point。我们可以想象它代表的是符号指代的概念。有意义的指向就如"是"。他们通过一种术语-类型来保留术语"举"的语义学意义。其他语言哲学家就没有这样细心。庄子和荀子同样把"指"用于语义学的指引。我们用一个术语来指代事物。（要记得，"物"不是一个单独的事物，而是一个物类。）所以我可以在语义学指引中分别出"指"。我们要注意到在墨家的用法和广泛的用法中，"指"在"是"和"非"的背景下有分离的概念。③

---

① 葛瑞汉给出的翻译是"一种意思"和"这个意思"，而成中英和理查德·斯万则是"指引的行为"和"拒绝指引"。
② 当然，我坚持意义和指引的哲学分别。那些仍然认为一个术语的意义是任何带有名的事物的人将会被这种翻译误导。除非他们含糊其词，以及认为那种意义传达一种定义。
③ 我再次借用了葛瑞汉的观点。见葛瑞汉(1978)，第460页。

第七章 名家:中国的语言分析

葛瑞汉最终的方法(1978)是最有可能的。① 他将这个对白与庄子的一个关注相连。这个关注明显起源于新墨家的语义学矛盾。这个实用主义的矛盾含蓄地指出语言谈论它自己本身的问题。这引起了语言有一个每一样事物概念的担忧。我们可否在语言中加入部分-整体的形而上学结束于终极整体的观点?如果理论家如葛瑞汉建议般使用"指",那么一个"指"不能指$^{point\ to}$每一个事物。如果每一个术语从不是事物的种类中分离出一个事物-类型,那么就没有不排除事物的术语。尤其是"指"^{pointing}不能指向自身。庄子也接受这种方法。他说如果我们说"万物为一",我们仍然有一和这句话。所以就成为二。更进一步的是,有没有关于每一样事物的概念的问题是名家可以追溯主题的发展。它自然地来自于在《墨经》中发现的"体"和"兼"的框架。

现在不能命名每一个事物不是老子基于分别的担忧。这不是一个像"有"从"无"的矛盾中标出某些事物的术语。"指"本身就是一些事物。它不能指向自身。指向整体不能指向的整体的指。因此,这遗漏了一些东西,而不是一个每一个事物的概念。②

葛瑞汉的其他观点是我们不能把短语"天下无指"等同于"无指"。这个观点是世界可能在公孙龙的观点中比它看起来更加重要。只有组成神圣的宇宙的事物才能与它相比。我们在《道德经》中把"无"作为"天地"的开始或者边缘中发现了这个关注的一个版本。

如果一个术语指代的是一整个世界,那么就不能指代这个世

---

① 这个段落容易受到影响是有趣的。葛瑞汉在他早期的观点中把这个段落看成是两个部分,还说第二个部分恢复和发展了第一部分提出的"指"。现在他认为这是两个完全不同观点的论点。见葛瑞汉(1978),第457—468页。
② 雷蒙德·史慕扬(Raymond Smullyan)假设这可能是一个"道"不能被命名的原因。见史慕扬(1977),第26—27页。

界的部分。语言的指代是非自然的。因此世界没有包括任何"指"的时期。世界有名和物,却没有"指"的关系。这是一篇关于语言矛盾程度和公孙龙"白马论"模糊特征使用的可疑的论文。但是这篇论文没有跟从于其他观点。我们可以指向"指",我们甚至没有指向"指"本身的"指"。

世界包含了语言(名)和事物,但是没有包含它们的联系。我们称这个关系为指代(公孙龙称为"指")的也不是世界的一个恰当的部分。如果我们在每一个概念中包含"指",那么我们就不能表达它。

葛瑞汉的解释是深思熟虑的。这个解释的优点是我们可以与当时的哲学问题相关联。同样它也是关于公孙龙以及他反对的为语言理想主义辩护的墨家现实主义的一个很好的理论。这个理论用于保护儒家的思想。名和物之间没有自然现实的联系。它们依赖于习约传统。所以我们可以根据我们想要的理想规则来构建习约传统。我们可以有一种"白马非马"的语言。只要这种语言可以成为一个更加高尚典雅的指引语言。形而上学是在名的支配之下,而不是相反。

惠施的悖论——万物为一

公孙龙的辩护偏离常识如此之远,以至于儒家不欢迎它。他对现实主义者概念的攻击主要是好奇心上的价值。可以论证,名家的第三个派别更加重要。这个派别的一个主导人物是惠施。惠施是庄子的一个辩论对手和亲密的朋友。他的分析摧毁了现实主义。虽然庄子认为惠施有一个带有严重缺点的语言理论,但是我们认为他代表了一个道家学派。除了知道他是"辩"distinction making 的专家之外,我们对他一无所知。他以"历物十

事"和一些矛盾的陈述而著名。①"历物十事"争论的是一个非现实的观点。惠施认为世界不存在分别。②"历物十事"是:

1. 至大无外,谓之大一;至小无内,谓之小一。
2. 无厚不可积,其大千里。
3. 天与地卑,山与泽平。
4. 日方中方睨,物方生方死。
5. 大同而与小同异,此之谓小同异;万物毕同毕异,此之谓大同异。
6. 南方无穷而有穷。
7. 今日适越而昔来。
8. 连环可解也。
9. 我知天下之中央,燕之北,越之南是也。
10. 泛爱万物,天地一体。

这些问题没有解释。传统文献却提供了许多解释。我们需要确定我们揭开了中国思想中的关注限制了我们的解释。惠施展示了相对问题的(第3条和第5条)的魅力和指引词——时间的词语、空间的词语——改变了他们各自用法的指引(第6、7、9条。)对比很难适合语言描述的外延性(一只很大的跳蚤很大吗?)指引词倾向于把我们的注意力集中在词语和现实的关系如何转换。

惠施最重要的而且可以用于理解庄子的回应和墨家后学的现实主义的论题是第5条。语言中用相似和差别判断分别的用

---

① 惠施可能写了更多的文章。一个传记说他写下来五车书。这些可能比他的"历物十事"更合理。
② 我接受胡适的观点(1923)。胡适是第一个提出"历物十事"用于展示空间和时间分别是不现实的悖论。

法告诉我们的是没有唯一的分别。我们可以在任何被不同名号所称呼的事物中发现相似性。相反地,无论两个同名的事物怎样相似,我们也可以在他们之间发现差异。所以如果我们关注这些相似和差别,我们会在其他地方形成差别。

但是这些理论的开始和结尾都有一些简单的错误。第1条和第10条都有一些每一样事物的概念。一个绝对的一元论。一元论并不仅仅跟从于我们区分行动的相对性。有观点认为这混淆了我们知道什么是真的事物。这个观点认为仅仅只有我们知道或者证明了它,一个差别才存在。我们没有任何理由可以在自然连贯,现实需求的地方加以区分。那没有指出无比有多少。这个观点只是说我们不能知道独立的现实终极结构,以及对这个结构是什么的大胆的结论。惠施的结论"万物为一"是这个谬论的一个例子。

惠施的结论提出了一个有趣的问题。这提醒我们注意一个万物概念的问题。在第9条,他使用了"天下"这个可以在《指物论》中找到的术语。但是在最后一条,他使用了在《道德经》中可以找到的复合词"天地"。他肯定地说"天地"是一个单一的"体"。① 我们可以判断在事物和指引行动中(爱)没有特殊类型的分别。因此,惠施认为我们应该"泛爱万物"。

我相信这个结论更偏向于原始道家的思想,而不是墨家的思想。我们记得在讨论功利主义时,墨家在人类社会和剩下的自然事物中做出了含蓄的区分。原则上,我们可以有一个包括所有哺乳动物,或者所有脊椎动物,或者所有生命,或者所有事物的功利主义思想。但是墨家没有这种思想。我们停留在这些层次中的

---

① 我们十分重视这里的"体",并把它作为《墨经》中一个技术用法的延续。

其中一个有什么原因呢？惠施说我们没有。他得出道家式的结论说我们应该爱自然中的一切而不仅仅给人类社会一个特别的关注。但是正如我说的，庄子反驳了这个一元论谬论。

总结：名家

哲学的讨论在这个时代有一个分析的转向。中国哲学家发现伦理和政治的争论有关于语言的难题。他们关注那些难题。现实主义的自然冲动带来了很多现实和思维的隐含意思。这些隐含意思发展了他们建立的语言观点。他们以早期的语言观点的方式来描述现实和知识。他们假设思维包含了一种应用术语以及用它们指导动机和行为的技巧。所以不同的语言理论家把他们作为当时一种主要指引理论的保护者。

他们全部把世界看成部分-整体结构。但是这些假设引起了问题。当一个人把主语以不同的方法给出实际的指引时，我们就有部分-整体一致性的问题。我们看到一个大的整体以及部分和分别相对主义的全球问题。开始变得清晰的是，自然不是指引的充足依据。一旦庄子面对世界和指引之间的差距，自然或者天就会失去它的权威。

判断任何做出区分的特殊标准的重要问题居于其他问题之上。即使我们同意存在客观的相似和差异，而且同意它们是命名的基础，我们也有同样的问题。问题是许多方式可以引起这个问题。新墨家没有给我们任何可靠方法来归类这些乱糟糟的问题。

但是分析有积极的结果。任何有能力的中国哲学家可以看到反语言的观点是不合逻辑的。无论表达它们有怎样的困难，一些语言的表达一定是正确的。他们开始更大程度地关注更具指引和更能描述的语言。他们注意到指引通常来自于更复杂的结构。

  这些问题及其衍生充满在那个时期其他哲学家作品之中。许多学者认为庄子和荀子是古代传统中最有思辨性的思想家。葛瑞汉指出两人的作品都是关于分析转折时期问题和概念很好的文章。但是传统的解释理论（如新儒家就是如此）陷入了孟子的反语言观点。他们把庄子和荀子作为在名家或者提供这些较低级理论之前的哲学家。他们忽视了分析时代的反语言和绝对一元论的理论失去了价值。他们对于所认为的道家思想和直觉的儒家思想的任何批判都是把它们作为西方的或者现代的过时产物。新儒家的解释假定这些在古代思想时期成熟之后的思想家们没有从分析的学派那里学到任何重要的东西。

  虽然如此，他们在这一点上是对的，即庄子和荀子都认为对名的详细分析最后会是一个难以意料的失败。它没有产生理论家们所希望的语言的坚实基础。不过，我将会论证，反语言的立场再也没有吸引这些哲学家。他们都看到了纯粹相对主义的不连贯性。既然我们理解了他们学自名家的内容，那么我们一定以不同的方式理解他们的观点。

第八章　庄子：辩之辩

> 庄子从来不知道他是一个"道家"。
>
> 　　　　　　　　　　　　　　　　葛瑞汉①
>
> 葛瑞汉已经证明了当我们越了解名家在辩证法和逻辑争论中使用的那些术语……我们就越能了解庄子背后与那些辩者的深切契合。
>
> 我们将从再次从他与老子共同拥有的神秘洞察力开始介绍历史性的庄子。庄子孜孜不倦地从多方面描述不可描述的东西,的确扩充和丰富了我们已经在《老子》中发现的内容。
>
> 　　　　　　　　　　　　　　　　史华慈②

一个解释性的声明

庄子如一个哲学幽灵飘浮在中国思想之上,隐藏在由天马行空的文风和分析性的怀疑主义形成的汪洋恣肆的迷雾里。他拒绝我们解读他对解释的批判。对《庄子》可以有不同的看法,我将

---

① 葛瑞汉(1978),第 128 页。
② 史华慈(1985),第 216—217 页。

会提出我的见解。我的观点不同于主流的解释理论。

庄子有独一无二的哲学风格。他创作哲学寓言。这种风格一开始令人无法抗拒,然而却会让人恼火和失落。我们发现他寓言中提出的观点可以等同于任何详尽的学术论文。这种风格令解释者模棱两可。但是它就像哲学的蜜糖吸引着我们。他这种才华横溢又天马行空的陈述令许多解释者感到失望、高兴和富于挑战性。

他提出他的观点以作思考,好像是赞成它们,不久却抛弃了它们①。他是通过内心的独白或者是一段由寓言中人物——具有反抗精神的盗贼,形体残缺的人或者经改造的孔子——而展开的虚构的对话来做到的。

在他典型的寓言对话里,庄子似乎要我们猜测哪一方才是他真正的声音。例如,孔子有时成为嘲弄的对象,有时却是庄子思想的阐述者。

特别的是,庄子的哲学对话的结尾没有任何结论。在结论的地方是两个反问句:"真是有一个 X 吗?或者真是没有一个 X 吗?"每一个解释者都认为他知道真正的答案,并把他的见解归之于庄子。可以预见,解释者将会不同意明显的观点。

庄子的风格显示了他作为重要哲学家的地位。他的寓言对话使他免于尝试进行超验的总结和允许他自由地进行哲学思考。他让我们要通过几种不同的观点去了解他。研究文本成为获得文本信息的客观课程。如果我们认为庄子是说"A",我们的解释

---

① 这是理解庄子的关键。葛瑞汉首先赞赏这种效果。这种技术的经典例子就是再次说明惠施的观点:"天地与我并生,而万物与我为一。"关于《庄子》的历史评论认为这就是他的理论的中心陈述。每一个概念都用诗的语言来表达。我们现在有理由怀疑庄子会否试图陈述每一样事物的概念。

将会和我们认为他是说"B"完全不同的。

新儒家对庄子的解读就如孟子一样。人应该跟随他的内心、直觉和自然的指引来行动——一个绝对的、不可言说的道。因此新儒家满怀喜悦地肯定儒道两家是可以相容的。以这两个学派的融合为标志的成熟的内省意识是统治理论中的经典思想。新儒家的观点摒弃了墨家后学对孟子和其他非言语绝对主义的思想是不连贯的认识。它并不把庄子的论辩理解成是对这种立场的驳斥。

把争论看成是一件事而不是另一件事也接受了一种解释的观点。我是一名中学生时已学习了的儒家思想。学习这种思想需要很长的时间。现在我对道家的观点了解得更深了。它激起我的兴趣。它使我觉察到庄子观察事物的一个观点。当我们转换观点时,我们很难发现我们为什么会被先前的一个观点吸引。所以即使我们支持这个观点也很难公正地对待其他观点。我们不能简单假设因为我们较早前持有一个观点就认为我们现在更了解它。

一种实在的解释方法是认为部分可以解释的观点优于其他。关键是去确证观点的转变。我曾提到论点必须与全文的解释保持一致。只有连贯的解释才能成为一个连贯的文本。史华慈提醒我们西方关于连贯性的概念可能与中国的不同。但是我们已经发现其他中国哲学家明确反对反言语一元论是不连贯的。解释庄子神秘一元主义的问题是它将庄子与当时的哲学文化隔离了。它忽视了把庄子整合成连贯的哲学论辩的挑战。

但是或许史华慈的反对能够以不同的方式提出。问题在于概念在理性上的连贯,而不是连贯的具体概念。西方喜欢以连贯作为标准。中文的翻译者有不同的翻译实践。他们可能会采用对社会道德行为产生影响的翻译或者与传统翻译相一致。已经有人指出①这种鲜明的西方实在主义观点从总体上破坏了我的解释。我应该学习如中国学者般形成可解释的判断。我应该采用汉学家通常使用的方法来掌握和表述官方的理论以及评说它。

我承认传统学术标准的解释在中国会有一种异样的感觉。至少有部分的差异来自于更注重社会的权威性。但是我认为这是保守的儒家在中国思想产生的现象,而不是中国的思维方式。它很难被表述为道家反社会的方法。即使新儒家的方法论看起来比论辩假设更加精致。宋明儒学的传统当然拒绝简单迎合习约的观点。就像孔子,他们认为正确的解释是根据道德的直觉。那个观点,正如我所争论的,是一种可解释的实在主义。

然而,这种儒家的实在主义不能幸存于庄子所强调的观点中。在中国的思想中,人有道德直觉是一个有争议的假设。我们有理由相信一个墨者会反对。一个道家从儒墨论争中得出的结论同样是可疑的。

符合学术社会观点的原则在内部是不连贯的。我们社会反对这个规则对西方学术社会来说是不连贯的。我们并不把符合我们社会标准的行为作为正确的根据。我们的社会是一个致力于科学实在的更高级的社会。但是根据墨子的观点,任何符合规则的社会都是一个不连贯的社会。我曾争论说,在中国,儒家的超传统思想在刚受到攻击时就崩溃了。这不可能来自反社会道家的观点,也不可能是庄子的观点。

无论如何,我在这里指明,对每一个坚持社会规则的人来说

---

① 艾玛丽(Mary Erbaugh)在亚洲研究协会关于语言决定主义的讨论会上提出反对意见。随后在斯坦福相同的讨论会上再次提出。我想李义雷(Lee Yearly)在多次谈话中也同样提出了类似的反对意见。

都是清楚的,他们一致认为学术社会在这里分裂了。我反对把庄子说成是一元论者或直觉主义者①。

我反对神秘的解释吗?既然它没有从定义上说了些什么,这看来也没必要反对。但是支持者不仅把它描述为与语言相通,而且进一步认为可以把它的理论内容在语言中进行更清楚的表达。他们使用的是庄子认为是不连贯的或者远离古典中国概念的方法。我当然认为把道家的神秘主义看成是一元论或者直觉主义,又或者是反言语、虚无主义、经验主义等等,都是令人难以信服的。

我反对道家的神秘主义是模仿佛教或者西方的神秘主义的观点。我坚持庄子不是原始主义者或绝对主义者,因为他反对这些理论。它们的缺点已经被名家和庄子意识到。庄子既与辩者们谈话,也与他们进行过分析的论争。他同惠施的亲密的关系为我们对庄子有敏锐的逻辑的结论提供保证。我们亦对其逻辑满怀敬意。他应该意识到每一事物的概念、反言语观点和纯粹虚无主义的问题。

我把《庄子》书中不同说话者的大部分连贯的教条当成是庄子理论。这种连贯只会受到人道规则的限制。我没有说庄子不会犯错误。但是如果一个错误是由传统分析得出的(尤其是通过分析哲学的方法),我宁愿说那些错误不能归咎于庄子。没有一个尊敬庄子的思想家会反对这个假设。

我对庄子理论内容的陈述所用的分析是前面章节所提及的。这里解释遵从同样的人道主义解释原则。相反,主流观点是基于中国思想中静态概念和分割学派进路。静态的观点认为反言语

---

① 当然,学术社会可以有两种回答的方法。他们也许会再次开启解释的疑问。或者将我排除于社团之外。我不会预测哪一种方法更有可能。

的直觉主义是中国哲学的顶点。因而它认为孟子是高水准的标记。它也把有声望的具有一致的直觉主义观点的庄子当作敬意的标志。

各家的观点同样影响主流的解释。当认定道家是反言语的一元主义和庄子是道家后,无论庄子说了什么,他的教义都被归结为神秘一元论。这个结论是基于"道"在道家中有一个特别的意义,即一个不断改变其自身意思以把论说导向不可名状的形而上学绝对真理的单一的术语。它忽视了对庄子有重要影响的名家①。

庄子明确地指出在传统分析中这个重要错误。在《庄子》中,"道"是多种多样的而且"道"是语言学的。"道"在《庄子》里面是一个普通的术语,不只是一个单一的术语。《庄子》中包含有大"道",至"道",神秘之"道",天"道",古之王"道",它的、他的或他们的"道",帝"道",人"道",圣人之"道",统治之"道",伦理之"道"②,长生之"道",为师之"道",不能"道"之"道"③,君子之"道",此"道",忠信之"道",人为之"道",我之"道",古之"道"④,黄帝之"道",尧舜之"道",慎到之"道"⑤,儒家之"道"和墨子之"道"⑥。庄子谈及学、闻⑦、说⑧、忘、有、无、得、失、名 和 道(daoing)"道"。"道"在重要的第二篇中的每一次出现,庄子不是用他的语言理论来解释它,就是用它解释一些关于语言的问题:

---

① 或者正如史华慈上面所做的,在向它致谢后就马上回到庄子是一个神秘的一元论者的假设之中,而且没有做出进一步的检查。这限制了分析学派可以通过一个先验假设道家思想是关于称为"道"的难以形容的事物来影响道家思想的方法。
② 《庄子》,79/28/64。
③ 同上,67/24/68。
④ 同上,79/28/75。
⑤ 同上,92/33/51。
⑥ 同上,91/33/22。
⑦ 同上,62/23/21。
⑧ 同上,55/21/16。

关于名、关于言,或者关于"是非"。

我提醒读者我之前推荐阅读译文的方法。你可以通过用不定冠词(a, some, any)来代替 the dao 中的 the 以除去翻译者的一元论偏见。那就是将每一个 the Dao 或者 the Way 转译成你喜欢的 a dao, some dao(s), 或者 each, every, or all ways, 接着把不同形式的"道"看成指导论说的不同版本。要记得实用的翻译一直以来存在问题,和它怎样要求一些重要的指引和一些自然的固定说法。这给不能学、不能说或者自然之"道"一个清晰的陈述。这个居先的、内在的、自然的引导要求通过语言吸收任何社会化的指引。

庄子,和其他古代的传统一样,用"道"作为一个指引的概念,而不是一个实在的概念。他的透视主义关注于我们拥有的许多不同的、不可通约的指引之"道"。

再次,尽管其观点本身具有反传统的色彩,我对庄子的看法已植根于传统解释。这个传统认为庄子是怀疑主义和相对主义者。我的解释与主流观点不同在于我们认为从怀疑前提可以得出连贯的结论。主流理论错误地从相对主义和怀疑主义的前提得出教条式的一元主义的观点。实际上,如果我们意识到不同的观点在不同的方法中会有差别,我们可以把他们放在许多其他的方法里。主流理论声称庄子做出了自由透视的判断,即绝对实在自身之中没有区别。庄子怎么可能以允许这样教条式结论的方式理解透视的怀疑主义?

道家是一元论者的假设迷住了许多传统主义者。他们假设道家包括庄子和老子是一元论的神秘主义者。庄子只是"扩充和丰富"[1]老子说过的东西。传统主义者以佛教或者西方的神秘主

---

[1] 史华慈(1985),第217页。

义作为其神秘主义的模型。儒家传统重视道家同意孟子除了神秘的自然道德外的思想。所有的一切得以继续,好像名家从没有出现或对任何人产生影响。甚至葛瑞汉——庄子精通名家分析的证明者,也坚持强调庄子的反言语的观点。

> 虽然为道家思想提供一个定义并不容易,但是思想家们归类的哲学的道家的确有一个共同的基本见解——当其他一切事物根据合适的路线自发地运动时,由于区别选择,对与错,利与害,自我与他人,以及进行推理以在它们之间做出判断的习惯,人类已经被阻碍和残废了他自发的天性。①

认为这个引用是有效的解释者不会严格要求把它归之于庄子前对该立场有一个清晰的申述。我发现庄子所说的最详细的是当我们注视任何一种自然差别时,我们忽略了许多其他的差别。这个陈述是多元主义,不是一元主义。任何一个译者认为一元主义跟随着相对的观点都不会注意到这个重要的差别。他会把看到所有关于观点差别的相对性的评论当为没有差别的陈述。因此实在是一。我们应该抛弃差别。再想想,拿《道德经》第一句话作为一个相应的例子。如我们所见,它并没有肯定一个单一、恒久的道。普遍认同的假设显示了主流解释观点的力量。它把"道"设定为不统一的、一元的、不可言说的物体。这个假设正是

---

① 葛瑞汉(1981),第6页。他坚持在他1989年书中关于庄子的观点。但是他也试图处理他的解释理论中关于庄子完全熟悉墨家后学分析主张的不连贯的地方。现在他说墨家后学文本中那些不连贯的反语言一元主义部分证明了是出自庄子之后的。

我在这里提出异议的。①

我在之前的章节已经开始形成我的观点。重要的结论将从这里开始。我选择了一个与分析语言学派完全不一致的统一解释理论。我反对无条理的主流理论。我专注于一种有实际的社会观念的语言。我避免提出内在精神生命的理论、意识、经验和任何关于意义的精神学理论。我认为所有的中国哲学家都认同语言是一种形成人类行为的社会工具。这些论点使我们能改变对庄子的解释，而且通过这些观点我们可以理解道家到底是什么。

庄子在汉代以前话语中的地位

庄子和老子的关系是一个谜。葛瑞汉大概认为庄子创作了《老子》的一部分。老子在庄子寓言的对话中经常教训孔子。庄子有一些与孟子相同的观点，除了直觉是从社会中而不是从内在获得之外。庄子从老子那里接受了这个观点，却没有得出不连贯的反语言结论。庄子与老子外在的不同是他严肃的逻辑论辩对手已经不是世俗的儒家。天真的传统主义在哲学上已经过时了。庄子仅仅用儒墨的论争来证明哲学论辩的不可证明。他攻击的对象是各种类型的实在主义和绝对主义。

庄子第一个攻击对象是天赋的绝对主义者孟子。他对待孟子的态度是轻蔑和不屑的。逻辑论者，尤其是新墨家的实在主义

---

① 这看起来我是在质疑庄子是不是一个道家。事实上是相反的。我的整个研究都是挑战理解道家思想的主流理论。汉代的一个历史学者对道家作出的区分来指出庄子和老子的教义。因此道家思想指代的是任何庄子实际上坚持的理论。当我们知道那是什么理论时，我们就知道成熟的道家思想时怎样的了。

者,是庄子更具挑战性的对手。形成连贯的思想去应对他们的挑战要求庄子有更细致的分析能力。他同样用分析的语言哲学去反驳道家中的绝对主义。

他的辩友①——惠施,也是庄子嘲笑和批评的对象。庄子拒绝惠施公式化的一元主义。他指出惠施对名的研究结果是不连贯的。庄子怀疑主义很多是来自惠施对划分差别的指示词和"同"和"异"的反思(见第262页)。庄子也强调了惠施所列举事物的相对性评价。列举事物中说者的相对观点让庄子找到了对付墨家实在主义的方法。外部的同异不能为任何对事物分门别类的具体方法予以实在的证明。那并不是实在不能证明任何差别,而是能证明太多的差别。所有的差别我们都能从实在中找到部分的来源。任何两样事物从某个方面看是相似的,而从其他方面看则是不同的。

这就是解释者困惑的地方。论辩显示了庄子找不到一种方法以显示哪一种区别方案是正确的。它的抨击是可疑的。我们不知道如何区分世界才是正确的。我们不知道是造成一万种差别的方案是正确的,还是造成五千种差别的方案是正确的。正因为这样,我们也不知道造成两种、一种还是没有一个差别的方案是否正确。没有造成差别是正确的断言如其他可选择的断言一样是教条和没有保障的。葛瑞汉作了特别精细的标准推理:

> 但这也是显然易见的,如果他采取了这个观点,惠施就会有近于使自己的工具——分析理性不足为凭的危险。他希望的是仅仅怀疑时空的划分。但是它只要再向前一步就

---

① 葛瑞汉暗示了惠施可能是庄子的老师,之后和庄子平起平坐——或者被庄子超越了。

会发现所有推理均立足于做出区分之上,而且要达到这个结论,即我们应该放弃针对无差别的世界当下体验的理性,并把"万物为一"由道德的断言变为神秘的断言。庄子在《齐物论》中走了这一步。①

但是那个结论没有随之而来。庄子当然没有清楚地得出来。这个论点是一个没有前提的推理。我们得出那样的结论当且仅当我们在逻辑上是粗心大意的。立足于同异的无限多的归类方法并不需要它们之中没有一个是正确的。它需要至少有一个是正确的,那就是,没有造成差别的那一个②。

解释者将推理的合法性归之于庄子。他们将公式证明的缺乏解释为庄子神秘的拒绝陈述他的结论。他们因此认为庄子意识到了结论不连贯。所以把那个结论归之于庄子的唯一依据就是解释者推理的失误。普遍认同的观点是:庄子刻意避免肯定反言语观点的错误。当他总结惠施一元主义的结论时,他批评惠施的观点不连贯。我直接解释缺少那些陈述的原因。庄子从不进行无效的推理。我们可以假定庄子清楚意识到了新墨家证明了任何神秘(不可言说)的一元论都是不正当的。"所有语言曲解的'道'"曲解了道。

庄子对"道"的兴趣,如老子一样以语言理论和思维理论为基本形式。像老子的理论,它把道德的直觉当成学习。我们在学习

---

① 葛瑞汉(1981),第9页斜体部分。
② 葛瑞汉认为庄子接受了惠施最后的理论——"天地一体也"——但是将它变得神秘化。然而葛瑞汉认为庄子批判任何一元主义的组成。葛瑞汉的观点似乎是庄子知道任何方程式都是不连贯的。他认为庄子责骂语言引起问题,因此成为了一个反语言的非理性主义者。但是如果庄子拒绝组成他所肯定的东西。我们又怎样能知道他肯定什么呢?追踪他自己的踪迹是荒谬的。我们说他成为一个神秘主义者是因为他得出了一个不合法的结论,即因为他知道了不连贯而拒绝组成事物。什么原因使他形成这种结论呢?

语言的过程中学习我们的直觉。他的语言陈述进一步显示他受到了新墨家的影响。他看到语言如何打造我们对事物形成的认识和概念。他也看到实际的结果：不同的语言带来不同的差别。一个不同的指称形成不同的名。每一个语丛有明显的同异。他的理论采用多元观点的形式是因为他试图同时应付由名家所带来的两种后果。第一个是惠施对事物同异无限多的分类。第二个是新墨家因我们的语言不连贯而应该抛弃的证明。

因为庄子嘲弄惠施和公孙龙，大部分解释者认为他反对"辩"。但是反对差别不是把所有东西当作"非"（不是一个类型）。新墨家已向我们展示了这个观点是不连贯的。我们混淆"argument"的两个英文意思进一步地暴露了我们的错误。主流理论认为庄子反对辩论，并把庄子描绘成一个反对事实和理性的人。我在《庄子》里没有发现非理性主义的证据。不过我确实发现了庄子认为任何试图建立在同异基础上的命名都会失败。他认为墨家后学以语义学作为根据也是没有用的。甚至他们总结出由名合成的短语并不跟从惯常的和可靠的理。

名家基本认同老子的观点。名是不可恒常的，尤其是在任何指隐形的"道"的名。但是它亦指出任何放弃差别、放弃学习、放弃语言的建议自身是不连贯的。理想的名是与物相一致。墨家诉诸于同和异，却没有提供一次正确命名。庄子语言的迷离、幽默、矛盾都是来自这种双重意识。我们不能证明我们的语言体系是绝对正确的，也不能放弃它。庄子虚浮的寓言对话和疑问的结论是他进退维谷的明证。

葛瑞汉证明，[①]庄子不仅十分熟悉新墨家《墨经》中的术语，

---

① 参看葛瑞汉（1981 和 1978）。

还能正确地使用。我们一旦明白这个学派所说的东西，我们将赞叹庄子在辩证法中没有错误的技巧。因此我们假设庄子认同《墨经》里清晰的批评基本错误（所有语言都有不合理之处）的可能性很低。我们看到实在的信仰掺杂了怀疑的观点。那里一定有一个正确的观点。虽然我们不能确定是否能发现它。这种掺杂了他对事情的玩世不恭和尊敬人类在自然中微小的地位形成了明显的神秘思想。我们对直接研究名的失败感到失望。但是庄子避免了大部分持怀疑态度的人歇斯底里的自我同情。庄子认为从语言中形成它不能表达的东西是荒谬的。他描述语言的表达——多种多样——由此他从社会的礼中得到解放。庄子的理论的在语言的理论的这种传统中发展。神秘思想没有其他的理论内容。

庄子：文本和历史方面的议题

我们只能通过《庄子》了解庄子。学者们在很久以前就对《庄子》非出自一人之手达成共识。传统上，《庄子》被分成了内篇和外篇。我们假设内篇是出自庄子之手。外篇包含的篇章被认为是稍后与庄子思想相关的折衷学派。葛瑞汉把它分为调和论者、原始主义者和杨朱主义者。[1] 外篇在历史中有重要的地位，尤其是最后一篇阐明了那一时期的道家思想史。

外篇没有表达出一种连贯的或精细的道家观点。它们语言理论技巧远逊于内篇[2]。当它们一同表达矛盾的或内在的哲学见解时，我认为内篇更加优胜。外篇折衷地把更多的宗教性的和

---

[1] 参看葛瑞汉(1981)。
[2] 例外的是《秋水》一章。

教条主义的观点融入道家思想时,距离古典时代的结束就越来越近了。庄子在那儿是一个多元主义者,他们就倾向于一种宗教直觉的教条主义。教条的直觉,即使没有儒家的内容,也没有对孟子有多大的超越。

在内篇,有一篇明显是庄子文章理论的核心。其他各篇则包含了大量详尽而含糊的道德标准的寓言故事。我承认在我第一次接触《庄子》时我被迷惑了。任何人都认为这些故事是绝对的或教条主义的道家的陈述。当我们思考相对的比较差别时,最明显的差别肯定是大和小。第一篇的故事正是关于大和小。庄子描述了一只大鹏,紧接着他雄辩滔滔地说它超乎想象的体型,它的力量和它飞翔的范围,之后是与大鹏相对的细小的飞行生物。

绝对主义者的解释使庄子的观点琐屑化。它们把庄子的观点表述为细小的东西是有限的但是巨大的生物知道所有的事情。庄子把他个人的观点谨慎地放在语言学的术语里。我们不能理解一只可以谈论事物的动物不能参与到自己的活动中。词语在实在生活中有它的角色。我们的观念与我们寄居和应对的不同世界相联系。

传统的解释把这些故事看作是"越大越好"的独裁主义的证明。帝王的观点比你们的好。你细小、可怜的脑袋怎能理解这个巨大普遍的观点。然而庄子对小鸟世界的描绘比我们把它解释为"越大越好"的绝对主义有更深厚的意义。庄子的要点是从这一点来看其他观点的不易接近。大鹏同样不能理解斥鷃穿梭于蓬蒿之间的愉快。① 恰如巨大的海龟不能明白青蛙在泥泞、凉快的井内美妙的生活,反之亦然②。这明确地提出了任何普遍观点

---

① 《庄子》,1/1/15—17。
② 同上,42/17/5。

的不易接近。

　　当然,在修辞学上,当这个观点置于更大的方向时,它更能威吓我们。当统治者给予庄子一个更高级的职位希望他放下鱼竿去国都分担帝王对整个帝国的忧虑时,庄子似乎没有感到威吓。庄子自由和轻松的寓言时常漫步于比独裁主义者的观点更大的观点。从这个更大的观点出发,事物看起来是不同的。但是我们不应该忽略他的观点,他根据无声和无色下的定义。我们可以用语言表达的事物依靠语言在我们生活的世界担任的角色。我们不能认为我们的语言与世界有绝对的联系。

　　庄子的故事以它们双重或含糊的道德标准来表述他的哲学观点对我们的影响不亚于它们的内容。我们从庄子的故事中所能读到的基于我们用什么观点去阅读庄子。绝对主义者看到的是庄子论述我们应该采纳自然的"道"的观点。他们认为自然的观点是我们必须采纳的一个权威的观点。我却在故事中看到了相反的观点。

　　如果我们想证明哪一个关于庄子的"道"的观点是正确的,我们必须关注有详细哲学沉思和论辩的那一篇,即传世本的第二篇。甚至这一篇的题目的解释也值得考究。在我们发现的说法里,我们可以将篇名读成"齐-物论"或"齐物-论"。它既可以是对区分世界的不同物论的多元陈述,也可以是单一的齐同事物的论述。第二篇充满了辩证法的术语和推理。

　　尽管第二篇的主要内容是各种奇怪的生物彼此进行谜一般的谈话主题,但是我从中看到了一条可以理解的逻辑线索。这一章在语言上使用了一个多元主义和自然主义的视角。随后它反思了三种不同的绝对主义的困惑:内在绝对主义(孟子),外部实在主义(墨家后学)和一元绝对主义(原始道家或者纯粹道家思想)。

语言和它的合适性

庄子借南郭子綦之口提出了他语言理论的第一个陈述。他"隐机而坐,仰天而嘘,荅焉若丧其耦"。我们知道丧其耦在传统的"名"的分析甚至可以在《道德经》里找到。新墨家继续了同样的分析。丧失了人身体就如同丧失了自己与他人的差别。① 这个差别存在于世界对名、差别、态度和观点的应用。因为我们可以使用我们自己的语言,我们可以退缩到我们自己的观点。我们可以把从一个普通透视的看到的我们自己,看成是一个他者。

一个旁观者把他的状态比作是将死的:"何居乎?形固可使如槁木,而心固可使如死灰乎?今之隐机者,非昔之隐机者也?"

南郭子綦答道:"偃,不亦善乎,而之问也。今者吾丧我,汝知之乎?女闻人籁而未闻地籁,女闻地籁而未闻天籁乎!"

旁观者问道:"敢问其方?"

庄子从充满拟声词和暗示性的描述回答中流露出他诗性的语言。他提到"块",让人回想起慎到的"块"不能离开"道"。地籁是风吹过各种自然事物而形成的所有声音。他用激、滴等新创的字来详细地阐述它。这里他拿风静止时万籁俱寂来对比。

所以我们通过地籁的类比来了解人籁。他们因吹奏者的吹奏而响,因吹奏者停止而寂。这些都是自然的声音。语言,像其他动物的声响,必须被当成是自然的声音。但是为什么将天籁与

---

① 盖尔斯(Gils)将这解释成有一种体外的经验把这则故事和历史文本割裂出来而放在一个心-身的传统。葛瑞汉在稍后的章节中指出一个他认为是这个故事抛弃版本的对等故事。那个故事是一个人不停地在叹气,在叹气……葛瑞汉认为每一个叹气者都是自己,而叹气的客体就是他人。

地籁分开呢?权威的天被陈述为有各种不同动物声音的差别。天籁"夫吹万不同"(不同,差别),使它们自然而然或自我选择①。葛瑞汉解释这段话的意思是天吹出了上万种不同哲学家的话语。②

我们应该给予葛瑞汉提及的话语一个一致中国式的分析。天创造了区别各种事物的所有体系,并选择应用那一个区别体系。自然声音的体系包括人的语言而形成了差别。语言与波涛的声音、小鸟的叫声和海狸尾部拍打水面的声音一样。

实在主义的语义学依赖语言世界的差别。这个故事写出了对差别的怀疑。它提醒我们的语言、我们的差别,指导我们进行选择和行动的方法的体系网络是自然的一部分。它鼓励我们将注意力集中在语言作为一种自然现象是如何运作来代替将语言同它的客体抽象的分离。每一个关于如何形成差别和如何随即进行选择的"道"(教义)都是同样自然的,同样是自然世界的一部分。自然的"道"包含所有的语言之"道"。

慎到和老子的原始的、绝对的道家思想并不明显地反语言。庄子公开地走向了相反的一面。语言既不是不自然,有内在错误的,也不是对宇宙含有敌意。相反,所有的语言同样都是自然的。所有的教义同样都是天管。天吹响了所有乐管,不是一个,既不偏向儒家也不偏向墨家。

---

① 这个描述使用了两个辩者的术语:"同"^{alike}以及它的反义词是语言现实分析的基础,在《墨经》中有8种不同的定义。"取"^{choose},以"名"影响行为的方式来看待他们区分的事物。
② 葛瑞汉(1969和1981):"庄子的关于风的寓言将不同哲学意见的冲突比作一口气在笛子中长和短的气孔吹出的不同音符。噪音是风吹不同形状的空虚之处产生的。不同知识的人有不同的思想是正常;不要试图决定他们之间的意见,倾听天籁从谁中吹出。"我只同意分号之前的部分。

道家提供这个相反的方法很吸引人。不用谴责语言不连贯，庄子可以打击自大的哲学教条主义。他同时给予他们一切他们想要的（他们形成指导差别的方法得到一个天或自然的保证）和剥夺了它的修辞价值。天的确指定了他们做出区别的体系并作用于他们。每一个都是天的或自然的"道"。墨子是。孔子是。杨朱是。然而，既然所有的教条都是天管，那么没有一家在拥有天的或自然的来源时有特殊的地位。反语言哲学家说所有的教条都是错的。庄子承认（在某种意义上很多哲学家宣称此点）万物都平等地与天（自然）一致。

知识和语言

　　如果语言是自然的一部分，那么建基于语言所掌握的知识体系也是。知识是对"名"的体系和"道"的体系的掌握。当然，我们认同的知识是我们认可的体系。我们区分大知和小知，大词和小词。我们学习从我们不同观点里认识这种差别。我们甚至将老子烦人的差别放在实在和非实在之间。我们在哪里划分这个差别？作为一个人，我们学到区别睡——灵魂的相互作用——和醒——身体与实在世界的接触①。将这个差别与没有睡和醒的差别或者其他差别相比，我们可以解释一种不同的事物结构。

　　我们不同学派的哲学家每日都在外面和与我们的指导之心作斗争。这些专门技术的器官是我们语言技能的中心。我们带着评价战斗：浮夸的、诡秘的、卑劣的。我们用差别来辩护：大恐惧和小恐惧。这些差别从思想中的流出就如箭在弦上。那就是心怎样决定"是非"的分析。②

---

① 《庄子》,3/2/9—10。
② 同上,3/2/11。

我们制定这些不同的"是非"。然而一些彼此相互作用,一些与习惯、逻辑暗示和性格塑造相连。如同我们立一个誓言或订一条公约①,"是非"的类型与我们在一起。一些先见、常识和习惯将我们与"是非"体系绑在一起占据了我们心中的位置。② 我们在使用它们时不能没有含蓄的希望其他人同意它们表现得是如此的外在和明白。

在描述这种思想倾向的特征时,庄子用了"成"这个术语。③ 我们通常把这个词译为"complete"或者"success",庄子用它来指代"成",一种心里面的语言习惯。我们注意到在讨论墨家后学时,这个外在的观点:事物是怎样形成的。庄子用它作为我们心中事物的界限,即成见。庄子"成"^{success}的用法指示了事物本身和我们区分差别的各种各样的目的是互相依存的。是我们通过各式各样的方法制造事物。我们通过与实用主义"什么是有效的"的类比来了解它。这里有两个条件。第一,我们所测试的不是信仰或者理论,而是概念(指导名的体系是"道")和有差别的类型。第二,庄子从不认为有一个成功的中立的测试。任何工作都是以内在于人的道作为评价标准的。

这是庄子的一个重要见解。它破坏了墨家通过用实用的方法来回答什么差别体系是正确的尝试。儒家和墨家会考虑成功作为一种语言观点的不同社会后果。我们有不同的方法来解释

---

① 《庄子》,3/2/11。
② 《墨经》根据掌握和限制来讨论语言。我们看到墨子的语言概念迫使我们在使用事物的术语和在那里不能使用时有某些的限制。需要注意的是我们可能通过逻辑类比认为心理语言学(社会语言学?)是庄子的主张。但是这种概念在哲学传统中没有基础。这是一种语言一致性建立在一种做出区别的习惯技巧上。这种区别就如我们老师、学校、社会所做出的区别一样。
③ 《庄子》,4/2/13。

实用的标准。我们从来不会触及我们的底线。这些测试不会如成功的指引在迷宫出口寻得事物般客观。"成"早已赢得了先前的承诺,在思想中占据了位置。胜利的差别就是你的父母、朋友和牧师灌输到你脑内的。许多译者注意到庄子的"成"success带有成见、偏见或癖性的意思。

然而这些模式把"成"fixed放在心里,他们还坚持和积累。年青时容易学习区别模式(语言)。当我们变老时,我们解决这些模式的承诺会压垮我们。我们没有准备再接受新的模式。因此,心通过学习长成,进而不可避免地衰老和死亡。它每天生活在更多语言的桎梏之中。① 它逐渐淹没在"以为"和"当做"之内,没有再恢复或返回。语言使心变老了,我们不能使它从将近毁灭的状态再次充满活力。当我们积累的能力越多,我们的心就越会显得僵化。因而年轻人掌握事物——语言、魔兽和电脑——比更老练的成年人更快。在心中保持年青就是拥有接受新知的空间。儿童容易理解中国的声调。西方的语言僵化的声调也没有令他们感到沮丧。

这听起来好像我们在谴责制造使我们思想闭塞和使思想僵化、变老和死亡的差别。他们没有注意到任何评价没有区别的讨论都要依靠评价区别。年轻人优胜的原因仅在于他们对学习差别的开放态度。只有当学习好的差别时候才知道坏的差别。没有差别的价值就没有对差别开放态度的评价。这个辩论可以公正的说是开放的,而不是空泛的。这种开放态度是有价值的,但是当它被使用时,它的实际价值就减少了。

在差别变得越来越复杂的世界做出反应时,思想总是寄托于

---

① 《庄子》,4/2/18—20。

第八章 庄子:辩之辩

"情"reality feedback。庄子把这个概念摆在他的观点的中心。正如我们上面所指出的,译者们通常把这个字翻译成"feelings"。我们知道葛瑞汉把它看作"信实"(authentic reality)。① 我提出的论点是"情"reality feedback是指实在向我们所呈现的样子。如果它正如葛瑞汉所说的是实在自身,它与"感觉"将没有明确的联系。一如既往,我的意义假设避开了多样的、无关的意义。如果我们把"情"作为心对实在的反应,那么这一组的翻译就可以被理解了。庄子列出喜、怒、哀、乐和悔作为"情"的范例。稍后他把"是非"也叫做人们必需的"情"。庄子没有寻找更多的理由去思考"情"是由内而发还是由外而发。他说无论它们来自何处,它们只是出现在我们的面前。② 那就是我们所必须应付的。

我的陈述假设了一些庄子没有肯定的东西——一个实在世界的文本,一个独立于我们"是非"体系的事物本身。庄子说"情"如音乐般从空窍,天籁中自然生长。它们的来临就如日夜的交替。我们并不知道它们来自何方。世界本身只不过是怀疑的可能和我们犯错的机会。"情"从哪里而来真的一点也不打紧。我们有反应。它们塑造了我们的生活。没有它们,我们将不会有"我"的观念(与外在世界分离)。没有"我"将没有观念的选择和对象的选择。③

这好像是我们站在一个中立的观点上所能说的。但是这并不让人满意。我们以我们这个观点为出发点意识到了其他观点。这种意识给我们介绍了实在主义者的怀疑范围。其他的观点看起来是立足于外部的就像我们看我们的观点一样。我们可能会

---

① 参看葛瑞汉(1970)和(1978)的争论,以及第 7 章的争论,第 405—406 页。
② 《庄子》,4/2/13—14。
③ 同上,4/2/14。

觉得他们的观点是奇怪和反直觉的。我们的自我体验如同外物在指引它,如同我们内心深处有一个统治者,而我们不能证明这个统治的存在。我们可以跟随这个统治者的情感(真实的世界)。我们依赖它,却从来没有见过它。它是实在("情")而没有形式的。① 正是这个反馈的观念导致了我们的区别,即我们的观念来自于有关它们正确性的外部资源。但是我们永远不能摆脱我们实在的反应去检验它。

对孟子的反驳

拥有"情"的心是身体众多器官中的一个。其他器官也做出区别,有引起动机的结构,和对回馈做出反应——眼睛、皮肤、味蕾、耳朵、消化系统就在它们之中。它们中的哪一个与我更有关系呢?我们又应该如何区别它们呢?我们应当对它们同样的满意,还是偏向于其中之一呢?我们应该选择一个像我的吗?接着我们对待其他如同是外界实在中的一部分?② 它们是内在的反应还是外在的反应?

这里是我们假设有一个统治者的实在冲动的另一个宣言:其中一个器官必须处于统治地位,它统治其他器官。我们可以捡出一些典型的例子如我的良心、我的灵魂、我的理性——这些是真正的我。自由意志要求这些控制我兽性的欲望。我知道无论如何它们在我体内,但不是真正的我。实际上我对待这些欲望就如外部自然世界的一部分。这些是我当作在我控制下的事物。

我一定要做出区分吗?庄子问难道这些器官不可以轮流统

---

① 《庄子》,4/2/16。
② 同上,4/2/14。

治和被统治吗?① 正如庄子较早前所说的,我们觉得这些器官中一定有一个真正的统治者。但是我们没有是哪一个器官的证据②。我们甚至不能从坚持一个真正的统治者的信念的反馈中得到些微的分别。我们的"情"自然而然地来,而我们给予它们外在于它们的解释。

当然孟子有偏爱于其中一个器官的经典表述。他假定自然的秩序是一种指引。实在是"天"提供的一个内在统治规律。它的内容就是心对"是非"反应。它规划于世界之上的赞成和反对的差别应该统治身体的其余部分。孟子把心称作"天",把其他器官称作"命"。③ 我们将其他自然器官的赞成和反对当作我们必须应对的命运。他将自己和心结合起来,把它视为一个真正的统治者。更进一步,只有心能使我们选出唯一一条符合天意的正确的"是非"之路。

然而,心是与身体的其他部分一起形成的。它如身体其他部分般移动和生长。当我们让它面向实在时,它就不可避免地枯竭了。它就如其他器官一样会疲累。那时我们的行为就如惊慌的马儿不受管制。我们不知道目标是什么或者我们走向何方。(某些东西必须受控制!)悲哀!人们把它叫做"不死"。但是这又有什么用呢?我们的思想统治我们的身体。不过这只是使它作为一个有限的、独断的目的的奴隶。④

> 其形化,其心与之然,可不谓大哀乎?人之生也,固若是

---

① 《庄子》,4/2/17。
② 同上,4/2/17—18。关于"真正的统治者"这一段恰当的阅读方法的详细论争可参看陈汉生(1983),"道之道"。
③ 参看第181—182页。
④ 《庄子》,4/2/18。

芒乎？其我独芒，而人亦有不芒者乎？①

荒唐的是，心声称统治其他器官，但是它本身却被其他自然器官不可抵御的变化所统治。因此庄子对待心的主张和对待语言的主张一样，将它当作另一个自然变化的宣言。没有其他器官或者事物特别保证，心告诉我们去做一些事情不会令它更重要或更有意义。让心主宰我们并没有比让我们的品位和欲望主宰我们在宇宙中有更高的地位。这些都只是我们身体受时间和自然的影响而变化、腐坏的部分。

我们记得孟子的理论肯定了天然之心的权威和正确地修心的权威。这依赖于两个不同的主观"是非"：第一个是心和其他器官之间的差别，第二个是儒家修心和其他学派修心的差别。第一个权威与孟子主张和自然天赋相一致矛盾。自然公平地赐予我们所有的器官。如果孟子诉求于心（to the heart）来为心（for the heart）在天然器官中得到的偏爱论证，他就回避了问题的实质。理想儒家直觉的证明是循环的。庄子首先向孟子一个器官自然理应统治其他器官的假设挑战。

庄子指出，即使我们从论辩的目的承认心是恰当的统治器官，这也不证明儒家的观点是正确的。如果我们认同和身体一起生长的心为权威，那么没有人是没有这种权威的。孟子的假设是我们跟随我们的心。我们功能上定义心是做出指导和选择的器官。那么我们以什么为标准提升和肯定儒家历史人物和学者的思想呢？这与谁知道我们所处的时代有什么关系呢？② 为什么他们的心是特别指引？愚人的心同样在发挥统治功能。儒家修

---

① 《庄子》，4/2/20—21。
② 同上，4/2/21—22。

养的证明不仅把其他学派的问题视作当然,而且也与孟子心是对和错的标准的个人道德教条相矛盾。我们现在需要一些区分不同修心方法的标准。

如果孟子打算讨论心是"是非"的判断,那么庄子首先反对的是孟子把这个问题视为当然。第二反对的是孟子与他自己的观点矛盾,以及需要其他非内在的标准来区分一个正确修养的心和一个不正确修养的心。在这两种情况里,孟子以一个假设主观的和引起争论的"是"尝试证明一个自然的"是"。

庄子最终直接地反对孟子观点的颇具争论的"是非"看法是内在的。庄子的观点极可能是来自于老子的分析。他说我们在学习语言的过程中获得"是非"的看法。我们从出生那一刻开始积累它直至死亡。庄子说"是非"的看法没有在心内成长("成")就如"今日适越而昔来"。这叫做"是其所非"。庄子甚至还说圣人禹不能明白它,更何况是我呢①。

这三部分的批判的结果是形成与墨子平行的见解。一个正常的理论不能简单跟从道德心理学的主张。心的存在不意味着我们必须修养它和跟随它。即使孟子坚持自然想要它作为统治者也应如此。那只是简单地问及我们应该跟从自然的指引还是"道"的指引。我们有其他器官。

第二,修心是自然的。心内固有的所有社会性的"道"都是自然的。所有的"道"同样提供自然指引。甚至是一个没有修养过的心都能提供指引。

庄子的结论是庄子版的休谟格言"你不能从'是'中推出'应该'来"。但是庄子指出他的结论时没有用到"应该"这个概念。

---

① 《庄子》,4/2/22—23。

你不能从没有"成"的心中得到对"是"的回应。你援引有修养的圣人的心来假设"是",我们的心优于其他器官。"是"是一种有修养的心对"是非"反应的特殊的类型。

现在让我们来思考被译者们归于庄子的典型观点。我们应该接受一个比心的指引更抽象的内在指引:"道"。"道"是什么的神秘性不影响相同争论中的这个观点。逻辑上,心是会腐朽的,这不是这个争论的重要部分。事实是选择任何器官、任何标准、任何差别、任何"道"作为指引都是预设了一个"是非"的先验判断。在选择任何指引之前一定任意假设了一些标准。这就是我们从来找不到真正统治者的原因。选择任何的标准都会预设一个先验标准。如果我们不能了解庄子的论辩,我们只能认为回归到某些神秘的自发的自然就是答案。我们只有假设庄子也不能明白他自己的论辩时我们才可把这个观点归之于他。

说我们不应该制造那样的差别是无益的。判断本身也制造了一个差别。我们也不能概括地说它完全开始于某个神秘的地方。这只是我们不知道它从何处开始的另一种说法,而且我们也不能支持它。没有绝对主义、教条主义和权威的自然主义比孟子更能提供一个比庄子论辩更好的答案。孟子带有道德含义的心是内在指引的来源的三个问题可应用于任何不同的内在的"道"。① 无论它如何高贵、神秘、模糊或者不能比较也是没有问

---

① 葛瑞汉关注庄子"是-应该"的问题。他其中一个的结论和我的很接近,那就是庄子不需要为"是-应该"的错误负责。尤其是庄子不应该像传统般被解读为因顺自然。换句话说,庄子剔除了所有"天"或者是任何自然权威的道德体系的支柱。然而要明白葛瑞汉怎样把庄子归为避免谬论是困难的。"意识反应"似乎是内置了一种"是-非"。庄子如何否定分别和接受没有对"是-非"分别的分类对我来说是神秘的。在"为是"objectionable *shi* ing 和"因是"conforming *shi* ing 之间的"是-非"分别是一种客观的区分吗?任何在因循天的情况下是错的,在因循自然的"道"的情况下也是错的。

题的。所有我有这个内在的指引。为什么它统治我的鼻子？既然每个人都拥有它，为什么还要去宣讲它，而不能抛弃或者离开它呢？另外，庄子和老子一样认为"是非"是我们在这个世界成长中学到的，而不是从某些先验的、在先的实体中学到的。我们的确跟从"道"。但是有很多的"道"。"道"创造事物——以多样的和经常变化的方法。在反驳了孟子之后，庄子就不能对相信某些绝对的"道"的内在宣言进行自我批判的反思。

如果我们正确地依循这个论辩，我们可以发现庄子看到了传统解释者没有看到的东西。他对语言的分析没有得出先天论，或反语言和直觉结论。远远不是谴责所有的语言，他把它们均视为是天然的。从这里我们很难得出我们应该停止使用语言。他的譬喻和他的论辩使他认为语言、区别和习约的使用完全是天然的，的确悲剧性地不可避免。他看到我们有一股强有力的冲动为我们的欲望、反应和感觉预设一些重要的基点。他同样也说我们永远不能发现真正的统治者。他知道惠施的论点，却没有认同。我肯定庄子知道惠施的结论是不连贯的。

对新墨家的反驳

尽管庄子隐晦地将他隐喻的、诗意的教理放到各种各样的人口中，他的文章在一条逻辑的自然之路上形成。他的观点是划分相似和不同以及由此产生差别的方法都是自然的。庄子关注在哲学范围内对这个观点的两个反驳。第一个是孟子。孟子争论地说心有一个"是非"态度的内在结构。上天希望我们在行动中跟随这些唯一的反应。在摆脱了孟子内在的理想主义之后，庄子转向了一个更严峻的挑战。

新墨家倾向于将实在作观念的建构。他们假设了一个独立于语言之外的关于相似和不同的模式。这个模式提供了一个语言也需遵从的外部标准。这种实在主义给他们一个关于我们"名"的体系的规则性理想。它让墨家逃脱了相对主义者的不连贯。我们的语言应该反映实在中的相似和不同。所以语言里的"是非"必须与事物的真实结构相一致。

新墨家坚持实在的语义学也会反对天籁的隐喻。它没有解释我们为什么要认真地对待"辩"。为什么我们就不能认为我们不同意时就制造不同的噪音。我们不能反对我用降A大调唱歌和你用C调唱歌不仅仅是自然的声音。

庄子用这样的方法对待实在主义者的反对:"夫言,非吹也。"①庄子说"言者有言",即一个有意向的指代。语言是关于某物的。语言和噪声根本的不同是它的相关性。语言选取物类。实在的结构底定和提示了我们应该在哪里划线以区分物类。

庄子没有直接向语言与事物有联系的观点挑战。相反,他指出语言和世界的关系从来未能确定。所以如果相关的联系不停地在变化,那么语言到底是与事物有关还是无关呢?依靠关联性可以使语言从一只雏鸟破壳而出的声音分别出来吗?这里是有"辩"还是没有分别呢?②

如果一个联系语言和实在的方法是正确的,其他的方法将是错的。如果"道"$_{doctrine}$真的有"真"和"假"的差别,③我们怎能不去

---

① 《庄子》,4/2/23。
② 同上,4/2/24。
③ 这在汉代以前哲学书写中一个易于将"真"看成"真的"的地方。然而,我被给葛瑞汉的争论和我自己的意见(参看葛瑞汉 1978 和陈汉生 1985)所说服,与人为的相反,认为这个"真"是真正的意思。需要注意的是"情"的相反用法是我们应该更多地从现实意义上进行理解。

认识它呢?① 如果语言真的有"是"和"非",怎样去隐藏它呢? 为什么我们会有说出谁的语言有恰当的优先联系的困难呢?

庄子将论辩的焦点从实在主义者规则性的理想转向知识的问题。他没有争论一种语言或许比另一种语言更适合实在。何者可以解释为什么说哪一种语言是如此之难呢? 如果我们没有办法说出哪种观念与实在有优先的联系,规则性的理想对我们又有什么好处呢? 他对实在主义规则性理想的有用性提出了疑问。

既然语言和道有共同实用观点,天怎能只选择一个呢? 我们怎能在一条不存在的路上行走? 一种语言怎能存在而又是不恰当的呢?② 所有语言都关注于某些相似和不同的实在类型。所有的语言都涉及我们所说的对世界有强烈的指引的明显的观念。每一种语言都明显的有划分事物的正确的方法。它们都可应用于真实的文本中。当然,所有的"道"(Daos)和语言内在的决定了它们的实用的标准。哪里有一种语言,哪里就有一套应用于世界的恰当的标准。我们怎样才能在这些应用概念的恰当性的标准的激战中找到一个中立判断的根据呢? 规则性理想在解决怎样制造区别的论辩中会有什么用呢?

庄子一连串的问题提醒了我们语言不只是一幅世界的图画,还是指引性的"道"的一部分。他因此也提醒了我们名与实在的相合总是在指导性话语的文本中。它总被假设有某些价值和某些目的。难道价值的标准自身不是事物相似和不同类型的一部分吗?

庄子关于"道"和"言"的问题是平行的。怎能两者都不能成

---

① 《庄子》,4/2/25。
② 同上。

为它所说的呢？任何我们实际践履的"道"都是存在的（因此是自然的和天然的）。任何存在的语言都是"可"^permissible。

每一事物都有它自己"成"^accomplishment①的标准使我们误解了礼的教条和理论。我们不能决定哪个是更成功的。因为成功的标准是否内在于"道"尚存疑问。从其他观点看，这可能是细微和无足轻重的。任何教条都服务于一定的目的，而实行它会带来成就感（毕竟所有实行的目的都是内在于实行之中）。相似地，我们可以无止境地详尽解释是什么使我们误解了语言。我们能用更具体的细节说明语言的任何形式。创造性语言使用者可以吸引他的追随者到任何程度。实用性的概念视角没有任何试图解决哪一个才是真正正确的意思。

庄子关于这个现象最爱举的例子是儒墨间的是非。这是被两种不同而有效的"是非"差别写下的两种"道"的生活方式。②他们内心中都确信另一方是错的。儒家的拥护者能用大量的资料说出儒家语言的用法。我们可以以孟子或者荀子为例。相似地，墨家也能详尽地解释和发展墨子语言的用法。庄子没有向这两种语言发动直接的攻击。通过观察他们的斗争更容易形成他的观点。

随后，庄子的确向我们提供了他自己的"道"。他形成了一套讨论语言功能的语言："道之道"。他称这个语言在统治差别和态度所处的角色的元观点为"明"^understanding或"以明"（clarity）。一旦你"明"，③你就总是可以"是"他人所"非"而"非"他人所"是"。要明白什么？神秘主义者认为这是指某些知识的神秘的超验形式。

---

① 《庄子》，4/2/25—26。
② 同上，4/2/26。
③ 同上，4/2/27。

我认为这是理解透视的本质:他的指示性语言的理论。

语言和指示性

指示词(indexicals)是指示语境特征转变的术语。一个明显的例子是"我"[1]。这根据文本中谁人采用而代表不同的人。相似地,甚至"是"^{this}和"彼"^{that}在被同一个人使用时也是指示词。它们根据说话者与不同事物的联系来选出不同的事物。通过转换说话者所指的事物,我们改变了"是"和"彼"的内容。时间词——今日、明日、现在、先前——随着每一刻时间的流逝而改变它们所代表的时间。

这样的指示术语是文本所依赖的最基本的语言术语。我假设庄子的"明"^{enlightment}是指所有语言都是指示词。普通术语在文本中也有它们固定的意思。如果我谈及一只猫,你只能通过研究文本才知道我所指的是什么猫——之前所指的或者邻近的猫。在中国,没有明确标出指示词和有普遍指称的名词(the cat versus a cat, all cats, some cats),对语境的依赖就更加明显了。甚至使用了正确名称的参考也是极度依赖语境的。这在百家姓和习约的个人指称如"刘三姐"中尤其正确。

显然,介绍指示词是庄子重新肯定语言的多元性和实用性的特征。它降低了语言相关性主张的影响。新墨家把注意力集中在实用指称的标准例子上。① 庄子把依赖于语义学的相关性作为攻击的焦点。这支持他没有事物固定在语言的相关性上的主

---

① 参看《墨子·经下》。我不认同庄子在新墨家之前或者之后的传统观点。(葛瑞汉的观点是新墨家指示性地反对庄子。)我假设他们的教义是在彼此的对话中产生的。我将庄子放在新墨家之后仅仅是为了强调他对这个学派的主题和技术的熟悉,以及把他和老子区分开来强调道家理论的发展和成熟。

张。它帮助我们看清大鹏和小鸟的故事的深层语言学观点！语言的使用更多地依赖于我们的观点而不是世界。

庄子同意语言有一个语义的层面。语言有相关性和意向性。但是特殊的设定决定了它的相关性。语言只有指示的相关性。我们所指的依赖于我们学习语言的社会和自然文本。在它们中，所有事物都是"是"而不是"非"。① 在语境中从不同的观点看，我们不能看到某物是"是"，即恰当的事物或者事物的所指。如果我们在语境中用另一个概念的分类透视，我们可能会把它看作"非"。

庄子的透视不仅仅是物理的或者视觉的透视。记住，"道"自身和语言是自然世界的一部分。我们采用或跟从某些语言使用的模型（儒家、墨家、基督教、科学，或者保守主义）以另一种观点将我们放在世界里。我们将以不同的方式"是"事物和"彼"不同的东西。"是"和"彼"是天生就在一起的，②两者自身都可以允许和禁止任何事物。

庄子的论辩从对"是"的指示、证明的使用（这里与"彼"相反）到更有价值的使用。有价值的使用很少与"彼"相反，却与"非"相反的程度更深。根据我们不同的语言视角，我们的"是"^{assent}和"非"^{dissent}是不同的。我们不赞同句子或者真理，但赞同指引的差别。我们应用和支持对部分的实在的文本有传统重要意义的术语。由此当我们走进实在世界时我划分了它。

当任何传统的"圣"^{divine}将他的"是-非"推向天的时候，他依然基于一个透视的判断。③ 采用了那个透视之后，它就好像是来自

---

① 《庄子》4/2/27。
② 同上，4/2/28。
③ 同上，4/2/29。

天的观点。即天的意图是将"是"和"非"当作为一,那也必须有一种被许可的语言来融合它们。所以,最终语言是否有相关性,一种真的"是-非",或者什么也没有呢?①

反语言的解释假设修辞性疑问是没有答案的!所有论辩均显示有许多答案。然而庄子不仅将修辞性疑问留给我们,还带来更大的迷团。他说让我们谈论关于谈论一些事物和不谈论任何事物。庄子建议我们思考一个无定论的透视,一个无立场的视角。那是"是"与"必"没有对立而且彼此成全的透视。他称之为"道枢"。这是一个先于任何语言体系的假设的、无偏见的、纯粹没有目的的透视。每一个透视,"是"和"非"都是从一个无限可能性的圈的中心开始的。由"道枢"而始的视角并非什么东西都不能说。它反而是一个任何东西在同样保证下可以被说的立场。一旦我们说了一些东西,我们就离开了"道"的主轴而走进了具体的"道"^{path}。从这个中心,我们可以到任何角落。我们无须在"是-非"差别的可能模式中设置一个先验的限制。②

我曾用庄子的语言去描述语言透视中"名"的相对性。庄子称我们的这种元语言给我们的透视为"明"^{clarity}。它使我们能看到我们怎样可以颠倒任何约定俗成的立场。任何"非"可以是"是",反之亦然。我们可以抛弃公孙龙详尽而令人难受的诡辩。从这个普遍的透视,道之枢纽,任何"是-非"的模式都是可能的通路。我们可以更好地理解公孙龙"指"和"马"的语言体操——仅仅通过"明"直接思考"是"和"非"的相对性。③

---

① 《庄子》,4/2/30。
② 同上,4/2/31。
③ 同上,4/2/31—32。

在语言中，我们可乎可，不可乎不可，由此创生一个行之而成的"道"。① 因为在语言中我们通过术语来区分和提及事物，它们就变成它们所"是"的事物（从没有区别的木棉中分离出来）。

现在，我们可以理解一个物固有所然的概念吗？② 物固有所可吗？③ 有什么区别正当地独立于我们所应用的语言？在固然上，没有事物不能成为它所是的或者它所允许的。庄子的元语言谈及其他语言。从宇宙的角度看，所有的东西（以及所有事物区分的体系）是简单的是。在那种意义说，自然允许它们是其所是。我们正在说的是齐同所有事物的论述。

所以从"是"的某种角度，我们分别了楚与楹，厉与西施。然而无论事物是如何奇怪和不一致，某些"道"贯穿了它们并将它们视为一体。在区别和安排它们时，它们就成为了我们脑中的"成"。④ 它们由于逐渐完满或者被固定而受到破坏。⑤ 唯一避免完满受到破坏的办法是不要离开"道"的枢纽。我们由此不得不回到每一个安排都是同样可能的地方。但是，它能带给我们什么？

这种语言普遍透视，及这种关于透视的透视，其要点是什么？我应该什么也不说？什么也不做？我曾论争说庄子尖锐地颠覆了这种寂静主义者的神秘结论。要点不是避开语言，而是赞赏可

---

① 《庄子》，4/2/34。
② 葛瑞汉最早引起我注意的是指出"故"，事物内在的样子和"情"，从事物中得到反馈"成"我们对事物的划分之间差别。这也指出了杨朱的教义（因此也有孟子的）。"故"是庄子的一个用于对抗现实假设的自然概念。
③ 《庄子》，4/2/34。
④ 同上，4/2/35。这是庄子用"成"（complete）来展示他关于"成"是有偏见的完成的观点。他指出心伴随着身成长——在有"成"的心下，身体加快脱离于心的控制。道路在被行走时就形成了"成"等等。现在我们清楚知道事物是由于我们的区分而变成"成"。我们通过把它们从木棉中雕刻出来而形成事物。
⑤ 《庄子》，4/2/35。

能有多种语言和多种"是-非"。有用的建议是我们应该灵活变通、忍耐和意识到这是无限可能性对生命的响应。被禁锢于它们的其中之一,我们就不能看到其他的优点(和缺点)。有可能灵活变通吗?从这个关于透视的透视,它能从任何其他"道"而不是本源的"道"之中被"道"(daoed)吗?

懂得元点的人不使用它。(除了给我们众多透视中一个的透视外,它自身并无用处。)最终,庄子并不能推许他的透视比其他透视更自然。所有推许的都假定是众多透视中的一个。这是反驳孟子的要点。相反,他说我们可以用平常的谈话方法。① 这些习约性的方法有用是因为它们是在与其他人交流中被分享并支撑了和别人的相互交流。它们把我们联合起来。我们可以声称在文本中成功的与其他人达成一致和联合起来。这是我们所期待的。② 如果庄子还有任何建议,这里可以同时实行。我们看到所有透视中大量的均等,并仍旧使用普通的"是-非"。

除了有与分享"是"的透视相关的成功感外,我们不知道事物是什么。庄子的元透视并不引向没有透视的事物的知识。这不是事物自身内的一块镜,而是在各种可能性的困惑中。它将我们带向了知识是有限的观念。我们不知道哪一个是"是"的"是-非"体系。正如一个人假设,如果我们使用慎到有绝对、不可知、内在于事物的"道",我们将可以知道不能知道的东西。"一"神秘性被定义我们所不知道的。③

康德似乎在思考关于事物自身多样性的对等概念。这是反馈回应或感觉的一个多维来源。道家理论建构的传统是不强调

---

① 《庄子》,4/2/36。
② 同上,5/2/37。
③ 同上,5/2/37—38。

建立感性经验的概念。他们应付由于使用语言而形成的差别。一个超验理想主义的道家形式是将自然的趋向事物的本身作为"一"的补充。在康德猜想知识是各部分组合的地方，道家却猜想它是从整体中可区分的部分。庄子，如康德，允许我们不知道任何我们概念体系中的绝对客体。尤其是我们不能知道它到底是一还是多。我们一个更高或者曾被删除的元语言透视向我们展示的只是多重透视下的其中一个透视。神秘主义和怀疑主义一同显现。什么是"一"就是什么我们在给予的这个观念知识中原则上不能知道的。

怀疑主义和神秘主义的差别不是我们在这里分"是"和"非"，而在那里不分"是"和"非"。怀疑主义和神秘主义有极度相同的"是-非"内容：没有是非。但是实际上我们不能逃避所是和所非。它们之间的不同仅仅是我们对"是""非"之道的不同的态度。怀疑主义者批判地皱着他的眉头体验着因绝对知识失败带来的失落。神秘主义者因为它的不可理解而狂欢。在情感语言中，怀疑主义者的"嗯"和神秘主义者的"啊哈"都是对认识到语言的界限的回答。就如这段话："狙公赋芧，曰：'朝三而暮四'，众狙皆怒。曰：'然则朝四而暮三'，众狙皆悦。"①事物和数量并没有差别，只是它们的情感反应有巨大差异。

大卫·休谟在他的《自然宗教对话录》也有相似的见解。他让他的怀疑主义者斐罗（Philo）和神秘主义者迪米亚（Demea）加入到对神学的批评。他们一同攻击理性—神论者克瑞安提斯（Cleanthes）。② 他们都同意克瑞安提斯不能有效的说出他想说出的透视。斐罗争论是因为克瑞安提斯不可能拥有上帝的任何

---

① 《庄子》，5/2/38—39。
② 大卫·休谟：《自然宗教对话录》，1779。

知识,而迪米亚则认为没有人类的概念可应用于不可理解的神身上。两人都确证说了一件同样关于上帝的事——那就是无。怀疑主义者说实在是无,因为我们不能证明它。神秘主义者会说无原则上是由于没有衡量实在的同一标准。因此他们都同样说无物。一个是眼藏敬畏的满面欢笑,另一个是双眉深锁。

一个相对的比较可以帮助我们体会存在主义(尤其是尼采)和道家(特别是庄子)的相似性。两者都发现了普遍或绝对的意义(目的)实际上没有意义。尼采,从他作为一个失望的基督徒渴求绝对、超验、可依靠的上帝的透视,体验了存在主义者的焦虑,一种从悬崖上俯瞰无底深渊的感觉。这种焦虑由垂直的刺激引起的,一种从高处跳下或者坠入空无的恐惧。庄子,从他贬抑习约权威的道家判断处罚,没有想到任何悬崖作为一个参考点。如果那深渊是无底的,那就没有如此坠落的东西。悬崖和庄子都是自由地飘浮。离开悬崖,进入深渊是无重的——自由飞翔——不是坠落。从他相对主义的视角,悬崖正在飘离。庄子的反应不是"啊,不要!"而是"呵呵!"

对绝对一元论者(原始道家)的反驳

问题出现在当一元论者殚精竭虑地试图说出"一切即一"之时。他试图将神秘的或者怀疑的沉默转为一元论的声言。他的观点就如那个教条地表达知识的不可能性的怀疑论者一样。庄子认为他们都是错的。这个错误基本上就是新墨家所诊断和批评的原始道家的错误。如果所有为一,那么将没有真正的差异,而语言就是标出差别的。所有的语言一定都曲解了"道"。所有语言都是有错误的,所有的差别都是"非"。

庄子怀疑论的用词表示了他认识到假定一元论的问题。他把一元论当作一种古代知识的形式和把它至于虚无主义之下。

> 古之人，其知有所至矣。恶乎至？有以为未始有物者，至矣，尽矣，不可以加矣。其次以为有物矣，而未始有封也。其次以为有封焉，而未始有是非也。是非之彰也，道之所以亏也。道之所以亏，爱之所之成。①

任何"道"都被"是"和"非"排除了一些东西。"是"和"非"同样也形成了欲望。我们应不应该抛弃这种差别的划分呢？我们应该逃避缺失和"成"^completion吗？庄子再次留给我们一个双重修饰性疑问。与众不同的是庄子将完整和缺乏视为一体。没有指导性的方法在两者之间可以不依靠其中一者来得到另一者。这并不意味我们认为这种完整和缺乏的结合是糟糕的。"道"更不会逃避它（任何这样的"道"在它的完整中都有缺乏）。我们必须要知道所有著名的大师无论掌握了什么知识都是完整和缺失并存的。所有都完成了某些事情而忽略一些其他的事情。想逃避完整和缺失就只能永远都不使用他们的技术。

庄子的反思暴露了对于"成"的一种矛盾态度。任何将要完成的事情都有所遗漏，有所亏缺。我们已经知道不赞成学习"辩"，庄子对于开放性和灵活性的态度就是难以理解的。他也拒绝指责习约方式的一般效用。我们不能要求有比我们语言之中的可互换的有用性更深刻的东西。所以，根本不是得出被动退缩的结论，庄子看起来是赞赏掌握某种特殊的"道"的追求。葛瑞汉欣赏庄子对完成和困难担心的突然转变。②

---

① 《庄子》，5/2/38—39。
② 参看葛瑞汉(1983)，转引自梅维恒(Mair, 1983)。

现代读者本身对怀疑主义和如庄子般极端的相对主义并不陌生,一点也不。可能令他感到奇怪的是,在一个满怀坚定信心注视生和死的哲学诗人的热情洋溢的篇章里的怀疑没有令人感到迷惑。但是只要人们感到在没有选择余地的情况下仍要做出选择就会有道德怀疑主义的痛苦。对于庄子来说,挑挑拣拣,或者询问"何为利,何为害"或者"何为是,何为非"是生命中固有的错误。那些知道自己在作什么的人,如厨师、木匠、泳者、船夫、捕蝉者,他们的教导可以一直提供给任何有意识去聆听的哲学家和帝王,而没有置入多少分析,摆出选择和从第一原则出发进行推理。他们脑海中甚至不再有他们在学徒时学习到的规则。他们融入整个环境中并做出反应。他们相信无法言喻的诀窍,手自动而视为止。①

然而,葛瑞汉的陈述把一种未经证实的对逻辑和理性的蔑视归之于庄子。庄子将琴师、乐师和辩者放在一起。为什么他会认为逻辑学家或者数学家会比舞者和挤奶的妇女更难知道"他在做什么"呢?哲学家提出选择和检验选择就和木匠打钉子一样多。两者都可以获得经验,应用他们的思维,达到超越他们在最初学习时得到任何意识的表达层次。如果庄子说他自己是一个为指示性语言创造理论的哲学家又会如何呢?捕蝉者就可以不制造分别地追求他的技艺了吗?他必须"是"蝉而"非"蟑螂。木匠在某些工作中必须"是"钉子而"非"螺丝。

庄子似乎在第三篇给予精通技艺的大师毫不含糊的称赞。在"养生主"这个题目形成的语调中,庄子举出一个专门是超技

---

① 葛瑞汉(1983),第7页。

的描述。他的表达显示了他如亚里士多德（或者孔子）般好像认识到了人类生命没有提供比通过练习获得技能更有满足感的活动。熟练的技能似乎带来了更多的矛盾的和神秘的描述。行动的本身将我们与行动者和行动联合成一个整体。这是一个解除自我的方法。人们可能在沉思或者恍惚时体验过。有时我们自己的行动使我们神秘化。我们不知道我们是怎样做到的。我们肯定不能向其他人解说。庄子在这一章的描述的经典的：

> 庖丁为文惠君解牛，手之所触，肩之所倚，足之所履，膝之所踦，砉然响然，奏刀騞然，莫不中音。合于《桑林》之舞，乃中《经首》之会。文惠君曰："嘻，善哉！技盖至此乎？"庖丁释刀对曰："臣之所好者道也，进乎技矣。始臣之解牛之时，所见无非全牛者。三年之后，未尝见全牛也。方今之时，臣以神遇而不以目视，官知止而神欲行。依乎天理，批大郤，导大窾，因其固然。技经肯綮之未尝，而况大軱乎？良庖岁更刀，割也；族庖月更刀，折也。今臣之刀十九年矣，所解数千牛矣，而刀刃若新发于硎。彼节者有间，而刀刃者无厚；以无厚入有间，恢恢乎其于游刃必有余地矣。是以十九年而刀刃若新发于硎。虽然，每至于族，吾见其难为，怵然为戒，视为止，行为迟，动刀甚微，謋然已解，如土委地。提刀而立，为之四顾，为之踌躇满志，善刀而藏之。"

这则故事虽然备受喜爱，但是提出了一个关于绝对主义者的问题。① 他们如同神秘的声音，指向一个"道"。他们理解"道进 advances 乎技"的主张和它"过 surpasses 技"的主张一样。对一个神秘的、一元的"道"的传统见解与庄子"道"是超过技艺的观念有

---

① 华兹生在其1964年的译文第47页中很好地指出了这个问题。

冲突。

文章的最后一段减弱了这则寓言的任何绝对主义的成分。它明确地指出庖丁在他解牛时没有用绝对主义的方法。他的方法是不断发展的。庖丁通过追踪他的"道"来超越他先前的训练使他追求的技艺不断进步。当他来到了一个错综复杂的部分时，他小心翼翼，做出区分，尝试下刀，之后就接着解牛。绝对一元论者的解释不能容忍庖丁知道他的"道"和仍然在改进它的建议。*288* 你怎么可能拥有没有部分的"道"的一部分呢？"星球大战"对"道"的视角是，全部掌握它或者没什么要紧。当你得到它的时候，你悬搁了你所有的思想和感觉。把你自己投向"道"，你将会得救！庖丁之事对于以宗教救赎观点看道家思想的人们不是一则好的故事。

这则寓言选择屠夫也有重要的意义。屠宰不是一份高尚的职业。庄子没有偏倚的倾向给我们展示了这种专业技能的程度在任何工作中都可以获得。进一步说，庖丁的工作是切割。将一些东西分割成各个部分。当他掌握了指引他的"道"时，这使他领略到一个牛在他的面前已经完全被解开的世界。他开始看到牛内在自然的孔眼、缝隙和空间。这对于我们看到这个世界在我们的统治下被分成了各种不同的自然种类是一个十分相称的比喻。掌握任何的"道"可以产生与外部世界——控制和被控制——和谐的感觉。

我们通过学习任何的"道"提升我们的技术：跳舞、滑冰、玩音乐、屠宰、强词夺理、做爱、滑雪、使用语言、电脑编程、掷陶器，或者烹饪。在"道"的最高境界，我们似乎超越了我们的自我意识。曾经是在我们内部发展的"道"开始掌控自然事物的结构。我们正常对复杂的反应绕过了意识的过程。在我们有技巧的行动里，我们将对环境的高度敏感性内在化。

我们全部都认识到反应意识的感觉似乎悬搁了自我-他人的意识。在语言里表达精通技术的理想引起神秘的意识是自然的。它的确通常涉及自我意识的悬搁和逻辑推理，它看起来屈服于外界的力量。然而那种语言不能迷惑我们。庄子的"明"illumination 会帮助我们看到全部的经验和他的观点是一致的。庖丁当然知道其他人可能会有不同的解牛方法。他只要选择那些方法就不能施展他的技术。我们赞赏做事时有多种可能的方法没有一点损失。在意识到某种行为之"道"在我们之内时，我们使它真的在我们之内。它既不是一种对外界力量单纯的、呆滞的认识，也不是屈从于我们内在已有的结构。

庖丁没有说他开始于那种技术的水准。他没有叙述神秘的洞察力在他体内流动的突然转变。他没有说他可以恰好与绝对的"道"保持一致和自动成为技艺纯熟的屠夫。他也没有暗示成为技艺纯熟的屠夫后可以掌握生活中的所有技能。他不能任意地使用他的意识去成为一个精通喷气式飞机的驾驶员或者是一名女裁缝。他没有提及某些绝对的、独一的、先验的"道"，但是说出掌握了某种特殊的"道"的作用。

这些反思将我们带向了把"道"作为规则成功掌握的问题。我需争辩的是这些问题既是文本的，也是理论的。文本的第二篇反映了一种对掌握"道"更模棱两可的态度。庄子指出对"道"的任何掌握都必须失去一些东西。尤其是，掌握了任何技艺就是忽略其他技艺。庄子重申大师通常不是好的老师。他们不能将他们所掌握的传授给他们的儿子或者弟子。

庄子通过赞扬对技艺的奉献和掌握将我们的注意力转向了这个问题。我们用任何一种技艺的成就来替换在其他方面的蠢笨。那个心不在焉的教授是我们最爱模仿的对象。他说如果有名声的实践者们能完成，所有人都可以。如果他们不能，那么没有人可以。从道枢透视，我们不再认为世界最顶尖的象棋手比最好的万事通更有价值。我们不能把庄子本身解读成提倡专业化。

理论问题从我们在"明"后面用相对主义的观察提出这个建议的持续性时就开始了。庄子的原则是你不能从没有"是"的偏见（"成"）中得出"是"。它似乎阻碍了对于掌握高尚技艺的直接提升。他怎样"是"有技巧的行动而"非"拙劣的行动呢？"成"successful的行动作为是内在的"道"所选择的行动会有什么后果呢？这里同样事物甚至有矛盾的风格：我们可以说庖丁掌握了屠宰的风格而不是屠宰本身。庄子批评理想主义的儒者说圣人的内心修养比愚人好。那么他怎样转过来肯定区别技巧纯熟的屠夫和一个笨拙的屠夫的一个教条式的标准呢？

庄子的反思使我们疑惑在知识和愚昧中能否做出正确的区分。因此这个让我们有权去怀疑我们可以在有技巧和拙劣之间做出正确的区分。（如果我们记得"知"有知道的基本实用意思，这相当于同样的东西。）中国的战争电影有时会颂扬一种酣战类型。它因其粗犷和不受控制而被准确演绎。庄子经常提到无用之用。这使人们很难接受他认为有技巧的"成"accomplishment的标准是自由透视的假设。

再次，没有预先假设一个价值（一个"是"），庄子怎样能进行"非"意识的控制？一个人可以成为希特勒最终解决方案的熟练执行者。现在我们发现一个人下意识地吹嘘不能吸引人而是让人感到恶心。① 一个人的思想状态可以跟那个有高超的杀老鼠

---

① 纳粹战犯在汇报中声称他们只是任务熟练的执行者，并以他们的效率为荣。

技巧的人一样。(除非我们忘记了我们眼中的光束,我将会提及的是有技巧的印度斗士,越南的轰炸机飞行员,CIA的突击队员,和那些天生的政客,他们赞扬这些英雄以获取选举。)

人们对葛瑞汉关于道德哲学家与厨子、木匠、捕蝉者辩论并考虑替代方案的问题是很熟悉的。它跟维特根斯坦用日常语言批判哲学的问题相似。我们可以把哲学,包括道德哲学(追寻第一原则)作为一个语言游戏。我们可以像芭蕾舞者那样达到高层次的技巧水平并沉浸在其技巧运用过程中。庄子(或者维特根斯坦)可以在哪里无须顾虑地践行哲学活动而不再指责哲学是一项正当的活动呢?

试想想学会下棋。它证明了在实际上无意识的清除游戏中过多的行数相应过程中,思想如何同时应用于有意识的思考。下棋是一个"道"。在这里出色的棋手如捕蝉者一样能摆脱自我。人们很难劝说一个象棋大师放弃有意识的思想。然而和摄影师一样,在达到他的高层次的成就前,他需要培养直觉、意识和全神贯注。

现在庄子的"明"是一种看待诸多方法(ways)的一个方法(way)。它没有暗指慎到认为我们应该放弃所有方法的矛盾的结论。所有的透视是片面的,不代表我们不采纳任何透视。它也没有表现出任何一种特定的方式自然地比其他方式更好(或更差),甚至也没有表现出所有的方式都是平等的。自然根本不会做出任何价值判断。纳粹的刽子手从我们的道德观点看是极度恐怖的。如果我们是螳螂,我们可能对科学家发明导致螳螂灭绝的荷尔蒙喷雾剂有同样的观点。我们一点也不欣赏这种热情的和适应力强的生物。我们需要假设自然和我们一样会有相同评价偏见吗?广岛的核攻击和欧洲的种族大屠杀是不同社会系统社会规则的结果。

一个更加客观的错误是相反的。一些人指责庄子包含一个希特勒也很好的观点。那是将庄子误读为孟子。孟子，不是庄子，认为自然的就是好的。我论争以为，庄子倾向于通过观察任何实际的东西都是自然的来破坏天真的自然主义伦理。他没有认可，而是质疑自然的价值。他会争辩说，所有的价值来自于某些"道"的透视之中。庄子的相对主义不允许我们说希特勒的观点和我们自己的恰好一样良好。它所说的只是"希特勒出现"。他的出现是自然规则的后果。人们不能从"道枢"中得到任何具体的估价，它是宇宙的透视。

平等的判断与高低判断所假设的透视一样多。严格地说，庄子的"明"不能在价值上使事物的不同论述平等化。① 它宁愿将它们放在一个没有价值性的透视之中，它先于任何"是-非"。任何的评价——如可以、相等、低于、极好的——都假设了一个"是-非"的观点。人类的灭绝从其他大型哺乳动物的观点看是一件好事。我有一个海洋学家朋友认为植物产生氧气是最基本的污染的形式！尽管如此，这两种超越人类的观点都不符合宇宙的视角。

毫无疑问，庄子会用他平时使用的不同透视谴责纳粹的技巧。每一个都是有限或者片面的透视。宇宙的透视既没有肯定他，也没有谴责他或将他平等看待。那是什么？它仅仅给我们一个有益的提示，就是希特勒有一个观点，并和罗伯斯庇尔或者罗纳德·里根一样感觉那感觉是正义的。庄子没有说："无言。"他的确担心我们不知道我们说话时是否真的在说话。所谓圣人的

---

① 这也是为什么我喜欢把这章(指《齐物论》——译者注)的标题译为"ordering thing-discourse"而不是"equalizing thing-discourse"。

体系以模糊和可疑的立场使我们迷惑。不要尝试像与圣人一样，要向上天表达并印证你的态度。和以前一样，我们寄身平凡，相信这就是我们可以走到的最远的地方。庄子将这种简化的理论称作"以明"的透视。①

是不是这个元对话与其他的对话不同呢？其他的对话生成"是-非"。"明"是不是避开"是-非"唯一的观点？庄子观察到将它区分为"像"或者"不像"本身就是在语言程度上采用了分类的透视。"明"必须像其他语言的用法一样。② 这个观点必须把它自己看作仅仅是关于诸多透视（perspectives）的一个透视。然而，庄子继续让我们体验谈论某事：

> 有始也者，有未始有始也者，有未始有夫未始有始也者。有有也者，有无也者，有未始有无也者，有未始有夫未始有无也者。俄而有无矣，而未知有无之果孰有孰无也。今我则已有谓矣，而未知吾所谓之其果有谓乎，其果无谓乎？③

如果我们胡乱地玩弄语言和普通的语言规则，那我们还能正常说话吗？这些现在只是噪音吗？我能够否定排除中间项的原则并使我的语言依旧和某物相关？如果我违反了这一原则，我的语言就言之无物吗？新墨家的实在主义依赖排除中间项的原则，我们谈话可以离开它吗？庄子只是提出了问题，并和往常一样以另外一个带有修辞色彩的问题结束。④

我们可以假装说一些含糊而类似圣人的事。有对于一元主

---

① 《庄子》,5/2/47。
② 同上,5/2/48。
③ 同上,5/2/49—51。
④ 葛瑞汉在这里有相同的观点（我想）。但是他随后认为庄子有在选择之间遗漏了一些东西的主张。他选择了庄子其中一个修辞答案。无论什么都好，有和无之间是有一些东西的。

义的深刻表述,如这段惠施空洞的宣言:

> 天下莫大于秋豪之末,而大山为小;莫寿于殇子,而彭祖为夭。天地与我并生,而万物与我为一。①

现在庄子提醒我们关于每一件事物的概念问题。从已"为"deeming的角度,它是一,那么同时可以有语言吗?所有都是一的主张意味着不能用语言来描述它吗?把它称为一,它能不包含语言吗?如果它包含了语言,那么这个说法就说了一些东西。一和这个说法加起来就是二。二加一就是三。三加一就是四……②庄子总结说,我们不能连贯地说一物是相对于无物的存在。即使我们说无物在此,我们也有某物。无是一,加上有变成二。二加一变成三。我们又重新开始了。更妙的是,庄子从来不说开始,从来不对这有什么作元判断。③

因此一元论不能成为庄子神秘主义的观点。那么它的反面——虚无主义呢?

> 夫道未始有封,言未始有常,④为是而有畛也。请言其畛:有左,有右,有伦,有义,有分,有辩,有竞,有争,此之谓八德。六合之外,圣人存而不论;六合之内,圣人论而不议。⑤

这里提出的是事物有前语言结构,甚至是指引结构。庄子的问题不是划归界限,而是选出一个方法从各种可能中把它们标记

---

① 《庄子》,5/2/52—54。
② 同上,5/2/53—54。
③ 同上,5/2/54—55。
④ 同上,5/2/55。
⑤ 同上,5/2/56—57。我不能摆脱庄子在这里讽刺的印象。总的来说,我想庄子引用的圣人都有讽刺的意味。我当然同意葛瑞汉指出的庄子从来不说所有的东西都是一,却总是"主观地把圣人说成是一"。但是我奇怪地发现庄子不是嘲笑这种观点,反而是认可这种观点。

出来。即使有自然的界限,从我们所做出的区分中,我们仍然遗漏了一些东西没有做出区分。我们每做出一个划分,我们就忽略了一些其他的划分。①

那么我们应该怎样做呢?圣人融纳了它的一切。平常人将某些东西看作一体以做出区分。所以我们说那些做出区分的人不能看到一些东西。我们不打算宣布一个绝对的"道"。我们不打算在语言内提出绝对的区分。我们不打算践履绝对的"仁"。我们不打算完全占有伟大的整体。我们不打算养绝对的"勇"。一个"道"设想自然没有给出指引。离开语言的界限,我们不能做出区分。庄子列出绝对的东西没有实际意义。我们只可以知道知识是有限的,而且就我们所能至来说,还有很多其他可能!②

> 孰知不言之辩,不道之道?若有能知,此之谓天府。注焉而不满,酌焉而不竭,而不知其所由来,此之谓葆光。③

平常的、可用的"道"的观念是多元的。"道"不仅指导我们对事物进行区别和分辨,而且还衡量我们的区分是否成功。庄子接受"道"在其中运行的真实语境。但是那个实在只能是不可知和神秘的他者,即我们求知方法的不可知语境。我们不能知道这是一,这是多,或者这是无。真实的事物之道仅仅是我们于其中练习技能的语境的另外一个名称。语境提供了反馈回应,它指导某些内化的行动计划的执行。

然而,实在不是任何"可道"(daoable)之"道"的一部分。关于各种各样的"道"的隐含目的的特征不是中立的。实在是有目的

---

① 《庄子》,5/2/57—58。
② 同上,5/2/58—60。
③ 同上,5/2/60—62。

第八章 庄子：辩之辩

的木棉（比喻混沌之物，见第 7 章注 34——译者注）。一个特定的"道"包含了一个差别的模式和"是-非"的结果。木棉决定何种事件过程存在于依循她的"道"的实行者之中。甚至是"道"和他运作的物自体（Ding-an-sich）的差别都是在"道"里面进行的。明确地说，"道"是庄子的元语言，一个"道之道"（dao-of-daos）的透视。他提醒说最好不要提起它。

庄子之梦和怀疑主义

迄今为止，庄子的怀疑主义和刚开始学习西方哲学的学生所熟悉的是十分不同的。我们传统的怀疑方式是对理性的怀疑，而不是对语言的怀疑。在西方怀疑主义的典型论文里，人们发现关于梦的论辩饰演了一个中心动机的角色。论辩通常是这样展开的：当我发梦时我好像体验了一个真实的世界，但是当我醒来时却不是。现在我正体验真正的世界，然而同样的结果是我不在真实的世界。

怀疑主义用梦的论辩激发了体验这个术语的一个特别的意思。西方思想家用体验指一种与主观的、认知的思维有联系的内在的个人的感觉。被一般承认的感觉细节有可供证明的内容。它们是数据——意见、信仰、思想，和观念的积木。非哲学家相反地把体验用于我们实际的物理的经历而不是精神的感觉。非哲学感觉的体验是某种与世界具体的交流。受认识论统治的西方思想将普通的和哲学的术语混合为一。体验（哲学的意义）被认为是对怀疑体验（一般的意义）有否发生的任何个人不容怀疑的证明。关于梦的论辩和这种特殊意义的体验降低了我们对知识可能性的信心。它使我们无法证明或保证我们的经验是分在世界的,因为在什么都没有的情况下,我们可能会有这样的内在精神状态。

然而不是所有梦的论辩都必须假设这种精神概念簇。相反,庄子对于梦的讨论是在他怀疑的反思的结尾,而不是在开始。梦的问题没有激起他的怀疑主义,而是产生一个更深层的先验怀疑的结果。他没有用论辩去给体验下一个特别的精神意义,或者论争一个私人的、主观的、内在的关于知识或者可证明数据的观念。①

让我们更仔细地看看庄子怀疑主义的特征。它面对和皮罗主义(Pyrrhonism)同样的挑战。怀疑主义本身有做出教条主义的主张吗?她声称知道我们什么也不懂。庄子的版本再次提醒我们他在怀疑主义和神秘主义之间画出的平行线。没有一个可以被清晰地陈述。他的公式解释了他的怀疑主义和西方的怀疑主义的不同。他没有怀疑我们一无所知的信仰。相反,他质问我们是否"知"know-to 正确使用"知"know-how-to 和它的反面。我们怎样知道我们正确运用了"知"knowledge 和"不知"ignorance 的差别呢?

> 啮缺问于王倪曰:"子知物之所同是乎?"曰:"吾恶乎知之!""子知子之所不知邪?"曰:"吾恶乎知之!""然则物无知邪?"曰:"吾恶乎知之!虽然,尝试言之。庸讵知吾所谓知之非不知邪?庸讵知吾所谓不知之非知邪?"②

啮缺的问题提醒我们庄子的怀疑主义是多元的透视,以及那

---

① 克里普克(1963)争论说维特根斯坦因循的规则神秘主义比感觉神秘主义更神秘。感觉神秘主义是一种规则解释的神秘主义。实际上,庄子的神秘主义更像维特根斯坦的神秘主义(虽然没有关注句子的规则形式,但是却关注了名和"道"的话语形式)。庄子最后讨论梦是恰当的。这是神秘主义在一件特别事件中更加神秘的应用。
② 《庄子》,6/2/64—66。

些不同的透视在新奇的语境中提出的术语分别。如果所有的事物都同意它们的推测，那是可以肯定的吗？王倪的答案是关于解释的问题。我怎会知道所有的事物同意它们"是"？不能仅仅因为它们接受相同的代码就"是"。学习"道"就是学习在行动中解释"道"。如同有很多种方法去解释其他的行动一样，也有很多种方法解释这个。因此，即使被给予某个特别的"道"，我们也不能说当一个人没有假设一个"道"来解释第一个"道"时就有这个"道"的知识。那么我们将要担心如何解释解释性的"道"等等。

多样的观点能确保我们懂得我们不知道的东西吗？这显然是不能的。即使我们的观点是错的，它也不能跟从其他生活中的方法。（意识到如果我们讨论的建议性的知识，它会减弱知识断言。即使我们的信念是真的，我们没有考虑一些可选择的观点可能会减弱信念的可证性。）

可以得出绝对怀疑主义的"无"知道任何事物的结论吗？知之要求知道我们正在使用正确的知识概念，以及区别知与不知的统一正确的方法。如果知识的判断来自于概念的内部，那么就会有许多知与无知的差别。即使每个人的所"是"都是相同的，我们也不能知道它就是"是"最正确的方法。我们甚至不知道我们不知道什么。

中国"知"^{knowledge}概念的一个重要特征是它标出了人类和动物知识的连续性。庄子继续发挥以为减弱我们在指引偏好中的人类的全体一致性这一假设，提供了一个绝对价值区分的基础。①

> 民食刍豢，麋鹿食荐，蝍蛆甘带，鸱鸦耆鼠，四者孰知正味？猿猵狙以为雌，麋与鹿交，鳅与鱼游。毛嫱丽姬，人之所

---

① 《庄子》，6/2/66—70。

美也,鱼见之深入,鸟见之高飞,麋鹿见之决骤,四者孰知天下之正色哉。①

这留给我们的又是墨子自然的基本观点。这里仍是实际的偏爱于利多于害。这是被追求指引的人们视为理所当然的吗?实用主义者以某些"道"在实在环境中会促进事物的生存和其他事物灭绝来抗衡庄子怀疑的相对主义。不用断言某些观点是绝对正确的,我们也可以肯定地说某些观点比其他更实际。庄子会允许这样的反驳。但是他会同样指出对生的偏爱是以从一种观点产生的差别为依据的。那种偏爱原则上可能是错的:死可能比生更可爱。②

王倪曰:"至人神矣!大泽焚而不能热,河汉冱而不能寒,疾雷破山、飘风振海而不能惊。若然者,乘云气,骑日月,而游乎四海之外。死生无变于己,而况利害之端乎!"③

随后庄子借助模仿这种努力来将这种无限可能的观点变为一种反语言的、宁静的、类似于慎到的"无为"的主张。如果我们反过来不担心利与害,没有任何目的,不依循任何的"道",不把任何事物称作任何事物,那我们就误解了这个观点。发问者将平静的建议归之于孔子。庄子试图指出它的荒谬之处,进而得出一个简单的结论。④

我们爱生多于爱死假设了一些东西。那不意味着我们应该停止。我们出生之前是死的,如我们死了之后一样。为什么我们

---

① 葛瑞汉译(1981),第58页。
② 尼采争论说颠覆通常的喜好显示了基督教和佛教是腐朽的宗教。他们讨厌生命和渴望死亡。
③ 《庄子》,6/2/70—73。
④ 同上,6/2/73—77。

悲叹我们生命这一方面的局限而不是其他方面呢？我们怎知道我们的区分指出了真正的偏爱呢？在这种担忧环境里，庄子最后介绍了梦。梦与醒的差别就如生与死，好的食物和坏的食物，舒适和痛苦，吸引和排斥。我们对这个差别还有疑问。在划分那个差别时，我们遗漏了什么呢？它服务于何种目的？我们总是在正确地划分它吗？我们是否将它放在最实用的地方了？梦将一部分发生了的事同其他已发生的事分离。

> 方其梦也，不知其梦。梦之中又占其梦焉，觉而后知其梦也。且有大觉而后知此其大梦也。而愚者自以为觉，窃窃然知之。①

我们在这里发现庄子的论辩从语言的和划分差别的怀疑主义中产生了梦的怀疑主义。庄子没有用它来提出一种体验的新的意思或者任何主观的、内在思维的、私人的毋庸置疑的假设，又或者任何其他西方感觉怀疑主义熟悉的器具。他指出梦与醒的差别只是一种我们用于谈论将要发生什么的差别。我们使用它可以是正确的或者是错误的。可能我们需要用到一个梦和醒以及一个游荡的图腾的三方面的区分。或许有人会和更好区分方法一同出现。

也许我们错用了梦与醒的差别？也许梦的分类不是认可我们正在经历的事物，而是认可把它作为一条超人类原型的道路？作为我们无序的性冲动或者是一个纠正我们心理问题的方法，又或者是一个选择配偶的方法，我们应该珍惜梦。怀疑主义是关于差别和它的用法的问题，而不是作为感觉资料，以及它的代表性特征——或者说缺乏同一性的问题。

---

① 《庄子》，6/2/80—84。

庄子回答新墨家的答案最终也只能是怀疑主义。他不能说没有差别是真实的,或者所有的差别都是同样的好,又或者甚至是所有的差别都是一。事实上,他的观点暗地里允许一个实在世界和诸"道"(daos)相交流而产生从"道"(dao)的自身内作出判断的"成"success。他没有提供任何反对新墨家有一个正确的区分方法的抽象证明的原因。如果我们不同意,新墨家会指出我们中至少有一个是错的。

相反,庄子的答案是实用的。在抽象中我们知道一个观点是正确的和一个观点是错误的有什么好处呢?没有可能脱离观点去尝试证明哪个是对的和哪个是错的。我们怎样从不同的划分差别的体系中进行判断呢?它们的标准是内在于它们的诸"道"(daos)。论辩争论的是如何去区分。我们没有办法发现一个关于它们绝对适用的判断的观点。如果我们走向绝对的观点,我们得到的是寂静(或者是白噪音,我们不能从寂静中区别出来)。我们总是发现我们自己喜爱某方面的观点。但是我们从不知道它们最终是否正确。

> 即使我与若辩矣,若胜我,我不若胜,若果是也,我果非也邪?我胜若,若不吾胜,我果是也,而果非也邪?其或是也,其或非也邪?其俱是也,其俱非也邪?我与若不能相知也,则人固受其黮暗,吾谁使正之?使同乎若者正之?既与若同矣,恶能正之!使同乎我者正之?既同乎我矣,恶能正之!使异乎我与若者正之?既异乎我与若矣,恶能正之!使同乎我与若者正之?既同乎我与若矣,恶能正之!然则我与若与人俱不能相知也,而待彼也邪?①

---

① 《庄子》,7/2/84—90。

第八章 庄子:辩之辩

葛瑞汉认为新墨家关于"辩"的论辩——证明在"辩"中会有一方是正确的——回答了庄子的问题。然而,庄子学术上没有反驳那个结果。他的观点不是一个反对做出区别的正确方法的形而上学的观点(那会是一个教条主义的主张)。他指出任何一个做出分别的"是"都假设了其他一些"是"。他的认识论主张我们不能也不可以在我们没确定一个被给予的观点是否正确的情况下使用这个观点。

庄子的论辩破坏了所有权威的形式。一个权威——你的老师,你的学校,所有人同意的协定,甚至是自然——只是另外一种观点。它不能解决谁是正确的。甚至一个绝对的"道"(例如一条神圣的道德律令)都会落入同样的协定中。我们怎么知道上帝是正确的呢?

"道"doctrines和解释的关系就如罔两和影一样。你不能在行动中将一个指引性的"道"从它的解释里切离出来——一种依赖于其他事物的关系依赖于其他事物,依赖于其他事物,依赖于……①

随后在一个著名的结尾段落中最终回到梦。庄子首次提到他自己。

> 昔者庄周梦为胡蝶,栩栩然胡蝶也,自喻适志与!不知周也。俄然觉,则蘧蘧然周也。不知周之梦为胡蝶与,胡蝶之梦为周与?周与胡蝶,则必有分矣。此之谓物化。②

正如我争论的庄子与老子的关系,我们认为事物的转变是语言的变化似乎比是自然的变化更合理。"道"是不断地变化的。

---

① 《庄子》,7/2/93—94。
② 同上,7/2/94—96。

那不是形而上学的主张,而是一个关于演说的主张。恒常的自然没有给任何"道"有唯一的特权。每一个"道"设计出一个不同的自然。庄子是一个有足够聪明的怀疑论者和哲学家,他避免了超越自己的证据。然而,他的证据不是内在的体验,而是语言。他的怀疑主义是对我们如何使用语言来塑造我们同意、反对、厌恶和行为的怀疑主义。在形成时,我们设计出世界的差别,创造出一个我们做出反应的事物框架。这里可能有一个正确和错误的方法。但是我们不知道从那里(从哪一个"道"的观点)我们可以知道它。

科学、事实与价值的分离

提出相对主义观点的一个方法是否认显然易见的意见分歧是真的。那只是将判断的观点放在它自身之内。我们通常将墨家和儒家看作是彼此间意见不合。一家认为"是"的东西另一家会认为"非"。现在试想想,我们将他们看作是从我的观点判断这是"是"和从我的观点判断这是"非",而不只是"是"和"非"。那么它们就不会意见不合了。因为两者都有可能是正确的。判断没有排除其他判断。"辩"引起的异议是一个幻象。毕竟我们的意见只是"吹"。

这里有一个反语言的观点。它对待所有的差别就如同对待不同品味。这些明显冲突的观点是完全一致的。它们共同构成自然的"道"。"道"就是正在发生的事物和进行说话的方式的总和。

我曾经被误导到认为那样的观点就是庄子的观点。"道"是所有的概念。各家各派的"道"都是"道"的一部分。但是那要求有万物包含于"道"的观点,庄子认为这是不一致的。普通指引性的"道"使它们自己受到反对。它们追寻一个解决辩论的理想。它们将辩论当作成真正的辩论。实在主义的冲动至少是某些"道"的部分内容。使用这些"道"的人不能一致地把没有真正的异议看作是他们自己。

因此,我现在把庄子看成持有不反对形而上学的实在论者。他只是怀疑实在主义的实用性,以求有一个正确答案。我们不能走出我们目的性概念的透视,它决定了什么是对的,这使我们在"道"的无用中建立了超越的理想。但是我们从我们的观点抽离出来的有限的能力可以帮助我们达到已经是这个观点的一部分目的。可能在"道"中有不同的方法可选择。

最不吸引人的方法是达尔文式的"道"的自然选择。我们不能说适者生存。毕竟,道家在正统的儒家思想面前衰落了,这简直是一个令人信服的达尔文式的道家归谬(从现在的观点看)。更吸引人的建议会用来尝试辨别一些嵌进"道"内的更宏大而有限的目的。我们可以采用一个把我们自己看作在太阳系中尝试不要耗尽太阳的核燃料以拯救它的微不足道的参与者的观点。从宇宙这个更大的角度看,太阳系里面的"是-非"是无须关心的。即使它与唯一的有生命的物体(更别说是有智慧的生物)有关也是如此。

事实上目的是多元的。所有的目的都有一个"是"的标准。它选取了它赞同和反对的范围。自然的绝对主义不能产生目的。广泛的目的可以没有特别的要求。在上帝的眼内,希特勒完成了上帝的计划和目的。虽然采纳这样的观点会激怒我们。它最多也只是提供了一个用激怒人的谈话等等,来消除愤怒或者打发无聊时间的方法。它没有引起改变我们现在把希特勒视为魔鬼的观点的争论。

因此我们不应把庄子视为个人主义者。他的观点没有以个人价值作为根据。他多元理论的基本单元是各种观点。个人主义会支持相同的观点。一个个人主义者会在不同的时间和不同的地点选择不同的观点。第一个问题不是"为什么要避免自我主义"（一个有修养、学识渊博的反应方式），而是"为什么接受奇怪的观点"。我们接受现在这个观点胜于形成我们日后生活的观点。儒家的意识也是聚焦在一个悠闲但也比自我主义广阔的基础——家庭。墨家开始于一个更广的可估价的领域（人民和国家）。佛家开始于一个还要广阔的透视（生命或者有生命的存在物）。但是那并不能使他们其中一个真的"是"而其他真的"非"。

我们也可以采用一个我认为庄子没有想到的熟悉的观点。我们可以通过有意识地积累可解释的知识来发展一个"道"。我们可能在实在世界中寻找恒常的原则。这个目标除了在多样的有目的的观点看来广泛积累描述性知识是有用的之外，可以独立于其他目的。这可以被科学的"道"采纳。哪一个采用了这个"道"都可以在天空中驾驶战车，起死回生，从塑料中创造心脏和制造其他奇迹——除了可能是阻止他们的自毁。

评价与理性

庄子没有科学才能和理性才能的概念。因此我反对将庄子刻画成一个反理性主义者。人们只能推测他对理性或科学会说些什么。正如康德所认同的，理性是一个对特殊的超越。它产生了普遍的、不变的命令（绝对律令）。这个透视应该为解决争论提供了一个中立的、普遍的、独立的基础。

假设庄子会怀疑任何满足那个描述的观点。在这种普遍意识下,孟子的心就如理性的观点,一个来自于天的道德判断。西方伦理学通常称这个观点为理性直觉。庄子对通过训练产生的直觉分析可能使他反对这个观点,和反对孟子的观点一样。

但是西方理性的概念不只是仅仅关于任何中立的透视。它的模式是有一个特殊的高度建构的语言过程。理性的模型是一个·推理的结构首先在几何学得到证明。西方传统把理性万能地提高到哲学的中心地位。它因此把注意力放在逻辑推理、句子信息和真理上。

虽然理性的观念与道德相联有一段长久的历史,但这是一段麻烦的历史。问题的其中一个来源是将理性运用于道德领域的观察。然而推理结构一如既往地只生成一个句子。这似乎对认识论来说是足够的。它解释了一个信念如何理性地对待另一个信念。① 实用三段论就如它证明语句信念般,是适用于处理行为的证明方式。

因此实用三段论需要有可以令行为产生结论的动机因素的假设。这个观念指向了用欲望和信念解释行为的西方传统。西方理论于是就像把欲望当作事态一样,把欲望当作句子。如果它们不是真的话,它们不能在结构中形成信念。庄子没有这种欲望或者观念。但是我们可以从庄子部分的观点中形成一种对实用理性观念的怀疑。

欲望(价值或者义务的陈述)和信念的一个三段论式的结论将会成为一个句子。它可能陈述一项义务,断定一件事情有价值,或者表达一个内在的(和理性的)欲望。这种句子和行为的距离要求以庄子的怀疑主义做出实际解释。我们怎样知道什么在

---

① 实际上,它留下了一些关于信念的心理状态的问题。这些问题相等于如何从实际的理性三段论中获得动机的问题。

这欲望或者价值的结论中活动？这样做，我们需要纠正句子中的术语。那样就假设了一个它自己不能通过同样的推理结构证实的解释观点。

但是这不会达到反对或者谴责理性的程度。它不会比其他任何的指导行为更糟糕。它在许多方面都是一个找寻更持续的不变或者更可信的过程的产物。

庄子对现代的、理性的"道"，如科学、理性道德，或者法则的不确定态度是因为它们全部都事先假设了某些东西。所有理性的"道"都是建基于欲望的计算和实在主义者假设有唯一一个正确答案的理想的"是"和"非"的体系上。他不会反对他们。我们可以将庄子关于人的幻想的讨论"至人神矣！大泽焚而不能热，河汉冱而不能寒，疾雷破山、飘风振海而不能惊。若然者，乘云气，骑日月，而游乎四海之外"看作是经过推理的猜测。总会有分派"是"和"非"的方法来达到这样的成就。科学就是这样的一个"道"。

然而为了使那种观点在古代中国成立，庄子急需探索新的"道"。他没有一个关于假设演绎推理的科学的"道"的清晰概念。如果接触到现在的科学，庄子可能会惊叹这种不可思议的有益于人们的"道"。他同样可能发觉我们用它自身内在的标准"成"completion来衡量它的成功。毕竟有谁知道其他比自然更有技巧的方法是否可能呢？为什么满足于科学作为一个"道"呢？某些比科学更强大的"道"，就如科学比农民的占卜更强大一样，可能仍未被发现。

可以证明科学中的怀疑论吗？我猜庄子的答案将会是不可以。对我们来说，科学是解决"是-非"的平常的、约定的、可共享的体系。绝对没有理由抛弃科学。人们可以如精通其他手工或者技艺般掌握它的评价标准。因此没有理由认为庄子是反科学或者反理性的。

实用建议

"明"（一个多元语言透视的元语言观点）不能"是"任何具体的方法和提倡使用它作为"那怎样"的自然回应。我们不能抑制有一个"是-非"体系。应对庄子成就和缺憾的矛盾的方法是我们不能中立地"是"特殊的事物和提倡掌握技术。我们也不能中立地"是"非哲学的"道"，或者"是"样样精通的"道"。人们可以依循一个或多个的"道"。我们显然不能不依循任何的"道"。从我们的元观点看，我们不能证明与其他相比更喜爱哪一个。

直到现在，我们从庄子的元观点中得到了以下这些有用的建议。我们必须仔细地一点一点地陈述它。如我们上文所看到的，每一个建议都与其他建议有矛盾。

灵活性：有很多可能的"道"，区别行为的方法和区分"成"的后果。庄子喜欢以开放的态度面对那种意识。那种意识将庄子联系到传统道家反世俗的态度和道家式的自由概念。当庄子谈及它的时候，他把伴随意识的灵活性和转换"道"的能力与年轻联系在一起。他将所有的一切连成一体是为了防止我们用老年的和死亡的眼光看待其他价值。

习约：庄子清楚地看到他分离的观点不能证明对礼的谴责。如果他"齐-物论theory"，那么他就必须平等地看待寻常的、传统的事物。没有回避它们的理由。实际上，由习约可以产生协定、交流和效用，它们可以做任何"道"能做的事情。我们还可以要求"道"做什么呢？

精通：我们必须采用某种"道"。即使是神秘的一元论的或者怀疑主义方式的谈话也是谈论之道。它们影响我们的态度、感情和行为。假设我们的确采纳了某种透视，我们自然而然地会欣赏精通那种"道"的成就。依循一个"道"，我们可以超越语言和意识指引的第二性，得到自然的意识反应。

我们可以用中国认识论中知道怎样做（know-how-to）的概念来勾画庄子观点的特征。我们知道在被实在反馈（"情"）的语境里做事。知识的结果是"成"根据预设的"是-非"体系的行为。我们的知识在于实现我们所选择的"道"（行为过程）。孟子教导我们这种完满知识就在我们的内在潜能。庄子则认为它来自于灌输和学习中的一个指导行为的"是-非"模式。

庄子说"是非吾所谓情也"。对回馈的反应指向态度的显示感觉。但是即使是"情"reality response 也以语言观点为条件。我内在的感觉没有为我提供混合了欲望的有价值的事物的信念来指引我的行动。我的直觉在一个行为环境中设有"是-非"反馈的功能。这些指引性的反馈指导我的运动才能。[1]

庄子行动的观念是强调对整体环境自然反应的高级技巧。反应几乎是立即做出的，因为反馈变成了第二性。在开始训练时，我们学习差别是有意识地、细致地和经常被纠正的。当我掌握了它以后，我们用意识来理解差别。我们的意识就如中央处理单元。差别就是被相应的无意识的处理器划分的。相应的处理器向我们意识发出"是-非"的结果。我们遭遇到这样那样的事

---

[1] 葛瑞汉曾经写到庄子的方法连接了事实和价值的分别。他争辩说这是因为庄子行为的概念是刺激-反应。在行动的过程中，人们不会做出判断，只是简单地对一个总体情况"由意识做出反应"。葛瑞汉的陈述假设了在某些角度下可能有没有意识或者知识的独裁主义。

物。我们对它的反应就如我们直接地对已经给出差别的世界的反应。

随后我们意识到,无论我们学习什么样的"道",它都有一个巧妙的结构。我们体内指引我们对环境做出反应的结构是"德"。我们可以把这种指引说成是直觉的,而不是天生的。我们学习它就如同"道"增进了我们的技巧。再次提醒的是,直觉的知识是知道如何。这不是直觉的预测或者再次展示其他人的思想,看不见的事件以及其他。直觉就如知识是实在的,而不是认知的。要明白的是,庄子同老子的差别是他不建议抛弃从社会获得的、直觉的专门技术。他仅仅建议保持一种开放性和灵活性。我们从意识到我们不是唯一组成事物的方法中受益。(从我们自己的透视)。除那之外,他以实用主义的姿态接受寻常的、可共享的和有用的规划以及接受精通某样东西带来的满足感。我们的确学习按直觉,即第二性来行动。我们把这项技艺的精通体验为超越自我——完全融入到行动中。我们成为射箭、摩托保养和股票预测之术的表达形式。我们在孔子中也看到这种理想(他在 70 岁时获得了"从心所欲而不逾矩"的能力)。孟子同样也有这种理想(但是他认为这是天生的,而不是习得的)。

掌握技艺的成就成为道家完善的自发观点。直觉,当下,没有自我意识,对于行动语境的密切感知都标志着这个"道"掌握。在控制论的术语中,我们的行为包括与大量的对应过程相似的高速运转和高度精确的持久的机械反馈。这不是要我去掉我的思想。这个观点是一个相应的处理器现在控制了曾经占据我全副心思的步行。它解放了中央处理单元去参与其他行动:全神贯注地查看地图或者展开哲学论辩。中央处理意识同样介入我们任何正在学习的时候或者遭遇到的困难地方。有时我必须把我的注意力分到行走上以致不能继续哲理的谈话。在正常的技术行动同时,大脑处理大量的线索。它没有把信息传递给我们意识的中央处理单元就指引我们的行动。我们的大脑同时封闭(中央处理单元)和完全开放(行动的相应过程反馈的指引)。

用电脑类推道家的直觉或者自然行动的观点给我们译者阐明两种传统思维理论的方法。西方的思维观念就如电脑的信息处理器。CPU接收信息。处理器相对于认知事物——信息——而存在。存储器单元运转信息和汇报结果以及输出信息。这反映了西方关注意识思想,精细的思考和认知的选择。

中国思维关注于指导行为。"心"接收实在反馈的输入("情")。然后即时处理它们(相应的处理过程)。输出的不是储存在某个存储器单元计算的结果或者如信息般报告出来。输出的是行动。当我们已经学会像第二本性般(like second nature)去做任何事的时候,我们不停地调整我们的行动去适应环境中的无数的线索。我们不会通过意识的选择来调整运动的适应性。看起来,我们在没有CPU的干预下直接对外部环境做出反应。

西方的认知思维是强调内容和存储的信息处理器。中国的"心"更像机器人——以任务为中心的电脑系统。对于两者,我们可以认为CPU是语言处理器。它典型的表现是与我们自己的谈话。因此我们把它当作我(me)。内在的声音是我们的自我意识。技艺的矛盾是当我们在意识中超越自我(I)时达到最佳的功能。当技艺不通过CPU而发挥最佳功效时,它遗漏了我(me)。那就是为什么经验就像屈服于世界或者是某些外在的"道"的力量。

技艺和意识指引的差别是:对意识来说,就像是一个基本行动和一个生成行动的差别。生成的行动是一个我们在适当的环境中做某些基本行动的行动。一个基本的行动就是我们不做任何其他东西的行动。我通过移动我的手指打开随身听。在某种意义上,我通过拉紧特定的肌肉来移动我的手指。我不能听从一个移动那些肌肉的命令。然而我可以听从移动我的手指的命令。我们实际上知道怎样去移动我们的手指。我们不知道怎样移动肌肉或者像这样般传送神经的冲动。

庄子的关于这种直觉的"明"就是这样的。在获取技艺的过程中,我们知觉中的基本行动和生成行动不停转换。我们所有的基本行动技能不断增加,我们忘记了我们是怎样获得它们的。一个婴孩一开始明显地将大量的注意力放在行走这一动作上。没有成年人(除了接受恢复治疗的)可以轮流地用一只脚支撑身体走路。行走变成一个基本行动。同样地,输入 the 这个词不再等于输入 t-h-e 这几个字母。

说话,进食,系鞋带,开车,骑自行车——所有这些都变成是基本的。在我们的意识处理中,我们不会将它们与基本行动混合起来。我们将我们的意识处理移到一个把这些当作基本行动的水平,就像是为未来的意识处理而输入。通过做这些动作,我们做了其他事情。目的包含(为)标出了意识的行动。我们可以在这种看法下重新定义"无为而无不为"的命题(没有行动,然而没有事是没做的)。① 我们经常使用这种技艺就如同是基本行动。

庄子不坚持原始主义和反语言的选择将我们的注意力引向了对有反儒家传统的特征的道家有吸引的成就:

1. 任何行动都可以是提升技艺的场所。庄子选择屠夫

---

① 需要注意的是这个命题从来没有在重要的第二章(指《齐物论》——译者注)出现,而且在内篇也只出现了一次。

作为可信的例子是因为这是一个低贱的职业。政治和官员的概念对拥有卓越技艺的人是没有约束力的。

2. 跟从"道"会有一个潜在的无限提升技艺的过程。在每一个早期阶段,我学习那个"道"是通过纪律和学习已知的规则。我们之后会到达一个"我们不知道怎样做下去"的阶段。我们用这已形成的指导直觉来指导我们学习技艺过程每一个困难的地方。知识是无限的。

3. 在我们看来一个人的技艺是自然的反应而不是选择,那就表明这个实践者已经超越了技艺与外在的指引——一个真正的统治者——融合为一了。我们内在的体验到它是一个掌管了意识活动使我们无需再进行分析和思考行动的方法。

4. 这样行动会带来内心的满足。技艺继续提升。当我们遇到一个新的困难,我们用已形成的直觉来达到更大的成就。发展这种技艺同样是令人满足的。

5. 然而,自我意识和仔细的做出选择很可能会干预技艺在最高水平的表现。

我认为以上这些一点也没有证明对庄子反理性的解释。那种解释给予持有东、西方思想对比观点的右脑-左脑解释学派支持和安慰。我们精神功能和CPU的相对处理过程可能从不单独运行。当然,在数学、哲学、科学理论中,当我们有意识地推理时有相对的处理过程。在我们的技艺中,即使我们没有意识地监控我们的基本行为,我们也监控我们行为中的更加高级的方面。

再次思考我早前提出的例子——下棋。这肯定是一个需要高度智慧的人类活动。线性处理的电脑用尽它们所有的计算功能也不能战胜一个象棋大师是举世皆知的。(后来,软件设计方面新的突破改变了这一局面。——译者注)人类有一种关于象棋位置细腻的久经磨练的直觉反应。当计算几个核心的位置时,他(她)无意识地运行(并漏掉)很多游戏线路。迄今为止编程人员遇到的前所未有的挑战是未能编出一套像人类思维般复杂的程序来写入电脑。(类比会有更强的说服力。这些电脑是更加失败的。所有老师都强调的一种象棋的美感直觉是必须掌握的。)

庄子说知识(Know how)是无限的,然而生命是有限的。我们没有理由不进一步使用我们意识来提升技艺。当我们到达一个困难的地方,我们的思维会介入一个解决的模式。它使用了我们所有的知识,但是仍然是有意识的、直接的,和明了的。

诚然,我们可以随"道"抑扬,并不费吹灰之力地解决所有问题,这是更容易的。但是缺乏证据表明庄子认为就这么简单。

第四编

权威主义者的回应

第九章　荀子：实用主义儒学

> 这里不缺少聪明才智；尽管没有得到什么认定，荀子乃是世界上有史以来最杰出的哲学家之一。但是他对人性缺乏信心。这个缺陷，如同一位希腊悲剧中的主人翁所具有的致命瑕疵一样，使得他所做出的那些第一流的努力付之东流。这不仅损害了他的名声，而且很大程度上为后来的儒学思想套上了学术正统的枷具。
>
> 赫利·克里①

> 荀卿(前298—前238)，汉以前最后一位思想家，他的思想在儒学的各个方面是最具哲学性的，在许多方面他可称得上是最伟大的儒家学者。
>
> 休斯②

诠释的两难

荀子是文化从古典时代转向封建过程的中心人物之一。他提出了一种可以受到封建统治者宠爱的，同时也成为极权主义意

---

① 克里(Creel,1953)，第115页。
② 休斯(Hughes,1942)，第226页。

识形态的儒学理论。他生活在战国后期,在稷下学宫做研究和讲学。稷下学宫由于得到了当时占优势地位的齐国的支持,成为了一个坚实的政治和哲学讨论的中心。荀子是学宫的一名老师,是儒学中非孟子派的代言人。① 与早前的哲学家相比,他发表了更多的哲学性批评,论述了更多的哲学命题。他的许多思考是聚焦在这样一个问题上,即不同的学说是如何从人们的偏见中产生的,以及为什么儒家的偏爱不被当作偏见。

荀子的教学主要以政治哲学为中心。作为齐国的哲学学者,他可能在齐国赢得了很多的资助和作为一名哲学布道者的官方荣誉。对于统治者以及他们日益增大的统一中国的野心,他所采取的是一种相对屈从的态度。与孔子不同的是,他赞同无情、迅速和可信的惩罚。对于社会权威的必要性,他采纳了墨子的实用主义态度。但是,他常常是从统治者或高官的角度来计算实用性的。孟子批判了用具体的礼来缩小偏见的观点,这个批判对于墨子和荀子来说,更适用于荀子。

荀子还采纳了墨子关于固定且公共的"法"^{standards}的观点。他将这个建立标准的问题连同他自己对权威主义的偏爱遗赠给了他的学生。"法"成为了"法家"的中心教义。他的两个最有名的弟子是这个学派权谋学说的集大成者——韩非子和李斯;而李斯是组建首个法家帝国政治组织的最主要的人物。李斯所创建的政治模式一直体现在1911年前的中国王朝中,有人甚至认为一直体现到更晚的时期。然而,对于荀子来说,如果将他与这种影响力联系在一起,那么对他的名声来说,则更多地是损害而不是提升。秦王朝覆灭后,"法家"成为历代被谴责的对象。儒学正统

---

① 萧公权(1979),第145—147页。

理论认为法家哲学是第一个封建王朝迅速崩溃瓦解的主要原因。

天赋观念论在中世纪的胜利体现为其成为儒家道德心理学的正统诠释,这个胜利使得荀子的地位直到现代才得到彰显。现代儒家学者欣赏《荀子》中所表现出来的哲学性和逻辑性的强辩。荀子似乎是吸收了某些道家和墨子后学的论点,由此而产生出一种新的、更加复杂的儒学理论。

对于《荀子》一书中的大部分文章的确实性,传统上几乎没有什么怀疑。但似乎至少存在两个不同思想的作者。一位是哲学家,他意识到了那些激发庄子的怀疑主义的哲学性问题。另一位是一个独断的、谄媚的、鼓吹严峻独裁的社会政治之"道"的人。他引诱那些正在寻找执政官和执政策略的统治者。他所用的核心术语出现在与两者相关的文本中。作为哲学家的那一位,其说话像是一个实用主义者,而且他完全理解自己所面对的一种相对主义。作为政治上的独断者的那一位,其说话好像是他完全不了解现实主义和相对主义的哲学问题。

伊若泊的结论是,《荀子》如同我们已经讨论过的其他文献一样,是另一群基于文本的共同体所集成的作品。这个学派是围绕荀子而建的,其学说毫无疑问地构成了文本传统的基础。我们可以宽容地假设,荀子生年的环境可以部分地解释他的两面性。我们可以认为,他的政治上的庇护者所要求的是支持其权威的独断和肯定的语气。我也将会论证,在他看来,他的哲学学说可以用来证明其政治教条和强调性语气的正当性。

但是,这只能理解问题的一面。荀子在对待名家的那些更深层次的问题时所做出的反应远不如庄子强烈。荀子的基本回应是,"让我们不要讨论这类问题"。荀子的朋友们所认为的是,他有很好的理由来忽略那些产生自相矛盾的问题。但是,这些很好的理由在文本中并没有清楚地显现。更常见的直白的理由是,荀子(或他的弟子)只是未看到问题的要点。

对于一个道的信奉者来说,能够赞扬至少一名儒家哲学家会是令人高兴的。传统的学者一直常常想知道为什么荀子和孟子对其所处时代的政治没有产生什么影响。据说荀子死时无人知晓。① 我会论证,如果荀子在儒生圈外的学术地位是十分低微的话,那么也就没有什么值得惊讶的理由了。证据就是他们当代的那些哲学家的判断也许是准确的。儒家在礼仪表演、唱歌、舞蹈方面提供的训练不是用来培养哲学家的。他们确实培育出了高雅的文体,且荀子像孟子一样,人们在引用他时,经常是将其作为一种文体的模式。即使对最好的非儒家的哲学思想有所了解,儒生们依然是独裁统治的实践和观点的最合适的辩护者。

荀子思想的影响

荀子发展了儒家思想的习约主义者的路线。庄子彻底地破坏了孟子天赋观念的思想基础。因此荀子认为孟子所说的自然在人心中建立了先天而正确的价值反应是天真的。他开始对任何关于价值的纯粹自然主义的基础产生了怀疑。他论证到,价值是文化传统的产物,而不是自然的产物。

传统上承认道家对荀子有很强的影响,虽然这些影响是在一些枝节性的方面。这种影响主要是表现在荀子使用了"虚""静"

---

① 威尔逊(1963),第3页。从我们非儒家的观点来看,这一点并不难理解。哲学的行动都发生在道家和墨家思想中。我必须指出,对于荀子,他从未真正把握过哲学性问题。唐君毅(1975,第2卷,第437—438页)指出,在汉代荀子比孟子更有影响力。这也许可以解释为什么在汉代对道家思想的理解中可能已经渗透了荀子对于道家思想的权力主义的观点。

"一"这样一些术语。我们需要考察的则是他的论点和理论性的看法。对道家的论点的认识是不利于对孟子的崇拜的。哲学上的道家思想如同墨子后学的语言理论一样确实对荀子产生了影响。可以清楚地看到荀子的思想里贯穿着语言分析和哲学分析的风格。

荀子充分意识到庄子对孟子的攻击。他也意识到庄子怀疑论的、多元性的思想并不要求我们必须放弃习约。和庄子一样,他扭转了其学派反语言的观点,展示了任何价值设想的不可避免的习约属性。这使得他回过头来重新论述"礼-义"(ritual moraliy)的问题,并对传统的和习约主义的儒家理论做出了更有力的辩护。但是,他对墨子后学学说的认识迫使他对所要求的正名学说进行创新和发展。

不过,作为另一面的荀子,即政治绝对论者的荀子,甚至在哲学方面也有所表现。这个理论家是一个无关紧要的绝对论者。他断言存在着直接通往正确的"道"的可能性。① 荀子的这个观点与孟子相比只有细微的差别。

作为绝对论者的荀子,认为君子和政治领袖的权威是理所当然的。他们的选择就是毋庸置疑的"是""非"标准。这样一个荀子不理睬那种曾经推动古典思想史从墨子发展至庄子的哲学要求。他在谈论问题时所表现出来的是,他仿佛没有必要去证明关于传统权威的独断性论断的正当性。即使在荀

---

① 李义雷(Lee Yearly,1983)首先引起了我对荀子思想中的这个悬念的注意。对于真实的荀子是什么或者哪一面的荀子更主要,我并没有任何理论。我没有任何论据说,权威主义的元素只是后来添加到原著中的。这是一种可能。另一种说法也许是,这是醒悟了的政治理论家们常见的保守立场的转变。我的直觉是,习约主义的一面早于权力主义的一面(在学派方面,还是个人方面均是如此)。权力主义的趋势是我们在早先的孔子和墨子的例子中已经做出的断言。

子陈述其权威主义立场的文字中我们发现了少量的赋予人性的表述,但是他主要也是从统治者利益的角度进行证明的。如史华慈指出的那样,如果糟糕地将人民大众弃之于不顾,焦虑将危害强者的满足感。① 这就是作为政治绝对论者的荀子对支持者们所宣扬的观点,而统治精英们早已相信他们的观点具有道德上的优越性。

荀子迎合了暴君对刑罚的热衷,但是几乎没有迹象表明他理

---

① 史华慈注意到了这个权力主义的假设。他对荀子所作的辩护混淆了某种权威结构的历史存在与这个权威正当性的证明。他注意到荀子没有论述"圣王们是如何努力建立其权威的"。见史华慈(1985),第 295 页(突出部分为我所加)。那个动词是在两者间的支吾之词:一者是紧迫的证明统治者权威正当性的哲学要求,一者是对其如何发生的给出仅仅是历史方面的说明。也许荀子也持有一种历史学者的偏爱,这种偏爱使其故意模糊这些明显的问题。史华慈进一步断言,我们"不需要去知道荀子,如同他之前的孔子和孟子那样,为什么直接假定了等级和权威的必要性。只有先锋的社会精英才能开辟和维持良好的秩序"。史华慈的分析是颠倒的。当统治者是唯一的舞刀和挥鞭者时,没有人需要解释权威在事实上是如何建立起来的。这一点是合理可见的,是明摆着的。相反,权威正当性的证明正是当时哲学反思的核心问题,而且我们确实需要知道荀子为什么忽略当时的这个哲学问题。

当然,如果我们同意社会精英的必要性,我们也许会认为这样一种想法是宽容的(charitable),即荀子意识到我们需要将精英的概念强加给每个人。但是史华慈的主张没有任何根据,即他认为对与荀子的"世界"来说,那样一种观点是自然的,不可避免的。史华慈承认,荀子甚至是未认识到孟子的立场对假定的权威证明所破坏的程度。在这里(第 299 页)他进一步承认这一点与荀子所接受的圣王与普通人是一样的观点之间存在表面性的不一致。而且,我们会看到,这一点也和"虚一而静"的学说不一致。如果这一点与孔子、墨子、老子、庄子所说的不一致,甚至与孟子和荀子所说的不一致,那么说对于荀子的思想世界而言这是一个不可避免的假设又是什么意思呢?

当然,我会勉强同意,对于任何追求只有精英能够授予的官家地位的人来说,这样说是自然的。

解儒家反对惩罚的原初理由。① 即使可以找到什么理由说他与那些最残酷的伤害(使人残废)身体的惩罚措施没有太多的联系,但是在谈论统治权需要节制的话题时,荀子会重弹老调般地说,如果没有那样一些酷刑,人就会变坏。② 也许他私下里认为割鼻子是道德陶冶过程中的一种锻炼。

从墨子的第一次断言,即并不能以社会领袖们的一致性赞同而认为某种学说就是正确的,到庄子对任何自然权威的怀疑,这个时段的哲学家们将权威主义作为直接的攻击目标。后来的墨家弟子甚至放弃了他们的创建者所说的对上天权威的次级依赖。如史华慈所证,如果荀子仅仅是以权威的正当性为前提,那么我们就可以在两个令人不快的方面对他的失败做出解释。一者他

---

① 这种对刑罚的偏爱,史华慈(1985,第295页)的态度比我的正面地多。在他关于荀子的论述中他讨论了刑罚的问题,这促使他又去讨论孔子原初的反对刑罚的观点,而这方面他在他讨论孔子的论述中却忽略了。史华慈承认《论语》"清楚地强调",需要"尽可能减少"刑罚的作用。然后,他大胆地断言刑罚是必要的,并宽容地将这个显而易见的真理的认知归功于孔子本人。他代表孔子所证明的这种非儒家的消极观点是建立在一个非儒家的假设之上的,即社会中总是存在一帮人"难以用道德力量加以控制"(第104页)。即使我们允许史华慈在孔子的话语之间描绘他对刑罚的青睐,我仍会拒绝指责荀子也继续持有这样的观点。社会精英诉诸于道德说服或强制也许在孔子那里是可以容许的,但是到了荀子的年代,在面对墨子和道家的论断时,则是冷酷的。

② 《荀子》,66/18/35—40。我对权威主义者的荀子所做的评价低于习约主义者荀子的评价,这一点是有争议的。其他人,包括史华慈,都是由独断教条的观点开始,从相对性的角度为自己的论证辩护。而我自己的卑微的起点也许与我看待精英主义和刑罚等问题的态度有关。甚至在西方传统中,我们有关于刑罚的理性的、义务论的、惩罚性防卫的传统,我发现古怪的是在一些哲学家中似乎存在这样一群人,他们是首先且最终能够证明刑罚的正当性的人。他们看上去好像是近似于首先能够发现治愈癌症的人。我将刑罚看作是癌症。我应属于那些最后的证明刑罚正当性的人。也许这是出自于一个对道家思想的深刻认识,即如果"社会精英们"要动肢解人的刀子时,我也许是他们的一个目标。坦率地说,我看不到为证明他们的残忍在思想界所做出的英雄式的努力有任何合理之处。来自于同样的精英团体的证明至少带有少许强词夺理的辩护的味道。但是,我不会提供某种证明刑罚是不正当的证据。对于我来说,注意到刑罚造成伤害这一点也就已经足够了。

是不知道那个时代哲学的发展情况,或者他是为讨取当时统治者的欢心而特意地塑造他的学说。

我选择一个更加宽容性的解释。作为习约主义者的荀子,他的确试图在实用主义的基础上证明权威的正当性。这是一个有益的尝试。但其结局是,他在任一方面都没有能够成功地拯救正在遭受墨家改革派和多元论的道家联合起来的哲学批判的儒学。我最倾向于接受的假设是,荀子回返到权威主义是因为他意识到分析性的习约主义的论点不能使他达到目的。于是他的绝对论者的结论就采用了一个关于有特权的,超习约的优势学说。这就使他非常接近孟子,但是由于他是以这样一种思考模式向外看,因而他宣称他看到了自然中的正确之"道"。在这里他用了通常被称为道家的术语,"虚""一""静"。但是,他的学说不是多元主义的,而是绝对论的。

由于荀子在他的绝对论的陈述中使用了道家思想,这就使得在解释道家思想时出现了绝对论的解释思路。由此产生了这样一种与道家思想有关的,但又无法证实的观点:存在某种内在的技术,以此可以获取庄子的"道"的关键之处,即从"无"(nowhere)出发的全角度的观点。由此开始,传统上在看待道家思想时,就认为它包涵了没有明说的神秘的主张,即有些人可以修炼出一种状态,从这个状态中他们能够识别绝对正确的"道"。荀子学派的弟子韩非子,则更以统治者为重,他进一步发展了权力论荀子学派关于道家思想的观点。近年所得到的一个发现是,从他开始,进一步发展出以统治者为中心的道家的黄老学派。这一种关于道家思想的观点成为秦汉时期的统治性观点,其结果使得传统的诠释理论出现了不一致,即道家思想的性质既是怀疑论和相对论的,同时又是独断论和神秘论的。

第九章 荀子：实用主义儒学

荀子思想概要

作为习约主义者的荀子是在本书中各家学说的一个更大的范围里得以表述的。对于习约主义、多元主义的荀子，我会用一个完整的社会政治理论对其加以描述，其中包括了以下四个有关方面：

自然主义。他接受庄子关于天的非规范性的概念，即自然的概念。他也承认，并比庄子更加强调，人和环境条件加在习约上的自然限制。他建立了一个模糊的有关习约演化模式的理论。①

经济主义。环境条件的限制使荀子认识到公正所具有的自然条件：在一个合作性的社会中经济资源是稀少的。习约要保护合作性的社会就是要解决资源稀缺的问题。否则，资源稀缺会产生毁灭性的争斗。

生命之链。荀子提供了一个关于人（物种）性的理论，以及人性在宇宙蓝图中的地位。他的分析以暗示的方式提供了一种关于儒家传统标准的物种生存的正当性证明。

正名。荀子将他的实用主义儒学建立在一个关于语言、人的道德和实在世界的关系的理论之上。他修订了儒家关于语言的道，以试图回应墨子后学和道家的批评。

---

① 仅仅是模糊地，因为荀子将道当作是圣王们的发明，是经由经验验证的。然而，既然他提出的是一种习约的诠释理论，历代的老师所传授的则是各种确定差异的方法，并决定什么是正确的方法，这就使得不可能在一个发展着的道和一个不变的道之间做出区分。请注意有关美国宪法的类似问题：宪法是由其创建者遗赠给后人的一个不变的标准呢，还是一个由法官变通地诠释的发展着的东西呢？

自然主义

接纳并普遍地应用"天"的概念这一过程,是从孔子实用的不可知论开始的。墨子将天与规范性权威联系在一起,但是将自然从基于语言的习约中分离出来。习约是社会选择的问题。庄子延续了这一顺化于天的趋势。他步墨家后学的后尘,摈弃了"天"的规范性权威。"天"的反面不是超验、超自然的,而是习约性的、社会性的。墨子、杨朱和孟子都论证了自然规定了某些是非的回应。慎到和老子强调自然自身并不提供任何具体的指引。墨子后学试图将是非基于自然的相似性和差异性来重塑现实的指引观念。但是,他们避免直接将自然作为权威来求助。这样一种语义学上的功夫和他们将其体系扩展到一个更广的指引性措词的努力都失败了。于是,庄子提醒我们,所有的是非体系都是同等地自然的,我们是不能从这个无关紧要的事实中获得任何具体的指引的。

荀子关于天的理论也是用其恒常性的一面来说明它。他用这个主张来否定天直接与道德问题相关。天的行为不依赖于人间事物的道德特性①。他将天的恒常性与习约性的"道"way相对照。荀子从未明确地指出任何"道"way有不变的特性。但是,君子确实将自然的不变性作为一种特定的恩赐,并将其应用到自身的"道"的塑造过程之中。② 能够说的道都不是恒常的,但是自然(自然的实际进程)是恒常的。因此,这样一种恒常性并不传递规范力。天与恒常性之间的隐喻性的联系是从天与天体的规律性或恒常性的联系中推演出来的。荀子使用日月星球的运动和四

---

① 《荀子》,62/17/1—2。
② 同上,63/17/24。

季的交替作为恒常性的标准隐喻。

在荀子的"天""地"及"人类社会"三位一体的世界中,"天"这个术语还起着自然元素的作用。天和地构成人类社会(作为物质的人)必须适应的背景条件。实在世界背景下的规律性支撑着这个实用主义的论证。社会生活不得不对非社会性的规律做出响应,否则我们就不能在大地上生存和成长。尽管如此,指引我们的那个"道"既不属于天,也不属于地,①而是由人的习约所构成的,即由"礼"所构成的。

荀子对学派的忠诚使他认为儒家的习约,即"礼",是一个保持社会秩序的独一无二的有效机制。原则上,我们可以想象有许多习约性的形式可以支撑一个社会的运作。在《荀子》一书中除了可以找到一些对于礼的时代和半神性的起源的暗示之外,很难找到论证荀子的偏爱的论据。对这一特殊情形,文本中从未清晰地出现过任何令人信服的实用的论据。甚至深思善辩的荀子对儒家"礼"的合理性所做的实用性证明似乎也是建立在荀子浅陋的盲目信仰之上的。

> 礼者,治辨之极也,强国之本也,威行之道也,功名之总也。王公由之,所以得天下也;不由,所以陨社稷也。故坚甲利兵不足以为胜,高城深池不足以为固,严令繁刑不足以为威,由其道则行,不由其道则废。②

我们如何才能知道儒家的礼能够独一无二地提供这种积极的结果?正如我在前面所说,对于这些有关信仰的精彩陈述是很

---

① 《荀子》,20/8/24。在其他地方这个肤浅武断的荀子固执地相信明摆着的矛盾,即等级秩序就是上天的秩序(26/9/16)。
② 华兹生(1963),第71页。(见《荀子·议兵》——译者注)

难找到直接的论据的。他给予礼的直接的论证是他的断言,即礼控制着和引导着欲望。他必须假设的不仅是礼发挥了这种作用,而且是以一种独一无二的有效方式发挥了这种作用,这种方式是在特定的人类心理和背景条件下唯一能够保护秩序和社会和谐的。正如墨子和庄子论证的那样,要达到这个目的,我们可以有许多可以替代的不同形式的礼,有些形式是为了获得最大的好处而特意设计的。荀子只是简单地断言,礼是所有这些好东西的源泉,没有它人们只能面对混乱。这里所显示的是,荀子是在向那些已经皈依的人们在说教。①

根据荀子的假设,他的"道"仍然间接地来自于天。天设立了自然的规律,这些规律使某些"道"同其他的"道"相比能够更有效地促进稳定、和谐、满意的生活。森林的构造规定了森林中的小路如同意图中的目的地。对于一个社会目标而言,自然的结构(森林)确定了最佳之道。但是,它是通过开路者的创造性努力而确定的。

荀子认为,对于目标并没有什么特别的问题。庄子认为实用性的论证所假设的是人类生存的价值,对于这一点荀子几乎没有与之有任何争论。"好吧,"他说,"我们就这样假设。"也许存在某种观点,认为人的生命应渐渐息止。为什么这样一种可能性比任何其他更抽象的哲学命题更吸引我们?庄子的思想是有趣的,但与荀子的任务无关。我们最好还是能够很好地去生活。如果我们认同那个明确的目标,我们就可以开始理解荀子的立场。他将对习约性的指引新体系的意识与他对儒家圣王的信仰结合起来。创造性的圣王们照亮了在自然的情境中通往那个目标的独特有

---

① 伊若泊(1990,第144页)论证了一个类似的结论,但其语调是明显不同的。他认为《荀子》一书的设计是用来防止儒生变节的,而不是用来说服不信者的。

效之路。

遗憾的是,荀子并没有明白地给予庄子一个直接的反驳。他常常断言的是,名家学派的中心问题基本上是没有什么价值的。他对庄子的描述是简约而模糊的,他说他是一个"知天而不知人"的人,除此之外,荀子回避了道家多元论的观点。事实上,在他的文本中直接的目标只是有时候涉及一般的康乐和合作。更多情况下荀子的表现是浅陋的。他只是简单地设定了统治阶级的权威和利益。他过多地以"君子"的明显正确的且有教养的感性为其论证的起点。而教养的形式问题是一种循环论证问题,当荀子在接近承认这一点时,他却最终放弃了,而是宣称儒生是有可能神秘地、无偏见地理解正确之"道"的。

正确行为之"道"因此取决于人与天地的协调。当某个社会领域遵循道时,天地就会通过提升人的福利而做出回应。天地通过保持其恒常性而做到这一点。它们并不意欲人们必须有道德或我们为善行而追求奖赏。道德的检验就是与这种恒常性保持和谐,而这个恒常性会自然地产生出最富有营养的成果。荀子认为善,无论其形式如何,就是在自然的规律性和现实的局限性的情境下,最能促进人类社会福利的东西。

因此,对于帝王来说,通过遵循正确的统治之道,致使产生正确的社会行为模式。这种行为模式反过来致使人民得到天地的抚育,生活中而不受伤害。这里并不涉及任何解释自然规律的科学。荀子是从纯粹地实用性角度来定义知天的含义的。① 荀子并不鼓励对自然的运行机制做出任何理论性的或形而上学性的猜测。最为重要的是,我们自己策划了获得成果的途径,而不是

---

① 《荀子》,62/17/10。

我们知道为什么会出现那样的结果。在这里也许他的担心是,任何这些猜测都会将焦点放在天的欲求或意愿上,从而转移了人们对圣人有意创造习约的情形的关注。

在荀子的自然主义中,各种天命学说的自然主义的说法得到了很好的应用。但是,天命既不特别地依赖于一个人格化的、神人互通的天的满足,也不依赖于它的选择。人类的征兆,即饥饿、暴乱和灭绝,只是发出了天命来或去的信号。这些事件意味的是社会失去了与天之间的和谐。从这些事件开始,一个自然的、社会性的因果链导致了混乱和有效政权的丧失。① 好的政府就是自然行事的政府。

荀子的观点十分接近显而易见的实用主义,此时他认识到无论"道"是什么样的一种路径,对于诸侯来说都是同样的②。如果他们都赞同某个制度,那么这个制度就是通往"道"的关键。他应用这个定义来证明那种非儒家的钟爱残酷惩罚的合理性③。他宣称对这些实践的缘起我们没有其他的解释。在关于实用性最佳的社会政策方面,从百王那里继承下来的东西是不可能错的。

荀子主要关注于现实的经济。这也许可以部分地反映时代所处的经济环境(在战国时期对于政治、军事上的生存,经济的力量是十分重要的。)同时,这也部分地反映了墨家和法家对实用政治思想的影响。这些后起的学术思想都强调了实用性,通常都是从经济上的好处来考虑的。它们形成对儒家的政治理想的主要对抗。经济的基础是食物。这个人口增长的前提也意味的是军事力量的前提。食物越多人就越多,人越多,兵就越多。我们在

---

① 《荀子》,63/17/34。
② 同上,64/17/46—47。
③ 同上,66/18/42。

《孟子》中看到类似的关注。

在关于教育的重要性的理论方面,与法家或孟子相比,荀子更像墨子,十分强调这一重要性。荀子比孟子更强调学,因为他认为道德学说的源泉是文化性的,而不是天生的。同墨子一样,他的假设是,只有教育才能生产出有道德的人。道德所包涵的不仅仅是人性在一个能生长和发展的环境中的自然成长过程。

好的政府提供好的训练,塑造善的人民。但是对于礼的合理性证明,荀子加上了一个新的经济性元素。荀子论证到,人满足欲望的要求总是超出可用的物质资源。对于分配和配置这些产品的方式,以期得到最大的满足,则需要有深思熟虑的、有创意的社会政策。他论证到,特别是儒学的训练不仅可以产生秩序,而且可以现实地处理稀缺资源的分配问题。

荀子对礼的正当性证明是从缺少正义这一古典论点开始的。但是他给出的答案不是简单的平等分配。荀子没有采纳人的价值生来就是同等的这样一种假设。相反,他以一种古典儒学的方式指出,某些角色具有不同的价值和地位。这样一种社会所赠予的角色的地位指引着他的分配政策。礼同时建立了人的贵贱之区别,而且确定和区分了适于每个阶层追求的目标。

因此,荀子的目标是远大的。他所希望的并不仅是通过产品配给来获得同等的满足,而是实际要通过直接操控人们要满足欲望的秉性而获得欲望的普遍性的满足。他的论点与我们在老子和庄子的语言哲学和心智哲学中所发现的观点类似。道家认为是文字、差别、和各种各样的"道"提供给我们欲望。而荀子坚持认为欲望是本性的一部分,但我们可以控制由这些欲望所产生出来的追求欲望的行为。欲望的刺激是一种无形的冲动,它可以通过礼仪、语言和习约得以疏导。我们并不创建欲望,但是我们可以控制所欲求的内容。因此我们可以用语言调节欲望。因此,我们在面对经济资源匮乏时而无须剥夺人欲也可以实现社会秩序和社会和谐。对于人的不同的社会阶级,我们以不同的方式疏导其欲望,结果使得所欲的是恰当的。恰当的欲望就是那些与可用的事物相匹配的欲望。

> 势位齐,而欲恶同。物不能澹则必争,争则必乱,乱则穷矣。先王恶其乱也,故制礼仪以分之。①

荀子赞同这个意见,因为它应验了古典的"维齐非齐"观点。由于地位的不平等,人们在满足欲望方面能够获得的大致平等。

因此,对于礼的正当性的证明在《荀子》中有了少许变化。礼仍然支撑着等级结构的基础,为等级体系中的每个位置提供了对角色的期望。然而,荀子从道家那里获得灵感,他意识到语言(通过组织而形成道,即规范性的论述)可以调整欲望。他能利用角色的结构毫不费力地进行配给。社会中各个不同阶层的人们在接受他们所处的地位的"道"的过程中,就会欲求与他们所扮演的角色相适合的东西。他们的欲望与他们所处的地位相吻合。

> 食饮、衣服、居处、动静,由礼则和节。②

因此,社会可以养育每个成员,因为并不是每个人都要求有龙虾。有些阶层的人更喜欢的是水草和野稻。请注意,荀子没有将这些东西的味道作为证明自然的优越性的证据。它们是对应于一个人对社会地位和角色的期待所做出的中性而理性的调节。对于他的理论我们有一些社会学的证据。关于经济阶层划分的

---

① 华兹生(1963),第36页的翻译。(见《荀子·王制篇》——译者注)
② 同上,第25页。(见《荀子·修身》——译者注)

社会经济学研究成果支持这样的主张:这样一种品味的阶级调和确实发生了。

然而,我们再次地十分希望理解荀子对于儒家的礼是获得这种不平等中的平等的独一无二的有效途径的论据。在既定的物产和人口条件下,一定存在许多划分阶级的方式和向人们灌输欲望的方式。例如,对于那些我们训练其喜欢龙虾的人来说,我们也可能将其训练成喜欢麻布的人。同样,那些依水草为生的人也能够拥有丝绸。老子认为我们可以忘却那些被后天培养出来的对稀有之物的欲望,而这样的观点会产生低效的社会政策。于是那些物产会被浪费掉,也没有足够的水草地可供使用。荀子认为等级结构的顶层应更小的观点可能引致了这样的假设:处于顶层的人应该被训练成对稀有之物有欲望的人。

但是,他的全部目的,即每个人的欲望都得到同等的满足,在原则上需要我们找到区分欲望的方法。我们不可能有去追求同样的东西的全部金钱。将自然的社会等级与儒家关于适度的欲望和举止的礼相结合可以解决经济问题。但是荀子固执地认为,这是唯一的可以产生足够的满足程度的"道"。我们不得不在其他地方寻找关于儒家礼的具体细节的正当性的证明。荀子反儒的弟子,即法家,从他的政治大纲中删除了这个未经证明的观点。

生活之链条

其后,荀子为了将道德建立在习约之上,他吸取了道家关于语言和心智的理论。但是,他的理论给予人的是在自然的安排中的一个非道家的社会地位。这个特殊地位来自于一个类似的实用主义的观点,即荀子拒绝接受庄子的那些担忧,庄子认为肯定我们人的价值而反对其他动物的价值是有问题的。荀子认为人有权力主宰其他动物是理所当然的。这种主宰是自然的调节力和我们天赋能力的共同结果。

荀子的人代表着自然界的一个顶点的学说类似于西方哲学中的观点。但是,他的关于是什么使人不同于动物的解释又一次揭示出与我们关于人性的理论的基本差异。西方对人的古典的定义是人是理性的动物。这个定义指出的是人与动物之间在理性、智力或知识方面的不同。荀子发现所有动物都有"知"(know-how)的能力。与之不同的是,人能区分差异(尤其是在"文"的方面)。这就是我们追求"义"的自然倾向的基础。它使得我们能够发展和接受习约。

> 水火有气而无生,草木有生而无知,禽兽有知而无义;人有气、有生、有知亦且有义,故最为天下贵也。力不若牛,走不若马,而牛马为用。何也?曰:人能群,彼不能群也。人何以能群?曰:分。分何以能行?曰:义。故义以分则和,和则一,一则多力,多力则强,强则胜物;故官室得而居也,故序四时,裁万物,兼利天下,无它故焉,得之分义也。①

然而,荀子的观点并不等同于将达尔文适者生存的解释用于人类这个物种。不过,他确实在暗示,人的生存和发展更多地是因其社会性而不是其智力。这一点揭示了中西方在知识和心智方面所存在的深刻差异。显然我们共同享有获得知识和利用知识指导我们与动物相处的行为的能力。人区别与其他动物的特性就是有建立习约的特性的能力,即创造语言的那种能力。② 这

---

① 《荀子》,28/7/69—73。
② 荀子不是一个敏锐的动物观察者,否则他不会宣称没有其他"群分"的动物。社会性动物是有的。不过他的论点可以成立,因为它们的社会化行为与人类不同,即这些行为不是依赖于习约的差异,以及一种使用与差异相连的名称的指引之道。

个能力使得人可以协调自己的行为,积累和传递知识。在我们当下的论证中,我们不应将心智和知识当作个人处理信息的能力。心的本质不是其有能力搜集认知的内容。

人能够从智识转向一种共享的"义"的观念,这样一种特别的能力就是人能够划分和区分的能力。荀子将"分"一词与我们更熟悉的"辨"一词连用。核心的分就是社会的等级之分。但正如上述引文所示,分包括了四季之分和万物的分类。社会的差异所要求的就是礼的差异,这种差异反映的是合适的所欲和适宜的行动。礼规定了合适的所欲、倾向以及各类角色扮演者应之而生的行动。

我们有能力将划分事物的社会标准内化于心,这样一种能力是人的社会特性的基础。我们人类使用基于习约的礼典来组织自己的社会。要有一种礼典就需要我们从各种可能性中学习一种共同的进行区分的方法。然后我们学着依其而采取行动,这些行动是以协同的、合作的、公共的方式完成的。这就要求有等级的区别,所欲的区别,以及我们处置的一切事物的区别。在这个主要结构的意义上,道德是因袭的。而且其结果是,荀子接受了这样的推论:事物的分类也是因袭的。它是由目的指引的,众所认同的将事物归在一起的方式,其目的是协调我们的行动和我们的追求。

> 君道当,则万物皆得其宜,六畜皆得其长,群生皆得其命。①

这个主题修饰了荀子对礼仪仪式的正当性的证明。他对礼的社会作用的解释发展了孔子将礼作为一种调节手段的观点。

---

① 《荀子》,29/7/75—76。

他的观点还结合了实用主义的墨家的认识和怀疑论的道家对待习约的方法。荀子的综合性理论类似于一个现代结构-功能主义者的理论。仪式是重要的,这是因为它们强化了我们对社会的集合性和和谐性的意识。甚至在它们还没有产生出任何更直接的实用性的好处时,它们就能强化我们这样的意识。例如,荀子证明了葬礼的社会性和功能性的作用。葬礼为我们提供了一个稳定的形式,通过它我们一方面可以和谐地在一起自然地表达我们的悲伤,同时也强化了我们的社会一体性的意识。我们是以适当的社会性的共同方式表达我们的悲伤。

这里所暗含的前提是,与墨家更理论化的统一的替代方式相比,儒家的礼能够更好地表达人的情感。遗憾的是,对于这个断言我们仍然找不到任何论据。我们所能找到的只是荀子个人的相信,即儒家的礼是更好的。不过,要归功于荀子的是,对于这个断言,我们现在至少有了一个直接的简要陈述。

因此我们的习约或我们的礼仪使我们聚集在一起,形成实用的功能团体。如果没有习约所提供的社会的中枢神经系统,人这样一种生物就不能共同生存。

语言和道德

深思善辩的荀子依赖于直接的无所不包的习约主义。他以修辞的方式直接回应了墨子的挑战。确实存在多种可能的协作性的解决方案。我们的确需要一个关于正确性的标准,但是他从未提供过实用的论据。相反,他在用庄子的观点反驳墨子。我们发现没有哪个自然的标准不是以某种习约为前提。一个词的用法是否正确依赖的是一帮人的共识,而不是同与异的自然结构。我们不能回到习约背后,不能发现一个纯粹自然的判断标准。随后,荀子也与庄子分道而行。任何对习约的怀疑论只会导致思想上的无序,儒者将这个无序等同于社会的无序。已经建立起来的概念性结构,即传统的"道"^(way),是行为导则的最终源泉。如果讲道的主题是多变的,社会的和谐则是不可能的。我们不应允许通过我们的语言而使这种情况发生,即让其他可能的讲道存在。既然没有一种方法能够解决在诸多的讲道中做出适当的选择的问题,于是我们最好就像独断论者那样行动。

荀子在这里的论证有一个实用主义的特征,但是他更多的是求助于儒家的"治乱"观而不是直接求助于墨子的"利害"观。他的实用主义的诉求是暗含的,但是关于有用的解释性的标准似乎主要是指秩序。这一点可以部分地解释荀子的更具有权威主义特性的结论。对于采用任何的"道"而产生的后果,荀子的推论是这取决于统治者的偏好。秩序是好的,应予以最大程度的强化。这个关于功利的特别的推断所假设的是现时的精英,即君子们的价值判断标准。

这个实用性的论证和关于精英的假设结合在一起解释了荀子的独断主义。在批评墨子时,荀子只不过是断言墨子只是对于文化修饰的价值视而不见而已!① 荀子对君子的崇拜符合他的儒家背景,但是如果用这个观点来反对墨子和庄子,就只不过是循环论证而已。

他主观地断言君子具有优于常人的洞见,而对这个断言的最有力的辩护来自命名的理论。这迫使他几乎要在事实和价值之间做出一个直接的区分。这个区分出现在他使用了墨子常用的词汇"法"和"类"之时。他批评慎到在没有任何"法"的情况下,将

---

① 《荀子》,79/21/21。这一点使我们想起布洛德(C. D. Broad)的道德直觉论的一种说法。任何不同意道德是什么的人在道德上必定是盲目的。

"法"作了提升。① 这个批评似乎在暗示,慎到在将直接的思考注意力吸引到诠释的标准时,他放弃了正确的唯一性的假设。而"势"^circumstance 当下所支持的只是这个唯一性。荀子还批评惠施,认为惠施自己就没能"法"^效法先王肯定礼义②;惠施拒绝承认任何差异。荀子争辩说,如果我们有法的话,那些听到案子的人就必须依"法"行事。当我们没有法时,他们必须遵循"类"的自然差异③。

因此,"类"必须有某种实在的基础。比照之下,荀子坚信"法"须遵循"义"。④对于一个君主之国,其"道"不必好过三代之"道"。非常古老的文本固定了这个"道"的说法。从后续的历史中产生了"法"这个术语,而这个术语是对这个运行中的"道"所使用的术语做出的诠释。"法"就是后来的帝王们所使用的解释性标准。⑤

由深思善辩的荀子变成浅陋的荀子,说明这一变化的方法之一就是承认他对墨子的有关语言的第一标准有深刻的认识,即语言是古代的传承物。语词的正确使用依赖于先前的用法。道德性术语的使用标准一定是历史性的。这个论证对未经证明的独特的实用性主张以及荀子对等级秩序的价值偏好做出了补充。

---

① 《荀子》,15/6/6。
② 同上,15/6/6—9。
③ 同上,26/9/13。同音翻译和大部分评论者都将"法^standards"当作"law",在这里则失去了原义。确实荀子在善的方面提倡"礼",在其他方面提倡"刑"。但是,在这里"法"最贴切的意思是做出区分和正确使用名称的标准。这也是他为什么将法与"类"相对照。我在这里的建议是"法"是用于行为规范的术语。荀子的对手们提出"法"是"伪道"(bogus ways)的组成部分。他们认同做出和实施指引性区分的非道德的方式。这里,法这个词与刑罚没有任何特别的关系。
④ 同上,26/9/11—12。
⑤ 同上,28/9/48—49。

这个证明是源于习约的历史性以及无法脱离习约的语言的作用。这个论证消除了哲学上的怀疑,但却是以概念的无序性为代价的。

这使我们能更深入地去理解荀子无礼则会无序的观点。当我们偏向某一种东西而不是另一种东西时,我们就预设了某个标准。任何建立一个新标准的企图也都会先预设一个标准。作为一个新标准,它即不会显得更根本一些,也不会更有效力。它将仅仅是另一个自证的选择。因此,对于某个选择的偏好,除了我们在开始考虑标准时所拥有的标准之外,不可能有任何实在的基础。我们所拥有的标准就是确定了的历史的标准。因此,除非我们坚持已建立的习约,否则我们就会有过多的同等主观的价值判断体系。我们从其他体系中独一无二地挑选出其中一个体系的,该体系的唯一的特征就是它具有确立的和习约的性质。我们可能不能证明变化。因此,最好的做法是绝不承认疑惑的存在。

荀子的论点不能说服任何有推理概念传统的人。推理标志这样的信念:某种思想能够改善传统。我已经论证过,道家和墨家都没有提供过这样一种跨文化的清晰可辨的推理观念。如果庄子是正确的,则所有这些体系都是内在地自我为"是",他者为"非"的。我们没有途径获得一种原初的观点,并由此来判断某个优于另一个。因此,荀子的结论是,在历史的事实中我们确实拥有一个赞同现行习约,拒绝改变的基础。对于其他选择我们则没有任何这样的基础。

在文本中,荀子没有平静地满足于这样一个对于激烈变革的冷漠而理性的反证。如我所说,这个反证充其量可以对他的武断提供部分的解释。荀子对儒家的传统有着非常的激情。他以真实的儒家方式,称颂、崇拜、热爱这些传统。极端聪明的人,即圣王们，设计了这些传统。历代有智慧的人通过有意识的行动琢磨和修饰了这些传统。因此，传统汇集了历代的智慧，然而这些智慧甚至没有在自由派的功利主义者的故意的社会性的修补中得关注。在试图变革传统时，自由派的理性主义者可能不知情地废弃了部分的礼，对这些礼他不能够欣然理解其功能和重要性。结果导致礼的崩坏。任何变革都将使礼的状况愈发糟糕，变革冲动的最终结果是怀疑一切和思想上的混乱。荀子的保守思想（同其他所有的保守主义一样）出自一种对传统的系统性运作的强烈感受。它引起这样一种惧怕：变革会以我们不能预测的方式影响系统的运作。

遗憾的是，这种激情损害了他的立场。富有激情的辩护使得习约的地位依赖于先王们的智力和优越性。冷静的辩护所基于的是一种关于使用名号的正确标准的历史理论。如果是聪明的洞见证明了标准，那么今天同样聪明的人可以设计出取而代之的东西。富有激情的辩护所要求的假设是，今天的人们与过去的人相比是愚笨的。由于情境的变化，一个同样聪明的帝王几乎可以肯定地会去严格遵循过去的聪明的帝王们的传统，其方式就是站出来创造标准。这就是荀子的"法家"弟子韩非的观点。

新正名

荀子关于名的理论反映了他在礼方面的立场。荀子使用"道"时，是将其作为一个一般性名词使用的。各种的"道"可能是欺骗性的、非正当的，或正确的。它们是对抗的、概念性的道德结构：即指引性的论述。而荀子自己最爱的"道"是先王的礼之道。它由书面记载和传递下来的"文"组成。因此，荀子必须处置迟迟未得到解决的有关实用性诠释的问题。他既不能再依赖于不足信的一物一名的原则,也不能依赖于难以捉摸的社会的不变用法的想象。道家和名家学派已经攻击削弱了这两者。

在命名理论的发展和改变方面,荀子确实认识到了这些攻击。他采用了一种规范性的社会的正名学说,这个学说并不依赖于某种不变性的主张。他不能证明合适的用法是暂时性地不变的。他不承认任何变的需要。正确性的标准是历史性的传统。他认为,只要一个人处于传统之中,他就是对的。除了这个传统没有其他东西可以成为正确性的标准。力求遵守先王之道的努力是合适的,并且存在一个这样做的正确标准。那就是要符合现存的关于当下符合的习约性标准。不存在其他抽象的非武断的标准。因此,标准就是儒家的君子所倡导的传统应用于当前的内容。荀子解决正名的问题的方法就是变成一个关于道和诠释的习约主义者。

荀子在他的命名理论中确实很大程度上从墨子后学的教规中汲取内容和风格。他以明晰的关于关键词的理论为开端,这些关键词是"性" nature,"情" emotions,"意" intentions,"伪" deliberately activity,"成" completion,"知" knowledge,"能" ability,"命" fate。进而,他的议论触及辩证的传统所提出的问题,包括公孙龙和庄子提出的问题。在《荀子》一书的其余篇章中这些关键词也发挥着关键的和一贯性的作用。

荀子在他的名称理论中引入了一个重要的新观点。他指出名有两类。对于直接涉及社会指引的名,他用"贵贱"的概念。对于与自然和实在世界有关联的名,他用"同异"的概念。他以一种一般性的统一的方式对待这两种分别代表价值和事实的分类。这两类名都有指引和协调人的行为的社会目的。两者的应用都要依赖现实社会的反馈。两者都以因袭的和习惯的方式汇集反馈的意见,以创造可理解的名。值得关注的主要区别是,当前的圣王可以改变现时的名。社会价值的差异必须符合继承下来的过去的标准。

荀子起先将价值判断的用词分为商朝刑法的名,周朝官员爵位的名和文化提炼的礼的用语。他称描绘性词语为"散名"(miscellaneous terms)。我们将它们用于万物。物的名称来自于神秘的、创造了文化的夏代风俗。有趣的是,荀子说这些习约为不同文化下不同习约的人民提供了交流的基础。这种文化的中性特征和现时的帝王能够制新名的结果标志着这样一个假设,即杂类的命名存在某种自然的基础。荀子似乎仅仅是为了价值所基于的名和法而强烈地推行历史的因袭的保守主义。而在其他方面,他同意可以基于"类"的发展。

荀子的定义

荀子的哲学目的所围绕的是与人性相关的名,即是心智的哲学。这些术语对于他的关于"心"(heart-mind)如何为了社会协作而使用语言的论述是重要的。他主要集中在性与习约的差异上。荀子给定了"性"^{nature}的涵义,即"性"是"生"$^{\text{birth-growth}}$的结果①。有时他有意用"性"表示后天获得的直觉,即第二本性(second nature)。将那些在我们身内产生的精炼的、统一的、感受到的反应称之为性,只要我们没有有意识地去分辨或算计其功利。当这些反应是出于"自然"$^{\text{of themselves}}$之时,荀子称它们为性。这种将

---

① 评论家们强调"生"(birth)的一面,但是这个词清楚地有两个意思,后者("长",growth)对于解释孟子的说法是必须的,即孟子借用自然来指我们所发展成的能力,而这些能力是在个体内自然成长的。

"性"与自发性联系在一起的做法结果是针对性地避免了对后天的技能与先天的技能的区分。要称某种东西之为"性",就看在需要技能的行为发生时,不存在任何有意的处理。

荀子也像庄子一样谈论"情"^reality responses。他列出了庄子所说的标准的情:好、恶、喜、怒、哀、乐。出于这些"情",心做出行动的选择。选择的行动称之为"虑"^deliberation。情和虑都同于墨子后学的用法(除了对于"情"字,墨子后学使用了"言"字部首,而非"心"字部首)。

注意,"虑"并没有涉及任何欧几里得式的论证形式。"虑"不是思想的书面论证。荀子没有提供一个实用的三段论法的理论。荀子将"虑"处理成心在从我们的性与世界交融时接受了一个现实的输入之后所做出的一种简单而基本的反应。他的分析没有将其作为一种产生行为理由的证明结构。

当我们在思虑且将思虑的结果作为一个行动时,荀子称其为"伪"^artifice。这个词的涵义是两个词义的组合:"为"和"人"的部首。翻译者经常将"伪"译成伪造的或不可信的。但是,荀子将其作为一种肯定的概念。"伪"是文化上的创造力。"伪"与"性"形成特别的对照,它对于荀子关于语言因袭性的论述是至关重要的。

如果我们将这个论述放在我们所熟悉的个人主义心理学的范畴来考虑,我们则又会误导我们自己。我们不应认为荀子是在提倡每个人都在发展一种独特的创造性的个人习语。"伪"属于文化,而且主要是社会领导者——圣王或君子的一种活动。

这些定义不会产生荀子所要求的作用,除非我们注意到"性"没有碰巧地与更具一般意义的"天"的观念相一致。我们不能在最一般的意义上使用英语 natural 一词。在共同的社会方式下使用语言和做出选择在道家看来是很自然的事。荀子的这些定义并不能反驳庄子对任何事物，包括全部争辩的学说，都是自然的观点所提出的异议。我们是操作共有的信号系统的社会性动物！但是，荀子的"性"并没有那么广泛的涵义。他没有像孟子那样，通过使用概念来建立"要天然"(be natural)这样一个浅陋的规范性主张。相反，荀子要做的结论是，"要人为"(be artificial)！

如果我们将"性"仅仅当做人性，我们就能抓住荀子的特点。它与自然的命令混合在一起就大量地产生出"伪"。"伪"在这个更大的意义上是自然的。尽管如此，将"伪"的产品的文化贮备与自然的和后天自发性的反应区分开来是有用的。我们可以实践和传递伪。"伪"通向庄子的"成"。荀子实用性地忽视庄子的关注，即文化上的任何这类成就将某些其他成就抛在其后。他只是重视"伪"的行动所产生的文化产物。

计算①，特别是功利性的计算，是"事"的标记。荀子用"事"与"自然"self so 相对，再次将自然的行为与伪相区别。然后，他将"事"与"行"相对照。后者是用"义"，而不是用"利"来矫正。

在词的用法中荀子给他的许多术语一个核心意思和一个扩展的意思。基本的例子就是"性"和"伪"。这里，他也与墨子后学一样，给予"知"know how一种双重的用法，既作为一个过程，又作为结果。我们区分"知"intelligence作为一种能力，而"知"know how作为结果。（内在于人的，且用以去知的东西，他也称其为知）。荀子直接将"知"know how描绘成"能"ability，从而确认了关于概念的知的分析

---

① 这个术语在用于翻译"正rectify利utility"时有一点误导。我选用它是为了突出深思熟虑的过程要件。我不相信荀子关于功利的思想与边沁关于功利的数学计算的过程有相似之处，而是认为他的思想更像墨子的思想，即将功利计算作为做出一个区别的客观性的测量。

问题。任何缺陷或对本性的伤害他称之为"病"^{sickness}。对于我们仅仅遭遇的那些事,我们称其为"命"$^{\text{name; command}}$(命运)。这些就是荀子在其理论中引入的中心术语,他的理论是语言、道德、人性和自然宇宙结合在一起的理论。

用名的政治控制

在列出了那些与世人及其行为相关的散名之后,荀子说,这些术语(如"法")来自后来的帝王。他的目标和孔子的目标一样。社会精英们使用语言其作用在于教育。统治者像父亲。他们影响我们应如何说和如何行。当我们使用名称时,我们在区分事物。然后,规范性的论述("道")产生出行为,并且我们就自己的意图成功地进行交流①。于是帝王能够控制人民,使他们在完美的和睦中行事。治国的关键就是建立语言的范式。

显然,出于这样一种帝王和政治结构作用的观念,荀子会发现"析辞"(splitting names)是最危险的反社会行为。它在政治上是颠覆性的,它破坏了国家的目的。正名的角色只能由社会的精英扮演,而不是下层社会的那些碰巧有哲学技能的人。(不需要用墨家那些人)。如果允许对如何区分进行公共的辩论,则会造成行动上的犹豫和怀疑。它隐藏在昂贵的诉讼背后,这些诉讼拖延了社会对那些威胁我们共同利益的自然条件(如洪水)所要做出的必要反应。荀子将这种析辞和武断的制名行为(道家的习约性语言的无序性)称为是"大奸"。(参见《荀子·正名》——译者注)"析辞"如同造假支票或缺斤短两的行为一样是不道德的。

虽然荀子受到道家理论的影响,但在他身上并没有任何无政

---

① 推测性地认为这些就是圣王们的意图,而这些圣王建立了名称体系和含有这些名称的"道"。

府主义的东西。他认为推行制名保守主义的结果是，为达到某种公共的善，政府可以和谐而容易地①役使民众。这个观点清楚地建立在荀子武断的信心之上，即君子或社会精英就是那个公共善的标准。他给予这种权威主义仅有的另一个根据是，这种权威主义提供了一种调和性的解决方案。在我们用于指引的概念性的观点(道)方面，它使我们得以统一。标准(法)的应用使人们认真地且可预测地服从命令。

因此，圣王的行迹保存了下来并继续在今天影响着我们。保持这个过程的延续就是政府的目的。现时的政府应该通过名的固化来保护和延续这个过程的成功。正如我们上面所评述的，荀子应该对这个实用而响亮的诉求提供某种承认其他学派的主张的论证。他应该证明他所偏爱的用于指引的概念性框架和用法的标准比其竞争对手的观点更好。在《荀子》中，除了可以看到他坚信习约是唯一可信的标准之外，很难找到任何可以填补这个空隙的论证。如果他对那些激发了墨家和道家的相对主义的观点是有所意识的话，那他一定是在故意地忽略这个观点，因为这个观点构成了一种怀疑习约的习约和宣称多种习约答案的习约。我已经指出，他所害怕的是，甚至是提出选择一个不同观点的可能性也会削弱他要统一的目标。他论述到，我们确实有一个传统的标准。词义上的演变所导致的对替代物的考虑并不能留给我们获得某种答案的基础。结果将是概念上的无序。

---

① 我们必须注意这个道德观念与康德哲学之间的巨大区别。儒家和墨家早期共有的关于人的动机和社会的思想具有控制的性质，这个性质缓和了任何康德哲学的关于个人尊严的思想。也许依据这个社会心理学的初始观念，我们在荀子那里看到的向统治者倾斜的观点是可预见的。

第九章 荀子:实用主义儒学

习约和实用性功利

荀子不顾其他任何哲学上的异议而选择了一个实用的"道",因此他说起话来像是一个绝对论者。因为困难的自然条件和社会危险的存在,有一种"道"清楚地突显出来:即儒家的传统主义。它的突显并不是因为它在检验中是最成功的。对于一种直接而实用的检验,如果接受有效性,就等于是邀请公开的实验和竞争。对一种有关功利的原初观点的隐含性的诉求,引来了怀疑论的、相对主义的、和混乱的认识论的危险。他认为,儒家传统就是现存的传统。实用性的论证就是要继续这个传统,而禁止哲学争议。对于其他概念的抽象思考不能帮助一个人成为君子或防止其成为"小人"(lesser person)。圣人很难解释由此而产生的混乱,也不会出现解决规则问题的答案。从统治者的角度看,这样一种思想活动对于我们是毫无用处的。儒者与这样一种热切的希望结合起来了,即由于某种原因统治者自然地成为了聪明的社会精英。(道家则确认了一个几乎可以肯定的现实:这些人是会施行刑罚的!)

在讨好统治者劝其施行他所偏爱的儒家之道时,荀子的保证是儒生可以带给帝王的礼物就是让他在史书中得到好评。有谁能抵御这样的哄诱呢! 功业的青史留名就是一个政府的全部追求。而且帝王通过小心翼翼地保护术语的传统用法就能够实现这一目标。

因此,荀子的实用主义显示出墨家思想对他的一些影响,也显示出我们在孔子和孟子中所发现的一些隐含的观点。这个观点就是这样一种功利性社会体系的观点,即儒家的道,作为他们的指导性的概念和态度,对于一个社会来说是最佳的。不过,荀子的说法似乎是在承认我们不能找到关于最佳的中性的观念。我们也不应去寻找这样一种观念。对于这个道的选择,有关最佳的实际意义只能在我们现时的既定的道德制度中找到。这个制度就是传统的儒家标准。实际上,习惯的道德在思想上是优先于任何功利的计算的。

荀子的立场看上去是武断的,因为他在一成不变地维护着传统的价值。但是,我们现在可以解释荀子浅陋而武断的一面是出于荀子深思善辩的,相对主义的一面。对我们说来,他的立场显示出更多的武断性,其部分原因是我们将他的立场解释成为一种关于信仰的,规则的或判断的传统主义。但是,我已经论证过,从墨子开始往后,中国的辩论家们认为问题就是关于术语及其应用的问题。如前所见,这种情况大大强化了习约主义者的立场。社会标准关注的焦点更好地解释了我们如何使用名的问题而不是如何使用句子或信念的问题。荀子关注的焦点在于名和区分的标准,而不是句子和规则。

荀子与墨子的主要不同是其保守性的忧虑,即担心这样一种社会体系被逐步地败坏,这个社会体系以遗赠的历史智慧为范式,历史的磨砺使其能够适应社会的需要和神圣的恒久;更主要的是,这个社会体系提供唯一清晰可用的标准,用以回答关于这个体系的形而上的问题。

制名

当然,荀子不是一位古典的保守主义者。他是一个反动者!他的观点,即在他的时代只有儒家的标准,显然是错误的。他意识到,古汉语的共同体已经有了对抗性的传统。在荀子的时代,已经有了一种传统,即提出形而上的问题,并试图用自然的或中性的功利主义术语解答这些问题,不过这个传统在孔子时代还不存在。荀子只有想象自己回到了墨子创建其哲学事业之前的年代,他才能够完成他反动的为消除当时所有哲学思想的观点的证明。

面对实际存在的变革和多元或怀疑的传统,荀子的立场要求的不仅是习约主义。他提出的要求成为了一种激进的建议,即武断地赋予更老的、前哲学的传统更高的价值。我们当前在使用因袭的、习惯性的名称时,已经偏离了作为创造者的先王们对名称的用法。我们已经丢失了语言发明者原初的意图,而不再注意他们用这些名号时的意旨是什么。我们不得不调整名称的意思,使其与我们的实用性目的再次匹配。由于眼下圣王稀少,所以名号保守主义(name conservatism)已变得松驰了,而且我们已经允许人们(哲学家们)创建新的奇怪的名称。他们混淆了名与实之间的关系,模糊了是非之形(the shape of shi-fei)。因此,甚至那些意欲严格遵循"法"的人以及优秀的儒生们,都陷入了无序状态①。

一个圣王的使命,如果他选择接受它的话,就是恢复旧名。但是,这里有一个非反动的部分。他确实创造了一些新名,即基于事实的名②。荀子政治性的命名理论中的这个小小的进步成分仍旧是权威主义的。他仅仅赞同帝王可以这么做。由于他们提出的那些难以置信的悖论和总结出的诸如"鸡三足"的怪论,哲学家们已经证明了他们自己在这方面是不称职的。可以有新的基于事实的术语,但是这些术语必须来自于权力中心,而不是争吵不休的哲学学派。

---

① 《荀子》,83/22/10—11。
② 同上,83/22/12。

命名理论

如果你有政治权力,并且不希望事物的无序,那么你就可以更改名称。要做这件事,你必须记住关于名称的三个原则。这些原则是:(1) 首先要有需要名称的理由,(2) 有按同异划分事物的基础,(3) 名称调节的实质必要性。

需要名称的理由。从语言学上说,需要名称的理由使人想起墨子的论证,即需要有上司(长者)的同意。不同的范式在心里混在一起。不同的物种和各种事物在心外浮游。"贵"和"贱"的界限是不清楚的;我们不能区分"同"和"异"。其结果是,我们无法沟通,无法实现共同的目标。在"事"(即为了获利而采取的行动)中的协作失败了,并带来了灾祸。出现了完全徒劳的情状①。

因此,有知识的人进行了区分,使名副其实②。这就暗示了一种想法,即术语的制造者应该是他们所在领域中有专门知识的人(scientist)。但是,荀子并没有在人与人之间做出这种专门的区分。他在制名中所隐含的目的仍然是行为调节。有知识的人不是工匠(而墨子则倾向于认为是工匠),而是社会精英。首先你要做出贵贱之分,然后你才能有一个社会标准为余下的事物确定"同异"的差别。这就为我们提供了一个稳定的习约性的体系,它允许目的的分享和行动的协作。这就是需要名号的理由③。

同异差别的基础。相对于墨子后学和庄子而言,荀子在理论上的主要进步是他讨论了命名的基础。他仅仅是为了同异的区别建立了这个进步的立场,因为他假设的是权威主义确定了贵贱

---

① 《荀子》,83/22/12—14。
② 同上,83/22/14。
③ 同上,83/22/14—15。

之分。

他对贵贱和同异的不同处置可以部分地说明为什么他似乎既是反动的又是进步的。他坚持保护旧名的同时,又允许帝王创造新名。假设今天有圣王出现,他会作为一个使用名称的精英将自己的权威建立在贵贱区别之上。因此,他不会将这个区别作为怀疑和变革的主题。而是他会依赖于自己的传统性权威,根据实际需要来创造同异一类名称的新的差别。

尽管如此,这些新的同异的差别并不是帝王主观的一时奇想。他也不是将这些差别完全地基于现实中客观的同异。正如庄子和惠施所争辩的,外在的同异并不提供一个完备的基础,据此可以挑选任何特别的名号体系。对这个解释,荀子添加的观点是,这些同异对我们的感性产生了作用。他阐述了一个关于自然的或天官的理论。在天的理论中,他构建了一个关于基于物种本性的思想。对应于一列"天情",他列出了他所称之为"天官"的东西,即眼,耳,鼻,嘴和"形"。它们每个都有不同的接触知识的能力。"心"控制和指挥这些输入管道并记录下全部输入。荀子将"心"称之为"天君"①。

他对庄子的忧虑并没有给出更好的解释,这个忧虑是为什么心应该作为统治的那个。这只是天的自然安排。心确实指挥着输入的管道。荀子还将另一个以人类为中心的价值安排作为上天的安排。对于不属于人类的东西,我们将其作为财物(wealth),以之来养育人类②。这就是天养。(显然,天是不喜欢食人行径的!)

于是,他会争辩,同异的语言学基础不存在于外部性质中,而

---

① 《荀子》,62/17/11—12。
② 同上,62/17/12—13。

在于它与我们作为一种物种的人的本性的结合中。荀子说同类物种有同样的"情",这样的物种会有天生的能够用同样方式记录事物的输入管道。因此,我们用一个由我们的器官所提供的类似空间接受一系列的输入内容。人倾向于用人的方式将类似的东西归在一起。这就使我们能够"通"①。它为我们提供了达成名的公众性共识的基础,这些名在类聚的事物中显示了这个共识②。

荀子对于意义的讨论回应了庄子对人类考虑事物时存在偏见的攻击。请记住,庄子担心的是我们认为人的偏见和回应是是非的正确的标准。荀子写到,同种的动物,有着相同的反馈现实的机能(感觉),通过他们的感觉器官用类似的方式记录各种事物。对一头鹿来说,美女西施也许是很丑的,而对于所有的人来说,则会产生愉快的反馈。

荀子坚持在实用层面上进行分析。他没有宣称我们接受反馈的方式直接反映了世界或展现了它们在自然中的实际情况。认真对待我们的"情"和知觉之间的差异,其合理性的证明就是它为所有人提供了共有的,习约性的沟通的基础。无论在现实中获得什么,人都要对其做出反应,并将相近的东西归类,而且是用一种人的方法将其归类。

他没有做出明确的让步,即原则上,不同的生物可以用无限多的方式将事物归类。他依据于自然的事实,即同一物种的所用成员是用相近的方式将事物归类。因此,我们的感官在一种自然的归类活动中注重某种同异。他对庄子的怀疑论的回应是求助于实用的必要性,即为了和谐地使用名,我们持有足够共同的观

---

① 《荀子》,83/22/16。
② 同上,83/22/16—17。

点。无论原则上存在多少种归类的方式,而人性偏爱某些划分和归类普通物种的范式。对于我们在追求和睦共生和生存时而使用语言和习约的能力来说,这个事实是至关重要的。

荀子的习约主义的立场 再一次使得他漠视这个怀疑论的根源。而我们则是不同的!是非的标准是人在沟通交往中使用的一种人的标准。人的相似性空间对于正确使用语言来说是一个合理的基础,只要我们不是在与动物交流。将我们这个物种天生的输入管道与自然所提供的养育结合在一起就变成了价值和名的根据。我们的接受和判断系统有一个共享的相似性的空间和一个共同的关于什么样的结果可以算作成功的偏见。这个康德式的论点并没有试图给我们提供一个中性而普适的观点。以人为中心是我们不可避免的偏见。

尽管如此,荀子必定会允许我们也同样会做出某种纯粹的习约性的分类。我们仍会抱着习惯的方式对确定的人的相似性进行归类。有可能有多种习惯的方式。但是这些方式并不都是同等地与我们的天生的输入管道相适应的。

用这样一种实用的方式理解荀子减低了引入西方十八世纪的经验主义(现代人的智慧)来解释荀子学说的诱惑。传统的西方经验主义拥有用来证明描述性命题、句子或陈述的理性数据。经验主义者开始于经验数据的理论。这些数据有一个逻辑的形式,它如同事态的一幅图画。这幅图画的逻辑形式是,事物是相互关联的。我们头脑中想象的图画的形式对等于我们所采用的句子的形式,但这种对等是令人怀疑的。名词是指事物,动词是指关系。一般人的看见的模式就是几何的投影。西方民众的智慧是将感觉的目标作为科学的真理。

在对经验主义相关内容的解释方面和在更广的人的事务中

的作用方面,荀子的理论都是不同于西方人所认识的。经验性数据不构成个体事物相互关联的图画。经验性数据存在于进行区分的倾向之中。例如,当人在传达一幅空间位置的图画,或一幅现时的连续性的图画,或相对大小的图画时,他不是代表眼睛。眼睛做出特定的区分:形状、线条,部分与整体的区别。耳朵区分声音的清晰、模糊、长短、高低。嘴巴则是在味觉上做出区分,甜、酸、苦;类似地,鼻子和身体也做出分辨。

荀子没有像英国的经验主义或其他任何图像理论那样将焦点放在视觉和所视的描绘上。他将输入描述成类似于"情"或感觉。它们不是认识的内容而是进行区分的开端。他将它们的输出范式更多地是作为经过训练而形成的确认或能注意差异的能力来考虑,而不是作为世界的图像来考虑。既然人类有同样的反馈领域和分类,即我们都有甜和咸的味觉,因而我们具备学习和掌握社会所制的名号所必需的能力。我们记录了反馈的信息,这使得我们能够用因袭的语言执行社会的程序。

名构成了指导我们共享的生活形式的概念结构。我们获得一种社会性的一贯方法,用以标注那些人可以分辨的性质。我们并没有将名粘贴到物体在头脑中的图画上,而是将名与一系列事物联系起来,这些事物是我们的语言共同体在习约性的指引过程中所使用的事物。基于我们既有的感官能力和进行群分的倾向,我们可以分别出不同的物类。所以,我们在根本上所共有的是这样一种能力,即通过使用我们的感官,以某种习约性的方式协调社会的行为。

在这个社会性的命名过程中,心发挥了至关重要的作用。它的作用并不是体现在检验感觉信息的过程中,而是体现在它接受了由感官产生的反馈差异(可以推及到"情"——高兴、愤怒、悲伤、满意),然后依据因袭的标准,对其进行评价。心为各种反应确定了合适的指引性意义。它将"可"^permissable^当作输入①。

但是,心依赖于感官在测量输入的近似性时所做出的分辨的精确性。如果感官没有做出正确的区分,那么对于该如何行动心则给不出指示。这就是不知(怎么做)。因此,感官分辨的限度就是命名时区别同异的基础。

调整名称的基本要求

于是,用我们所得到的分辨性的反馈信息,我们给事物命名②。荀子没有陷入惠施和庄子所担忧的关于同异的延展性陷阱。荀子在处置所有那些搪塞之辞时所采取的一贯性策略是直接诉诸于实用性的考虑。他没有将悖论或特定的意义上的难题作为改善其理论的理由。因此,那种说荀子懂得那些导致悖论的理论的说法是毫无根据的。他的审察只是集中在这样一种思索或难题所产生的社会后果上。他蔑视任何对这个哲学挑战予以回应的企图。总结后的结论是,悖论搅乱了用术语来显示差异的习惯用法。它们改变了传统的方式,即通过一串术语来指引人们的行动。必须阻止这样的悖论!

于是,基本的要求就是认同习约。荀子用一个复合性术语和

---

① 《荀子》,83/22/19—20。
② 这里荀子用的是"命"^command^而不是"名"^name^。命令的意思不是完全不合适的,因为命名者被认为是政治的权威,而且荀子也确实认为人的权威高于其他一切动物也是自然的事情。名称,而不是判决性的命令,是规范力的承载者。对应于保守诺言、说老实话、执行命令等的各种习语都是参照名的。这样一个焦点说明了中国人对于隐含在名称中的某种命令的内容所采取的重视程度(这或是因为在名称的作用中已经建立了被接受的传统,或是因为本土的说话者直觉性地完全掌握了名称的命令作用)。荀子没有试图为那个阻止了后期墨家发展的问题提供答案,这个问题是,将名称归类如何可以指引民众?

修饰词的难题开始他的论证：即牛-马和坚-白的问题。对于墨家的复合词的解释和一名一物的复合词的解释，荀子没有给出在两者之间进行判定的原则。反之，荀子只是说，如果一个单字足以表示出一个范式，传达其已经确定的涵义，那么就用这个单字。如果不是这样，就用复合词。如果两者都不能合适地表示出涵义，那么则进一步使用一个比较含糊的意义更宽泛的词；这不会造成任何害处①。

这里的观点变成了纯粹的实用性观点。荀子所依赖的只不过是现存团体的习约性的期待。他并不试图去制造一个系统的方案或现实不变的方案。事实上，要纠正习约中还没有的名号，是不可能有任何原初的标准的。

因此，荀子隐含地接受了名家学派的定论。在名和事物之间建立一个完美的一对一的对应关系是无法实现的。他的正名的方式不依赖于这种抽象的理想。他的基本目的是对语言进行一种实用性的，习约性的纠正，而不是一种理想性的纠正。如果我们知道事物有不同的名，那么我们就知道我们不会用一个不同的名来表示每一个不同之处。那样做会引起全面的混乱。如果我们坚持要用相同的名表示每一个相同之处，那同样是行不通的。对于名而言，必定存在一些或多或少通用的名。只要可行，我们可以用单名，也可以用双名。唯一的限制是，在我们遇到单性词和复合词时，我们必须遵循使用这些词的习约。除此之外，没有别的东西。

有时你要指出一个很大的范围，你就使用一个像"物"这样的词。有时你要区分或限制你的范围，你就用划分的词，如"鸟非兽

---

① 《荀子》，83/22/21—22。

(birds'n beasts)"。荀子没有像墨子后学一样,将"私""类""达"当作截然不同的名的种类词。他根据差异的程度简化了它们。个体的名只是最具体的名。从这些名中不能分辨出某个词,说它比更通用的词更能表达抽象的意义①。每个术语都分辨出部分的意义,有一些比较通用的术语分辨出它为其一部分的整体。

于是,名只是实用性地标记出有用的(人可以理解的)差异。自然并没有在物种之间划出了界限。物种通过感官的群分作用选择了同异;然后习约和习惯形成了。社会实践确认了一种方式,将近似的东西联系在一起,给物以名。为了行为指引所做的合适群分,其唯一的"法"(standard)就是按传统培育出来的精英,即君子所做的判断。同异存在于性质上,但是我们在命名过程中采取的聚合分类的方式,以及我们所做的切割和划分(例如对颜色的划分),则首先是人性的问题,其次是人的习约问题。

因此,荀子采用了庄子所提供的一个简单的解决方案。某些区别碰巧包含在习约中。我们找不到独立有效的标准来改变它们。其他任何习约可能都是武断的,允许对其进行非法的变更将会造成语言无序的风险。只能由合法的政治权威,依据严格、保守的原则,提供名。

但是,我们可以认为某些命名的方式从控制论的角度说(cybernectically)比其他方式好。这些方式更容易记住,与其使用有一个自然的直觉性联系。好的名应该是:它们比其他可以想到的名能更好地发挥社会作用。这些名特别适合我们这个物种。因此,它们可以成为因袭而有用的名,并反过来成为适宜性的唯一标准。名与事物并没有内在的关系。那只是一种功能,即对可

---

① 《荀子》,83/22/21—25。

感受的近似之处进行因袭的、习惯的划分①。

荀子还论述了其他一些在墨子后学的教规中未得到重视的问题。这些问题是关于形容词的位置问题(例如,爱荷华州玉米 Iowa corn)。葛瑞汉在对显得更加不完整的墨家著作进行重新构建时对这个问题也给予了某种程度的关注②。荀子将这个问题与一个关于数字和名的问题结合在一起。我们可以在用处于不同地方但有同样可辨别的细节的事物之间做出区分。因此,尽管我们能够在说及这类事物时将它们结合在一起,但是我们仍可以认为它们在不同的地方的不同部分是不同的东西③。

在这一段文字中,最有趣的是荀子为建立这个概念所用的复杂方式,这个方式很像是对个体化的一种抽象。西方的和佛家的语言学观点所认同的个体的概念是,个体在其设想中是简单的,明显原始的。其他极端抽象的重要概念(秉性、性质、类别)的定义是建立在个体的特点之上的。个体拥有性质或属于某个种类。我已经证明,对于古代中国的语言学家来说,物种(thing-kind)是原始的概念。而且,抽象的结构就是部分与整体的结构。在这里我们可以看到荀子在构建这样一种观念:即一个个体的物可以看作是从整体中分辨出部分的特例。我们对一个个体的称呼就是这样一种可能性:将不同地方的同种事物看作是两种事物。

在关于抽象意义的变化的概念方面,我们发现了一个类似的对照。在印-欧传统中,变化的概念假设了一个个体物的原始概念的存在。我们认为一物的身份(identity)与其个体性(individuality)是捆绑在一起的。作为同一种东西也就是成为那

---

① 《荀子》,83/22/25—84/22/27。
② 葛瑞汉(1978),第471—473页。
③ 《荀子》,84/22/27—28。

种东西的同样的一个个体。个体成为了西方有关"变化"的概念之基础。发生变化的正是主体(subject)。在荀子之前的中国,所谓相同是指有相同的名号的问题。我们发现在文本中反复出现的所谓变化的问题其根本上是分类(classification)变化的问题。这就使得它既是一个抽象的问题,也是一个语言学的问题。

此刻,荀子建立了一个关于个体变化的如下理论:当某个东西的定位没有发生变化①,而它的可辨别的特性发生了变化,我们将这种情形称之为"化"。我们可以将这个变化了的东西当作同样的东西。我们可以说这里有变化但没有差异②。

这种处置变化的方式突显了中国哲学和印-欧哲学不同的分析框架。荀子并没有认为变化意味着事物是不实在的。对于用同一个词来表示变化的事物,他没有显露出任何勉强的迹象。对佛家的或爱奥尼亚式的观点,即名号所假设的是一种不变的个体物质,荀子也没有显露任何偏向。名号就是为了表述物种(thing-kind)。在空间中连续存在一段时间的东西也许会发生变化。即使名号变了,但在空间中连续存在的东西仍可视为正在经历变化的同一个东西。

西方对于变化的传统分析曾是基于一个不变的实体,一个潜在的真实存在或某一特定的存在。这个实体曾有性质、特性、偶性等等。这些是可复制的非空间性的特征,它们可能存在(inhere)于个体的事物之内。它们主要对应于形容词或非个体化的名词。变化被定义为这样一种时刻,即不变的性质在不同的

---

① 荀子的表述可以进一步完善。事物可以改变其位置只要它所占据的空间位置是连续的,即构成一个单个事物的一贯的时空历史。当然,对其表述的这样一种"完善"所用的是我们关于个体的概念设想。荀子的更加限制性的表述证明他不熟悉特定个体的概念。
② 《荀子》,84/22/28—29。

时期存在于一个特定的实体之时。在语言中,名是指特定的实体,谓词或形容词是指性质。实际上塑造了整个西方思想史的是这样一种设想,即潜藏在个体事物的知觉世界中的是不变的真实存在。这些细节表明,它们的地位在古典的中国人的设想中是多么的陌生和无创意。

因此,我们在理论上没有合适的动力将荀子的概念性设想同化成一种西方的或佛家的设想。这一细节没有在证明荀子的理论类似于西方的将名与特定事物或个体联系在一起的理论。西方式的个体确实是抽象的、理论化的实体,是性质在语法上的根基。与之相反,荀子的名都是与实在的具体的变化的部分相联系的。一般的个体是有可能存在的一类东西,这一类东西的产生是出于部分-整体性结构的不同应用。他们只是比较小的部分及特征。在主体性方面和语言学方面,个体都不是基本因素。它们是参照时空而被诠释的,即是将事物当做一类或同样的东西。但是它们适合于部分-整体结构中的一端。

一个熟悉的观念所引起的错误在这里会影响我们对荀子的认识论的看法。西方的知识理论很注重其抽象性。它通常会引向我们永远不能认识个体的怀疑论结论。所有的知识都具有普遍性(性质、理念、涵义)。感觉展现给大脑的只是与性质有关的信息。这个解释断定的是心智的细节(理念),这些细节有类似的心智性质(概念)。诸如休谟等怀疑论者所担心的是,常识性的个体也许只是感知的或思想的特性的集合体。这些特性的句法构造,即它们集合的型式,因此而变成了向大脑所展现的最本质的东西。

荀子对知觉的论述诱惑了某些人试图引入这种身-心(mind-body)主题来解释他的理论。但是,这种企图是行不通的,除非我们同时认为他也完成了对具体-整体属性的抽象分析。否则,这种企图无法解释知识是如何对应于实在的。我已经证明,荀子对知觉所做的类比必然是包含在一种心在指导行为时的活动的理论中。他的理论不是那种论述接受、消化、贮存认知的或符号的内容的理论。心与语言学上的"道"相符合,它控制了感觉,以检验某物是在或不在(以认识差异)。心使用了知觉能力所产生的结果,从而能够进一步分辨"是非"和所做之事的对错。于是,心通过使用名号来指引我们的行为。感觉是在实施社会方案时对现实反馈的测量工具。内在于个体的主观认识的第一性是与西方传统智慧相近的,但是在中国人的思想中几乎没有发挥什么作用。

荀子的结论是一种希腊人的核心假设的实用性派生物。在我们的命名实践中,我们可以将一事物当成某种实质,此时存在反馈特征的变化,这种变化源自一个处于连续位置的某种东西。一个变化了的东西仍可以被归于同类的东西。这为我们提供了使用语言数字的反馈条件。因此,在社会活动中我们固定了我们语言的计数体系。

于是,简易、实用、习约性的用法对于名的调整来说是基本的和必须的。如果一个帝王要成功地制名,他就必须小心地审视这样的用法。荀子所强调的是,命名不需要对那些吸引名家学派的语言学的悖论做出任何直接的理论性的论证。

对悖论的实用式处理

尽管荀子得益于名家学派,但是他对其理论和结论采取的是鄙视的态度。他采取了一个根本性的政治立场。他议论这些学派的人物,但不是作为一个关心某个哲学问题答案的哲学家来发表议论。当领地中的学者们在辩论这些事情的时候,他采取的是统治者需要维持秩序的角度。他认为这样的一些人对于良好的秩序来说是危险的。

更一般地说,他的立场是,从实用的等级观来看,这些人的推理是毫无意义的。人们不可避免地怀疑荀子并没有真正理解那些导致悖论的问题。他肯定是研究了这些问题,但是他没有表现出一个哲学家对应用悖论的认同,即通过悖论来聚焦概念性问题。他抱怨到,即使是圣人也难以对悖论做出解释。这一抱怨反映出他在寻找针对这些难题的答案时所产生的不耐烦和挫折感①。

在面对这些悖论时,荀子争辩的更多的是禁止那些语义性的悖论而不是驳斥它们。他所做的驳斥本质上就是重复对于复合词问题的那种"这无关紧要"的说法。最终,他武断地依赖于因袭的用法。他将语言学上的悖论分成三组,对因袭性的命名行为做出了解释,提出了三个洞见。他指出每组悖论违背了他所提出的一个洞见。这三个洞见是(1)需要名称的理由(即协调行为),(2)同异的经验性基础(即基于感性差异而做的物种的群分),(3)调整名称的一般的必要性(即与共有的习约相一致)②。

在这一节文字中,荀子甚至没有坚持悖论在理论上是错误的主张。相反,作为一个虔诚的实用主义者,他反复论述的是不应说出这些悖论。帝王不应允许它们说出来,严肃的人们不应说这些东西。

用名以乱名者。他论述到,悖论使人们思想混乱,而这种混乱所围绕的是名与实的关系。一些人使用名来搅乱我们对名的

---

① 《荀子》,21/8/34—35。
② 同上,84/22/29—34。

使用。这里我们有一个最适合的且在前面分析过的例子,即墨子后学所说的"杀盗非杀人也"的主张。这个主张多用了一个名"杀"来混淆了"贼"和"人"两个名词的正常关系。正是名称理论的一个结果支配了说话的通常方式的一种变化,用名称混淆了名称。

其他这类不容允许的例子(即用名来混淆名)包括那些我们主要从荀子的议论中所得知的悖论。下面我会推测宋钘(宋子)也许已经对这些问题做过讨论。"见侮不辱"和"圣人不爱己"是两个价值论的悖论。前者来自这样的观点,即将习约性的耻辱仅仅当作是关于道德判断中许多观点中的一种。后者可能是利他主义的悖论的一种表达方式(爱每个人也是爱自己)。这些悖论似乎也是在用命名的理论,即语言是因袭的理论,来使现存的语言用法的习约失序。如果我们考虑到我们为什么要有名称,使得道德指引变得容易和清晰,我们就会避免说这类东西。(还有,如果我们是一个统治者,我们会禁止任何人说这些东西)。这些东西反映的是欺骗性的努力,即是想在语言习约主义之外得到些什么。我们应该做的,仅仅是遵从。

用实以乱名者。第二类悖论是用"实"来混淆名称。我们可以认为这类悖论来自对实在的观察或论证,这些实在使我们应该用非习约的方法来归类和命名。这里最直观和典型的例子是惠施的"山渊平"。这个悖论来自空间判断的(假设的)相对性。通过思考现实世界的背景,促使人们用非习惯性的方式使用名称。

这类悖论的另外两个例子是"情欲寡"和"刍豢不加甘,大钟不加乐"①。我们不得不再一次地去猜想对于这些观点是否存在

---

① 后者在当时一定看上去特别地自相矛盾,因为表示愉悦的词和表达音乐的词是同一个词!(即乐——译者注)。

一种似是而非的证明。我会在下面推断，前者可能是一种与道家观点相一致的思考，即生来的欲望是简而少的。它们与那些在社会教养和语言解析中所引出的欲望不同。培育出来的典型的欲望包括这样一些东西，如对昂贵和奢侈的愉悦的品位追求（如肉和音乐）。

有人也许会说，这些品味不是自然的。如此解析，我们就可以将这两个例子看成是一个关于实在的理论的论点之一。这个关于实在的观点使我们倾向于将关于欲望和满足的通常的划分方式当作是因袭的和可选的方式。此外，一个帝王会看见在引导欲望和禁止这类议论时如何保护因袭的同异！

用名以乱实者。荀子在分析第三组悖论时，认为它们是用名来混淆实在。（但没有用实在来混淆实在的问题！）荀子认为诡辩家诉诸于命名的原则或某种有关名号作用的理论来歪曲直白的现实。典型的例子就是公孙龙的"白马非马"①。荀子认为，诡辩家提出一个有关实在的荒谬主张，是因为在使用名称时他拘泥于某个特定的理论。因此他是在用名的理论混淆了实在。

其他两个例子的意思更加模糊。再次以荀子的分类为指导，一种猜测是"非而谓盈（否定某事的存在就是说出它来）"和"有牛马非马也（柱子上栓了一头牛）"。从荀子的议论中很难重构它们的论点，因为他回避了理论上的反驳。前者也许是一个意思被混

---

① 文本真实地如庄子所说的那样提出了这个悖论，即"马之非马"。我同意华兹生的观点，他认为这个悖论与公孙龙的悖论是一样的，尽管可以证明它包括在荀子的第三组悖论中，如洪亮吉所说，而且可以将其解析成另一种说法，即"牛马非马"（同时可以假定出于相同理由的"牛马不是牛"的说法也必定是真的。）但是这只是造了两个悖论，而荀子一直在遵循串合起三个例子的模式进行论证。

涓了的难题的陈述,即我们如何能够参照现实中不存在的东西①。为了否定某物的存在,你不得不说到它。这似乎与老子的担忧有关,即我们如何确定"有无"的差异。如果这个"否定就是说出来"的悖论是以老子的思想为基础,那么我们就可以认识到为什么荀子会将其视为用某种名号的理论(即反差的理论)来歪曲实在(即没有就是有)。

对于最后一个悖论,我几乎找不到任何线索②。除了所说的三种分类之外,荀子所作的讨论还是没有提供有关其内涵的任何线索。他只是坚信,帝王必须回避和阻止这些诡辩。这些诡辩破坏了名号调整和习约遵从的必要条件。人们没有必要非得根据某种严格的原则来构建语言或遵从任何语言学的理论。人们只是要使用从因袭的语言中所演化出来的技巧来清楚地表达自己的意图。我们不需要硬性地指定某种理想的语言,我们只需要实际的共同使用的语言就足够了。提出那些主张的诡辩家们破坏了语言的习约。荀子的结论是,只要向诡辩家指出他所接受的东西与之拒绝的东西之间的矛盾,人们就能够阻止这些诡辩家。

荀子在《正名篇》之外,对两个悖论给予了一个比较彻底的讨论。这个讨论出现在这样一段文字中,而对于这段文字,我认为它标志着荀子在他的分析失败之后从权威主义立场的后退。这里的论点十分有趣,因为它展现了荀子从对手那里受到的挫折。

这个后期的争论是关于一对悖论式的口号,据说这对口号是宋钘(宋子)提出来的,意思接近上面所讨论的两个悖论。从他的

---

① 另一个诱惑是将它与后期墨家的主张连接起来,即人们不能否定不信。但是这一点与荀子的分类不适配。它与实在毫无关系。
② 我们受到专门的解释的诱惑,例如说这个字的某种模糊的写法含有一个"牛"的部首。

语调和具体的攻击来判断,荀子一定是将宋钘当作是聚集在齐国的学者中的一名对手。宋钘的著作没有流传下来。我们仅仅是从那些讨论他的学说的著作中了解他的学说。

关于宋钘的学说,我们的认识除了来自荀子的讨论,还主要来自《庄子》中以道家为中心的历史叙述,其中宋钘被当作是遵循墨家思想的一个学派的领袖。他的学派于墨家理论有几个共同点。他们强调应将人从习约、习惯或文化的修饰中解放出来,同时采取一种公众的观点和和平主义学说。对于以改变人的受文化影响的脾性,他们在手法上也存在部分共同点。《庄子》将宋钘当作是墨家思想和早期道家思想之间的过渡。他的策略趋向于老子的理念,即清除人心中由社会引入的欲望[1]。

对于我们与万物之间的联系的分析,宋钘学派所采用的分析方法,葛瑞汉将其翻译成所谓的"separating pens"(分隔之笔)的分析方法[2]。这个口号所提示的是一种早期的对心的多元化的分析,即分析心在进行区分时所采用的方式。我们使用不同的笔,不同的世界建立在心的不同的偏见之上。宋钘希望这样一种意识可以促进对心的行为分析的容忍性[3]。因此,种类分析应该减少由竞争而生的好斗的冲动。这个洞察一方面使我们的分歧看上去不再那么重要。另一方面,它给我们提供了一个新的视角,由此而建议人们应该采纳各种可以减少竞争、分歧和好斗行为的心态。

---

[1]《庄子》,92/33/33—34。
[2] 葛瑞汉(1989),第96页。
[3]《庄子》,92/33/35—36。

《庄子》所记载的是,宋钘学派学说的关键点是要妥当地平衡"情"①和"欲"。例如,如果我们接受将侮辱当作仅仅是社会所引导的一种判断,我们就可以因此将其当作无关紧要的事情,我们就能够避免许多人的冲突。宣扬这样的态度,教授它们而取代习约的标准,可以导致停止侵略和战争,并拯救世界②。

荀子认为宋钘提出的两个口号是:"见侮不辱"和"人之情欲寡"。《庄子》认为,宋钘和他的追随者将这些事情当作是内在的,将"禁止侵略和解散军队"一类事情当作是外在的③。这个多元论的学说证明了宽容和和平主义的正当性。这是道家观点的一种早期形式,即道家认为人的欲望大都是在社会生活中学得的。特别是,被羞辱是人习得的。许多欲望不是"情"欲,而是由通过习约而产生的。类似的是,宋钘像一个原始主义者(primitivist),他将自然的情感反应当作是一个狭窄的基础。在这个基础上,社会创生出复杂的、社会化的、无数的欲望④。

如果我们接受这样一种道家的重构,那么荀子的长篇议论则是令人失望的。他不承认这个理论是可以取代他的理论的。荀子还试图通过控制追求的行为来铲除一切竞争。他拒绝将欲望本身当作是社会条件控制的东西来进行分析。如果欲望或追求的行为受到习约的限制,我们则因什么理由而担忧?对于荀子理论上的迷信,很难理解他的动机。有一个假设是,他感到相对主

---

① 我同意葛瑞汉的观点,认为含有"心"字部首的情字和含有"言"字部首的请字之间有紧密的关系。但是,我的关于它们之间关系的理论还是稍有差别。我认为不同的部首标明的是对在实在中登记的内容的稍许不同的强调。一方面,它是类似心的,一种感觉的印记。另一方面,它是与心类比的处理器在将其作为输入送给 CPU 进行程序控制之前的指定的输入语言。
② 《庄子》,92/33/26—27。
③ 同上,92/33/41。
④ 《荀子》,69/18/93—70/18/22。

义关于动机的观点甚至对他的儒学形式也构成了威胁。如果极端不同的习约会导致极端不同的人的欲望,那么无论是他的证明,还是孟子的证明都不能奏效。他的关于习约的实用主义的论点会是明显武断的,而且是循环论证的。

荀子与宋钘的辩论,其开头是一个听上去像墨家所做的分析,即将"义"等同于原初的正确的是非标准。然后,他并没有给出更多的论证而是断言君主的统治就是合适的标准①。我们现在所谈论的所有关于义和是非的东西都是来源于圣王所确定的差异。其中的一个差异就是荣和辱之间的区别。他在反驳宋钘的立场时一开始就进入了循环论证。进而他所做的论断是,根据已经形成的用法,"君子"在社会上被辱和在道德上被辱两者之间做出了区分。既然君子用的是正确的古代习约,他就决不会在道德上被辱。"小人"可以在社会上有荣,但不能在道德上有荣。荀子认为做出这种区分的方式和证明这种正当的道德性的义愤的方式是传统的、习惯的和俗定的。但是根据假设,宋钘的论点与墨子的论点一样,对这一荀子认为理所当然的方式构成了一种隐含性的挑战②。

从这里开始,荀子的论证开始变质了。论证变成执拗的、故意歪曲的、循环论证的,最终简直就是威吓的。他所做的结论是,如果某人继续持有这样的危险学说,政治权力则会将他粉碎!③荀子似乎开始喜欢上作为一个统治者的宠儿才具有的辩论上的优势地位。

---

① 《荀子》,69/18/102—103。
② 葛瑞汉更加正面地对待荀子的所做回应。他似乎认为,对于那个喧闹的反对习约主义的立场所做出的驳斥,其合适的起点就是诉诸于先王的用法。见葛瑞汉(1989),第97页。
③ 《荀子》,70/18/113—114。

我们还是应该小心地解析荀子对这些悖论的态度。这些悖论并不代表着心智方面的挑战,即它们可以触发我们改变关于语言方面的观点。荀子只是将它们看成是对制名的因袭体系的威胁,而正是这个体系构建了社会和人的心智。这些悖论只是非正统的说话方式,它们偏离了被纠正了"道"。统治者不用研究这三类悖论,他不要去理解它们或证明如何解答它们,他要做的是压制它们。他不应陷入关于差异方面的与诡辩家们的辩论,他要做的仅仅是要封杀他们。语言理论作为一种工具是供帝王用来压制那些会影响帝王之道的功效的胡言乱语的。

对于帝王来说,某人使用语言或说话就是要实现他的意图,只有傻瓜才会对名号做更深入分析。傻瓜过于认真地对待名号的理论,结果使他人和自己都陷入混乱。他们看不见语言的实用性。这个实用性就是,我们在使用语言时,就是特意要使人们能够轻易地理解如何遵循指引性的说道。我们判断使用语言是否成功完全是看一个人的期望是否得以实现,他所痛恨的是否得以避免。起决定作用的是语用学。

人性是恶的吗?

"道"和欲望

荀子对于语言的全部思考与他关于人性和社会的基本观点是一致的。我们使用语言(名号、短语、说明、分辨的观点、理论、"道")是为了指引行为。我们已经描绘过荀子在"礼"的经济性证明中关于自然和养育之间的关系的总轮廓。他最坚持的是反对宋钘或道家关于欲望是如何被灌输给人的那些解释。在荀子看来，试图去除欲望或限制欲望是错误的。而这样一种错误是源自他们不知道如何"道"^{guide}欲望①。

一个欲望的存在并不与任何具体的事物连在一起。我们可以对不存在的事物抱有欲望。欲望引起的是一种追求的行为②。一种"可"的观念，即包含在内心的接受了的标准，指引和控制着这个追求的行为。一个自然的，脱离社会的欲望是很难与一个社会条件控制的欲望加以区分的。我们甚至可以控制人们在追求他们感到是一个道德目标时而接受死亡③。

人性是语言的背景条件的一部分。它的实在性反馈系统是一个根本性因素。荀子拒绝接受宋钘的观点，即在"情"和"欲"之间做出区分。他将欲望当作是那些实在性反馈机制的反应④。我们不能回避这些机制所反馈的东西。那是上天或命运决定的，是一种不能控制的必然性。但是，在相信所追求的东西与某种"道"是吻合的时候，知识就出现了⑤。这种知道去做什么就是一种社会建构。我们知道去追求或避免一样东西。我们既不能也不应该消除欲望。我们也不能使所有欲望得到满足。因此，我们正确地使用语言来塑造关于合适追求形式的思想。荀子没有清楚地说明为什么这种针对语言作用于行为的解释方式比宋钘的方式更好。

于是，一种共同的关于什么是"可"的思想应该支配所有人。在这个意义上，所有的人都在遵循一个语言学上的"道"。（如荀子在为"礼"辩护时所论证的那样）问题在于是要提出一个使所有

---

① 《荀子》，85/22/55—56。
② 同上，85/22/55—58 和 70/19/1。
③ 同上，85/22/59—60。
④ 同上，85/22/63。
⑤ 同上，85/22/63—64。

人要求得到同样东西的平等主义的"道"①,或者是有过多的"道"而使人们的追求限于无控制的状态。荀子的儒家传统之道不能使所有的欲望得到满足。但是,它足以满足遵循儒道的人们的欲望。面对这样一种威胁,即我们只能满足很少的欲望或根本就不能满足欲望,我们选择一种能够提供广泛的满足感的"道"②。知其行(know to)就相当于掌握了能够提供这种广泛的满足感的话语框架。

任何选择的形成都会包括为满足欲望而采取的某种复合的策略。我们必须在欲望之间进行平衡。人们需要这样一种平衡的标准,否则他们甚至不能区别灾难和赐福③。某种公共的道提供这个标准。用私下的或武断的方式来选择事物则会损害社会的和谐。因此,这些方式不能成为(如何)知行的基础。这就是说,如果我们知道荀子所谓的私下的模式或指引的标准是什么,我们则不能宣称我们有知。可的观念在本质上是公共性的和习约性的。在作为公共性的方式时,在强化和协调我们的行动时,正确的方式所产生的是"以一易两"的效果④。没有人会理智地拒绝正确的方式而去追求无序的私下的选择。

我们要不然就遵循一个有意发展起来的道德性的讲道模式,要不然就成为物质环境的奴隶。如果我们用一种方式(关于什么是"可允许的"的论述)来指引追求的行为,那么我们就会迷失方向。我们在由欲望所引起的追求过程中所遇到的环境目标物会控制我

---

① 《荀子》,31/10/1。另见第 315—317 页。这也许是对墨子的另一个隐含的攻击,即企图只有一个标准的"道"。
② 同上,85/22/64—65。
③ 同上,85/22/71—86/22/74。
④ 同上,86/22/75。

们,这些目标物并没有成为某种社会协调性行为模式的一部分①。任何以这种方式依恋于环境中的物的人,必然生活在不确定性之中②。他对于那些引导和控制了他的追求欲望的行为所产生的结果是无能为力的。既然我们承认了在为获得满足的过程中存在着这样一种不确定性,于是即使是我们吃到了我们要吃的东西,我们也不会感到满足。对于任何暂时的满足,都会不可避免地伴随着这样一种痛苦的意识,即还存在进一步的、不会轻易得到满足的欲望③。

如果进入某种共同的控制欲望的满足的体系,我们就会获得一种平安。即使是得到了一丁点满足,此时我们也会感到满意和轻松。我们不是物的奴隶④。我们能可靠地增加我们的满意感而无需直接去争夺它。通过公共规范的讲道而得以引导,荀子将此称之为"贵己而驭物"⑤。

文本的问题

新儒家通过荀、孟之间的对照塑造了荀子的传统定式(对墨子也是如此)。荀子为我们提供的是一种详细的道德主义的欲望理论。人学习社会差异的能力使得道德的因袭成为可能。于是可以有某种"道"来规定社会差异。然而,大多数人知道的荀子是一位关于人性恶的哲学家。

人性是恶的主张与荀子著作中的支配性主题的调子是极不

---

① 《荀子》,86/22/78—79。
② 同上,86/22/79—80。
③ 同上,86/22/80。
④ 同上,86/22/83—84。
⑤ 同上,86/22/85—88。

相配的。它变成了用于鉴别荀子和孟子学说之间真正差别的一个标准。如果一个儒生认为人性是善的而另一个认为是恶的,那么使用这个标准就几乎没有什么意义!确实而主要的问题是要解决在一个有点像孟子的、独断的、绝对论者的荀子,和一个深思善辩的、习约主义的荀子之间的不一致性。两者都不是彻底的人性悲观主义者。

结果是,有几个学者和翻译者认为,反复使用的短语"人之性恶,其善者伪也"是后人在文本中篡改的①。在这个令人不愉快的篇章中,这个口号(或口号的变形形式)出现了十几次,常常由墨家所用的短语引入,"用此观之,然则人之性恶明矣……"这个反复出现的短语只是在段落的开头和结尾处出现。我们从未在论证过程中找到它。

这个反复使用的短语在文章(指《性恶篇》——译者注)的三分之二处突然消失了。其后,主题回到了所有人和圣王的本性是类似的!直到结束,文章没有再重复这一口号。

但是,这些基于风格上的反对意见与基于内容上的反对意见相比是相对温和的。在口号之间的文字里,甚至在它出现的地方,所表达的是一种人性为中性且可塑的理论,以及对社会习约性的礼的重要性的强调。文章中确实有对孟子的人性天生为善的理论的攻击②。但是,如果人性不是本能性的善的话,那么孟

---

① 见孟旦(1969),第77—81页。史华慈(1985,第292页)排除了这个问题。他指出这个口号与荀子的其他思想是完全一致的。
② 史华慈(1985,第292页)注意到了这些反对意见,但是在描述荀子的理论时仍旧拘泥于"人之性恶"这个口号的准确性。史华慈似乎接受孟子学派的论据,即如果善不是内在的,那么人性就是恶的。如果"人之性恶"所表达的全部意思是人性之善不是完美的这样一个概念,那么我会同意这个说法。但是,那不是英文句子所表达的意思。如果那是中文句子所说的意思,那么标准的翻译就大错特错了!

子就是错的。与孟子相矛盾并不要求坚持相反的主题。荀子不是完全地前后一致的,但是他很少如此明确地用这样一种方式夸大他的论点。口号之间没有任何内容是近于证明原初的人性是恶的,而不是中性的。各个段落所论证的观点只是在自然本性的东西和后学的东西之间存在差异。所强调的重点总是放在学习的作用方面而不是在原初的本性上。在这一篇反复使用的口号之间,他的具体的观点是与《荀子》一书其他的各章的观点是一致的。

在这篇令人生疑的文章之外,我们没有发现任何这样的意见,即普遍的人性,特别是"情",或者甚至是欲望都是恶的。在全书的其他关于性、情、差别、心、感觉、习约等等的讨论中,这个令人不愉快的主张甚至从未被暗示过。我们的结论是,这个吸引人的口号造成了一个非常不准确的关于荀子的道德心理的印象。在基督徒的原罪、霍布斯的心理自我主义与孟子的社会乐观主义的天平上,荀子的观点是接近天平上孟子的一端的。

例如,如果我们看一看荀子认为人在自然中的位置的观点,我们会发现它是直接地与人性恶的观点相矛盾的。荀子的立场是,人的自然的差异性特征是其能够进行区分的能力和由此培育一个因袭的道德的能力。使人性看上去是恶的唯一的东西就是他直接批评孟子的意见。他总是坚持道德必定是因袭的,是"伪"的结果。荀子论证的远不是什么人性就只是恶的这样一个观点,而是人性包括一种掌握语言并因此获得道德的自然动力。

与孟子根本性的不同是,荀子接受了老子对人们如何获得道德的分析。荀子在原则上同意人们能获得广泛的、关于义的各种可能的观念。在这些可能存在的观念中之所以选择儒家的道德,并不是因为人们在社会出现前的心智倾向,而是因为自然的、历史社会性的背景。道德的源泉是内、外因素的相互作用。我们在实行一个持续引入的社会方案时与外部的实在遭遇。实在产生了反馈,即由心而发的"情"和身体的感觉。它们作为环境敏感性的控制程序的一部分,将那些由反馈而产生的反应划归为"是非"。圣王们经过深思熟虑,建立了规范性的道,使得人与外部自然得以最富有成效的接合。

荀子坚持认为只有一种习约的"道",即儒道,能够产生人在这个困苦的世界上生存和繁衍所必须的物质上和组织上的功利。道德不是生来就有的,而是一种文化的积淀。但是,获取和实践文化传下来的东西的脾性和能力则是生来就有的和自然的。

对"人之性恶"这个口号的关注模糊了这个要点。因此,我认为对这个复杂观点的说明只是告诉我们这个口号的涵义,而不是用这个口号来歪曲我们对这个观点的理解。我们应在口号之间的论断中搜寻荀子的人性理论①。说荀子有一个基督教式的正面的人性恶的观点,我们是缺乏证据的。在区别荀子与孟子的差异时,无论这个口号产生了什么作用,我们的更准确的说法是,他的观点是人性是中性的。关于人性所要采纳的道德而言,它在原则上是中性的,而且它是十分自然而确实地采纳某种道德。对于这个口号我们所能给出的最一致的诠释是,如果社会没有一种指引性道德,人就会生活在混乱和无序中。

---

① 对于这个口号是如何进入文本的,我们没有必要去得到任何结论。我几乎可以接受这样的理论,即它是一种派系的欺骗人的诠释,用来歪曲对论点的理解。不过,我不需要任何书面的理论来证明我的诠释策略。我不接受这个口号是因为它的误导性,尤其是在这篇对比性的文字中。我们也许将荀子的立场与基督教和佛教悲观主义的关于原罪和人生为苦的那些共同的思想混淆了。我的经验是,这个口号诱使英文读者相信荀子认为人的以自我为中心是自然的或者残忍和报复是自然的。这两个认识都是错的。

我们已经设立了荀子关于人性的思想基础。它围绕着《正名篇》开头所定义的两个术语,"性"和"伪"。而且它也同样清楚地出现在他对人在生命形式所居的地位的解释中。获得道德的脾性和能力使我们有别于其他动物。荀子用我们在语言方面建立和积累差异的能力来解释这个道德的能力和脾性。

道德和语言相互包含在社会实践中。语言是一种工具,通过这个工具社会可以收集、保护区分的技巧,并将其传递给后代。区分或命名的目的都是为了指引人的行为,尤其是指引与他人合作时的行为。习约,并不是什么恶的东西,而正是人性的本质。因此,荀子对孟子的批判确实是认真的,也是深刻的。人是不能没有老师和《礼》的:它们是传输"道"的管道。

所有的人都有一种学习语言、礼仪、分享观点的自然脾性。我们是这样一种生物:我们有一种自然的脾性,遵守一种共同的学说,那就是道德。我们期望善,因为我们有这样一种未实现的潜能,即在我们的素质中存在一种自然的真空。我们不求善是因为我们是恶的,而不是因为我们是虚的。如果荀子真的是那个口号的作者,那么这个未实现的潜能就是荀子所说的恶的全部意思。

如果我们不去实现我们道德上的潜能,结果欲望自身就会产生出这样一种行为范式,这个范式,相对于那些传统标准来说,是恶的。这个潜能在所有人中都是一样的,无论他是圣王,还是人中恶徒,如衰败的王国中那些最后的恶君。礼能够调节和改造所有人的本性。在关于是天性和还是后天培育的辩论中,荀子清楚地属于培育的一边。与其相反,孟子站在天性的一边。这一观点比人性善恶的口号更好地抓住了两人的差别。

第九章 荀子:实用主义儒学

心的哲学

有一个难题,即儒家关于恶的问题,依然存在。对于孟子(某种程度上孔子也一样)来说,恶的存在是一种悖论。儒家的问题并不是出于某个无限的、善的创造者的存在。而是源自儒家关于存在一个圣王理想时代的观念:在那个时代圣王持有的是关于善(圣)治功效的乐观学说。关于道德的成长,孔子提出的是一人效法的理论;孟子提出的是这样一种观点,即人就像一种植物,只要给予很少的、基本的条件,就能生出圣人的品格;孔子的理论和孟子的观点使得恶的问题变成了一个难题。如果某代人有圣王,为什么下一代人中就缺圣王? 如果假使确有圣王存在,他们就一定会命令人类社会服从他们的统治,以至于所有的人都能(或将会)变成圣王。儒家的假设使得历史的衰落无法得到解释①。

荀子的问题恰恰就是孟子的问题的反面。两者都认为我们在本质上与圣王没有什么不同。如果我们为了有德行而需要往时的那种谨慎的、因袭的努力和训练的效果,如果我们为了知道什么是正义而需要传统的原则性的指引,那么圣王们也需要这些。为了获得德行,圣王们是从哪里得到这些必要的东西的? 我们是否需要一个圣王教导后一个圣王的无限的链条? 而这个链条又是从哪里开端的呢?

如果这个链条开始于圣王,而我们又和他们一样,那么无论

---

① 道家的原始主义者有同样的问题。如果我们能够在一个无语言的村子里过着完美和谐和幸福的生活,为什么会有语言产生? 难道不存在发明语言的某种自然倾向吗(社会产生前的,非习约的)? 如果有,难道发明语言与其他自然的行为比不是一样善的吗?

怎么说,孟子的立场就是必定的。我们每个人都可以依据我们心的倾向而发明礼。另一个出路就是庄子的消极论调:我们不仅可以发明礼,而且可以发明无数的其他的道。礼的内容是具偶然性的。那些自称为圣王的人"将他们的是非观说成是授自于天"。他们宣称,他们的那些出于特定环境的、标志性的指引,其有效性是绝对的。在这方面,所有的人也是和圣王们一样的。

荀子不愿意放弃儒家特定的观点,即只有一个正确的"道"。他也不愿意放弃他的立场,即道德是一种习约,一种在原则上可能有所不同的调节体系。他不愿意全盘接受孟子的道德是生来就有的观点,他认为孟子的观点是愚蠢的,在经验上是站不住脚的。因而,对于荀子来说,问题是道德究竟是如何起源的。如果他赞同是圣王创造了道德的观点,那么为什么不能是我们呢?

我们已经看到,荀子是隐含性地赞同"天"^{nature}是间接地选择了合适的道。他的假设是,只有儒家之道才能使人类在自然世界中生存。他的这种实用主义开始于历史所建立的标准。使一种道成为特别的道,其机制并不是自然的选择。人们做出这个实用性的判断,即正是这个道在生存环境中是必须的。但是,这个得以偏爱的道正是建立在这个环境中的。它是自然历史的一部分,它已经成为现存的、因袭的标准。实用性的成功必须由已经确立的标准予以诠释。

因此,我们可以对礼做出创新。我们必须能够复制圣王的那种创造性的语言能力。我们可以设计出可用的社会性的和另类的特性、术语,和讲道的形式。于是,合理的说法是,我们不需要非得从传统中学习"道"。

相应地,荀子没有为我们提供一种解释,即如何使圣王的创造性活动与他所提倡的遵从传统的原则相一致。难道他们的原初的创造性努力和我们的努力同样是私下的和武断的？本质上同我们一样的圣王们是如何成功地创造出绝对正确的"礼"和"道"的？荀子给出的解释或是无效的，或者他的解释只是对我们每个人如何都能在原则上做出同样的事给了一些说明。对于为什么我们不能够例行公事似的做出这样的事来，他很难给出解释，或者说我们没有能力解释。

这个问题也可进一步解释为什么在某些文段中荀子更接近孟子的观点。最突出的例子在《解蔽篇》。在这篇文章中他讨论了心的作用。他论证说，蔽塞妨碍了人理解"道"的自然能力。这篇文章似乎是从以习约为正道的分析观点的急剧倒退。

这篇文章的论题是在批评所有其他的"道"时探究了庄子的主题。任何一个道的选择都包含了前设的是非。各种道之间的竞争，其原因就在于每个学者对某个特定的"是"的蔽塞。这个标准又产生出其他指引的是非。使用某个标准就是一种形式的蔽塞（用庄子的话说就是偏见）。但是，荀子认为从一个无蔽的角度出发，我们可以找到确实唯一正确的道。因此，正是荀子而不是庄子不合逻辑地从相对主义的一端滑到了绝对主义的一端。圣王们的心智在理解和遵循未蔽塞的"道"时是相同的。荀子还诉诸于墨子后学的现实主义的论点。在各种学说中，有些学说必定是"是"，有些必定是"非"[1]。每个人都诚心地想纠正错误，并认为他自己的观点是正确的。但是，荀子赞同庄子的观点，即他们具有的原初的是非观念阻碍了他们理解什么是正确的努力。

荀子的论证是，对任何一种特定是非的认同会对我们的心产

---

[1] 根据假设（庄子也许可能会觉得是一个无吸引力的假设），正确的"道"是能够产生出秩序的道。这诱使我们用荀子的方式做出回应：儒生受蔽于秩序而不重视自发性和剧变的效力！因此，他们的道强调的是权力和控制。

生极大的影响,以至于扭曲了我们认识真正的差异的能力。荀子从墨子的理论中获取了很大的支持,他指出这类蔽塞会使我们失去辨别眼前黑与白的能力①。

在这里,荀子以一种怪异而狡猾的方式应用了墨家和道家的学说。如果荀子在看见黑白时而没有某种原初的"是非"观,他对自己和自己膨胀的自信又会说些什么?为什么他关于基于秩序的儒家观点的诠释又不是一种蔽塞呢?他采取的立场似乎是,任何被接受的区别都是蔽塞的来源:欲、故、近、远、始、终。万物之区别中的任何一种都会干涉心的运作。确实,如我们所见,他所争辩的是,要看到真实的区别,心必须是"虚"的。

这使得他实际上与孟子的立场相一致。心在没有语言的情况下运作的最好!但是荀子并没有完全倾心于这样一种不足信的反语言的结论。用道家的话说,问题不在于做出区分,而在于被一种需要平衡的差别的某一面所蒙蔽。看不到事物反面的可逆性就会使人失去平衡和全景。

荀子在评判其对手时,用一个关键词来表示这个对手的特点,即庄子会称之为此人的前设的"是"。墨家会称之为此人所"执"的,而老子会称之为此人所"常"的。那么,如庄子指出的那样,对某一面的强调会在另一个事物中产生出一种补充性的缺陷。没有意识到反面的价值使我们不能达到"明晰"的状态。例如,实用的价值蒙蔽了墨子,使他看不见修饰的价值("文")。荀子甚至批评庄子使用了这个技巧②。庄子过于强调"天"的方面,

---

① 《荀子》,78/21/5。
② 同上,79/21/21—24。

第九章 荀子：实用主义儒学

而他没有看到"人"的方面①。

将某个特别之处作为基本的"是非"，并由此出发，于是每个竞争的学者都获得了一种有某种支配性德行的"道"。但是，每个人有的只是整个道的一个方面。道的全部内容是不变的，它对环境中的所有变化做出反应。因此，任何单方面都不能体现道②。这使得荀子对于标准的问题更倾向于采用一种反语言的解答。正是荀子而不是庄子，提出了语言会歪曲"道"的结论。

由于这个分析很大程度上来自于庄子自己的观点，我们不得不想知道荀子是如何得到他的这个偏向儒家性的结论的。回答是，他是令人震惊地像孟子。荀子只是简单的断言，孔子的"仁知"是不受蔽塞的。因此，孔子能够习得任何"术"，并达到与先王们同等的水平。他能够使一家的学说遵循周代之"道"，而避免对任何已"成"的文化积淀抱有成见③。

要用一种客观的方法去接近道，但是这个论点只有在用于儒家内部，即向其皈依者进行宣教时才有意义！他对已确立的且固化了的传统持有偏好，这也正是外部对孔子的典型的批评。令人好奇的是，荀子解决这个难题的方法是放弃了他自己对根深蒂固的习约的偏好。最后，他所赞美的是"仁"，即直觉性的诠释原则！此时，根据庄子反对直觉是生来具有的观点，他的立场与孟子一样，自己使自己陷入了困境。

---

① 这个批评是可理解的，但是远不是充分的。庄子承认人的观点，但是也要人们注意所有其他观点。可以批评庄子没有做好平衡，但是这个批评只是建立在人的观点处于首要地位的这样一个假设之上的(毫无疑问，这是荀子提出的假设)。
② 《荀子》,79/21/24—25。
③ 同上,79/21/26—27。"周"comprehensive 可能是一个故意模糊的词，介于孔子所说之间(即孔子说，与夏或商的习约相比他从周)。荀子似乎在这里希望"周"被解读为周全的、广泛的。

就这样,一个草率的独断论者出现了,其部分的原因是,要对儒学进行深思熟虑的辩护是十分困难的事。这一篇文章透着一种绝望的语气!荀子如何能期待我们同意孔子的观点是平衡的,而庄子不是的?荀子告诉我们,我们是否适宜地平衡了相对立的差异,其标准就在我们的"道"之中①。作为"道"的信奉者,我们会同意这一点。但是,难的是选择哪一个"道"。荀子在使用"道"一词时,会配用形容词,如"奸"和"邪",对于他来说"哪个道"的问题肯定是一个合适的问题。荀子发现自己处于他自身形式的类似孟子的循环论证之中。你必须知道一个合适的"道",否则你就是站在那些赞同一个"非道"的人们一边。但是这只是一种布道者的说词,即督促信徒们当其想到这个世界认为他们是愚蠢的时候,不要让怀疑侵入他们的内心。

那么,现在我们如何能够用任何其他可以替代的方法来解决认识正确的道德问题?如果我们允许任何形式的训练,我们就对自己的选择存有偏见。如果我们选择了某个特别的阶层,我们就对自己的选择存有偏见。荀子似乎意识到需要一种普遍可及的观点,从此出发,有可能一开始就能把握好合适的"道"。这就迫使他走向孟子。但是,他试图避免他自己予以强烈批评的天赋观念论的观点。相反,他试图用否定的方式解决问题。

这一点常常被说成是道家对荀子影响的结果。我将要证明,这是荀子创作的一幅儒家式的道家思想漫画。核心术语,"虚""一"和"静",被认为是道家的核心思想,但这一点更多的是出于荀子努力的结果,而不是因为这些词在庄子的理论中所发挥的核心作用。我会在关于他的学生韩非子的下一章中,论证韩非子如

---

① 《荀子》,79/21/29—30。

何用荀子的过滤来阅读《老子》。他们两者都持有关于一个绝对正确的"道"的独断假设。他们肯定庄子所否定的东西,即有可能达到一种没有偏见的心智状态。而且他们宣扬这个统治者喜欢听的权威主义的学说。庄子怀疑任何这样做的企图,但是他们都没有完全承认庄子的这种怀疑。

> 人何以知道?曰:心。心何以知?曰:虚一而静。心未尝不藏也,然而有所谓虚,心未尝不两也,然而有所谓一;心未尝不动也,然而有所谓静。人生而有知,知而有志。志也者,藏也;然而有所谓虚,不以所以藏害所将受谓之虚。心生而有知,知而有异,异也者,同时兼知之;同时兼知之,两也;然而有所谓一,不以夫一害此一谓之壹。心,卧则梦,偷则自行,使之则谋。故心未尝不动也,然而有所谓静。不以梦剧乱知谓之静①。

> 未得道而求道者,谓之虚壹而静作之则。将须道者,虚则入;将事道者,壹则尽;将思道者,静则察。知道察,知道行,体道者也。虚壹而静,谓之大清明②。

荀子的三个要素再次提醒我们中国人的心智理论与西方的心智理论是如何地不同。对"知"的强调不是指信息的处理和储存。他将心的认识功能直接与意图、差异和区分联系在一起。意图和行动的谋划是心输出(在记忆中、梦境中、任何幻想中)的结果。

荀子提出的心的三种性质,类似于某些现代的道德客观主义学说。他们的立场像荀子的立场一样,就是我们应该从一个中性

---

① 《荀子》,80/21/35—39。
② 同上,80/21/39—41。

的观点来进行判断,没有偏见或激情,且意识到全部事实。这样我们才能在一个主体间做出有效的道德判断①。荀子需要一个认识论上的客观性的"道"来回应庄子。但是,其客观性不是在科学的描述中(对此,三种性质是不太合适的),而是在没有偏见的规定性的判断中。

知若何或知行确实包含了一种实在性的检验(否则,它在现实的环境中没有用)。荀子对开明的圣人的特性予以了夸张性地描绘,这个描绘足以与孟子的描绘相比。可以论证,儒家的假设要求有这样的夸大性描述。荀子和孟子两人都试图证明遵守一套复杂规则的正当性,而这套规则他们认为是独一无二正确的途径。他们都认为是圣人的心智在古代创造了这个道的内容,因此遵循这条道总是合适的。而且,最终两人都致力于这样的观点(这个观点是证明儒家的道的正当性所要求的):每个人能够认识到"道"是什么。

> 万物莫形而不见,莫见而不论,莫论而失位。坐于室而见四海。处于今而论久远。疏观万物而知其情,参稽治乱而通其度,经纬天地而材官万物,制割大理而宇宙理矣②。

荀子甚至使用更加夸张的术语(尽管其内涵并不多)。显然,"道"就是行为的理想途径。如果我们掌控了带有普遍性的观点(没有受到任何片面观点的蔽塞),我们都会理解道。荀子的道德立场是一种理想观察者的立场。但他的立场仍不同于孟子。它没有将知行纳入天赋观念的范畴,而是将其当作是没有遭到歪曲的正确感知事物的规范性秩序的能力。在某种意义上,实在的道

---

① 特别参见 Kurt Baier, *The Moral Point of View*.
② 《荀子》,80/21/41—45。

仍是从外部而来,完美地被心所接受。荀子的目标是墨子后学外在的现实主义的一种派生物。

如我所证明的那样,这里的三个核心词并不是道家的特殊术语。如果认为道家的思想奉行虚或静,就会将绝对的道或常道当作是一种消极的"道"。我已经证明,这一点是与老子开头的假设,即不存在没有观点的观点,是相矛盾的。在这个其他方面都是令人熟悉的、绝对论者的、超伦理的方法中,有趣的道家元素是这样一个主张,即语言(是非)是形象的塑造者。这里,荀子的立场再一次与孟子的立场在形式上是相似的。因为蔽塞是由于采用了一种是非标准(即强调或恒定了一个二分法的某个元素),为此他在描述其普遍性的观点时使用了几乎神秘性的术语。这似乎是在要求,为了发现正确使用语言和指引差异的方法,我们必须暂时地放弃语言和指引性的差异。如果说荀子对这样一个绝对主义关于发现一个单一而正确的道时而确实汲取了道家的思想的话,那么他也是仅仅应用了道家思想的一个不成熟的反语言的看法。

因此,在这篇文章中荀子的立场与那位深思善辩的习约主义者的荀子的立场是不一致的。他一定是认为心有某种达到道的独立的途径。如果我们都是相同的人,那么我们大家都能有这样的途径。君子就是能够正确发挥这种能力的人。在这里,"道"不是被当作习约之一,而是当作一条能够顾及一切的,独一无二的最佳之路。选择这条路需要完全的公正、完全的包容和完全的才智。那些能够达到荀子理想境地的人能够用评价性和描述性的术语复制出先王的创造性功绩。最终,只有那些有见识的,受过教育的君子的反应才能成为某种"法"的内容和诠释。

于是,尽管存有一些很小的不同的理由,荀子和孟子最终都认为与习约、学习、语言的积累和其他社会实践相比,"心"更重要。这个潜在的圣王一般的"心"抓住了世界的道德本性,引导了习约的形成。但是,无论作为习约主义者的荀子与这个学说是多么地不一致,这个学说肯定是完全排除了任何直接的对于"人性是恶!"的口号的解释。

> 心者,形之君也而神明之主也,出令而无所受令。自禁也,自使也,自夺也,自取也,自行也,自止也。故口可劫而使墨云,形可劫而使诎申,心不可劫而使易意,是之则受,非之则辞①。

这种描述听起来肯定不像是这样一种恶的心,即当它缺少文化技巧的控制时就注定会使人为了满足欲望而受蒙蔽。这个心的学说与孟子的学说有着同样的实用性结论。他甚至回到了"心者,形之君"这样一个被庄子嘲笑的观点上。依据它的本性,"心"不是别的,只是统治者。身体的其余部分,依据其本性,是被统治和被控制的对象。

心是通往实用智慧的独立的途径。孟子的心就是这样一种途径,因为在它里面包含了这样一种智慧的全部内容。荀子的心则是这样一种途径,因为它是如此的虚而善受,以至于它能吸纳整个外部的情形。但是,在开放地接受了全部情形之后,心必然也要有内在正确的判断标准。记住,我们只有接受一种是非标准,才能解决一个是非问题。荀子没有对庄子对孟子的心的理论的批评给出回答。最终,儒家学说没有能完全抓住道家的论点,而且仍然不能完全证明维持其本质上的权威主义的特性的正当性。

荀子的心的理论对他人所要做的事情也是他人对荀子所要做的事情。它只是某种堂而皇之的主张,即儒生需要去证明儒家

---

① 《荀子》,80/21/44—47。

之道的正当性。如果心如他所描绘的那样,如果它能够采纳一种普遍性的观点,完全没有蔽塞,达到了"虚""一""静"的理想状态,而且仍然有某种倾向选择某些标准和是非,那么我们就至少可以认同它仅仅是一个哲学上有争议的关于道德的客观性的观念。它可以变成若干超伦理的观点之一(一种儒家的关于理想的观察者的说法)。但是,庄子的论点是,理想的观点在观念上是不可能的,而且,假如它存在,超伦理的理论仍然是有缺陷的。我们没有理由认为这个人的判断就是权威性的。奇怪的是,荀子应该认识到,根据他自己的分析,任何一个儒者已经获得了一个没有偏见的观点。在对众多的道进行选择的正当性的证明过程中,孟子和荀子似乎最终都没有能够抓住基本的哲学难点,即证明对道的选择的正当性;或者,他甚至不愿意承认这个难点。

第十章　韩非子：统治者的解释

(韩非子)个人的命运,正如商鞅(公元前338年被车裂)与李斯(公元前208年被腰斩)的命运一般,能够帮助我们理解杨朱学派和道家为何推崇私人生活中的相对安全。

——葛瑞汉①

在这本书中,法家被视为处在其发展过程中的顶峰时刻,它是一种……与西方欧洲中世纪之后的政治理论最为类似的中国学说。

——休斯②

然而,我再次建议,撇开语言与隐喻的大量不同之处,我们事实上有可能在古代中国所能找到的对现代西方社会科学的预期,将会多于对西方自然科学的预期。

——本杰明·史华慈③

韩非子的生平与主导的形象

韩非子标志着古典时代的结束。他并不仅仅是传统名单上

---

① 葛瑞汉(1989),第269页。
② 休斯(1942),第254页。
③ 史华慈(1985),第333页。

的最后一个"子";有理由认为,韩非子在将丰富多产的百家争鸣时代推向结束的过程中扮演了一个关键的角色。他与李斯,即荀子门下的另一位更具侯国倾向的学生,成为了秦始皇——那位声名狼藉的秦王朝第一位皇帝——的有影响力的进谏者。韩非子与李斯所提供的建议引出了一个不宽容的时代,这个时代充斥着国家所支持的正统观念以及对哲学思想的镇压。秦王朝标志着中国哲学黑暗时期的开始。

韩非子是居统治地位的贵族所认可的第一个"子"。这一点可以帮助我们解释他为何赞同那些热衷于权威的学说。韩非子是韩王国这个很小的侯国的一个王子。很明显,当荀子掌管稷下学宫时,韩非子曾加入这一学派。我们可以推想,他在这个时期遇见了李斯——一位按理说是历史上最具影响力的哲学学生,并给李斯留下了深刻的印象。李斯,这位带有侯国倾向的韩非子的同学,将韩非子的著作与学说带入了那位中国未来的统一者的视野中。他安排了秦王与这位战略思想家——韩非之间的对话。之后,李斯试图指出尽管这位思想家的学说是有用的,但他所忠诚的是他本人的侯国,于是提出了处决他的建议。秦王采纳了他的意见,而这一决定恰恰是与韩非子的理论相一致的。①

韩非子的著作是丰富博学的,其中贯穿了许多历史的细节与范例。他虽学习过哲学,但并未在著述中加进多少自己的原创思想。他的著作几乎纯粹是实用性的,它们大都是关于为了帮助统治者在军事征战中变得更为强大的一些统治技巧。这些著作避开伦理而注重策略:这一目的在韩非子看来是确定并且明显的。

---

① 这或许可以作为遵循康德的绝对命令而被处决的例子之一。韩非子的学说直指了他的死亡。那位征服了全中国的皇帝遵循了这位哲学家自己的指示而处决了他。

居统治地位的贵族将征服与统一"天下"作为目标。或许韩非子原本希望将他的策略用于自己的国家,然而事实却是,秦王朝获取了这些理论,继而在其扩张的过程中早早地吞并了韩非子的侯国。

因此,正如在开始时一样,我们的研究将以一个并非是哲学家的人物结束。除却对构建理论的目的所做出教条性的假定,以及把策略作为基本的论题,韩非子著作的辩论性成分比理性成分更多。一个典型的模式是,他首先列举一些故事,随后断言说,这些故事阐明了某一说法。然而,对于那个说法,人们也完全可以引用一首诗来阐释。他的愤世嫉俗,呈现于高傲的实在主义者表达观点时所常用的嘲讽语调之中。我们可以通过对所有的那些抵制伦理道德考量、热衷于自我描述的实在主义者的观察,认识到这一点。① 韩非子几乎没有显露出一丁点对于未经辩护的假设与自己理论立场中的矛盾之处有所察觉的迹象。

尽管如此,我仍然决定将韩非子纳入研究的范围,其中的原因与我在前文中将孔子纳入研究范围的原因是完全相同的。所以,我只是部分地同意传统的古典解说中所列举的大师的名单。韩非子也在促使道家理论向权威主义扭转的过程中扮演了重要的角色,而这一扭转正是新儒家从中国哲学的黑暗时期中所承继的内容。不过更重要的是,正如孔子提出了那些引起了在中国产生的哲学论争的假设一样,韩非子也指出了哲学上的结论是如何对帝制中国的政治体制产生影响的。正是这些政治体制给哲学

---

① 评论者们常常赞扬这些自称是热衷于残酷嘲讽的实在主义者们拥有的所谓"理性"和"逻辑"。我认为没有任何理由能支持这一赞扬态度,除非这些实在主义者们真的是理性的、前后一致的。显然 悲观的或以残暴为基础的假设都并不比他们的对立面所做的假设更为现实。理想化的恶与理想化的善,其实是同等程度地建立于理想的基础之上的。

第十章 韩非子：统治者的解释

划上了句点。这些影响的本质，使得韩非子成为了这一思想历程的哲学意义上的结束点。

我将韩非子纳入本书研究范围的另一个目的，是认为弄清楚韩非子所处的哲学背景意味着再一次挑战主导的儒家形象。正统的理论将"法家"standardizers塑造成巨大的邪恶形象以及人民的压迫者；这样，儒家的历史学家们就能将自己塑造成为勇敢的、保护人民不受残忍的专制主义压迫的代表。他们对韩非子的描述比儒家的另一衬托——道家负面许多。然而，在形式意义上有趣的是，两家学术流派（道家和法家——译者注）在传统上所受到的待遇却是类似的。

类似之处在于，这两家学术流派其实都是汉代历史学家们的发明。汉代思想史创制了传统上的标签，并首次将古典时期的思想家们分别纳入各类标签之下。葛瑞汉提供了关于"学派分析"的发展进程的一个有趣的洞见[①]：对"儒墨之辩"的确认，就是最早的这样一个分析；同时，有证据可证明，儒墨两家是古典时期仅有的自觉的学术流派。在《庄子》外篇中，我们可以看到一段据称是思想史的发展进程的文字。这段文字并未包含任何儒家的思想者，它所描述的历史起于墨子，经过宋钘、慎到、老子，直到庄子。换句话说，古典时期对"道家"或"法家"是否自成学术流派一无所知。而汉代以来对学术流派所做的归类分析一直处于主导地位，这种分析归类鉴别出不同的学术流派，汉代的历史学家们正是使用了这些关于各个流派的知识作为关键词，将各类思想家或文本分为"阴阳""名""道"和"法"。

尤其是对于最后两个派别（道家与法家——译者注）来说，传

[①] 葛瑞汉(1989)，第376页。

统上认为它们的作者共用了同一个教条,而不仅仅是共用一个概念性的关注点。这一教条将两家学说的概念——"道"与"法"分别作为重心。此外,正统儒家的解说声称这两个学术流派的思想体系都彻底地改变了它们自己的核心概念。于是,这两个学术流派——而非儒家学说——在历史上被当成了被放逐的异数。道家被认为将"道"由一个伦理概念转变成了一个形而上学的概念,法家则被认为将"法"的意思由"标准"转变成为了"法律"(laws)。因此,相对于认为学者们之间的关系是享有许多共同概念,抑或他们对某个特定术语的关注程度或深入的程度与实际情况有所出入,我们会更倾向于认为,学者们是被某一种理论捆绑在一起的。历史的标准在将所有的理论加以分类的过程中,往往把对所选术语在意思上的变化进行探讨作为方法。这一解释理论提供的是传统上所认定的基本理论。只要能将这种意义假设理论牢牢地把握住,所有的解释者所要做的事情便是寻找到一个特定的词,然后将基于词义变化解释理论的传统上认定的学说归功于那位作者。

在这两个学术流派中(道家与法家——译者注),我们却无法找到任何证据证明这两个非正统学说的作者曾意识到核心术语的意义有所改变。他们看上去似乎一直在使用当时其他思想家所熟知的语汇。我没有找到任何有说服力的论证,用来说明他们这样看待自己是错误的。我们对意义变化的假说理论的认识,是将其当作对汉学的信任的一个组成部分,而这一信任是由无数权威性的重复所支撑的。

可以预见的是,这一意义变化的假说使非正统学说对儒家学说的批判变了形。这使得其他学派的理论更难以被理解,他们的论证与儒家的关系也显得更加模糊不清。这一点在韩非子那里是同样重要的。他从统治者的角度对荀子权威主义的观点所作的批判的有效性,揭示了儒家的一个普遍性的弱点。这个弱点就是,儒家对于本学说圈内学者的解释权的依赖。

建立在意义变化假说理论基础上的主导解释将"法家"翻译为 Legalist(法律学家),并将其与西方的法律实证主义者相类比。这一解释理论再一次掉入了所谓翻译者的陷阱。它假设这一西方术语是单义的,因而忽略了西方术语"law"带有重要的多义性。法的其中一个意义是纯粹形式的。在句法中,"a law"是一个通行的句子。在语义上,它包括了一些形式的概念,如科学上的必然性、伦理或政治上的义务等。而更狭义的、更具体的法的概念是依照句法法则的一种颇为特殊的用法——在政治体系中它可以被更为特殊地称为"人类法"(human law)或"刑法"(penal law)。这一多义性主要出现于政治上对"一种法则"(a law)与"法律(条文)"(the law)作比较时的用法。

法律实证主义是研究人类法的性质的一种理论。它与它的经典对手——自然法理论的区别在于,它在概念上将狭义的法与道德区分开来。所有研究理论都以"一个法(则)"这一形式概念为用法,来讨论这两个学说体系中的义务问题。很明显,如果确定我们能够找到任何在古代中国与"一个法(则)"的语义概念相对应的词语,这似乎是难以令人相信的。

一些而非全部的法律实证主义者怀疑道德法的真实性或者道德义务的客观性。古典西方实证主义者约翰·奥斯丁(John Austin)认为狭义的法律义务在概念上依赖于处罚。奥斯丁将与道德法相对的实证法,定义为统治者的普遍的命令,这些命令是由处罚带来的恐吓在背后支撑的。① 在西方公共的讨论中,实证主义者们往往是作为天赋人权这一概念的反对者而出现的。

主流的解释理论通过考察上述西方国家的讨论来看待古代中国的"法家"。这样的做法将西方的观点与儒家学者解释下的法家形象混为一谈,其结果是法家被塑造成鼓吹严酷对待人民的法律实证主义者形象。儒家理论则将自己描述成一种拒斥由法家授意的、系统化的、残忍的可怕统治的反对者形象。

我将试图证明,"法"不具有"law"的任何一种不确定的意义。对法家,同时也是对其他的中国哲学来说,它一直都意指"标准"(standards)。正确理解和看待"法"$^{objective\ standards}$可以帮助我们更好地理解韩非子为反对儒家所提出的道德的、实践的论证。这样会让我们看清楚,从韩非子的观点来看,人民并不是敌人。学究气的官僚、野心勃勃的建议者——儒家,才是"法"真正要对付的目标。

法:意义的问题

我所试图挑战的,是"法家"将"法"的意义由标准变作了刑法这一假说。我的这一挑战的另外的版本,在之前已经被其他人提出过。克里(Creel)②首先发现,如果将"法"译为"law",读者对被视为法家学者的申不害的理论将会在理解上出现偏差。大部分

---

① John Austin, *The Province of Jurisprudence Determined*, lecture 1, 1932。
② 重点参考克里(Creel, 1970),第 92

作者都认为上述的翻译有时是不准确的。① 我将试图证明,对于韩非子(以及间接地对于商鞅、管子和其他所谓的中国法律学家)来说,事情也是这样。

意义的历史理论。有许多一般性的理论理由可以被提出来,用以质疑所有关于意义激烈改变的假说。这些假说违反了理论的一致性——该一致性正是推动解释理论的力量。更重要的是,意义的历史理论减轻了那些意义变化的混杂性。一些评论者们声称,这种意义的挥发性正是中国文字的特色。与此相对,历史理论则赞成墨子的如下说法:那些人在运用术语时,故意附和他们的老师对那些术语的习惯用法。存异是可能的,但是想要证明的确存在一个有意或无意的、与已经建立起来的意义传统理论相左的区分,却是一个重担。

意义变化假说的提倡者们往往确实知道"法"曾经意味着"标准"。激烈的意义变化的出现,却部分的是"单字翻译"(one-word translation)的不准确性导致的结果。墨子首次将"法"这个词带入正式的哲学。我将证明,墨子使用"法"的两个重要的详细特征是重要并且不朽的。第一,"法"是这样的一些标准:它们被用来指导导引性论述中术语的应用。第二,"法"是"度量"(measurements)的类似词。这两个特征意味着,给术语应用提供的标准应该是明确易得(easily accessible)的。墨子将"法"的用处比作度量工具。"法"应该是寻常百姓仅仅通过耳目就可以

---

① 参考史华慈(1985),第321页,以及葛瑞汉(1989),第273—275页。葛瑞汉说,法(fa)^{标准}这个词的涵义"限定于西方术语 Law 的涵义;但是即使对被称为法律学家的那些人来说,它可以包括例如约束官僚的方法这样的内容。"虽然这个观点与我自己的观点十分相近,但我否认这个术语的限定性作用。因为"法(fa)"用于指导性标准的整个范围,所以它的涵义对于法家来说根本从未改变过。法律只是客观标准的一个范例罢了。

捕捉到的概念。墨子的功利主义就是一个"法",因为它既是分辨事物的一个向导,又是可度量的——并且是普通人而非学者也可理解、获取的。

墨家的分析辨证学者解释得更加清楚,即"法"是术语应用的标准。《墨经》中说到,"法"是这样的一个东西 F:任何与 F 相似的东西都可以进入讨论的范围。例如,圆圈的"法"有着许多范例,如一个圆圈的图形,另一个圆圈的图形,一个罗盘的形状等等。这样我们就有了模型和测量的操作,然后便可以用这两者决定一个术语的应用方式。

即使是前期的所谓法律学家,在"法"的用处这一问题上也与墨家的模型相一致。管子是一位与孔子大约同时代的思想家,也被划分到法律学家的名下。① 《管子》一书列出了以下条目作为"法"standards 的范例②:尺度、界线、圆规和角尺、权与衡、标准容器、谷物测具。因此,管子可以前后一致地同时提倡"礼"和"法"。"法"是解决正名问题的非儒家方式。这一对抗性的理论所推崇的,是客观的、能让民众容易获得的应用名称的标准。它反对由称颂古老文本的专家们所组成的互相吹捧的社会领导者们人为培养出的直觉。因此,"法"和"礼"被视为是兼容的。事实上,"法"可以对任何传统的指导名称的方案进行补充。"法"指导由各种"道"所支配的行为,就像度量工具在各种建筑指令中指导圆

---

① 《管子》一书被认为是后人所编纂的。书中有多少内容是管子真正的理论的真实基础,是有争议的。然而,就书的内容来说,我们没有理由怀疑这一对"法"的指称在时代上是错误的,因为这种用法与墨子的运用是如此近似。此外,我们从独立的原始资料可以了解到,管子同时提倡"法"与"礼"。引文倾向于驳斥涵义变化的假说,即使它出现在韩非子之后。这便显示了无论是在韩非子之前还是之后,"法"都被用作度量标准而非刑法。
② 利克兹(Rickets,1985),第 128 页。

或直这些术语的应用一样。"法",使得准确地实施指令成为可能。

儒家并没有在一开始就使用"法"这个概念,因为这个概念的结构是权威主义的。儒家对于正名政策的核心假设是这样的:统治者被设定为使用天赋的或习得的直觉来确定语言的正确用法的人。墨子对统治者的赞同承认了慎到的社会学观点,即统治者一定会影响(语言的)使用。但墨子仍坚持要把"天"作为最高的模型样式。"天"把持久的、类似度量的、容易被投射的效用标准,看作一种运用语言之"法"。

真正与传统理论相分离的"法"起于荀子。荀子跟管子一样,同时讨论"法"与"礼",认为它们之间并没有矛盾之处。荀子将"法"与规则条令和处罚区分开来。因此,"法"并不是管理社会的另一种形式,它们是在任何社会指导的论述之中,决定术语如何应用的一些途径。① 荀子的立场是,使用术语的唯一标准就是惯例,而对惯例的正确解释的"法"则是"君子"。荀子将体现在当时的学者权威之中的历史传统修改成为了正确用法的主要来源。

于是,对于荀子来说,第一个假设是这样的:"法"是术语被投射时的标准。② 因为"法"对于限定规则约束中的术语来说是必要的,它们通常在所有对处罚的应用中被预先设定。它们是某一法规在具体案件中被运用时所应遵循的标准。中国人把做出那些个人决定的官员称为"法官",作为对荀子"天官"的追忆。荀子曾论证说,"法官"应该是具有高度发展的直觉知识的学院专家;因此,他反对墨子所追求的目的,即那些客观的、透过民主的方式容易获得的标准。

---

① 《荀子·王制》。
② 特别要提到的是荀子的这一论述:"其有法者以法行,无法者以类举。"

我将证明,韩非子拒绝接受他的老师对于"法"应该是什么所作的说明,同时将与之对抗的理论发展出客观与易得的内容。相对而言,他不是那么坚持传统主义,但却同样强烈地主张权力主义。他也同样专注于处罚的权威主义用法。他明确地区分了"法"与"德",认为后者只能被少数人获得,而前者则能够被大多数人获得。① 他延续了在如下意义上使用"法"的哲学传统,即为了把指导诠释至行为中去这一目的,而提出客观的、公众能够获得的标准。

意义与指称的区别。主导我们的意义理论的第二个一般性原则,是意义与指称的区别。一个关于某个词语的意义或意思的断言,应该对那个词语的整个外延或指称有所说明。如果一个作者把硬币作为讨论对象,且她更多地是用一个一分的硬币而不是两角五分的硬币作为范例,那么她并没有改变硬币的意义。即使她的硬币理论能够强调硬币中的一分的硬币作为一个中心例证的重要性,却仍不会改变硬币本身的意义。韩非子讨论公共的标准,用以指导行为。他的理论有时以测量般的准确性,在描述行为与赏罚之间的联系时,强调宣告的公共性。

这些是法律么?我们西方的"法律"(law)概念是一种公共的、客观的、明晰的、能够获得的行为标准。我们的概念有着上述的形式特征。科学的、伦理的、刑事的法律都是在形式上普遍、判断的命题。奥斯丁指出,命令或愿望的表达都应该是一般性的。韩非子从未将"法"限制为判断的或是普遍判断的。他对"名"和"刑"所作的说明,是声名狼藉的。在西方理论中,刑法所特别指称的,是那些由刑罚的恐吓威力所支撑的一般性的命令。韩非子

---

① 《韩非子·显学》。

将"法"同时应用于赏与罚上。我们把支配奖赏或进步的原则(即使是被清楚定义和严格执行的)称为标准(standards)。我们可以有土地使用期限的标准,或反对欺诈的法律。在英语中,所有的法律都是标准,但不是所有的标准都是法律。

如果韩非子在使用"法"这个词的时候,有时指称那些在普遍的判断形式中,公共的权威将它们与刑罚一道发布的语法明确的规则,有时把它作为指定、测量、语言、奖赏等事物的标准;那么他这一语言学的行为只与"'法'仍然意味着客观标准"这一解释理论相兼容。他有可能对论述的形式如何指导行为的许多方面持不同的信念;他也有可能在集中讨论他的理论中某一个特定类型的客观、公共的标准之时,并不改变那些他用以表达各种信念的词语的意义。

唐君毅明显是正确的。韩非子提倡将"法"公布出来、让公众能够意识到哪些行为会引来处罚。他引用了商鞅指定的规则——一个人所获得的成就取决于他在战场上砍下的头颅的数量,来作为例子。唐君毅总结出,在这一点上,"韩非子完全地承继了墨子"①。他并没有改变"法"的意义。

名词性用法与动词性用法的一致。识别意义的第三个一般性原则应用于汉语时有特别的效力。我们已经观察到,中文的词汇有句法上的灵活性:它们既可用作名词,也可用作动词。"法"与"道"都是这种灵活性的著名例证。我们的意义理论应该尽可能一致地解释一个术语的名词性用法和动词性用法,正如这个理论必须对一个词语的用法的所有指称做出说明一般。跟我之前所论证的一样,我们应该让"道"的动词性用法,即"道"$^{\text{guide; speak}}$,与

---

① 唐君毅(1975,第1卷),第518页。

它的名词性用法,"道"^(guiding discourse)相互对照。动词性的"法"的典型翻译,是"to model on"(模仿)或"emulate"(仿效)。名词性的"法,则对应地翻译为"standard"(标准)或"model"(范式)。

意义的缺失与意义的有效性。最后,如果某个意义的缺失需要被补全,那么这个关于意义改变理论的假说将会显得更为合理。既然这样,翻译者可以同意,存在许多其他的词汇用以指称命令、规章条例以及处罚法规。我们认为,当孔子批评"刑"①的时候,他指称的是公共的法规。韩非子似乎严格遵守了这样的用法。② 可以用来指称刑法度的其他词汇,包括了"令"和"制"。把"法"这个被当作客观解释标准的唯一重要词汇,用以复制上述已经存在的概念,这么做至少在语言学上是无甚效用的。

翻译韩非子时的另一个与上述做法相关的无效性源于前文所说的两个条件。韩非子在使用"法"之时,将其与另外的一些词汇合起来用。如果我们将"法"的意义理解为一般性的,这一做法会显得更为合理。例如,他讲"法令"(伴随命令的解释性标准),这个术语似乎是最接近标准法的。但是,有时他所运用的复合词却几乎从不直接意味着刑法度,例如"法度"(有范围的解释性标准)、"法义"(伴随伦理的解释性标准)、"法术"(伴随方法的解释性标准)。

卜德提到③,秦王朝将他们的法度叫做"律"(lü),而"律"这个字在早期的文本中极少出现。如果韩非子是那位理论家,而李斯将他的理论用于秦王朝的政体之中,那么为什么要给这个制度

---

① 史华慈(1985,第 322 页)与卜德(1981,第 175 页)都将"刑"确定为刑法典的一个早期术语。
② 参见《韩非子·显学》。
③ 卜德(1981),第 175 页。

一个新的名字呢？最合理的答案可能是，对于李斯、韩非来说，如同对于荀子和他们之前的所有传统来说，"法"的意义并不是法律，而是客观标准。所谓法令或成文法，只是客观标准的其中一个特定的类型罢了。

总而言之，我很不愿意把韩非子当成西方法律概念的一个对应物。韩非子并未表现出对说明性的普遍性句子有任何特别的知悉。他的概念结构与我们在讨论墨子的功利主义时所描绘的形象仍是一样的。社会导向的论述还有其他许多形式：礼、义、道等等。核心的问题仍然是如何将这些论述诠释到行为当中去。解释的问题是"法"的重要角色。在此之中，说明性的句子本身仍然并未充当特别的说明性角色。我们也无法找到法律责任、法律义务或法律权利这些概念的对应词。诚然，韩非子的确有公共的、说明性的行为法规的概念；但是，"一个法"并不等同于一条"a law"，前者指的是任何一个客观的标准。"法"（fa）为了呈现出在说明性论述中术语的一般性应用，意指可靠的、公共的、非直觉的标准。

法和精英们的直觉

法家并不把刑法与道德法放在一起对比。他们对比的是"法"和"礼"。"礼"依赖的是知识分子权威的发现与诠释。"法"与"礼"之间的对比，是两个相互竞争的、激进的，或是传统的公开导向理论之间的对比。两者中没有任何一个是形式上类似于法律的。它们之中的一个是直觉的、学院式的、专属于一小群精英们的；另一个则是公共的、可衡量的、易于被大多数人民所确认的。韩非子与他的老师荀子之间的争论并不在于刑罚；相反，他们都是刑罚的狂热支持者。

韩非子思想中的政府技术的目的,在于控制学者的官僚主义——这一官僚主义正是政治上充满野心的儒家学者所追求的。韩非子的分析中极端对立的双方是统治者与其臣子,而非统治者与其人民。韩非子从统治者的角度,将大臣们视为权力的争夺者。我将试图证明,韩非子的三个有名的技术——"势""术""法",相对与控制民众来说,更多地指向对官僚机构的制约。

民众在韩非子的分析当中大多时候是不沾边的。当讨论到他们的时候,他们多是被当作工具,或是统治者与各派系大臣们之间争夺权力的对象。在这样的背景下,当韩非子偶尔讨论起民众时,他都是在试图削弱大臣专断的权力以达到保护人民的目的。注意,这并不是因为他把民众的福利和安全作为目的;他真正的目的仍是在统治者与他的官员们的竞争中,加强统治者的相对力量。对民众的保护意味着要同时要削弱官员占有统治者权力的危险份额。

儒家则成为了一个文吏群体。他们采取了一个保护自己的通往权力路径的角度。所以,他们把他们意识形态的、制度化的敌人描绘成为一个严厉、残酷的统治者,一个人民的压迫者。从道家的观点来看,这是一个两种权威团体之间的争斗。而他们争斗的目的,则都是为了利用自己的权威,来处罚我们之中不遵循他们所偏好的标准的那些人。从这一特殊的意识形态的对峙中,我们看不到任何自由民主。

因此,韩非子给我们提供了由熟知所导致的曲解的最后一个例证。韩非子的确提倡一致的、帝王的、社会政治的秩序。他与儒家学者的对立,仅仅部分的由于他们代表了学者-官僚的阶层。儒家学说也为封建制度的下列基础作了辩护:家庭的联系,以及复杂的、祖先传承的、礼教的政治关联。儒家关于社会控制的标准来源于学者-领导者的一个精英阶层:"君子"。这一阶层的人宣称,他们是教育并形成民众的人格的权威人士。韩非子反对把家庭的和学院的角色带入统治者的效力问题上,也反对统治者有教育人民的责任这一推论。韩非子接受秩序作为目的这一观点,但不接受儒墨两家学说把教育作为方法的观点。他的目的仅仅是统治者所掌握的有效、完全的控制力,而不是某个合理秩序的实体的、复杂的传统概念。

韩非子与道家的关系是复杂并让人充满好奇的。《韩非子》包含了对《老子》一书的最早存在的评论。前者借用了道家著作关于反对知识的传统价值的观点。韩非子认真地对待了老子消极的政治之"道"。韩非子从他的统治者观点出发,表达了他那具有代表性的对民众的冷漠态度——民众只是资源而已。他的道家观念是部分地从荀子的有关心之特权的理论观点中过滤出来的。他提倡把神秘的虚无、同一、心作为一种统治的技术。这一概念证实了绝对论的合理性,而非庄子的多元论的合理性。教条的绝对论者们所作的假设,是针对精英们对于由相对主义所引出的概念上的无序状态的担忧的一个政治回应。事实是,韩非子理论的根基建立于这个观点之上:他认为如果没有"道"的权威主义,解释性执行的无序状态将会是一个持久的危险状态。韩非子等同于一个独断论的荀子,尽管他的角度不是传统的学者角度,而是统治者的角度。

儒家的人治与西方的法治

我们可以从另一个角度理解,韩非子为何应该被我们当作一个法理论家。被韩非子所贬低的儒家理念正是西方自由主义法理论家所认为的法的对立面的一个经典例子。这一法的对立面是人治（rule of man），也就是由官僚学者型的精英阶层组成的地方官员，通过他们自己的道德直觉来解决公众关心的问题。这一精英主义把一种对大范围的道德决定所做出深奥的、直觉的洞见归功于自己。由于对传统法度的直觉应用的强烈依赖，而被带入社会导向之中的灵活性（flexibility），精英主义的成员们对此赞不绝口。但是，系统产生的结果的道德价值，完全取决于人的素质。如果我们信任他们的道德直觉，我们或许会希望最后的结果能够接近理想的、完美的道德所能得出的结果。然而，如果那些结果并不能达到我们所希望的那样，我们却无法去挑战、质疑他们的道德权威性。如果我们的道德直觉与他们有所不同，他们则会将我们比作无赖、反革命者或坏分子。他们的直觉决定了什么是对的，什么是错的。"君子"，就是"法"之所在。

儒家的人治在道德上是令人反感的，因为这完全背离了他们直觉的有效性这一客观问题。它对由周遭情况所确定的个人评判的强烈依赖，使得人民很难自己设计自己的人生。我们没有办法预测，何时何地官僚们将强制性地介入我们的计划和打算。这破坏了我们设计或实施理性构思下的冒险行为的能力。

韩非子的确将他对儒家说明性论述的批评的一部分，建立在与上述内容类似的问题上。这一点为我们解释了韩非子与他的儒家老师——荀子之间的核心冲突。不过，韩非子用以替换（荀子）的理论却并不是我们所认为的"法治"（rule of law）的对立面。他也预设了一个"道"，一个说明性的论述；两者的区别有二：首先，韩非子试图将他的"道"作为更加客观、更加容易被公开投射的导引;其次,他拒绝接受如下传统内容的权威性:即偏爱一种因果论的"道"——以最大化统治者(他将统治者与国家视为一体)的财富与力量为目标。这些区别的来由,大多在于韩非子的"法"的那些特点:公共性,客观性与易得、易接近性。导引的价值和解释都是可衡量的。韩非子在一般的意义上跟儒家、墨家和道家共用了同一个观点,即他们在看待"道"的概念性角度时,都将其当作了论述的一个导引性主体。他与儒家的争辩是关于古代的思想内容以及把解释权威赠予一个学者阶层的直觉标准。

为了理解韩非子的理论跟西方的法律主义(legalism)有何区别,我们必须先要弄清楚构成法治基础的规范性理论的概念结构。西方关于法律的定义之争,是传统西方法律理论的传播媒介。互相竞争的各种法律理论使用了相冲突的两个伦理学观点:因果论或功利主义将法律视为控制社会的一种有效的途径;道义论则倾向于认为法律应该直接地由建立在应得概念上的理论来为之辩护。两种理论的分裂导致了它们对待报复性处罚的不同态度。道义论将其视为内在正义的;功利主义则认为它没有任何内在的道德价值。

现在让我们扼要地阐明这一点:因果论理论无法成功地为法治理论辩护。这不仅仅是由于经验的证据无法支持处罚能够阻止犯罪的假说。真正的原因在于,因果论理论,如功利主义,在本质上都是比较性的。因果论理论必须证明,法律和处罚比其他的形式更好,而不仅仅是它们能够起到作用而已。许多其他的形式或数个形式的合体看上去似乎更加有效:心理学治疗、教育教化、社会改革、社会预防机制等形式,看上去都可以作为一个理性的功利主义社会的近乎合理的方法。① 孔子所作的论证(参见本书64至65页)在将因果论者的问题视为刑罚的对立面这一点上，显得十分出色。

我们围绕法律的报复性道德直觉(retributive moral intuitions)，几乎不可能认可功利主义的伦理。其中的问题在于，报复主义理论是往回看的，而因果论却是往前看的。报复主义要求处罚有罪者，即使最后的整体结果是对社会有害的；功利主义的问题则不仅在于为处罚的某些特定例子辩护，还在于防止加在无罪者身上的处罚。功利主义的计算模式威吓说，人们应该处罚那些仅仅是有伤害行为的倾向的人，以及应该为了阻止其他的犯罪行为而处罚一个替罪羊。然而，我们的报复性直觉却认定，对无罪者的任何预期性或目的性的处罚都是道德上不允许的。

报复性的概念包含了一个对法律这一概念来说十分重要的合理性元素：处罚需要被按比例分配。更进一步说，报复性概念预设了这样一个道德责任观念：理性的道德主体与自由。处罚应该根据这两个因素的乘积来分配：错误的严重程度，以及对于该错误所应承担的责任大小。

功利主义出现了错误，因为它无法解释上述的报复性直觉，尽管它曾经尝试过。我们的报复性道德直觉深深地植根于西方的基督教信条中，植根于我们平日的道德信念和我们的历史伦理之中。康德的绝对命令是最能将这些信念理性化的优美表述。道德主体根据理性准则行事。主体的理性需要它普遍地意愿它的那些准则，也就是说，它意愿每个有理性的人都应该从同样的道德前提中推演出他的行为。因此，若要以康德意义上的尊敬与

---

① 对于功利主义为法律所作辩护的批判，一个经典的版本是莫里斯(Morris,1968)。同时也可参看我自己所作的讨论：陈汉生(1985)。

尊严对待一个主体,则要求我们运用他自己的准则。以眼还眼,则是对独立的、理性的道德主体的自由和尊严的深度尊重。建立在法律基础之上的报复性制度,是我们所认定的道德上的正确之事。

因此,我们通常为报复性制度所作的辩护断然要求理性主体概念,要求控制个人行为的能力和在指导行为的过程中理解并运用道德或法律概念的能力。我们必须能够鉴别,在哪些时候某些理由与原则可以产生站得住脚的实用结论。康德的学说要求我们并不需要把报复性约束用在儿童、动物以及精神疾病患者的身上,因为他们没有能力鉴别出他们的行为错误的原因。并且,我们也不认为他们具有主体的道德状况所需的理性的自控能力。即使是那些能够意识到自己的行为是错误的人,如果他们由于精神问题而导致无法自控,我们也不应将报复实施于他们身上。

报复性直觉强烈地渗透于我们关于法治的理论之中。然而,关于它的论证却是西方哲学两千年来的主要挑战。这一点解释了结果导向的道德理论为何能幸存下来。他们都是道德改革者,并且认为报复主义者仅仅将自己的理论诉诸我们的报复性直觉,而不是试图为那些理论进行辩护。强有力的西方报复性直觉一直都在主导着道德论争。

复仇的迫切愿望可以说是普遍的。它可能是人们最强烈的自然本能之一。中国的思想作品很可能跟我们一样展示了这种自然的迫切愿望。不过,中国历史性的传统道德态度与哲学论证,相对而言都是远离西方报复性的偏激态度的。我们能够显著地发现,很少的道德合理化行为认可纯粹往后看的应得理论。他们的道德理论并非来自于无理性主体,而是来自社会合作的目标。古典的理论家们并没有预设西方道德观点中的个人主义;我们无从找到任何建立在人类的理性这一基础之上的自由意志理论。人是社会性的；人的特殊天赋不是理性推理，而是学习社会的各种"道"。中国关于"道"的理论基本上都是因果论的。即使是那些看上去表达了道义论情感的例子，其绝大多数最终在理由上是强烈地因果论的。

因此，现在我们有深层的方法与形式上的理由去怀疑法家的理论是否与西方的法治理论有很多共同点。我们几乎找不到多少报复性理论的证据，并且，也完全找不到任何与"a law"在形式句法上相同的词汇。我曾经论辩说，中国思想的焦点往往集中在语汇、术语上。儒家学者是最早将他们的注意力转到社会所赋予的各个地位、角色的名称上来的。法度指导人在履行其社会角色时的行为，但是早期的学者们并没有将法度分解成独立的判据。因此，中国人把导则具体化的方式与西方的理论有所不同。中国的道德与政治哲学并没有一条规则、一个义务或一种职责的说法，所以报复性处罚的概念没有可建立于其上的基础。类似的，我们也可以看到，中国哲学中没有"行为的理由"这样一个概念——这一理由可以是某种信念或愿望。我们行动的根据，取决于众多相互竞争的社会法度中的某一种；并且，我们需要对该法规做实用性的解释。在描述中国思想中人的心智关系的过程中，试图填补上述解释的缺口这一行为，就具有了哲学的意味。这一行为将继续成为韩非子理论中的重中之重。

儒家反对处罚之论争

孔子在《论语》中提出了他反对刑罚的著名论证。他反对强制的政府，及其隐含着的关于政府职能的假设。刑罚的确保证了社会的一致和服从，但这却是以抛弃培养与发展人们自发的社会一致性倾向，即廉耻（shame），作为代价的。教育也可以达到同样的目的,尽管过程是渐进的,效果却更好。因为教育依赖并且支持我们的社会本能,所以它更是一种稳定的、长效的解决方式。而专制官员们则使用法律和处罚,这使得他们依赖并且加强了人们的私利心。① 长远来说,这将破坏秩序。

儒家反对诸"道"(daos)可公共地获得之论争

让我们回忆这一点:以动机为基础的论证强烈地驳斥了孔子的另一个论证。尽管孔子将其描述得并不十分清晰,它却是孔子那些格言警句中的一股强烈的潜流。孔子再三地贬低那些在被公开发布的法度所领导的民众之中愈发增多的对诉讼的热衷,以及油腔滑调和狡猾的做法。对于孔子来说,公共的、明晰的法度带来的是后续的担忧。任何一条形式化的法度都可以陷入解释的论争之中,而这一解释问题表现为这样的形式:"管理 Y 的那

---

① 最近有一个有趣的巧合:两位以儒家学说为研究重点的作者,史华慈(1985)和安乐哲(1987)偏离了儒家的正统学说,坚持认为孔子并不是真的反对处罚。他们论证说,孔子认为处罚至少是可允许的。史华慈认为孔子对待处罚的态度是,尽管处罚不是唯一的必要手段,它仍是一种控制社会的不可或缺的方法。安乐哲(第168—176 页)则论证说,孔子反对处罚的论证仅仅显示了教育之于处罚应该是一个优先的选项;但是由于孔子是关心实用的思想家,他必然会认识到处罚至少是最后的手段。这两位作者都将他们的宽容原则建立在了他们自己所认定的处罚明显是必须的这一预设之上。处罚的实用必要性顶多能被认为是哲学上有争议的。然而,在我审视安乐哲和史华慈论证我们为什么必须容许处罚之时,我却并不能找到任何孔子所提供的这样的论证。孔子的所有论证都是反对处罚的。现在,由于我赞同处罚是愚蠢的、无法辩护的这一观点,当我认为孔子具备实用智慧的时候,我就会说他正确地做出了辩护。我完全赞同文本中的论证——问题结束于此。安乐哲和史华慈将孔子的论证赋予跟他们自己的论证一样的极大的实用性洞见;我则赋予孔子跟我自己的论证一般的实用性洞见。然而,底线在于,我们在文本中所能找到的关于该问题仅有的清晰论证,都直指对处罚的反对。安乐哲之所以得出他的结论,是因为文本中存在一些没有被辩护的处罚。安乐哲将那些章节作为证明孔子容忍处罚的论据。但是,这样的章节顶多显示孔子承认处罚的存在,而不是承认处罚的可允许性。孔子意识到处罚的实践性的存在,是明显的事实;在他的词汇中,我们是可以找到这样的术语的。

部分法度并不能用到我身上,因为我这儿的情形是 X,而非 Y。应该将管理 X 的那部分法度用于我这里。"名称与差别的反复无常,使得语言学的"道"也变得同样反复无常。

自私与巧言的增长意味着法律制度对自然的社会控制机制带来了双重的威胁。儒家学者的第一个反对意见,是针对处罚导致自私之心的处理方式的倾向。他们的第二个反对意见,则发展成为对于法度公共化(publicizing)的攻击。普遍可获得的法度,将招致所有人利用在法度中选择适用于他们的某一个术语的方式,来为自己进行诡辩。

我已将这个关于法律的考量区分为动机问题与解释性问题。后者要求正名,这样礼与处罚就可以同时给人们提供可靠的指导。而根据著名的那一节(13:3),正名是一个儒生首先要采取的为政措施。

要注意的是,上述两个儒家考量都使用了因果论的论证以反对处罚。儒家学说很少使用应得概念去为处罚辩护。只要我们将论点建立在社会效用的基础之上,报复性处罚便失去了正当性辩护。那些不那么具有强制性和破坏性的方式,则会更有效地维持社会秩序。

然而,这第二个论点给儒家学说带来了一点尴尬。"礼"是一个固定的说法,尽管它并未被刻在鼎上。我们将其称为实证道德,正如我们将法律称为实证法一样。显然,"礼"引起了儒家学者中的诸多争论:它们讨论的是正确的行为、可允许的偏离程度、苛求的东西以及正名。唯一的可取之处是,儒家学说将这些矛盾和论争限制在了儒家学者的范围之内。这一点使得儒家学者很喜欢使用诡辩术;此外,他们基于自己的自然偏见而认为他们比普通人更能做好解释工作。对于解释问题,儒家的解决方法是将解释者人群限制为历史学者;在此过程中,他们偏爱"礼",并且将其视为那个实证的"道"。但是儒家学者并未公开地承认这一点,他们仅仅指出"仁"是正确行为的解释所要求的;并且,他们使得关于儒学训练会产生出"仁"的这个假说在荀子之前都一直存在于背景知识之中。

解释性考量促使儒家学说发展出以天赋观念论者或直觉为源头的儒学版本:正统的孟子学派。当我们设想人们可能将一条法度解释为多种行为方式时,我们则需要依赖于该法度之外的某些东西来确定哪一个被解释的行为是正确的。一种关于行为的权威性直觉可以解决哪一种行为符合那一条法度的问题。但是,如果我们已经拥有一种关于行为的权威性直觉,那一条法度便显得毫无用处了;至多,它成为了一个暂时的、为我们的学习提供支撑之物。这就好像维特根斯坦的梯子:在我们登上目标之后,它便被视为无意义的,我们随即将其抛弃。又如七十岁之时的孔子一般,我们终于可以遵循我们的心所带来的自发反应。孟子的解决方式暗中地更为民主,因此,这个方式带有狂禅的种子①。缩小解释模糊性的唯一的儒家方式,是对解释者人群加以限制。荀子希望这些解释者们至少应该是儒家意义上接受过教育的"君子"。

法治的自由的西方之论争

与上述解释性考量相应的,是围绕一种更为现代的为法治辩护的西方规范性论证。一些反对实证法的学者们论辩说,法律不仅仅是一些伴随处罚的条令。他们主张,法律从根本上说,是所

---

① 参见冯友兰(1953,卜德译),第 623—629 页。

有种类的社会决定所依赖的一种权威性决定程序。而这些决定中重要的一项,则是对单独的法律的解释。处罚是普遍的,但它却不是一样东西成为法律的必要条件。指导性条令的权威性解释,是一个法律系统的标志所在。

这里便出现了实证法与道德的冲突。道德的决定程序是理想化的合理性。道德没有权威,也没有固定的形式。没有任何表述行为的道德权威可以通过发现或宣称某物是道德的,而将该物变为道德的。① 道德所做的,是把与某一群人所接受的道德相冲突的东西适当化。仅仅是一般性的接受,并不能把习俗变成道德的。社会所称颂的圣人们的鼓吹,并不能使传统变成正确的。上述的道德观点是西方道德个人主义的中心理念。每一个道德主体都应该同等地获得作为道德法之来源的尊重。

这一自由主义法律理论接下去便转向道德个人主义,试图为法治理想做出辩护。那些掌握权力的人将会处罚那些冒犯他们的人。人类对于复仇的渴望是人性本身的一个事实;企图处罚那些冒犯他们的人这一行为,则是追求权力的人的表现。法律的道德辩护对于个人是一种保护措施,因为它将处罚合理化了:它将处罚变得可预测、可避免。理性主体可以设计一连串将他们与官方的压制和无理性的复仇行径相区分开的行为。法律条令的公共性、普遍性、连贯性和准确的投射性都成为了道德上的中心概念。有了法律机构,人们就可以知道要避免强制力量,自己应该如何行事。而我们现实中的法律体系,当然只是那个理想的相

---

① 关于这一有时被称为"批判伦理学"的概念,包括上帝在内,没有人能够仅仅是通过说"这是正确的"而把一个东西变成道德上正确的。道德律正如科学法则一样,都是理性所测试的假说;如果它们导出了人们无法接受的结论,理性将对其进行修正。

第十章 韩非子：统治者的解释

似物。

还有一个意味深长的比照：人治。在人治中，法律没有被清晰、明确地说明；权威机构根据自己个人的、关于对方是怎样的人的道德直觉来做决定。与之对照的是，我们把任何对法官私人道德的暗示性的指摘都当作是一种批判，继而当作是我们的法治理想垮掉的证据。法律的中立性必须与客观的、普遍可获得的对公开规则的诠释方式相关联。我们的理想需要明晰的、不含糊的规则以及严格的解释。换句话说，道德要求法律将自己与道德区分开来。法律应该清楚地表明自己的导向，即使这一导向是道德上错误的——这一点在道德上十分重要。

如果我们把中国的那场古代辩论解释为法治与儒家道德领导的理想之间的论争，我们将会忽略儒家和西方思想之间关于人与道德的理论的一个深层的不同。法家与儒家之间的不同，不如西方的法律实证主义者在法律与道德之间所作的区分来得深。我们发现，两者都不承认一种理性的道德，尤其是关于应得的道德。因此，在中国语境下的辩论将两种相竞争的道德治理做了比照：一种是继承下来的传统礼教，另一种则是统治者们设计的法度。两者都没有依赖规则、原则或法律在句法上的含义；因此我们在这两种中国的概念中不可能找到任何关于义务、责任或权利的准确的概念理论。

对照之下，韩非子和儒家学者实际上也确实形成了各自的构想，有两个问题使得他们不同。第一，他们在如何达到导引系统的弹性与适应性，以应付各种特别的情况这一点上有分歧。儒家学者达到该目的之方法，是将固定的、传统的法度作弹性的解释。道德上富有洞察力的学者阶层提供了这一弹性，儒家理论十分有效地将弹性的力量交于大臣们的手中。韩非子则将该力量赋予

649

统治者们的如下能力：在改造法度的同时，将解释的标准维持固定、必需。第二，孔子（而非荀子）会反对为谋求一致而使用约束力这种做法。（对荀子和韩非子来说，他们对于残忍的刑罚的热情并无大的区别；但即使是荀子，也肯定了教育的重要性。）

再一次，我们看到，韩非子与荀子之间的区别，断然与个人的尊严与自治无关。他们都认为，某一权威机构给出了社会行为的标准：这是人们"道"的各种概念的唯一来源。他们之间真正的分歧在于：首先，上述关于导引的论述应该来自于古代的圣王还是现代的统治者；其次，应该单独地使用处罚，还是应该将处罚与儒家的教育技术一同使用。

中国治国术的历史考察

我们可以把韩非子的立场简单地等同于荀子的立场，而不用遵循对传统的武断的附和。荀子直接地影响了韩非子哲学思想的深层架构，但是韩非子却明确地变成了儒家的反对者。他将自己的政治策略与规约技术的概念，追溯到汉以前的大量思想资源中去。因此，汉代的理论将他们其中的一些人划为早期的法家学者。这些人包括了那些在政治中提出自己的治国理论的实践政治家，尽管传统有时将一些伪造的、可疑的文本加诸于他们身上。同时，我们也可以清楚看到，韩非子也汲取了哲学论证、概念与灵感的其他资源，其中包括了墨家思想和《老子》中消极的"道"。

那些政治家和他们的制度改革的政策甚至先于孔子。那些实用的措施说明了孔子对于"刑"的应用的警告。公元前7世纪，齐国在那些仅仅在名义上效忠于几乎已丧失权力的周王的政权中，成为了占统治地位的诸侯国。使齐国升为盟主，最主要的大

第十章 韩非子：统治者的解释

臣和建设者是管仲（管子）。管子是我们的讨论中一个十分有趣的人物，因为孔子似乎对他的印象大致是正面的。（孟子则对他有许多批评。）管子理论中一个重要的要素是，他依赖于建立在"礼"之上的传统的合法性——这一点或许可以解释孔子对他的赞扬；此外，他还是一个周朝的追随者。然而，对于孟子来说，管子则代表了第一次朝向通过传统封地来聚集权力的现实技术的迈进。持这种做法的君主，孟子称之为"霸"。①

由于被称为法律主义者，《管子》一书尽管很可能是后人所编纂的，却往往被认为是管仲思想的表述。然而，可论争的是，该书是一本在年代上很晚地表达了韩非子理论方向的著作。如果说两者之间存在共同之处，则是缘于这两部著作都直接地讨论了增强统治者权力的问题；更进一步说，两者都认为统治者的权力应当与他个人的德性无关。这样的实践政治家所明显关切的，是增大统治者有效权力的实用技术范围。有时，管子也会认为，他的政策将会增加人民的福利。但是，与韩非子一样，管子并没有对上述目标有足够的关切；并且，对于把统治者的利益视为首要考虑这一点，他也几乎没有为之做任何辩护。他与韩非子一样，始终是一个实践的政治家：他们处理的问题都是实践的政治问题，而这一政治问题的边界，都被他们设定为是理所当然的。

有趣之处在于②：《管子》的确提倡"法"^{objective standard}，然而，它明显不是在提倡西方报复性的法治。管子提倡"法"，是将其作为了

---

① 关于这一点，可参照牟复礼（1971，第 117 页）的精辟论述；延伸阅读则可参照萧公权（1979，第 6 章）。孟子试图避免将这些篡位者称作君王。
② 即使《管子》一书晚于韩非子，它对"法"的解释仍是切题的。如果它较早出现，那么就可以说明"法"的涵义在历史上与度量有关；如果它较晚出现，则证明了"法"的涵义即使在韩非子之后也没有改变，包括在秦朝、在准法家（quasi-legalist）的材料之中，都没有改变。

"礼"的一个必要的附属。他跟孔子一样提出了礼的诠释问题。如果没有客观的标准来指导实践的诠释，那么礼无法成为一个指导系统。文本在使用"法"一词之时，是将其用作广义的理解，即指导行为的习惯架构的标准。① "法"指引着其他四种公共导引的解释：律、令、刑与政。对于它们之中的一些来说，处罚是重点，对剩下的来说，处罚则并不是重点所在。因此，处罚与"法"并没有十分重要的关联。"法"在《管子》中并不是一个重点的报复性概念。

对管子最有报复性意味的评论，是认为管子使处罚"相符于名"。这一点同样也是韩非子著作中的主要论题。然而，这一观点在结构上相对于康德哲学来说，似乎更类似于儒家思想。"名"，可以是角色的名称，也可以是处罚的名称。衡量奖惩的基础在于官方的正式角色。责任是角色的责任，而非规则的责任。

处罚的名称也应控制官员们；管子认为如果我们用这一方式来使处罚相符于其名称，"罪犯们将会没有怨恨"。与按比例分配的规则相比，这一做法更像是预先警告的要求。② 如果将发布的处罚条款比作鼻子的切除术，该手术的执行者则不应该同时也割掉一只耳朵。

《管子》中使处罚相符于其名的一个动机，是"好人不应该感到害怕和担心"。这似乎意味着极少法律学家为了大众而诉诸于"法"的价值。普通老百姓都希望能躲开由那些控制着刑事官员的清晰的、客观的标准所给出的武断的处罚。《管子》进一步否定了处罚作为人民服从的唯一可行的动机。与《墨子》一样，《管子》论证说，如果行政管理的度量是准确的，以及类似统治者的态度

---

① 参见萧公权(1979)，第334页。
② 萧公权(1979)，第339—341页。

得以维持,那么人民就会变得顺从。民众天生就有一种顺从于上述标准的渴望。重点在于,"法"必须提供准确的、客观的以及容易投射的导引。

《管子》法律主义的核心,是对稳定的、强有力的公共社会规约制度的依赖。然而,处罚并不是支持规约的必要条件。《管子》的作者们并没有注意到各类社会法规的原则性区别。重要的区别似乎是存在于法规的普遍性或应用的范围、来源和主题之中。

韩非子把慎到(我在前文中将其作为老子的灵感来源而进行了讨论)列为法家的先驱之一。因此,对慎到学说的解释便带来了一个特殊的问题。① 我们应该怎样理解慎到的老学思想和法学思想呢?其中一个诱人的假设是这样的:慎到发展了自然的"道",即事物的实在发展的概念。他企图将这个概念用以颠覆传统的导引系统,因此他的学说口号是"弃知"。他可能以这样一种破坏性的主张——我们把权威所拥护的事物当作是唯一符合道德的——来为他的反道德态度作补充。除社会领导者的自然影响之外,不存在任何其他的标准。而社会领导者所提倡的"道",其理由也并无特殊:它仅仅是迫于环境而被选中了。以上便是韩非子从慎到的"势"的理论中所吸收的东西;韩非子将慎到作为"势"这一非道德概念的主要来源。

韩非子把申不害的理论作为了自己思想的第二大来源。申不害对权宜地、特意地表述出的行为标准和处罚都没有太大的兴趣。他的主要兴趣在于控制官僚。这与韩非子的三理论中的第

---

① 该问题在于,一个人为何可以在成为斯多葛派、提倡抛弃知识的同时,仍是一个权威主义者。汤普森(Thompson,1979)论证说,我们只要重组慎到学说的碎片,就可以解决冯友兰在这个问题的含混不清。然而,即使我们采用汤普森的重组文本碎片的方法,也不代表我们能够建立一个明晰其中各个理论矛盾的架构。确定慎到学说的两个部分为可信的、真实的,并不能使上述问题得以解决。

二个——"术",是一致的。儒家学者希望大臣们去控制统治者;政治家们则研究各种技术去维护统治者的权力以对抗他的大臣们。韩非子与儒家统治风格的矛盾之处,起源于对这一权力分割问题的关心,远远多于对老百姓的关切。

"杀死统治者并占领他的国家的人,并不一定需要历尽艰难;他完全可能是那个统治者自己的臣子之一。这个篡权的臣子一步步地对统治者所听到的事情加以限制,逐渐地控制并攫取统治者的权力,直至最终完全掌握了国家和人民。"①

申不害建议统治者采用"术"来控制大臣,以及防止统治者的权力流到大臣手中。他将这种做法称为"无为"——这是一个道家和儒家之前已有的概念。儒家学者使用"无为"来描述这样的一种规则:大臣们照此规则执行所有的功能,统治者仅仅是去处理人格方面的事务。("臣有为,君无为。"——译者注)控制人格的方法,就是限定行为的范畴,也就是"正名"的一种表现形式。一个人的行为举止必须符合统治者所赋予他的职位。②

韩非子所认定的第三个先驱是商鞅(卒于公元前338年)。我们关于商鞅的理论,又一次来源于非直接的材料。我们之前已经提到过,商鞅是一个实践的政治家,他在秦国的制度改革引起了孟子极大的担心。韩非子认为商鞅将"法"作为了他治国术的理论和实践的重心。商鞅对于残忍的处罚的接受,使得"法"主要被视为刑法这一倾向又向前迈进了一步。正如史华慈所指出的,管子仍是把对"法"的重视视为一个"社会-制度性改革的整体规

---

① 克里(Creel,1960)翻译并引用,第97页。
② 克里(1960)在第104页中提出了法家理论的这一特点。

划"的一部分。① 韩非子认为商鞅发展了"法"作为统治技术、技巧的一面。在那些被认定为零散文本的碎片中,商鞅以着重回顾建立在权利之上的自由主义法治概念为方式,证明了应该将"法"公之于众的重要性:"万民皆知所避就,避祸就福而皆以自治也。"②

商鞅提出了一个详尽的系统以传播关于"法"的知识。他既散布"法"的道德论证,又宣称它是无须伴随个人权利学说的。"诸官吏及民有问法令之所谓也于主法之吏,皆各以其故所欲问之法令明告之。"商鞅对上述观点的强调,直指了儒家学者-官员获取特权与权力的路径。"吏明知民知法令也,故吏不敢以非法遇民……"③

因此,我们也应当把商鞅视为反官僚的,而非反民众的。这一观点是韩非子攻击进谏者权力的先驱。申不害的"术"控制了进谏者相关于统治者的权力,商鞅的"法"则限制了进谏者超越民众的权力。如果他们不得不遵守赏罚过程中的度量标准,那么他们将无法武断地奖励对他们忠诚的人、处罚他们的政治敌人以达到巩固自己权力基础的目的。因此,韩非子认为,单单从统治者的角度来看,这两种方法都是必需的。

韩非子以儒家和墨家关于社会的理论作为其思想的起始。社会对民众的行为有着教育作用,它通过指导行动的语言的这种权威身份,来达到教育的目的。它注重名称的运用,尤其是官员角色的名称。语言指导着角色的扮演;那些想要理解这种语言的人,就需要学习如何区分符合各种角色的行为。

---

① 史华慈(1985),第331—332页。
② 萧公权(1979),第399页。
③ 萧公权(1979),第399页。

社会在教化的过程中使用一些技术,包括范例、训练、鼓励和赏罚。韩非子明显偏爱处罚。但是,核心的假设是,权威人士的确是民众形成"是非"的来源。社会是一个权威的教导者,它的指导行为教给人们分辨的能力。在技术上,处罚是一个次级的事情,只是领导者箭袋中的一支。重点在于,某些社会结构或角色扮演者的想法,取代了客观的道德而决定了什么是对的。韩非子与儒墨的最大区别,在于他以统治者的利益为目的,专门运用了这一社会学理论。而在整个思想史中,我们看到,一直以来出现的都是关于人性的假设。墨子提倡一致的、不变的语言以求得益处;他感兴趣之处,在于如何将那容易诠释的、具有普遍性的"法"与指导理论一并使用。

区别在于,墨家的因果论论证采取了一种普遍的社会观点;而韩非子对于结果的关注,主要集中于对统治者和国家力量的有益之处。想要区分开什么是对国家社会好的与什么是对统治者及其军队好的,一直是政治家们的难题。

将韩非子对道家学说的运用分类整理出来,并不是一件容易的事。道家学说的影响被广泛传播,韩非子则同时受了慎到和老子的影响。他或他的学派也为《道德经》作了评注。我们大致可以得出结论,当时的学者并没有像汉代儒者那样将道家与法家视为两个不同的学派。如果我们假设韩非子把"消极的道"看作老子的"常道",那么我们对《道德经》与治国改革之间的关系就能够作更好的理解。韩非子热切地追求工于心计的政治谋略;与之相比,他较少关注有关语言局限的哲学理论。

近期的新发现证实了一个结合了老子和韩非子的态度的学说:黄老之学。我们将马王堆文本当作该混合学派的代表。《道德经》马王堆版本的编者将该书的第二部分(政治为主。译者注:

指《德经》),放在了第一部分(理论为主。译者注:指《道经》)之前。韩非子对《道德经》所做的评注揭示了,他也是按此重点和顺序来阅读该书的。黄老之学结合了这一政治学说和一些有关黄帝的神话学说。

韩非子学说中的一些道家理论包括了反传统和持久公平的观点。他的态度说明了他将不公平与对直觉倾向的依赖联系了起来。《老子》和韩非子都对传统学者培养出的直觉的有效性表示了怀疑。直觉只是一种复杂的偏见——这揭示了他们共有的对于教育的厌恶态度。然而,韩非子以一种更为马基雅维利式的方法运用道家关于朴素的观点。他与老子的原初动机已相距甚远:老子试图帮助民众从社会教育结构的控制中摆脱出来,并忠于我们自己天然的、自发的反应。韩非子贬低教育的目的,则在于将民众变得更容易被统治以及控制。在控制民众和维持秩序这些方面,韩非子更像是一个儒家学者。

于是,韩非子采取了儒家-墨家以社会秩序为目的的观念。他提出了一系列达到该目的的技术。他们这些学说所共有的哲学上的深层敌人,则是无政府主义者——道家。

语言与诠释混乱的危险

韩非子用来推进其政治规划的一个持续性问题,便是诠释的无政府状态。他发觉传统学说(如儒学、墨学)往往分裂成为两个互不相容的部分;①而那两个部分是有可能相互调转的——这让

---

① 《韩非子·显学》。

他感到十分可怕。① 儒家学者、墨家学者等人,将"仁""义""利"等概念的意义都扭曲了,于是,"是"变成了"非"。与之并行的,则是人们将地位的术语和角色的名称作了曲解。韩非子说,这些状况带来的后果是,世人最后对大臣们的褒扬或贬低,都做了错误人选。②

当然,韩非子的担心说明了他是站在统治者的角度看问题的,他认为秩序井然的服从必然是正确的。他抱怨说,恭顺尽职的人,世人反而将其视为谄媚者;然而这一诠释方式却并不能使国家更加强盛。因此,他们完全地扭曲了问题中那些术语的意义。

韩非子将这一问题视为语言问题。在《难言》一章中,他详述了一连串关于语言如何被扭曲的解析。他得出的结论是,问题的重中之重,源于政治论说的一个核心特点;并且只有有威望的人甚至圣人才能够确切地理解它。③ 韩非子进一步将混乱的源头归于统治者允许各种互不相容的"道"共存的宽容做法。只能有一个导向的论说,也只能有一个解释的标准。④ 统治者所"是"的,应该被广泛传播;统治者所"非"的,则应该被令行禁止。⑤ 我们必须设定,统治者所"是"的内容,都是对统治者自身和国家的强盛有益的。(在后文中我们将看到,这并不是一个无关紧要的设定。)

---

① 这一点我赞同唐君毅(1975),第 507 页的观点。他在庄子和荀子的理论中找到了韩非子这一态度的先例。
② 这是《六反》一篇的基本观点。
③ 《韩非子》,《四部备要》本,1/3/9A。韩非子这一让人沮丧的观点明显附和了荀子,并且让我们更加确定他并不理解分析的传统。
④ 《韩非子·显学》。《四部备要》本,19:9B。
⑤ 同上,《四部备要》本,19:10B。

第十章 韩非子:统治者的解释

韩非子特定的攻击对象是"礼"。他将其称为"空洞的声音"。① 礼出现的地方,都暗含了利。(《韩非子·六反》:"布衣循私利而誉之,世主听虚声而礼之。礼之所在,利必加焉。"——译者注)韩非子的分析包含了关于"心"的性质的一种理论,以及该理论行使其解释功能的方法。事实上,他认为荀子关于空洞、静止的心的理想是不现实的。心不可避免地会算计。他跟墨子一样,认为心对"利"的偏向是自然的、甚至无法避免的。但是,心的这一偏向并不是普遍的功利;在它的解释下,心无可避免地把结果向自己所持的观点倾斜。相对于荀子或更早的哲学家们,这一观点更贴近于一种心的自然之恶的理论,尽管它也让我们回想起孟子反对使用"利"的论证过程。

于是,大臣们不可避免地倾向于那些对他们的私党派系有好处的导向性诠释。即使是父母,也会计算他们在抚养孩子时的权益。当我们改变我们的思考角度,扮演不同的角色和地位之时,我们则会更改我们关于适当行为的诠释。

我认为,西方人在阅读韩非子的理论时,往往倾向于几乎完全将其视为心理学的。例如,史华慈把韩非子理解为"基本上建立在对痛苦与快乐的自然趋向性之上的一个行为主义者的模型"。② 然而,相比于心理学,《韩非子》中的分析似乎更像社会学的。我所处的社会地位,影响我的心如何计算。当一个人担任妻子的角色时,她以某种方式来计算;当她处于妾的地位时,她则有另一套计算方法。韩非子有意地将他的观点发展成为反心理学的模式。他警告说,统治者不应该信任"人"③;唯一值得信任的

---

① 参见唐君毅(1975),第 509 页。
② 史华慈(1989),第 332 页。
③ 《韩非子·备内》。

是,无论人们过往的个人经历和与你的关系是怎样的,他们的心只会顺应他们所处的地位来做出计算。统治者必须致力于将人们的计算按照统治者自己想要的方式来运作。

大臣们所一定与统治者相争的,其中特别的一点是地位的性质。他们对道德指引、秩序及其官职被赋予的期待等等所作的诠释,都是以能够为他们自己的地位、名声、等级、状况等带来好处为方向的。因此,统治者需要以可度量的标准来对付他们。他必须消除直觉式解释的存在;那些可度量的标准必须让心在计算和解释过程中歪曲文字和语言的直觉能力被抵消、失效。即使是统治者个人,也必须持有无偏向的"法",以避免被操控于统治者自身的计算偏见。

稳定的秩序、统治者对国家的有效统治——这两者的深层敌人,是客观标准的对立面:"私曲"。这一概念不可避免地伴随着大臣中派系利益集团的形成。大臣们从他们的评价角度出发,组成各种私党;这些派系是他们从统治者那里攫取权力最主要的工具。派系的特征是在对内部的人和事进行褒扬的同时,批判一切外部的人和事。因此,如果统治者被任何一致性的评议动摇,他便成为了失败的一方。他必须将他关于任命与革职、奖励与惩处的决定建立在严格的标准之上,而非听信那些持特定道德观点的大臣们的建议。

势

韩非子著名的综合理论的第一个元素是"势"。他赞扬慎到倚赖实际等级与权力力量的技术。然而,我们又一次看到,这里出现的一个假定,我们已讨论过,似乎来源于孔子和墨子。人类单纯地倾向于对社会高等人物表示顺从、表示尊敬,并且努力效仿他们。我们自然而然地将高层的语言内化于我们自己的行为导向之中。我们效仿他们的语言,是因为它们是实际统治者受环境影响所选择的那套语言的范例,而不是因为它们是道德的。这种倾向,是统治者必须倚赖的。当国家的人口十分巨大,而统治者只是孤身一人的时候,统治者无法仅仅通过武力来进行统治。如果没有一种追随等级制中的权威的自然倾向,国家的治理便不可能取得进展。

慎到对韩非子理论的贡献,似乎是他对上述广泛传播的社会学假设进行的实证分析。权威的影响力并不依赖统治者本人的道德修养。它仅仅是社会地位的功能所产生的一种能力。这也是事物发生的自然的方式。实践的问题是,统治者如何能够维持并加强人们服从于地位崇高者的自然倾向。韩非子所强调的具体技术,包括了让统治者坐在高于周围的王座之上,禁止人们使用统治者的本名,强制鞠躬、跪拜、叩头,处罚任何直视统治者的人,以及广为散布称赞统治者的力量、功绩和技能的故事。

韩非子有时自相矛盾地将上述做法称为"无为"理论的应用。"无为"源于孔子,描绘的是有德的圣人无须采取任何行动就能够进行治理的理想。圣人的德性带来一系列的效仿行为,这些行为自动地完成治理的任务。韩非子的无为理想与孔子的无为并不完全一样,前者所依赖的是制度结构,而非统治者个人的道德德性。如果我们有了合适的制度,统治者的个人德性就跟好的治理无关了。尧、舜这样的圣王在历史上是极少数的,因此我们必须以完善的秩序使得国家良好运转,即使我们的统治者是平庸的或是无能的。统治者使用体制结构的效力,最后仅仅取决于这样的自然倾向:对于权威,人民怀有敬畏的心态——他们将统治者的任命和行为的制度化标准都视为合法的。如果没有这一倾向,制度就无法凭借自身而发挥作用。①

制度运作的时候,它通常希望加强上述自然倾向,以认同并依附实际的权威。只有当某些自然倾向启动了社会引擎,制度才可能开始运作。

术:控制国家机器的方法

第二个中心概念——"术",其核心为控制大臣的技术。在这个概念里,韩非子的着重点是保密;这导致的结果是,我们对"术"的细节知之甚少。对保密的重视将"术"和"势"联系在了一起。统治者的神秘举动,被认为应该是治国术对于传统"无为"概念应用的一个方面。与其他人一样,大臣们对权威也有着天然的忠诚和拥护。当与权威之间的心理距离跨越了那个最小的门槛之时,统治者便有危机了;他随即失去了那个促使人们对权威产生敬畏心理的距离,并且给了大臣们以操控他本人的攻击手段。因此,"术"所包含的各种"无为"技术,有时担任了两种任务:它们帮着维持神秘的氛围,并且保持着大臣们跟统治者之间用于加强"势"的距离。

韩非子给出了策略性的建议,这些建议盼咐统治者不要显露出自己对事物、政策或人物的任何个人的偏见或喜好,尽管韩非子并不把这一点明确地归于"术"。② 即使统治者无法避免"为",他至少应该将自己的作为保密;这将防止进谏者的私党派系攫取

---

① 史华慈很好地解析了这一点。(第339—340页)但我有一个很小的吹毛求疵的意见:我认为无论是慎到还是韩非子,都不太可能将这一结论仅仅视为一个社会学的常数。事实并不是权威天生就是正确的。人们的确倾向于敬畏权威,统治者也希望加强这一倾向性。如果说权威迷一般地植根于"道"本身,对于慎到来说就是一个笑话了:这等同于仅仅告诉我们,"势"发生了。
②《韩非子·主道》。

超越统治者本人的个人控制力量。谄媚的进谏者是韩非子最为担心的事物之一。① 那些提出建议、提供信息给统治者的人,通过影响统治者的决断而获取权力。当大臣们不清楚统治者的"是"与"非"之时,他们将给出较好的建议。他们不得不仔细研究什么是统治者的利益所在,而不是冲着他的偏见而迎合、谄媚。因此,统治者从不辩护、解释自己发布的处罚,这样就能避免官僚们得知统治者自己的价值评判。他必须保持神秘,以使进谏者们不得不实施公正。这对于整个无为系统的运作是必须的。如果他能表现得好像不具有上述的目的一般,那将收到更好的效果。

即使我们把统治者的视角当做出发点,我们现在也必须找到矛盾之处。韩非子清楚地知道,统治者不需要像圣人般完美;他本人可能是颇为邪恶的、内心充斥着欲望的。如果他并不将这些展示出来,谄媚的进谏者们则需要依靠猜测。然而,谁说进谏者一定会自发地将统治者认作那些抽象正义的支持者呢?如果进谏者把统治者猜测为一个喜爱年轻漂亮的女子或者喜欢甜蛋糕的人,这与猜测其为正义有着同等的成功可能性。

这个秘密学说必须要比它看上去的样子更为繁杂。一种可能是,韩非子把统治者的兴趣看作比他实际的欲望和偏好更为复杂的程序;另一种可能则是,韩非子将统治者的兴趣超越他的实际欲望,发挥出一种角色地位的社会学功用。这样,我们便会更清楚地发现,"术"依赖于"势"^(charisma);因为统治者必须试图让大臣们相信,从他的理性的、更高等的兴趣来看,自己的确是一个圣贤般的领导者。若非如此,大臣们则会继续探寻统治者实际的偏好所在,并可能取得不小的成功。大臣们不可能像韩非子一样现

---

① 参见史华慈(1985),第337页。

实、有观察力,否则他们便可以立刻识破这个浅显的诡计。必须使得利用"势"来愚弄他们成为可能。与此相类似,"术"也依赖于"法",因为统治者只应奖赏那些公共的、可度量的成就,而不需奖赏为他提供他个人所渴望之物的那些人。同时,这也揭示了"法"不应像法律实证主义者那样,注重统治者个人欲望的重要性。

其他那些我们已讨论过的技术①,包含了我们所回想的管子和申不害二人的技术。管子和申不害的目的,是为了达到完全的、坚定的忠诚;他们所采用的技术,包括了如何尽早发现叛变行为,以及如何压制政变。韩非子以暗示的方式,提出了官僚内部互相监视的制度——这一技术此后一直存在,甚至为孙中山的宪法体系所采用。② 韩非子实践理论的重要制度特点,是"二柄"的控制。统治者必须把衡量和分配奖惩的权力,牢牢掌握在手里。如果大臣们掌握了分配处罚的权力,该权力就会从统治者手里逐渐流失。更重要的是,统治者必须特别地保护好自己惩处或奖励那些大臣们的能力;不能让他们以为,不需要统治者的同意,就能躲开统治者对奖惩的衡量和分配。③

"术"这一理论的平衡,是对以下理论的"法"的应用:该理论便是儒家-墨家对于那些有价值的事物的提倡和促进。统治者依据的是各人的价值、功劳,来对人们进行任命和提升。然而,这一对价值的计算,必须避免在诠释的过程中被曲解,否则统治的目的将会被削弱。统治者一定不能接受那些仅仅是推荐,或单纯只是名声的东西;如果他这么做了,必将引发那些互利的私党派系

---

① 在《韩非子·主道》中也有讨论。
② 可参见狄百瑞编(1960),第 2 卷,第 112 页所做的解释。
③ 史华慈引用了这一事实,即奖惩二柄明显被当作"术"的一部分,来反驳克里对申不害法律主义者身份的否定。

的竞相出现,这些各个派系的大臣们相互吹捧、消除异己,直至逐渐夺取统治者的权力。韩非子论争的另外一点,在于他人的吹捧将有可能把那些没有能力、没有价值的大臣们反而当成了圣人,而埋没那些有能力、有价值的大臣。也正因如此,统治者也不应该依赖于自己的直觉;他对官员的任命,必须遵循因果论价值的客观标准,以增强统治者和国家的财富和权力。于是,提高某人在官场中的地位,其中一个重要标准就是他在战场上的表现。韩非子引用了这样一种"法"的例子,即一个人的地位与待遇,取决于他在战斗中砍下敌人头颅的数量。①

对兵士的偏好是一件好事,这并不仅仅因为他们的功劳很容易客观计算;更重要的是,那些兵士们对统治者的力量起到了增强的作用。

> 国平养儒侠,难至用介士,所利非所用,所用非所利。是故服事者简其业,而游学者日众,是世之所以乱也。②

因此,韩非子在他的任命意见中,对学者和哲学理论所表现出的尊重都是贫乏的。他对逻辑学家和道家学者的实用回应,体现了他的老师荀子的一项走捷径的技术:"压制他们!"他运用另一种儒家理论的兴趣——"正名",来丰富"压制"这一同样属于儒家的方法。韩非子仍将官僚架构描述成一种关于角色地位的系统——也就是名。统治者把人们按着他们的地位角色来命名;他们的责任便在于遵循自己的命名而扮演好自己的角色——统治者则按照他们是否能这样做而分配奖惩。这一过程,就是韩非子的"正名"之"法家"(Standardizer)版本。自始至终从统治者角度

---

① 参见《定法》,17/6b/9—11。
② 陈荣捷(1963),第259页。(见《韩非子·五蠹》——译者注)

考虑的韩非子,与孔子所不同的是,他把调和名与行之间关系的任务,加在了官员而非统治者的身上。统治者的任命委派,遵循了度量的标准;而名与行之间的和谐关系,则是大臣们需要负担的事情。

> 人主将欲禁奸,则审合刑名者,言与事也。为人臣者陈而言,君以其言授之事,专以其事责其功。功当其事,事当其言,则赏;功不当其事,事不当其言,则罚。①

这便要求我们把"名"看作一种工作的隐含描述。我们可以用以下一个关于司衣者的著名事件,作为该描述的例证:统治者在睡着后,身边一位好心的官员给他盖上了衣物,尽管这位官员自己的工作并不是典衣。然而,事后该名官员和真正的典衣者都受到了处罚。韩非子认为,统治者应该处罚那些做了过多事情的人,即使他们所做之事都是好的。这样的人逾越了他本身的工作性质,逾越了他的职权,继而显露出对严格制度化系统可能造成的威胁。在这里,我们要再一次仔细注意,与一个人的价值相联系的,并不是统治者的个人兴趣与舒适,而是他自己的制度或角色兴趣。

这一点意味着一个极为严重的对于价值的制度性要求。它仍与儒墨的两种理论相一致,即与统治者保持一致的社会架构,以及正名的理论。对"刑名"理论的另一应用,也跟儒家关于权威和责任的历史概念相关联。一项承诺或者任务,尤其是那些具有政府目的的,也被当作决定奖惩的基本因素。在这种情况下,承诺或任务若是完成得过好,也是跟无法完成该任务一样的糟糕。无论你承诺什么事情,你都必须严格地按标准来做。

---

① 改编于陈荣捷(1963),第 257 页。(见《韩非子·二柄》——译者注)

于是,统治者运用奖惩、关于角色的说道以及承诺或保证来控制他的官员们。正如我们接下来将见到的,所有这些方法都必须与公共的、客观的标准结合起来。因此,这些"术",即技术都必须依赖于第三种社会控制的概念:"法"。行为的标准,必须是普遍的、不偏不倚的、公共的、提前告知的,以及不受私党派系提供的解释的影响。国王的权威不应该依赖于他自己个人的涵养;他对行为标准的应用,不应该建立在他个人道德直觉的发展程度和独特的欲望结构之上。甚至对于王储,社会也必须对其施与处罚(至少通过代理的方式施与处罚)。既然衡量的标准是相同的,那么皇太子是否达到了他所处地位的标准?他有否违反某些明确的行为标准?决定奖惩的行为标准必须十分客观,以排除统治者的一切道德或思想的德性。

法:公共的、可度量的标准

我在前文已论证过,"法"在《韩非子》中的意义并没有发生改变——这是一个理论性的论证。我们也可以尝试一种更为前后一致的解释,即对韩非子的思想使用意义一致性的假说来理解,而非仅仅否定他的理论。我对以下两个方面都给出了论证,即韩非子理论的一般可理解性,及其与孕育出该理论的传统的一致性。

韩非子多次列举"法"对于"言""知"以及"辩"的影响来为"法"辩护。我之前论证过,他对于辩者的态度体现了他所受荀子的影响。止"辩"的方法是"法"。"法"带来的结果,是对论说的内容及其与行为之间的关系产生一般性影响。"是境内之民,其言谈者必轨于法,动作者归之于功……"[1]

---

[1]《韩非子·五蠹》,《四部备要》本,19:6B。

我们应该进一步注意到，韩非子对"名"的关注，与任何一位汉以前的哲学家都是一样地强调。无论是对判决还是规则，他都并未提出任何关于其性质的革命性洞见。即使是他的处罚理论，也与"名"，特别是角色的名称相关联。如果我们将"法"看作角色行为明确的、统治者的奖惩建立于其上的标准，那么我们就能对"法"在韩非子"刑名"理论中所处的地位，有最好的理解。

将"法"看作取代直觉导向的客观标准，最成功地解释了"法"为什么在韩非子如何控制官僚的理论中是重中之重。如我们所看到的那样，韩非子说，只有在存在可脱离统治者个人欲望的行为的客观标准之时，"术"的理论才可以发挥作用。因此，不能将"法"当作统治者个人欲望的表达。① 对韩非子来说，"法"的重要性在于它们机械的、无法规避的特性。

如果对官员的委任依赖于名声或者世故的知识，统治者手中的权力就会渐渐流失到那些各持己见的学派和互相吹捧的私党派系中去。如果统治者倚赖于自己个人的偏见，以上的情况就会很容易发生。统治者保护自己权力的唯一方式，就是按照类似度量的标准去任命人。

我们也可以理解，为什么韩非子与管子和荀子不同，认为"法"和"礼"是不相容的。他继承了他老师的如下观点，即，解释一个习俗的、传统的法规所应依据的唯一标准，就是传统的学者。② 因此，肯定该项法规等于肯定了学者的权威；这便内在地削弱了统治者的控制，增强了同时也是学者的大臣们的权力。

韩非子将"法"的理论与"私曲"和"私行"做了对比。这一做法直指了他关于政治秩序的如下主要问题的分析，即诠释的无序

---

① 《韩非子·有度》，《四部备要》本，2:3A。
② 唐君毅(1975)十分完整地领会了这一点。见第1卷，第518页。

如何扩展到人们的行为中去。"故当今之时,能去私曲就公法者,民安而国治;能去私行行公法者,则民强而敌弱。"①

以上的理解使得韩非子关于统治者的理论也变得明晰了。我们在讨论"术"的时候曾注意到,统治者在做判断时不可以依赖于自己个人对事情的反应;他必须依靠客观的、可衡量的标准。这些标准显然不能是统治者个人的欲望;它们必须为居统治地位者带来客观的好处,或是为作为整体的国家带来好处。换句话说,"法"并不仅仅是统治者颁布给众人的、以处罚作为支撑的欲望。它们都是客观的量度,用来防止统治者自己陷入解释性主观主义的泥沼中去。

韩非子接着论证说,"故审得失有法度之制者加以群臣之上,则主不可欺以诈伪"②。很明显,法条(laws)本身并不可以防止统治者被愚弄或欺骗。自孔子对法条的批判以来,传统对法律的观点,都认为它们是解释的花言巧语。能够让统治者远离欺诈的,是可度量的标准——它们可以用来衡量、考虑言辞;它们的目的是解决由解释的无序性所引发的疑惑。韩非子说,统治者需要用"法"来厘清统治者与大臣之间的区别。③ 如果仅仅是法条,我们就不能以此来解释韩非子论证中的"法"的地位。

从韩非子与荀子的分歧着手,我们便能更全面地理解韩非子的"法"理论。荀子对习俗表示接纳的地方(接纳习俗的内容以及对习俗的解释),韩非子必定会表示反对:"势"^situation 必须代替习俗而成为权威,而荀子对习俗的接受,则会把权力从统治者手中流失到那些学者们的手中。韩非子这一对传统的反抗,自然也像

---

① 《韩非子·有度》,《四部备要》本,2:1B。
② 《韩非子·有度》,《四部备要》本,2:1B—2A。
③ 《韩非子·有度》,《四部备要》本,2:3B。

对抗墨子一样体现在对语言中一切区分的反抗之中。因此,韩非子认为,那些得到允许的导引性论述和那些制造区分的标准,都应该从传统和习俗中被剔除出去。语言的正确用法和内容,不应该倚赖历史性的、习俗性的一致意见,而应该来自于统治者的权威和喜好。正如唐君毅所说,韩非子并没有试图利用"法"来使人民趋近以往社会"好"的概念。他利用"法",是为了修正"是非"。唐君毅引用了韩非子的这一警句,即用来防止叛变的"法":首先防之于人心,其次防之于语言,最后才防之于各类事务之中。①

韩非子的"法"理论,在理论意义上独立于他的奖惩二柄理论,因为他认为所有事情都应该以客观的标准进行衡量,而这些事情自然也包括了奖惩在内。然而,如我们之前所注意到的,韩非子把奖惩二柄作为了他"术"理论的一部分。此外,奖惩二柄的核心应用是与"刑-名"理论联系在一起的。与二柄有更深层关系的具体应用,则是大臣们所做出的承诺:大臣们在预测和承诺的过程中,严格地遵循他们为自己所设定的行为准则。这一点,明显不可能是实证法学的标准范例。

最后,正如我之前所注意到的,韩非子偶尔暗示,"法"将会让人们的生活更为安全。如果"法"指的是刑罚的衡量标准本身,上述说法便会显得十分奇怪。通常来讲,严苛的处罚系统并不能让人们感到安全。"法"只可能依靠其客观、公共、可及的性质使人们获得安全感。法的这个优点可以看做仅仅是不利于这样一种背景假定,即处罚具有固定的威慑力。只有当"法"被理解为能够防止大臣武断地按他们自己的直觉来实施处罚时,它才可以让人们感到安全。换句话说,"法"的这一作用,来自于它的客观性能

---

① 唐君毅(1975,第1卷),第511页。

够对大臣们加以控制这一性质。相比于荀子的模式,"法"给人们带来的安全感更为强烈;前者也同样有着严苛的处罚系统,但却是由那些有着特殊才能的"君子"依赖他们远胜于常人的直觉来分配处罚。

儒家与法家之间明显存在着利益的冲突和思想的不一致。儒家学者们希望人们看到,他们试图在为人民提供一种庇护,以躲避那无情的、掌权的统治者。他们努力从所谓的统治者那儿获得一些权力,以保护人民不受统治者独裁的规则所伤害。这些行为都说明了他们为何认为"法"的首要目的是人民。而在韩非子的理论中,"法"的主要目的则是控制大臣。我们并不能常常看到韩非子将人民作为敌人;对于人民,他基本上是漠不关心的。

> 得人心,则不趣而自劝。①

我的意思并不是说,韩非子对于人民是非常同情的。关于"人性本恶",韩非子有他自己的一套说法。他论证说,"大臣苦法而细民恶治也"②。这便说明他运用"法"的首要目的,是控制大臣而非人民。如果让官员根据他们自己的直觉来实施处罚,人们将会失去安全感。同样,如果将导引建立在难以理解的、复杂的道德学说之上,人们也会没有安全感。

> 所谓智者,微妙之言也。微妙之言,上智之所难知也。今为众人法,而以上智之所难知,则民无从识之矣。③

如果存在一些人们自己能够理解、应用的可靠的行为衡量标准,人们则会有更多的安全感。官员们实施处罚时,应该遵循的

---

① 陈荣捷(1963),第 254 页。(见《韩非子·功名》——译者注)
② 《韩非子·和氏》,《四部备要》本,4:11B。
③ 陈荣捷(1963),第 259 页。将"法"替换为"law"。(见《韩非子·五蠹》——译者注)

唯一标准,就是这些公共的、明晰的衡量标准。这样,人们就能决定自己的行为方式以规避处罚。只要"法"能继续限制大臣,"法"的明晰性则更能加强他们的安全感。如果没有"法",任何奖惩模式都会在道德上存有缺陷。

上述结论来自于两个不同的论证。第一个是伦理意义上的。人们应该对可能带给自己强制措施的事物有明确的警觉性。这一点就是典型的西方康德主义思想,即在权利概念的基础上所建立的法治辩护。另一个论证来源于效用和控制,它是站在统治者角度上的。这一点更接近于通常意义上的韩非子的辩护。这个偶尔表示同情的论证并不是主线,它基本上只出现在这样一些文本之中:在这些文段里,韩非子注意到了统治者控制大臣的目的和人民对官方强制力可预料、可规避的希望之间的相符性。

"法"的公共性这一条件,使其与西方的法律思想相类似,它使得"法"区分于其他类型的约束和规则。"法"的公共性被记录在历史上第一次对"法"的引述中,而这些律令颁布的方式,则是始于"刑书刑鼎"。① 我们之前已经看到,商鞅对公共性的辩护,也是与之类似的。

韩非子对公共性的说明并不是完全追随商鞅的,后者认为公共性的作用是保护人民不受官僚的伤害。正如我之前所抱怨的,韩非子回到了站在致力于可靠有效的命令的统治者的角度,来为明晰的度量标准实施辩护。"当法被清楚地展示出来时,它才能发挥最大的效能。"对有关"法"的信息有所了解,是十分重要的。

　　明主之国,无书简之文,以法为教,无先王之语,以吏

---

① 萧公权(1979),第 398 页。

为师。①

商鞅和韩非子的另一个不同之处，在于韩非子对奖赏与处罚的强调是同等的，而商鞅则如同西方的法律实证主义者一样更看重处罚的作用。商鞅以国家责任的最小(minimal)概念(这里的"最小"，与儒家和墨家的"最小"有关)来论证了处罚比赏赐更为重要的观点：处罚是为了预防人们错误的行为，而不是为了提高人们的美德。而韩非子对于赏罚的并重，则回归到更为极权主义的儒-墨概念：国家领导权的角色。制定规则的目的，是为了控制和规范人们的行为；国家的权威就是"是非"的标准所在。

此外，韩非子在应用奖惩的过程中使用的说理方式，是典型的功利主义性质(utilitarian)而非报复性性质(retributive)。他并不直接将某个特定的处罚作为违犯某一禁令所应得的后果，因此他并没有带入任何关于处罚的严苛性的报复性直觉。奖惩都是一般性的策略，它的目的要不然是扩大统治者的利益，要不然就是获得某些战胜恶之行径的、更为模糊的善良行为。与根据伤害和责任的大小来分配处罚相比，韩非子更常提倡的是将赏和罚都推向极端。他的论证明显是因果论性质的。极端的奖惩更能有效地保证预设效果的达到。"赏厚则所欲之得也疾，罚重则所恶之禁也疾。"②他不断地提醒我们，处罚的目的是终止处罚，而不是重建某种应得的道德平衡。

儒家学者把他们自己描绘成了批判法家严苛的度量标准的形象。正如我所论证过的，这是夸张的为自己谋利的行为。儒家学说的兴趣点，在于保存自己特有的免疫性以及增强自己的力

---

① 陈荣捷(1963)，第 260 页。(见《韩非子·五蠹》——译者注)
② 萧公权(1979)，第 400 页。

量。总的来说，它不仅从统治者那儿，也从人民那儿获取权力。它对法家理论的厌恶，来源于韩非子对从两个方向同时削弱学者型官僚的力量的强调。

对于法家和儒家的对立，标准的解释把重点放在了他们关于"法"和"礼"的争论，并将这个争论与西方法律实证主义者关于法律和道德之间的论争等同起来。① 这个观点有着双重的误导性。正如我们之前注意到的，严格来说，"礼"并不等同于"道德"，"法"也不等同于"法律"（law）。诚然，韩非子坚持认为，儒家系统中被误认为等同于道德的"礼"，其实与"法"并没有太大的联系。韩非子为此对两种假设做了对比。其中一种假设来源于多年以前的帝王。学者们在模糊的词句中记录了那些历史，而只有受过训练的诠释者们（儒家）才能理解这些词句。（该假设对应于"礼"——译者注）另一种假设来源于一个当权的统治者，他能够对引导的论述做出修改。政府使得这些引导性法规公之于众。（该假设对应于"法"——译者注）上述两种假设的"道"，社会采用哪种，社会的权力就位于哪个地方。

因此，关于"礼"和"法"的论争实际上是关于权力的论争。不仅如此，无论辩论双方有着怎样雄心勃勃的动机，这个争论还带来了两种假设之间有趣的差异性。这些差异性是些什么呢？它们并不在于法度编纂本身。（这的确是法律与理性的、批判的道德之间的一个重要区分。）②法典编纂过程中的差异性，是下列两种法规之间的区别：一种法规可以随时代而改变，并且它的每次改

---

① 萧公权(1979)，第 401 页。
② 卜德(1981，第 179—180 页)引用了这一点作为"礼"和"法"之间明确的区分。这么做似乎退回到了那个关于该论争类似于自然法和实证法之间，法律和道德之间的论争的假设。然而，在一开始，孔子似乎教授的是《周礼》，并且对其进行了编辑。只有假定"礼"有着确切的形式，正名一说才可能成立。

变都只有一个权威的形式;另一种法规则不可更改,并且带来许多互相矛盾的诠释模式。统治者的律令可以为了权宜而多次地重新决定。原则上,学者们应该传播的是传统的、没有修改过的版本。他们的工作,包括了在各种相互矛盾的版本中进行选择、整理文本的缺失、编辑、以及进行评论。最后,他们往往会结成派系,对传统的文本做出不同的诠释。韩非子所希望的,是削弱这种派系间的分歧,为每个人的行为建立一个唯一的权宜的导引。①

韩非子上述建立唯一导引的观念,在哲学上是独断论、教条主义的。我们可以试想,这个观念在庄子的分析下将如何地失去合理性。与墨子的度量标准一样,统治者自己的兴趣喜好也需要辩护和解释。韩非子从未提起过上述这两个问题,他仅仅采取并解释统治者的视角。他在对统治者喜好的互不相容的诠释之间摇摆不定。对于这些喜好,有时他将其等同于统治阶级或整个国家,有时则等同于统治者本身以及他的实际欲望,有时等同于统治者被客观考虑的兴趣,有时等同于政府的普遍利益,有时又等同于固定的"法"中所体现出的任何主观的兴趣。

利用统治者来消除解释的争论——这个想法揭示了韩非子自己未经考量的独断论,或是他对于无法解决怀疑论问题的愤世嫉俗的政治回应。韩非子的思考,起始于一个有力的陈述,这个陈述是关于特殊起诉的诠释的问题。他从未将这个问题放到统治者那儿去。如果把统治者当成一个能够清楚、客观地分辨哪些是好的大臣、哪些是好的政策这样的人,就无异于进入了荀子的独断论。我怀疑韩非子的早期思想是与荀子类似的,他们都认为伟大的人物能够让自己免于困扰。韩非子后期的思想,则是愤世

---

① 《韩非子·显学》。

嫉俗的、机会主义的,并且是为了迎合统治者的。这源于他在试图解决解释怀疑论问题时的哲学上的失败。只要社会中明确存在一个正确的解决办法,能不能找到它,就不是个要紧的问题了。

权威主义的道家思想

在我以那个阴郁的故事,即古代中国那段充满哲学创造力的时期被扼杀之事,来结束对古典时期的解说之前,我打算追溯韩非子为何提倡一种官方推广的正统观念的由来。韩非子那样做,是继承并发展了荀子的如下做法,即把某些听上去似乎属于道家学说的概念挪用到了一种非道家的思想之中,这种思想认为权威统治者对于事物有一种享有特权的或无偏见的透视。

早期的帝制时代从对思想政治的分析中导出了两个同等重要的实践性结论。没有哲学表述的自由,其导致的结果中不甚重要的一面,是某种被设定符合统治者偏好的意识形态的建立。在前文中,我们已经讨论过的那些考古学的发现,为我们以往所不熟知的一种学说带来了新的文献,而这种学说是作为一种秦汉统治阶层所喜爱的意识形态浮出水面的。它把一种以统治者为基础的、迷信的意识形态,与老子的文字结合起来,这就是我们所知道的黄老学派。它以统治者的角度出发而对政治策略的关注,与一种关于个人长寿的迷信研究融为一体。这种学说作为哲学黑暗时期的主导学说,夸大了道家学说的独断论观念,使其成为流行的思想史中的一部分。这一基于迷信的独断意识形态,是宗教意义上的道教以及关于哲学意义上道家思想的主导性解释的滥觞。

我们可以在《韩非子》中部分地看到对道家思想的权威主义的曲解和挪用是如何开始的。大多数的学者对于黄老学派对道家思想的诠释是否准确都持怀疑态度,但他们基本上认定,黄老学派仍继承了权威主义解释的主线,即绝对的形而上学意义上的"道",以及绝对的神秘主义观点。很明显,我的观点是,黄老学派的独断论诠释影响了历史上的道家学说形象,我们必须重新回到文本中去。我已经证明过,道家学说唯一的绝对论版本,只存在于《荀子》之中。

《韩非子》中的两章评论性文字,"解老"和"喻老",是道家思想权威主义转向的中心文献之一。不过韩非子的作者身份目前仍未得到确证。这两章的作者似乎对许多事情,如圣人的智慧、伦理概念等持有宽容的态度,然而韩非子对于这种态度却常常激烈地予以谴责。唐君毅对此作了两种假设。如果这两章是韩非子本人所作,那么它就是早期韩非子的作品。如果它并非韩非子的作品,唐君毅推测说,那么它显示出的就是一种朝向黄老道学的兼收并蓄的发展过程,其中还包括了《管子》中的"内业"一篇。①

葛瑞汉也把《管子》的那个章节作为神秘的内在王国之学说的一个主要来源。② 那个章节将一种为巫师所举行的虔诚的庆祝活动转变成为一种设定,即巫师中的高手能够培育出完美的明晰性。管子的观念所意味的,是荀子和韩非子思想中的"虚"(emptiness)与"静"(stillness)。唐君毅强调,韩非子对《老子》的

---

① 唐君毅对于那两章评论老子的文字所做的这两个假设,似乎并不相互排斥。我在这里试图对把它们结合起来的可能性做一个考量。韩非子对老子的阅读,与韩非子年轻时对荀子后期思想的独断论产生兴趣的可能性联系在了一起。我的论证仅仅关注文本的内容,而不常关注其中的风格或文字。我认为,对后者(即文字——译者注)的真实性测定方式是可以被设计的,但目前学者所运用的大量衡量标准(即统计某个字或某个复合词的数量),相对于我们对文本传递过程中的编辑、禁忌等事情所了解的程度来说,似乎并不可靠。而测定风格的标准则包含了语法上的复杂性,以及复杂句子的种类和频率——这些也都依赖于对上述文本传递过程的了解。
② 葛瑞汉(1989),第100页。

诠释和《管子》的学说是类似的,后者指出,我们能够接近那个神奇的视界,以摆脱"无立场的观点"(view from nowhere)。①《管子》章节认为这一观点避免了一种凡人之心所带有的偏见,因此将其看作是心中之心(a heart within the heart)。②

《韩非子》中对《老子》的评论,发展了《管子》中关于一种绝对主义道路的断言,这种道路对于早期的道家学者来说是被认为引发了悖论的。《韩非子》中的那些评论声称,无成见的知识是可能的。③ 我对唐君毅观点的理解,否定了《韩非子》中对《老子》的评论是韩非子本人成熟时期的作品这一说法。现在,我们必须假设当时流传的《老子》文本仍是不断变动的。韩非子选择阅读《老子》,是作为一个跟随荀子政治思想的学生所做的合适的阅读。在建立了一种绝对论的观念之后,韩非子把老子的消极的"道"看作是政治领导的一种权威主义理论。特殊的人群才能通过使用"空无、合一以及平静"的技术,来获取这种观念。韩非子本人,则仅仅提及了虚和静二者。

绝对的"道",是与某种内在认识论观点相对应的一个外在的形而上学之物,那种认识论观点在某种程度上逾越了情境造成的

---

① 唐君毅(1975,第1卷),第527页。
② 可参见史华慈的讨论,1985,第273页。史华慈和葛瑞汉一样,认为这个观念的发展相对于荀子或韩非子来说,与孟子的联系更为紧密。他将该观念与宋钘联系起来,看作是"对主体的发现"。然而,宋钘却指出了问题。我们都有各自不同的观点,而《管子》中的讨论则试图为问题提供一种神秘主义的解决方式。我也能够提供一种神秘主义的无成见的思想的内在王国。我更倾向于追随唐君毅的观点,即认为《管子》的这一观念的发展对于荀子那一边更为重要。荀子需要推行一个对外部的、真实的"道"的无偏见的接受者观念。而孟子则并不想要一个空无的、无成见的心(除语言的扭曲所带来的空无之外)。我将这一绝对主义的荀子与孟子之间的差异,看作是缘于荀子的如下观点:心能够无误地接受那个外部的价值模式。对于孟子来说,相比于从事物中接受价值,更重要的是从个人的直觉中把价值投射到事物之上。
③ 参见唐君毅的解说,(1975,第1卷),第535页。

偏见。一种精神上的养生法应该不仅克服解释怀疑论的问题,还应躲开度量标准的无序性所感知到的危险。战胜了解释怀疑论的解释性的心,给出了一系列"道"之链条,通过这个链条,我们得以拣选一整套没有偏见的是非判断。于是,权威性的解读预设了一种超越性的绝对的"道",以及一种超越性的精神能力。它们与那些在道家怀疑主义或多元论的论争中被批判的平常的观点有着神秘的不同。荀子和韩非子颇有预见性地各自认为,这一中立的、客观的、超越性的、神秘的观点,都是他们自己本人的观点。

我之前论证过,荀子可以被认为几乎是有意地做出了实用主义选择以鼓吹他的独断论,尽管他自己持有的是深深的相对主义态度。他无法驳倒庄子的多元主义,于是便谴责它是危险的,同时避开一切破坏性的怀疑意见。使无序性作为相对主义或怀疑主义学说在论说中占据一些地位,这么做的代价是无法被接受的。然而,与之相对的是,韩非子的研究,似乎就是以独断论者的身份而开始的。

我们已经注意到,慎到似乎与上述哲学发展中的两个方向都有关联。韩非子了解慎到的影响力,后者有着关于绝对的"道"的最为明晰的表述。但是,他的绝对同时也是自相矛盾的以及缺乏内容的。在他看来,任何情状带来的都是"道",因此,情境所决定的那个当权的权威者所规定的"道",就是正确的"道"。对于与自己紧密相关的《老子》,他也很可能以这种观点来看待。慎到那形而上学的、独立的、自然的"道",带给他一种实在的"道",这种现实的"道"同时也是非道德的。有效性是社会权力的一种功用。韩非子用《老子》来维护荀子关于一种获取认识论支点的说法,《老子》帮助他把自己的权威主义观点放到一个占优的地位上。想要让某种用法的模式被接受,通常的做法是让现实中的权威当局加以推广，以及将它建立在奖惩的基础之上。

《老子》对于韩非子这样的人来说，不过是另一个批判儒家学者和墨家学者的文本。它的内容明显来源于很多地方，其中包括了现实的政治意见。韩非子对其的应用，并不值得我们惊讶。

韩非子在他的早期学生时代，可能与荀子的观点有很多相似之处，而不是去关注侧重点之间的区分。他们都赞成秩序和权威纪律，特别是处罚之不容置疑的必须性。他们都认为维持这些秩序的基础是对名称的控制（尤其是对角色、地位的描述的控制），以及对作为导引的论说的控制。在这个时期，后期韩非子对于秩序的唯一来源是权威而不是传统这一说法的坚持，还没有完整地形成。他们都认为，权威是以某种神秘的、无法言说的方式而从事物的自然秩序中生发出来。

于是，在这个早期的评论中（指《解老》《喻老》——译者注），韩非子明显对于像"礼"这样的道德和传统概念宽容许多。对于老子对"仁""义"和"礼"所做的轻蔑评价——即认为它们都是衰落迹象日益加重的征兆——韩非子都给予了令人吃惊的温和的理解。对于传统圣人具有应得到特别对待的直觉洞见的观点，韩非子也表现得与之意气相投。他几乎完全没有显现出一点迹象，能让人看到他后期如何对习俗的礼仪持有愤恨的敌意，更不用说对待其他道德概念的态度了。这段学习老子的早期阶段，的确，在他与荀子关于上述问题产生分歧之前，反映了他的个人态度。

韩非子对《老子》的解读，显示出他在早期已基本明确地是从统治者的立场进行考量。这给我们一个印象，似乎他进入学界时，是带着一个学习统治技术的明确目的的。他所解读的《老子》版本，应该是接近于最近发现的黄老学派版本（指马王堆帛书《老子》——译者注）。这一版本颠倒了传统《道德经》的政治卷和哲学卷的位置。他对政治部分的解读,首先帮助他巩固了这样一种倾向,即将消极的"道"作为文本的重点所在。

这种热烈的,然而却在本质上平淡无奇的尝试想要做的,是寻找文本中消极的"道"的部分以获得少许的统治意见,这种尝试几乎不带有多少哲学的兴趣。但是,它的确反映了荀子的影响和黄老学派关于长寿的诱惑力,①对于这两者,韩非子给予了它们与统治者的力量和财富以同等的重视。

韩非子认为,每个人都会认同一个明显的实用目的,即对一个统一的帝王国家的统治。他表现出了一种已经发展得颇为完整的倾向,即将统治者的利益与整个国家的利益混淆在一起。但是,文本的限制,以及荀子可能更与道德相关的观念,使得韩非子与他后期作品中的思想相比,对人们的普遍利益显得更为关心一点。②

韩非子关于一个坚定不移的目标的政治断言,和他对统治者角度的专断接受,都是以荀子的认识论为支撑的。荀子的认识论所关注的,是如何详述一种精神世界,这个精神世界伴随着对于绝对的"道"的全面而明智的接受。韩非子对于圣人所做出的出乎意料的积极评论,与上述关注点正相契合。圣人是那些有着适当接受态度的人的模范;圣人的精神是成熟的,思想是灵验的。③韩非子基本上认为,圣人精神的那种成熟程度,将会帮助圣人本身得以存活,得到财富,变得尊贵甚至神圣。韩非子叙述这一点的语言,是与荀子十分类似的;他谈论关于天然的智识④,甚至把

---

① 《韩非子·解老》,《四部备要》本,6:3A—B。
② 同上,6:6A—B。
③ 《韩非子·解老》,《四部备要》本,6:3A。
④ 同上,6:4B。

关于这个天然智识的谈论与儒家的解释概念"仁"放在一起。①

荀子的观点并不是完全与《老子》中的思想相容的。韩非子必须重新解读老子对传统区分的拒斥——老子认为传统的区分蒙蔽了人的自然区分的能力。韩非子把老子的这个观念,理解为一种担忧,即担心过多地进行人为区分会耗尽自然的接受能力。这种对接受能力的滥用,是与片面的蔽塞相类似的。② 不过在其他的地方,韩非子似乎运用的是一种经验论的方法。他把中立的、空无的接受,当成是一种经验的、实用的特质。

韩非子把老子和荀子的思想结合在一起,为的是对精神世界中的一种会带来绝对论的洞见的危险提供一个解释。他提出了一个假说,这个假说一直持续到他后期的著作中:心是以一种算计方式来运作的。不过在这里,他显得摇摆不定。他假设,这种算计是以自身利益("利")为目的的;但他似乎又持有这样的一种观念,即存在一种正确的算计,得以避免欲望和自身利益的扭曲。③

韩非子在整篇对老子的评论中,都将"道"视为一个普通的名词,它可以是统治者所言说的"道",可以是正统的或是异端的"道",等等。④ 当他开始对《老子》的形而上学部分作评论之时,他将慎到的实在的"道"(actual dao)作为了论题。所谓"道",就是千千万万事物中的"道"。他引入了不属于道家思想的概念"理"guiding tendency,据我们所知,这个概念在古典时期出现的次数非常少。"理"在荀子的理论中所扮演的,是更为实质性的角色;而

---

① 《韩非子·解老》,《四部备要》本,6:3A。
② 同上,6:7B。
③ 《韩非子·解老》,《四部备要》本,6:7B—8A。
④ 同上,6:11A。

"礼"则被当作了一种形而上学的样式。① 这个"理"成为了王弼对《老子》的评介中重要的核心概念,然后在进入佛教思想和新儒家主义时变成了"理"^{principle}。韩非子在他的解读中,把"理"放在了关注的中心地位。万事万物都各自拥有一个"理",它能支配该事物可辨识的特性,并其发展与完成的路线。韩非子把自然的"道"解释成"理"的纲要,因此,实在的"道"通过"理"来指引世间万物各自的"理"。很明显,这意味着"道"是可分的。韩非子坚持认为,每一个"理"都是独特的。他们并不相互包含。(这一点可能揭示了,韩非子为何不愿意像荀子那样强调"同一"的概念。)

现在,韩非子的确意识到,这种"道"的概念也将"理"作为了人间事物的导引。它所导引的,是习俗和传统(圣人写作的文字)的产物②——语言③,以及所有约定俗成的知识。因此,形成习俗的原因,必定与"道"相一致。这个观点处在荀子和慎到的思想中间。然而,习俗与"道"相一致这个推论,却是一种非道德的、由特定情境所生成的结果。这便是"势"。

以上的描述,让韩非子的"道"显现出非道德的模样。"道"存在于好的帝王中,也同样存在于坏的帝王之中。正如唐君毅所注意到的,韩非子明显认为他后期的统治之"道",是顺着他那"万事万物的'道'"④而形成的。⑤

这种植入荀子"理"之概念的做法,相对于说明"道"为何物来说,似乎更能为清楚的、客观的"法"进行辩护。韩非子从"理"的

---

① 《荀子》,71/19/30—31。
② 《韩非子·解老》,《四部备要》本,6:8B。
③ 同上,6:11A。
④ 唐君毅(1975),第506—507页。
⑤ 《韩非子·解老》,《四部备要》本,6:8B。

概念中所导出的统治学说的架构，比从"道"的概念中导出的更多。"定理"的价值，取决于如同度量标准一般的导引的可能性，那种导引可被用于指定处罚。① 这一对经验可接近性的强调，反映了韩非子的这样一种观点，即只有某种冷酷的、客观的、无情的思考方式，才能摆脱困惑。

余 论

秦王朝的统治者依从了韩非子的建议，从而结束了中国古典哲学的时期。荀子和韩非子对于怀疑论的、令人困惑的语言学理论已经失去了耐心。他们把那些学说与一种粗糙的、独断论的断言联结在一起，这种断言是关于通往无偏见的认识的特许之路的。这个联结而成的结合体，支撑着他们专断的权威主义。他们为处罚辩护，采用的方式是一种正直的保证，这种保证的内容要么是他们对于是非对错所拥有的绝对的观点，要么是这样的一种论调，即取得一致比起总是烦恼什么是正确，要重要得多。然而，这样的论点并不是古典哲学的巅峰，而是哲学开始衰落的独断论的、未经反省的原因。荀子和韩非子都认为对言论进行控制是正确的，任何人都不应该谈论、公布或阅读统治者不赞同（不"是"）的语言。于是，便发生了当朝焚书坑儒的事件。

不少学者已经指出了秦朝对异己学说的压制所带来的消极影响，然而，秦朝对正统学说的建立，也应该为中国哲学的黑暗时期负责。当正统学说成为儒家思想之时，它便取得了优先权，以满足统治者那仅仅是推测甚至迷信的倾向，以及完成为统治者制

---

① 《韩非子·解老》，《四部备要》本，6:11A。

定的规则进行辩护以使其具有合法性这一任务。正统学说所带来的后果,不仅是铲除了其他的学说,更是阻碍了赢得国家赞同的学说,使其变得无足轻重。

古典时期以权威主义为结束学说,是受了数个因素的影响。[375] 我们首先来讨论父亲-老师这一有关领导者角色的概念。政治结构是其他许多培育人格的社会方法的延续。在这些决定人格的社会方式中,最核心的范例就是语言。被同时作为社会化机制的语言,规范了人们的行为和欲望,同时还是政治法规管理的一个合适的对象。预设的对秩序的需要,意味着语言必须被控制。

哲学思考和分析使人对如下问题产生怀疑:是否有可能为社会推进机制,特别是对语言的控制这样一种衍生主题设定一个中立的标准？恒久不变的名称是不存在的——这个充满智慧的结论让那些沉迷于秩序的思想者们感到了害怕。如果指引是非的价值没有一种自然的来源,那么我们似乎就不得不走向价值的无序性。庄子在探究个人观点区域时所允许的"自由自在",变成了荀子独断论式的断言,即认为他自己的观点毫无疑问是远离了迷惑的。荀子把习俗的权威状态当作是理所当然的;分析哲学对语词的分割,以及其他任何对习俗接受的语言的背离,都应该得到严厉的处罚。韩非子只是把荀子的习俗替换成权威,在其他地方都完全继承了荀子的态度。现在,基于我们之前所做的假设,统治者就有责任推广某种形式的语言,同时禁止一切其他的语言。

我并不认为道家思想对哲学客观性或者实在论是怀有敌意的。荀子和韩非子的理论实在论,并不是我所反对的。庄子对揭示正确答案的实践上的不可能性给予的极力赞同,是与实在论相一致的。我所反对的,是把主导的文化推行至绝对、最高的地位,拒绝叙述(或允许他人叙述)那些明显对其抱有怀疑态度的论调的做法。这样的一种政策是操纵性的,因为它热衷于让我们意识不到其他与自己不同的观点的存在,而那些观点往往具有与自己观点同样有力的论据。能够意识到不同观点的存在,的确给我们带来了一个极大的,甚至没有尽头的有关开放、交流和深思熟虑的任务。也许很多人对此会不以为然,继而陷入哲学相对主义的泥沼之中去。想要解决关于某事物的各种观点之间的矛盾,可能真的是人类的智识所不能达到的。

哲学相对主义是一个错误的东西,甚至有可能是一种危险的想法。然而,相对于当下流行的独断论把自己强说成绝对真理的危险性来说,相对主义并不算太过危险了。那种独断论教条的强制性,不仅仅是一种政治危险;它抛弃了实在论所应该推崇的思想上的整体性。我们必须做好心理准备,因为我们可能面对这样的代价,即意识到我们自始至终都是错的。这些代价,并不能证明盲目的独断论是合理的。

认为存在一个唯一正确的答案,与认为我不拥有那个答案,同时也可能永远无法向别人证明它——这两种看法是兼容的。对客观性的追寻,必须被分析过程和道家的反讽加以调和。如果对客观性的极力推崇,没有伴随着自我批判的怀疑主义以及一种对他人观点的实用的、政治的宽容,它自己就会变成一种拙劣的模仿。我们应该愿意在我们证明一种多元论的合理性之前,承担价值无序性的危险,那种多元论能够让一个道家学者自由自在地徜徉于各种观点之间。

与之类似的是,尽管我反对将道家思想扭曲成一种提倡绝对论和独断权威主义的学说,我们也不必将道家思想与法治对立起来。基于道家所提出的重要的规则——"免刑",法治可能就是可达到的最好的技术,它是用来控制那些权势者所普遍表现出来的随意处罚我们的倾向的。如果没有遗传工程能去除人性中的复仇心理,那么一种能够让复仇心理所带来的强制力量更具有可预测性的制度,则确实会让人们更能躲开那些强制力量。但是,没有一个道家学者会将法律和客观正确相混淆。法律只是在我们能够解决人性中的报复心理和支配心理的问题之前,一种控制权威的最可行的方式。

西方的客观主义与"理性"这个概念紧密相连。正如我所论证过的,没有一个道家学者会认为这一点令人反感,他们自己并没有发展出这样的一种思想体系。我想,道家学者们应该会愿意把理性主义纳入自己的学说观点,他们对于美国当今的理性概念之儒学化,应该最感兴趣。一些继承了柏拉图主义传统的人,与荀子一样对相对主义表示担心。跟荀子一样,他们提倡将自己的传统看作绝对的正确。他们把客观性看作一种政治性的事物,并推崇以古老的方式教条化地训练学生。我们要避免对学生们想要了解其他文化和其他思维方式的要求做任何软弱的、懦弱的退让。我们一定要禁止怀疑主义、反讽以及对自身的怀疑。① 学生们希望推行一种新的正统学说这样的要求,同样会冒犯道家学者们;道家学者所要求的,是每个人都应该学习当下的多元化总课程的概念。是什么样悲剧性的缺陷,使得改革者们把对自由的愿望,变成了对一种新的一致性政体的要求?

那两个阵营的权威主义者都是真正的相对主义者,这自然是一个莫大的讽刺。他们不知道怎样才能驳倒哲学相对主义,因此他们的解决对策就是否定它的存在:它必须在政治上被查禁。成

---

① 我体察到这一点,是因为我认为它是艾伦·布龙(Alan Bloom)的著作《美国思想的终结》背后的动机。当然,我这种对于其动机的分析,并不能保证一定是正确的。

熟的道家学说会接受分析哲学式的考量，并将其作为问题最为合适的解决办法。分析的过程在驳斥天真的相对主义的同时，还能减缓我们得出一个过于简单却十分诱人的结论的脚步；这个结论指出，由于事情一定有一个正确的答案，那么它必然就是目前对我来说最为明显的那个。

中国历史的悲剧在于，它重述了古典的辩证法。古典时期见证了一种传统的衰落，和一种怀疑主义及其怀疑内容的传播、蔓延。传统主义者追求一种稳定的权威，并愿意为之禁止一切分析和反讽。他们得到的是一个短时期的、严酷的帝制国家，以及一个儒学正统思想；这个正统思想再次引发了怀疑主义和道家的相对主义。随之而来的混乱时期，以一个相对稳定的传统儒家秩序为结束；这种秩序又一次产生出对客观性的追求，但却摒弃了分析的技术，并且几乎没有多少哲学式的反讽——尽管可以在其他方面的宣泄中看到反讽的冲动。所带来的相对主义，激起了一种本能的儒学意义上的必要性，即对言行一致性的强制。这一点是强制秩序的当代实施者所提出的，他们一直在努力探究：除却对于不循规蹈矩（nonconformity）的处罚，法律究竟能够为我们做些什么。

参考文献

Ames, Roger. *The Art of Rulership: A Study in Ancient Chinese Political Thought*. Honolulu: University of Hawaii Press, 1983.

Ames, Roger, and David Hall. *Thinking through Confucius*. Albany: State University of New York Press, 1987.

Bao, Zhiming. "Language and World View in Ancient China." *Philosophy East and West* 40 (April 1990).

Bennett, Jonathan. *Locke, Berkeley, Hume: Central Themes*. Oxford: Clarendon Press 1971.

Blackburn, Simon. *Spreading The Word: Groundings in the Philosophy of Language*. Oxford: Clarendon Press, 1984.

Blackburn, Simon. "Reply: Rule Following and Moral Realism." In *Wittgenstein: To Follow a Rule*. Christopher Leich, ed. London: Routledge & Kegan Paul, 1981.

Blakney, R. B., trans. *The Way of Life: Lao Tzu*. New York: Mentor, 1955.

Bodde, Derk. *Essays on Chinese Civilization*. Princeton: Princeton University Press, 1981.

Brandt, R. B. "Toward a Credible Form of Utilitarianism." In *Morality and the Language of Conduct*, Hector-Neri Castenada and George Nakhnikian, ed. Detroit: Wayne State Uni-versity Press, 1963.

Bruce, Percy. *Chu Hsi and His Masters*. London: Arthur Probsthain, 1923.

Burge, Tyler. "Mass Terms, Count Nouns, and Change." *Synthese* 31 (1975).

Capra, Fritjof. *The Tao of Physics*. New York: Bantam Books, 1975.

Carus, Paul. *The Canon of Reason and its Virtue*. Chicago: Open

Court, 1913.

Ch'ien Mu. *Xianqin Zhuzi Xinian Kao.* Hong Kong: Hong Kong University Press, 1935.

———. *Zhongguo Sixiang Shi.* Hong Kong: New Asia Press, 1962.

Chai Ch'u, with Winberg Chai. *The Humanist Way in Ancient China: Essential Works of Confucianism.* New York: Bantam Books, 1965.

———. *The Story of Chinese Philosophy.* New York: Washington Square Press, 1961.

Chan Wing-tsit. *A Source Book in Chinese Philosophy.* Princeton: Princeton University Press, 1963.

———. *Neo-Confucian Terms Explained.* New York: Columbia University Press, 1986

———. et al. *The Great Asian Religions: An Anthology.* New York, Macmillan, 1969.

Chang, Leo S., and Wang Hsiao-po. *Han Fei's Political Theory.* Monographs of the Society for Asian and Comparative Philosophy, no. 7. Honolulu: University of Hawaii Press, 1986.

Chang Shun-yi. *Mojing Jiangu Jian.* Taipei: Cheng Chung Bookshop, 1959.

Chao, Y. R., "Notes on Chinese Grammar and Logic." *Philosophy East and West*(1955).

Chaudhuri, Nirad. *Hinduism.* New York: Oxford University Press, 1979.

Chen Daji.*Mingli Luncong.* Taipei: Cheng Chung Bookshop, 1956.

Chen Ku-Ying.*Lao-Tzu: Text, Notes, and Comments.* Translated by Rhett W. Young and Roger T. Ames. SanFrancisco: Chinese Materials Center, 1977.

Chow Tse-tsung, ed. *Wen-lin: Studies in the Chinese Humanities.* Shatin: Chinese University of Hong Kong, 1989.

Churchland, Paul.*Scientific Realism and the Plasticity of Mind.* New York: Cambridge University Press, 1979.

Confucius. *The Analects.* Harvard Yenching Concordance Series, no. 16. Cambridge, Mass.:Harvard University Press, 1972.

Creel, Hurlee G. *Chinese Thought from Confucius to Mao Tse-lung.* Chicago: University of Chicago Press, 1953.

——. *Confucius*, *The Man and The Myth*. New York: J. Day, 1949.

——. *Shen Pu-hai*. Chicago: University of Chicago Press, 1974.

——. *The Origins of Statescraft in China*. Chicago: University of Chicago Press, 1970.

——. *What is Taoism?* Chicago: University of Chicago Press, 1970.

Dawson, Raymond. *Confucius*. New York: Hill and Wang, 1981.

De Bary, William Theodore. *The Message of Mind in Neo-Confucianism*. New York: Columbia University Press, 1989.

——, ed. *The Buddhist Tradition in India, China and Japan*. New York: Vintage Books 1972.

——, et al. *Sources of Chinese Tradition*. New York: Columbia University Press, 1960.

DeFrancis, John. *The Chinese Language: Fact and Fantasy*. Honolulu: university of Hawaii Press. 1984.

——. *Visible Speech: The Diverse Oneness of Writing Systems*. Honolulu: University of Hawaii Press, 1989.

Dennett, Daniel C. *Brainstorms: Philosophical Essays on Mind and Psychology*. Cambridge, Mass.: MIT Press, 1981.

——. *Elbow Room: The Varieties of Free Will Worth Wanting*. Cambridge, Mass.: MIT Press, 1984.

Do-Dinh, Pierre. *Confucius and Chinese Humanism*. Translated by Charles Lam Markmann. New York: Funk and Wagnalls, 1969.

Donagan, Alan. *The Theory of Morality*. Chicago: University of Chicago Press, 1977.

Dubs, H. H. *Hsun-tzu: The Moulder of Ancient Confucianism*. London: Arthur Probsthain, 1927.

——. *The Works of Hsun-tzu*. London: Arthur Probsthain, 1928.

Dummett, Michael. *Truth and Other Enigmas*. Cambridge, Mass.: Harvard University Press, 1978.

Duyvendak, J. J.L. *Tao Te Ching*. London: John Murray, 1954.

Dworkin, Ronald. *Taking Rights Seriously*. Cambridge, Mass.: Harvard University Press, 1977.

Eno, Robert. *The Confucian Creation of Heaven*. Buffalo: SUNY Series in Chinese Philosophy and Culture, 1990.

——. *Masters of the Dance: The Role of T'ien in the Teachings of the Early Juism* (*Con-fucianism*). Ann Arbor, Mich.: University Microfilms, 1984.

Fung Yu-lan. *History of Chinese Philosophy*. Translated by Derk Bodde. Princeton: Princeton University Press, 1952.

———. *A Short History of Chinese Philosophy*. Translated by Derk Bodde. New York: Macmillan, 1958.

———. *The Spirit of Chinese Philosophy*. Translated by E. R. Hughes. London: Routledge & Kegan Paul, 1947.

Fingarette, Herbert. *Confucius——The Secular as Sacred*. New York: Harper and Row, 1972.

———. "Following the One 'Thread' of the Analects." *Studies in Classical Chinese Thought* 47(1979).

Forke, Alfred. *Lun Heng, Essays of Wang Ch'ung*. New York: Paragon Book Gallery, 1962.

Forrest, R. A. D. *The Chinese Language*. London: Faber and Faber, 1948.

Giles, Herbert. *Chuang Tzu, Mystic, Moralist and Social Reformer*. London: Allen & Unwin, 1981.

Goldman, Alvin. *A Theory of Human Action*. Princeton: Princeton University Press, 1970.

Goldstein, Lawrence. "Logic and Reasoning." *Erkenntnis* 28(1988).

Graham, Angus. "The Background of the Mencian Theory of Human Nature", *Tsing Hua Journal of Chinese Studies* (1967).

———. *Chuang-tzu: The Inner Chapters*. London: Allen & Unwin. 1981.

———. "Chuang-tzu Essay on Seeing Things as Equal." *History of Religions* 9(1969-70).

———. "The Composition of the Gongsuen Long tzyy." *Asia Major* 5 (1957).

———. *Disputers of the Tao: Philosophical Argument in Ancient China*. La Salle, Ill.: Open Court. 1989.

———. *Later Mohist Logic, Ethics and Science*. Hong Kong and London: Chinese University Press 1978.

———. "The Place of Reason in the Chinese Philosophical Tradition." In Raymond Dawson, ed. *The Legacy of China*. London: Oxford University

Press, 1964.

———. *Reason and Spontaneity*. London: Curzon Press, 1985.

———. "Review of *Language and Logic in Ancient China*." *Harvard Journal of Asian Studies* 45(1985).

Han Feizi.(SBBY edition). Taibei: Zhonghua Shuju, 1968.

Hansen, Chad. "Ancient Chinese Theories of Language." *Journal of Chinese Philosophy* 2(1975).

———. "Chinese Language, Philosophy, and 'Truth'." *Journal of Asian Studies* 44(1985).

———. "Freedom and Moral Responsibility in Confucian Ethics." *Philosophy East and West* 22(1972).

———. "Individualism in Chinese Thought." In Donald J. Munro ed.: *Individualism and Holism: Studies in Confucian and Taoist Values*. Ann Arbor: University of Michigan Press, 1985.

———. *Language and Logic in Ancient China*. Ann Arbor: University of Michigan Press, 1983.

———. "Punishment and Dignity Studies in China." In Donald J. Munro, ed. *Individualism and Holism: Studies in Confucian and Taoist Values*. Ann Arbor: University of Michigan Press, 1985.

———. "A Tao of Tao in Chuang Tzu.", In Victor Mair, ed. *Experimental Essays on Chuang Tzu* Honolulu: University of Hawaii Press, 1983.

Harman, Gilbert. *Change in View*. Cambridge, Mass.: MT. Press, 1986.

———. *The Nature of Morality*. New York: Oxford University Press, 1977.

Haugland, John. "Semantic Engines: An Introduction to Mind Design." *Mind Design*. Cambridge, Mass.: MIT Press, 1981.

Hayakawa. S. I. *Language in Thought and Action*. New York: Harcourt, Brace and World, 1939.

Henricks, Robert. G. *Lao-tzu: Te-Tao Ching: A New Translation Based on the Recently Discovered Ma-wang-tui Texts*. New York: Ballantine Books, 1989.

Hobbes, Thomas. *Leviathan*. New York: Dutton, 1950.

Hou Wai-lu. *Zhongguo Sixiang Tongshi*. Beijing: Renmin Chuban

She, 1957.

Hsiao Kung-chuan.(Mote, F. W. tr.), *A History of Chinese Political Thought*, Volume 1: *From the Beginnings to the Sixth Century A. D.* Translated by F. W. Mote. Princeton: Princeton University Press, 1979.

Hu Shih. *The Development of Logical Method in Ancient China*. New York: Paragon Press, 1969.

——.*Mingxue Jigu*. Shanghai: Commercial tress, 1923.

——.*Zhongguo Gudai Zhexue Shi*. Taipei: Commercial Press, 1968.

Hughes, E. R.*Chinese Philosophy in Classical Times*. London: J. M. Dent, 1942.

Hume, David.*A Treatise on Human Nature*. Edited by Philip Niddich. Oxford: Clarendon Press, 1983.

Ivanhoe, P. J. "Reweaving the 'One Thread' of*The Analects*." *Philosophy East and West* 40 (1990).

Kaltenmark, Max.*Lao Tiu and Taoism*. Stanford: Stanford University Press, 1965.

Kao Heng.*Laozi Zhenggu*. Reprint. Taipei: Commercial Press, 1968.

Karlgren, Bernhard. *Grammata Serica*. Taipei: Chengwen, 1966.

Kasoff, Ira E. *The Thought of Chang Tsai*. Cambridge: Cambridge University Press, 1984.

Katz, Steven T., ed. *Mysticism and Philosophical Analysis*. New York, Oxford University Press, 1978.

Kitagawa, Joseph M. *The Religious Traditions of Asia*. New York, Macmillan, 1987.

Kongzi(Confucius). *The Analects* (*Lun-yu*). Taipei: Chinese Materials and Research Aids Service Center, 1972.

Kornblith, Hilary. "Beyond Foundationalism and the Coherence Theory." In*Naturalizing Epistemology*. Cambridge, Mass.: MTT Press, 1985.

Korsgaard, Christine. "Skepticism about Practical Reason."*Journal of Philosophy* 73(1986).

Kripke, Saul. *Wittgenstein on Rules and Private Language*. Cambridge, Mass.: Harvard Uni-versity Press, 1963.

Lau, D. C.*Chinese Classics: Tao Te Ching*. Hong Kong: Chinese University Press, 1982.

——, trans. *Confucius: The Analects*. New York: Penguin Books, 1979.

——, trans. "On Mencius' Use of the Method of Analogy in Argument." In *Mencius*. Baltimore: Penguin Books, 1970.

——. "Some Logical Problems in Ancient China." *Proceedings of the Aristotelian Society*. n.s. 53(1952-1953).

Leslie, Donald. *Argument by Contradiction in Pre-Buddhist Chinese Reasoning*. Canberra: Australian National University, 1964.

Lewis, David. "General Semantics." In Donald Davidson and Giblert Harmon, eds. *Seman-tics of Natural Language*. Dordrecht, Holland: D. Reidel, 1972.

Liang Qichao. *History of Chinese Political Thought*. London: Kegan Paul Trench Trubner, 1930.

Lyons, David. *Forms and Limits of Utilitarianism*. Oxford, Clarendon Press, 1965.

Mair, Victor, ed. *Experimental Essays on Chuang-tzu*. Honolulu: University of Hawaii Press, 1983.

——, trans. *Tao Te Ching: The Classic Book of Integrity and the Way*. New York: Bantam Books, 1990.

McDowell, John. "Non-Cognitivism and Rule-Following." In Cristopher Leich, ed. *Wittgen-stein: To Follow a Rule*. London: Routledge&Kegan Paul, 1981.

Mei Y. P. *The Ethical and Political Works of Mo-tse*. London: Arthur Probsthain, 1929.

—— *Mo-tse, the Neglected Rival of Confucius*. London: Arthur Probsthain, 1934.

Mengzi (Mencius). *Harvard-Yenching Institute Sinological Index Series*. Taipei: Chinese Ma-terials andResearch Aids Service Center, 1973.

Morris, Herbert. "Persons and Punishment." *The Monist* 52(1968).

Mote, Frederick W. *Intellectual Foundations of China*. New York: Alfred A. Knopf, 1971.

Mozi. *Harvard-Yenching Institute Sinological Index Series*. Taipei: Chinese Materials and Service Center, 1973.

Munro, Donald J. *The Concept of Man in Early China*. Stanford: Stanford University Press, 1969.

——. *Images of Human Nature: A Sung Portrait*. Princeton: Princeton University Press, 1988.

——. *Individualism and Holism: Studies in Confucian and Taoist Values*. Ann Arbor, University of Michigan Center for Chinese Studies, 1985.

Murti, T. R. V. *The Central Philosophy of Buddhism*. London: George Allen and Unwin, 1960.

Nagel Thomas. *The View from Nowhere*. New York: Oxford University Press, 1986.

——. *What Does It All Mean? A Very Short Introduction to Philosophy*. New York: Oxford University Press, 1987.

Needham, Joseph. *Science and Civilization in China*. Cambridge: Cambridge University Press, 1954.

Nietzsche, Friedrich. *Twilight of the Idols and The Anti-Christ*. Translated by R. J. Holling-dale. Baltimore: Penguin Books, 1968.

Nivison, David. "Mencius and Motivation." *Studies in Classical Chinese Thought* 47(1979).

Northrop, Filmer S. C. *The Meeting of East and West*. New York: Macmillan, 1946.

Nozick, Robert. *Philosophical Explanations*. Cambridge, Mass.: Harvard University Press, 1981.

Parfit, Derek. *Reasons and Persons*. New York: Oxford University Press, 1984.

Pears. David. *Wittgenstein*. London: Fontana Press, 1971.

Quine, W. V. O. *Ontological Relativity and Other essays*. New York: Columbia university Press, 1969.

——. *Word and Object*. Cambridge, Mass.: MIT Press, 1960.

Rawls, John. *A Theory of Justice*. Cambridge, Mass.: Harvard University Press, 1971.

Ricketts, Allyn W. *Guanzi: Political, Economic, and Philosophical Essays from Early China*. Princeton: Princeton University Press, 1985.

Rorty, Richard. *Philosophy and the Mirror of Nature*. Princeton: Princeton University Press, 1979.

Rosemont, Henry. "On Representing Abstractions in Chinese Thought." *Philosophy East and West* 24(1970).

———. "State and Society in the *Hsun Tzu*." *Monumenta Serica* 29 (1971).

Rosemont, Henry, and Benjamin Schwartz. *Studies in Classical Chinese Thought* 47(1979).

Schwartz, Benjamin. "On the Absence of Reductionism in Chinese Thought." *Journal of Chinese Philosophy* 1(1973).

———. *The World of Thought in Ancient China*. Cambridge, Mass.: Harvard University Press, 1985.

Schwartz, Stephen P. *Naming, Necessity, and Natural Kinds*. Ithaca, N.Y.: Cornell University Press, 1977.

Simmons, Keith. "Ethical Realism and Anti-Realism". Unpublished manuscript Department of Philosophy, 1987.

Smart, J. J. C., and B. Williams. *Utilitarianism: For and Against*. Cambridge: Cambridge University Press, 1973.

Smullyan, Raymond. *The Tao Is Silent*. New York: Harper and Row, 1977.

Stitch, Stephen. *The Fragmentation of Reason*. Cambridge, Mass.: MIT Press, 1990.

———. *From Folk Psychology to Cognitive Science: The Case against Belief*. Cambridge, Mass.: MIT Press, 1983.

Tang, Jun-i. *Zhongguo Zhexue Yuanlun: Yuan Dao Pian*, vols. 1-3. Taipei: Taiwan Student Bookshop, 1975.

Thompson, P. M. *The Shen-tzu Fragments*. Oxford: Oxford University Press, 1979.

Tsuda, Sokichi. *Rongo to Koshi no shiso (The Analects and Confucius' thought)*. Tokyo: Iwanami shoten, 1946.

Tu Wei-ming. *Confucian Thought: Selfhood as Creative Transformation*. Albany: State University of New York Press, 1985.

———. *Humanity and Self Cultivation: Essays in Confucian Thought*. Berkeley: Asian Humanities Press, 1979.

Tu Wei-ming and James T. C. Liu. *Traditional China*. Englewood Cliffs, N.J.: Prentice Hall, 1970.

Waley, Arthur, trans. *The Analects of Confucius*. New York: Random House, 1938.

———, trans. *Three Ways of Thought in Ancient China*. London: Allen and Unwin, 1939.

———, trans. *The Way and Its Power: A Study of the the Tao Te Ching and Its Place in Chinese Thought.* London: Allen and Unwin, 1934.

Wang Xian-qian. *Zhuangzi Jijie.* Taipei: Sanmin Bookshop, 1963.

Watson, Burton. *Chuang-tzu: Basic Writings.* New York: Columbia University Press, 1964.

———. *Han Fei-tzu: Basic Writings.* New York: Columbia University Press, 1964.

———. *Mo-tzu: Basic Writings.* New York: Columbia University Press, 1963.

Wiggins, David. "Truth, Invention, and the Meaning of Life." *Proceedings of the British Academy* 62(1976).

Williams, Bernard. *Ethics and the End of Philosophy.* Cambridge, Mass.: Harvard University Press, 1985.

Wittgentstein, Ludwig. *The Blue and Brown Books.* Translated by Elizabeth Anscombe. New York: Harper Torchbooks, 1960.

———. *Philosophical Investigations.* Translated by Elizabeth Anscombe. Oxford: Basil Blackwell, 1953.

———. *Tractatus Logico-Philosophicus.* Translated by Elizabeth Anscombe. London: Routledge and Kegan Paul, 1961.

Wu Kang. *Lao-Zhuang Zhexue.* Taipei: Commercial Press, 1955.

Wu Yi. *Chinese Philosophical Terms.* Lanham, Md.: University Press of America, 1986:

Xunzi. *Harvard-Yenching. Institute Sinological Index Series*, no. 22. Taipei: Chinese Materials and Research Aids Service Center, 1966.

Yan Lingfeng. *Daojia Sizi Xinpian.* Taipei: Commerical Press, 1968.

———. *Lao Zhaung yanjiu.* Taipei: Chung Hua Bookshop, 1966.

Yearley, Lee. "The Perfected Person in the Radical Chuang-tzu." In Victor Mair, ed., *Experimental Essays on Chuang-tzu:* Honolulu: University of Hawaii Press, 1983.

Yu Yu. *Zhongguo Mingxue.* Taipei: World Book Co., 1967.

Zhuangzi. *Harvard-Yenching Institute Sinological Index Series*, no. 20. Cambridge, Mass.: Harvard University Press, 1956.

Zimmer Heinrich. *The Philosophies of India.* Edited by Joseph Campbell. Princeton: Princeton University Press, 1951.

汉字词汇表

爱　ai　love
霸　ba　overlord
白马　bai-ma　white-horse
白　bai　white
誖　bei　perverse
本　ben　originally
比　bi　comparability, comparable
彼　bi　other, that, that: other
笔　bi　pen
辩　bian　discriminate, discriminating, discrimination dispute, distinction, distinction-disputes, distinguish.
辨　bian　divide
别　bie　distinguish, partial
表　biao　gnomen
不　bu　neg, negation
不可　bu-ke　not assertable, not permissible
不然　bu-ran　not so
不知　bu-zhi　ignorance
常　chang　constant
臣　chen　ministers
成　cheng　accomplishment, complete, completion, fixed, success, successful
诚　cheng　sincerity
出　chu　exit
辞　ci　phrase
此　ci　this

大道　da-dao　great dao

当　dang　hit on, hits, map, map onto it, maps onto things

道　dao　discourse, way, guide, guide-speak, discourse, lead, metaphysical absolute, path, prescriptive discourse, wayapeak, ways of, discourse, prescriptive possible, world histories

道家　dao jia　Daoists, way school

德　de　virtuosity, power, virtue

地　di　earth

定　ding　fixed

端　duan　point; edge

多　duo　much/many

而　er　and; yet

法家　fa jia　Legalists, standardizers, standardizer school, standards school

法官　faguan　magistrates

法　fa　law, measurable standards, measurement standard, model, objective public standards, objective standards, standard, standard

反　fan　opposite

非　fei　disapprove; wrong; not-this, dissent, is not, not this; wrong, not the one in question, not, not-this, rejects, that's not, wrong

分　fen　divisions

故　gu　in itself, inherent, inherent way things are, the way things inherently are, therefore

管　guan　input pipes

观　guan　observe

贵贱　gui; jian　noble-base

鬼　gui　ghosts

过　guo　surpasses

害　hai　harm

合　he　combined

很　hen　very

化　hua　change, changed

黄老　Huang-lao　Yellow Emperor-Laozi

易经　*I Jing*, *Book of Changes*

家　jia　schools-families

假道　jia-dao　bogus ways

兼爱　jian-ai　universal love

奸　jian　illicit

兼　jian　total, universal, whole

徼　jiao　manifestations

教育　jiaoyu　teaching-nourishing

解老　Jie-lao　explaining-Laozi

几　ji　how many

接　jie　contact

进　jin　advances

经　jing　canons

举　ju　pick out, picking out, picking-out

句　ju　sentence

卷　juan　roll

君　jun　superior

君子　junzi　gentleman, superior man

可　ke　acceptable, admissible, appropriate, assertability, assertable, can-be, permissibility, permissibly predicable, may

可不可　ke/bu-ke　acceptable/unacceptable

狂　kuang　wild picking-out

孔子　Kungzi　master Confucius

类　lei　classes, similarity, similarity classes, similars

利　li　benefit, profit, utility

豊　li　ceremonial vessel, sacrificial vessel

俐　li　clever

礼　li　convention, etiquette, propriety, rites, ritual/propriety, ritual, ritual behavior

理　li　guiding tendency, principle,

里　li　road

利害　li-hai　benefit-harm

礼义　li-i　ritual morality

两　Liang　two

令　ling　commands

六反　Liu-fan　Six Reversals

虑　lü　deliberation

律　lü　laws, regulations

论语　Lun-yu　Analects, discussion words

伦　lun　human-relations discourse

论　lun　theories

马　ma　horse

妙　miao　mysteries

明　ming　bright, clarity, clear, enlightenment, illumination, understand, understanding

命　ming　command, command; name; fate, commands, fate, fate; mandate, fated length of life, mandate, name-command, to name; command; fate

名　ming　name, name; rank, name; status, rank, terms, words

墨　Mo　Mohist

母　mu　mother

难言　Nan-yan　difficult-language

内业　Nei-ye　inner discipline

能　neng　ability

牛　niu　ox

匹　　teams

平　ping　tranquillity

朴　pu　simplicity

气　qi　breath, life-force, material force

其　qi　its

巧　qiao　cleverness

情　qing　feeling-reality, feelings, feelings-reality, reality, response, reality registers, reality, reality feedback

请　qing　language responses

取　qu　choose, select

权　quan　weighing

然　ran　so

仁义　ren-i　benevolence-morality

人心　ren-xin　human-mind

仁政　ren-zheng　benevolent-administration

仁　ren　benevolence, benevolent, humane, humanity

人　ren　human, humans, people

儒墨　Ru-Mo　Confucian-Mohist

如　ru　be like

儒　Ru　Confucian

尚同　shang-tong　agreement upward, agreement with the superior

善　shan　good

少　shao　few/little

神　shen　spirits, spiritual energy

山　shen　forest

生　sheng　birth, birth:growth, life

望　sheng　divine

生命　sheng-ming　life

事　shi　affairs, social affairs

是　shi　assent, is, right, that's it, this, this:right, this:right:assent:is

始　shi　beginning

势　shi　charisma, circumstance, situation authority, situation, situational authority, situationalism

实　shi　reality, stuff

士　shi　scholar-knight

是比　shi-bi　this-other

是非　shi fei　it-not it, right-wrong, this-not this, this:right-not this:wrong

术　shu　art, method, statecraft, techniques

说　shuo　explanation,

恕　shu　reciprocity

私曲　si-qu　particular-twisting, private distortions

私行　si-xing　private behavior

俗　su　custom

体　ti　part, parts, unit

体兼　ti-jian　part-whole

天　tian　heaven, heaven:nature, natural, nature/heaven, nature, nature's

天地　tian di　heaven-earth, the world

天道　tian-dao　natural-way

天宫　tianguan　heavenly pipes

天命　tian-ming　fate, heavenly mandate, mandate of heaven, natural naming

天下　tian xia　the world, all under Heaven

天志　tian-zhi　natural will, natural intent

天子　tian-zi　natural master

天主　tianzhu　lord of heaven

同　tong　alike, same

通　tong　communicate

同异　tong-yi　similar-different

万　wan　ten thousand

万物　wan-wu　the myriad things

伪　wei　artifice

谓　wei　call

为　wei　deeming, deems, deems:makes, do:deem, do:deem:make: for the sake of, for-the-sake-of

为我　wei-wo　for me

文　wen　language, literature, literature:decoration

我　wo　I, I:me, myself

无名　wu-ming　lack names

无为　wu-wei　non-action, lacks-deem:do, non-deeming

无欲　wu-yu　lack desires

舞　wu　dance

五　wu　five

无　wu　lack, lacking, lacks, non-being, not exist

武　wu　martial dance, martial

物　wu　object, objects, thing-kind, thing, thing-kinds

显学　Xian-xue　exposing learning

孝　xiao　filial piety, filiality

小人　xiaoren　lesser person, lesser man

心　xin　heart, heart-mind

信　xin　trust

行　xing　conduct, perform, proceed, walk

性　xing　nature

刑　xing　punishment

刑名　xing-ming　punish-name, punishment-name, shape-name

羞 xiu shame

虚 xu empty

玄 xuan dark

言 yan language, language：words，words：language：doctrine

阳气 yang qi dominant ether

也 ye assertion particle

异 yi different

意 yi intent，intention

义 yi moral，moralities，morality

以 yi use，with regard to，with

因是 yin-shi conforming shi-ing

又 you also

有 you exist，have，have：being，having

有名 you-ming having names

有无 you-wu being-non-being

有欲 you yu having desires

渔 yu fish

于 yu in

欲 yu desires

乐 yue music

喻老 Yu-lao illuminating Laozi

则 ze then

长 zhang elder

者 zhe one who，that-which

政 zheng administering, coercion, governing, regulates, regulating，administrative measures

正 zheng rectifies，rectify

之 zhi 's，it/it's，it

執 zhi commit，grasp

知 zhi intelligence, intuitive knowledge, know, know-how, know-how-to，know-to，knowing，knowledge

指 zhi point to, point, pointing, finger-point

制 zhi regulation

志 zhi will

智 zhi wisdom

知道	zhi-dao	know the way to, know-way
治乱	zhi-luan	order-disorder
中	zhong	center
众	zhong	crowd
忠	zhong	loyalty
周	zhou	comprehensive
字	zi	character
子	zi	master
子女	zi-nü	son-daughter
自然	ziran	of-themselves, naturally, self-so

索 引

绝对论(Absolutism),235,266-268,270,273,297,310,339,351,375。亦见道家思想:绝对论者的解释(Daoism: absolutist interpretation);韩非子(Han Feizi);墨家后学(Later Mohists);语义实在主义(semantic realism);形而上学,实在主义(Metaphysics, realism);荀子(Xunzi);庄子(Zhuangzi)

抽象(Abstraction),17,24,27,38,46,48,149,240,244,252,258,260,327-329,408n.51

美学(Aesthetics),45,61,74,75,86,87,92,111,212,355,387n.73。亦见道:行道(Dao $_{\text{way: guiding discourse}}^{\text{w ay}}$: performance dao);技巧(Skill)

农家(Agriculturalists),161

字母表(Alphabet),34,40,44

利他主义(Altruism),97,114,130-131,155,156,167-170,187,249,331。亦见墨子(Mozi):有别与普遍(partial v. universal);普遍性(Universality);功利主义(Utilitarianism)

安乐哲(Ames, Roger),ii,387nn.71,73,404n.3,418n.20

《论语》Analects, The(of Confucius),33,57-60,71,78,80,82,84-87,92,96,108,148,153,155,166,178,204,215,354,379n11,380nn.13,20,21,381n.22,382n.34,387n.75,414n.7

祖先崇拜(Ancestor worship),32,371

论争(证明){Argument(proof)},16-19,21-23,33,51-53,70-72,118,126,136-144,186,201,238-240,242,255-259,273,295-298,314-322,379n.12。亦见孟子的解释类比(Interpretation analogy in Mencius),154,188-195,255,395n.15

权威~(authority),由……~(argument from),3,9,10,100,101,107,121-125,132,133,138,171,181,278,296,307-309,310-312,348-352,355,363,365-367,371,372,382nn.37,38,391n.73,393n.86,402n.28,411n.46,413n.102

墨家对～的分析（Mohist analysis of），192－193，250，254－258，396n.15

亚里士多德（Aristotle），16，141，180，255－256，287，395n.15

可肯定性（可接受性）{Assertability（acceptability）}，64－66，69，78，111，114，116－118，139，143－149，173，185，199，206，216，239，241－246，250－252，259，281，327，335，372，391n.64，392n.79，393n.86，405n.4，407n.43

独裁主义（Authoritarianism）

儒家思想中的～（in Confucianism），5，278，310，322，351，355，417n.86

对～的确证（Justification of），65，69，89，90，123，125，171，181，240，278，310－312，322，351，355，358，363，371，372，374，413n.6，414n.8

慎到的～概念（Shendao's conception of），205，372，419n.42

白马论（Bai-ma issue），243－247，255，257－259，261，332，380n.19，416n.55

包智明（Bao Zhi-ming），387n.69

行为（Behavior）

～代码（codes of），62－70，80，86－93，102，134，158，165－168，177，178，184，240，251　316，335，348，349，354－356，370，386n.22，397n.25，415n.27

语言和～（language and behavior），19，41，51，103，114，116－121，146，205，228，281，410n.26

～理论（theory of），63，71，78－79，85－87，105，119，149，150，164，166，185，204－206，249－254，300－303，316，360，383nn.43，45，384nn.51，52，54，398n.42，408n.46

悖（Bei^{perverse}），241－242，271，272，285

有和无（Being and non being），118，120，146，213，219－226，261，387n.69，402n.20

信仰（念）（Belief）

～欲望解释（belief-desire explanation），19，76，119，142，150，298，383n.43，384nn.51，52

构建～概念（contrasting concepts of），19，41－46，73，75－77，118－120，141－147，149，252－253，293，298，377n.8，394n.86，412n.101

术语～结构（term-belief structure），142，155，176，213，214，253，407n.38

边沁（Bentham，Jeremy），234，415n.31

708

辩（Bian $^{\text{distinction; dispute}}$），104 - 108，116 - 128，143，146，154 - 156，185，188，235 - 239，242，250 - 253，262，271，280，286，295 - 296，316，345，391n. 60，407n. 44

别（Bie$^{\text{partial; distinguish}}$），102

西蒙·布莱克本（Blackburn，Simon），17，391n. 59

伦纳德·布卢姆菲尔德（Bloomfield，Leonard），34 - 35

白妙子（Brooks，Bruce），377n. 3，379n. 10

佛教思想（Buddhism），14 - 17，23 - 29，204，208，225，237 - 238，373，378n. 2，379n. 9，399n. 56，412n. 94

原因（Cause），32，46，122，174，234 - 236，240，391n. 59，401n. 12

陈荣捷（Chan，Wing-tsit），11，57，95 - 97，385n. 67，391n. 63

常（Chang^{constant}），ii，104，110，114，120，127，155，166，214 - 216，218 - 221，230，235，339，404n. 35

成（Cheng$^{\text{complete; prejudice}}$），275 - 279，283，289，300，340，405n. 12，411nn. 63，65

诚（Cheng^{sincerity}），405n. 12

中国语言（Chinese language）. 见语言（Language）

乔姆斯基（Chomsky. N.），91

辞（Ci^{phrase}），45，185，239，241，244，249 - 251，378n. 8，389n. 30

强制政治（Coercion），64，354 - 356，368 - 369，376，414n. 7。亦见孔子：（处罚与法律）（Confucius: punishment and law）；法（Fa^{standards}）；政（zheng$^{\text{government; regulation}}$）

连贯性（Coherence）

中国思想中的～（in Chinese thought），27，143，170，218，221 - 222，227，243，247 - 251，256，259，266，270 - 271，274，385n. 67，396n. 20，409n. 3

在解释理论中的～（in interpretive theory），7，8，26 - 28，70，88，197 - 200，204，221，227 - 228，257，266 - 267，336，349，366，381n. 22，399n. 5。亦见解释：人道原则（Interpretation: humanity, principle of）

精神的电脑类比（Computer analogy of mind），18 - 25，91，105，301，303，377n. 8，416n. 61

程序设计和语言～（programming and language），19 - 21，24，51，53，64，75，91，101 - 108，115 - 126，177，183 - 188，212，224，253，292，330，336 - 337

概念论缺乏（Conceptualism, absence of），11，16 - 29，33，38 - 46，75 - 76，85，111，142，148 - 150，235，239，244，329，383n. 49

709

儒家学派（儒家思想）{Confucian school（Ru^Confucianism）}，3－7，9－16，23－32，57－68，73－75，92－96，107－115，128－138，153－159，163，172，178－180，187，195，200－205，233，241，264－267，281，307－315，345－361，368－370，378nn.4，8，379nn.4，10，12，380nn.16，20，21，381nn.22，23，31，394n.5，396nn.15，16，399n.53，54。亦见孔夫子（Confucius）；孟子（Mencius）；新儒家（Neo-Confucianism）；荀子（Xunzi）

孔夫子（孔子）{Confucius（Kongzi）}，11－13，32，57－64，153－161，202，204；210，233，266，311，340，345。亦见《论语》（Analects, The）

～之道（dao^prescriptive discourse），20，82－87，102，104，106，130，138，205，217，321，323

～教育理论（educational theory），2，20，57－78，91－92，101－104，133，175，209，351－354，383nn.43，44，384n.55，385n.64，386n.68，392nn.81，82，419n.20

～人性论（human nature），20，57－87，130，132，136，164，167，172，174，362，383n.49，384nn.50，52，391n.67

～解释及文本的问题（interpretive and textual problems），57－60，82，87，201，379nn.5，11，380nn.13，20，21，381nn.22，23，382nn.34，35，385n.67，394n.5

～直觉（intuition），59，68－71，73，74，80，81，87，88，89－93，234，383n.49

～语言（language），74－75，82－92，102，103，115，128，140，212，216，294，321，379n.8，382n.37，387n.75，391n.60，393n.86，404n.39

～模范效法（model emulation），63，64，67－74，80，102，138，161，212，338，363

～道德（超越传统主义）{morality（hyper-traditionalism）}，52－62，75－78，81－85，95－97，107－109，115，129，133，149，165，189，234，323，353－356，382n.32，385nn.62，63，64，385nn.67，68，388n.14，389nn.35，36，37，390nn.45，48

～乐与诗（music and poetry），20，36，45，52－53，58，66－68，85－87，105，136－138，155，177，387nn.71，73，404n.39

～政治理论（political theory），58－71，122，133－135，338，356，359，363，381n.25，386n.68，391n.69，399nn.53，54，401n.10，413nn.6，7

～处罚与法律（punishment and law），63－74，132，307，349，352，354－358，367，384n.53，413n.7，417n.86，418n.20

～正名（rectifying names），64－70，122，134－135，149，184，241－247，

710

249,257-258,382n.35,387nn.71,75,408n.46,414n.22,415nn.32,44

仁与礼(ren ^{humanity} and li ^{ritual}),59,62,68-73,78-81,83,86-90,87-94,126,166,177,184,316-317,340,355,381n.23,383nn.41,42,383nn.49,50,384n.55,385n.68,388n.8,392n.81,420n.65

恒常性(Constancy)。亦见可靠论(Reliabilism)

道与名之～(of dao or names),4-5,42,52,93,96,100-104,109-112,114-117,119-123,127-129,135,138,143-146,155,156,163,166,173,205,210,215-259,269,271,296-299,311,319,339,342,348,360,375,404nn.35,39,406n.16

～与真理(and truth),93,100,110,114,139,235,250,407n.37

矛盾(Contradiction)。亦见连贯性(Coherence);真理(Truth)

中国思想中的～(in Chinese thought),59,113,200,201,215,225,259,260,380nn.13,20,399n.5,414n.12

古汉语的～概念(classical Chinese concept of),255,402n.29,406n.20

习约(Convention)

～和语言(and language),3-5,18,23-26,28,34,38-39,40-42,51-53,61,65,68,72,74-75,79,85,89,94,101,105,127,130-132,136,143-147,157,163,170,203,204,211-229,233-235,238-248,254,261-263,272-278,280-286,300,307-342,348-350,366-367,373-375,382n.37,406n.14,414nn.9,20。亦见个人主义的哲学家(individual philosophers)

～道德(儒家思想){morality(Confucianism)},4,82,97,100,109,113,140,163-166,170,174,222,223,233-235,310-316,322,336-337,348,356,367,383n.41,385n.62,386n.68,389n.35,416n.66,417n.91。亦见个人主义的哲学家(individual philosophers)

～和真理(and truth),18,75,86,139,140-147,180,198-199,235

可数名词(Count nouns),46-49,72,245,259,329,379n.12

修养理论(Cultivation,theory of)。亦见文化与文化适应(Culture and enculturation)

道家～(Daoism,195,212,278-279,289)

早期儒家～(early Confucians),57,59,65,68,71,80

韩非子～(Han Feizi),348,360,366

孟子～(Mencius),158-160,163-168,173-177,180-182,185-188,194-195,278-279,289,397n.26,398n.41

墨子～(Mozi),96,100-106,110,113-118,122,129,136-140

荀子～(Xunzi),308-312,315,326

文化及文化适应(Culture and enculturation),35,73,76,78,91,100,102,108,119,120,138,164,211,213,229,375,385n.61。亦见精神的电脑模拟(Computer analogy of mind);语言(Language)

当(Dang$^{\text{hit on}}$),240,316

道(Dao $^{\text{way : guiding discourse}}$)

儒家之～(习约主义者){Confucian(conventionalist)},59,60,62,63,68-71,78,80-89,91-93,308-343,345-361,382n.32,389n.37,414n.9

儒家之～(天生的或直觉的)Confucian(innate or intuitive),153-155,156,157,159,160,162,165,166,169-178,180,183-186,187,195,381n.29,385n.64,386n.67,387nn.69,75,391n.67,415n.33

道家(Daoist),201-230,266-271,273-275,279,281-292,293-303,395n.9,404n.39,408n.57,409n.6

～话语之道(discourse dao),84,205,209-210,222,268,335,401n.13,412n.90

～老子消极之道(Laozi's negative dao),127,222-230,240,342,351,360,371-373

～意义和翻译(meaning and translation),13,19,27,84,103-106,111-115,139,203-211,215,218,222-223,230,235,268,292,296,328,330,346,371-373,383n.46,392n.85,401n.12,402nn.25,26,28,415n.27

形而上的～(metaphysical),27,38,114,139,172-173,203-211,215,218-230,235,262-272,282,285,287-292,296,310,346,371-373,400n.7,401n.11,402n.20

墨家(功利主义者){Mohist(utilitarian)},4,89,96,100-119,120-123,137-142,146,149,166,178,205,208-209,248,252,323,390n.48,401n.13,407n.42,416n.73

～伦理(moral),82-83,106-109,112-113,159,162,173,178,268,389n.36,390n.49,396n.22,411n.47,417n.86

～与名(and names),3-4,20,68,104-106,116-118,128,176,209,215-218,239-241,247,251,268,271,322-323,330,348,402n.20,408n.57,409n.6,412n.90,415n.32

其他～(other),69,88,102,109,127,155-157,208-209,225,227,297,351,370,374,399n.48,419n.42,420n.70

～行道(performance dao),4,73,84-86,104-105,111,117,140,176-177,184,205-209,239,268,326,330,354-355,379n.4,308n.16,383n.45,49,50,396n.14,402n.30

《道德经》(Daode-Jing),212,223,238,373,379n.9,381n.22,401n.8,402n.23,403n.32,404nn.38,39

道家思想(Daoism),2-7,10-15,20-28,32,50,53,90-96,110,120-125,137-138,155-157,180-181,192-195,239-241,251,257-264,308-321,331-334,339-352,358-361,365,371-376,378n.2,391nn.67,73,402n.29。亦见老子(Laozi);庄子(Zhuangzi)

～绝对论者解释(Absolutist interpretation),236,272,279,285,287,291,297

～与权威主义(and authoritarianism),195,266-268,272-274,279,287,297,310,322,340-345,351,370-376,402n.23,413n.4

～成熟与原始道家思想(mature v. proto-Daoism),163,176-177,195,204,230,266,342,395nn.9,14,401nn.10,11,409n.6

～原始版本(primitivist version),229-230,235-236,242,272,333,404nn.39,40,418n.85

德(De ^{virtuosity}),19-20,61-64,71,78,91-92,103-108,122,140,177,184,300,348,383n.44,413n.103

死(Death),32,127,156,276,279,294,300,334

约翰·狄弗朗西斯(DeFrancis,John),34-38

欲望(Desire),19,124,167,181-182,211-223,235,314-316,335-337,364-366,404n.35。亦见信仰(念)(Belief),信仰-欲望解释(belief-desire explanation)

决定论(Determinism)

因果或逻辑～(causal or logical)211,98;122,207,209,211

语言学～(linguistic),25,117,122,314,375

话语(Discourse),31,253,261,39,42,45-46,65128,142,149,166,69,85,102,240-242,281,120,133-134,163,222,243,249,347-350,361,366-367,412n.77,414nn.9,22。亦见道(Dao $^{Guiding\ discourse}$)

区分(Distinction),20-21,24-25,27,48-53,90,92,103-105,115-137,141-143,147-150,153-155,158-166,170-187,204-206,211-249,253-255,260-281,283-296,312-360,366-367,369-371,372-373,405n.9,406n.16,409n.59,410nn.26,31,411n.47,414nn.9,22,415nn.27,31。亦见辨(Bian $^{distiction;dispute}$)

周公(Duke of Zhou),58,61,381n.23

责任(Duty)。见缺乏应该概念(Ought, absence of concept of);缺乏权利概念(Rights, absence of concept of)

经济思想(Economic thought),99,158,160,174,194,310,313-315,334,388n.4。亦见个人主义的哲学家(individual philosophers)

教育(Education)。亦见文化与文化适应(Culture and enculturation)

孔子～理论(Confucius' theory of)。见孔子:教育理论(Confucius: educational theory)

道家～观(Daoist views of),212,224

一般中国人的～概念 general Chinese concept of,57-59,78,91-92,138,164,184,392n.81

孟子的～理论(Mencius' theory of),170,186

孟子与荀子论～(Mencius v. Xunzi on),313,321

墨家和墨家后学论～(Mohist and later Mohists on),100-108,115-119,122,126,129,133-134,138,391n.58,397n.25

其他～理论(other theories),351-352,357,360-361

自我主义(Egoism)

伦理的～(ethical),8,97,155-157,162,181,208-209,240,297

心理的～(psychological),64,76,79,132-133,150,167-168,178-181,208-209,336,384n.52,389n.41,395n.12,398n.32,417n.84

情感(Emotion),18-28,40-45,52,87-89,101,114,119,129,135-137,164-174,182,236,254,276,280,285,317-319,325-326,333-336,341,383n.47,404n.39。亦见欲望(Desire);欲(Yu^{desire})

经验主义(Empiricism)

中国思想中的～(in Chinese thought),145,326,330,373-374

西方～对解释理论的影响(Western influence on interpretive theory),7-11,14,37-40,239,326-340,383n.47

伊若泊(Eno, Robert),57-58,99,308,378nn.5,6,379nn.4,10,380n.16,383n.45,387n.71,396n.17,397n.23,399n.51,401n.10,414n.14

认识论(Epistemology)

中国的～(Chinese),4,51-52,73-78,81,85-87,91-95,110-111,119,142-144,181,186,207,223-229,252-254,265-274,284-301,316-319,325-341,370-376

西方的～(Western),8-9,15-28,43,85,104-105,139,142-146,236-238,298

伦理(Ethics)。见自我主义(Egoism);礼(Etiquette);伦理个人主义(Individualism, ethical),

法律(Law)

礼(Etiquette),71,83,85,100,171,179,386n.69。亦见 Li^{ritual}

欧几里得推理模型(Euclidean model of reasoning),13,19,53,70,139 - 142,238,320

评价(Evaluation)。见墨子,事实与价值(Mozi,fact and value);缺乏应该概念(Ought, absence of concept of);庄子(Zhuangzi:fact and value)

经验,缺乏～的主观概念(Experience, lack of subjective concept of),16 - 28,33 - 38,52 - 53,75 - 77,85,94,208,226 - 230,252,269 - 270,284,287 - 288,292 - 296,300 - 302,330,410n.25

法(Fa^{standards}),13,158,160,307 - 308,317 - 319,322,345 - 352,358 - 359,364 - 374,386n.67,390n.48,391n.62,392nn.79,86,392n.86,396n.15,401n.12,407nn.43,44,415n.27,418nn.9,10,13,19,419n.24

法家(Fajia^{standardizers}),13,161,313,345 - 347,353,397n.22,418n.9。亦见韩非子(Han Feizi),

发家(Legalist),商鞅(Shang Yang),申不害(Shen Buhai),慎到(Shendao)

虚假,～概念(Falsity, concept of),16,146,213,241,320。亦见真理(Truth)

感情(Feelings)。见欲望(Desire);情感(Emotion);情(Qing, reality response);欲(Yu^{desire})

非(Fei $^{not\ this;\ wrong}$)67 - 68,72,103 - 106,108,128,133 - 135,215,242,250,271,279 - 300,360 - 361,401n.22。亦见是(Shi)及是(Shi$^{this;right}$)非(Shi-fei)

分(Fen^{divisions}),316

赫尔伯特·芬格莱特(Fingarette, Herbert),71,76 - 77,81 - 83,379n.12,382n.37,383nn.41,49,50,384n.55,385nn.67,68,388n.7,389n.37,391n.60

衍变,～理论(Flux, theory of),11 - 12,16,27,46 - 51,110 - 111,216 - 219,225 - 226,229,247,278 - 282,296,328 - 331,361,366 - 371,379n.10,403n.31,415n.50。亦见常(Chang^{constant});恒常性(Constancy)

冯友兰(Fung Yu-lan),388n.6,390n.42,419n.27

告子{Gaozi(Kao Tzu)},183 - 185,187,189 - 193,398n.31

金律,儒家消极～(Golden rule, Confucius' negative),88,100,386n.67

公孙龙(Gongsun Long),49,233,257 - 261,271,283,319,332,408nn.49,50,51,52

安格斯·葛瑞汉(Graham, Angus),1 - 3,8,11,23,28,36,45,48,88,

98-100,125,145,155,156,188-194,202,233,236-239,247,248,257,260,261,264,265,269,270-272,274,276,286,289,295,328,332,344,345,371,377n.1,378nn.2,8,379n.9,388nn.5,15,390n.56,391n.64,392nn.74,83,86,394nn.5,9,11,12,13,396n.15,397n.23,402nn.29,30,403n.35,404nn.39,40,405nn.9,10,11,12,13,14,406n.15,20,22,407nn.39,42,408nn.47,48,49,51,53,55,409nn.3,15,17,410nn.19,25,27,34,411n.46,49,55,63,412nn.81,86,102,416nn.61,66,418n.9,420n.70

语法(Grammar)

~案例(case),42-43,215-217,256

复合名词短语~(complex noun phrases),4,45,239,244-259,271,327,405n.51

~对语言理论的影响(influence on theory of language),16-51,76,83-84,105,142,213-219,245,256,329,407n.33

名词,物质及可数(nouns, mass, and count),46-50,84,146,206,215,243-246,259,329,379nn.10,11,12,387n.69

主谓结构~(subject-predicate structure),16,21,27,42-52,142,219,256,294-295,329-330,382n.35,390n.55,391n.69

时态~(tense),42

名词用如动词~(use of nouns as verbs),8-9,43,45-46,49,84-85,105,116,122,142,213,215,256,349,382n.35

希腊思想(Greek thought),5,13-30,47-50,59,63,70,85,87,93,119,139,141,147,157,167,180,204,218-221,228,253,256,329-330

故($Gu^{inherent}$),238-240,254,405nn.12,13,14,407n.43

管子(Guanzi),347-348,357-359,364,366,371,418n.10,419n.24,420n.70

罪与耻(Guilt, v. shame),164-171,331,352-354,385n.62,397n.29

害(Hai^{harm}),97,108-109,113-131,187,234,253-255,317,331,352-354

郝大维(Hall, David),387n.73,404n.3

韩非子(Han Feizi),194,380n.20,401n.12,417n.4,418n.10,419n.42,420n.67。亦见法(Fa)

~对道家的解释(daoism, interpretation of),360,370-376

~的影响(influences on),344,347-348,357-359,364,369,371-372

~直觉(intuition),348,350-356,360-368,372

~语言和解释(language and interpretation),349-356,370

~政治理论(political theory),350-351,354,357-371

~传统和礼(tradition and li^{ritul}),351,355

坚白(Hard-white),49,246-247,257-259,327,408n.49

心(Heart-mind),16-20,22-28,52-54,75-78,80,101-106,138-143,160-168,170-188,194-195,213,226-228,239,263,274-280,298,301,315,320,324-327,332-343,351-355,361,373。亦见孟子(Mencius);心(Xin$^{heart\text{-}mind}$);荀子(Xunzi)

~之权威的理论(authoritarian theory of),171,179-181,226,248,278-279,324,332-343,352-355,420n.70

~的电脑类比(computer analogy of),18-25,28,34,37,51,91,105-106,142,187,198,276,288,300-303,377n.8,416n.61

天或自然(Heaven or nature),21,32,63,71,84,100-101,109,120-138,153-188,191-196,205,207,239-248,261-263,274-285,310-323,348,378n.6,381n.27,390n.55,56,391nn.69,73,410n.27,411nn.46,47,414n.12。亦见天 Tian $^{nature;heaven}$

赫拉克利特(Heraclitus),47,50,201,218

等级,社会性的假设(Hierarchy, social assumption,) 53,61-72,102-103,124,130-149,165,166,315,318,340,362,401n.10,413n.6,414n.12

萧公权(Hsiao, K. C.),61,381n.24,419n.23

黄老学派(Huang-Lao School),222,225,310,360,371,373,400nn.6,7,402nn.23,25,403nn.33,34,35,36

惠施(Hui Shi),242,257,261-263,267,270-271,280,291,318,324,327,331,408n.58,409nn.3,17,410n.19

大卫·休谟(Hume, David),109,119-121,164,182,254,285,329,391n.59,397n.27

胡适(Hu Shih),110,388n.5,399n.48,409n.59,378n.7,383n.43,387n.74,414

意义的理念理论(Idea theory of meaning),14-19,22-26,75-76,85,111,119,142,244,292,298

~在中国缺乏(absence of in China),25-26,38-44,53,76,85,120,142-150,235-239,244,293,329,417n.5

印度哲学(Indian philosophy),14-33,41-47,53,63,85,139,141,149-150,172,203-204,213-219,225-228,237-238,256,267,328-329,377n.6,404n.38

个人主义(Individualism)

717

伦理的~(ethical),62,70,108,135,147,297,353,356,384nn.53,54,385n.62,389n.37,392n.75,395n.12,415n.33

形而上学的或方法论的(metaphysical or methodological),17-18,38-40,47,50-53,75-78,85,94,108,132,135,206,243-245,320,326-330,415n.50

固有观念说,儒家思想中的~(Innatism, in Confucianism),4,11-15,21,51,59,63-64,69-71,79-83,87-92,101,108,118-121,153-157,164-194,201-206,210,229-235,266,270,278,280,288,300-301,308-309,313,320,331,336-342,348,355,380n.16,382n.34,386n.67,387n.74,408n.45。亦见孟子(Mencius)

解释(Interpretation)

~的宽容原则(charity, principle of),10,132,150,199-200,223,227,310,390n.55,392n.86,394n.5,399n.3

~的古典中文理论(classical Chinese theories of),4-5,24,38,52-53,59,64-93,101,105-125,133-134,138,141,159,163-168,173,177,184,203-206,216-218,233-234,239,241,247-252,265-266,276-277,293-298,317-319,338-342,348-358,361-367,370-373,382n.36,385n.67,389n.34,390nn.44,47,48,391n.86,396n.22,398n.41,412n.90,414n.9

~的人道原则(humanity, principle of),10,11,88,199,200,227,267,268

~的方法论(methodology of),2-29,37-38,43-49,60,176,183,196-204,210-222,228-229,236,260,265-271,302,310,337,348-350,379n.10,380n.21,381n.22,382n.35,385n.57,391n.86,399nn.3,5,401n.12,403nn.32,35,417n.84

~的主导理论(ruling theory of),1-2,5-19,22,27-29,50,96-97,143-144,153-158,169-172,186-191,195,200-203,207,215,220,225-229,259-260,264-272,283,287-288,302,307-310,337,345-347,350,361-362,371,380n.21,381n.27,382n.35,385n.67,386n.68,390nn.42,56,391nn.69,86,394n.5,395nn.11,12,397n.25,402nn.25,28,403nn.32,35,404n.39,408n.51,409n.15

直觉,中国的(实用)与西方的~{Intuition, Chinese (practical) v. Western}

认知的~(cognitive),1-4,12,19-23,40,43,51,97,100,106-112,126-127,135,145,200,241,264-272,277-279,289,298,300-303。亦见孔子(Confucius);韩非子(Han Feizi);孟子(Mencius);荀子(Xnnzi)

爱奥尼亚哲学(Ionian Philosophy),16,218-219,329

康德哲学理论,比较~(Kantian theory,comparisons),27,89,109,120,123,141,165-166,254,284,298,326,353,358,389n.37,415n.33

木棉(Kapok),220,283,292,407n.34,411n.65

可(Ke^{admissible}),96,110,207,215-216,235-238,246,259,281,327,334-335

知(Knowledge)

~的中文定义(Chinese definitions of),43,85-90,123-128,172-178,204-211,217-225,252-255,275-303,313,334,340-343。亦见知(Zhi^{know-to})

实践的与提议的~(practical v. propositional),43-45,73,117-120,139-150,252-256,293,298,406n.16,408n.45,46,419n.27

~的怀疑主义与中文概念(skepticism and the Chinese concept of),16,26-27,66-68,223-229,284-287,292-298,324-327,341

希拉里·科恩布莱斯(Kornblith,Hilary),19,377n.7

索尔·克里普克(Kripke,Saul A),5,389n.38,407n.42,412n.90

语言(Language)

粤语(Cantonese),41-42

汉字(Chinese characters)9,13,24,31-46,75-78,378n.,393n.86,407nn.33,42,43,44

汉语方言(Chinese dialects),33,41-44,153,402n.22

中国人的~理论(Chinese theories of),7,25,33-57。亦见个人主义的哲学家(Individual philosophers)

~的社群本性(community nature of),4,12,21,34-42,50-59,62-78,82,85,100-110,114,116,121-128,139,144-149,171-173,199,206-218,224,227,234,240,249,251,254,260,266,280,322-335,379,384n.51,390n.52,391n.59,393n.86,394nn.87,88,397n.25,405n.4,414n.22,417n.85

~比较理论(contrast theory of),211-226,274,339,391n.60。亦见辩(Bian^{distinction; dispute}),区别(Distinction);是(Shi)及是非(Shifei)

~的陈述功能(declarative function of),3-4,16,23-25,31,37-39,51-52,85-86,103-104,116,126,139-142,203;251,256-258,298-300,326,340-342,384n.51,386n.68,387n.76,389n.31

~定义(definitions),13,20,67-70,83,139-148,383n.40,408n.54

英语~(English),7-9,33-51,82-84,143,213-216,237-239,241-246,252,271,349,387n.72,389n.35,392n.85,402n.28,407nn.34,37

~功能(function of),3-4,40-42,51-57,74-78,103,116,146-149,202-203,234,280-281,314-319,326-328,334-335,382n.37,396n.22,406n.14,416n.61

~索引排列(indexicals),211,243,262,270,282-286,291,300,338,406n.22,411n.55

印欧与中国~(Indo-Europe v. Chinese.)14-19,25-30,33-54,74-75,85,93,218,228,237,256,258,298,329,378n.2

~变形(inflection),21,42-46,139-141,149-150,203,256,407n.33

~音位学或发音学(phonemics or phonetics),24,34-37,41-45,378n.2

~图形理论(picture theory)3-4,16,19-21,24,37-38,53,105-106,118,148,281,326。亦见~的陈述功能(Language,of declarative function)

~的说明功能(prescriptive function of),21,51-52,103,115-116,141,206-210,215-216,248,256,283,350-352,387n.69,389n.31,415n.44。亦见语言功能(Language,function of)

句子和命题,缺乏~(sentences and sententials, absence of),2-4,16-21,40-53,75-76,93,103-106,115-117,122,126,139-149,235,239-241,251-256,298,323,326,349-250,389n.30,390n.52,402n.29,405nn.4,9,406n.20,407n.33,415n.44

~怀疑主义(skepticism of),4,16,40,51,92-93,218-227,235,272,284-285,292-296,329,372,387n.75,396n.22,404nn.38,39

~理论(theory of)。见个人主义的作者(individual authors);解释(Interpretation);古代中国人的~理论(classical Chinese theories of);语义学(Semantics)

~音调(tonality). 33. 40-41,384n.51,402n.22

~传播(transmission of).41,57-80,104-108,172,185,233,288,316,319-321,355-356,370,382n.32,414n.9,420n.67

老子(Laozi)

有和无(being and non-being),219-224,261,332

常和非常(constancy and inconstancy),216-230,254,

~论欲望(on desire),212-214,217,220-222,235,271,315,331-334

~影响(influences),233,254,269,331-334,360,371,401n.12,411n.55

~解释问题(interpretation problems),10,26-27,195-204,208-210,225,228,269,360,371-373,404n.39,409n.16

~论知识,消极的,神秘的(on knowledge, negative and mystical),127,

206 - 211,219,223 - 226,230,254,342,351,357,360,370 - 374

～生平与史实(life and historicity),210 - 211,346,349 - 350,387n.76,419n.22

～道的意义(meaning of dao^{way} in),12 - 15,96,103 - 110,195,204 - 208,401n.11,402n.20

～政治理论(political theory),203 - 204,223 - 226,322,360,371,400n.6,402n.23,413n.6

～原始道家思想(primitive Daoism in),195,202 - 203,209,227 - 230,235 - 242,263 - 267,272 - 274,285,321,333

～对立面的转化(reversal of opposites),18,211,222 - 226,230,235,242,283,294,339,361,356 - 358,365,368 - 369,376,396n.19

～论情感(on sensation),226

～文本作者(text author),200 - 204。亦见《道德经》(Daode-Jing)

～语言思想(theory of language),211 - 222,254,271,274,404n.39

～无为口号(wu-wei ^{nonaction} slogan),213 - 214,223,302,359,363

墨家后学(Later Mohists)亦见墨家思想

～之辩(bian ^{distinction}),235 - 239,242,250 - 253,262

～复合术语(compound terms),49,239,244 - 259,263,327,330,378n.8,405n.9

～认识论 epistemology,252 - 254,321,405n.14,407nn.39,42,408nn.46,51

～伦理学(ethics),247 - 249,392n.75

～逻辑学(logic),190 - 193,238,249 - 251,254 - 257,389n.30,396n.15

～实际的焦点(pragmatic focus),233,238 - 242,410n.26,415n.44

～正名(rectifying names),241,243,247,249 - 251,256 - 257

～语义的实在主义(semantic realism),233 - 235,239 - 243,247 - 249,251 - 256,391n.61,402n.29,406nn.16,22,23,407n.38,409n.15

～文本问题(textual problems),235 - 238

～体(Ti^{part} and jian^{whole}),50,240 - 248,262 - 263,328,409n.60

～白马悖论(white horse paradox),243 - 247,250,258 - 259,327,408n.51

～与荀子的关系(Xunzi,relation to),308,313,317,323,332,342,415n.44,416n.56

～与庄子的关系(Zhuangzi relation to),271,264,267,270,281

法律(Law)。亦见法(Fa^{standards})

鼓吹～(Advocacy in) 53,59

儒家对～的反对(Confucian, opposition to), 59,61,64-65,74,134, 354-356,381n.31,414n.7

～解释问题 interpretive problem,64-65,

道德和～(morality and),65,346; 350,355-356,382n.38,384n.53, 401n.12,414n.7,420n.65

～和处罚(and punishment),61,64-65,132-134,346,349-360,367-369,376

科学的或自然的～(scientific or natural),61,122,132-133,247,346, 349-350,387n.76,419n.22

～缺乏句法概念(syntactic notion, absence of),356,349-350,354, 356,418nn.9,10

西方～理论(Western theory of),65,69,133-134,346,349-358,364, 367,369-370,382nn.37,38,418n.19,420n.65

类(Lei ^{similarity}),240-243,317-320,406n.30,415n.27,418n.13

法家(Legalist),3-7,11,13,28,308,313,344-348,418n.9,419nn.24, 27,29,47。亦见法(Fa ^{standards}); 管子(Guanzi); 韩非子(Han Feizi); 商鞅(Shang Yang); 申不害(Shen Buhai)

威廉·莱布尼兹(Leibniz,Gottfried Wilhelm),166

大卫·列维斯(Lewis,David),377n.11,383n.40

利(Li ^{benefit}),13,36,97,108,113-122,131-135,159,170,248,254, 307,321,361,371,373。亦见害。

理(Li $^{guiding\ tendency}$)373-374

礼(Li ^{ritual}),36。亦见习约(Convention)

孔子论～(Confucius on),58-59,62-93,378n.4,383nn.43,45,384n. 52,386nn.58,67,392n.81

道家论～(Daoism on),205-206,294

韩非子论～(Han Feizi on),344,348,350,354,355,357,361,366,370, 372-373

孟子论～(Mencius on),153,155,163-166,171-174,177-180,184, 185,187,396n.17

墨子论～(Mozi on),97,101,129,131,136,258,389n.35

荀子论～(Xunzi on),309,311-318,337-339,415n.27

李斯(Lisi),308,344,350

文学(Literature)见文(Wen ^{literature})

约翰·洛克(Locke,John),132,239

逻辑(Logic)

中国逻辑学(Chinese logic),7-9,96,118-120,138,186,233,238,242,246,250-260,275

道家思想和逻辑学(Daoism and logic),119,202,220,265,267,270,273,275-276,279,280,286,404n.39,410n.31

排除中间项的法则(excluded middle,law of),242,291

语言分析中的～(in language analysis and interpretation)17-19,34,37-39,42-44,49,57,69,75,88,143,198-201,216,260,270,276

孟子对于～类推的应用(Mencius' use of analogy),158,169,174-176,181,188-193,255,308,395nn.15,16

西方～模式(Western models of),16-19,141-143,326,387n.76,405n.4

陆象山(Lu Xiangshan),380n.16

梅维恒(Mair,Victor),378n.2

普通话(Mandarin),41,42,155

天命(Mandate of heaven),32,58,61-63,122,131,159,161-162,194,311-313,386n.67,391n.69

物质名词(Mass nouns),46-49,146,245-246,259,379n.10,415n.50

数学(Mathematics),34,37,120,196-198,302。亦见欧几里得推理模型(Euclidean model of reasoning);逻辑(Logic)

意义(Meaning)

中国缺乏内涵的～概念(intensional concept of,absence in China),35-40,75-78,85,114-117,143-148,235-238,244-247,258-259,324-330,384n.50。亦见缺乏概念论(Conceptualism,absence of);意义的理念论(Idea,theory of meaning)

意义改变假设(meaning-change hypotheses),8-10,13-15,28,45-46,76,96,189-190,201-208,215-217,252,260,276,346-350,378n.8,392n.85,406n.14

～问题(problems of).见解释(Interpretation)

与西方理论比较(Western theory contrasts),8,16-19,39-40,45,76,85,139,244,329,348,383n.47,394n.87

衡量(Measurement),47-48,99-103,109,120-124,135-138,145,158,176,186-187,234-235,243-244,247-248,255,292,299,330,342,347-349,359,362,364-367,374,407n.43,415n.30,418n.10,419n.24。亦

见法(Fa ^{standards})

孟子{Mencius(Mengzi)}

~心学(heart-mind, theory of),79,153-195,203,229,248,278,339,342-343,398n.37,420n.70

~历史影响(historical influence),71,97,153-163,169,189-190,193-194,308-309,390n.48,395nn.11,16,397nn23,25,397n.31,398nn.33,41,399n.56,408n.46,413n.4

固有观念论和直观论(innatism and intuitionism),154-159,170-188,193,195,205,380nn.16,21,22,385n.58,398n.31,415n.30,420n.70

~语言观 Language view of,154-155,157,161,163,173,183-188,190,195,382n.34,390n.44,396n.22,408n.50

~生平(life),153-157

~逻辑(logic)。见逻辑,孟子对类推的应用(Logic, Mencius' use of analogy)

~使命(mission),157-162

~道德心理学(moral psychology),162-188,194,391n.64,397n.27,399n.53,417n.83

~缺乏标准化理论(normative theory, lack of),129,153-154,162-163,168-174,176-188,194,386n.67,396n.22,397nn.27,31,398nn.33,41,399n.56

~种植类推(plant analogy, the),174-179,397n.26

~政治理论(political theory),157-160,174,194,391n.69,398n.42,413n.6

美德,以~为治(Merit, employment/rule by),63,68,101,131,134,161,209,223,322,364,381n.29,382n.35

形而上学(Metaphysics),5,13,15-18,27,38,46,51,53,61,81,83,85,86,104,105,111,139,156,175,186,187,203,206,207,209,211,215,216,218-220,222-228,230,235,239,242-246,246,252,260,261,268,295-297,313,328,329,330,346,371-373,386n.69,397n.23

抽象对象(abstract objects)。见抽象(Abstraction)

身心区分之缺乏(mind-body distinction, absence of),16-19,52,384nn.50,51,396n.11。亦见信仰(Belief);精神的电脑类推(Computer analogy of mind);欲望(Desire);心(Heart-mind);意义的理念论(Idea theory of meaning)

一元论(monism),13,27,218-219,228,230,262-273,285,287,291,

300,409nn.6,15,410n.19

部分-整体一元论(part-whole metaphysics),43-51,84,220,243-248,260-262,328-329,384n.54,390n.48,405n.13,406n.16

唯实论(realism),391n.51,394n.87,405nn.4,12,411n.63。亦见绝对论(Absolutism);道家思想(Daoism),绝对解释(absolute interpretation);墨家后学(Later Mohists);语义实在论(semantic realism)

相对主义(relativism),4,46-51,54,80-82,87-92,109,124,133,166,177-182,220,233-235,239-242,247,262-264,268-269,283-286,289-290,294,296,308,323,333,339,351,372-376,382n.32。亦见庄子(Zhuangzi);事物特征(具体性质)中的唯实论和相对主义{realism and relativism in substance-attribute(particular-property)}

形而上的结构(metaphysical structure),6-17,43,46-51,219,228,244-245,328,329-330,407n.33,408nn.51,52,415n.50

明(Ming$^{clear;\ bright}$),36,253,283,290,299

命(Ming$^{comm\ and;\ fate;\ mandate}$)32,63,105,116,122,156,159,162,181,220,392n.85,415n.44

名(Ming^{name}),3-4,21,49,66,104,116-118,122,126,215-222,316,331,345,349,365-366,415n.44

榜样效法(Model emulation),61-75,80.84-85,87,101-107,114-115,130-138,147,149,156,159-164,177,209,212,217,321,338,347-349,362-363,391n.69,397n.25

墨家思想(Mohism),391n.67,413n.4,414n.7,415n.33。亦见墨家后学(Later Mohists);墨子(Mozi)

中国思想向心性(centrality to Chinese thought),1-4,313,323,331-336

孟子与~的互动(Mencius interaction with),154-156,169-173,181-193,397n.24,398n.33

正统对待(orthodox treatment),11-13

儒-墨模型(道家对待)(model Daoist treatment),154-156,201-205,216-217,267,271,280-281,351-352,360-369

摩尔(Moore,G.E.),125

赫尔伯特·莫里斯(Morris,Herbert),418n.19

墨子(Mozi)

辩(bian),96,104,116-120,128,147-148,154-156,166,185-186,212,220,324,391n.60,407n.43

恒常性（constancy），100，110 – 115，127，166，216 – 218，311

事实与价值（fact and value），21，106，113 – 116，119，125 – 128，135，139，141，147，391n.62

人类可塑性——灌输"道"（human malleability-instilling daos^{ways}），100 – 106，113，116，118 – 119，126 – 127，150，164，166，186，234，397n.25，398n.31，401n.12，416n.73

解释性的议题（interpretive issues），95 – 98，114 – 116，120，132，139 – 143，389n.35

～语言理论（language, theory of），96 – 97，101 – 103，117 – 118，122 – 123，126 – 127，139，143 – 148，150，393n.86，410n.31

衡量标准（measurement standards），99 – 103，109，120 – 124，135 – 138，145，187，234，347 – 349，358，388n.15，407n.43，415n.31，418n.10

激发德行（motivating morality），113，119，120 – 125，133，138

名号与指引（names and guidance），103 – 111，115 – 118，122 – 127，393n.86，406nn.14，15，16

标准化的理论（normative theory），100，106 – 117，121，125，128 – 130，134，140 – 143，389nn.35，36，37，38，39，40，41，390nn.42，43，48，391n.58，398n.31

道德改革的悖论（paradox of moral reform），108 – 113，118 – 121，159，180，184，187，391n.67

有别与普遍（partial v. universal），100，112 – 115，121 – 125，127 – 130，169，248，389n.40，390n.48，391n.69，399n.56

～政治理论（political theory），101 – 102，130 – 137，149，389nn.41，42，391n.69，397n.25，413n.5，6

～的语用论（pragmatics in），110 – 118，128，139 – 148，218

理性与推理（reason and reasoning），119 – 123，138 – 142，201

～与儒家思想的关系（relation to Confucianism），95 – 102，112 – 115，128 – 138，144 – 149，388n.14，389nn.33，35

～思想中天的角色（role of tian in），100 – 101，107 – 109，121 – 125，127，131 – 135，156，162，381n.27，390n.56，391n.69

～人类的社会本性（social nature of humans），100 – 105，117，128 – 135，390n.40。亦见墨子人类的可塑性（Mozi, human malleability）；

～思想中的鬼神与天命（spirits and fate in），118 – 122，125，144 – 146，391n.58

～风格（style），97 – 99，154 – 155，387nn.3，4，396n.15

~对传统主义的攻击(traditionalism, attack on),96,106-115,149,163,166,173,180,397n.23

兼爱(universal love),128-130,169-170,185,248-251

功利主义(utilitarianism),97,103;108-117,121-125,128-138,143,146,166,170-172,178-179,185-187,205-208,234,237,307,317,323,347-350,390nn.42,48,49,392nn.74,76

~与西方比较(Western comparisons),132-133,138-148

孟旦(Munro,Donald),377n.3,381n.25,416n.82

神秘主义(Mysticism),2,7,26-27,87,172-175,193-196,203-204,208,214-215,221-223,226-230,235,265-272,284-293,300,310,313,342,371-372,402n.25,404n.38,409n.16,410n.19,419n.42,420n.70

名(Names),亦见名(Ming names);语言(Language);个人主义的哲学家(individual philosophers)

正~(rectifying),20,159,177,181,205,216-217,348,354-355,359,365,382n.35,387n.75,389n.34,394n.88,408n.50,420n.65。亦见孔夫子(Confucius);语言(Language);墨子后学(Later Mohists);墨子(Mozi);荀子(Xunzi)

新儒家(Neo-Confucianism),5,7,11,14-15,28-29,96,173,195,200-204,236-237,264-267,377n.3,380n.16,396n.16,397n.31,399nn.54,55,56,408n.46。亦见解释(Interpretation);~主导理论(ruling theory of);王阳明(Wang Yang-ming);朱熹(Zhuxi)

新墨家(Neo-Mohism)。见墨家后学(Later Mohism)

倪德卫(Nivison,David),118,119,184,390n.54,399n.49

客观性(Objectivity),3,43,52。亦见恒常性(Constancy);衡量(Measurement);形而上学:实在论(Metaphysics:realism);可靠论(Reliabilism);主观主义(Subjectivism)

儒家~(Confucian),341,343,374

道家思想论~(Daoism on),375

韩非子论~(Han Feizi on),348-350,352,360,366-367,374

墨家论~(Mohists on),99-103,108,124,126,187

与西方对照~(Western contrast),43,126,343,349,376

义务(Obligation)。见应该,缺乏~概念(Ought, absence of concept of)

普通语言(Ordinary language),243,246,250-258,284-292,297-301,331,385n.62,393n.86

应该,缺乏~概念(Ought, absence of concept of),21,113-116,119,

727

122,126-128,140,298,346,349-350,354,365,381n.29,386n.68,389nn.31,37,397n.27,411n.46。亦见德(De$^{virtuosi y}$);道(Dao way：guiding：discourse);史诗(Epics);墨子:事实与价值(Mozi：fact and value);权利(Rights);庄子:事实与价值(Zhuangzi：fact and value)

悖论(Paradox)

反语言(anti-language),209,213-217,222,230,241-242,264,266-267,409n.59,410n.19,416nn.54,55

有和无(being and non-being),219-222

道家对～的喜爱(Daoist love of),203,213-214,264,402n.20

各种其他悖论(miscellaneous other paradoxes),159,184,226,228,256,260。亦见 白马论题(Bai-ma issues);公孙龙(Gongsun Long);墨家后学:白马悖论(Later Mohists：white horse paradox);荀子:道德改革悖论(Xunzi：paradox of moral reform);墨子:道德改革悖论(Mozi：paradox of moral Reform)

相对主义悖论～(of relativism),247,264

对偶(Parallelism),45-46,98,220,250-251,371,379n.9

德里克·帕菲特(Parfit,Derek),112,113,390n.45,396n.20

巴门尼德(Parmenides),27,201,220,221

有别与无别(Partial v. impartial),169,276-277,283,290,325-326,339-343,362-370。亦见墨子:有别与普遍(Mozi：partial v. universal)

细节(Particulars)。见形而上学:事物特征(Metaphysics：substances-attribute)

践行(Performance)。见道(Dao)

透视主义(Perspectivalism),137,266-276,281-285,288-300,322,330-333,372-375,413n.102,415n.33,417n.89,420n.70

柏拉图(Plato),13,18,27,38,59,70,92-93,104,108,118-119,167,201,204,228,253,260,376,377n.1,382n.32,383n.47,395n.15

诗(Poetry),20,36,44-46,52-53,58,75,85-86,95,98,105,155,230,345,379n.9,398n.38,404n.39

政治理论(Political theory),58,61,65-67,73,80,95,122,132,160,161,164,174,310,344。亦见个人主义的作者

无政府主义(anarchism),4-5,28,135,203,211,229,233,312,317-319,322,328,335,351,361,367,372,375

语用论(Pragmatics),

41-43,51,222-224,389n.34,391n.62,392nn.79,85,394n.86,396n.

22,405n.4。亦见墨家后学(Later Mohists);墨子(Mozi);荀子(Xunzi)

说明性语言(Prescriptive language)。见语言的说明功能(See Language,prescriptive function of)

私人语言(Private language),16-19,23-26,38-40,52-53,75-77,85,94,111,142,149-150,292-293,329,394n.87,395n.12,408n.45。亦见主观主义(Subjectivism)

心理理论,～对照(Psychological theory, contrasts)。见行为(Behavior);信念(Belief);精神的电脑分析(Computer analogy of mind);欲望(Desire);教育(Education);自我主义(Egoism);感情(Emotion);欧几里得推理模型(Euclidean model of reasoning);经验(Experience);意义理念论(Idea theory of meaning);直觉(Intuition);知识(Knowledge);理性(Reason);心(Xin);个人主义思想家(individual thinkers)

气(Qi$^{material\ force}$),156-157,174-177,183,186

情{(Qing$^{reality\ response}$)(feelings)}36,240,248,276-277,300-301,320,325-326,333-334,336,405n.12,406nn.14,15,411nn.49,63,416n.61

部首(Radicals),36,44,64,191,253,320,391n.60,405nn.12,14,407nn.39,43,44,416nn.57,61

然(Ran$^{so;\ thus}$),250,321

理性(Reason),16-19,22-23,53,70,72,86,93,167,198-201,254-255,271,273,286,298-300,353,382n.32;383n.43,384n.51,387n.76,389n.37,393n.86,404n.39,405n.4,419n.2。亦见论争(Argument);欧几里得推理模型(Euclidean model of reasoning);墨家后学(Later Mohists);墨子(Mozi);庄子(Zhuangzi)

可靠论(Reliabilism),4-5,53。亦见恒常性(Constancy)

儒家～概念(Confucian conceptions of),72-73,178,181-182,307,334-335

道家～概念(Daoist conceptions of),93,187,203,224,229

法家～概念(Legalist conceptions of),350,354,368-369

墨家～概念(Mohist conceptions of),100,105,109-110,120,145,250-257,263,271

西方类似情况(Western analogues),150,299

人(Ren^{human}),48,77,87,320,340,362,407n.44

仁(Ren$^{humanity\ :\ benevolence}$),59,68-71,78-81,83,86-91,96-97,100-101,107,129,137,155,159-170,184,194,223-224,248,340,355,372,381n.23,383n.49,386n.67,389n.34,398n.42,399n.56

仁政(Ren-Zheng benevolent government),159-170

权利,缺乏～概念(Rights,absence of concept of),52,61,74,132-133,346,356-358,359,368。亦见应该,缺乏～概念(Ought,absence of concept of)

礼(Ritual),57-59,62-68,71-83,107,131,136-138,163-172,233,312-319,337。亦见习约(Convention);礼(Li^{ritual});传统主义(Traditionalism)

罗思文(Rosemont,Henry),34,81-83,100,385n.60

统治者(Ruler)

作为透视理论目标的～(as target or perspective of theory),32,58,99,114,136,154,158-160,225,273,307-310,322-323,344,357-374

关于统治者角色的理论(theory of ruler's role),61-70,80,102,114,121-122,130-131,158-162,194,258,277,312-324,331-337,350-351,357-374。亦见个人主义思想家(individual thinkers);政治理论(Political theory);圣王(Sage kings)

儒墨之辩(Ru-Mao debate),4,12,137,154,201-204,216-217,223,226,233,267,345,351。亦见儒家学派(Confucian school);墨家思想(Mohism);儒-墨模式

伯特兰·罗素(Russell,Bertrand),215,379n.11

圣王(Sage kings),20,62,67-70,89-92,110,138,144-148,171-177,185,205-211,312-313,318-324,333-342,363-364,383n.45,389n.33,391n.62,398nn.41,42,43,412n.86,413n.6,414n.9,415n.32,416n.66

尧和舜(Yao and Shun),63,122,171,268,363

圣人,作为道德模范和权威的圣人时代(Sages,Sagehood as moral ideal or authority),5,69,135,138,157,164,171-183,205-206,211,224,229-230,279,289-291,338,341-342,355,361-364,371-373

梵语(Sanskrit),16,378n.2

名家(School of names)。见公孙龙(Gongsun Long);惠施(Hui Shi);墨家后学(Later Mohists)

本杰明·史华慈(Schwartz,Benjamin),6,11,12,57-59,92,98,153,196,265-266,309-310,344,359,362,377n.1,379n.9,380nn.13,20,21,384n.50,387n.75,388nn.13,14,15,400n.6,404n.38,413nn.6,7,8,416n.82,417n.83,418n.20,419nn.42,47,420n.70

科学(Science)

古典思想中缺乏～(absence of in classical thought),31,53,69,78,86,

93-99,106,120,127,140-145,209,221,236-238,240,247,258,282, 296-302,313,324,326,341,346,349,382n.38,384n.52,387n.76,392n.79, 393n.86,403n.35,419n.22。亦见论争(Argument);语言:句子和命题,缺乏 ~(Language: sentences and sententials, absence of);逻辑(Logic);理性 (Reason)

解释的科学模型(scientific model of interpretation),34,196-197,237, 267 亦见解释(Interpretation);意义(Meaning)

语义学(Semantics)

中文语言~(of Chinese language)。见解释(Interpretation);意义 (Meaning)

中国~理论的内容(content of Chinese theories of),49-56,110,116, 139-140,145-148,223,233-235,238-244,250-258,280-282,311, 327-332,377n.8,381n.31,392n.85,403n.35,405n.9,406n.23。亦见解释 (Interpretation);后期墨家(Later Mohists);意义(Meaning)

与西方~理论的对比(contrasts with Western theories of),4,16-19, 21,24;33,36-49,75-76,85-86,116,39-50,228,238-241,329

耻(Shame),64,164-171,179,331,354,385n.62,397n.29

商鞅(Shang Yang),150,344,347,349,359,369

申不害(Shen Buhai),347,358-359,364,420n.47

慎到(Shendao),202-218,224,229-230,235,242,268,274,284,290, 294,311,317,345,348,358,360,362,371-374,401nn.11,12,419nn.27,42

生(Sheng$^{birth;\ life;\ growth}$),156,191-192,320,385n.58

是与是非(Shi $^{this;\ right}$ and Shi-fei $^{right-wrong}$),9,72,126,101-141,155- 187,205-207,211,230,234,242,250,275-300,311-333,339-343,350, 360-375,406n.22,411n.46,419n.42

术(Shu$^{statecraft;\ art}$),107,283,350,363,366

信广来(Shun, Kwong-Loi),399n.50

类同在分类中的角色(Similarity role in classification),12,39,75,100, 104,120,126,128,138,148,160,190,205,233,238-254,259,262-263, 270-271,280-281,311,317,324-331,391n.62,406n.30,415n.27,418n. 13。亦见类(Lei^{similarity})

怀疑主义(Skepticism)

中国人的~(Chinese),4,12,51,66,74,87,91-93,110-111,183,193, 218,222-224,229,292-293,308,310,316-317,322-329,370-372,374- 376,402n.20。亦见知识怀疑主义与中国人的知识概念(Knowledge, skepti-

731

cism and the Chinese concept of);语言怀疑主义(Language,skepticism);庄子怀疑主义(Zhuangzi,skepticism)

道德~(moral),52,87,96,168,386n.68,392n.73,401n.12,413n.102

关于正统解释假设的~(of orthodox interpretive hypotheses),2,7,19,26-28,236,371,377n.3,405n.9

感觉~(sense),5,16-17,226-227,238,292-293,295,412n.90

能力(Skill),72-85,86-91,99-106,138-142,150,174,194-195,209,218,286-292,299-303,320,339,363,370,383n.43,405n.14,406n:16,410nn.31,47,412n.76。亦见德(De ^{virtuosity});知识(Knowledge);知(Zhi $^{\text{know-to}}$)

语言学(linguistic),27,42,50,66,101-106,126,217,252-256,263,275,357,370。亦见语言(Language)

雷蒙德·史慕扬(Smullyan,Raymond M.),402n.20,408n.57

社会化(Socialization)。见文化与文化适应(Culture and enculturation)

社会角色(Social roles),32,68,77-81,86,111,116,234,314-316,354-366

苏格拉底(Socrates),23,70,83,92-93,97,100,107-110,113,139,157,194,234,383nn.40,47,386n.68,387n.76,395n.15

宋钘(宋子){Song Xing(Songzi)},331-334,345,420n.70

神(Spirits),94,275,277,287,384n.56,391n.58,392n.86。亦见墨子:鬼神和命运(Mozi:spirits and fate in)

自发性(Spontaneity),1,74,80,106,114,163,178,203,209,211,214,269,279,299-301,320,321,361,411n.46

标准,~问题(Standards,problem of),4,9,24,28,50-52,68,70,80,87-93,96-103,108-149,155,158-189,205-207,212,217-218,234-244,247,251-255,266-267,275-282,289,294-299,308-311,316-328,333-340,343-375。亦见法(Fa ^{Standards})

史蒂芬·斯蒂奇(Stitch,Stephen),18,377n.10,383n.47

客观主义(Subjectivism),17-19,27,94,108,117,126,135,142,149-150,164-165,177,292-293,330,392n.75,405n.12,408n.45,420n.70。亦见经验,缺乏客观经验概念(Experience,lack of subjective concept of);意义的理念论(Idea theory of meaning);透视主义(Perspectivalism);私人语言(Private language)

最高法院(Supreme Court),69-70,381n.29,382nn.37,38

三段论(Syllogism)

演绎的~(deductive),16-17,141,255-256

实践的~(practical),17,53,86,120,139,141-142,165,298,320,353,383n.43,412n.101

句法(Syntax)。见语法(Grammar);语言(Language)

体(Ti ^{part}),240,248,262-263,405nn.12,13,14,409n.60

天(Tian $^{nature;\ heaven}$),21,32,63,84,100-101,107-109,121-127,131-135,156-157,160-162,181,185,205,236,248,277,311,321,348,378n.6,381n.27,390nn.55,56,411n.46

传统主义(Traditionalism),57-70,79-82,87-103,106-118,122-130,134-138,143,146-149;153-157,161-166,169-186,194,200-203,205,223-225,233-235,240,254,270,283,309-310,317-319,322-324,327,333-340,348,350-353,357-361,367,370,372,376,380n.16,381nn.24,29,31,382nn.32,34,383n.40,385nn.62,63,64,386nn.67,68,388n.14,389n.33,391nn.62,73,394n.87,415n.44,418n.13

翻译范式(Translation paradigm),7-11,24,33,75,96-98,103,122,126,142,143-145,207,213,215-216,252,260,268-269,300,346-347,349,392n.85,394nn.86,89,400n.7,402nn.25,28,406n.20,408n.54。亦见意义:意义变化假设(Meaning:meaning-change hypotheses)

真理(Truth),4-5,8,16-17,21,43,45,69,85,93,110,116-119,125,137-147,159,190,201,219,238-242,247-256,283,293,298,326,382n.38,392n.79,393n.86,402n.29,405nn.4,9,406n.20,407n.38,415n.44

杜维明(Tu Wei-ming),178,381n.23,398n.44

普遍性(Universality)。见有别与无别(Partial v. impartial);墨子:有别与普遍(Mozi:Partial v. universal);墨子:兼爱(Mozi:universal love)

功利主义(Utilitarianism),4,88-89,93,155,159,163,170,178-179,205,248-252,263,307,313-323,352-355,361,369,389n.37,390nn.45,48,49,392n.74,396n.20,418n.19。亦见墨子:功利主义(Mozi:utilitarianism)

德性(Virtue)

中国道德理论中的~(in Chinese moral theory),20,140,155,164-172,168,291,300,340,369。亦见道(Dao);德(De)应该,缺乏应该概念(ought,absence of concept)

作为对政府要求的~(as requirement for political office),32,103,134,159-160,165,250,357,363,366。亦见美德,以~为治(Merit,employment/rule by)

亚瑟·魏礼(Waley, Arthur),154,188,190-193,382n.34,394n.5

王弼(Wang Bi),237-238,373,400n.7,402n.28

王充(Wang Chong),59,380nn.13,21

王阳明(Wang Yang-ming),173,176,186-187,397n.31,398n.41,408n.46

伯顿·华兹生(Watson, Burton),95,97,98,388n.3,391n.58,412n.75,413n.4,416n.55

道(Way),3-4,12,16,19,43,45,47-52,62,66,79-90,105-107,123,293,299,331,392n.79,404n.39,414n.9。亦见道(Dao)

为(Wei $^{\text{deem: do}}$),9,43,142,155,176,213-214,248,253,291,302,320,363,402n.20,411n.46。亦见无为(Wu-wei $^{\text{non-deeming action}}$)

文(Wen)^{literature},45,62,71,74-75,315,319,383n.45

伯纳德·威廉姆斯(Williams, Bernard),120,127,388n.25

路德维格·维特根斯坦(Wittgenstein, Ludwig),ii,5,24,43,71,72,88,91,93,230,289,355,383n.46,394n.87,412n.90

无(Wu $^{\text{non-being: lack}}$),118,120,213,214,219,220,221,222,223,225,259,261,263,294,302,359,363,391n.58,403n.33,404n.35

无为(Wu-wei $^{\text{non-deeming action}}$),213,294,302,359,363

孝(Xiao^{filiality}),89,169

心(Xin$^{\text{heart-mind}}$),20,96,101,104,154,161-164,170,174-186,194,213,236,248,252-253,320,325,361,398n.43,399n.56。亦见心(Heart-mind);孟子:心学(Mencius: heart-mind, theory of);荀子:心学(Xunzi: Heart-mind);庄子:与孟子(Zhuangzi: and Mencius)

性(Xing$^{\text{human nature}}$),36,76,181,191-192,213,320-321,337,395n.13。亦见孔子:人性(Confucius: humannature);孟子:心学(Mencius: heart-mind, theory of);孟子:固有观念论及直观论(innatism and intuitionism);孟子:道德心理学(Mencius: moral psychology);荀子:人性论(Xunzi: human nature);庄子:与孟子(Zhuangzi: and Mencius)

刑(Xing$^{\text{punishment codes}}$),348-350,357-358,415n.27,418n.16。亦见孔夫子:处罚与法律(Confucius, punishment and law);法律与处罚(Law, and punishment)

刑名(Xing-ming $^{\text{shape-name}}$),365-367

荀子{Xunzi(Hsun Tzu)}

绝对论(absolutism),5,310,317-318,322,338-342,351,370-374,413nn.5,6,414nn.8,12,415n.33,417nn.86,89,420nn.67,70

734

生命之链(chain of life),315-317,414n.22

~习约主义(conventionalism),309-319,322-333,336-342,380n.16,391n.62,413n.5,414nn.8,9,416nn.66,73

道家面向(Daoist aspects),308-312,314-322,324-325,327-328,331-334,336,338-343,351,370-373,375-376,413n.4,420n.70

欲(desires),312-316,325-326,331-337,339,343

心(heart-mind),309-310,314-316,320,324-327,330,332-334,336-343,351,361,373,420n.70

历史影响(historical influences),307-315,317-325,327-328,331-333,335-343,381n.21,413n.4,414n.7,415n.31,416n.66

人性(human nature),311-312,320-321,325,328,334-338,342-343,416n.82,417nn.83,84

解释性的议题(interpretive issues),11,264,307-310,329,335-338,381n.22,413n.5,414nn.8,14,416n.

直观论(intuitionism),320,323,328,340,348,415n.44,418n.13

~语言理论(language, theory of),309,311,314-334,336-337,339-340,342,382n.34,387n.69,391n.62,415n.50,419nn.34,36

道德(morality),309,311,313,315-319,323,331,334-338,341-343,352,372-373

自然主义(naturalism),309-315,317-322,325-326,328,333-334,336-339,342

悖论(paradoxes),308,324,327,330-334,338,416nn.54,55,56,57

政治理论(political theory),307-310,313,317,321-331,413nn.5,6,414n.7,415nn.27,44

实用主义(pragmatism),307,310-313,315-323,325-328,330.333.334.337-339

言(Yan $^{\text{language; words}}$),9,21,101,103,117,145-146,155,177,185,188,241,281,366,391n.60,392n.85,407n.44

杨朱{Yang Zhu(Yangism)},11,88,154-157,162,177-181,194-195,204-209,213,224,240,248,272,275,311,392n.75,395nn.9,11,12,13,397n.23,398n.41,399n.48,411n.63

也(Ye $^{\text{assertion particle}}$),250,256,400n.7,402n.25,403n.33,404n.35

意(Yi^{intent}),239,241,249

义(Yi^{morality}),13,82-83,96-97,101,107-108,123,128,131-133,137,155;164-166,170-171,174-175,182,208,240,315-321,333,336,

735

350,361,372,385n.61,389n.35

阴阳(Yin and Yang),225,345,384n.54,393n.86

有(You$^{being;\ have}$),49,118,146,213,219-225,261,394n.86,403n.33,404n.35

欲(Yu^{desire}),213,220,333-334,404n.35。亦见欲望(Desire)

乐(Yue$^{music;\ joy}$),86,136。亦见孔夫子:乐与诗(Confucius: music and poetry)

政(Zheng$^{goverment;\ regulation}$),63-64,68,159,3820.35

正(Zheng^{rectify}),63,66,4150.31

知(Zhi$^{know-to}$),8,43,82,85-86,96,104,142,164,166,172,177,206,209,224-225,230,252-254,289,293,315,321,341,366,3870.72

之(Zhi$^{object;\ particle}$),219,222,4020.28

指(Zhi$^{point;\ finger}$),259-261,283

忠(Zhong^{loyalty}),36

庄子 Zhuangzi(Chuang Tzu)}

反对语言一元论(anti-language Monism),202-203,210-211,263-264,266-276,271,279,283,285-292,294,296,300,409n.15,410n.19

～和儒家思想(and Confucianism),202,266-267,269-270,277-281,301,3830.44,4120.86

～之中的梦(dreams in),52,292-296,4120.90

事实和价值(fact and value),279-281,289-290,294,296-299,4110.46,4120.102

～和韩非子(and Han Feizi),345,351,370,372,375,4190.34

～和惠施(and Hui Shi),262-263,267,270-271,280,291

解释性的议题(interpretive issues),265-269,272,274,276,283,285-287,292-293,380n.19,401n.11,402n.29,409nn.3,6,16,410n.19

知识(knowledge),272-273,275-276,277-281,284-298,300,411n.65,412n.81

语言(language),265,267-277,279-286,289-292,296-298,300,405n.12,409n.15,410n.19,411nn.46,65,412n.81

～和老子(and Laozi),202-203,210-211,217,269-271,274-275,278-279,296,300

～后期墨家(and Later Mohists),266,270-271,273,275,280-283,285,291,295-296,411n.55

～生平,影响和文本(life, influences and texts),272-273,395n.9,401n.

8,406n.25,409n.17,410n.19,411nn.55,63

～孟子(and Mencius),180 - 185,193 - 194,198,277 - 281,284,290,300,391n.73,398n.41,399n.53,411n.65

实用的忠告(practical advice),284,289,290 - 294,299 - 305,402n.30

实在主义与相对主义(realism and relativism in),264,266 - 268,270,273,277,280,285 - 286,289 - 291,294,296 - 297,377n.2,410n.19,411n.65

理性和合理性(reason and rationality),269 - 271,273,277,286,298 - 300,303,410nn.19,31,412n.81

怀疑主义(skepticism),265,268 - 270,272,274,284 - 286,292 - 300,391n.73,411n.46,412nn.86,90,102

和荀子(and Xunzi),308 - 312,314 - 315,317 - 321,324 - 325,327 - 328,332 - 333,338 - 341,343,413n.6,416n.55,417n.89

朱熹(Zhuxi),186,380n.16

字(Zi^{character}),33,38,42,44 - 45

译后记

本书原名 *A Daoist Theory of Chinese Thought：A Philosophical Interpretation*，一般译作《中国思想的道家理论——哲学的解释》，但这会使读者误解作者要讨论中国思想中的道家理论，而主书名的直译应该是"关于中国思想的一个道家理论"，或简洁一点为"中国思想的道家之论"。作者陈汉生（Chad Hansen）的出发点是他的语言哲学及对道家思想推崇的立场，他认为古汉语的主要功能体现为在社会中指引人们如何合适地行动，而不是以探求真理为旨归。陈汉生接受把"道"理解为"道路"（the Way）的看法，但他更强调"道"作为名词时意味着"speech"，而言论的重要功能就是"引导"行为。他又补充认为，并非任何言论都有引导功能，而信号、肢体动作等非语言信息同样具有引导功能。他还认为"道"作为动词，又有"导"（guide）之义，并强调名词与动词用法的相互参照。这是贯穿全书的主线。陈汉生特别注意从古汉语的语法和汉字的一词多义出发讨论哲学问题，包括虚词损益和句读不同所造成的思想差异。书中同样花了很大篇幅从语言分析的角度研究墨家（包括墨家后学）的思想，突出墨家的哲学贡献，以细密论证反驳轻视墨家思想的观点。由此均可体察作者在中国古典哲学上的苦心孤诣。

陈汉生的特异之处在于强调道家的思想最充分地体现了中

国古代哲学注重指引的特点——这种哲学特征恰恰不同于西方哲学或印欧语系的思想——一般批评陈汉生的研究者似乎忽视了他的这个出发点。同时，从道家的角度，陈汉生给予墨家、名家乃至法家以更多同情，而明确反对把儒家置于中国思想中心地位的主流理论，这是他和葛瑞汉、史华慈的最大不同。当然，这并不意味着他对儒家一概贬斥。从本书来看，他主要是对于孟子的论说方式不以为然，以及不满于宋明新儒家通过孟子阐释孔子思想的理路。因此，假如我们喜欢贴标签，不妨按照流行的模式把陈汉生称为"当代新道家"——也许他本人不一定喜欢这样的名号。另外，书名所谓的"中国思想"，实际上是中国的先秦思想。

本书在学术界（不局限于西方）有巨大影响，书中的批评对象也集中于西方汉学家的有关研究，以及融入西方汉学界的中国学者如陈荣捷、刘殿爵、萧公权、杜维明等人的成果。在中国现当代学者之中，作者承认受到老师方东美、陈鼓应以及牟宗三、唐君毅等人的影响，但对汉语学界最新的相关研究成果则语焉不详。

和其他很多汉学家一样，作者的知识背景受到冯友兰和胡适英文作品或被翻译成英文的作品，特别是冯友兰两卷本《中国哲学史》英译本的很大影响。而对于先秦思想史格局的理解，则多受钱穆的影响。一个突出的例子是作者认为《道德经》成书的时代和《孟子》成书的时代相近，而《道德经》的作者不止一人。马王堆帛书《老子》的出土并没有使作者的观点发生变化，他反而更强调对于出土文献，也要关注其哲学解释。他还认为在理论上和历史上，《道德经》的思想处于慎到和庄子之间——这对于熟悉《庄子·天下篇》的读者来说可能有些突兀——持这种观点的西方汉学家不止一人。在《庄子·天下篇》的议论顺序之中，慎到的确位列老子之前，而其中对于《道德经》的引述又在对庄子的评论之前,但一般都认为这不是时间的先后,更何况《庄子·天下篇》已经言明老聃是"古之博大真人"。

从哲学的意义而言,要排除"道"在汉语经典之中本来就具有形上学的意义是很困难的。陈汉生过于强调对于"道"的形上学理解,是受了印欧语系思维模式的影响,恐有失偏颇。这一点学界多有批评,而他在本书中译本的序言中做了回应。

另外,书中对于一些经典文句的解释也有可商榷之处,比如,第三章对于《论语·子路》篇"父子相隐"一章中孔子和叶公对于"直"的不同理解,陈汉生认为是叶公之"吾党"与孔子之"吾党"之间习俗的差异所造成的。但一般认为"吾党"只是"直者"的背景,"吾党有直躬者"并不等于"吾党人人为直躬者",或"证"或"隐"并非"吾党"所决定,毋宁说,或"证"或"隐"的"直者",均属"吾党"之"异数"。

诸如此类,都说明任何研究者无论怎样自觉,都会受到自身知识结构和学术背景的制约。当然,明智的读者最懂得如何择善而从。更为重要的是,学术著作的价值不在于提供了多少确定不移的结论,而在于在什么程度上论证了有启发性的观点。本书之所以在学界引起广泛关注乃至激烈争论,正因为作者的论争在"致广大"与"尽精微"两个方面均可称道。

反观研究中国思想的汉语学界,对于陈汉生的注意还局限于"比较哲学"的领域,真正的深入了解还不够——我们对他的陌生可能要超过他对于汉语学界的陌生。这些隔阂或许是语言的障碍所导致的,也有可能是学术风格不同,或者学术交流欠缺的表现。(就我本人而言,假如没有前两年在香港中文大学中国哲学与文化研究中心以及哈佛燕京学社的熏陶,也不会对此书有特别的兴趣。)希望本书的翻译能为学界的沟通略尽绵薄之力——尽管作者在书中严厉批评翻译范式对于思想解释的束缚。

本书的翻译体例除了和丛书保持一致,比如人名第一次出现时用括号注出原名,重要术语也用括号注出原词,索引后的页码指原书页码(索引中的"n"指注释,"nn"指两个以上注释,如"396n.15"指第396页注释15,"380nn.13,20,21"指第380页,注释13、20、21),参考文献不予翻译等等之外,另有一些特殊之处需要交代:

(1) 原书中用斜体表示强调的字词在译稿中酌情加以引号;而用拼音表示的中国哲学的术语则用加引号的方式标出。

(2) 原书中用英文上标的形式为有关汉字的拼音作注释,译稿中只保留少数有明显区别意义的英文上标。

(3) 原书附有中英文对照的词汇表,除改正少数错别字及一些字词的排序以外,译稿一仍其旧,以方便读者参阅。

(4) 原书的注释集中于正文之后,为方便读者阅读,统一改为脚注。但第一章和第二章既有脚注,又有尾注,尾注列于各章正文之后。

(5) 原书引用中文的经典文献,体例不尽相同。有时注明卷数及篇名序号,译稿统一为书名加篇名,如《韩非子》第5卷《备内》第17,译为《韩非子·备内》。而原书注明具体文句出处时所使用的"哈佛燕京学社诸子引得"的编码则予以保留。而文献的内容,则一般给出中文原文。

本书的翻译得到陈汉生教授本人的大力支持,除了为中译本撰写序言以外,他还回答了我们的很多问题。本书中译本序言、第三章、第九章、第十章由周景松翻译;第四章、第六章、第七章、第八章由谢尔逊翻译;第一章、第二章及"致谢"等内容由张丰乾翻译;第五章由孔锐翻译。全书译稿由张丰乾统校。

在翻译过程中,我们也参考了书中引用的葛瑞汉、史华慈、牟复礼等人著作的中译本,一并致谢。

译稿之中的缺漏与失当之处,恳请方家不吝赐正!

张丰乾谨识
2009 年 11 月 23 日

又记:此书译完之后,颇有师友问询出版情况及提出修正意见,谨致谢忱。延宕至今而有面世机会,需特别感谢卞清波先生敦促,尤其是刘东先生慨允。译文中的错谬之处,再次恳请方家不吝赐正!

张丰乾再拜
2018 年 12 月 27 日

再记:翻译比写作时难,校雠如打架般痛。

张丰乾有感
2020 年 4 月 10 日

"海外中国研究丛书"书目

1. 中国的现代化　[美]吉尔伯特·罗兹曼 主编　国家社会科学基金"比较现代化"课题组 译　沈宗美 校
2. 寻求富强:严复与西方　[美]本杰明·史华兹 著　叶凤美 译
3. 中国现代思想中的唯科学主义(1900—1950)　[美]郭颖颐 著　雷颐 译
4. 台湾:走向工业化社会　[美]吴元黎 著
5. 中国思想传统的现代诠释　余英时 著
6. 胡适与中国的文艺复兴:中国革命中的自由主义,1917—1937　[美]格里德 著　鲁奇 译
7. 德国思想家论中国　[德]夏瑞春 编　陈爱政 等译
8. 摆脱困境:新儒学与中国政治文化的演进　[美]墨子刻 著　颜世安 高华 黄东兰 译
9. 儒家思想新论:创造性转换的自我　[美]杜维明 著　曹幼华 单丁 译　周文彰 等校
10. 洪业:清朝开国史　[美]魏斐德 著　陈苏镇 薄小莹 包伟民 陈晓燕 牛朴 谭天星 译　阎步克 等校
11. 走向21世纪:中国经济的现状、问题和前景　[美]D.H.帕金斯 著　陈志标 编译
12. 中国:传统与变革　[美]费正清 赖肖尔 主编　陈仲丹 潘兴明 庞朝阳 译　吴世民 张子清 洪邮生 校
13. 中华帝国的法律　[美]D.布朗 C.莫里斯 著　朱勇 译　梁治平 校
14. 梁启超与中国思想的过渡(1890—1907)　[美]张灏 著　崔志海 葛夫平 译
15. 儒教与道教　[德]马克斯·韦伯 著　洪天富 译
16. 中国政治　[美]詹姆斯·R.汤森 布兰特利·沃马克 著　顾速 董方 译
17. 文化、权力与国家:1900—1942年的华北农村　[美]杜赞奇 著　王福明 译
18. 义和团运动的起源　[美]周锡瑞 著　张俊义 王栋 译
19. 在传统与现代性之间:王韬与晚清革命　[美]柯文 著　雷颐 罗检秋 译
20. 最后的儒家:梁漱溟与中国现代化的两难　[美]艾恺 著　王宗昱 冀建中 译
21. 蒙元入侵前夜的中国日常生活　[法]谢和耐 著　刘东 译
22. 东亚之锋　[美]小R.霍夫亨兹 K.E.柯德尔 著　黎鸣 译
23. 中国社会史　[法]谢和耐 著　黄建华 黄迅余 译
24. 从理学到朴学:中华帝国晚期思想与社会变化面面观　[美]艾尔曼 著　赵刚 译
25. 孔子哲学思微　[美]郝大维 安乐哲 著　蒋弋为 李志林 译
26. 北美中国古典文学研究名家十年文选　乐黛云 陈珏 编选
27. 东亚文明:五个阶段的对话　[美]狄百瑞 著　何兆武 何冰 译
28. 五四运动:现代中国的思想革命　[美]周策纵 著　周子平 等译
29. 近代中国与新世界:康有为变法与大同思想研究　[美]萧公权 著　汪荣祖 译
30. 功利主义儒家:陈亮对朱熹的挑战　[美]田浩 著　姜长苏 译
31. 莱布尼兹和儒学　[美]孟德卫 著　张学智 译
32. 佛教征服中国:佛教在中国中古早期的传播与适应　[荷兰]许理和 著　李四龙 裴勇 等译
33. 新政革命与日本:中国,1898—1912　[美]任达 著　李仲贤 译
34. 经学、政治和宗族:中华帝国晚期常州今文学派研究　[美]艾尔曼 著　赵刚 译
35. 中国制度史研究　[美]杨联陞 著　彭刚 程钢 译

36. 汉代农业:早期中国农业经济的形成　[美]许倬云 著　程农 张鸣 译　邓正来 校
37. 转变的中国:历史变迁与欧洲经验的局限　[美]王国斌 著　李伯重 连玲玲 译
38. 欧洲中国古典文学研究名家十年文选　乐黛云 陈珏 龚刚 编选
39. 中国农民经济:河北和山东的农民发展,1890—1949　[美]马若孟 著　史建云 译
40. 汉哲学思维的文化探源　[美]郝大维 安乐哲 著　施忠连 译
41. 近代中国之种族观念　[英]冯客 著　杨立华 译
42. 血路:革命中国中的沈定一(玄庐)传奇　[美]萧邦奇 著　周武彪 译
43. 历史三调:作为事件、经历和神话的义和团　[美]柯文 著　杜继东 译
44. 斯文:唐宋思想的转型　[美]包弼德 著　刘宁 译
45. 宋代江南经济史研究　[日]斯波义信 著　方健 何忠礼 译
46. 一个中国村庄:山东台头　杨懋春 著　张雄 沈炜 秦美珠 译
47. 现实主义的限制:革命时代的中国小说　[美]安敏成 著　姜涛 译
48. 上海罢工:中国工人政治研究　[美]裴宜理 著　刘平 译
49. 中国转向内在:两宋之际的文化转向　[美]刘子健 著　赵冬梅 译
50. 孔子:即凡而圣　[美]赫伯特·芬格莱特 著　彭国翔 张华 译
51. 18世纪中国的官僚制度与荒政　[法]魏丕信 著　徐建青 译
52. 他山的石头记:宇文所安自选集　[美]宇文所安 著　田晓菲 编译
53. 危险的愉悦:20世纪上海的娼妓问题与现代性　[美]贺萧 著　韩敏中 盛宁 译
54. 中国食物　[美]尤金·N.安德森 著　马孆 刘东 译　刘东 审校
55. 大分流:欧洲、中国及现代世界经济的发展　[美]彭慕兰 著　史建云 译
56. 古代中国的思想世界　[美]本杰明·史华兹 著　程钢 译　刘东 校
57. 内闱:宋代的婚姻和妇女生活　[美]伊沛霞 著　胡志宏 译
58. 中国北方村落的社会性别与权力　[加]朱爱岚 著　胡玉坤 译
59. 先贤的民主:杜威、孔子与中国民主之希望　[美]郝大维 安乐哲 著　何刚强 译
60. 向往心灵转化的庄子:内篇分析　[美]爱莲心 著　周炽成 译
61. 中国人的幸福观　[德]鲍吾刚 著　严蓓雯 韩雪临 吴德祖 译
62. 闺塾师:明末清初江南的才女文化　[美]高彦颐 著　李志生 译
63. 缀珍录:十八世纪及其前后的中国妇女　[美]曼素恩 著　定宜庄 颜宜葳 译
64. 革命与历史:中国马克思主义历史学的起源,1919—1937　[美]德里克 著　翁贺凯 译
65. 竞争的话语:明清小说中的正统性、本真性及所生成之意义　[美]艾梅兰 著　罗琳 译
66. 中国妇女与农村发展:云南禄村六十年的变迁　[加]宝森 著　胡玉坤 译
67. 中国近代思维的挫折　[日]岛田虔次 著　甘万萍 译
68. 中国的亚洲内陆边疆　[美]拉铁摩尔 著　唐晓峰 译
69. 为权力祈祷:佛教与晚明中国士绅社会的形成　[加]卜正民 著　张华 译
70. 天潢贵胄:宋代宗室史　[美]贾志扬 著　赵冬梅 译
71. 儒家之道:中国哲学之探讨　[美]倪德卫 著　[美]万白安 编　周炽成 译
72. 都市里的农家女:性别、流动与社会变迁　[澳]杰华 著　吴小英 译
73. 另类的现代性:改革开放时代中国性别化的渴望　[美]罗丽莎 著　黄新 译
74. 近代中国的知识分子与文明　[日]佐藤慎一 著　刘岳兵 译
75. 繁盛之阴:中国医学史中的性(960—1665)　[美]费侠莉 著　甄橙 主译　吴朝霞 主校
76. 中国大众宗教　[美]韦思谛 编　陈仲丹 译
77. 中国诗画语言研究　[法]程抱一 著　涂卫群 译
78. 中国的思维世界　[日]沟口雄三 小岛毅 著　孙歌 等译

79. 德国与中华民国　[美]柯伟林 著　陈谦平 陈红民 武菁 申晓云 译　钱乘旦 校
80. 中国近代经济史研究:清末海关财政与通商口岸市场圈　[日]滨下武志 著　高淑娟 孙彬 译
81. 回应革命与改革:皖北李村的社会变迁与延续　韩敏 著　陆益龙 徐新玉 译
82. 中国现代文学与电影中的城市:空间、时间与性别构形　[美]张英进 著　秦立彦 译
83. 现代的诱惑:书写半殖民地中国的现代主义(1917—1937)　[美]史书美 著　何恬 译
84. 开放的帝国:1600年前的中国历史　[美]芮乐伟·韩森 著　梁侃 邹劲风 译
85. 改良与革命:辛亥革命在两湖　[美]周锡瑞 著　杨慎之 译
86. 章学诚的生平及其思想　[美]倪德卫 著　杨立华 译
87. 卫生的现代性:中国通商口岸卫生与疾病的含义　[美]罗芙芸 著　向磊 译
88. 道与庶道:宋代以来的道教、民间信仰和神灵模式　[美]韩明士 著　皮庆生 译
89. 间谍王:戴笠与中国特工　[美]魏斐德 著　梁禾 译
90. 中国的女性与性相:1949年以来的性别话语　[英]艾华 著　施施 译
91. 近代中国的犯罪、惩罚与监狱　[荷]冯客 著　徐有威 等译　潘兴明 校
92. 帝国的隐喻:中国民间宗教　[英]王斯福 著　赵旭东 译
93. 王弼《老子注》研究　[德]瓦格纳 著　杨立华 译
94. 寻求正义:1905—1906年的抵制美货运动　[美]王冠华 著　刘甜甜 译
95. 传统中国日常生活中的协商:中古契约研究　[美]韩森 著　鲁西奇 译
96. 从民族国家拯救历史:民族主义话语与中国现代史研究　[美]杜赞奇 著　王宪明 高继美 李海燕 李点 译
97. 欧几里得在中国:汉译《几何原本》的源流与影响　[荷]安国风 著　纪志刚 郑诚 郑方磊 译
98. 十八世纪中国社会　[美]韩书瑞 罗友枝 著　陈仲丹 译
99. 中国与达尔文　[美]浦嘉珉 著　钟永强 译
100. 私人领域的变形:唐宋诗词中的园林与玩好　[美]杨晓山 著　文韬 译
101. 理解农民中国:社会科学哲学的案例研究　[美]李丹 著　张天虹 张洪云 张胜波 译
102. 山东叛乱:1774年的王伦起义　[美]韩书瑞 著　刘平 唐雁超 译
103. 毁灭的种子:战争与革命中的国民党中国(1937—1949)　[美]易劳逸 著　王建朗 王贤知 贾维 译
104. 缠足:"金莲崇拜"盛极而衰的演变　[美]高彦颐 著　苗延威 译
105. **饕餮之欲**:当代中国的食与色　[美]冯珠娣 著　郭乙瑶 马磊 江素侠 译
106. 翻译的传说:中国新女性的形成(1898—1918)　胡缨 著　龙瑜宬 彭珊珊 译
107. 中国的经济革命:二十世纪的乡村工业　[日]顾琳 著　王玉茹 张玮 李进霞 译
108. 礼物、关系学与国家:中国人际关系与主体性建构　杨美惠 著　赵旭东 孙珉 译　张跃宏 译校
109. 朱熹的思维世界　[美]田浩 著
110. 皇帝和祖宗:华南的国家与宗族　[英]科大卫 著　卜永坚 译
111. 明清时代东亚海域的文化交流　[日]松浦章 著　郑洁西 等译
112. 中国美学问题　[美]苏源熙 著　卞东波 译　张强强 朱霞欢 校
113. 清代内河水运史研究　[日]松浦章 著　董科 译
114. 大萧条时期的中国:市场、国家与世界经济　[日]城山智子 著　孟凡礼 尚国敏 译　唐磊 校
115. 美国的中国形象(1931—1949)　[美]T.克里斯托弗·杰斯普森 著　姜智芹 译
116. 技术与性别:晚期帝制中国的权力经纬　[英]白馥兰 著　江湄 邓京力 译

117. 中国善书研究　[日]酒井忠夫 著　刘岳兵 何英莺 孙雪梅 译
118. 千年末世之乱:1813年八卦教起义　[美]韩书瑞 著　陈仲丹 译
119. 西学东渐与中国事情　[日]增田涉 著　由其民 周启乾 译
120. 六朝精神史研究　[日]吉川忠夫 著　王启发 译
121. 矢志不渝:明清时期的贞女现象　[美]卢苇菁 著　秦立彦 译
122. 明代乡村纠纷与秩序:以徽州文书为中心　[日]中岛乐章 著　郭万平 高飞 译
123. 中华帝国晚期的欲望与小说叙述　[美]黄卫总 著　张蕴爽 译
124. 虎、米、丝、泥:帝制晚期华南的环境与经济　[美]马立博 著　王玉茹 关永强 译
125. 一江黑水:中国未来的环境挑战　[美]易明 著　姜智芹 译
126. 《诗经》原意研究　[日]家井真 著　陆越 译
127. 施剑翘复仇案:民国时期公众同情的兴起与影响　[美]林郁沁 著　陈湘静 译
128. 华北的暴力和恐慌:义和团运动前夕基督教传播和社会冲突　[德]狄德满 著　崔华杰 译
129. 铁泪图:19世纪中国对于饥馑的文化反应　[美]艾志端 著　曹曦 译
130. 饶家驹安全区:战时上海的难民　[美]阮玛霞 著　白华山 译
131. 危险的边疆:游牧帝国与中国　[美]巴菲尔德 著　袁剑 译
132. 工程国家:民国时期(1927—1937)的淮河治理及国家建设　[美]戴维·艾伦·佩兹 著　姜智芹 译
133. 历史宝筏:过去、西方与中国妇女问题　[美]季家珍 著　杨可 译
134. 姐妹们与陌生人:上海棉纱厂女工,1919—1949　[美]韩起澜 著　韩慈 译
135. 银线:19世纪的世界与中国　林满红 著　詹庆华 林满红 译
136. 寻求中国民主　[澳]冯兆基 著　刘悦斌 徐硙 译
137. 墨梅　[美]毕嘉珍 著　陆敏珍 译
138. 清代上海沙船航运业史研究　[日]松浦章 著　杨蕾 王亦铮 董科 译
139. 男性特质论:中国的社会与性别　[澳]雷金庆 著　[澳]刘婷 译
140. 重读中国女性生命故事　游鉴明 胡缨 季家珍 主编
141. 跨太平洋位移:20世纪美国文学中的民族志、翻译和文本间旅行　黄运特 著　陈倩 译
142. 认知诸形式:反思人类精神的统一性与多样性　[英]G.E.R.劳埃德 著　池志培 译
143. 中国乡村的基督教:1860—1900 江西省的冲突与适应　[美]史维东 著　吴薇 译
144. 假想的"满大人":同情、现代性与中国疼痛　[美]韩瑞 著　袁剑 译
145. 中国的捐纳制度与社会　伍跃 著
146. 文书行政的汉帝国　[日]富谷至 著　刘恒武 孔李波 译
147. 城市里的陌生人:中国流动人口的空间、权力与社会网络的重构　[美]张骊 著　袁长庚 译
148. 性别、政治与民主:近代中国的妇女参政　[澳]李木兰 著　方小平 译
149. 近代日本的中国认识　[日]野村浩一 著　张学锋 译
150. 狮龙共舞:一个英国人笔下的威海卫与中国传统文化　[英]庄士敦 著　刘本森 译　威海市博物馆 郭大松 校
151. 人物、角色与心灵:《牡丹亭》与《桃花扇》中的身份认同　[美]吕立亭 著　白华山 译
152. 中国社会中的宗教与仪式　[美]武雅士 著　彭泽安 邵铁峰 译　郭潇威 校
153. 自贡商人:近代早期中国的企业家　[美]曾小萍 著　董建中 译
154. 大象的退却:一部中国环境史　[英]伊懋可 著　梅雪芹 毛利霞 王玉山 译
155. 明代江南土地制度研究　[日]森正夫 著　伍跃 张学锋 等译　范金民 夏维中 审校
156. 儒学与女性　[美]罗莎莉 著　丁佳伟 曹秀娟 译

157. 行善的艺术:晚明中国的慈善事业(新译本) [美]韩德玲 著 曹晔 译
158. 近代中国的渔业战争和环境变化 [美]穆盛博 著 胡文亮 译
159. 权力关系:宋代中国的家族、地位与国家 [美]柏文莉 著 刘云军 译
160. 权力源自地位:北京大学、知识分子与中国政治文化,1898—1929 [美]魏定熙 著 张蒙 译
161. 工开万物:17世纪中国的知识与技术 [德]薛凤 著 吴秀杰 白岚玲 译
162. 忠贞不贰:辽代的越境之举 [英]史怀梅 著 曹流 译
163. 内藤湖南:政治与汉学(1866—1934) [美]傅佛果 著 陶德民 何英莺 译
164. 他者中的华人:中国近现代移民史 [美]孔飞力 著 李明欢 译 黄鸣奋 校
165. 古代中国的动物与灵异 [英]胡司德 著 蓝旭 译
166. 两访中国茶乡 [英]罗伯特·福琼 著 敖雪岗 译
167. 缔造选本:《花间集》的文化语境与诗学实践 [美]田安 著 马强才 译
168. 扬州评话探讨 [丹麦]易德波 著 米锋 易德波 译 李今芸 校译
169. 《左传》的书写与解读 李惠仪 著 文韬 许明德 译
170. 以竹为生:一个四川手工造纸村的20世纪社会史 [德]艾约博 著 韩巍 译 吴秀杰 校
171. 东方之旅:1579—1724耶稣会传教团在中国 [美]柏理安 著 毛瑞方 译
172. "地域社会"视野下的明清史研究:以江南和福建为中心 [日]森正夫 著 于志嘉 马一虹 黄东兰 阿风 等译
173. 技术、性别、历史:重新审视帝制中国的大转型 [英]白馥兰 著 吴秀杰 白岚玲 译
174. 中国小说戏曲史 [日]狩野直喜 张真 译
175. 历史上的黑暗一页:英国外交文件与英美海军档案中的南京大屠杀 [美]陆束屏 编著/翻译
176. 罗马与中国:比较视野下的古代世界帝国 [奥]沃尔特·施德尔 主编 李平 译
177. 矛与盾的共存:明清时期江西社会研究 [韩]吴金成 著 崔荣根 译 薛戈 校译
178. 唯一的希望:在中国独生子女政策下成年 [美]冯文 著 常姝 译
179. 国之枭雄:曹操传 [澳]张磊夫 著 方笑天 译
180. 汉帝国的日常生活 [英]鲁惟一 著 刘洁 余霄 译
181. 大分流之外:中国和欧洲经济变迁的政治 [美]王国斌 罗森塔尔 著 周琳 译 王国斌 张萌 审校
182. 中正之笔:颜真卿书法与宋代文人政治 [美]倪雅梅 著 杨简茹 译 祝帅 校译
183. 江南三角洲市镇研究 [日]森正夫 编 丁韵 胡婧 等译 范金民 审校
184. 忍辱负重的使命:美国外交官记载的南京大屠杀与劫后的社会状况 [美]陆束屏 编著/翻译
185. 修仙:古代中国的修行与社会记忆 [美]康儒博 著 顾漩 译
186. 烧钱:中国人生活世界中的物质精神 [美]柏桦 著 袁剑 刘玺鸿 译
187. 话语的长城:文化中国历险记 [美]苏源熙 著 盛珂 译
188. 诸葛武侯 [日]内藤湖南 著 张真 译
189. 盟友背信:一战中的中国 [英]吴芳思 克里斯托弗·阿南德尔 著 张宇扬 译
190. 亚里士多德在中国:语言、范畴和翻译 [英]罗伯特·沃迪 著 韩小强 译
191. 马背上的朝廷:巡幸与清朝统治的建构,1680—1785 [美]张勉治 著 董建中 译
192. 申不害:公元前四世纪中国的政治哲学家 [美]顾立雅 著 马腾 译
193. 晋武帝司马炎 [日]福原启郎 著 陆帅 译
194. 唐人如何吟诗:带你走进汉语音韵学 [日]大岛正二 著 柳悦 译

195. 古代中国的宇宙论　[日]浅野裕一 著　吴昊阳 译
196. 中国思想的道家之论:一种哲学解释　[美]陈汉生 著　周景松 谢尔逊 等译　张丰乾 校译
197. 诗歌之力:袁枚女弟子屈秉筠(1767—1810)　[加]孟留喜 著　吴夏平 译
198. 中国逻辑的发现　[德]顾有信 著　陈志伟 译
199. 高丽时代宋商往来研究　[韩]李镇汉 著　李廷青 戴琳剑 译　楼正豪 校
200. 中国近世财政史研究　[日]岩井茂树 著　付勇 译　范金民 审校
201. 魏晋政治社会史研究　[日]福原启郎 著　陆帅 刘萃峰 张紫毫 译
202. 宋帝国的危机与维系:信息、领土与人际网络　[比利时]魏希德 著　刘云军 译
203. 中国精英与政治变迁:20世纪初的浙江　[美]萧邦奇 著　徐立望 杨涛羽 译　李齐 校